MYTHOS
TROJA

GEDRUCKT MIT UNTERSTÜTZUNG DER
ERNST VON SIEMENS KUNSTSTIFTUNG

Ernst von Siemens Kunststiftung
Wittelsbacherplatz 2
80333 München

MYTHOS TROJA

STAATLICHE
ANTIKENSAMMLUNGEN UND
GLYPTOTHEK MÜNCHEN

IMPRESSUM

KATALOG

Herausgeber
Raimund Wünsche

Autoren
Vinzenz Brinkmann (V.B.)
Bert Kaeser (B.K.)
Florian Knauß (F.K.)
Susanne Lorenz (S.L.)
Christoph Müller (Ch.M.)
Christoph Neudert (C.N.)
Clemens Schmidlin (C.S.)
Ariane Tatas (A.T.)
Raimund Wünsche (R.W.)

Redaktion
Florian Knauß
Susanne Lorenz

Bildredaktion
Susanne Lorenz
Juliette Rémy

Farbphotographien
Christa Koppermann
Renate Kühling
Hartmut Hotter

Gestaltung und Herstellung
Andrea Mogwitz

Layout
Susanne Lorenz

Litho und Druck
Mediahaus Biering, München

ISBN 3-933200-11-3
© 2006 Staatliche Antikensammlungen
und Glyptothek München
Meiserstr. 10
80333 München

AUSSTELLUNG

Idee und Gestaltung
Raimund Wünsche

Konzept
Bert Kaeser

Aufbau
Anton Buhl
Olaf Herzog
Alfons Neubauer
Hagen Schaaff
Uta Strnischtie
Jakob Tschuk
Christoph Bergmann

Betreuung der Pferdkonstruktion
Olaf Herzog
Alfons Neubauer

LEIHGEBER

Antikensammlung der Universität, Erlangen
Archäologische Staatssammlung, München
Museum für Abgüsse Klassischer Bildwerke, München
Staatliche Münzsammlung, München
Städtische Galerie im Lenbachhaus, München
Martin-von-Wagner-Museum, Würzburg

DANK

Alexandra Achilles
Kurt Bachmann
Anne Behr
Martin Boss
Agnes Dinkel
Dieter Dorn
Kay Ehling
Barbara Eschenburg
Peter Robert Franke
Helmut Friedel
Luca Giuliani
Andreas Grüner
Stefan Hageneier
Ralf von den Hoff
Hartmut Hotter
Ingeborg Kader
Eva-Maria Kasubke
Dieter Klose

Peter Kranz
Thomas Kruse
Dorothea Lenz
Christoph Neudert
Oliver Pauer
Sarah Pollack
Juliette Rémy
Martin Schulz
Ulrich Sinn
Ariane Tatas
Ludwig Wamser
Irma Wehgartner
Erika Zahlhaas
Städtische Meisterschule für das
Holzbildhauerhandwerk, München
Johann Schlemmer & Sohn,
Zimmerei, Jesenwang

Inhalt

Raimund Wünsche Vorwort 8
Das trojanische Pferd auf dem Königsplatz 10

Einführung

Ariane Tatas Die Bildgattungen 12
Raimund Wünsche Das Bildnis des Homer 18
Bert Kaeser Texte und Bilder 23

VOR DEM KRIEG

TROJA: VORGESCHICHTEN

Bert Kaeser 1. Am Anfang steht Zeus 30
2. Zeus entführt Ganymed 35
3. Ilos gründet Ilios, die Götter bauen die Mauern 41
4. Poseidon schickt ein Ungeheuer, Herakles rettet Hesione 47
5. Der erste Trojanische Krieg: Herakles erobert die Stadt 52
6. Göttinnen lieben trojanische Prinzen 56

DAS SCHICKSAL KNÜPFT DIE FÄDEN

7. Der Unheilsplan des Zeus 62
8. Zeus zeugt Helena 74
9. Helena heiratet 83
10. Ein Mensch erringt eine Göttin: Peleus und Thetis, die Eltern Achills 87
11. Muss Achill ein Held werden? 101
12. Ein Mensch muss über Göttinnen richten: Das Urteil des Paris 106

ES GEHT LOS

Florian Knauß 13. Paris entführt Helena 120
14. Die Kriegsmaschine läuft an 128
15. Erster Versuch: Landung im falschen Land 132
16. Zweiter Versuch: Flaute in Aulis 136
17. Philoktets Unglück 138
Raimund Wünsche 18. Zwei Kriege um Troja – Die Giebel von Ägina 140

KAMPF UM TROJA

VOR DER ILIAS: NEUN JAHRE KRIEG

Florian Knauß 19. Landung vor Troja: Protesilaos 154
20. Findet der Trojanische Krieg nicht statt? 157
21. Geplänkel 159
22. Keine Heldentat. Achill – ein Kindermörder 162
23. Nach neun Jahren Krieg wird die Zeit selbst Helden lang 172

ILIAS: 51 TAGE

Vinzenz Brinkmann 24. Der Zorn des Achill 180
25. Das Duell 184

26. Diomedes wütet 187

27. Hektors Abschied 190

28. Hektor kämpft gegen Ajas 195

29. Vergebliche Gesandtschaft 200

30. Spione, Späher und Massaker 206

31. Der göttliche Beistand 211

Florian Knauß   32. Der Wendepunkt – Taten und Tod des Patroklos 216

33. Trost für Achill 221

34. Die Rache: Achill tötet Hektor 226

35. Leichenfeier für Patroklos 232

36. Hektors Lösung 236

NACH DER ILIAS: LETZTES KRIEGSJAHR UND EROBERUNG TROJAS

37. Eine unmögliche Liebe: Achill tötet Penthesileia 244

Raimund Wünsche   38. Achill tötet Memnon 251

39. Der Tod des Achill 258

40. Die Tragik des Ajas 270

Vinzenz Brinkmann   41. Wundersame Bedingungen für die Eroberung:
Ein neuer Kämpfer und die Waffen des Herakles 280

42. Noch eine wundersame Bedingung: Der Raub des Kultbildes 288

43. »Was es auch sei, ich fürchte die Danaer, selbst wenn sie schenken« ... 296

Florian Knauß   44. Trojas Untergang 306

Susanne Lorenz   45. Rettungen 326

HEIMKEHR

Clemens Schmidlin/Florian Knauß   46. Heimkehrergeschichten 342

ODYSSEE

Clemens Schmidlin   47. Die Irrfahrten des Odysseus 346

48. Aufbruch aus Troja und erste Umwege 352

49. Verlust der Flotte – Odysseus rettet sein Leben 360

50. Nach dem Verlust aller Gefährten – allein, doch nicht am Ende 368

51. Heimkehr nach Ithaka 372

DER FLUCH DER ATRIDEN –
MORD AN AGAMEMNON UND RACHE DES OREST

Susanne Lorenz   52. Tödliche Heimkehr – Agamemnon 378

53. Die Rache der Kinder – Orest und Elektra 381

54. Schuld und Sühne – Gericht über Orest 388

55. Doch eine glückliche Heimkehr – Orest und Iphigenie ... 392

FUNDE UND FRAGEN

Christoph Neudert   56. Die frühbronzezeitlichen Funde aus Troja 396

Susanne Lorenz   57. Funde aus Mykene und die Frage nach den Homerischen Helden ... 399

Raimund Wünsche   58. Alexander oder Achill 404

Vinzenz Brinkmann   59. ›Ilion ist der Ursprung allen Ruhms‹ – Der Mythos als politisches Monument 410

Anmerkungen 418

Katalog 430

Register und Abbildungsnachweis 447

VORWORT

»Alles wiederholt sich nur im Leben,
Ewig jung ist nur die Phantasie;
Was sich nie und nirgends hat begeben,
Das allein veraltet nie!«

Diese Worte aus Friedrich von Schillers Gedicht »An die Freunde« sind ein treffendes Motto für unsere Ausstellung. Sie kümmert sich um den ›Mythos Troja‹, wie ihn uns die Literatur und Kunst der griechisch-römischen Antike überliefern. Ob es in vorgeschichtlicher Zeit einen Krieg um Troja gegeben hat, der so bedeutend war, dass die Erinnerung an ihn, wie manche Forscher glauben, über Jahrhunderte hinweg in der epischen und mythischen Tradition der Griechen weiterlebte, ist in unserem Zusammenhang ohne Bedeutung. Denn keiner, auch nicht der überzeugteste Vertreter dieser in den letzten Jahrzehnten heftig umstrittenen Theorie nimmt an, dass es in Troja einen König namens Priamos gegeben hat, dessen Schatz Heinrich Schliemann gefunden zu haben glaubte, oder dass Schliemann in Mykene das »Grab des Atreus« oder die »Maske des Agamemnon« entdeckt hat: Wer in Troja mit der *Ilias* in der Hand die Hinterlassenschaften homerischer und trojanischer Helden finden will, ist in der gleichen Situation, wie wenn er am Rhein beim Felsen der Loreley nach deren Kamm sucht.

Sehr wahrscheinlich ist hingegen, dass Homer die Ruinen Trojas, beim heutigen Hisarlik, und die dortige Landschaft kannte, als er in seinem Epos die Örtlichkeiten dieser Stätte beschrieb. An den mächtigen Mauern Trojas, Mykenes, Tiryns und anderer vorgeschichtlicher Stätten entzündete sich die Phantasie griechischer Dichter auch späterer Zeiten. Sicher ist auch, dass wohl seit dem 7. Jahrhundert v. Chr. die Griechen diese Ruinenstätte im nordwestlichen Kleinasien für das homerische Troja hielten. Die mythische Stätte umgab bald neuer Glanz: Könige, Feldherrn und Politiker besuchten sie. Der Pilgerort wurde musealisiert und für Besucher attraktiv gemacht: Man schüttete Grabhügel für die griechischen Helden auf, arrangierte eine Ausstellung ihrer Waffen, und es gab auch schon Fremdenführer, die u. a. die »Leier des Paris« und sogar den Stein zeigten, an dem vor über 1000 Jahren die trojanische Seherin Kassandra gefesselt war. Schon in der Antike machte man sich über diesen Reliquienkult lustig und zweifelte daran, dass es sich bei diesem Ort um das homerische Troja handele. Das tat aber der Faszination dieser Stätte keinen Abbruch: Troja wurde politisch instrumentalisiert damals, und wird es seitdem bis heute. Von der Wirkungsmächtigkeit des Epos für die Gründungslegenden von Städten, Staaten und Völkern der Antike ganz zu schweigen.

Die Sage vom Trojanischen Krieg, seine Vorgeschichte und seine Folgen, sind nicht in einem einzigen großen Werk, sondern in verschiedenen Epen, Liedern und Dramen, die immer nur einen Teil behandeln, gestaltet, umgestaltet und weitergedichtet worden. Von den Epen haben sich nur die *Ilias* und die *Odyssee* ganz erhalten, während wir von anderen großen Epen des Troja-Mythos, wie die *Kyprien*, *Aithiopis* und *Iliu Persis*, nur Fragmente und spätere kurze Zusammenfassungen kennen. Daraus hat die Philologie die Gesamterzählung des »Mythos

Troja« rekonstruiert. Die Sage vom Trojanischen Krieg verbinden wir heute sofort mit der *Ilias*. Bei den antiken Darstellungen des Troja-Mythos sind aber die Bildszenen, die nicht von der *Ilias*, sondern von den verlorenen Epen abhängig sind, weit zahlreicher. All die Bilder sind nur verständlich, wenn man den Mythos kennt. Wir dürfen diese Bilder nicht wie Illustrationen eines Textes betrachten, aber wir müssen dennoch immer den Mythos zum Bild erzählen, sonst blieben die Bilder unverständlich. Da die griechische Kunst die Darstellungen des Mythos immer wieder modifizierte und aktualisierte, sagen diese Bilder auch etwas über die Interessen der jeweiligen Zeit aus.

Für eine Ausstellung »Mythos Troja« sind unsere Sammlungen bestens geeignet. Wir haben über hundert Vasen mit Bildern zu diesem Thema, von denen viele zuvor im Magazin verwahrt waren. Bei dieser Fülle von Bildmotiven gibt es nur wenige schmerzliche Lücken, die wir zum Teil durch wertvolle Leihgaben schließen konnten. Neben den Vasen können wir eine Reihe Terrakotta- oder Bronzefiguren zeigen, dazu einige Marmorreliefs. Hinzu kommen als Leihgaben antike Münzen und Gemmen. Einige Abgüsse von den wenigen uns erhaltenen Statuen griechischer und trojanischer Heroen bereichern die Ausstellung und bilden auch einen wohltuenden Kontrast zu den in Vitrinen ausgestellten Originalen.

Die Ausstellung bezieht beide Museen am Königsplatz ein. Die Glyptothek besitzt neben einem berühmten Homerbildnis auch die Statuen von Diomedes, Achill-Alexander und vor allem die einzigen großformatigen Darstellungen der zweimaligen Eroberung Trojas: Die Giebelskulpturen des Aphaia-Tempels von Ägina.

Das inhaltliche Grundkonzept von Ausstellung und Katalog entwarf Bert Kaeser. Zur Ausarbeitung des Konzepts haben Florian Knauß und die anderen Autoren des Katalogs manches beigetragen. Mit unermüdlichem Einsatz widmete sich Susanne Lorenz, tatkräftig unterstützt von Juliette Rémy, der Gestaltung und Redaktion des Kataloges.

Mein erster Dank gilt den wissenschaftlichen und allen anderen Mitarbeitern an dieser Ausstellung. Sie sind im Impressum genannt.

Ich danke besonders den Leihgebern, die uns bereitwillig für diese Ausstellung ihre Werke überließen, dem Verein der Freunde und Förderer der Glyptothek, der uns wie immer half, und vor allem der Ernst von Siemens Kunststiftung für die großzügige Unterstützung beim Druck des Kataloges.

Raimund Wünsche

Das trojanische Pferd auf dem Königsplatz

Durch die List des Odysseus ein hölzernes Pferd bauen zu lassen, in dessen Bauch sich griechische Helden versteckten, und dieses als Geschenk den Trojanern zu überlassen, die es in ihre Stadt zogen, ist Troja erobert worden. Das Pferd ist mythisches Gleichnis für die historische Tatsache, dass in der Antike nicht wenige belagerte Städte durch List oder Verrat erobert wurden. Schöpfer des Pferdes war Epeios, ein Verwandter von Achill und Ajas. Noch in der römischen Kaiserzeit konnte man im Athena-Tempel von Metapont (Unteritalien) die Werkzeuge bewundern, die Epeios beim Bau benützt haben soll. Dass dieses Pferd eine dichterische Erfindung ist, muss nicht betont werden.

Erstaunlicherweise ist das trojanische Pferd in der griechischen Kunst relativ selten wiedergegeben worden. Und jede Darstellung zeigt den Stil der eigenen Zeit. Heute hingegen ist das hölzerne Pferd zum bekanntesten Begriff und Bild des Mythos Troja geworden. So lag es nahe, durch Aufstellung eines hölzernen Pferdes auf dem Königsplatz auf unsere Ausstellung hinzuweisen: Bei der Größe des Platzes und der Qualität der umgebenden Bauten ein nicht ganz einfaches Unterfangen.

Wir entschieden uns für eine Zusammenarbeit mit der Städtischen Meisterschule für das Holzbildhauerhandwerk, München. Dort wurden im Rahmen des so genannten Danner-Wettbewerbs in der Holzbildhauerklasse verschiedene Konstruktionsmodelle gefertigt: Als Vorlage und stilistischer Anhaltspunkt diente eine antike Reliefdarstellung des Trojanischen Pferdes auf einem tönernen Vorratsgefäß des 7. Jahrhunderts v. Chr. aus Mykonos (Abb. 43.1). Das beste Modell, das natürlich keine direkte Kopie dieses antiker Reliefdarstellung sein konnte, wurde ausgewählt. Sieben Meisterschülerinnen und -schüler (Dina Frevert, Christine Hansmair, Daniel Nikolaus Kocher, Marion Mahler, Martin Merkle, Matthias Münch und vor allem Max Lindner) übernahmen die Ausführung im Großformat.

1 *Verleimen von Brettern aus Lärchenholz zu einem massivem Balken.*

2 *Gestaltung des Pferde-Schweifes, sein Gewicht beträgt etwa 1000 kg.*

Die Lehrer Vinzenz Bachmayer und Alfred Türck leiteten die Arbeiten. Die Schulleitung (Johannes Bremann) stellte dankenswerterweise die Schüler dafür frei.

Gearbeitet wurde in den Hallen der Zimmerei Johann Schlemmer & Sohn, Jesenwang, die auch das Grundgerüst des Körpers herstellte, die statischen Berechnungen und die Aufstellung übernahm. Das Pferd ist aus Lärchenholz, Kopf, Schwanz und Beine massiv, über 7,50 m hoch und zerlegbar. Gesamtgewicht über 9000 Kilo. Der hohle Bauch ist aus Haftungsgründen nicht begehbar.

Trojanische Pferde sind in unserer Zeit schon öfters gebaut worden. Dass dieses, wie ich glaube, das bei weitem schönste ist, ist die Leistung der hier Genannten.

Raimund Wünsche

EINFÜHRUNG

Halsamphora   *Strickhenkelamphora*

Die Bildgattungen

Zur Funktion der Bildträger

Neben der Lektüre finden wir heute zum Mythos um den Trojanischen Krieg reiches Anschauungsmaterial in der antiken Kunst. Diese machte die Sage nach ihrer ersten schriftlichen Fixierung um 750 v. Chr. für mehr als ein Jahrtausend immer wieder zum Gegenstand. Denn die vielfältig auf uns gekommenen antiken Bildwerke – nicht die Ausgrabungen der historischen Stadt auf dem Hügel Hisarlık – geben uns einen Einblick in den Umgang mit dem Mythos vom Trojanischen Krieg. Antike Mythen waren nicht nur aufs engste mit der Religion verbunden, sondern Teil der eigenen Historie. Man betrachtete den Mythos als die eigene »objektive« Vorgeschichte, wusste ihn aber auch schon früh zu instrumentalisieren und zu verändern, zur Legitimation und Propagierung eigener Ansprüche und Interessen. Die jeweilige Gesellschaft bezog ihn auf die aktuellen Ereignisse. So durchdrang der Mythos das gesamte Leben der Menschen und seine Bilder waren allgegenwärtig, vergleichbar etwa mit Bildern biblischer Szenen bei uns bis ins 20. Jahrhundert. Sagenbilder konnten deshalb in beinahe allen Lebensbereichen als Schmuck dienen. Von einer der bedeutendsten Bildgattungen jedoch, die auch in der antiken Literatur immer wieder hoch gerühmt wurde, nämlich der griechischen Tafelmalerei, hat sich leider außer Reflexen in der späteren römischen Wandmalerei so gut wie nichts erhalten.

An anderen Bildgattungen bieten die Münchner Antikensammlungen ein breites Spektrum. Die so genannten Bildträger hatten im wesentlichen zwei Funktionen: primär als Gegenstände mit einem eigenen immanenten Verwendungszweck, aber auch durch ihren Bildschmuck, dessen Auswahl wiederum verschiedene Absichten verfolgte. Beispielsweise boten die Vasenbilder nicht nur den Adligen beim vornehmen Gelage (›Symposion‹; Abb. 1) Anreiz für Gespräche über Leitbilder und Gegenbilder, Hoffnungen und Ängste. Sicher erfreute sich der antike Betrachter aber auch der kurzweiligen Bildthemen des Mythos und der ästhetisch ansprechenden Motive. Im Hellenismus und in der römischen Kaiserzeit spielte ferner zunehmend eine Rolle, dass man auf diese Weise Teilhabe am ›klassischen‹ griechischen Bildungsgut demonstrierte.

Derart verzierte Objekte dienten ganz spezifischen Verwendungszwecken: als Beigabe in einem Grab, als Weihung im Heiligtum, als vornehmes Accessoire beim Symposion oder als Bauschmuck. Bei den Gerätschaften des täglichen Lebens sollte berücksichtigt werden, dass es sich oftmals um Luxusvarianten von Gebrauchsgegenständen handelt, die ihre praktische Funktion auch ohne Dekoration erfüllt hätten. Die Keramik bildet insofern eine eigene Kategorie, weil sie die mit Abstand größte Zahl an Bildern liefert. Aber auch Münzen, Gemmen und verschiedene andere Gerätschaften eröffnen aufschlussreiche Einblicke, wie man mit dem Mythos umging. Monumentales Format erreichten Mythenbilder in der Plastik, im Architekturschmuck sowie in der römischen Wandmalerei.

A. Gebrauchsgegenstände des täglichen Lebens

1. Keramik

Der zahlenmäßig bedeutendste Bildträger, die Keramik, fand im täglichen Leben Verwendung in der Küche, bei der Vorratshaltung, beim Transport, bei der Körperpflege usw. Sie erfüllte Funktionen, für die heute ganz verschiedene Materialien benutzt werden, wie Kunststoffe, Glas, Porzellan oder Metall. In unserem Zusammenhang interessiert fast ausschließlich die Feinkeramik, die kaum mehr als 10% der gesamten Keramik ausmachte. Sie diente als Trinkgeschirr, zur Aufbewahrung wertvoller Öle und Duftstoffe, als Grabbeigabe oder als Weihgabe. Zwischen dem späten 8. und dem ausgehenden 4. Jahrhundert v. Chr. verzierten griechische Vasen-

1. Beim griechischen Trinkgelage, dem Symposion, lagen die Teilnehmer auf Speisebetten, sog. Klinen. Sie wurden von Knaben bedient, die das Getränk, ein Gemisch aus Wein und Wasser aus großen Kesseln schöpften und in Schalen einschenkten, aus denen die Zecher tranken. Im Bildhintergrund hängt zusätzliches Symposiongeschirr: eine Kanne und eine Schale. Attisch-rotfiguriger Stamnos, um 430 v. Chr.

Bauchamphora

Pelike

Hydria

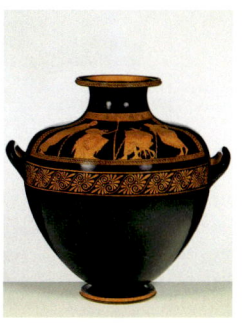

Kalpis

Oinochoe

Olpe

maler die Gefäße mit bildlichen, oft mythischen Themen. Ein führendes Fertigungszentrum griechischer »Vasen«, wie wir die bemalte Feinkeramik im archäologischen Sprachgebrauch nennen, war zunächst Korinth. Seit dem 6. Jahrhundert v. Chr. dominierte dann Athen den Markt. Seine ›schwarzfigurigen‹ und seit 530 v. Chr. dann die ›rotfigurigen‹ Vasen erfreuten sich als Exportartikel größter Beliebtheit, vornehmlich in Etrurien und den großgriechischen Siedlungen in Unteritalien, wo die allermeisten attischen Vasen gefunden worden sind. Hier wurden sie auch eifrig nachgeahmt und die Maltradition in eigenen Schulen fortgeführt. Durch Künstlersignaturen und Stilvergleiche lassen sich viele Gefäße Malern oder Werkstätten zuweisen. Seit dem 3. Jahrhundert v. Chr. verschwand figürliche Bemalung weitgehend aus dem Repertoire der Keramikverzierungen und mythische Bilder tauchten nur noch vereinzelt auf, etwa in massenproduzierter Reliefkeramik, die aus Formschüsseln gewonnen wurde.

Amphoren

Die Bezeichnung ›Amphora‹, die latinisierte Form des griechischen amphoreus, bedeutet zunächst nur, dass es sich um ein zweihenkliges Gefäß handelt (amphi = auf beiden Seiten). Diese vielseitige Gefäßform diente vor allem zur Aufbewahrung und zum Transport von Wein, Öl, Milch, Honig oder auch von festen Nahrungsmitteln. Gewöhnlich handelt es sich dabei um ein Gefäß mit sphäri-

schem Körper und engem Hals, das mit einem Deckel verschlossen wurde. Nach ihrer Form unterscheidet man verschiedene Typen.

Halsamphora · Am häufigsten findet sich die Halsamphora, bei der der Hals deutlich vom übrigen Körper abgesetzt ist. Eine Variante bilden die ›Tyrrhenischen‹ Amphoren (Abb. 22.1), schwarzfigurige Halsamphoren, benannt nach ihrem Hauptfundort Etrurien, die im frühen 6. Jahrhundert v. Chr. in Athen wohl ausschließlich für den Export produziert worden sind. Ihre ungewöhnliche Henkelform hat einer späteren Formvariante, der ›Strickhenkelamphore‹, den Namen eingetragen. Die ›Lutrophoros‹ ist eine besonders schlanke Variante der Halsamphora mit langem Hals (Abb. 45.6). Sie diente zur Aufbewahrung des Wassers für das Bad (der Braut).

Bauchamphora · Diese Amphorenform zeichnet sich durch ihren fließenden Übergang vom Körper zum Hals aus. Als Wein- und Ölbehältnis wurde sie auf dem Markt verkauft. Es gab auch offizielle »geeichte« Maßamphoren dieser Form mit einem Fassungsvermögen von 39,3 l.

Pelike · Diese Variante der Bauchamphora mit einem sackartigen Körper, weiter Mündung und größtem Durchmesser im unteren Gefäßdrittel wurde erst im späten 6. Jahrhundert v. Chr. eingeführt und ist deswegen ausschließlich rotfigurig bemalt.

Wassergefäße

Für das Wasserholen am Brunnen und den Transport des Wassers entwickelte sich eine spezifische Gefäßform. Ihre Bezeichnung Hydria, vom griechischen Wort hydor für Wasser verweist auf die Funktion. Hydrien besitzen einen senkrechten Henkel zum Gießen und zwei waagrechte zum Tragen. Zahlreiche Vasenbilder mit jungen Frauen am Brunnenhaus belegen ihre Handhabung (Abb. 2).

Hydria · Bei der Hydria im engeren Sinne ist der Hals von der Schulter abgesetzt und die beiden horizontalen Henkel sind unmittelbar unter der Schulter angebracht. Die feinkeramischen Exemplare wurden kaum im Alltag verwandt, sondern nur in gehobenen Haushalten und zu besonderen Anlässen.

Kalpis · Bei dem als Kalpis bezeichneten Typus der Hydria verläuft der Übergang vom Hals zur Schulter fließend. Sie wurde erst im späten 6. Jahrhundert v. Chr.

2. Junges Mädchen holt mit einer Hydria Wasser am Brunnen. Sog. Tyrrhenische Amphora des Timiades-Malers, um 570–560 v. Chr.

Volutenkrater

Kelchkrater

Stamnos

Schale (Innenbild)

Schale (Profil)

Lekythos

eingeführt und ist deshalb überwiegend rotfigurig bemalt.

Kannen

Die bemalten Kannen waren Schöpfgefäße, mit denen man beim Symposion aus den Mischkrügen den mit Wasser vermischten Wein schöpfte, um ihn dann in die Schalen der Zecher zu gießen.

Oinochoe · Die verbreitetste Kannenform nennen wir ob ihrer Verwendung auch ›Oinochoe‹ (von oinos = Wein und cheo = gießen). Die bauchigen Gefäße mit vertikalem Henkel haben oft eine kleeblattförmige Ausgussmündung.

Olpe · Die vor allem in korinthischen Werkstätten beliebte Olpe ist eine Weinkanne mit fließendem Übergang vom Hals zum Körper und einfachem kreisrunden Rand ohne Ausguss.

Mischgefäße (Kratere)

Unentbehrlich beim Gelage waren große Kessel, sogenannte Kratere (von kerannymi = mischen), zum Mischen von Wein und Wasser – in der Regel im Verhältnis 1:3 –, denn unvermischten Wein zu trinken, galt bei den Griechen als barbarisch. Verschiedene Typen von Mischkesseln werden unterschieden.

Kolonettenkrater · Der Kolonnetten- oder Stangenhenkelkrater wurde um 600 v. Chr. eingeführt. Weil er vor allem in den Töpfereien von Korinth beliebt war, nannte man ihn in der Antike auch »Korinthischer Krater«. Kennzeichnend sind die säulchenförmigen Henkel, die oben mit dem waagerechten Rand abschließen.

Volutenkrater · Die schneckenförmig eingerollten und über den Rand kragenden Henkelenden geben dem Volutenkrater seinen Namen. Die Form wurde um 600 v. Chr. in spartanischen Bronzewerkstätten erfunden und erst später in Ton umgesetzt. In Athen ursprünglich ein Symposionutensil entstanden in Unteritalien ab etwa 430 v. Chr. riesige Gefäße dieser Form, die als Grabmonumente in die dortigen Gräber gelangten.

Kelchkrater · Der nach seinem ausschwingenden, einem Blütenkelch ähnelnden Körperprofil benannte Kelchkrater ist wohl eine Erfindung des berühmten attischen Töpfers und Malers Exekias (um 520 v. Chr.). Die Henkel sind charakteristischerweise in der unteren Gefäßhälfte angebracht.

Lebes · Ein weiteres Weinmischgefäß war der Dinos, häufig auch Lebes genannt, ein großes, sphärisches Gefäß mit weiter Mündung, ohne Henkel und standfähigen Boden. Diese Form ist durchaus häufig unter den Metallgefäßen, seltener in der Keramik, weil sie zusätzlich einen Ständer benötigte.

Stamnos · In der Antike bezeichnete man als stamnos wohl eine Amphorenform, heute versteht man darunter einen ovoiden Mischkessel mit kurzem Hals und zwei Horizontalhenkeln.

Trinkgefäße

Getrunken wurde im alten Griechenland vor allem aus Bechern und Schalen. Beim Symposion, wenn die vornehmen Leute im Liegen tranken, bevorzugten sie Schalen (Abb. 3).

Schale · Die häufigste Form der Trinkschale, die ›Kylix‹, besteht aus einem Schalenbecken, zwei waagrechten Henkeln und einem Standfuß. Der Zecher hielt sie beim

3. Der liegende Zecher führt die Trinkschale an den Mund. Die Schale wird dabei am Fuß, nicht an den seitlichen Henkeln gehalten. Detail eines attisch-rotfigurigen Kraters, um 510 v. Chr.

4. Rekonstruktion eines geometrischen Hauses mit in den Boden eingelassenem Pithos (Vorratsgefäß).

Exaleiptron

Terra Sigillata

Lampe

Silberbecher

Dreifußkessel

Sarkophag

Trinken nicht an den Henkeln, die dienten zum Aufhängen der Gefäße an der Wand, sondern am Standfuß. Je nach Tiefe des Beckens, Konturverlauf, Höhe des Fußes und Dekor unterscheidet man eine Vielzahl von Typen.

Skyphos · Der Skyphos, gelegentlich auch Kotyle genannt, war vermutlich das beliebteste, weil einfachste Trinkgefäß. Es handelt sich um einen Napf mit zwei meist waagrechten Henkeln auf Höhe des Randes.

Toilettengefäße

Neben Speiseöl, das gewöhnlich in großen Amphoren abgefüllt wurde, benötigte man in der Antike allerlei kleine Salb- und Duftölgefäße für wertvolle mit Duftstoffen versetzte Öle. Sie besitzen eine enge Mündung und einen breiten Rand, um möglichst sparsam verwendet werden zu können. Wurden Salbölgefäße von Männern wie Frauen benutzt, so finden sich Pyxiden vor allem in weiblichen Kontexten.

Aryballos · Der Aryballos ist ein kugeliges oder birnenförmiges Salbölgefäß mit vertikalem Henkel und ohne Fuß. Er scheint besonders von Athleten geschätzt worden zu sein, die ihn mit einer Schnur am Handgelenk befestigten.

Lekythos · In der Antike war Lekythos der Oberbegriff für Salbgefäße. Im engeren Sinne wird darunter ein meist schlankes, seltener bauchiges Gefäß mit schlankem Hals, senkrechtem Henkel und weiter Mündung auf abgesetztem Fuß verstan-

den. Lekythen fanden im Alltag Verwendung, waren aber vor allem eine beliebte Grabbeigabe.

Exaleiptron · In diesem meist henkellosen Gefäß mit weitem, flachen Körper und nach innen umbiegendem Rand wurde Salböl kreisförmig geschwenkt, ohne den wertvollen Inhalt zu vergießen. Es besitzt einen konischen Fuß und wurde in der Regel mit einem Deckel verschlossen.

Pyxis · Die Pyxis (Abb. 44.8b) ist ein zylindrisches oder kugeliges Behältnis mit Deckel. Unser Wort Büchse ist sprachlich verwandt. In Pyxiden bewahrten Frauen Schmuck, Salben, Kosmetika, Weihrauch etc. auf.

5. Ein junges Mädchen sitzt auf einem Hocker und betrachtet ihr Gesicht in einem geöffneten Klappspiegel. Terrakotta-Statuette, um 250–220 v. Chr.

Reliefverzierte Keramik

Pithos · Seit vorgeschichtlicher Zeit und noch bis heute werden große, dickwandige und unbemalte Vorratsgefäße als Pithoi bezeichnet (Abb. 4). Im 8. bis 6. Jahrhundert v. Chr. waren sie gelegentlich reliefverziert. Sie konnten auch für Bestattungen dienen.

Homerische Becher · Die ›Homerischen Becher‹ stellen eine Sonderform der im Hellenismus aufkommenden ›Megarischen Becher‹ dar, halbkugelige Trinkgefäße mit Reliefdekor, die mit Hilfe von Formschüsseln massenweise produziert werden konnten. Sie wurden vor allem in Makedonien hergestellt und bilden Szenen aus den Werken Homers und den klassischen Dramen ab (Abb. 34.2).

Terra Sigillata · Seit etwa 40 v. Chr. entwickelte sich die in hellenistischer Tradition stehende römische ›Terra Sigillata‹ zu einer Art »Reichsgeschirr«. Es handelt sich um anspruchsvolle Reliefkeramik aus feinem, hart gebranntem Ton mit rotem Überzug, die wohl Metallvorbilder nachahmt. Gefertigt in Formschüsseln, tragen die Gefäße dekorative Reliefkompositionen in klassizistischem Stil.

2. Andere Gerätschaften

Auch andere kunsthandwerkliche Erzeugnisse des täglichen Gebrauchs konnten figürlichen Dekor tragen, der bisweilen hohe künstlerische Qualität erreichte. Manche haben seit der Antike ihr Aussehen kaum verändert, andere sind uns heute nicht mehr vertraut.

Aschenurne

Münze

Gemme

Glaspaste

Lampen · Lampen waren anfangs offene, später geschlossene Schälchen aus Ton oder seltener aus Bronze, die mit Olivenöl als Brennmaterial gefüllt wurden. Als Docht wurde Hanf oder Flachs in eine Schnauze gesteckt. Zur leichteren Handhabung verfügten sie über einen Griff oder ein Loch zum Transport mit dem Stock. Im frühen 3. Jahrhundert v. Chr. begann in Ägypten und Kleinasien die Produktion von reliefverzierten Tonlampen aus Matrizen, die bald auch Bilder aus Alltag und Sagenwelt zeigten.

Spiegel · Die Antike kannte verschiedene Spiegeltypen, wie Griff- (Abb. 15.5), Stand- oder Klappspiegel (Abb. 5). Als Spiegel diente jeweils eine polierte Bronzescheibe, Rückseite, Griff oder Deckel waren oft mit Gravurzeichnung, Relief oder plastischer Applikation dekoriert (Abb. 2.3).

Möbelzier · Edle Möbel, wie Truhen, Throne oder Klinen (Abb. 6), besonders solche sakraler und sepulkraler Verwen-

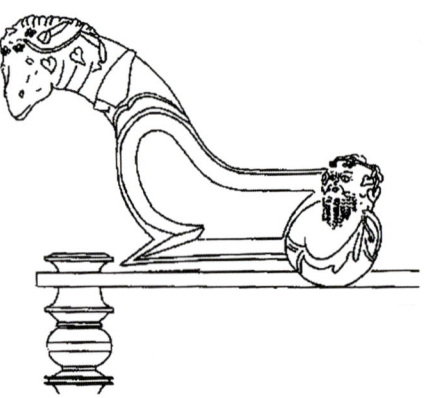
6. Rekonstruktion der bronzenen Verzierung (fulcrum) an der hölzernen Lehne eines Speisesofas (Kline).

dung, waren in der Antike mit Schnitzereien oder Beschlägen aus Bronze (Abb. 13.1) oder Terrakotta verziert.

Silbergeschirr · Gefäße aus wertvollen Materialien (Edelmetall, Glas). Zum Teil figürlich verziert, lösten im Hellenismus die bemalten Vasen als Luxusgeschirr ab und fanden auch Eingang in wohlhabende römische Haushalte. Dort anfangs noch als Zeichen verweichlichter Lebensart verdächtig, wurden sie später sogar und gerade von Militärs mitgeführt. Im 2. Jh. n. Chr. entwickelten sich auch in Gallien und Germanien neue Produktionszentren.

Dreifußkessel · Für große Kessel, die keinen standfähigen Boden besaßen, benötigte man Ständer. Am verbreitetsten war die Form des Dreifußes, seltener waren sie konisch. Derartige Dreifußkessel aus Ton, Eisen oder Bronze benutzte man im Haushalt, in anspruchsvollerer Gestalt aber vor allem im sakralen und sepulkralen Bereich, als Weihgabe, Siegesmal oder Grabbeigabe.

Schildbänder · Eine bemerkenswerte Gruppe unter den archaischen Bronzereliefs bilden die bronzenen Schildbänder, die z. B. im Heiligtum von Olympia in großen Mengen gefunden wurden. Dabei handelt es sich um 25 bis 45 cm lange Blechstreifen, die im Schildinneren zur Befestigung des Schildarmbügels dienten. Sie sind stockwerkartig in Bildfelder gegliedert und tragen über Matrizen getriebene Bilder, oft mythische Einzelfiguren oder Szenen aus der Sagenwelt (Abb. 52.1).

Sarkophage und Aschenurnen · In Kleinasien, Etrurien und seit dem 2. Jahrhundert n. Chr. auch in Rom wurden vornehme Tote in Sarkophagen bestattet. Die Etrusker praktizierten daneben auch die Brandbestattung, in Rom lange die vorherrschende Bestattungssitte. Die Etrusker setzten die Asche in Urnen oder Kisten bei, welche ebenso wie die Sarkophage mit Reliefs geschmückt sein konnten. Die römischen Marmorsarkophage entwickelten sich zu einer bedeutenden Gattung der römischen Bildkunst. Mythologische Themen waren besonders beliebt.

3. Münzen und Schmuck

Kleinformatige figürliche Bilder auf Schmuck, geschnittenen Steinen und Münzen zierten den Bildträger, transportierten aber häufig auch – vor allem im Fall der Münzen – politische »Botschaften«.

Münze · Die Münze ist ein handliches Metallstück, anfangs nur aus den Edelmetallen Elektron, Gold und Silber, später auch aus Kupfer und Bronze, das als Zahlungsmittel dient und für dessen Gewicht und Feingehalt der Staat durch Bild und Aufschrift bürgt. Schnell erkannten die prägenden Institutionen (Städte, Könige, Kaiser) die propagandistischen Möglichkeiten der Münzbilder. Von Lydien in Kleinasien über Griechenland verbreitete sich die Münze auch nach Rom, wo sie schließlich zum massenhaft verbreiteten Propagandamedium wurde.

Schmuck · Material und Motive weisen darauf hin, dass Schmuck in der Antike nicht nur seinen Träger zierte, sondern oft auch als übelabwehrend und glückbringend galt. Anders als im Orient wurde er bei Griechen und Römern überwiegend von Frauen getragen. Er wurde auch als Votiv den Göttern geweiht und begleitete den Toten in sein Grab. Kränze und Diademe hatten meist kultische oder zeremonielle Bedeutung.

Geschnittene Steine · Die Steinschneidekunst (›Glyptik‹) hat ihre Ursprünge in Mesopotamien, fand aber im 6. Jahrhundert v. Chr. Eingang in die griechische und bald darauf auch in die italisch-römische Kleinkunst. Edel- und Halbedelsteine sowie Glasflüsse erhielten Bild oder Inschrift in vertiefter (Gemmen) oder erhabener Reliefarbeit (Kameen). Die Steine waren meist oval oder kreisrund und dienten als Siegel, Ringsteine oder Amulette. Sie trugen mythische, religiöse oder politische Symbole. Eine Sonderform der Gemme bilden die ursprünglich aus Ägypten stammenden Skarabäen, die die Gestalt eines Mistkäfers besitzen.

Glaspaste · Glaspasten sind Abdrücke von Gemmen aus buntem Glas, hergestellt mit Hilfe einer von der originalen Edelsteingemme genommenen Matrize. Sie waren preiswerter Ersatz für Edelsteingemmen, wurden jedoch ebenso als Schmucksteine, Siegel oder militärische Orden benutzt.

B. Bauplastik

Die antike Architektur trug oft reichen Bauschmuck. Gerade Sakralbauten wurden außen und innen mit Reliefs und Skulpturen ausgestattet. In Griechenland und im späteren Rom war das bevorzugte Material Stein, wenn möglich Marmor, in Etrurien dagegen Ton. Die Bildthemen wählte man oft aus dem Mythos. Sie vermittelten oft politische »Botschaften« der Personen oder Gemeinschaften, die das Bauwerk in Auftrag gegeben hatten.

Giebelschmuck · Die dreieckigen Giebelfelder zwischen Gebälk und Pultdach über den Schmalseiten der Tempel, wurden entweder mit Skulptur oder Malerei ausgestattet. Giebelskulpturen konnten freiplastisch gearbeitet sein, standen durch ihre Bindung an die Fläche aber dem Relief näher (Abb. 7).

Metopen und Friese · Am dorischen Tempel wurden die Metopen, in der ionischen Ordnung der durchgehende Fries als Bildträger genutzt. Beide trugen entweder Malerei- oder häufiger Reliefschmuck erzählenden Charakters (Abb. 32.2).

Wandmalerei · Einige makedonische Gräber vermitteln uns eine Ahnung von der weitgehend verlorenen griechischen Malerei. Bedeutende Werke der römischen Wandmalerei haben sich dagegen vor allem in den 79 n. Chr. verschütteten Vesuvstädten Pompeji und Herculaneum erhalten. Seit dem 1. Jahrhundert v. Chr. schmückten immer wieder Szenen aus dem Mythos die Wände (Abb. 24.2).

C. Plastik

Skulpturen wurden in der Antike nicht um ihrer selbst willen geschaffen, sondern waren Auftragsarbeiten mit konkreten Funktionen im privaten und öffentlichen Leben. Größe, Material und Qualität der Ausführung variieren je nach Bedeutung.

Statue · Freistehende rundplastische Figuren von Unterlebensgröße bis zu kolossalem Format standen als Kultbild, Weihgeschenk, Grab- oder Ehrenstatue auf Gräbern, öffentlichen Plätzen und in Heiligtümern. Sie wurden vorzugsweise aus Marmor oder Bronze hergestellt, vielfach auch reich bemalt. Griechische Plastik ist heute meist nur noch in römi

7. Ansicht der Ostfront mit Giebelfiguren. Holzmodell des Aphaiatempels auf der Insel Ägina. Glyptothek, München.

schen Kopien erhalten. Vor allem seit dem 1. Jahrhundert v. Chr. demonstrierten Angehörige der führenden Schichten ihre Bildung durch private Galerien in Villen und Gärten.

Relief · Neben den angesprochenen Baureliefs gab es auch freistehende Grab-, Votiv- oder Urkundenreliefs; ferner schmückten Reliefs auch Brunnenanlagen, Statuenbasen und Altäre. Sie waren in der Regel aus Marmor. Billiger und künstlerisch anspruchsloser waren Terrakottareliefs, die entweder durch freies Formen oder aus Matrizen gewonnen wurden. Die Gruppe der ›Melischen Reliefs‹ entstand im 5. Jahrhundert v. Chr. auf den Kykladen, ihr Hauptfundort ist die Insel Melos. Die kaum über 25 cm hohen Tonreliefs geben oft mythische Szenen wider.

Porträt · Die antiken Bildnisse gliedern sich in das ›Typenporträt‹, das zunächst vorwiegend Dichter, Philosophen und Staatsmänner scheidet, und das ›Individualporträt‹. Im 5. Jahrhundert v. Chr. werden in Griechenland erste individuelle Züge gestaltet. Erst im späten Hellenismus tritt das Individuelle infolge römischen Einflusses stärker in den Vordergrund. Die Herrscherporträts beeinflussen in der Kaiserzeit das Privatporträt. Anders als in Griechenland ist in Rom allein der Kopf individuell.

Statuette · Kleinformatige Statuetten fanden in erster Linie im privaten Bereich Verwendung. Sie sind oft großformatigen Originalen nachempfunden und konnten aus Ton oder Bronze, aber auch aus wertvollen Materialien wie Gold oder Elfenbein gefertigt sein. Sie wurden im Haus aufgestellt oder dienten als Votive in Heiligtümern und als Grabbeigaben. Terrakotten waren preiswerter und damit für weite Kreise erschwinglich. Im Hellenismus kam es zu einer regelrechten Massenproduktion von matrizengefertigten Figuren.   *A. T.*

Das Bildnis des Homer

Wir haben nur seine Verse, »denn alles übrige, sein Vaterland, seine Herkunft, die Zeit, wann er gelebt hat, ist ungewiss. Wäre es nicht so, würde wohl nicht bis auf diesen Tag ein so großer Streit darüber sein, ob er zu Kolophon oder Kyme, zu Chios oder Smyrna, oder gar zu Theben in Ägypten, oder was weiß ich woanders auf die Welt gekommen sei, oder würde man ihm bald den Lydier Maion, bald einen Flussgott zum Vater, und zur Mutter bald eine gewisse Melanope, bald eine Nymphe vom Geschlecht der Dryaden gegeben haben, vermutlich weil die Menschen zu seiner Zeit so rar waren? Ebenso ungewiss ist es, wann er gelebt hat: denn die einen setzen ihn in die heroische Zeit, andere in die Epoche der Auswanderung der Griechen nach Jonien. Ebenso wenig kann man bestimmen, ob er vor, mit, oder nach Hesiod lebte; ja die Ungewissheit erstreckt sich sogar bis auf seinen Namen, und es gibt Gelehrte, welche behaupten, sein wahrer Name sei Melesigenes, nicht Homeros gewesen. Endlich lassen sie auch das Glück sehr ungnädig mit ihm verfahren; denn nach einigen solle er blind gewesen sein, nach anderen ein Bettler.«[1]

Bereits im Altertum wusste man, wie diese Worte des römischen Dichters Lukian (2. Jahrhundert n. Chr.) beweisen, nichts Gesichertes über Homer, was aber damals die Gelehrten nicht von immer neuen kühnen Theorien über das Leben dieses Dichters abhielt. Sicher wissen wir nur, dass die *Ilias* und die *Odyssee* die ältesten uns unversehrt überlieferten Werke der Weltliteratur sind. Die beiden Epen umfassen fast 30.000 Verse, alle geschrieben in Hexametern, einem Versmaß, bei dem jede Verszeile sechs betonte Silben enthält. Solche Lieder, wenn auch meist kürzere, sind vor der Einführung der Schrift von Sängern aus dem Gedächtnis, mit allen Möglichkeiten der Improvisation, zur Leier vorgetragen worden. Aus dieser Überlieferungsform lassen sich manche sprachliche Besonderheiten erklären, so die häufige Wiederkehr schmückender Beiwörter, vor allem für Personen, wie z. B. der listenreiche Odysseus, die häufig gleichen Satzanfänge und Satzendungen und die in ganzen Versreihen sich immer wiederholenden typischen Szenen, wie das Rüsten, das Mahl der Krieger oder die Ausfahrt eines Schiffes.

Die raffinierte Komposition der Epen legt die Vermutung nahe, dass die uns überlieferten Fassungen der *Ilias* und *Odyssee* schriftlich konzipiert wurden. Aufgrund philologischer und archäologischer Forschungen erscheint es uns heute als sehr wahrscheinlich, dass diese schriftlichen Fassungen im 8. Jahrhundert v. Chr. entstanden, wobei die *Ilias* in die Mitte, die *Odyssee* an das Ende des Jahrhunderts datiert werden. In diese Zeit passen die Schilderungen von Lebensweise und sozialen Verhältnisse der Helden. In der Antike sind Homer noch viele andere, sichtlich spätere Werke zugeschrieben worden. So eine Sammlung von Götterhymnen und ein komisches Epos, in dem sich Katzen und

1–2 Homer, Römische Kopie eines griechischen Originals, um 460 v. Chr. (Kat. 1)

Mäuse wie Helden bekriegen – alles in Hexametern.

In der *Ilias* wird häufig darauf hingewiesen, dass dieses Epos von einer früheren Zeit handelt. Es scheint auch, dass manche der von Homer ausführlich beschriebenen ungewöhnlichen Kunstgegenstände und bestimmte Rüstungsstücke sich am ehesten mit einer früheren Zeit verbinden lassen. Schon im Altertum setzte man die Geschichte des Trojanischen Krieges, von der die *Ilias* erzählt, in eine unbekannte Vorzeit. Es waren die riesigen Mauern Trojas,

3 *Apotheose des Homer, Relief des Archelaos von Priene, um 130 v. Chr., London.*

4 *Neben dem thronenden Homer knieen die Personifikationen von Ilias und Odyssee. Detail vom Relief des Archelaos von Priene, um 130 v. Chr., London.*

Mykenes, Tiryns und anderer Stätten vorgeschichtlicher Zeit, an denen sich die Phantasie der griechischen Sänger und Dichter entzündete, die Homer im Heldenlied der *Ilias* zusammenfassend gestaltete.

Nicht geschichtliche Überlieferungen, sondern diese Heldenlieder, allen voran die *Ilias*, die *Odyssee* und manch andere uns nur ganz bruchstückhaft erhaltene Epen gaben den genannten vorgeschichtlichen Burgen, über deren historisches Schicksal schon die alten Griechen nichts wussten, Namen und Geschichte. Die Sage brachte ihnen den unvergänglichen Ruhm, der sie noch heute umgibt.

Die moderne Philologie sieht im strukturellen Aufbau und in der Erzählform der *Ilias* und *Odyssee* solch gewichtige Unterschiede, dass man jetzt nicht mehr glaubt, *Ilias* und *Odyssee* seien von derselben Person schriftlich niedergelegt worden. Gewöhnlich wird nur die *Ilias* Homer zugeschrieben, während die *Odyssee* von einem anderen Dichter stammen soll, dessen Name, vom Glanz Homers verdunkelt, schon frühzeitig in Vergessenheit geriet.

In der Antike war man aber fest überzeugt, Homer habe beide Epen geschrieben. So sieht man auf einem griechischen Relief, das die »Vergöttlichung« Homers darstellt, den Dichter auf einem Thron sitzen und zu beiden Seiten knien seine ›Kinder‹ (Abb. 3 – 4): Die *Ilias* wird durch ein Schwert charakterisiert, und die Odyssee hält eine Schiffszier in der Hand, die auf die Irrfahrten des Odysseus hinweist. Gottgleich thront Homer und empfängt die ihm huldigenden literarischen Gattungen: Historie, Poesie, Komödie und Tragödie. Hinter Homer stehen der geflügelte »Chronos«, also die im Flug vergehende Zeit, mit den Buchrollen der *Ilias* und *Odyssee* in den Händen und »Oikumene«, die bewohnte Welt, die Homer bekränzt. Die einzelnen Figuren sind namentlich beschriftet, und somit ist die Aussage der Darstellung klar: Der Ruhm des Dichters kennt keine räumlichen und zeitlichen Grenzen. In den Bildfeldern über Homer sieht

man den leierspielenden Apoll inmitten der Musen. Ganz oben lagert Zeus mit dem Szepter in der Hand. Neben ihm steht »Mnemosyne«, die Personifikation der Erinnerung und die Mutter der neun Musen. Sie hat »eben von Zeus die Erlaubnis zur Vergötterung ihres Lieblings erhalten« (Goethe). Und so ist auch Homer in Haltung und Gestik göttergleich dargestellt. Ähnliche Darstellungen von Homer finden sich auch auf antiken Münzen: So ließ die Insel Ios, die sich wie manch anderer Ort in der Antike rühmte, das Grab Homers zu besitzen, Münzen mit einem Homerporträt prägen, das so vollkommen dem Zeusbild angeglichen ist, dass diesen Bildniskopf ohne die Beischrift »Homer« auch in der Antike niemand als Bildnis des Dichters hätte identifizieren können.

Da Homer lange vor der Zeit lebte, in der die Griechen ein individuelles Menschenbild gestalteten, ist sein Aussehen auch der Antike unbekannt gewesen, und die griechischen Künstler mussten sein Bild ›erfinden‹. Da sich die Anschauung von Homer und seinem dichterischen Werk im Lauf der Antike wandelte, musste sich auch sein Bild ändern. Die verschiedenen Homerbildnisse spiegeln also die unterschiedlichen Vorstellungen wider, die man zur jeweiligen Zeit von dem Dichter hatte.

Obwohl in der Antike jedes Schulkind Verse von Homer auswendig lernen musste und sicherlich vielerorts Homerbildnisse aufgestellt waren, hat sich uns nur ein einziges rundplastisches Porträt erhalten, das mit seinem Namen beschriftet ist. Dieses ist aber eine Schöpfung römischer Zeit, zudem von minderer Qualität, weshalb es uns keinen sicheren Hinweis auf das Aussehen der griechischen Bildniserfindungen geben kann. Dass wir diese dennoch unter den vielen erhaltenen antiken Köpfen identifizieren können, verdanken wir allein dem Hinweis antiker Schriftsteller, Homer sei blind gewesen. Die Vorstellung von der Blindheit Homers ist sicher nicht ein individueller biographischer Zug, sondern geht von der auch in den alten Kulturen des Orients verbreiteten

Ansicht aus, dass durch Blindheit dem Dichter und Sänger eine besondere Begabung der Erinnerung und eine von allem Äußeren nicht ablenkbare innere Schau und tiefstes Wissen zuteil werde. Homer schildert in der *Odyssee* den blinden Sänger Demokodos mit den Worten: »Den liebte die Muse über die Maßen und hat ihm Gutes wie auch Schlimmes gegeben: der Augen hat sie ihn beraubt, doch ihm den süßen Gesang gegeben.«[2]

Vasenbilder mit Darstellungen des blinden Phineus, eines sagenhaften Königs, den die Götter mit dem Verlust des Augenlichts straften, bezeugen, dass die griechische Bildkunst des 5. Jahrhunderts v. Chr. die Blindheit eines Menschen durch geschlossene Augenlider darzustellen versuchte. Den bekannten Porträtkopf in der Münchner Glyptothek, dessen Augen geschlossen sind, hat man früher als Bildnis des sagenhaften kretischen Wundertäters Epimenides, der 50 Jahre seines über 200 Jahre langen Lebens in einer Höhle geschlafen haben soll, gedeutet (Abb. 1–2). Zu einem Schlafenden passt aber weder die aufrechte Kopfhaltung noch die Darstellung der Augen. Das Oberlid deckt nicht wie bei einem Schlafenden den ganzen Augapfel, sondern es fällt nur über den halben Augapfel herab, als könne der Dargestellte sein Oberlid nicht mehr durch Muskelkraft halten. Diese realistische Beobachtung hat nun der Bildhauer zur Darstellungsform der Blindheit benützt. Da der Künstler bei dieser Lidhaltung keinerlei Anspannung der Gesichtsmuskulatur, die natürlicherweise an Wangen und Augenbrauen sichtbar sein müsste, wiedergibt, verliert diese Darstellungsform des halb geschlossenen Auges jeglichen situativen und veränderbaren Charakter und wird zur Formel für ewige Blindheit.

Von dem Münchner Bildnistypus gibt es noch weitere 12 Wiederholungen, alle geschaffen in der römischen Kaiserzeit.[3] Das originale, uns verlorene griechische Werk muss folglich einen bedeutenden Mann dargestellt haben. Die Binde im Haar lässt auf einen Dichter schließen. Das Bildnis ähnelt zudem in Bart und Fri-

5 *Homer. Römische Kopie eines griechischen Originals des 2. Jh. v. Chr., Neapel.*

sur etwas dem oben erwähnten, namentlich bezeichneten bronzenen Homerporträt aus römischer Zeit. Kurzum: In diesem berühmten alten Mann kann nur Homer dargestellt sein.

Wie alle griechischen Porträts gehörte auch dieser Kopf ursprünglich zu einer Statue. Ihr Aussehen ist uns unbekannt. Nach der aufrechten Kopfhaltung wird man sie sich eher als Standfigur und nicht als eine Sitzstatue vorstellen dürfen. Der Vergleich der Haar- und Bartbil-

dung dieses Kopfes mit griechischen Werken legt nahe, dass die originale Statue in den Jahren um 460 v. Chr. entstand. Sie war wohl in Bronze gearbeitet. Damit ist fast alles gesagt, was man an einigermaßen Gesichertem über dieses Homerbildnis weiß: ursprünglicher Aufstellungsort, Auftraggeber und Künstler sind uns unbekannt. Aber auch die Kopien aus römischer Zeit, deren beste der Münchner Kopf ist, lassen noch den Reiz des Originals erahnen und die

Intentionen des griechischen Bildhauers erkennen.

Er hat Homer nicht als einen von körperlichem Verfall gezeichneten Greis, sondern als würdigen alten Mann dargestellt. Schon die typischen Altersmerkmale wie eingefallene Wangen, Schläfen und tiefe Augenhöhlen sind zurückhaltend angegeben. Vor allem aber weist das volle Haupthaar nicht auf ein hohes Alter des Dargestellten hin: Dichte, lange Strähnen, die von einer Binde gehalten werden, bedecken den Kopf. Über Ohren und Nacken kräuselt sich das herabfallende Haar in dicken Locken. Die Stirn bleibt frei, indem die in das Gesicht fallenden, langen Strähnen aufgenommen und über der Stirnmitte zu einem kleinen Knoten gebunden werden – eine Frisur, die sich auch bei anderen Köpfen dieser Zeit, u. a. bei Göttern und Jugendlichen, findet. Sorgsam gepflegt ist der mächtige Bart, der weniger ein Zeichen des Alters als der Würde ist. Der Kopf wendet sich leicht zur Seite. Ruhe und Vornehmheit strahlt das Bildnis aus. Homer wirkt wie fernab von dieser Welt, als würde er nichts Äußeres wahrnehmen. Den leicht geöffneten Mund mit der vollen Unterlippe könnte man sogar so deuten, als würde Homer in tiefer Versunkenheit seine eigenen Verse memorieren.

Diese würdevolle Darstellung des Dichters hat, wie die zahlreichen römischen Kopien beweisen, auch Jahrhunderte später nichts von ihrer Wirkung verloren. Um 500 n. Chr., also fast 1000 Jahre nach Entstehen unserer Statue, befand sich offensichtlich in den Zeuxipposthermen von Konstantinopel noch eine Bildnisstatue des Homer, die der spätantike Dichter Christodoros mit Worten beschreibt, die auf dieses würdevolle, klassische Homerbild zutreffen: »... er glich einem Alten, aber sein Alter war mild, denn eine unendliche Anmut goß es über ihn aus, einen glänzenden Schimmer, in dem sich Hoheit und Güte vereinten und Ehrfurcht strahlte sein Antlitz ... Er hatte die Hände aufeinander gelegt, indes auf den Stab er sich stützte gleichsam als lebte er noch unter lebenden Menschen. Er neigte lauschend sein rechtes Ohr und schien auf Apollon zu horchen oder auf eine der Musen bei ihm«.[4]

Das würdevolle Bildnis des blinden Homer, wie es die frühklassische Kunst um 460 v. Chr. schuf, hat die Archäologie erst vor 100 Jahren identifizieren können. Hingegen gestaltete die griechische Kunst hellenistischer Zeit die Blindheit des Dichters in solch pathetischem wie auch überzeugendem Realismus, dass diese neue Vision des Homerbildes schon in der Renaissance richtig erkannt wurde (Abb. 5). Es ist ein Homerporträt von suggestiver Kraft: Erloschen wirkt der Blick aus den halbgeschlossenen Augen, deren Lider unbeweglich, wie tot erscheinen. Die Haut an Wangen und Schläfen ist welk. Ein Greis, dem die hohe Stirn, Bart, lockiges Haar und die Dichterbinde eine ergreifende Würde verleihen. Wie kein anderes griechisches Porträt hat diese bildnerische Vision vom »Fürsten und Ahn« aller Dichter, wie Homer von Dante genannt wurde, die abendländischen Künstler und Dichter in ihren Bann gezogen.[5] Rembrandt besaß selbst solch ein Bildnis Homers, von dem wir heute über 25 kaiserzeitliche Kopien zählen können. Vom Aussehen der ursprünglich dazugehörigen Statue wissen wir leider nichts. Zudem sind die uns erhaltenen römischen Kopien des Kopfes in den Detailbildungen sehr unterschiedlich und stark vom Stil ihrer Entstehungszeit geprägt, so dass wir das Aussehen der originalen griechischen Bildnisstatue nur erahnen können.

Doch selbst im matten Widerschein der römischen Kopien leuchtet etwas vom Glanz der originalen künstlerischen Vision auf, die Goethe in die Worte fasste:

»Tret ich unbelehrt vor diese Gestalt; so sage ich: Der Mann sieht nicht, hört nicht, fragt nicht, strebt nicht, wirkt nicht. Der Mittelpunkt aller Sinne dieses Haupts ist in der oberen, flach gewölbten Höhlung der Stirne, dem Sitz des Gedächtnisses. In ihr ist alles Bild geblieben, und alle ihre Muskeln ziehen sich hinauf, um die lebendigen Gestalten zur sprechenden Wange herabzuleiten. Niemals haben sich diese Augenbrauen niedergedrängt, um Verhältnisse zu durchforschen, sie von ihren Gestalten abgesondert zu fassen, hier wohnt alles Leben willig mit und neben einander.

Es ist Homer!

Dies ist der Schädel, in dem die ungeheuren Götter und Helden so viel Raum haben als im weiten Himmel und der gränzlosen Erde ...

Dies ist der Olymp, den diese rein erhabene Nase wie ein anderer Atlas trägt, und über das ganze Gesicht solch eine Festigkeit, solch eine sichere Ruhe verbreitet.

Diese eingesunkne Blindheit, die einwärts gekehrte Sehkraft, strengt das innere Leben immer stärker und stärker an, und vollendet den Vater der Dichter.

Vom ewigen Sprechen durchgearbeitet sind diese Wangen, diese Redemuskeln, die betretnen Wege, auf denen Götter und Heroen zu den Sterblichen herabsteigen; der willige Mund, der nur die Pforte solcher Erscheinungen ist, scheint kindisch zu lallen, hat alle Naivität der ersten Unschuld; und die Hülle der Haare und des Barts, verbirgt und verehrwürdiget den Umfang des Haupts.

Zwecklos, leidenschaftslos ruht dieser Mann dahin, er ist um seiner selbst willen da, und die Welt, die ihn erfüllt, ist ihm Beschäftigung und Belohnung«.[6]

R.W.

Texte und Bilder

Unser Thema ist die größte und berühmteste Sage der Antike, die Troja-Sage. Sie erzählt vom Kampf um Troja, warum es zum Krieg kam, und was aus den Überlebenden wurde.

Es ist tatsächlich die Erzählung, die unser Thema ist, obwohl wir ein Museum sind, das Objekte aufbewahrt, nicht Texte verwaltet. In der Ausstellung zeigen wir ausnahmslos Objekte, und zwar solche, die als Plastik oder Relief ein Motiv aus dieser Sage darstellen oder wie die attischen Gefäße des 6. und 5. Jh.s v. Chr. mit entsprechenden Bildern geschmückt sind. Diese Darstellungen und Bilder sind in einem großen Teil des Fälle schon dem Sachverhalt nach nur verständlich, wenn der Betrachter die Troja-Sage (zumindest die entsprechende Episode) kennt. Dies galt genauso für den Betrachter in der Antike.[1]

Die Troja-Sage und die Ilias Homer

Von der Troja-Sage ist uns als größter Text die *Ilias* (gr. Iliás) des Dichters Homér (gr. Hómeros) im Umfang von rund 16 000 Hexameter-Versen erhalten, und, wenn wir die Heimkehrergeschichten dazurechnen, die Odyssée (gr. Odysseia) von etwa 12 000 Versen.

Die *Ilias* ist eines der größten Werke der Weltliteratur. Das ist freilich nicht unumstritten: Viele Philologen hielten und einige halten sie heute noch nicht einmal für ein ›Werk‹, sondern für ein Patchwork aus vielen Stücken vieler Autoren. Doch muss uns diese Frage hier nicht bewegen. Die Faszination, die von der *Ilias* ausgeht, ist vielmehr allgemein so groß, dass der erste Schritt sein muss, sich davon zu lösen, wenn man der Troja-Sage gerecht werden will. – Die *Ilias*, daran sei zunächst erinnert, behandelt nicht den ganzen Trojanischen Krieg, sondern eine Episode daraus im 9. oder 10. Kriegsjahr, und zwar, wenn man nachzählt, eine Spanne von 51 Tagen!

Die Troja-Sage war, jedenfalls in schriftlich fixierter Form, nie als Ganzes zusammenhängend dichterisch gestaltet gewesen. Die Sage war sozusagen ein Pool von miteinander in Beziehung stehenden Motiven, aus dem die Sänger Ausschnitte ausgewählt und gestaltet haben. Solange keine Schrift vorhanden war, musste jeder Vortrag vor dem Publikum aus dem Gedächtnis improvisiert werden, und jede Weitergabe in der Zeit bedeutete Veränderung. Eines kann man mit Sicherheit annehmen: Die Motive, z.B. ›das Urteil des Paris‹ waren erheblich stabiler als die jeweilige dichterische Gestaltung; junge Dichtung konnte uralte Motive behandeln.

Von solchen Liedern hat sich in der Antike nur bewahrt, was schließlich in schriftlicher Form fixiert worden war.[2] Die neue Alphabet-Lautschrift war in Griechenland um 800 v. Chr. aus Phönizien aufgenommen und so umgestaltet worden, so dass sie sich – weil sie die Lautfolge analog abbildete – ideal für die Wiedergabe von Gesprochenem, also gerade auch für Dichtung eignete. Groß-Epen wie *Ilias* und *Odyssee* sind schon in ihrer Konzeption ›literarische‹ Gebilde im engeren Sinn. Die *Ilias* und die etwas spätere *Odyssee* könnte im 8. Jahrhundert v. Chr. entstanden sind. Auch die kleineren Epen der Troja-Sage (von denen uns nur Fragmente und spätere Inhaltsangaben überliefert sind) könnten sehr früh verschriftlicht worden sein.

Irgendwann wurden diese kleinen Troja-Epen so um die *Ilias* gruppiert, dass eine fortlaufende Erzählung entstand. Diesen künstlich hergestellten Komplex nennen wir, einer antiken Bezeichnung folgend ›epischer Zyklus‹ (›Sagen-Kreis‹). Die Antike hatte die Epen in ›Bücher‹ (Gesänge, Kapitel, Buchrollen) unterteilt, sodass wir, da uns die jeweilige Bücherzahl überliefert ist, ungefähr die Proportionen abschätzen können. Das Epos ›die Kyprien‹ (11 Bücher) hat die Vorgeschichte vom Beschluss des Zeus, den Trojanischen Krieg zur Entlastung der bedrückten Erde zu inszenieren, bis zu den Ereignissen direkt vor der ›Ilias‹ (24 Bücher) umfasst. Auf die *Ilias* folgt die

›Aithiopis‹ (5 Bücher) mit Achills Siegen über Penthesilea und Memnon, seinem Tod, dem Streit um seine Waffen und dem Selbstmord des Ajas. Dann die ›Iliu persis‹ (2 Bücher), das Lied von der List mit dem hölzernen Pferd und der Zerstörung Trojas. Ferner ist der Titel ›Kleine Ilias‹ (4 Bücher?) überliefert, die vielleicht in Konkurrenz zur Aithiopis und Iliu persis den gleichen Stoff erzählt hat, oder Ereignisse dazwischen (oder nur der Obertitel für die beiden Kleinepen zusammen war). Dem Untergang Trojas folgten die ›Nostoi‹ (5 Bücher) mit Heimkehrergeschichten außer der des Odysseus, die natürlich in der ›Odyssee‹ (24 Bücher) geschildert wird, die wiederum von der ›Telegonie‹ (2 Bücher) bis zum Tod des Odysseus fortgesetzt wurde. Zur Erinnerung: Von all dem sind uns nur *Ilias* und *Odyssee* als Text erhalten.

Lassen wir die Heimkehrergeschichten beiseite, so standen der *Ilias* mit 24 Gesängen drei oder vier kleinere Epen mit zusammen 18 bis 22 Gesängen gegenüber. Und dennoch waren die kleinen Epen erheblich reicher an Episoden/Motiven als die *Ilias*, die im Grunde nur eine einzige Episode zum Drama macht: Achill, vom Heerführer beleidigt, zieht sich vom Kampf zurück und lässt die Griechen in Bedrängnis kommen; doch die gewollte Katastrophe vernichtet auch seinen besten Freund, dies zwingt Achill in den Kampf zurück, den baldigen Tod vor Augen. Aristoteles hat in seiner ›Poetik‹ (um 330 v. Chr.) das Verhältnis so charakterisiert: Aus der *Ilias* könnte man nur eine Tragödien machen, in den Kyprien dagegen findet man den Stoff für viele Tragödien und in der Kleinen Ilias Stoff für acht!

Die *Ilias* hat sich als Spätling in die ausentwickelte Troja-Sage hineingedrängt Wie steht nun die *Ilias* im trojanischen Sagenkreis?[3] Nach den wenigen wörtlich erhaltenen Verse scheinen die Klein-Epen sprachlich allesamt später zu sein als die *Ilias*, doch dies sagt ja nichts über das Alter ihre Motive. Wenn man die *Ilias* daraufhin durchschaut, ergibt sich, dass der Dichter viele Episoden der Troja-Sage kannte, die seiner eigenen Episode in der Chronologie der Ereignisse vorausliegen oder ihr folgen. Teils wird im Text direkt darauf verwiesen oder angespielt, teils verarbeitet Homer Motive, die offenbar für eine andere Episode erfunden worden sind. Darüber hinaus gibt es Motive, die der Ilias-Dichter kennt, aber glättet, verkleinert oder zu vertuschen versucht.[4] Homer hat also die Troja-Sage schon voll entwickelt vorgefunden. Einige Forscher schließen daraus: Homer hat nicht einen schon von früheren Sängern bedichteten Sagen-Abschnitt neu gefasst, sondern er hat die Episode, die die *Ilias* ausführt, extra erfunden und sich so in die bereits vorhandene Ereignisfolge hineingedrängt.

Es gibt viele kleinere Motive, z.B. aus der Jugend Achills (Kap. 11) oder des Paris (Kap. 12), die uns erst aus späten Quellen bekannt sind, z.B. aus den Tragödien des 5. Jahrhunderts v. Chr. oder sogar erst aus dem Fundus den Mythensammlern wie Diodor (1. Jahrhundert v. Chr.) und Apollodor (2. Jahrhundert n. Chr.). Doch könnten viele dieser Motive gleichfalls aus den Klein-Epen stammen und alt und sogar vorhomerisch sein. Dafür gibt es außer den Bildern, die zuweilen textlich spät überlieferte Motive schon viel früher darstellen,[5] ein prinzipielles Argument, das zugleich die hier vertretene Einschätzung der *Ilias* bestätigen kann. Hat Homer die Grundepisode der *Ilias* erfunden, gilt dies auch für den wichtigsten Helden auf Seiten der Trojaner, nämlich Hektor. Er ist in der *Ilias* viel wichtiger als z.B. Paris oder Äneas. Es ist nun merkwürdig, dass es um fast alle als ›vorhomerisch‹ erschließbaren Helden (wie Achill und Paris) ein reiches Gewebe spät überlieferter Motive gibt, aber so gut wie nichts dergleichen bei Hektor.[6] Wäre die Mythenerfindung noch in der Zeit nach der *Ilias* produktiv gewesen, hätte sie sich der Figur Hektors genauso angenommen. Das heißt umgekehrt: Die nichthomerischen Mythenmotive um die anderen Figuren kommen im Kern mit einiger Wahrscheinlichkeit aus vorhomerischer Zeit.[7]

Die Troja-Sage war kein ›Helden-Sang‹

Einer konventionellen Meinung nach steht die *Ilias* in der Traditionslinie einer Heldenkriegsepik, die zugleich der entscheidende Strang der Dichter- und Sängerkunst durch die Jahrhunderte gewesen sei und in welche die Troja-Epik zu allererst gehört. Das Zweite möchte ich hier grundsätzlich bestreiten.

Auf die genannte Konstruktion stützt sich unter anderem auch die Zuversicht der Forscher, die an die Historizität des Trojanischen Krieges glauben: Gleich nach dem Krieg begannen die Heldensänger zu dichten …

Es sei zunächst daran erinnert, dass die Frage nach der Historizität des Trojanischen Krieges für unsere Ausstellung von Bildern zur Sage ganz unwichtig ist. Auch an dieser Stelle geht es mir um etwas anderes: Die *Ilias*, die man als Werk der Dichtkunst gar nicht überschätzen kann, wird, wenn man sie wie üblich als Inbegriff der Troja-Sage nimmt, in dieser Hinsicht vollkommen überschätzt. Die Sage bekommt durch diese Perspektive ein heldisch-aristokratisches Kostüm verpasst, das sie gründlich entstellt. Und man verkennt die Außerordentlichkeit der *Ilias*.

Der Trojanische Krieg der Troja-Sage steht, wenn wir die *Ilias* einmal beiseite lassen, unter dem religiösen Vorzeichen eines gerechten Verhängnisses: Zeus selbst plant den Untergang des zu zahlreich und zu groß gewordenen Heroengeschlechts und er bewirkt den Untergang, indem er auf raffinierte Weise den Krieg inszeniert (Kap. 7). Eine Religiosiät, die eine Art grundsätzlicher Schuld für das Geschlecht der Großnamigen voraussetzt, gehört kaum zur aristokratischen Ethik, sie ist, wenn wir auf den Klassen-Begriff verzichten, ›volkstümlich‹. Die Entscheidungen des Zeus und der andern Götter in der *Ilias* dagegen sind kaum in diesem Sinne religiös zu nennen, sondern eher Ausdruck von Herrensouveränität.

Die Grundkonstellation des gottgewollten Verhängnisses ist keine Sekundärinterpretation, sondern steckt gerade in den bildkräftigsten Motiven der Sage.

Wenn Zeus als seine einzige Menschentochter Helena zeugt (Kap. 8), die Göttin Thetis zwangsverheiratet, den Streit der drei Göttinnen um die Schönheit ausbrechen und den Troerprinzen Paris darüber entscheiden lässt (Kap. 10, 12), so sind das Motive, die nur im Konzept der Unheilskausalität Sinn haben. Und: Diese Motive sind trotz ihres Unheilsaspekts merkwürdig märchenhaft und wiederum alles andere als heldisch-aristokratisch.[8] Weitere Motive, die im Stoff, vom homerischen Stil aus betrachtet, degoutant bis unethisch sind und in ihrem Charakter oft eine magisch-religiöse Tendenz haben, finden sich auch im Umkreis und Kern der Kriegshandlung: die Opferung Iphigenies (Kap. 16), die peinliche Verletzung Philoktets (Kap. 17), Achills Abschlachtung des Knaben Troilos (Kap. 22), Achills Unglücksgeschichte mit Penthesilea und der Mord an Thersites (Kap. 37), der klägliche Tod Achills (Kap. 39), Wahnsinn und Selbstmord des Ajas (Kap. 40) … Und jetzt kommt die ›Lösung‹ des Trojanischen Kriegs, die den Heldenstandpunkt völlig desavouiert! Solange die stärksten Kämpfer, Achill und Ajas lebten, herrschte die Illusion, Troja im Kampf erobern zu können, und solange dauert das sinnlose Schlachten. Den einzigen Beitrag zur Eroberung Trojas leistet Achill mit seinem Tod (der den des Ajas nach sich zieht). Jetzt erst setzt sich die Vernunft durch und die greift zur List.[9]

Die meisten dieser Motive sind mit Sicherheit vor-homerisch und sie sind wichtige Bausteine der Sage. Die Epen, die diese Motive entwickelt und ausgeführt haben (und die die wahren Träger der Troja-Sage waren), können nicht im Stil des erhabenen Heldensanges gewesen sein, wie man sich die Vorläufer der *Ilias* gerne vorstellt.[10] Und sie haben vielleicht auch eine andere Art Publikum gehabt als Homer.

Es wird jetzt noch ein wesentlicher Grund deutlich, warum Homer die Grundepisode seiner *Ilias* neu erfunden hat: Die vornehme, aristokratische (und fast humane) Ethik seines Epos', in dem die Helden selbstmächtig auch in Irrtum und Schuld sind, konnte weder das fatale Unheilskonzept noch solche Motive gebrauchen. Da jene krassen Motive vor der *Ilias*, wie erst recht danach nachweisbar sind, erscheint die *Ilias* immer mehr als ein Sonderfall, nicht als Beispiel einer Heldenlied-Gattung, von der eben nur dieses auf uns gekommen ist. Ein Sonderfall, der wohl einer ganz begrenzten historisch-sozialen Konstellation und einem einmaligen Dichter zu verdanken ist. Schon die Dolonie und die *Odyssee* zeigen sich nicht auf der Höhe jenes vornehmen Stils.

Der Trojanische Sagenkreis und die Bilder

Bei Sagenbildern musste der Betrachter die Sage kennen, um das Bild zu erkennen. Ein großer Teil der Vasenbilder unserer Ausstellung gehört zu dieser Art von Bild. Wir haben allerdings auch andere ausgewählt, für die diese Regel nicht strikt gilt.

Gleich im Voraus sei daran erinnert, dass Bilder keine Texte sind. Bilder sagen etwas aus, wie wir mit einer hilflosen Metapher sagen, aber sie sind etwas völlig anderes als Sprache. Die Bilder unserer Ausstellung, meist, wie gesagt, Verzierung von Gefäßen des 6. bis 4. Jahrhunderts, sind auch keine Illustrationen zu einer Erzählung, wie es sie z.B. als Buchillustrationen seit dem Hellenismus wohl gab.

Die Bilder und ihre Episoden

Wenn wir Vasenbilder, Plastiken und Reliefs in diesem Buch der Erzählung entlang aneinander reihen und analog in der Ausstellung verfahren, könnten Leser und Besucher auf den Gedanken verfallen, jeder Künstler habe damals sein Scherflein dazu beitragen wollen, die Troja-Sage in Bildern nachzuerzählen. Der Eindruck wird jedoch schnell durch zwei Erscheinungen korrigiert: 1) Erzählerisch entscheidende Wendepunkte der Story werden von den Bildern oft völlig ignoriert oder vernachlässigt.11 2) Unser Buch, vor allem aber die Ausstellung folgen nicht dem Prinzip, jeweils ›exempla-

risch‹ die ›beste‹ Darstellung jeder Episode auszuwählen, sondern wir zeigen alles, was die Sammlung dazu besitzt. Und da wird der Besucher schnell die Erfahrung machen, dass nach der Häufigkeit, also Beliebtheit, die Episoden ganz unterschiedlich gewertet worden sind. Es waren also besondere Interessen am Werk, die auf einzelne Episoden zielten, nicht auf die ganze Erzählung.

Man wird auch überrascht sein, dass (zufälligerweise) am häufigsten einige Episoden dargestellt sind, die man kaum kennen wird: Wie Peleus sich das Meermädchen Thetis als Frau erringt (Kap. 10); wie Achill den trojanischen Knaben Troilos jagt und ermordet (Kap. 22); wie Achill und Ajas, voll als Krieger gerüstet, sich beim Brettspiel vergnügen (Kap. 23). Man erwartet, Achill vor allem bei seiner größten Tat dargestellt zu sehen: Wie er Hektor im Zweikampf tötet. Unser Museum ist eines der wenigen, das ein (1) Beispiel dafür bieten kann!

Bei der Gelegenheit könnte man sich auch wundern, dass Bilder von Episoden aus der *Ilias*, die man doch als das Hauptwerk der Troja-Sage kennt, zahlenmäßig eine geringe Rolle spielen. Nur dank dreier (großformatiger) Leihgaben ist es uns gelungen, wenigstens 2 Vitrinen mit Ilias-Themen zu bestücken, gegenüber 9 Vitrinen mit anderen Episoden (von den Heimkehrer-Geschichten ganz abgesehen). Das scheint noch relativ einfach erklärbar: Die Troja-Sage ist sehr viel weiter gespannt, und die *Ilias* behandelt nur eine Episode. Im 6. und 5. Jahrhundert v. Chr. waren ja die übrigen Klein-Epen des Sagenkreises noch gut bekannt (die uns heute verloren sind).

Doch damit haben wir noch nicht erklärt, warum die Kunst nicht die Geschichte mit d e n Episoden nacherzählt, mit denen die Erzählung operiert. Man könnte flapsig sagen: Da die Bilder die Erzählung eh voraussetzen müssen, müssen sie sie nicht nocheinmal auf ihre Weise nacherzählen. Und tatsächlich waren die griechischen Bildkünstler von solcher Zumutung von vornherein entlastet (im Gegensatz etwa zur christlichen Kunst). Der wesentliche Punkt liegt

aber natürlich im Medium. Die Erzählung in der Sprache geht kontinuierlich, das gilt auch für eine komplexere Erzählung, die eine andere einschließt oder zwischen Erzählsträngen hin und her springt wie die *Odyssee*. Bilder, und wir müssen gleich hinzufügen: besonders griechische Bilder, sind von vornherein disparat und geschlossen. Hier kann nur die Episode herrschen, nicht die fließende Erzählung. Man könnte meinen, dies sei in unserem Fall durch eine Äußerlichkeit miterzeugt, denn die meisten unserer Bilder hier befinden sich, wie gesagt, auf Gefäßen, transportablen Körpern also, die nicht in Reihe stehen. Doch das Bild geschlossen zu halten und nicht in eine Szenenfolge aufzulösen, ist der griechischen Kunst ein generelles Bedürfnis. Auch die meisten Vasen böten zumeist zwei Seiten, aber die Gelegenheit, zwei Troja-Sagenepisoden zu koppeln, wird selten genutzt. Auf einem unten besprochenen Beispiel sind eher ausnahmsweise zwei Episoden einander gegenübergestellt, aber sie liegen offenbar absichtlich in der Ereignisreihe weit auseinander. Es wird gerade in einem solchen Fall klar, dass der Betrachter die ganze Geschichte kennen muss. Unser einziges Beispiel in unserer Ausstellung für eine Bildepisoden-Serie ist bezeichnenderweise aus der Spätantike und hatte wohl Buchillustrationen zum Vorbild (Abb. 11.2a–c).12

Weil die Episoden der Bilder disparat stehen, und, es sei immer wieder gesagt, die Kenntnis des Erzählzusammenhangs beim Betrachter voraussetzen, müssen sie sich um erzählerisch wichtige Gelenke oder Wendungen von vornherein nicht kümmern, auch nicht um das, wovon der Dichter besonders schön spricht, sondern um das, was sich besonders schön darstellen lässt. Doch gleichwohl, warum ist z.B., wie wir oben bemerkt haben, der Kampf des Achill mit Hektor so selten dargestellt (Kap. 34), oder der Kampf um Patroklos' Leiche (Kap. 32), wo die Kunst der Zeit doch so gern Kämpfe darstellte? Vermutlich eben darum: Als Episode der Troja-Sage waren diese Kämpfe, die die Poesie so atemlos spannend machen konnte, als Bilder zu langweilig. Dass dagegen ein Krieger einem unbewaffneten jungen Reiter, der seine Schwester zum Brunnen begleitet, mit Absicht auflauert, nachrennt, ihn an den Haaren vom Pferd zieht und abschlachtet: So etwas findet sich nicht in den üblichen ›anonymen‹ Kampfdarstellungen. Aber mit dieser Episode aus der Troja-Sage ist in der Bildkunst der größte Helden der Sage, Achill, deutlich und in aufregender Weise markiert; es ist, wie oben gesagt, die am häufigsten dargestellt Tat Achills (Kap. 22)! Leider haben wir damit das Interesse der Bildkunst an dieser Tat noch nicht ausreichend erklärt, und wir müsse zugeben, dass uns das oft nicht gelingt.

Sagenbilder auf Gefäßen ..., das heißt zunächst einmal Gefäße, die Sagenbilder tragen. Gefäße haben eine Funktion, als bildgeschmückte sind sie Luxusgerät, sie gehören nicht in die Sphäre der Arbeit, sondern des Festes, des Trinkgelages, als Salbgefäß der Schönheitspflege; sie dienten als Geschenk, als Gabe an die Götter in den Heiligtümern, zuletzt als Ehrengabe an die Toten in den Gräbern. Das isolierte Bild, mit seiner kleinen Sagenepisode, konnte hier vielleicht eine spezielle Aussage haben, wie viele Forscher meinen. Und nicht selten lässt sich das wahrscheinlich machen. Das Urteil des Paris auf Luxushydrien aus dem Milieu der Frauen (Abb. 12.1, 12.12) oder auf Spiegeln (Abb. 12.9 – 10), Paris und Helena auf einem Parfümfläschchen (Abb. 13.3): Hier passt das Bild zum Gerät, und das Gerät formiert seinerseits die Rezeption des Bildes, das hier offenbar in seinem Glücksaspekt betrachtet werden soll, auch wenn die ganze Geschichte ja bedenklich ausgehen wird. Doch solche Bezüge sind gar nicht notwendig, damit ein Bild auf ein Gerät kommt; es ist in der Regel gerade die Funktion des Bildes, über die Funktion des Geräts hinauszugehen und in eine weitere und vollere Welt zu führen. Sagenbilder auf Trinkschalen spielen nicht aufs Trinken an, sondern an das, was die Phantasie der Weintrinker damals bewegte – angeregt nicht zuletzt von dem, was auf den Trinkgefäßen zu sehen war.

Die bildbemalten Vasen, ja jedes verzierte Gerät, konnte sich natürlich den Wünschen der Käufer, allgemeiner gesagt, den Wünschen der Zeit, des Geschmacks, ja der kurzen Mode unmittelbar anpassen. Solche Interessen spiegelt uns das ein für alle mal schriftlich fixierte poetische Kunstwerk nicht wieder (außer für die Zeit seiner Niederschrift). Doch wenn wir wüssten, was sich das Publikum aus den – für einen Gesamtvortrag viel zu langen – Epen am liebsten vortragen ließ, welche Geschichten daraus man sich mit Vorliebe erzählte, auf welche man im Gespräch witzig anspielte, welche Stellen man, als Lesen Mode wurde, immer wieder mit Begeisterung las: Dann könnten wir mit Sicherheit eine ähnlich spezifische und unausgeglichene Auswahl von Episoden aus der langen, langen Erzählung vom trojanischen Krieg konstatieren, wie wir es vom bildverzierten Gerät kennen.

Je mehr der Betrachter von der Erzählung kennt, desto mehr sagt ihm das Bild

Zurück zum Verhältnis von Bild und Betrachter, der die Geschichte schon kennen muss, um das Bild zu verstehen. Der Betrachter hat noch nicht alles im Bild erkannt, wenn er nur die dargestellte Episode aus der Erzählung kennt (und schon da musste er bereits mehr von der Geschichte wissen, als das Bild zeigt). Er versteht erst dann die Episode voll und ganz, wenn er die ganze Geschichte kennt, von der die Episode Episode ist. Unsere künstliche Bilderkette in Buch und Ausstellung ist dann doch nicht so unhistorisch: Sie zeigt, dass die Maler die Geschichte in ganzer Länge von Anfang bis Ende bei ihren Kunden vorausgesetzt haben.

Dass die Maler schließlich auch bewusst bestimmte Methoden eingesetzt haben, um die Erinnerung des Betrachters zu aktivieren und zu lenken, sei an einem Beispiel ausgeführt.[13] Es handelt sich allerdings nicht um einen Durchschnittsfall, doch gerade der besondere Aufwand zeigt die Absicht. Diese Vase (Abb. 10.10, 41.1, 39.11, 25.1)

stellt zunächst einmal auf ihren beiden Seiten zwei Episoden der Troja-Sage gegenüber (was übrigens selten der Fall ist), und zwar gerade nicht aufeinanderfolgende, sondern weit auseinanderliegende. Auf der einen Seite erringt sich Peleus das Meermädchen Thetis (dazu Kap. 10), auf der Gegenseite birgt Ajas aus dem Schlachtgewühl die Leiche Achills (dazu Kap. 39). Peleus und Thetis waren die Eltern Achills. Es ist hier also die maximale Spanne abgegriffen: von der Nacht der Zeugung bis zum Tod Achills.

Beginnen wir mit dem Bild, mit der die Geschichte beginnt (Abb. 10.10). Ein Sagen-Unkundiger käme jetzt nicht sehr viel weiter; er würde immerhin erkennen, dass der Mann der Frau Gewalt antun will, und dass die Frau jemand Besonderes ist, denn sie hat dursichtige Flügelchen über den Schultern und ist Gebieterin zweier Katzen, die ihr zu Hilfe kommen. Nun, der Sagenkenner weis, und der antike Ideal-Betrachter wusste – aus der Erzählung, und das Bild unterstützt ihn immer nur punktuell – dass Thetis, die Meermaid, sich der Reihe nach verwandelt in verschiedene Tiere (hier Panther) und sogar Feuer (die ›Flügelchen‹); und dass Peleus solange festhalten muss, bis Thetis in ihre menschliche Gestalt zurückkehrt, dann hat er sie als Braut gewonnen. Er wusste auch, dass Peleus diesen Rat vom Kentauren Chiron bekommen hat, der im Bild daneben steht und der auf die flehende Hand der Thetis antwortet, indem er bekräftigend auf Peleus weist: Das ist Dein von den Göttern verordneter künftiger Gatte. Und zugleich war sich unser Betrachter bewusst, dass nach der Erzählung bei jenem nächtlichen Ringen der Kentaur natürlich nicht hinter Peleus stand, die Hauptsache musste der Held schon allein tun; dass aber der Kentaur seine Wohnhöhle dem Paar für die Hochzeitsnacht überlassen und er später den kleinen Achill erziehen würde. Warum aber mischt sich der Kentaur überhaupt ein? Der ideale Betrachter erinnerte sich, dass der Kentaur Chiron ein Großvater mütterlicherseits des Peleus ist und dass er dem Helden auch früher schon geholfen hat. Und die Fliehende rechts? Eine der 49 Meeresschwestern der Thetis, alle pflegten bisher unter der Führung der Thetis an Vollmondnächten am Strand zu tanzen, und in diesen heiligen Tanz ist eben Peleus eingebrochen. Man muss dies nicht alles wissen, um die Bildszene einigermaßen zu verstehen, aber je mehr man weiß, um so mehr sagt das Bild.

Außer mit Figuren arbeitet der Maler mit einer ganz anderen Methode: mit Text. Zunächst hat er allen den Namen beigeschrieben, was dem Sagen- und Bildkundigen zunächst nichts Neues mitteilt. Doch unter dem Kentauren steht ein weiteres Wort: »Patroklia«. Hier muss der zum Leser gewordene Betrachter mehr kennen als die Geschichte um Peleus und Thetis. Hier sollte er am besten die *Ilias* kennen und wissen, dass der 16. Gesang des Epos, bei den vortragenden Sängern und ihrem Publikum ›Patroklia‹ hieß: das Lied von den Taten und dem Tod des Patroklos, dem besten Freund Achills. Hatte der Bildbetrachter beim Anblick des Kentauren Chiron vielleicht noch daran gedacht, dass er Achill, den Sohn aus dieser gewaltsamen Ehe, erziehen wird, so wird der Leser nun mit einem Ruck weitergezogen: Die Patroklos-Geschichte zwingt ihn, daran zu denken, dass Achill, der nach der Bildszene noch nichteinmal gezeugt ist, Patroklos rächen, Hektor erschlagen und – so will es die Schicksalsverknüpfung – danach selbst bald fallen wird. Zu dieser Perspektive vermag der Maler den Betrachter allerdings nur mit Mitteln der Literatur (in der Minimalform einer ›Kapitelüberschrift‹) zu lenken. Der Betrachter kann nicht in der schönen Vorstellung schwelgen, wie einst ein Mensch eine Göttin zur Frau gewann (beim Dichter Pindar wird Peleus deswegen glücklich gepriesen). Ein einziges Wort im Bild, aber bezeichnenderweise ein Wort!, führt den Gedanken des Lesers/Betrachters weiter zum (kläglichen) Tod des Sohnes aus dieser Ehe.

Wendet man sich nun der anderen Bildseite zu, so kommt auch der reine Bildbetrachter in das Ziel, auf welches das Wort nur vordeuten wollte (Abb. 39.11): Zwischen zwei Zweikämpfen birgt ein Krieger eine nackte Leiche, die der scharfsichtige Sagenkundige am nachschleifenden Fuß auch ohne die Beischrift als die des Achill erkannt hätte, und damit den Freund, der die Leiche rettet, als Ajas.

Die beiden Kämpfe rechts und links sind Standardsituationen des Kampfes um die Leiche eines Erschlagenen, wie sie tausendfach und anonym auf den Vasen der Zeit dargestellt werden. Auch hier sind es alleine wieder die Namensbeischriften, die dem Bild etwas besonderes geben, nämlich Perspektive in die Vergangenheit und in die Zukunft. Rechts (Abb. 25.1) kämpfen ›Menelaos‹ und ›Paris‹, aber offenbar nicht der Paris, der als Bogenschütze Achill zu Fall gebracht hat. Der Paris hier ist mit Schild und Speer bewaffnet, und man mag, wenn man will, an jenen Zweikampf der beiden Männer der Helena im 3. Gesang der *Ilias* zurückdenken, der den Krieg ohne weiteres Blutvergießen entscheiden sollte, aber durch das Eingreifen der Götter nur zu neuer, nun endgültig unversöhnlicher Schlacht getrieben wird (Kap. 25). Erkennbar dargestellt ist dieser Kampf nicht, schon der Gefallene zwischen den Kontrahenten passt nicht dazu. Bei den Kämpfern links von der Mittelgruppe (Abb. 41.1) erklären die beigeschrieben Namen die Handlung gleichfalls nicht weiter, aber sie geben einen Fingerzeig in die Zukunft: ›Neoptolemos‹, der junge Sohn Achills, den die Griechen erst nach Achills Tod nach Troja holen werden (Kap. 41), kämpft gegen ›Äneas‹, der aus allen Kämpfen gerettet wird, und mit seinem Vater und seiner Familie rechtzeitig aus dem untergangsgeweihten Troja entkommt (Kap. 45).

Es bleibt noch hinzufügen, dass die Bilder den üblichen Bildprägungen dieser Themen folgen, also gewiss nicht direkt einen Text umsetzen. Die Bilder nutzen dabei die Möglichkeit, die ihnen die Konvention dieser Zeit gewährt, nämlich über Ort und Zeit hinweg und gegen die Situation, Figuren und Aktionen zusammenführen, die miteinander irgendwie in Beziehung stehen.

Wenn wir die Epen aufzählen wollen, aus denen hier die Episoden und Stichworte entnommen sind, so kommen wir auf ein Potpurri. Die Erringung der Thetis war vielleicht in den Kyprien berichtet (eher in einem anderen Lied), der Tod Achills in der Aithiopis, die Beischriften führen dazu noch zur *Ilias* und zur Iliu persis. Die Breite der Anspielungen ist gerade möglich auf Grund der Weiterzigkeit, oder anders formuliert, der Unschärfe der Bilder in ihrer Beziehung zu Episoden und Figuren der Erzählung.

B.K.

VOR DEM KRIEG

1.1 Zeus regiert die Welt mit
Klugheit und Stärke. Seine
Gewaltmittel sind Blitz und Donner.
Griechische Bronzestatuette,
um 530 v. Chr., Glyptothek

TROJA: VORGESCHICHTEN

1. Am Anfang steht Zeus

Wir beginnen hier die lange Erzählung vom Kampf um Troja: Wie es zum Krieg kam, und zuvor, wie Troja entstand; von Trojas Untergang, von der Flucht des Äneas, vom Schicksal der heimkehrenden Griechen und den Irrfahrten des Odysseus. Wir erzählen einerseits der Geschichte wegen, die die größte der Antike ist, und zugleich um die Bilder verständlich zu machen, die es in unserem Museum (und anderswo) dazu gibt, zum größten Teil auf Gefäße gemalt, die in Athen im 6. und 5. Jahrhundert v. Chr. hergestellt wurden.

Ob die Sage auf einen wirklichen Krieg um Troja zurückgeht, an dem fast alle griechischen Stämme teilgenommen hätten, braucht uns nicht zu kümmern. Die Sagen gab es, und die Künstler haben Episoden davon dargestellt. Was viele Jahrhunderte zuvor stattgefunden hat oder nicht, ist dafür gleichgültig gewesen. Für die Griechen war der Trojanische Krieg Realität – genauso real wie ihre Götter (an die wir auch nicht glauben).

Wenn wir hier von Troja reden und z. B. von seiner Gründung erzählen, meinen wir natürlich die Stadt der Sage, nicht jene vorgeschichtliche Siedlung auf dem Hügel von Hissarlik, deren Schutt die Archäologen ergraben haben. Die reale Siedlung bestand seit etwa 3000 v. Chr. und geriet nach einem Brand um 1180 v. Chr. in schleichenden Niedergang, bis sich um 1000 v. Chr. griechische Neusiedler einnisteten, die vom griechischen Festland gekommen waren. Das Troja der Sage dagegen hat eine kurze, großartige und gewaltsame Geschichte: Die Mauern sind von Göttern gebaut, doch schon der Enkel des Gründers muss sterbend den Untergang der Stadt mit ansehen (Kap. 44).

Der Trojanische Krieg wird im Olymp von Zeus beschlossen (Kap. 7), und der Gott geht zügig zur Ausführung seines Planes, indem er Helena zeugt, die schönste Frau der Welt, um die der Krieg entbrennen wird (Kap. 8). Helena schlüpft aus einem Ei, und darauf bezieht sich die lateinische Redensart, etwas ›ab ovo‹, »vom Ei an« zu erzählen, wenn man etwas ganz von Anfang an erzählt. Aber wir gehen noch weiter zurück. Zur Gründung Trojas, und noch weiter in die Vergangenheit. Denn Zeus steht auch hier am Anfang, er zeugt Dardanos, den Gründer der Herrscherdynastie. Auch andere Götter haben sich in die trojanischen Angelegenheiten verstrickt, noch ehe sie sich in zwei Parteien beim großen Trojanischen Krieg teilen werden. Die Sage gibt genügend Gelegenheit für Glück und Göttergnade, für Frevel, Betrug, Gewalttat und schon einen ersten Krieg um Troja. Der Schauplatz Troja ist erwählt, von Göttern geliebt, wie gehasst. Am Ende wird alle Göttergunst verloren sein, Troja geht unter – doch nicht ganz das Geschlecht des Dardanos, das durch Äneas in eine neue Zukunft gerettet wird.

Wir fangen mit dem frühesten Anfang an, den die Sagen hergeben, und unsere Erzählung folgt insgesamt der (fiktiven) chronologischen Reihenfolge der Ereignisse. Das ist sinnvoll und bequem. Doch wir müssen uns vor dem Fehlschluss hüten, dass die Sagen auch in dieser Reihenfolge entstanden seien, und besonders, dass Sagen über frühe Zeiten früh seien. Im Gegenteil, vom Anfang kann sinnvoll erst erzählt werden, wenn man die Hauptsache, am besten das Ende kennt. Und das Publikum findet erst Interesse an den Anfängen, nachdem die Sänger die Hauptgeschichte berühmt gemacht haben. Das Wichtigste an der Troja-Sage aber ist der Krieg (und seine Ursache), der Untergang so vieler Helden und der Fall der Stadt. Von diesem Ende her haben die Sagenerzähler dann die Anfänge irgendwie konstruiert: aus neuerfundenen Geschichten und sicher auch alten, die für die neue Aufgabe verändert, neuorientiert und verknüpft worden sind.

Vergangenheit und Zukunft: Der Stammbaum der Dardaniden

Die *Ilias* ist der älteste uns erhaltene Text aus der Troja-Sage, sie gehört wohl ins 8. Jh. v. Chr. Der Dichter Homer gestaltet hier nur eine Episode aus dem letzten Kriegsjahr, die sich, wenn man nachzählt, über 51 Tage erstreckt (Kap. 24). Beim Hörer wird stillschweigend vorausgesetzt, dass er Vieles kennt, was davor liegt und was folgt. Außerdem erinnert der Dichter im Text an Bekanntes, ja er konstruiert zuweilen das, was der Hörer wissen soll. Was wird hier von der früheren Geschichte Trojas angesprochen?

Im 20. Gesang, also erst gegen Ende des Epos erfahren wir etwas von der

Vorgeschichte Trojas, und zwar den Stammbaum des trojanischen Fürstengeschlechts. Genealogie ist die einfachste Form der Fixierung oder Fingierung von Vergangenheit, und lebenswichtig für die Rolle dessen, der sich großer Ahnen rühmen kann. Der Grieche Achill und der Trojaner Äenas treffen aufeinander, und vor dem Kampf tauschen sie Wechselreden. Die Gegner kennen einander und wissen, dass auch der andere eine Göttin als Mutter hat. Der Dichter lässt Äneas sogar seinen ganzen Stammbaum nennen, was nicht wichtig war für Achill, sondern, wie wir gleich sehen werden, für die Hörer des Epos:

»Den Dardanos zeugte zuerst der Wolkenversammler Zeus. / Er gründete Dardanie, als noch nicht die heilige Ilios (Troja) / in der Ebene erbaut war als Stadt sterblicher Menschen, / sondern diese noch das untere Bergland des quellreichen Ida bewohnten. / Dardanos wiederum zeugte den Sohn Erichthonios, den König, / der als reichster der sterblichen Menschen geboren. / Ihm wurden

dreitausend Stuten in der Niederung gehütet... / Nach denen ergriff den Boreas (der Gott des Nordwinds) ein Verlangen, wie sie da weideten / und in Pferdegestalt wohnte er ihnen bei, der Schwarzmähnige./ Sie aber wurden trächtig und gebaren zwölf Füllen, / und diese, wenn sie sprangen über die getreidegebende Flur, / liefen oben hin über die Frucht der Ähren und knickten sie nicht ... / Erichthonios aber zeugte den Tros, den Troern zum Herrscher, / und von Tros wieder entsprossten drei untadlige Söhne: / Ilos und Assarakos und auch der gottgleiche Ganymedes, / der als der Schönste der sterblichen Menschen geboren war. / Den rafften dann auch die Götter empor, dem Zeus den Wein einzuschenken ..., / Ilos aber zeugte als Sohn den untadligen Laomedon, / Laomedon aber zeugte den Tithonos und den Priamos ..., / Assarakos aber den Kapys, und der zeugte Anchises als Sohn, / mich (= Äneas) aber Anchises, und Priamos zeugte den göttlichen Hektor.«

Äneas ist nicht nur adelsstolz, sondern auch fromm und so fügt er hinzu: »Zeus aber mehrt die Tüchtigkeit den Männern und mindert sie, / wie er es will, denn er ist der Stärkste von allen« (*Ilias* 20, 215 ff.).

Diese Rede bietet das Gerüst für unser Stammbaumschema und daran sieht man gleich, dass sich nach Tros die Dynastie teilt: Ilos, der älteste Sohn, begründet die regierende Linie (Laomedeon – Priamos), Äneas aber hat den jüngeren Tros-Sohn Assarakos zum Ahn. Darum kann Achill den Äneas gleich zu Beginn des Treffens verhöhnen: Äneas werde nie Priamos im Königsamt folgen, selbst wenn es ihm gelänge, ihn, Achill, zu töten (*Ilias* 20, 178 ff.).

Doch was Achill und Äneas nicht wissen, wissen die Dichter und die Hörer der Epen: Die regierende Linie des Priamos wird ausgelöscht, die Nebenlinie aber wird mit Äneas den Untergang überleben (Kap. 45). Auch der Gott Poseidon (der eigentlich auf Seiten der Griechen steht) weiß es und er entrückt

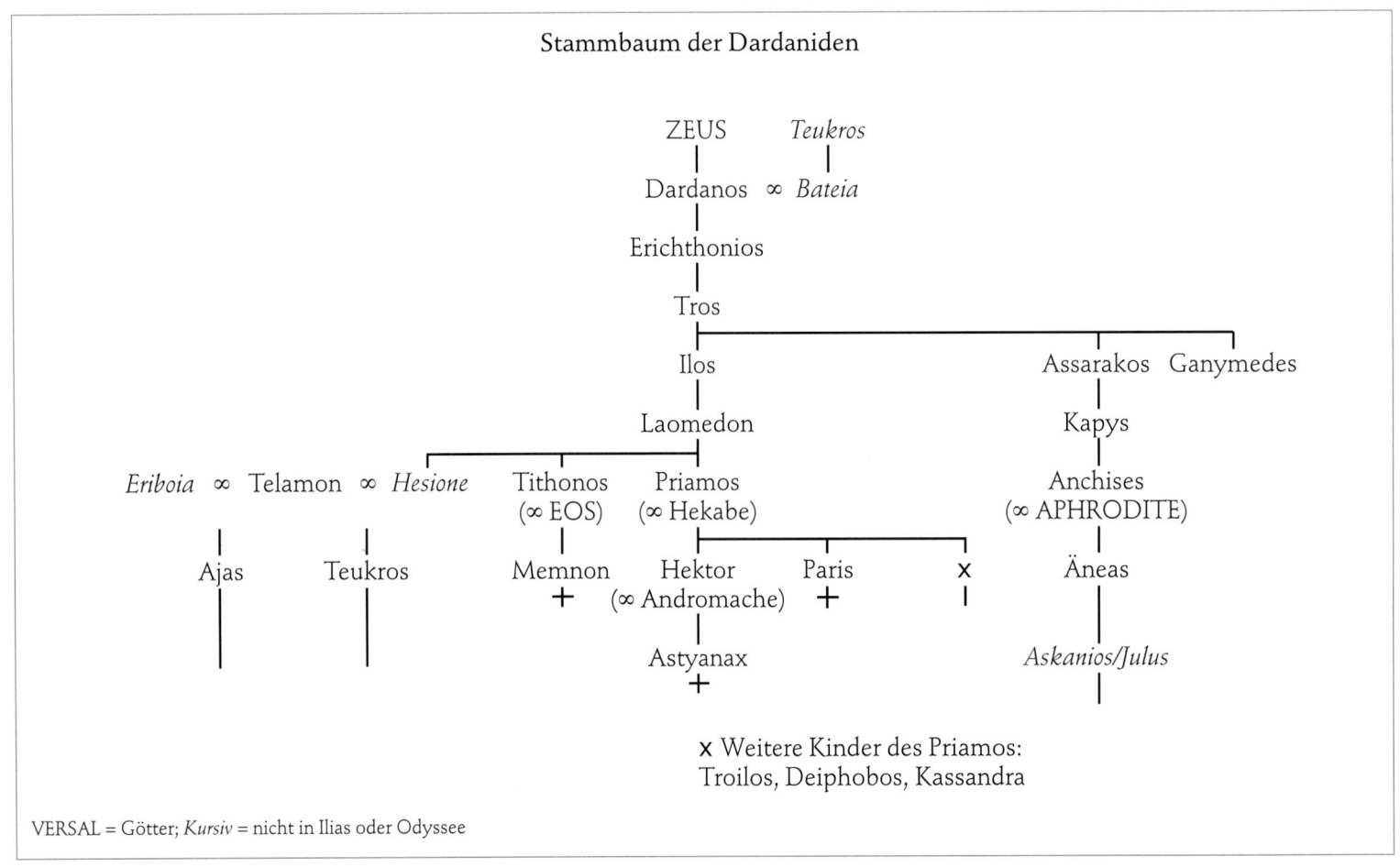

Stammbaum der Dardaniden

x Weitere Kinder des Priamos:
Troilos, Deiphobos, Kassandra

VERSAL = Götter; *Kursiv* = nicht in Ilias oder Odyssee

Äneas, als Achill ihn in Todesnot bringt, denn: »Ihm ist es bestimmt, zu entkommen, / auf dass nicht ohne Samen spurlos vergehe das Geschlecht / des Dardanos, den Zeus am meisten liebte von allen Söhnen, / die ihm geboren von sterblichen Frauen. / Denn schon ist des Priamos Geschlecht dem Zeus verhasst. / Nun aber soll Äneas den Troern zum Herrscher werden / und noch seine Kindeskinder, in fernen Zeiten geboren« (*Ilias* 20, 302 ff.).

Warum wird Äneas erwählt, den ›Samen des Zeus‹, das Blut des Dardaniden, aus dem Untergang Trojas zu retten? Äneas ist auch Sohn Aphrodites und damit sowieso ein Glückskind. Aber etwas anderes ist entscheidend: Der Zweig der Familie, dem Äneas angehört, ist in Sachen Troja unschuldig. Äneas hat nicht zufällig die Zeichen der Göttergunst nur für die ersten Generationen erwähnt: Dardanos wird von Zeus gezeugt; Erichthonios' Stuten werden vom Windgott geschwängert und gebären Wunderfohlen; der schöne Ganymed wird zu den Göttern entrückt, und Tros erhält als Entschädigung die besten Rosse der Welt (Kap. 2).

Die Geschichte der Stadt Troja aber beginnt erst mit der Aufspaltung des Geschlechts. Die regierende Linie, zu der Äneas nicht gehört, ist allein für Troja verantwortlich – Äneas sagt es nicht, das Publikum der Epen wusste es: Ilos gründet Ilios/Troja, sein Sohn Laomedon lässt die Mauern erbauen, betrügt die Götter und fällt im Kampf mit Herakles (Kap. 3–5); Laomedons Sohn Priamos wird König, dessen Sohn Paris macht sich zwei Göttinnen verhasst, als er über ihre Schönheit richtet (Kap. 12) und die Fürsten Griechenlands zu Feinden, als er Helena entführt (Kap. 13); er wird Troja den Untergang bringen. Als Achill mit Äneas kämpft, sind Troja und sein Herrschergeschlecht dem Zeus schon verhasst, ihr Schicksal besiegelt: Dieser Zweig der Dardaniden wird abgehauen. Das Geschlecht des jüngeren Bruders des Ilos, weniger würdig bisher, wird in der Person des Äneas gerettet: Zeus mindert und erhöht die Menschen, »wie er will,

den er ist der Stärkste«, so hat der fromme Äneas, ohne zu wissen, dass ihm solche Erhöhung bestimmt ist, gleichsam gewahrsagt. An der Vorbestimmtheit des Äneas zeigt sich zugleich, dass Troja von Anfang an zum Unheil bestimmt war (s. Kap. 7).

Dardanos und Teukros

Von Dardanos haben in der Sage die ›Dardaner‹ (›Dárdanoi‹) ihren Namen; von Tros die ›Troer‹ (›Tróes‹), die wir meist ›Trojaner‹ nennen; nach Ilos heißt ›Ilios‹, die Stadt, die Homer auch ›Troie‹ nennt und wir meist ›Troja‹. Natürlich war es historisch anders herum: Die Stadt, die Völker hatten Namen, und danach schuf die Sage Urväter und Könige mit entsprechenden Namen. Die Sage vermag nur im Konkreten zu denken, ihre Welt ist kompakt: Sie besteht aus großen Personen – Göttern und Menschen – und ihren Taten.

Die Dardaner Homers treten bei der Heerschau der Verteidiger der Stadt (*Ilias* 2, 819 f.) als eigenes Kontingent unter der Führung des Äneas auf, so wie die Troer unter Hektor. Doch an anderen Stellen steht der Name der Troer für alle und ›dardanisch‹ für ›troisch‹. Spätere Dichter gebrauchen ›Dardaner‹ und ›Troer‹ gleichbedeutend. Als ›Dardaniden‹ (›Dardanídes‹) können alle Nachkommen des Dardanos bezeichnet werden, auch Priamos ist ein ›Dardanide‹. Von der mythischen Stadt des Dardanos ›Dardaníe‹ am Fuß des Ida leitete sich später die historische Stadt ›Dardanos‹ her, und sie gab jener Meerstraße, die das Ägäische Meer dem Marmarameer verbindet, den modernen europäischen Namen ›Dardanellen‹ (antik griechisch: ›Héllespontos‹, türkisch: Çanakkale Bogazı).

Im Stammbaum des Äneas steht Dardanos, von Zeus gezeugt, einfach am Anfang; weder seine Mutter, die Geliebte des Zeus also, wird genannt, noch sonst eine Frau. Das ist die Normalform der Genealogie, wie sie später auch auf einem Grabstein stehen könnte: Nur die männliche Linie wird aufgezählt. Zeus

treibt überall sein Wesen, die menschliche Frau aber gäbe uns einen Ort. Spätere Autoren nennen als Mutter des Dardanos Elektra, eine Tochter des Titanen-Sohns Atlas (dessen Bruder Prometheus ist), in Arkadien geboren, also in Griechenland. Dort (oder auf Samothrake und damit dem künftigen Troja schon näher), gebiert sie dem Zeus den Dardanos, der erwachsen und nach dem Tod seiner ersten Frau über das Meer ins spätere Troerland geht, dort die Tochter des Landesfürsten Teukros heiratet und so die Herrschaft erbt und die Dynastie begründet.

Nach diesem Teukros heißt sein Volk auch ›Teukrer‹ (›Téukroi‹). Spätestens seit dem athenischen Tragödiendichter Aischylos (5. Jh. v. Chr.) gebrauchen die Dichter oft diesen Namen gleichbedeutend mit dem der Troer. König Teukros und seine Teukrer stammen nach einer Sagenversion bodenständig aus dem Land: Teukros ist Sohn des Flussgottes Skamandros, eben des Flusses, der vor Troja ins Meer fließt. Nach dem Dichter Kallinos (1. Hälfte 7. Jh. v. Chr.) sind die Teukrer dagegen aus Kreta eingewandert: Dass es in Kreta wie bei Troja einen berühmten Berg namens Ida gibt, der beidesmal dem Zeus heilig ist, war für diese Spekulation ein Argument, und wohl auch, dass Kreter und Trojaner als typische Bogenschützen galten.

Homer nennt weder die Teukrer, noch diesen Teukros. Doch er kennt einen andern Teukros und zwar auf der Seite der Griechen: Den Halbbruder des großen Ajas, ein Bastardsohn des Telamon. Die Mutter wird nicht genannt. Homer setzt beim Hörer die Kenntnis des Hintergrunds voraus: Teukros' Mutter ist die trojanische Prinzessin Hesione, die Tochter König Laomedons; Herakles hatte sie vor dem Seeungeheuer gerettet, aber von ihrem Vater den versprochenen Lohn nicht bekommen (Kap. 4); Herakles erobert zusammen mit seinen Freunden Troja, und schenkt die erbeutete Hesione seinem besten Freund Telamon (Kap. 5). Dieser Teukros stammt also mütterlicherseits von den Dardaniden ab, und diese stammten nach der genannten Sagenversion ihrerseits mütterlicherseits vom ersten Teukros ab. Homers Stammbaum der Trojanischen Dynastie nennt die Frauen nicht, widerspricht also auch nicht der Sagenversion, die Dardanos zum Schwiegersohn des Teukros macht, und offenbar ist auch diese Version alt.[1]

Der jüngere, griechische Teukros der *Ilias*, Bastardbruder des Ajas, ist übrigens der beste Bogenschütze im griechischen Heer: offensichtliches Erbteil seiner trojanischen Ahnen. Er ist der treueste Gefährte seines stärkeren Halbbruders. Während Ajas in Schande und Selbstmord untergeht (Kap. 40), überlebt Teukros den Krieg, wird aber vom Vater Telamon, der erbittert ist über den Tod seines ›besseren‹ Sohne Ajas, in Salamis gar nicht an Land gelassen. Der vertriebene Teukros gründet auf Zypern ein neues Salamis (Kap. 46). Er ist kein zweiter Äneas, doch auch in ihm rettet sich noch etwas vom Geschlecht des Dardanos. In historischer Zeit führten sich die zyprischen Könige auf Teukros zurück, wie später die Römer und das Geschlecht der Julier und damit Julius Cäsar Äneas zum Ahn erklärten.

Man wundert sich vielleicht, dass die Sage das trojanische Herrschergeschlecht vom ›griechischen‹ Gott Zeus abstammen und den Urkönig Dardanos aus Griechenland eingewandert sein lässt, dass Teukros und die Teukrer nach einer Version Einheimische, nach anderer aus Kreta eingewandert sein dürfen. Aber die griechischen Sagen verbinden gern Ost und West. Völker wie Perser, Skythen, Etrusker oder zumindest die Herrscherdynastien anderer Völker werden auf griechischen Helden wie Perseus und Herakles als Stammväter zurückgeführt, und umgekehrt kommt Pelops (nach ihm heißt die griechische Halbinsel ›Peloponnes‹) aus Lydien; Danaos, nach dem Homer die Griechen auch ›Danaer‹ (›Danaoí‹) nennt, aus Ägypten; und Europa, die Zeus nach Kreta entführt, ist eine phönizische Prinzessin. Diese mythische Verwebung hindert umgekehrt nicht, wenn seit etwa 500 v. Chr., offenbar unter dem Eindruck des

Konflikts mit den Persern, der Kampf um Troja als eine Art Ost-West-Auseinandersetzung oder jedenfalls von Griechen und Barbaren gedeutet werden kann. In der *Ilias* sind es allenfalls die Bundesgenossen Trojas, die ein nichtgriechisches Kolorit bringen: die goldgeschmückten Thraker etwa oder die »barbarensprachigen« Karer (*Ilias* 2, 867). Doch sonst ist kein Unterschied: Hüben und drüben herrschen die gleiche Lebensart, der gleichen Ehrenkanon, die gleichen Werte – und es gibt die gleichen Probleme.

Das Palladion

Das Palladion (abgeleitet von ›Pallas‹, einem Zunamen Athenas), die kleine, geheimnisvolle hölzerne Figur der bewehrten Athena, deren Besitz Troja schützt oder wenigstens die Herrschaft der Dardaniden garantiert, wird erst am Ende, kurz vor dem Fall Trojas aktuell (Kap. 42). Das Palladion steht in einem verborgenen Gemach des Tempels zu Troja, eine machtlose Dublette soll Trojas Feinde irreführen. Aber die Griechen Diomedes und Odysseus rauben das magische Bild (oder – nach anderen Sagenversionen – beide Bilder oder das falsche) nächtlich aus dem Tempel oder der Trojaner Äneas nimmt es, als ohnehin schon alles verloren ist, auf seiner Flucht mit. *Ilias* und *Odyssee* sagen nichts vom Palladion, es gäbe allerdings auch keinen zwingenden Anlass dazu.[2] Aber im Epos von Trojas Untergang muss es eine Rolle gespielt haben. Die größte Rolle spielt das Palladion allerdings Jahrhunderte nach Homer: Wer hat das (echte) Palladion? Viele Städte behaupteten es zu besitzen: zum Beispiel Athen, die griechisch-römische Stadt Ilion/Ilium (›Troja‹ also) und Rom.

Ein solches Götterbild muss natürlich uralt sein (das will auch sein Material Holz besagen) und heiligen Ursprung haben. Es gibt im groben darüber zwei Versionen. Entweder schon Dardanos oder erst sein Urenkel Ilos erhalten das Palladion und zwar von Zeus selbst als Unterpfand der Herrschaft; es ist nicht von Menschenhand gemacht und vom

Himmel gefallen. Oder des Dardanos' erste Frau Chryse, deren Vater denn auch ›Pallas‹ heißt, bringt das Palladion, hier ein Geschenk der Göttin Athena, als Mitgift in die Ehe. Hat schon Dardanos das Palladion, so ist es eher Garant der Dynastie als der Stadt Troja (die ja erst vom Urenkel Ilos gegründet wird). Dazu passen zwar alle Versionen vom späteren Schicksal des Palladion, besonders gut aber die, in der Äneas das echte Palladion mitnimmt (Kap. 45), denn an ihn geht ja auch nach dem Wunsch des Zeus das Herrschaftrecht der Dardaniden-Dynastie über. Die späte, römische Sage geht auf Nummer sicher, da stammt Dardanos gleich von vornherein aus Italien (aus dem heutigen Cortona), hat bereits hier das Palladion, das er dann ins Troerland mitnimmt. So kommt das Palladion dann am Ende mit Äneas (und seinem Sohn Julus / Ascanius) nur in seine alte Heimat zurück. – Nach der andern Version ist es erst der Dardanos-Urenkel Ilos, der auf Grund eines Orakels den Platz für seine neue Stadt Ilios / Troja findet, ein Unterpfand von Zeus erbittet und am nächsten Morgen das vom Himmel gefallene Palladion vor seinem Zelt findet. Hier ist das Palladion ganz mit der Stadt verknüpft, und da ist jene andere Version vom Ende Trojas besonders plausibel, die Diomedes und Odysseus das echte Palladion heimlich aus dem Tempel stehlen lässt, sodass Troja, des göttlichen Schutzes beraubt, endlich erobert werden kann (Kap. 42).

B.K.

2. Zeus entführt Ganymed

Männerschönheit kommt im trojanischen Fürstengeschlecht immer wieder so strahlend zum Vorschein, dass selbst Götter davon hingerissen werden. Aphrodite, die inkognito Anchises verführt und sich danach als Göttin zu erkennen gibt, sagt – um sich selbst zu entschuldigen und den Schrecken von ihrem Geliebten zu nehmen: »Die Götterähnlichsten unter den Sterblichen in Anblick und Wuchs kamen doch immer aus euerm Geschlecht.« (*Aphrodite-Hymnos*, 200 f., 7. Jh. v. Chr.). Schönheit bei Mann oder Weib ist etwas Großes, aber sie bringt auch Gefahr. Die schönen Männer sind Trojas Glück und Fluch – und nur Fluch für die Griechen. Die gefährlichste Schönheit für Trojaner wie Griechen wird aber die einer Frau sein ...

Vier Dardaniden-Prinzen werden durch ihre Schönheit berühmt und schicksalshaft: 1) Ganymedes, der jüngste Sohn des Tros. Er ist der Held dieses Kapitels. Die Wunderpferde, die Zeus für ihn ›zahlt‹, geben später den Anlass zum ersten trojanischen Krieg. – Mit den anderen beiden Brüdern des Ganymed teilt sich die Linie des Dardanidenhauses; in der übernächsten Generation kommt auf beiden Seiten je ein schöner Mann zur Reife, Göttinnen zur Freude: 2) Tithonos, Enkel des älteren Tros-Sohnes Ilos. Er wird von Eos, Göttin der Morgenröte, geraubt (Kap. 6). Beider Sohn ist Memnon, der den Troern im großen Krieg zu Hilfe kommt und von Achill erschlagen wird (Kap. 38). Sein Tod zieht als Ausgleich wenig später den Tod Achills nach sich (Kap. 39). – 3) Anchises, Enkel des jüngeren Tros-Sohnes Assarakos. Aphrodite liebte ihn und gebiert ihm Äneas (Kap. 6), der Vater und Familie aus Troja retten wird (Kap. 45). Nur durch Äneas überlebt das Geschlecht des Dardanos. – 4) Paris/Alexandros, Sohn des Priamos, aus der Linie des Ilos. Er ist Zeitgenosse von Memnon und Äneas. Zeus wählt ihn, den Schönen, aus, im Streit der Göttinnen zu entscheiden, wer die schönste sei (Kap. 12). Er wird Helena entführen (Kap. 13), den großen Krieg verursachen und den Untergang Trojas. Paris selbst wird getötet werden (Kap. 41); die Linie des Ilos, der Troja gegründet hat, wird ausgerottet.

Von Gánymed (gr. Ganymédes), wir erinnern uns, hat Äneas erzählt, als er vor Achill seinen Stammbaum aufsagte: Der jüngste Sohn des Tros war »doch der Allerschönste von den sterblichen Menschen. / Den rafften denn auch die Götter empor, dem Zeus als Mundschenk zu dienen, / um seiner Schönheit willen, dass er unter den Unsterblichen weile« (*Ilias* 20, 233 ff.). Und die göttliche Mutter von Äneas, Aphrodite, deren Sentenz über die schönsten Männer wir schon gehört haben, führt ihre Rede gleich mit diesem Beispiel weiter: »Zeus raubte sich, weil der so schön war, den blonden / Ganymedes; bei den Unsterblichen sollte er leben, / Weinschenk sein im Palaste des Zeus, den Göttern aus goldnem / Mischkrug gießen den roten Nektar, ein Wunder zu schauen, / hochgeehrt von allen Unsterblichen. Aber den Vater / Tros, der nicht wusste, wohin ihm den geliebten Sohn die Windsbraut / entführt, überkam eine unvergessene Trauer…« Zeus tröstet den Vater zunächst materiell: »Er gab für den Sohn ihm zur Sühne / Rosse mit geflügelten Füßen, mit denen sonst Unsterbliche fahren.« Und er lässt ihm ausrichten: »Ganymed werde niemals altern, er solle unsterblich sein wie die Götter.« (Hymnos auf Aphrodite 202 ff.). Ganymed gehört zu den ganz wenigen Menschen, die in den Olymp kommen und unsterblich-gottgleich werden: Er wegen seiner Schönheit, Herakles wegen seiner Taten, Semele als Mutter des Dionysos.

Wie alt Ganymed ist, wird hier nicht gesagt. Doch weil er männliche Götter entzückt, als Mundschenk dienen soll, und sein Vater sich so große Sorgen um ihn macht, muss er im Knabenalter sein. – Nach den frühen Texten ist Ganymed als Mundschenk für alle Götter da, »ein Wunder zu schauen« in seiner Schönheit. Später wird das Verhältnis von Zeus und Ganymed eher privat und erotisch gedeutet.

Bildmotiv: Zeus verfolgt Ganymed

In der Kunst erscheint Ganymed erst seit etwa 520 v. Chr. Am häufigsten wird gezeigt, wie Zeus dem Ganymed nachstellt, und Ganymed zu fliehen versucht. Flieht er nur aus Knabenunschuld vor der Zudringlichkeit des fremden Mannes? Zeus wird wie alle hohen Götter ganz als Mensch dargestellt: Immer als bärtiger Mann, meist ›bürgerlich‹ gekleidet. Nur selten hat er das Blitzbündel bei sich, das den Mann gleich als Zeus identifizierte. Woran erkennen wir hier sonst Zeus? Es genügt seine Tat! Gewalt gegen Standesgenossen und gar in Liebessachen anzuwenden, wäre in der bürgerlichen Welt verpönt,[1] und wenn es vorkommt, ist es nicht bildwürdig. Ein Gott aber darf soweit gehen, ja er muss es, denn ein Gott ist seinem Wesen nach überwältigend, der Mensch aber, der den Gott spürt, scheut vor ihm: Und damit allein schon wird eine solche Bildszene für den Betrachter als die Geschichte von Zeus und Ganymed erkennbar!

Der Maler des Berliner Salbgefäßes (Abb. 2.2) hat sich vom üblichen Fluchtmotiv zu einer witzig schematisierten Komposition inspirieren lassen: Voran ein Hahn, der zu entkommen sucht. Nach ihm hascht Ganymed; Hähne, so muss man wissen, sind das typische Spieltier der männlichen Jeunesse dorée, die sich mit Hahnenkämpfen vergnügt; Hähne sind deshalb auch das typische Geschenk der Liebhaber an schöne Knaben; Zeus selbst wird hier den Hahn ins Spiel gebracht haben. Denn es ist Zeus, der dem Knaben hinterher jagt und trotz Szepter und langem Mantel seine Würde vergisst. Aber Zeus ist selbst ein Getriebener: Ihn stachelt ein geflügeltes dämonisches Wesen an, das man für Eros, den großen kleinen Gott der Liebe, halten kann.[2] Rechts der Mann mit Stirnglatze kann nur der alte Vater des Ganymed, Tros, sein. Er hat alles mit Schrecken gesehen, er kann dem Schicksal nicht wehren und verlässt den Platz.

2.1 *Zeus verfolgt Ganymed, der sich mit Reifentreiben vergnügt hat. Attischer Weinkelch, um 480 v. Chr., Boston (Umzeichnung).*

2.2 *Verkettung der Triebe: Eros treibt Zeus, Zeus will Ganymed, Ganymed will den Hahn, der Hahn will weg. – Der greise Vater Tros ist bestürzt. Zeichnerische Abrollung von einem attischen Salbgefäß, Berlin, um 490 v. Chr.*

2.3 *Ganymeds Aufnahme in den Olymp: Zeus und Ganymed (mit Namensbeischrift), eine Göttin bekränzt ihn feierlich, die mädchenhafte Göttin rechts kann nur die der ewigen Jugend sein. Schwarzfigurige Amphora, camapanisch(?)-griechisch, um 500 v. Chr. (Kat. Nr. 2)*

Bildmotiv: Ganymed im Olymp

Gerade einige der frühesten Bilder zeigen nicht die Verfolgung oder Entführung, sondern Ganymed im Olymp mit Zeus und den Göttern. Das singuläre Bild der Münchner Amphora (Abb. 2.3) stellt offenbar die Aufnahme in den Olymp dar. Ganymed ist die Hauptperson, ihm allein ist der Name beigeschrieben. Der Mann gegenüber kann nur Zeus sein, die beiden sind durch Gesten verbunden. Sind wir noch auf Erden, und Zeus wirbt durch schmeichelnde Rede? Der Hahn vor Ganymed erinnert zweifellos noch an das irdische Geschehen, das wir schon kennen. Doch die Szene ist feierlich, zwei Frauen sind anwesend, nur als Göttinnen geben sie Sinn. Die reich gekleidete, figural mächtige Frau hält bedeutungsvoll einen Kranz über das Haupt des Knaben – und dies ist die eigentliche Handlung des Bildes: Der Knabe wird durch die Bekränzung erhöht und eingeweiht, der sterblich Geborene wird unter die Unsterblichen aufgenommen. Die Frau ganz rechts ist ohne Mantel, wirkt damit weniger würdevoll, aber mädchenhaft-munter. Hier war und ist die Phantasie des Betrachters gefordert. Der erste wissenschaftliche Bearbeiter von 1912 dachte an Hera und ihre Tochter ›Hebe‹-›Jugend‹. Die Gattin des Zeus und Königin der Götter nimmt nach dieser Idee den Knaben sozusagen in die Familie der Olympier auf, und Hebe symbolisiert seine ewige Jugendlichkeit. Da im Griechischen alle Mächte der Welt als göttliche Gestalten (wir sagen: Personifikationen) aufzutreten vermögen, könnte man hier auch ›Athanasia‹-›Unsterblichkeit‹ und natürlich wieder ›Hebe‹-›Jugend‹ ihres Amtes walten sehen. Beides musste ja dem Sterblichen verliehen werden: Unsterblichkeit und ewige Jugend. Bei Tithonos wird die ewige Jugend vergessen werden, sodass der Unsterblichgewordene ewig älter wird (Kap. 6). Unser Bild gibt dem Betrachter Spielraum: Wer wollte, konnte in der Bekränzenden auch Aphrodite sehen, die den Ganymed gleichsam als Sieger der Schönheit kränzt und ihn mit ewigem Liebreiz begnadet; das Mädchen dahinter mochte man dann immer noch ›Hebe‹ oder aber auch ›Charis‹-›Anmut‹ nennen.[3]

Spätestens seit 500 v. Chr. galt den Dichtern das Verhältnis von Zeus und Ganymed als Urbild für die gesellschaftlich gebilligte Sitte der Päderastie. Doch wenn man mit entsprechenden Vasenbildern vergleicht, sieht man, dass die Maler den Unterschied zwischen Göttlichem und Menschlichen wahren und sogar anti-thetisch gestalten: Gewalt ausübend in Verfolgung und Raub des Geliebten: so wird nur der Gott dargestellt, nie der bürgerliche Liebhaber. Den Knaben liebko-sen oder ihn anschwärmen, dem Liebhaber sich zeigen und freundlich entgegen-kommen: das wird nur bei Alltags-Paaren gezeigt, nie bei Zeus und Ganymed.[4]

Bildmotiv: Ganymed wird vom Adler entführt

Die frühen Bilder zeigten die Begegnung von Zeus und Ganymed für das Auge des attischen Bürgers im Prinzip ›realistisch‹. Ganymed gehört hier in ein städtisches Ambiente, sein Spielzeug ist oft der mit dem Stöckchen getriebene Reifen, der glatte Straßen und Plätze voraussetzt. Und feine Herren, die schönen Knaben nachspähen, passen in dieses Milieu. Doch seit dem 4. Jahrhundert v. Chr. wird ein ganz neues Bild der Geschichte gestaltet und Ganymed wird in andere Verhältnis-se versetzt. Jetzt wird die Entrückung gezeigt, und ein Adler ist es, der Ganymed entführt (Abb. 2.4–6). Dieses Motiv wirkt schon auf den ersten Blick phantastisch und pathetisch. Die *Ilias* wusste nichts vom Eingreifen des Adlers. Im Aphrodite-Hymnos wird Ganymed durch einen Wirbelwind entrückt, das steht dem Adler der späteren Bilder vielleicht näher als die klassischen Bilder, in denen Zeus Gany-med wegträgt. Die antike Literatur bietet für den Adler zwei Deutungen an: Der Adler ist der heilige Vogel des Zeus und führt dessen Auftrag aus. Oder: Zeus selbst hat sich in den Adler verwandelt, – so wie in den Stier, um Europa zu ent-führen oder in den Schwan, um Leda zu täuschen.

Ganymed ist jetzt, wenn er näher charakterisiert wird, ein Hirte. In der Realität stand ein Hirte sozial ganz unten. Ganymed aber gehört in die romantische Fabel-welt der Vorzeit, wo Prinzen königliche Herden hüten; auch Anchises, Paris und Äneas treten später in dieser Rolle auf. Doch so viel ist realistisch: Ein Hirte lebt in der Einsamkeit, und Adler rauben Lämmlein; so ist's zum Mythos nicht weit, wo ein Adler den prinzlichen Hirten entführt. Ist im Adler Zeus verborgen, so ist es in diesem Milieu die perfekte Tarnung.

Das Bronzerelief auf einem Klappspiegel[5] ist eine schönes Beispiel für die neue Bildfassung (Abb. 2.4). Wir dürfen nicht fragen, ob ein Adler seine Beute so greifen würde, ja ob er so überhaupt fliegen könnte! Dass die Gruppe in der Luft schwebt, erkennen wir nur an der ›Schwimmbewegung‹ von Ganymeds Beinen. Der Adler hat seine Schwingen nicht zum Flug gebreitet, sondern nach unten geschlagen, als wolle er Ganymed in seinen Fittichen bergen. Er umarmt den Knaben eher, als dass er ihn packt, und nicht mit bloßer Kralle, sondern schonend verhüllt durch

2.4 Adler-Zeus rafft Ganymed empor. Deckel eines Klappspiegels aus Bronze, um 340 v. Chr., Berlin.

den Stoff von Ganymeds Mantel – der im Übrigen nur den Hintergrund gibt für Ganymeds schöne Nacktheit. Der Adler erscheint aufrecht und groß wie ein stehender Mensch und blickt väterlich herab auf den Knaben. Der wirft sich seinem Räuber geradezu an den Hals, ja bietet das Gesicht wie zum Kuss. Ganymed erkennt den liebenden Gott im Adler. Ausgerechnet hier, wo sich der Gestalt nach Mensch und Tier gegenüberstehen, – und die Kunst spielt den Kontrast zwischen dem gefiederten Wesen und dem blanken Menschenleib noch aus – gerade hier also darf Zärtlichkeit und Liebkosung gezeigt werden, die dem menschengestaltigen Zeus der früheren Bilder verwehrt war. Allerdings ist diese Nuance auch unter den neuen Bildern selten.[6]

2.5 Der Adler trägt Ganymed in den Olymp. Züchtig versucht der Schöne den herabgeglittenen Schultermantel festzuhalten. Unten rechts die Hasenkeule des Hirten. Gemme (Abbildung im Sinne des Abdrucks), 3. Jh. v. Chr., München, Staatliche Münzsammlung.

Auf der Münchner Gemme (Abb. 2.5) hält sich Ganymed immerhin zutraulich mit der Rechten im Nacken des Adlers fest, mit der Linken und den Beinen versucht er, das herabgeglittene Schultermäntelchen aufzufangen. Das ist ein fein überlegtes Motiv, das die plötzliche Aufwärtsbewegung ausdrückt, die Nacktheit des Knaben aufregender macht und zugleich seine spontane Schamhaftigkeit betont – die ihm zusätzlich Reiz verleiht. Ganymed wird hier aus der Hirteneinsamkeit gerissen: Auf Erden zurück bleibt das krumme Wurfholz, (Lagobolon), wie sie Hirten gern bei sich haben.

Eine zweite Münchner Gemme (Abb. 2.6) zeigt eine andere Situation, aber das gleiche Milieu: draußen, wo es Adler gibt. Ganymed hat sich auf muldigem Fels gelagert; die merkwürdige Haltung, halb liegend, halb sitzend, den linken Arm über den Kopf gelegt, meint, dass er schläft: man vergleiche nur den ›Barberinischen Faun‹ der Glyptothek. Die Situation ist nun ganz romantisch: Der antike Betrachter dachte sicher auch an den berühmtesten schönen Schläfer, Endymion, denn die Mondgöttin nächtens bewundert ,und den Zeus ihr zur Freude schließlich in ewigen Schlaf versenkt. Doch hier endet die Geschichte ja ganz anders: Ganymed wird zu ewigem Leben in den Olymp erhoben. Schon stößt der Adler vom Himmel herab, Ganymeds Hirtenhund blafft den Räuber tapfer an. Der Schultermantel dient dem Schläfer zum Teil als Unterlage, oben ist die Mantelbahn unter die Achsel geklemmt, unten zwischen die Knie und wieder zurück geführt. Wenn Ganymed vom Adler emporgerafft wird und er geistesgegenwärtig nach dem Tuch griffe, ergäbe sich genau die Anordnung der Mantelbahn wie auf der vorigen Gemme (Abb. 2.5)! Trotz der Nacktheit, an der sich der Gott und der Betrachter des Bildchens ergötzen, ist Ganymed, so sagt das Detail, züchtig.

2.6 Ganymed schläft ahnungslos auf freiem Feld. Sein Hündlein hat die Gefahr entdeckt. Gemme (Abbildung im Sinne des Abdrucks), um 30 v. Chr., München, Staatliche Münzsammlung.

Ganymed ist fortan allem irdischen Geschehen entrückt, er nimmt keinen Anteil am Schicksal seines Volkes und er hat naturgemäß keine Nachkommen, die in das Schicksal Trojas verstrickt werden könnten, wie die andern beiden, nun allerdings von Göttinnen begehrten Troerprinzen, Ganymeds Großneffen Tithonos und Anchises (Kap. 6). Der Knabe Ganymed bleibt ein ungetrübter Inbegriff des Glücks: Ohne Taten-Mühsal, ohne Schuld, die an jeder Tat klebt, allein durch seine Schönheit, die ihm geschenkt ward, steigt er zur Unsterblichkeit auf unter die olympischen Götter.

Die göttlichen windschnellen Rosse aber, die Zeus, der Räuber des Ganymed, dem Vater als Entschädigung gab, werden eine verhängnisvolle Rolle spielen. Ist das Göttergeschenk schuld oder die Besitzgier der Menschen? Die Menschen vertragen kein so großes Glück, Zeus hätte es wissen müssen. Er wusste es! B.K.

Ganymed oder Paris

Die eigenartige, so genannte phrygische Mütze kennzeichnet diesen jugendlichen Kopf als Orientalen. Da die Götter Mithras und Attis, die solch eine Mütze tragen, anders dargestellt werden, kann dieser Kopf nur die trojanischen Prinzen Ganymed oder Paris darstellen, für die diese Mütze ebenfalls kennzeichnend ist. Beide waren wegen ihrer jugendlichen Schönheit berühmt. Und das zeigt auch der gut erhaltene Kopf, an dem nur die Nase und das Bruststück ergänzt sind:

Reiches lockiges Haar quillt unter der Mütze hervor. Über der Stirn ist es symmetrisch geteilt und dreht sich an den Seiten zu zierlichen Locken ein. Die deutliche Neigung zur Rechten, die weichen Formen der Lippen und Wangen geben dem Gesicht einen sentimentalen, fast süßlichen Ausdruck.

Von dem Kopf gibt es zahlreiche Varianten, die sich aber nicht selten in Haltung, Gesichtsbildung und Details der Frisur beträchtlich unterscheiden. Ganz erhaltene Statuen mit diesem Kopftypus zeigen uns, dass der Jüngling in lässiger Haltung sich mit seinem rechten Unterarm auf einen Baumstumpf aufstützte, während der andere Arm hinter die linke Hüfte geführt auf dem Rücken auflag. Körperhaltung und Stil lassen sich gut mit Werken der spätklassischen Zeit (4. Jahrhundert v. Chr.) vergleichen und so hat man auch diese Figur schon Euphranor, einem Meister dieser Epoche, zugewiesen. Von ihm wurde, wie der römische Schriftsteller Plinius berichtet, eine viel gerühmte Statue des Paris geschaffen.

Den gleichen Kopftypus findet man aber auch bei Statuen, denen zur Seite oder im Rücken ein Adler beigesellt ist, die also sicher Ganymed darstellen. Diese Paris- und Ganymed-Statuen waren in der römischen Kaiserzeit, als auch dieser Kopf gemeißelt wurde, sehr beliebt und so entstanden viele Variationen, seiten-

Bildnis des Ganymed oder Paris, römische Kopie (2. Jh. n. Chr.) nach griechischem Vorbild des 4. Jh. v. Chr. (Kat. 3)

verkehrte Kopien und bewusste Umbildungen. Deshalb kann man heute bei einem Kopf dieses ›Typus‹ nicht mehr sicher bestimmen, ob er einst zu einer Paris- oder zu einer Ganymeds-Statue gehörte. Bei diesem Kopf spricht die Seitwärtsneigung eher für Paris, aber seine auffällige, fast knabenhafte Jugendlichkeit mehr für Ganymed.   *R.W.*

3. Ilos gründet Ilios, die Götter bauen die Mauern

Ilos, Urenkel des Dardanos und ältester Sohn des Tros, gründet die Stadt, die wir der deutschen Bildungstradition zuliebe hier meist Troja nennen. Die Gründungslegende ist bei den späten Mythensammlern Diodor und Apollodor überliefert. Von einem Orakelspruch ist da wie üblich bei solchen Geschichten die Rede, und eine gefleckte Kuh ist mit im Spiel, die den Ilos zu einem Hügel führt. Der heißt nach einer Version ›Ate‹-›Verblendung‹ und war von Dardanos, als er seine Stadt gründete, weise vermieden worden. Dies ist vom ›Unheilsplan des Zeus‹ her räsonniert (Kap. 7): Der Platz ist eine vom Schicksal gestellte Falle, in die menschlicher Übermut schließlich tappen muss. Die andere Sagenversion sieht es positiver: Zeus zeigt sein Wohlwollen, indem er das Palladion, das nicht von Menschenhänden gemachte Bild der Athena, das die neue Stadt schützen soll, für Ilos vom Himmel fallen lässt.

Der Hügel von Troja liegt zwischen den Flüssen Simoéis und Skamándros, der Simoeis mündet in den Skamandros und dieser ins Meer. Die Sage verwurzelt das Geschlecht der Dardaniden von der Frauenseite mit dieser Gegend durch Flussgott-Verwandschaften. Teukros, Schwiegervater des Dardanos, war, wie schon gesagt, Sohn des Flussgotts Skamandros. Tros und Laomedon heiraten Töchter des Skamandros, Erichthonios und Assarakos Töchter des Siomeis.

Ilos, sein Sohn Laomedon und dessen Sohn Priamos herrschen als Könige über die Stadt. Die Linie des jüngeren Ilos-Bruder Assarakos hat dagegen in dem nun zweitrangig gewordenen Land des Ahnen Dardanos am Ida ihre Hausmacht; Äneas, Urenkel des Assarakos, führt in der Ilias die Dardaner an, war aber erst in die Stadt Troja gekommen, nachdem ihn Achill vom Ida vertrieben hatte.

Trojas Namen

Ilos gibt seiner Stadt den Namen ›Ilios‹ (die Sage hat natürlich umgekehrt aus dem historischen Stadtnamen den Gründer und seinen Namen herausgesponnen). Ilios ist, wie üblich bei Städten im Griechischen, weiblich: ›die Ilios‹. Die ›*Ilias*‹, das Epos Homers, hat man erst Jahrhunderte nach Homer so genannt. ›Iliás‹ ist die weibliche Form des Adjektives, also: ›die Ilische‹ – Dichtung (poiesis) muss man ergänzen. In der *Ilias* steht für die Stadt neben ›Ilios‹ (und einmal ›Ilion‹, sächlich) fast ebenso häufig ›Troíe‹. Da steckt (für den Mythos) Tros dahinter, der Vater des Ilos, nach ihm heißt das Volk ›Troer‹ (›Tróes‹), und danach die Stadt auch ›Troíe‹ (Adjektiv, weiblich): ›die Troische‹ Stadt.[1] Die Bürger dieser Stadt mit den zwei Bezeichnungen heißen im Epos immer ›Troer‹ (›Tróes‹), nie ›Ilier‹ (›Iliéis‹), wie es normal wäre bei einer Stadt namens Ilios. Die historische Stadt dagegen heißt in den Schriftquellen und Urkunden immer ›Ilion‹ (oder ›Ilios‹), lateinisch ›Ilium‹, und die Bürger korrekt immer ›Ilier‹, nie ›Troer‹.

Der Schluss daraus ist einfach: Zu Homers Zeiten hieß die griechisch besiedelte Stadt ›Ilios/n‹ und die Bürger hierßen natürlich ›Ilier‹. Und darum nennt Homer die Bürger der vor-griechischen Stadt seines Heldenepos nie ›Ilier‹, sondern ›Troer‹; die untergegangene Stadt selbst nennt er bald wie die Stadt der eigenen Zeit ›Ilios‹ (denn die Stadt ist ja am Ort geblieben, auch wenn die Bewohner gewechselt haben), bald nach den früheren, sagenhaften Einwohnern. So darf man wohl das Adjektiv ›Troie‹ auch gleich ergänzen zu ›die Troische Ilios‹: jene einstige Ilios der Troer, im Gegensatz zur Ilios der Ilier von jetzt.

Wie aber hieß die vorgriechische Stadt im 2. Jahrtausend v. Chr.? Falls die Griechen wirklich, wie manche Forscher neuerdings meinen, sich in der heruntergekommenen, aber noch nicht ganz entvölkerten Siedlung Troja um 1050 v. Chr. eingenistet haben, wäre es möglich, dass sie den alten Namen noch kennengelernt haben; der historische Name ›Ilios‹ könnte dann lautlich daraus entstanden sein. Auch der Troer-Name könnte für das ja nicht ausgestorbene Volk bewahrt geblieben sein. Manche Forscher meinen sogar, dass beide Namen in hethitische Urkunden seit dem 15. Jahrhundert v. Chr. auftauchen, wenn auch natürlich in etwas anderer Form. Sprachlich zu ›Ilios‹ und ›Troie‹ verwandte Namen und Bezeichnungen finden sich allerdings auch jenseits auf dem griechischen Festland, sodass die griechischen Neusiedler beide Namen auch mitgebracht haben könnten – dann wahrscheinlich zusammen mit der Sage vom Kampf um Troja; denn ist etwas an der Sage alt, muss sie ja ohnehin vom griechischen Festland stammen.

Der Troja-Name hat sich im heutigen Sprachgebrauch (auch bei den Neugriechen) durchgesetzt, meist schon seit dem Mittelalter über das Latein, wo ›Troia‹ in der Dichtung der gängigere Name war. Da wir hier im Buch die eigene Bildungstradition (und das heißt auch die stärkste Eindeutschung) favorisieren, heißt die Stadt bei uns ›Troja‹ (mit Jot) und das Troja, so will es die deutsche Sprache bei Stadtnamen. Da die lateinische Sprache von ›Troia‹ ausgehend ›Troianus‹ bildet, nennen wir die Einwohner des mythischen Troja ›Trojaner‹; allerdings hier zuweilen auch, vom Griechischen ›Troes‹ ausgehend, ›Troer‹.

Trojas Mauern

Die Stadt des Ilos hatte noch keine Mauern. Erst Laomedon, der Sohn des Ilos, lässt sie bauen. Die Geschichte kennt schon die *Ilias*. Götter, nämlich Poseidon und Apoll, haben die Mauer gebaut (*Ilias* 7, 452 f.)! Oder Poseidon allein, während Apoll die Herden der Troer am Ida hütete.[2] Poseidon erinnert Apoll daran:

> »… als wir, von Zeus geschickt,
> dem mannhaften Laomedon dienten auf ein Jahr,
> um abgesprochenen Lohn und unter seinem Befehl.
> Ja, da habe ich den Troern um die Stadt die Mauer gebaut,
> breit und sehr schön, dass unbrechbar die Stadt sei«
> (*Ilias* 21, 443 ff.).

Dass Götter sich zur Arbeit verdingen, einem Menschen gehorchen, und sich, wie wir noch erfahren werden, wie Arbeiter Lohnprellerei gefallen lassen müssen: Das kann nur eine Strafe sein, die Zeus verordnet hat. Und ihr Vergehen kann nur gewesen sein, dass sie sich gegen Zeus aufgelehnt hatten: Solche Knechtschaft ist dann die beste Therapie für Ungehorsam. Das Motiv ist in der Sage nicht einmalig;[3] was hier der genaue Anlass war, wird nicht angedeutet, ist also unwesentlich.

Dass Zeus die Götter zum Arbeitsdienst nach Troja schickt, zeigt, wie sehr ihm die Stadt am Herzen liegt. Er hat ja schon für sie das Palladion vom Himmel fallen lassen (Kap. 2). Sein heiliger Hochsitz ist nicht zufällig auf dem nahen Ida, der so heißt wie der Berg auf Kreta, wo er seine Kindheit verbracht hat. Und sein Blick hatte mit Wohlgefallen auf diesem Volk geruht, als er dort den schönen Ganymed fand (Kap. 2).[4]

Poseidon sagt, dass die Stadt durch seine Mauer »unbrechbar« sei: Ist das Floskel oder Wahrheit? Göttermauern dürften eigentlich nicht zu erobern sein! Herakles wird allerdings noch zu Laomedons Zeiten Troja erobern (Kap. 5); die *Ilias* spielt darauf an, sagt aber nicht wie das geschah. In der späteren Sage ist es sein Freund Telamon, Sohn des Aiakos (den wir gleich kennenlernen werden), der als erster die Mauer nimmt. Im Großen Trojanischen Krieg dagegen wird Troja tatsächlich nicht von außen über die Mauern erobert, sondern von innen durch das eingeschleuste hölzerne Pferd. Die griechischen Angreifer dürften aber wenigstens zunächst von einer eventuellen Unbezwingbarkeit der Mauern nichts wissen, sonst wäre es Unsinn gewesen, zehn Jahre gegen sie anzurennen. Doch eine solche Unverletzbarkeit gäbe eine rein sachliche Begründung dafür, dass die Griechen am Ende zur List greifen müssen.

Allerdings spricht die *Ilias* sonst nicht von der Unbesiegbarkeit der Mauern, sondern im Gegenteil von einer kritischen Stelle darin. Andromache will ihren Mann Hektor bereden, nicht sein Leben im Kampf zu riskieren; er soll in der Stadt bleiben und vom Turm aus die Verteidigung organisieren: »Stelle das Volk beim Feigenbaum auf, wo am leichtesten / ist ersteigbar die Stadt und berennbar die Mauer. / Dreimal kamen dort schon und versuchten es die Besten (der Griechen) …/ Ob es ihnen einer gesagt hat, der die Göttersprüche gut weiß, / oder wohl auch ihr eigener Mut sie antreibt und anweist« (6. 433 ff.). Die Mauer hat also eine leicht ersteigbare Stelle, was man ihr aber nicht ansieht; man muss es wissen. Die Götter haben diesen Schwachpunkt vorgesehen, und ein Seher könnte es den Griechen enthüllt haben.[5] Hektor geht auf das Argument nicht ein, er erklärt, warum er als Mann von Ehre vor der Mauer kämpfen muss. Er weiß: »Einst wird kommen der Tag, an dem das heilige Troja dahinsinkt« Dies ist Götterwille, den man nicht durch irgendeine vorsorgliche Maßnahme aufhalten kann.

Eine Erklärung für die ›wurmstichige‹ Stelle im Götterwerk findet sich erst bei Pindar. Um 460 v. Chr. besingt der Dichter in einem Siegeslied für einen aristokratischen Sportsmann aus Ägina auch den Ahn der Ägineten, nämlich Aiakos, Sohn des Zeus und der Flussgott-Tochter Ägina, und erzählt über ihn folgende ruhmvolle geschichte:

> »Ihn (Aiakos) beriefen Apollon und der weithin herrschende Poseidon,
> da sie Ilion eine Mauerkrönung errichten wollten, an der Mauer mitzuarbeiten.
> Es war aber bestimmt, dass Ilion, / in städtezerstörenden Schlachten
> entfesselter Kriege / prasselnden Rauch aushauchen werde.
> Eben war die Mauer gebaut, da sprangen drei schillernde Schlangen
> zur Burg hinauf. Zwei fielen herunter / und ließen da zerschmettert ihr Leben,
> eine schoß schreiend zur Spitze.
> Da sprach sogleich Apollon, indem er das feindliche Zeichen bedachte:
> Wegen deiner Hände Mitarbeit, Aiakos, wird Troja fallen.
> So sagt mir das Zeichen, das vom Kroniden,
> dem tiefdröhnenden Zeus, gesandt ist:
> Nicht ohne deine Nachkommen wird Trojas Fall ins Werk gesetzt,
> sondern mit den ersten und den vierten« (Olympien 8,31 ff.)

Warum wird ein Sterblicher von Apoll und Poseidon zur Mitarbeit eingeladen, wo er doch, wie man sich denken kann, nichts Gleichwertiges bauen kann? Eben darum! Die Götter leisten Vollkommenes; ein Mensch baut Vergängliches, und genau das will Zeus. Und was qualifiziert Aiakos zu dieser Ehre? Aiakos ist nicht nur des Zeus' Sohn; er war einer der frömmsten und gerechtesten Menschen (nach seinem Erdenleben wird er deshalb Totenrichter im Hades). Wenn Zeus sich hier dieses Gerechten und Frommen bedient, ist dies ein starkes Zeichen: Der schon beim Bau der Mauern eingeplante Untergang ist vorausschauende Gerechtigkeit des allwissenden Gottes.[6] Aber was hat der Mann aus Ägina mit Troja zu tun? Es sind die Nachkommen des Aiakos, die schon in der alten Sage um Troja kämpfen. Seine Söhne Telamon und Peleus werden unter der Führung des Herakles Troja ein erstes Mal erobern (Kap. 5). Seine Urenkel wirken entscheidend mit, als Troja endgültig zerstört wird: Achills Sohn Neoptolemos, ohne dessen Hilfe laut Orakel Troja nicht erobert werden kann und der mit im hölzernen Pferde sitzen wird, und Epeios, der das hölzerne Pferd konstruiert hat (Kap. 43).[7]

Keiner dieser Helden residierte allerdings auf Ägina (Aiakos selbst hatte seine Söhne vertrieben, nachdem sie ihren Halbbruder Phokos getötet hatten). Und so ist es wohl der geniale Kniff einer äginetischen Sagenerfindung, jene Helden zurück auf Ägina zu fokussieren, indem man den Ahn Aiakos, den ersten Ägineten, zur gottgewollten Ursache für Trojas Fall werden lässt, und zwar in doppelter Weise: als Mauerbauer in Troja und als Ahn jener siegreichen Helden. – Die Generation zwischen den Eroberern, Aiakos' Enkel Achill und Ajas, die stärksten Helden der Griechen, gehören im Grunde ebenfalls hierher, allerdings: Sie mussten vor Troja verbluten, ohne ihr Ziel erreicht zu haben (Kap. 39, Kap. 40). Aber gerade ihr Ruhm ist am größten! Die Eingemeindung der ausgewanderten Aiakos-Nachkommen ins Ahnenruhm-Bewusstsein der Ägineten hat sich offenbar schon vor dem späten Pindar-Gedicht durchgesetzt. Dies belegen die beiden Giebel vom Aphaia-Tempel auf Ägina, seit 180 Jahren in der Glyptothek (Kap. 18).

Ein Rest vom Rätsel bleibt: Warum die von Aiakos verantwortete Sollbruchstelle, wenn die zweite Eroberung gar nicht durch die Erstürmung der Mauern geschieht? Vielleicht baute man da auf die allerdings erst später belegte Version, nach der das hölzerne Pferd gar nicht durchs Tor gezogen werden konnte: Es war mit Absicht zu groß gemacht, und die verblendeten Trojaner haben eigenhändig eine Bresche in ihre Mauer geschlagen.

Die wirklichen Mauern des vorgriechischen Trojas sind dank der Grabungen Schliemanns und anderer heute wieder sichtbar (Abb. 3.1). Sie müssen es auch zu Zeiten der frühen Sagendichter gewesen sein, als sich eine sehr bescheidene griechische Siedlung hinter den alten Mauern barg. Obwohl diese Mauern nicht aus

3.1 Mauern Trojas aus dem 2. Jahrtausend v. Chr. Sie schützten auch noch die kleine griechische Gemeinde seit etwa 1000 v. Chr.

riesigen Felsblöcken gefügt waren wie die ›kyklopischen‹ Mauern der mykenischen Burgen im griechischen Mutterland, hätte ein solcher Mauerbau Kräfte und Können der kleinen griechischen Gemeinde Ilions weit überfordert. Dass hier einst Götter am Werk waren, mochte man da den Mauern gern ansehen, und ebenso sichtbar war manch kleinteiliges Flickwerk, das man Göttern nicht zutrauen durfte, ja offensichtliche Zeichen von Ruin, die – auch wenn in Wirklichkeit vielleicht von einem Erdbeben verursacht – vor Augen führte, dass der Mauerkranz keineswegs unzerstörbar war. – Nicht wenige Forscher meinen übrigens, dass es überhaupt diese großartigen Mauerreste waren, die die griechischen Siedler und die Sänger, die in einer benachbarten größeren Stadt ein Zentrum haben mochten, alte Sagen und Neuerdichtetes auf diesen Ort ausrichten ließen.

Die Idee von auf wunderbare Weise errichteten Mauern ist natürlich ein Topos, den die Sage immer wieder an Orte der Vergangenheit heftete. Man denke an die später ›kyklopisch‹ genannten mykenischen Mauern des griechischen Mutterlands, wie die von Mykene (Abb. 3.2), die man sich also von den Kyklopen-Riesen erbaut dachte.[8] Die nächste Parallele zu Troja bietet aber das böotische Theben. Auch hier sind die Mauern auf wunderbare Weise von Zweien erbaut, nämlich den Zeussöhnen Amphion und Zethos. Theben aber war für ein bestimmtes mythisches Geschichtskonzept genau wie Troja von Zeus dazu ausersehen, im Krieg möglichst viele Heroen verbluten zu lassen (Kap. 7).[9] Auch um Theben lässt die Sage zwei Kriege kämpfen; und die überlebenden Angreifer des zweiten Kriegs, die Theben schließlich zerstörten, kämpfen bald darauf vor Troja: Im Kampf um solche Stadtmauern zerreibt sich das Geschlecht des Heroenzeitalters.

Die Sagen von den von Göttern, Göttersöhnen und Kyklopen erbauten Mauern wollen letzten Endes offenbar gar nicht die Unverletzbarkeit jener Orte behaupten, sondern ihre einstige Macht und Umkämpftheit, und ihre Auserwähltheit – zum Untergang! Das war für die Dichter-Sänger und ihr Publikum immer wieder zu erfahren: Wo es große Mauern gab, da waren dahinter Ruinen oder kleine Gemeinden, die solche Mauern nie hätten bauen können. Wo so Großes noch sichtbar war, war es Zeichen der Vergangenheit und des Untergangs, den Größere als die jetzigen Einwohner einander gewaltsam bereitet haben mussten.

3.2 Mauern und Tor Mykenes, etwa 1300 v. Chr. In historischer Zeit haben die Griechen dieses Mauerwerk als ›kyklopisch‹ bezeichnet. Seit etwa 1000 v. Chr. wieder besiedelt, blieb das Städtchen Mykene machtpolitisch so unbedeutend wie das griechische Ilion (Troja)

Kein Lohn für göttliche Arbeit

Wir haben Poseidon vorhin unterbrochen, als er (*Ilias* 21, 441 ff.) auf Apoll einredete. Er schilt Apoll einen Narren, dass er sich in diesem Krieg auf Seiten der Troer engagiert. Denn damals, als die beiden Götter für König Laomedon die Mauer gebaut hatten:

> »… da brachte uns gewaltsam um den ganzen Lohn
> Laomedon, der schreckliche, und drohend schickte er uns fort.
> Er drohte, uns die Füße zusammenzubinden und die Hände oben
> und uns nach fernen Inseln zu verkaufen,
> und gebärdete sich, als wollte er uns beiden die Ohren abschälen mit dem Erz.
> Wir aber gingen wieder zurück mit ergrimmtem Mute,
> wegen des Lohnes zürnend, den er versprochen hatte und nicht erfüllt.«

Die Knechtschaft der Götter unter Laomedon kann, wie schon gesagt, nur eine von Zeus verordnete Strafe gewesen sein. Dann aber ist merkwürdig, dass überhaupt ein Lohn für die Arbeit ausgemacht war. Und weiter: Wie kann man Götter entlohnen? Was könnten sie brauchen, was Menschen haben und Göttern fehlt? – Das Problem muss nicht geklärt werden: Vom Lohn redet die Sage nur, damit Laomedon ihn verweigern kann.[10] Und warum lässt sie ihn dies tun? Damit er sich und Troja ins Unrecht setzt! Und die Götter halten still, damit er es gründlich tut: Er droht ihnen auch noch an, als sie offenbar auf ihrem Recht bestehen, sie zu versklaven, ja sie wie Verbrecher durch Gesichtsverstümmelung zu kennzeichnen. Laomedons Schuld soll groß sein und auf Troja lasten!

Hellanikos (5. Jahrhundert v. Chr.) gibt dem Unternehmen der Götter gleich von vornherein einen bedenklichen Sinn: »Die Sage erzählt, dass Poseidon und Apoll sich dem Laomedon untertan machten, um ihn auf die Probe zu stellen, ob er ein Frevler sei. Sie nahmen Menschengestalt an und verdingten sich ihm zum Mauerbau um Lohn, ob er zahle oder nicht …« Wir kennen aus dem Alten Testament, dass Gott die Seinen prüft, wie den Abraham oder Hiob, und sie bestehen die Prüfung. Hier klingt es etwas anderes: Die Götter bringen durch ihren Test die Frevelbereitschaft Laomedons zur Tat. Oder: Wer untergehen soll, dem geben die Götter Gelegenheit, zuvor sich schuldig zu machen.

Mit dem Raub Ganymeds, hatte sich Zeus gegen die Troer ins Unrecht gesetzt, jedoch Ausgleich bezahlt (Kap. 2). Jetzt hat sich Troja mit seinem König Laomedon schuldig gegen die Götter gemacht. Von hier aus geht eine Kette von Schuld und versäumter Sühne bis zur ersten Eroberung Trojas im Krieg des Herakles. Darüber hinaus hat die Geschichte vom Frevel des Laomedon eine grundsätzliche Botschaft: Troja ist zum Unglück bestimmt, schon vom Bau seiner Mauer an. Die Mauer war eine verhängnisvolle Göttergabe. Da Laomedon sie nicht bezahlt hat, wird Troja mit Krieg und Untergang bezahlen. – Die Untergangsverfallenheit Trojas war auch das Thema von Pindars Erzählung vom Bau der Mauer. Der Lohnbetrug durfte dort gar nicht vorkommen; es war die gottgewollte Pfuscharbeit des Aiakos in der Göttermauer, die den künftigen Untergang – eher mythisch symbolisiert, als sachlich begründet hat. Mehr zu diesem Thema in Kap. 7: »Der Unheilsplan des Zeus«.   *B.K.*

4. Poseidon schickt ein Ungeheuer, Herakles rettet Hesione

Apoll und Poseidon haben also ein Jahr für König Laomedon gearbeitet, und Laomedon hat ihnen den ausbedungenen Lohn nicht gezahlt und sie davongejagt. Die Götter müssen es zunächst erdulden, ihr Dienst war ja von Zeus befohlen. Doch dann dürfen sie sich rächen, die Sage malt jedoch nur die Rache Poseidons aus.[1] Poseidon wird auch später, im großen Trojanischen Krieg, erbitterter Feind Trojas sein, doch Apoll wird bis fast zuletzt treu zu Troja stehen. Poseidon wirft ihm (*Ilias* 21, 443 ff.) ja eben das vor, als er ihm – vergeblich – den Lohnbetrug Laomedons in Erinnerung ruft. Dass gerade der noble und gerechte Gott Apoll Freund Trojas bleibt, zeigt, wie sehr es der Sage darauf ankommt, die Trojaner, trotz der Frevel Einzelner, als auch moralisch ebenbürtige Gegner der Griechen darzustellen.

Die Geschichte

Poseidon, Herr des Meeres, schickt einen Meerdrachen, der von der Küste aufs Land übergreift, Saaten verwüstet und Menschen vertilgt. In der Not befragt König Laomedon ein Orakel. Er soll seine Tochter Hesíone (gr. Hesióne) dem Ungeheur zum Fraß preisgeben. Das Volk zwingt den König, dem zu Spruch folgen, und er setzt Hesione an der Küste aus. Zugleich verspricht er aber jedem, der seine Tochter rettet und das Ungeheuer tötet, die berühmten unsterblichen Rosse, die einst Zeus für den Raub Ganymeds dessen Vater Tros als Buße gezahlt hat (Kap. 2). Im rechten Moment kommt Hérakles (gr. Heraklés) vorbei und tut die Tat, die nur er tun kann. Laomedon aber hat nichts dazu gelernt, er verweigert auch Herakles den Lohn. Der geprellte Held zieht unter Racheschwüren ab.

Wie kam Herakles überhaupt nach Troja? Die Sagen kennen zwei Versionen; offensichtlich war die jeweilige Einbindung in eine bestimmte Reise, die den Helden sowieso in die Gegend führt, dem Belieben der Sagenerzähler überlassen. Nach der einen Version kommt Herakles mit vielen andern Helden mit dem Schiff Argo auf der Hinfahrt nach Kolchis gerade vorbei, sieht und rettet Hesione; auf der Rückfahrt will er seinen Lohn abholen, und erobert, da Laomedon ihn hintergeht, gleich oder später die Stadt. Die Sagenversion, dass Herakles überhaupt am Argonautenzug teilnimmt, ist immerhin für das 4. Jahrhundert v. Chr. belegt, obwohl der Held in ein Gemeinschaftsunternehmen, das dazu noch von einem anderen, Jason, geleitet wird, nicht so recht passt. Andere Erzähler wissen nichts davon, und lassen ihn beim Zug gegen die Amazonen vorbeikommen, als er den Gürtel der Amazonenkönigin gewinnen soll. Diese Verknüpfung geht nicht ohne Widersprüche ab. Spätestens seit 500 v. Chr. gilt das Amazonen-Abenteuer als Auftragsarbeit für Eurystheus (obwohl Herakles Genossen dabei hat, was eigentlich nicht zur Knechtsrolle passt). Doch den Meerdrachen erschlägt er ohne deren Hilfe in seiner üblichen Einzeltäter-Manier; dass er es auf eigene Rechnung um Lohn tut, gehört sich eigentlich nicht, wenn er zugleich als Knecht des Eurystheus in der Amazonensache unterwegs ist. Dass sich Herakles die Lohnprellerei gefallen lassen muss, ist wiederum etwas merkwürdig, wenn er Genossen dabei hat, mit denen er doch sogar die Amazonen besiegt. Dass sich Herakles erst später rächen kann, passt dann wieder gut, wenn er beim Hesione-Abenteuer noch Knecht des Eurystheus war: Erst als freier Mann und souveräner Fürst kann er ein Heer sammeln und für eigene Interessen Krieg führen.[2]

An den Kampf des Herakles mit dem Ungeheuer erinnert eine merkwürdige Stelle in der Ilias. Die Götter wollen dem Krieg der Sterblichen vor Troja zuschauen und wählen als Sitzbank, von der aus sie die beste Übersicht haben, den hoch aufgeschütteten ›Wall des Herakles‹ »… den ihm einst die Troer und Pallas Athena errichteten, damit er dem Meerungeheuer entginge, vor ihm fliehend, wann immer es ihn vom Strand zur Ebene jagte« (*Ilias* 20, 145 ff.).[3] So bedenklich wird der Kampf für Herakles sonst nicht erzählt, aber die Verknüpfung dieses Helden mit Damm- und Kanalbauten ist alt und mehrmals belegt. Für das Publikum des Epos, das ja wusste, was aus dieser Heraklestat folgen wird, gibt die Zuschauerbank der Götter historischen und moralischen Fernblick vom zweiten zurück zum ersten Trojanischen Krieg: Beide sind verursacht durch die Schuld eines Dardaniden, der erste durch Laomedon, der zweite durch Paris.

Die Bilder

Seit 560 v. Chr. wird die Geschichte dargestellt, generell selten, ein halbes Dutzend griechischer Vasenbilder sind bekannt, eines davon besitzt die Münchner Sammlung (Abb. 4.2). Es ist nur ein Fragment, das durch den Zweiten Weltkrieg nochmals verkleinert ist, aber der Sachverhalt ist erkennbar: Links der Held mit dem Löwenfell, also Herakles – unten die Wellen, also das Meer – rechts der Meerdrache.

Unseren ›christlichen‹ Drachen, alias Lindwurm, auf zwei oder vier Beinen und mit Vogel- oder Fledermausflügeln, kannten die Griechen nicht; das Wort ›Drache‹ aber kommt (über das Lateinische) vom griechischen ›Drakon‹; so heißt die gewöhnliche Schlange genauso wie die Fabelschlange, die Mensch und Vieh verschlingt. Das Meerungeheuer, dem Hesione (und Andromeda, dazu unten) zum Fraß vorgesetzt werden soll, wird allerdings ›Ketos‹ (Neutrum) genannt, womit z.B. auch der Wal bezeichnet werden konnte. Das mythische Ketos wird manchmal fischähnlich dargestellt, oder mit einem Schweinskopf oder so wie hier: als aufgebäumte Schlange; mit dem Leib, wie man gerade noch sieht, eine volle Volte schlagend; ausgestattet mit Zackenkamm und Stachelmähne und, wie wir ergänzen müssen, mit kleinen Seitenflossen und einer Schwanzflosse. Der aufgesperrte schnabelförmige Rachen erinnert etwas ans Krokodil, oder (stellt man sich die Kiefer geschlossen vor) auch etwas ans Seepferdchen.[4] Herakles hat dem Seemonster aus der Ferne einen seiner unfehlbaren Pfeile zwischen die Augen gesetzt. Jetzt rückt der Held in raschem Kampfschritt dem Ungeheuer zu Leib, mit der Rechten wird er die Keule geschwungen haben.

Wahrscheinlich war auch Hesione im Bild zu sehen: entweder im Rücken des Helden, der sich in diesem Fall kühn zwischen Opfer und Monster geworfen hätte, oder, noch spannender, hinter dem Drachen wie auf dem Glaskameo Abb. 4.1, der im Entwurf vielleicht auf das 4. Jh. v. Chr. zurückgeht. Hier sitzt Hesione am Strand, vielleicht halb entblößt, also mit erotischem Appeal, und sie war wohl mit ihrem Brautschatz ausgestattet; wir sehen zumindest ein aufgeklapptes Kästchen an ihrer Seite.

Das Dreiecksverhältnis Ungeheuer – Jungfrau – Held ist uns aus der Legende vom heiligen Georg wohlbekannt.[5] Das Motiv geht, wie wir hier sehen, auf die

4.1 Herakles mit Pfeil und Bogen gegen den Meerdrachen. Am Strand Hesione, die wohl mit erhobenem Arm den Helden staunend begrüßt; zu Füßen ihr Schmuckkästchen. Unter der Grundlinie Sandstrand mit Muscheln. Glaskameo (Umzeichnung), 1. Jh. v. Chr., Berlin.

4.2 Herakles (mit Bogen und Löwenfell) erschlägt den angeschossenen Meerdrachen wohl mit der Keule. Scherbe eines campanisch-griechischen Mischkessels (Vorkriegszustand und jetzt). 360–350 v. Chr. (Kat.4).

Antike zurück. Bekannter als Herakles und Hesione ist allerdings die Geschichte von Pérseus (gr. Perséus) und Andrómeda (gr. Androméda). Auch Andromeda ist eine Königstochter, auch sie muss einem Meerungeheuer preisgegeben werden, weil die Eltern den Zorn Poseidons auf ihr Land gezogen haben; Perseus, der Held mit den Flügelschuhen, tötet das Ungeheuer, rettet die Prinzessin und heiratet sie. – Warum verlangen Drachen und Unholde immer Jungfrauen und Königstöchter? Man sieht es bei Perseus: Damit der Held sein Glück machen kann; er tötet das Untier und heiratet die Prinzessin! Der heilige Georg hat's freilich nicht tun dürfen. Und Herakles fasst die Rettung als Handel auf, wenn er um den Lohn der Pferde die Tat wagt; die Heirat kommt dennoch vor, wenn auch verschoben: Telamon, des Herakles bester Freund, nimmt später Hesione als Nebenfrau; wie das zugeht, erfährt man im nächsten Kapitel.

Bei Perseus und Andromeda ist das erotisch-bräutliche Motiv, das beim Hesione-Abenteuer nur durchschimmert, also am rechten Platz; wir sehen es so auf dem Vasenbild Abb. 4.3. In der Mitte ist Andromeda an den Felsen gefesselt, sonst aber steht sie im schönsten Schmuck da, mit einer Brautkrone im Haar, umgeben von einem Schatz an Frauengerät, wozu auch wieder das Kästchen (rechts zu ihren Füßen) gehört, das wir schon von der Hesione des Glaskameos (Abb. 4.1) kennen. Links steht der Held Perseus, zu seinen Füßen bittet kniefällig der Vater des Mädchens, König Kepheus, um Hilfe. Der Held hat nur Blick für das Mädchen; das erwidert den Blick, und zwischen beiden flattert Eros …, der Betrachter kennt das Happy End. Vom Ungeheuer ist nichts zu sehen, nur das Sichelschwert in der Hand des Perseus (noch in der Linken!) deutet dezent auf den kommenden Kampf.

In eine ganz ähnliche Stimmung zieht der gleiche Maler nun auch das Hesione-Abenteuer (Abb. 4.4). Hier steht der Held im Mittelpunkt, von beiden Seiten bekniet: Links fleht der weißhaarige König Laomedon, der Verursacher des Problems, rechts der junge Príamos, der Lieblings-Bruder Hesiones. Auch hier schaut Herakles über den König hinweg zu Hesione links und zum Eros zwischen den beiden, der zu sagen scheint: Sieh doch, wie schön sie ist! Hesione ist bräutlich

4.3 *Zum Vergleich mit der Hesione-Geschichte: Andromeda ist an den Felsen geschmiedet, ringsum ihr Brautschatz. Vater Kepheus fleht Perseus an. Zwischen Held und Prinzessin verliebte Blicke, von Eros geleitet. – Links traurig die Mutter Kassiopeia, sie ist schuld am Zorn Poseidons. Apulisch-griechische Hydria vom Dareios-Maler, um 330 v. Chr.*

aufgemacht mit der Brautkrone und einem Schultermäntelchen, dass sie jederzeit als Brautschleier über den Kopf ziehen könnte; hinter ihr eine Dienerin mit dem Fächer der Herrin und wiederum dem Schmuckkästchen. Dass Hesione so unbehelligt dasteht, muss man erzählchronologisch nicht wörtlich nehmen; immerhin gab es eine Version, wonach Herakles das Mädchen an der Küste angekettet sieht, es befreit und zurückbringt, und dann erst durch den Lohn bewogen wird, das Problem endgültig zu lösen und das Ungeheuer zu töten. Jedenfalls könnte man dem Bild nach meinen, der Held werde seine Tat um der Liebe willen tun, was, wie wir wissen, der Erzählung nach nicht der Fall ist: Er tuts um Lohn. Die idyllisch-heroische Zweisamkeit der Beiden inmitten der übrigen Personen ist kalkuliert: Die Vasenmalerei des 4. Jahrhunderts v. Chr. romantisiert, wo sie nur kann, das Verhältnis von Mann und Frau. Doch wer die Geschichte kennt, der findet Anhaltspunkte dafür auch im Bild. Die Figur der Hesione, mit verschränkten Armen und sinnend zur Hand geneigtem Kopf zeigt dem Betrachter an, dass nicht alles so glatt gehen wird. Vor allem aber versteht man die Anwesenheit und das Verhalten des jungen Priamos nur, wenn man weiter weiß. Wir wissen ja, dass der hier noch so kniefällige Greis, den Helden um den Lohn prellen und mit Hohn verjagen wird. Priamos aber meint es ehrlich und er wird später, nach dem Rachefeldzug des Herakles, mit dessen Willen und Hesiones Beistand der neue König von Troja werden (Kap. 5).[6]

In unserem Beispiel Abb. 4.2 tötet Herakles das Untier mit Pfeil und (vermutlich) Keule, auf dem Glaskameo (Abb. 4.1) tritt er nur als Pfeilschütze auf. Beides ist für Herakles typisch: Er ist der große Held des unfehlbaren Bogens und zugleich der direkten Brachialgewalt, der mit der Keule zuschlägt; er vereinigt in einmaliger Weise die Qualitäten von Fern- und Nahkämpfer. Es gab noch eine weitere Version vom Kampf, die wiederum auf andere Weise auf Herakles zugeschnitten ist. Man erinnere sich zunächst, dass der Held oft Aufgaben lösen muss, die nur mit Kraft und einem ›Trick‹ zu erledigen sind.[7] Das bekannteste Beispiel: Der Löwe von Nemea ist mit Waffen unverwundbar, also muss Herakles ihn mit bloßen Armen erwürgen. Auf diese Idee muss man kommen, und man kommt nur

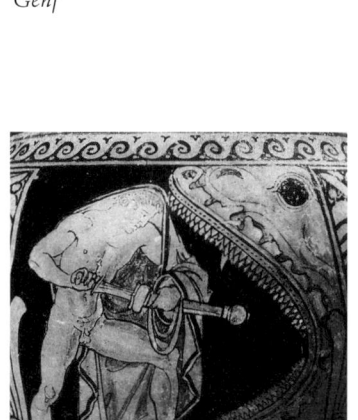

4.4 Herakles (mit Keule und umgehängtem Köcher mit Bogen) wird vom greisen Laomedon und dem jungen Primaos angefleht, Hesione zu retten. Herakles blickt über Eros zu Hesione links, hinter ihr eine Dienerin mit Hesiones Fächer und Schmuckkästchen. Apulisch-griechische Amphore, vom gleichen Maler wie Abb. 4.3, um 330 v. Chr. Genf

4.5 Herakles tritt in das Seemonster, um es von innen mit dem Schwert zu töten. Mit dem Mantel will er sich vor den ätzenden Säften schützen. Etruskischer Mischkessel, um 320 v. Chr., Perugia

darauf, wenn man so stark ist wie Herakles. In der Trick-Version des Hesione-Abenteuers ist es nun so: Das Ungeheuer ist so groß, dass auch ein Herakles es nicht von außen erschlagen kann. Wie löst er das Problem? Er tötet es von innen! Auf dem etruskischen Gefäß Abb. 4.5 sehen wir vom Ungeheuer rahmenfüllend nur ein riesiges aufgerissenes zweireihig bezahntes Maul (mit einem Giftzahn, es ist also ein Schlangenungetüm). Herakles tritt gebeugt in den Schlund, das Schwert aus der Scheide ziehend, doch ohne sein gewohntes Löwenfell. Dem Betrachter bietet sich die Figur heldisch nackt, aber sachlich betrachtet, versucht er sich mit seinem Mantel zu schützen, indem er den linken Arm damit verhüllt und das Tuch über den wollhaarigen Kopf und den Rücken gezogen hat. Das erinnerte den sagenkundigen Betrachter an eine besondere Version: Die ätzenden Säfte im Untierinnern sind gefährlich, zwar wird es dem Helden gelingen, das Monster von innen zu zerschlitzen, aber ganz unbeschädigt wird Herakles trotz seiner Mantel-hülle nicht entrinnen: Er kommt mit abgesengtem Haupthaar wieder zum Vor-schein. Keine Angst, es wuchs ihm wieder nach.

Zum Schluss noch ein Wort zum Erzählmotiv des verweigerten Lohns. Hier kreuzen sich die beiden Sagenstränge ›Herakles‹ und ›Troja‹ in Idealkonkurrenz. Laomedon ist der notorische Lohnverweigerer; er bekommt vom Schicksal eine Chance, damit er – sie vertut und erneut Schuld auf sich und Troja lädt. Laomedon erspart sich ja die volle Bestrafung durch Poseidon, indem er Herakles das Un-geheuer töten lässt; damit wäre die Sache sogar erledigt gewesen, denn dem Halb-gott Herakles ist ein solcher Eingriff in das Recht eines anderen Gottes erlaubt. Jetzt aber verweigert Laomedon Herakles den Lohn und verursacht damit die nächste Racheaktion … Herakles aber ist in diesem Drama der ebenso notorische Lohnlose. Andere Helden gewinnen für ihre Taten Braut und Königreich, Herakles bekommt nichts. Nichts für seine Arbeiten für Eurystheus, nichts für seinen Dienst bei Omphale, und wenn er sich um ausgemachten Lohn ans Werk macht wie hier, dann wird er darum betrogen. Warum? Es darf für Herakles keinen Lohn auf Erden geben, weil er am Ende ewigen Lohn im Olymp bekommt: Unsterblich-keit und eine Göttin zur Frau! Immerhin gestattet ihm die Sage zu Erdenzeiten, sich für den Lohnbetrug zu rächen, allerdings nie sofort, sondern immer geraume Zeit später. *B.K.*

5. Der erste Trojanische Krieg: Herakles erobert die Stadt

Laomedon hat also Herakles den Lohn für die Rettung Hesiones verweigert, und Herakles musste abziehen. Irgendwann später sammelt Herakles Genossen für seinen Rachekrieg gegen Troja. Die Trennung der beiden Taten ist plausibel: Bei der Rettung Hesiones um Lohn tritt Herakles als Einzeltäter auf, für einen Krieg aber braucht auch ein Herakles Genossen.[1] Die Voraussetzung dafür ist ferner, dass Herakles Herr seiner selbst ist, er hat also den Dienst bei Eurystheus hinter sich und nach einigen Texten auch die Knechtschaft unter Omphale.[2] – Zwei Episoden vor dem eigentlichen Krieg sind wegen der weiten Querverbindungen innerhalb der Troja-Sage und für die Bilder interessant.

Herakles bei Telamon: Prophezeiung für Ajas

Herakles wirbt für den Krieg seinen alten Freund Télamon (gr. Telamón) an, der auf der Insel Sálamis (gr. Salamís) herrscht. Telamon (und sein Bruder Péleus (gr. Peléus), der spätere Vater Achills) war auch schon beim Amazonen-Abenteuer des Herakles dabei (und auch Peleus wird mit nach Troja gehen). Der Dichter Pindar, der 480 v. Chr. ein Preislied für einen Sport-Sieger von Ägina textete, erzählt die Begegnung, weil Telamon ein Sohn des Aiakos war, des ersten Königs von Ägina, und jene Episode wenigstens indirekt zum Ruhm Äginas beiträgt (Isthmien 6, 35 ff): »Im Löwenfell trat Herakles hinzu« und betete zu seinem Vater Zeus, dass Telamon einen Sohn bekomme von solcher Art: »Nicht zu brechen soll er sein in seinem Wesen, so wahr mich dieses Fell hier umwallt / von dem Tier, das ich in meinem ersten Kampf einst in Nemea tötete.« Warum das Löwenfell hier so wichtig sein soll, wird aus Pindar nicht verständlich. Der theologisch biedersinnige Dichter hat hier offenbar eine ältere Legende entschärft, die ihm zu unethisch und zu fatalistisch erschien. Nach dieser war der Knabe eben geboren, als Herakles kam; der hüllt ihn in sein Löwenfell und bittet Zeus, das Kind, so wie es vom Fell bedeckt ist, unverwundbar zu machen. Man erinnere sich, dass der nemeische Löwe von keiner Waffe verletzbar war, sodass Herakles ihn mit bloßer Hand erdrosseln musste. Herakles versucht also eine Art Übertragungszauber. Zeus gewährt die Bitte, aber wie bei Achill hat die Unverwundbarkeit einen kleinen Fehler: Wo das Löwenfell die Haut des Babys nicht berührt hat, nämlich unter der Achsel, bleibt Ajas verletzlich. Diese Unverletzlichkeit des Ajas ist der *Ilias* unbekannt, in der späteren Sage spielt sie eine Rolle: Als Ajas, in Unglück und Schande gefallen, sich selbst töten will, versagt nach einer Sagenversion eben darum sein Schwert. Athena, die Göttin, die ihn böswillig in diese Situation manövriert hat, erbarmt sich seiner und zeigt ihm die tödliche Stelle (Kap. 40)! Doch zurück zum glücksverheißenden Anfang. Bei Pindar schickt Zeus ein Zeichen, dass er die Bitte des Herakles erhört hat, nämlich: »den Fürsten der Vögel, einen großen Adler (griechisch: AETOS). Süße Freude traf ihn (Herakles) da im Innern und er sprach prophetisch: ›Du wirst einen Sohn nach Wunsch haben, Telamon. Und nenne ihn nach dem Vogelzeichen mit dem entsprechenden Namen AIAS.‹« Herakles, auf dem Weg zu seinem Krieg nach Troja, hält in seinen Armen schon einen der künftigen Helden für den nächsten, ultimativen Trojanischen Krieg.

Herakles opfert in Chryse, dabei ist der junge Philoktet

Die attischen Vasen des 5. Jahrhunderts v. Chr. haben eine anscheinend ganz nebensächliche Episode vom Zug des Herakles nach Troja dargestellt, die auch in der Literatur nicht früher belegt ist. Die kleine Flotte macht unterwegs Halt auf dem Inselchen Chryse, direkt vor der großen Insel Lemnos, um der Ortsgöttin Chryse zu opfern. Das Vasenbild Abb. 5.1 zeigt ein Heiligtum unter freiem Himmel, der Altar ist aus Wackersteinen geschichtet, das kleine altertümliche Bild der Göttin mit erhobenen Armen steht auf einer Säule und blickt zur Opferhandlung. Herakles ist für das Opfer ganz ideal-bürgerlich hergerichtet, im Mantel und ohne sein typisches Kraushaar; es bedarf der Beischrift, um ihn zu erkennen.[3] Er winkt seinem jungen Neffen Iolaos herbei, der den Opferstier führt, rechts ministriert die Siegesgöttin persönlich, Herakles wird also siegreich sein. Hinter Nike müht sich ein kleiner Knabe mit Opfer-Utensilien. Auf einem ähnlichen Bild von Herakles' Opfer in Chryse erscheinen zwei solcher Helfer im Knabenalter, einem ist der Name Philoktétes beigeschrieben.

5.1 Herakles beim Opfer auf Chryse. Der Knabe rechts könnte Philoktet sein, der als Junge schon beim Herakles-Krieg gegen Troja dabei war. Attischer Glockenkrater, um 410 v. Chr., Wien.

Kein Text erklärt, warum das Opfer in Chryse für Herakles wichtig gewesen sein sollte. Ein Opfer in Chryse spielt dagegen eine entscheidende Rolle beim zweiten Zug der Griechen gegen Troja. Hier nimmt Philoktet als Erwachsener teil. Er besitzt den unfehlbaren Bogen des Herakles, den der Held ihm im Tod vermacht hatte. Als die Griechen in Chryse landen, um zu opfern, wird Philoktet von einer Schlange gebissen; die Griechen setzen den Helden auf dem benachbarten Lemnos aus, weil sie sein Geschrei und den Gestank der Wunde nicht ertragen (Kap. 16). Doch nach neun Jahren Kampf um Troja erfahren sie, dass ohne Philoktet und seinen Bogen Troja nicht fallen wird; sie holen Philoktet von Lemnos, und erst ihm gelingt es, Paris zu erschießen (Kap. 41), der sogar den größten Helden der Griechen, Achill, erlegt hatte (Kap. 39). Hier ist das Opfer in Chryse also schicksalsbestimmend für das Unternehmen: Die Aussetzung Philoktets ist mitverantwortlich für das vieljährige sinnlose Ringen um Troja, das kein anderes Ergebnis hatte als den Tod so vieler Helden auch auf Seiten der Griechen (und genau das war ja der Plan des Zeus: Kap. 7). Dieser Teil der Philoktet-Geschichte gehört offenbar zum alten Bestand der Sage. Und von hier aus (und wohl erst im 5. Jh. v. Chr.) war die Parallele im früheren Zug des Herakles im Nachhinein konstruiert worden: Schon damals ging die Fahrt über Chryse, schon damals war Philoktet dabei, wenn auch als Knabe. Beim großen Zug der Griechen weiß Philoktet daher den Weg nach Troja, und man lässt das Opfer in Chryse wiederholen in der Hoffnung auf einen ähnlich schnellen Sieg wie unter Herakles. Der schnelle Sieg erweist sich beim zweiten Krieg als Illusion, und doch liegt ein Schlüssel zum endlichen Sieg bei dem Geschehen in Chryse: Die Griechen müssen eben wieder zurückkommen und Philoktet von Lemnos nach Troja holen.

Die zweite, die wirklich wichtige Chryse-Episode, bei der Philoktet von der Schlange verwundet wird, wird mit den gleichen Requisiten dargestellt wie das frühere Opfer des Herakles. Wir sehen Abb. 16.5 wieder das altertümliche Kultbild mit den erhobenen Händen und den erdnahen Altar.

Die Konstruktion der Herakles-Episode und das Interesse der attischen Vasenkunst des 5. Jahrhunderts an beiden Chryse-Episoden hatte wohl aktuelle, politische Gründe: 510 v. Chr. hatte Miltíades (gr. Miltíades), der später auch bei Marathon siegreiche Feldherr, die Insel Lemnos erobert, um Land für athenische Siedler zu gewinnen. Für Athen selbst ist später eine Örtlichkeit namens ›Chryse‹ überliefert; es gab also auch dort, so muss man vermuten, ein Heiligtum dieser, durch die Troja-Sage berühmt gemachten, lemnischen Lokalgöttin, die nach der Eroberung von Lemnos durch einen Kult in Athen befriedigt und eingebunden worden war.[4] Die beiden Opfer in Chryse gewinnen durch ihre Parallelisierung an symbolischer Bedeutung: Hier öffnete sich einst das Tor für die beiden Feldzüge der heroischen Vergangenheit nach Troja. Der athenische Betrachter unserer Vasen brauchte sich nur einen kleinen mentalen Ruck zu geben, um in der Politik seiner Zeit anzukommen: Seit dem 7. Jh. v. Chr. hatte sich Athen in der Troas festgesetzt, und zwar im Städtchen Sigeion, wenige Kilometer von Ilion/Troja entfernt, aber in strategisch interessanterer Lage. Die Eroberung von Lemnos mit seinem Vor-Inselchen Chryse hatte Athen nun auch einen mythischen Schlüssel zu den Heroenkriegen um Troja in die Hände gebracht. In der *Ilias* spielt das Kontingent aus Athen nur bei der Aufzählung der Schiffe eine Rolle. Das hat eine attische Sagenversion nicht gehindert, z.B. zu behaupten, dass das echte Palladion aus dem zerstörten Troja schließlich nach Athen gelangt sei! So wichtig war die Geschichte vom Trojanischen Krieg inzwischen für das Selbstbewusstsein einer Stadt wie Athen geworden.

Die Eroberung Trojas

Herakles fährt mit 6 oder 18 Schiffen nach Troja und erobert es. Zum zweiten, dem großen Trojanischen Krieg lässt Homer die Griechen 1081 Schiffe aufbieten, bemannt mit 50 bis 100 Kriegern! Bei diesem letzten Krieg kämpft auch ein Sohn des Herakles mit, Tlepolemos; er erinnert seinen Gegner an jene Großtat: »Was für ein Mann war mein Vater, … der mit nur sechs Schiffen kam … und Ilios zerstörte und ausleerte die Straßen« (*Ilias* 5, 598 ff.) – so grausam knapp kann Poesie sein, um Totschlag und Wegführung in die Sklaverei auszudrücken! Dem Tlepolemos nützt allerdings die Tat des Ahns nichts, nur das Jetzt gilt, er wird von dem für Troja kämpfenden Lyker Sarpedon erschlagen.

Im Krieg des Herakles zeichnet sich vor allem Telamon aus, als Erster erstürmt er die Mauer. Man erinnere sich, dass der Vater des Telamon, der Urkönig der Ägineten, Aiakos, nach Pindar dafür gesorgt hat, dass Trojas Mauern im vollkommenen Götterwerk eine Schwachstelle aufweisen (Kap.3). Während sich Herakles vergeblich am göttlich-unersteigbaren Mauerabschnitt müht,[5] reißt der Aiakos-

Sohn Telamon die für ihn vorbestimmte Mauerstelle ein. Der sieggewohnte Herakles ist so neidisch, dass er nah daran ist, Telamon hinterrücks zu erschlagen. Doch der will sich gar nicht größer machen, als er ist. Er sammelt Steine und häuft sie auf, Herakles wundert sich und fragt. Und die erlösende Antwort ist: Er, Telamon, baue einen Altar für Herakles ›Kalliníkos‹, für Herakles, den Gott ›des schönen Sieges‹.[6]

Telamon tötet (nach Pindar) den König Laomedon, der an allem Schuld war; damit endet der Krieg. Zur Beute zählt auch Prinzessin Hesione, die unschuldige Ursache des Kriegs, Herakles spricht sie als das Beste dem siegreichen Telamon zu. Auch alle Söhne Laomedons sind getötet worden, mit Ausnahme des jüngsten: Priamos. Nach einer Version wird er von Herakles verschont, weil Priamos als der einzige Gerechte der Herrschersippe von Anfang an für Herakles eingestanden war. Nach einer anderen Version wird er wegen seiner Jugend nicht getötet, und Hesione darf ihn als den ihr Liebsten von den Gefangenen mit ihrem Schleier als Zahlung freikaufen. Ja jetzt erst habe er den Namen ›Priamos‹ bekommen, zu verstehen als ›der (Frei-)Gekaufte‹, bis dahin habe er Podarkes geheißen.[7] Jedenfalls wird der junge Priamos mit Zustimmung des Herakles König der übrig gebliebenen Troer. Jetzt verstehen wir, wenn im Vasenbild Abb. 4.4 in scheinbar überflüssiger Verdoppelung außer Laomedon, der für die Misere ja verantwortlich ist, auch der junge Priamos den Herakles kniefällig bittet: Er steht seiner Schwester besonders nahe, erweist sich treu gegen Herakles, seine Figur verweist den Betrachter auf den eben erzählten Ausgang der Geschichte.

Priamos wird die Stadt zu neuer Blüte und Größe führen. In der *Ilias* ist er alt, weise und gerecht; er ist nicht schuld am zweiten Trojanischen Krieg, sondern sein Sohn Paris. Troja zu nehmen, wird kein leichtes Spiel sein wie einst für Herakles, doch diesmal wird es endgültig untergehen. – Hesione musste mit Telamon nach Salamis gehen und sie gebiert ihm einen Sohn, der den Namen Teukros erhält: nach dem Urahn der troischen Dardaniden-Sippe von der Mutterseite (Kap. 1). Er wird später mit seinem Halbbruder Ajas (von der rechtmäßigen Gemahlin des Telamon Eriboia) im letzten Krieg um Troja kämpfen, also auf der Seite der Griechen (Kap. 31).

Die Sage vom Krieg des Herakles gegen Troja streckt schon alle Fühler aus nach dem eigentlichen Trojanischen Krieg. Entstehungsgeschichtlich ist es natürlich umgekehrt: Die sorgfältig komponierten Vorgriffe und Parallelen sind nach der Hauptgeschichte gestaltet.

Das Publikum schätzte Herakles als den Helden, der alles allein kann, und so wurde immerhin sein Kampf mit dem Meerungeheuer und die Rettung Hesiones dargestellt (Kap.4). Doch von all den Kriegen, die Herakles den Texten nach anführt, wird nur der mythische Amazonenkampf dargestellt: Die Phantasie, entgegen der Realität mit Frauen gleich auf gleich umzugehen, gefällt offenbar im fiktionalen Raum des Mythos wie der Bilder. Doch für den üblichen Krieg Mann gegen Mann haben die Vasenmaler auch so Stoff genug, und der Fabelheld Herakles ist ihnen zu schade dafür! Herakles ist mehr als ein Kriegsheld.[8]

Doch für den Krieg des Herakles um Troja gibt es eine Ausnahme, die besonderen Bedingungen verdankt wird: der östliche Giebel des Aphaia-Tempels von Ägina. Dieses Monument geht in der Sinngebung gleich aufs Ganze: Es stellt den ersten Trojanischen Krieg des Herakles dem Großen Trojanischen Krieg gegenüber und damit gleich. Diese Bildidee verdanken wir dem Lokalpatriotismus der Ägineten, den wir schon bei der Sagenerfindung am Werk sahen (Kap. 18). *B.K.*

6. Göttinnen lieben trojanische Prinzen

Die Schönheit trojanischer Prinzen reizte selbst Göttinnen, sich zu den Menschen herabzulassen. Das ist ein starkes Stück. Männliche Götter ›nähern‹ sich ohne weiteres Frauen (und Knaben), die menschlich, also unterhalb ihres Standes sind; so etwas taten griechische Männer von Stand zuweilen auch, wenn sie sich mit Ausländerinnen oder Sklavinnen verbanden; die Kinder daraus hatten freilich so wenig Anspruch auf Bürgerrecht wie die Götterbastarde auf die Unsterblichkeit. Aber dass Frauen sich aktiv Männer wählen und/oder sich mit Männern unter ihrem Stand einlassen, das durfte in der wirklichen Gesellschaft nicht sein. Und so geraten im analogen Fall die Göttinnen in einen Widerspruch: Als Gottheit muss Göttin gegenüber Mensch dominieren, als Weib gegenüber Mann dürfte sie es nicht. Dass die Götter auf menschliche Liebesverhältnisse der Göttinnen eifersüchtig sind, versteht Mann auch heute noch. Die Sage gestattet es darum selten, und dann wird oft der menschliche Geliebte bestraft, wenn nicht schon diese Art der Liebe als Strafe für die Göttin gilt.[1]

Mit den Söhnen des Tros hatte sich der Stamm der Dardaniden in zwei Linien geteilt. Ganymed war ausgeschaltet, er weilt als ewiger Knabe im Olymp (Kap. 2). Aus der herrschenden Linie des Ilos stammt in der Enkelgeneration Títhonos (gr. Tithonós), ein Bruder des letzten Königs von Troja Priamos. Aus der Linie des Assarakos, des jüngeren Bruders von Ilos stammt in der Enkelgeneration Anchíses (gr. Angchíses). Tithonos und Anchises gehören also in die gleiche Generation. Beide werden von Göttinnen beglückt. Memnon, der Sohn von Tithonos und Eos, wird von Achill erschlagen; Äneas, der Sohn von Anchises und Aphrodite, wird das Geschlecht der Dardaniden über den Untergang Trojas hinaustragen.

Eos und Tithonos

Eos – »rosenfingrig« und »safranfarben gewandet« nennt sie Homer – ist die Göttin der Morgenröte. Sie eilt dem aus dem Ozean aufsteigenden Gespann des Sonnengotts voraus, meist im eigenen Gespann wie auf dem Halsbild des berühmten Münchner Volutenkraters, wo Eos und Hélios die Tagwelt verkörpern über der Unterwelt, die im Hauptbild darunter dargestellt ist (Abb. 6.1). Nach Hesiod ist Eos Schwester von Helios-Sonne und Seléne, der Mondgöttin. Wie alle Götter, die einen Dienst ausführen müssen, ist sie keine große Gottheit; sie lebt nicht im Olymp, sondern in ihrem Palast ganz im Osten in der Nähe der Äthiopier, die schwarzgebrannt sind von der nah aufgehenden Sonne, auf eigener Insel im Ozean, der bekanntlich die Erdscheibe umströmt. Wenn in der *Ilias* ein neuer Tag beginnt, kann dies so ausgedrückt werden: »Eos erhob sich vom Lager zu Seiten des hehren Tithonos, / um den Unsterblichen das Taglicht zu bringen und auch

6.1 Eos, die Morgenröte, fährt Helios, dem Sonnengott, voraus, den Zug führt der geflügelte Morgenstern an (Eosphóros, lat. Lucifer). Um die Köpfe Strahlenaureolen, über jedem der weißen Rosse ein Stern. Fische zeigen das Meer an, aus dem die Sonne aufsteigt. Halsbild eines apulisch-griechischen Mischkessels, namensgebende Vase des Unterwelt-Malers, um 330 v. Chr.

den Sterblichen« (*Ilias* 11, 1 f.). Das klingt harmlos; als Morgenröte ist Eos natürlich Frühaufsteherin, ihr Gatte Tithonos bleibt vielleicht noch etwas im Bett. Doch dahinter verbirgt sich eine Tragödie, genauer, es wird eine daraus, denn damals, als die beiden noch miteinander ins Bett gingen, war es noch nicht so weit.

Im 5. Jahrhundert v. Chr. wird Eos meist als langgewandete Frau mit Flügeln dargestellt. Wenn sie nicht ihrem Beruf nachgeht, jagt sie jungen Männern nach. Das unterscheidet sie z.B. von Nike, der Göttin, die den Sieg bringt und sonst genauso aussieht wie Eos. Die meisten Vasenbilder mit der jünglingsverfolgenden Eos sind zwischen 480 und 430 v. Chr. gemalt, es ist die Zeit, in der auch Zeus gezeigt wird, wie er den Ganymed verfolgt und entführt (Kap. 2); doch die Eos-Geschichte ist über dreimal so häufig auf Vasen, sie ist ja auch aufregender, für Männer wie für Frauen.

Dieses Männerverfolgen gehört zum Wesen der Göttin. Wir würden heute sagen, sie war nymphoman, was nicht erklärt, warum sie der Mythos dazu macht.[2] Eine Vertiefung dieses Wesenszuges bietet die Version, dass ihr Verhalten eine Strafe ist: ein Fluch, den die Liebesgöttin Aphrodite auf sie gelegt hat, weil Eos gewagt hat, mit Ares (dem Gott des Krieges) ins Bett zu gehen, den Aphrodite für sich allein beansprucht. Strafe ist Liebesucht für eine Göttin an sich schon, weil dies ihre Selbstmächtigkeit untergräbt; schlimmer ist der Hang zu Geliebten niedersten, nämlich menschlichen Standes. Die Sagentexte wissen von mehreren Geliebten, auf den Vasenbildern kommen inschriftlich nur zwei vor: Tithonos, der trojanischen Prinz, und Képhalos, ein Jäger aus Athen.

In den Bildern können wir die Geliebten nicht immer unterscheiden, der Unterschied ist dann also nicht wichtig. Doch häufig sind die beiden gekennzeichnet: Kephalos ist erwachsen und mit Speer, Hut, kurzem Mantel, Stiefel, Hund als Jäger ausstaffiert; Tithonos ist oft noch ein Knabe, ein Schuljunge, der mit Schreibtäfelchen oder Lyra unterwegs ist. Jäger wie Schüler standen früh auf, mit der Morgenröte sozusagen dicht auf den Fersen. Der Troer-Prinz wird als städtisch-zivilisierter Jüngling dargestellt, genau wie auf den gleichzeitgen Bildern Ganymed, der auf den Straßen seinen Reifen treibt (Abb. 2.1).

Im Bild auf dem Trinkbecher Abb. 6.2 ist Eos in eine Gruppe junger Leute hineingefahren und greift sich Tithonos; der ist mit seinem Bruder Priamos zum Musikunterricht unterwegs, der Mantel ist ihm herabgeglitten (der Maler enthüllt uns so das Verlangen der Göttin), er schwingt die Leier wie zur Abwehr. Mit der Geste des Staunens über den Einbruch des Göttlichen flieht auch ein Jäger nach links; ihm ist ›Dardanos‹ beigeschrieben im Sinne von ›Trojaner‹; der Betrachter soll ihn nicht mit Kephalos verwechseln, aber sich daran erinnern, dass der nächste Geliebte der Eos ein Jäger sein wird.

6.2 *Eos greift sich aus einer Schar junger Trojaner den Tithonos. Alle Figuren sind beischriftlich benannt: Rechts der andere Schuljunge mit Leier ist der Bruder Priamos, der junge Jäger links heißt Dardanos (›Trojaner‹). Attischer Weinbecher, um 450 v. Chr., Paris, Cabinet des Médailles*

Oft wird Tithonos als Knabe dargestellt; und wenn er hier zum Musikunterricht geht, so heißt dies, das er noch nicht am Symposion der Männer teilnimmt, wo man die Leier zu beherrschen hat. Durch diese Betonung der Unreife, an der Eos Gefallen hat, wird der Betrachter an das Problem dieser Liebschaft erinnert – das mit dem Alter kommt. Nur die Wortkunst konnte diesen Teil der Geschichte darstellen. Wir geben hier dem Dichter des ›homerischen‹ Aphrodite-Hymnos das Wort, der die Erzählung Aphrodite selbst in den Mund legt. Sie begründet so dem andern schönen Troerprinzen Anchises (den sie eben verführt hat), warum es für sie als Göttin nicht gut wäre, ihn, den Sterblichen, zum legitimen Gemahl zu nehmen:

> »Eos, die Göttin auf goldenem Throne, entführte
> aus eurem Geschlecht den Tithonos, der glich den Unsterblichen.
> Bittend ging sie zum dunkelumwölkten Zeus: Tithonos
> solle unsterblich werden und leben unendliche Tage.
> Zeus gewährte den Wunsch und nickte Erhörung.
> Die Törin: sie hatte nicht überlegt, die erhabene Eos,
> Jugend auch zu erflehen, das verderbliche Alter zu tilgen.
> Solange er also noch lockende Jugend bewahrte, genoss er
> Eos, die frühgeborene, die Göttin auf goldenem Throne.
> Aber es kam die Zeit, da begann ihm die Fülle der Haare
> grau zu werden am schönen Haupt und am edlen Kinn.
> Da noch sein Lager zu teilen, vermied die erhabene Eos,
> pflegte ihn aber, als wäre er ein Kind, in ihrem Palaste,
> gab ihm ambrosische Speise und wunderschöne Gewänder.
> Als aber schließlich das hässliche Alter ihn völlig erdrückte,
> als er kein Glied mehr bewegen konnte, keines mehr heben,
> schien ihrem Herzen folgender Plan der beste: Sie ließ ihn
> sitzen im Ehgemach und verschloss die glänzenden Türen;
> endlos fließt nur seine Stimme heraus, denn Kraft hat er nimmer ...«
> (*Hymnos an Aphrodite*, 218 ff., Übersetzung nach A. Weiher)

Seit dem 5. Jahrhundert. v. Chr. findet sich die Vorstellung, dass Tithonos am End zur Zikade einschnurrt, unermüdlich zirpt sein Stimmchen, und die Göttin kann sich wenigstens daran erfreuen. Die Geschichte vom schrumpfenden Ehemann klingt lustig für junge Leute und Götter. Der Dichter Mimnermos (7. Jahrhundert v. Chr.) aber meinte, Zeus habe dem Geliebten der Eos ein Schicksal bereitet, das schlimmer sei als der Tod: ewiges Altern.

Der Dichter des *Aphrodite-Hymnos* rechnet nicht ein, dass Tithonos als Cousin des Anchises damals, als Aphrodite die Geschichte erzählte, noch kein Greis gewesen sein kann. Aber es kommt ja aufs Exempel an: dass einem Menschen Unsterblichkeit nicht zukommt, und das Alter ewigen Göttern ein Graus ist.[3] Wenn Homer in der *Ilias* Eos und Tithonos noch beieinander im Bett liegen lässt, so wird er berücksichtigt haben, dass damals, als beider Sohn Mémnon noch nicht in den Krieg gezogen war, Tithonos noch im besten Mannesalter stehen mochte.

Dieser Memnon, der Schönste vor Troja nach dem Urteil des Odysseus (Odyssee 11, 522), wird von der Hand Achills fallen (der darauf von Paris getötet wird). Eos muss den gleichen Schmerz erleiden wie später die Mitgöttin Thetis und alle menschlichen Mütter, die ihre Söhne im Krieg fallen sehen. Eos kann dargestellt werden mit dem geraubten Tithonos, nackt und jugendschön, im Arm, aber auch wie sie vom Schlachtfeld den Leib ihres Sohnes birgt, gleichfalls nackt, da der Rüstung beraubt, entseelt, mit leblos baumelnden Gliedern (Abb. 6.3 – 4; s. Kap. 38).[4] Eos büßt für ihre Liebe.

Doch von Troja aus gesehen, gehören der Raub des Tithonos durch Eos ebenso wie der des Ganymed durch Zeus zu der von Götterliebe vergoldeten Geschichte der Stadt, gegen die sich der Fall in die Gottverlassenheit am Ende um so bitterer abzeichnet. Der athenische Dichter Euripides lässt in seiner Tragödie ›Die Troerinnen‹ (415 v. Chr.) die von den Griechen versklavten Frauen Trojas klagen (Vers 820ff.): »Vergeblich, oh Ganymed, hast du das schönste Amt, zierlichen Schritts mit goldenen Kannen Zeus die Schalen zu füllen: Denn das Land deiner Geburt liegt in Flammen…[5] Ach, die weißgeflügelte Göttin, die so freundlich den Menschen das Taglicht bringt, sah unselig das Land, sah das Verderben der Stadt, und hält doch im Ehgemach einen sohnzeugenden Gatten aus diesem Land, den sie im goldenen Viergespann sich emporgerafft hat, ihn, zur großen Hoffnung seines Vaterlands: ach verschwundene Huld der Götter!« Die verzweifelten Troerinnen nennen hier nicht den dritten Götterliebling Anchises, dessen Sohn Äneas dem Untergang entkommt. Von diesem einen glücklichen Ausgang wissen sie nichts.

Aphrodite und Anchises

Wie Tithonos ist auch Anchises ein Urenkel des Tros, doch gehört er zur jüngeren Linie des Dardaniden-Hauses, die am Ida herrscht und für das Projekt Troja nicht verantwortlich ist. – Dass sich die Göttin der Liebe auch selbst verliebt, versteht sich; und da sie schon einen Gott zum Gatten (Hephaistos) und einen Gott als

6.3 Eos trägt den schönen, nackten Tithonos davon. Attische Amphora (Umzeichnung), um 450 v. Chr., Privatbesitz.

6.4 Eos birgt von Trojas Schlachtfeld die entblößte Leiche Memnons, ihres Sohnes von Tithonos. Attisches Salbgefäß, um 480 v. Chr., London.

Geliebten (Ares) hat, muss es auch einmal ein Mensch sein, damit sich ihr Wesen erfüllt. Der ebenso fromme wie schelmische Dichter des Aphrodite-Hymnos gibt Aphrodites Menschen-Liebschaft als ›Strafe‹ aus, von Zeus verordnet: Damit sie sich nicht über die anderen Götter lustig machen kann, die sie nach Belieben in Menschenarme geschickt hat, um sterbliche Kinder zu zeugen. Am besten erzählt man die Geschichte, indem man diesem Hymnos aus dem 7. Jahrhundert v. Chr. folgt. Wir haben ihn schon mehrmals zitiert, weil darin Aphrodite die beiden anderen trojanischen Götterliebesgeschichten erzählt: Zeus und Ganymed (Kap. 2), und, siehe eben, Eos und Thitonos.

Die Göttin verliebt sich in Anchises auf den ersten Blick, als sie ihn vom Himmel aus sieht, wie er auf dem Berg Ida die väterlichen Herden hütet. Man muss wissen: In Märchen und Sage tun dies fast immer Prinzen, wir werden auch Paris dort wiederfinden (Kap. 21). Die verliebte Göttin verliert nicht den Kopf. Sie eilt in ihr Heiligtum auf Zypern, verschließt die Türen, lässt sich von den Chariten baden, salben, kleiden und schmücken. Dann rasch auf Wolken-Pfaden zum Ida (Luftlinie etwa 800 km). Im wilden Gebirge erkennen die Tiere sofort die Herrin der Liebe; Löwen, Panther, Bären, schweifwedelnde Wölfe nähern sich: »Und dieser Anblick erfreute die Sinne der Göttin, / und sie erweckte in ihnen süße Begierde, dass alle / paarweis sich zueinander in schattige Lager gesellten.«

Aphrodite geht zum Gehöft; sie hat die Zeit so abgepasst, dass die Hirten mit den Herden draußen sind, nur ihr Herr, Anchises, ist hier und vertreibt sich die Zeit mit Zitherspiel. Aphrodite nimmt die Gestalt eines Mädchens an, »dass nicht Furcht ihn befalle, wenn er sie leibhaft erblicke.« Doch auch so ist Anchises entflammt von ihrer Schönheit: »Über ihren zarten Brüsten, da blinkte es wie der leuchtende Mond, ein Wunder war es zu schauen.« Er frägt sie, ob sie nicht gar eine Göttin sei. Scheinheilig wehrt Aphrodite ab, ja sie hat eine komplette Legende parat: Ihr Vater sei König in Phrygien; dass sie Anchises' Sprache beherrsche, verdanke sie ihrer troischen Amme. Der Gott Hermes habe sie aus dem Chor der jungfräulichen Mädchen, die Artemis feierten, eben entrückt und durch die Lüfte hierhergebracht, damit Anchises sie heirate. Aphrodite lenkt raffiniert auf die züchtigste Weise Anchises auf die eine Sache: »Auf meinen Knien fleh ich dich an ... Berühre mich nicht! Lass keine Liebkosung mich fühlen, bevor Du mich nicht deinem Vater gezeigt und der Mutter.« Da kennt Anchises nur noch eins: »Wahrlich kein Gott, kein sterblicher Mann wird verhindern, hier und sofort dich mir in Liebe zu einen, göttergleiches Weib« (er weiß nicht einmal ihren Namen!). »Sprachs und nahm ihre Hand. Lieb lächelte Aphrodite, die schönen Augen zu Boden geschlagen, ging sie zum gerichteten Bett... Er streifte die glänzenden Hüllen ihr ab ... Dann aber schmiegte Anchises – so wollten es Götter und Schicksal – er, ein Mensch, sich hin zu ihr, einer Göttin, und wusste nicht Sicheres«, das heißt: wer sie sie nun wirklich sei.

Danach versetzt die Göttin Anchises in Schlummer, kleidet sich wieder an und zeigt sich in ihrer wahren Gestalt: »Da wuchs sie gleich mit dem Haupt bis ans Dach der wohlgezimmerten Hütte. Ewig unsterbliche Schönheit aber strahlte von ihren Wangen.« Sie weckt Anchises auf. Der erkennt die Göttin und ist entsetzt. Er verhüllt sein Gesicht und fleht sie an, dass sie ihn nicht »schwach«, also impotent, zurücklasse: »Wird doch ein blühendes Leben keinem zu Teil, der je bei unsterblichen Göttinnen ruhte.« Aphrodite beruhigt ihn und verkündet: »Dir wird ein Sohn beschert, wird herrschen über die Troer. / Kinder werden und Enkel von ihm stets weiter entstammen, / heißen wird er AINEIAS, weil es ein schreckliches (griechisch: AINOS) / Leid mir war, das Lager eines sterblichen Manns zu besteigen.«

Dann erzählt sie von den andern göttergeliebten Prinzen aus troischem Geschlecht, Ganymed und Tithonos, womit sie sich vor sich selber entschuldigt, aber auch sich und Anchises in den Mythos einreiht. – Um das Aufziehen des Kindes werden sich Nymphen des Waldes kümmern, im fünften Jahr aber, so kündigt die Göttin an, werde sie wiederkommen und Anchises den Sohn übergeben. Als Mutter des göttergleichen Kindes solle er eine Nymphe ausgeben, nie dürfe er enthüllen, dass er in Aphrodites Armen geruht habe. »Also sprach sie und stürmte hinein in den luftigen Himmel«. Der Schluss ist köstlich, denn der Mythos, also das was überall erzählt wird, weiß alles, wovon Anchises nichts sagen darf, und der Hymnos singt davon öffentlich und immer wieder, der Göttin zum Ruhm! Sinnig ist das Motiv, das in der Pseudo-Etymologie des Namens Änéas ausgesprochen wird, dass ihr Leid widerfuhr. Das Leid nämlich, dass sie als hohe Göttin, von ihrer eigenen Gabe, dem Geschlechtstrieb bezwungen, für einen Moment (des Glücks) einem menschlichen Mann unterworfen war.

Äneas, der Sohn der Glücksspenderin Aphrodite, ist trotz des Namens natürlich ein Glückskind. Jedes mit Menschen gezeugte Kind wird für Gott/Göttin ein Leid, denn es ist sterblich, und der unsterbliche Elternteil muss es eines Tages beweinen. So wird es Eos mit Memnon gehen und Thetis mit Achill, beider Söhne fallen vor Troja. Auch Äneas ist sterblich, doch die Sage malt gerade sein Überleben aus. Im Kampf ist er mutig, aber aus Gefahr oder Niederlage wird er von Göttern gerettet, von Poseidon und Aphrodite selbst, seine Wunden werden auf Wunsch der olympischen Mutter von Apoll geheilt. Äneas entkommt dem Untergang der Stadt, rettet den alten Vater – den einstigen Geliebten der Aphrodite – gründet neue Städte und Herrschaften und verewigt sich in Kindern und Kindeskindern. Diese Art von Unsterblichkeit durch Nachkommenschaft hat Aphrodite schon gleich nach dem Beilager prophezeit, und der Gott Poseidon weiß es, als er Äneas aus der Schlacht rettet: »Ihm ist es bestimmt zu entkommen, / auf dass nicht ohne Same spurlos vergehe das Geschlecht / des Dardanos, den Zeus am meisten liebte von allen Söhnen / die ihm geboren von sterblichen Frauen.« (*Ilias* 20, 302 ff.). Man erinnere sich, dass Zeus der Stammvater des Dardaniden-Geschlechts ist, und dass der Zweig der Familie, der Troja gegründet hat, mit Troja zugrundegeht (Kap. 2).

Die Schönheit des Ganymed hat Troja kein Glück gebracht, denn die unsterblichen Rosse, die Zeus für ihn gab, führten zum Krieg des Herakles gegen Troja. Die Schönheit des Paris beschert Troja den Untergang. Die Schönheit des Anchises bringt Rettung und (nach späterer Sage) neues Blühen in einer anderen Weltgegend. Hinter all diesen Wegen steht Aphrodite und als letzte Ursache Zeus.

Die Kunst stellt die Liebesgeschichte des Anchises nicht dar, sie könnte es gar nicht. Ein Liebesverhältnis, dessen Witz darin besteht, dass der Mann nicht weiß, wer die Frau ist: Da hätten selbst Beischriften nicht helfen können. Vom Sohn Äneas aber gibt es Bilder von Kampf und der Rettung aus der Schlacht (Kap. 26), vor allem aber von seiner Flucht aus Troja. Und hier sehen wir auch den einstigen Geliebten Aphrodites Anchises: als gebrechlichen Greis, der von seinem treuen Sohn getragen werden muss (Kap. 45).[6] Gerade an diesem Götterliebling gewahrt man das Schlimmste am Menschendasein (außer dem Tod) nach Meinung der Griechen: das Alter. Aphrodite sieht es voraus, gleich nach dem Liebeslager: »Nun aber wird Dich schnell das Alter umdüstern, vor dem alle gleich sind, / das kein Mitleid kennt und alsbald an die Menschen herantritt. / Alter verfluchtes, du Ohnmacht, du Grausen sogar für die Götter!« (*Aphrodite-Hymnos* 244 ff.). *B.K.*

Das Schicksal knüpft die Fäden

7. Der Unheilsplan des Zeus

Der Trojanische Krieg war für das griechische Verständnis der Vergangenheit, wie es sich in Sage und Dichtung geformt hat, ein Ereignis, das ein längst vergangenes Zeitalter an sein vorbestimmtes Ende brachte. In diesem Krieg (und seinen Folgen) hat sich ein Geschlecht von Heroen – Griechen wie Nicht-Griechen – eigenhändig den Untergang bereitet. Jene Welt war herrlich und ihr Ende groß, doch der Untergang war von Zeus gewollt, und das war gut so. Der moderne Eifer, den Krieg der Sage für uns verständlich zu machen, indem wir uns ausmalen, er sei ›in Wirklichkeit‹ um Rohstoffquellen, Handelswege oder ums Monopol im Pferdehandel gegangen, geht am Sinn der großen alten Erzählung ahnungslos vorbei.[1]

Der Plan des Zeus in der Ilias

Die *Ilias*, das im 8. Jh. v. Chr. gedichtete Epos, besingt nur eine Episode des Kampfes um Troja im neunten Jahr des Krieges. Der Krieg wird durch die Kampfenthaltung Achills nach einem Streit mit dem Heerführer Agamemnon für die Griechen beinahe zur Katastrophe. Homer beginnt mit einer Anrufung an die Muse der Sage und kommt gleich zur Sache:

»Die Geschichte vom Zorn des Peleussohnes Achills singe, o Göttin,/ dem unseligen Zorn, der unendliches Leid über die Griechen brachte/ und dem

Hades kraftstrotzende Seelen von Heroen in Menge vorwarf,/ihre Leiber aber zur Beute bereitete für Hunde/und Vögeln zum Festschmaus: So kam des Zeus' Plan ins Ziel.« (*Ilias* 1,1–5)

Was in anderen Übersetzungen als ›Ratschluss‹ oder ›Wille des Zeus‹ übersetzt wird – sinnvoll wegen des religiösen Anklangs für uns (›Gottes unerforschlicher Ratschluss‹, ›Gottes Wille geschehe‹) – ist in Entwurf und Ablauf tatsächlich ein ausgeklügelter, mehrstufiger Plan. Den Betroffenen und selbst den anderen Göttern bleibt er verhüllt, bis er verwirklicht ist. Doch Zweie kennen Zeus' Plan: Achill und Thetis, seine Mutter, und zwar, weil es ihr Plan ist, – so glauben sie jedenfalls. Denn nachdem sich der gekränkte Achill zurückgezogen hatte, interveniert auf seinen Wunsch Mutter Thetis bei Zeus, und der Gott macht sich beider Idee zu eigen: Er wird den Troern solange den Vorteil im Kampf geben, bis Agamemnon sich demütigt und Achill um Verzeihung und Hilfe bittet.

Die Ausführung dieses Plans führt zu furchtbaren Verlusten auf beiden Seiten. Am Ende versöhnen sich Achill und Agamemnon, und Achill zieht wieder für die Griechen in den Kampf. Aber wie kommt es dazu? Als die Griechen in höchste Not geraten, schickt Achill seinen Freund Patroklos in die Schlacht; der wirft die Trojaner zurück, wird aber dann selbst von Hektor erschlagen (Kap. 32). Das bringt Achill zurück in den Kampf, er muss den Toten rächen; die Versöhnung mit Agamemnon ist ohne Triumph. Achill erschlägt Hektor und besiegelt damit sein eigenes Schicksal, denn wie Thetis ihrem Sohn vor dem

Kampf prophezeit, wird er, wenn er Hektor tötet, selbst bald fallen.

Dass ihr Plan so in Erfüllung ginge, haben Achill und seine Mutter nicht gewollt. Aber Zeus. Auch der Streit der Fürsten, auf den ja Achill und Thetis mit ihrem kleinen Plan reagierten, war schon nach Zeus' Willen geschehen. So sehen es jedenfalls die beiden Kontrahenten selbst, als sie sich endlich versöhnen. Da sagt Agamemnon: »Ich bin nicht schuldig, sondern Zeus und das Schicksal und die im Dunkeln wandelnde Rachedämonin,/die mir damals in der Versammlung in den Sinn warfen die wilde Beirrung …/Aber was sollte ich tun? Der Gott führt alles zu seinem Ende!« Und Achill klagt: »Zeus, Vater, ja große Beirrung gibst du den Männern!/Sonst hätte wohl niemals den Unmut in meiner Brust/so sehr Agamemnon erregt…/Doch irgendwie wollte Zeus wohl, dass vielen Griechen der Tod werden sollte!« (*Ilias* 19, 86 ff. 270 ff.).

Freilich erscheinen solche Worte als Redensarten, womit man sich und andere fromm und bequem entschuldigt. Doch der Dichter weiß mehr als seine Figuren, er lässt sie unbewusst Wahr-Sagen, und sein Zuhörer wissen es auch.

Aber warum wollte Zeus den Streit unter den Griechen, der sovielen und Achill selbst das Leben kostet? Waren doch unzweifelhaft die Trojaner schuld am Krieg; ja Paris, der dem Menelaos die Gattin entführte, hatte doch gerade das dem Zeus so heilige Gastrecht gebrochen (dessen Tabus auch für den Gast gelten)! Und hatte Paris damit nicht auch den Ruf der einzigen Zeustochter Helena ruiniert? – Hier lässt uns der *Ilias*-Dichter wohl mit Absicht im Stich; aber nicht die antiken *Ilias*-Erklärer.

Das Scholion zum ›Plan des Zeus‹ und das Konzept der Kyprien

In der späteren Antike hatten (für uns meist namenlose) Gelehrte zu den wichtigen literarischen Texten der Vergangenheit Erläuterungen verfasst, so genannte Scholien (sprich S-cholien, Einzahl Scholion). Die Erklärer hatten noch zu vielen Texten Zugang, die uns heute verloren sind. So heißt es in einem Scholion zum 5. Vers der *Ilias* beim Stichwort ›Plan des Zeus‹[2]:

»Einige erzählen, dass Gaia, die Erde, niedergedrückt von der Unzahl der Menschen, die dazu noch bar jeder Frömmigkeit waren, den Zeus schließlich bat, sie von dieser Last zu befreien. Als erstes bewirkte Zeus den Krieg um Theben, durch den viele Menschen zugrunde gingen. Als Nächstes hat Zeus den Trojanischen Krieg erzeugt und zwar auf Grund einer Beratung mit Momos – und dies nennt Homer den ›Plan des Zeus‹. Zeus wollte zunächst mit Blitz und Flut alles vernichten. Doch Momos widerriet ihm und gab ihm zwei Ideen ein: die Verheiratung der Thetis mit einem Sterblichen und die Zeugung einer schönen Tochter. Aus diesen beiden Ursachen entwickelte sich für Griechen und Barbaren der bekannte Krieg. Und auf diese Weise wurde die Erde tatsächlich von ihrer Last erleichtert, denn Viele kamen zu Tode.«

Gleich anschließend werden sieben Verse aus dem Anfang der *Kyprien* zitiert, einige der wenigen uns erhaltenen Verse aus dem verlorenen Epos, das die Vorgeschichte zur *Ilias* erzählte:

»Es war damals, als über das Land schweifend Myriaden von/Menschengeschlechtern die Weite der tiefbrüstigen Erde beschwerten,/da bekam Zeus, der dies sah, Mitleid und beschloss in seinem klug planenden Herzen/der Allnährerin Erde Erleichterung von den Menschen zu schaffen,/indem er den großen Streit des Kriegs um Ilion entfachte,/um

so ihre Last durch Tod zu verringern. Und die Heroen/starben um Troja. So erfüllte sich des Zeus' Plan.«

Der Plan des Zeus reicht also noch viel weiter zurück und er hat Grund und Ziel: Die Erde, die von der Last der Menschen bedrückt wird, durch einen Krieg zu befreien. Das ist nichts anderes als eine Variante der Sintflutsage, wie wir sie aus

7.1 Eris, die schöne Göttin allen Streits, fliegt über die Welt. Innenbild einer attischen Trinkschale, um 550 v. Chr., Berlin.

dem altorientalischen Gilgamesch-Epos, dem Alten Testament und der griechischen Sage von der deukalionischen Flut kennen. Zeus erwägt zunächst ja wiederum eine Flut, aber Momos, der professionelle Dämon der Kritik, kritisiert diesen simplen Plan (und die mythologische Dublette) und macht den raffinierteren Vorschlag, die Menschen in einen Krieg zu locken. Das macht die Sache für die Menschen undurchschaubar und für Zeus die Arbeit lustiger. Die Zwangs-Verheiratung der göttlichen Thetis mit dem Menschen Peleus (Kap. 10) wird beim Hochzeitsfest den Schönheitsstreit der Göttinnen entfachen und zum Paris-Urteil führen (Kap. 12) mit den bekannten Folgen. Und aus dieser Ehe wird Achill erwachsen, der zum direkten und indirekten Werkzeug der Vernichtung von Griechen, Trojanern und seiner selbst werden wird (das Thema der *Ilias*!). Die schöne Tochter, die Zeus zu zeugen hat, ist natürlich Helena (Kap. 8), ihre Hochzeit wird die griechischen Fürs-

ten zu einem Bund einen (Kap. 9), ihre Entführung durch Paris (Kap. 13) wird die Helden aus Europa und Asien zusammenbringen zum großen gegenseitigen Töten.

Dieser Plan klingt für uns böse, aber die griechischen Götter sind nicht gütig und mild. In den Kyprien wird immerhin die moralische Seite des göttlichen Unheilsplans entwickelt. Danach hat Zeus Helena mit Nemesis gezeugt. Die Menschenfrau Leda, bei Homer die Mutter Helenas, ist in dieser Version nur die Ziehmutter (Kap. 8). Nemesis aber ist die Göttin des rächend-gerechten Schicksals. Dies ist von überdeutlicher Symbolik: Der Krieg, der durch Helena ausgelöst wird, ist Strafe des Weltgerichts!

Was ist die Schuld, die von Nemesis gerächt werden soll? Auf niederster Ebene die von Zeus vorausgesehene Schuld des Paris, wenn er das heilige Gastrecht brechen und Helena entführen wird. Aber dies ist von Zeus ja vorausgeplant nd gewollt, als er Helena zeugte. Die eigentliche Schuld ist, dass die Menschen zu viele und zu großmächtig geworden sind. Diese Übertreibung muss ausgeglichen werden. Oder noch einfacher: Ihre Schuld ist ihre Existenz, bezahlt wird mit dem Tod.[3]

Das Scholion gibt allerdings doch noch ein konkreteres Stichwort: Mangel an Eusébeia, an Ehrfurcht vor den Göttern. Das ist eine typische Sünde der Großen und Starken, kurz: der Heroen. Eine dritte Quelle[4] sieht darin überhaupt das Enscheidende: »Als Zeus die Frevelhaftigkeit (gr. asébeia) des Heroengeschlechts erkannt hatte, beriet er sich mit Themis, es völlig zu vernichten.« Hier kommt nun auch noch Themis hinzu, die Göttin des Rechts! Nach einer spätantiken Inhaltsangabe begannen so ähnlich die *Kyprien*: »Zeus berät sich mit Themis über den Trojanischen Krieg«. Es gab also wie beim ›Hiob‹ des Alten Testaments und Goethes ›Faust‹ ein Vorspiel im Himmel, allerdings mit schrecklicheren Folgen. Themis ist bei Hesiod eine Tochter der Erdgöttin Gaia; vielleicht vertrat Themis bei Zeus auch noch das Recht ihrer von den Menschen bedrückten Mutter. Auf jeden Fall ist ihre Mitwirkung an den Beschlüssen des Zeus eine Entsprechung zur ›Mitwirkung‹ der Nemesis bei der Zeugung der Helena: Die heimtückische Methode des Zeus, die Heroen in den Untergang zu locken, ist keine Privatsache des Gottes, sondern ein Akt universaler Gerechtigkeit.

Die Heroen Homers und das Heroenzeitalter Hesiods

Zwischen den Menschen von damals und heute bestand für Sänger und Publikum des 8. Jahrhunderts v. Chr. ein unüberbrückbarer Unterschied. In der *Ilias* hebt z. B. ein Held mühelos einen Stein zum Wurf auf, so schwer »dass nicht zwei Männer in trügen unter den Sterblichen heute« (*Ilias* 20. 285 f.): Es gibt jene Art Menschen nicht mehr, sie sind ausgestorben.

In *Ilias* und Odyssee kann im Prinzip fast jeder Akteur ›Heros‹ genannt werden; unser ›Held‹ trifft also nicht immer. Man könnte auch eine Übersetzung wie ›Herr‹ erwägen, als Standesbezeichnung. Aber es ist ganz unwahrscheinlich, dass der Dichter einen lebenden Zeitgenossen als ›Heros‹ angesprochen hätte. Für die nachhomerische Zeit ist es jedenfalls sicher, dass ›Heros‹ nur auf Verstorbene – seien sie mythisch oder historisch – angewandt wird, und zwar auf solche, die Verehrung und Opfer genossen. Zum Heros dieser Art gehört in der Regel (aber nicht notwendigerweise) die Zuschreibung großer Taten, vor allem aber die Vorstellung von seinem Untergang, oft einem unglücklichen und gerade darum heilig-unheimlichen Tod (darum konnten selbst verunglückte Kinder und Frauen zu heroischen Ehren gelangen). Ob Homer den Heroenkult kannte, ist umstritten. Doch Homer wollte wohl, wenn er so selbstverständlich die Figuren seines Epos Heroen nennt, zumindest das ausdrücken: dass von einem längst untergegangen, ins Numinose entrückten Menschengeschlecht die Rede ist.

Ein Zeuge dafür ist der Dichter Hesiod um 700 v. Chr. In der lehrhaften Dichtung ›*Werke und Tage*‹ stellt er sein Geschichtsbild vor, eine Weltalterfolge. Die Abfolge ist absteigend nach den Metallen benannt: Gold, Silber, Bronze, Eisen. Die Götter schaffen jedes Geschlecht neu, und es verschwindet schließlich wieder nachkommenlos von der Erde. Das wilde bronzene Geschlecht kannte nur Kriegs- und Freveltaten, und »von den eigenen Händen bezwungen, stiegen sie namenlos hinab ins modrige Haus des eisigen Hades« (Hesiod, *Werke und Tage* 153 f.). Eisen kannten sie noch nicht (sie gehören also auch nach moderner Terminologie der ›Bronzezeit‹ an), und es versteht sich, dass die eigene Zeit Hesiods, die ›Eisenzeit‹ noch finsterer ist. Aber da fällt der Dichter aus seinem System: Zwischen die ›Bronzezeit‹ und die Jetztzeit schiebt er ein glücklicheres Zeitalter, das der Heroen:

»Zeus schuf ein viertes Geschlecht auf der vielnährenden Erde, gerechter und besser, ein herrliches Geschlecht von Heroen, die man Halbgötter (hemítheoi) nennt, unsere Vorgänger auf der unendlichen Erde. Schlimmer Krieg und schrecklicher Kampf tilgten auch diese, die einen beim siebentorigen Theben, die anderen aber, als sie nach Troja fuhren wegen der schönhaarigen Helena. Dort nun umfing die einen das tödliche Ende; andern aber verlieh Vater Zeus Leben und Wohnsitz fern von den Menschen und sie wohnen auf den Inseln der Seligen, die seligen Heroen« (157 ff.).

Auch Hesiod kennt also die Geschichtsdeutung, dass in den Kriegen um Theben und Troja das Heroengeschlecht sich sein eigenes Ende bereitet. Aber ihr Ende hat hier nicht den Sinn, eine gequälte Erde zu entlasten. Hier musste Hesiod das vorliegende Konzept entstellen, weil nach seinem Schema ohnehin jedes Geschlecht jedes Zeitalters wieder von der Erde verschwindet. Das Motiv der Unfrömmigkeit, das beim *Ilias*-Scholion angesprochen wird, wird bei Hesiod auf das ›bronzene‹ Geschlecht verschoben. Hesiods Heroen sind fromm und

gerecht, wie im Allgemeinen ja auch die Heroen Homers (eine Ausnahme werden wir gleich kennen lernen).

Natürlich ist es Hesiod nicht gelungen, das geschichtspessimistisches Konzept von den absteigenden Zeitaltern (das vielleicht aus dem Orient stammt) mit der Rühmung des letztvergangenen Zeitalters vor der Gegenwart, wie sie die blühende Heldenkriegsepik seiner Zeit vortrug, problemlos zu verbinden. Aber gerade diese Aufteilung der vergangenen Epoche in eine Ära des gottlosen ›bronzenen‹ Geschlechts und einer des edlen Heroengeschlechts hatte Erfolg.[5]

Obwohl nicht so früh belegt, wird die griechische Sintflutsage damals schon ausgebildet gewesen sein. Zeus hatte eine frühere gottlose Menschheit durch die große Flut ausgelöscht; nur der fromme Deukalion, der Sohn des Prometheus, hatte dank dessen Rat mit seiner Frau in der selbstgezimmerten Arche überlebt. Von ihm stammen die Griechen ab. Der Vorgang versteht sich viele Generationen früher als die Zeit der Trojakämpfer. Das durch die Flut vernichtete Geschlecht wird allerdings, wenn auch erst bei den späten Mythensammlern fassbar, das ›bronzene‹ genannt. Bei Hesiod dagegen ging auch das gottlose bronzene Geschlecht in gegenseitigen Kämpfen unter, also eigentlich nicht anderes als die hehren Heroen. Doch beide Vernichtungsmethoden nebeneinander im Kontrast ergeben erst ein überzeugendes Bild: Das frevelhafte bronzene Geschlecht wird massenhaft und namenlos in der Sintflut ersäuft. Die Heroen sind gleichfalls zum Untergang bestimmt, aber sie dürfen ihn sich selber bereiten: nobel im größten Krieg der Welt um die schönste Frau der Welt, Mann gegen Mann, und der Lieder gewiss, die Taten und Namen der dürftigen Nachwelt überliefern.

Die kleine Sintflut der Ilias und die ›Halbgötter‹

Hesiod nennt die Heroen in der zitierten Stelle ›Halbgötter‹ (hemítheoi). Das allgemein selten gebrauchte Wort kommt in der *Ilias* (16 000 Verse) nur ein Mal vor, und zwar in einer ganz merkwürdigen Passage. Als die Trojaner nach Zeus Plan die Oberhand gewinnen, errichten die Griechen an einem einzigen Tag einen Schutzwall um ihr Schiffslager. Poseidon, der einst Trojas Stadtmauern gebaut hat (Kap. 3), aber jetzt, da damals betrogen, auf Seiten der Griechen steht, empört sich dennoch über die Griechen bei Zeus: Sie hatten vergessen, zuvor den Göttern zu opfern! Dazu ist die griechische Lagermauer eine Konkurrenz: »Von der wird wahrlich der Ruhm sein, soweit die Morgenröte sich verbreitet, / die andre Mauer aber wird man vergessen, mit der Ich und Phoibos Apollon / dem Heros Laomedon die Stadt Troja bewehrt haben in schwerer Arbeit« (*Ilias* 7, 446 ff.). Das ist der zweite Frevel: Überhebung über das Werk der Götter.[6]

Der Protest Poseidons steht aber in keinem Verhältnis zum Sachverhalt: Bei einem Provisorium wie dem Lagerwall opfert man eben nicht wie bei der Gründung einer Stadtmauer, und das Machwerk aus Erde und Balken könnte nie und nimmer die Mauern Troja in den Schatten stellen, sähe man diese künftig auch nur als Ruinen! Dennoch gibt Zeus dem Poseidon Erlaubnis, die Schiffsmauer zu vernichten, – wenn die Griechen abgefahren sind. Dieses Ereignis hätte in der *Ilias* keinen Platz, sie endet ja mitten im letzten oder vorletzten Kriegsjahr. Doch hier macht die Dichtung eine einmalige Ausnahme.[7]

Im 12. Gesang wird die Mauer des Schiffslagers heiß umkämpft, bis schließlich Hektor ein Tor einschlägt und die Trojaner eindringen. Aber zu Anfang des Gesangs wird – vollkommen singulär in der ganzen *Ilias* – die dereinstige Vernichtung des Lagerwalls in einer phantastischen Vorschau geschildert: Solange Troja stand, stand auch die »gegen den Willen der Götter gebaute« Mauer der Griechen. »Doch als von den Trojanern tot waren alle die Besten / und viele der Griechen bezwungen – andere blieben übrig –, / und zerstört wurde des Priamos Stadt im zehnten Jahr« (man

beachte die Aufzählung von Untergängen), und als die Griechen abgefahren waren, da treffen sich Apoll und Poseidon. Die Beiden waren ja die Erbauer der Mauer von Troja, der eine hat sich im Krieg auf trojanischer, der andere auf griechischer Seite engagiert. Jetzt arbeiten sie wieder zusammen. Apoll bündelt die Ströme, die das Schlachtfeld berühren, »wo so viele Rindshautschilde und Helme in den Staub sanken und das Geschlecht der Halbgöttermenschen« (*Ilias* 12, 22f.). Zeus lässt regnen, die Flüsse überschwemmen alles, Poseidon reißt mit seinem Dreizack die Mauer auseinander. Am Ende ist alles wie vor dem Krieg, und reiner Sand bedeckt den Strand. – Der solitäre Hochbegriff der ›Halbgötter‹ taucht also ausgerechnet an der Stelle auf, wo daran erinnert wird, dass ihr Geschlecht in den Staub sank und geschildert wird, wie ihr Kriegsgerümpel von den Göttern restlos ins Meer gespült wird.[8]

Aufwand groß, Schaden keiner. Drei Götter hatten dafür gearbeitet! Zeus ließ neun Tage regnen: so lange wie einst bei der Großen Flut die Arche Deukalions über der untergegangenen Menschheit schwamm! Jetzt aber kommt niemand zu Schaden, nur ein Objekt, das ohnehin dem Verfall preisgegeben war. Es ist nicht einmal jemand da, der das Ereignis bemerkt (nur der Dichter weiß davon, sicher von der Muse unterrichtet). Wie der Zorn Poseidons in keinem Verhältnis zur Ursache stand, so steht der Einsatz der Götter im Missverhältnis zum Ergebnis. Der poetische und motivische Aufwand des Textes ist umso auffälliger und kann nur meinen: Hier wird symbolischer Mehrwert erzeugt! ›Symbolisch‹ in doppeltem Sinn: zu einem als Bedeutung über die Sache hinaus, zum andern als Ersatz für die Sache.

Die göttliche Vernichtung des griechischen Lagers ist zunächst einmal eine symbolische Entsprechung zur Zerstörung Trojas: Der Untergang der Heroengeneration ist allseitig. Dazu kommen zwei sprechende Motive. Erstens, Unfrömmigkeit als Begründung für die Götterrache. Unfrömmigkeit war ja im

Ilias-Scholion dem damaligen Menschengeschlecht insgesamt zugeschrieben, seit Hesiod nur noch dem ›bronzenen‹ Geschlecht. Die Leichtfertigkeit der Griechen beim hastigen Wallbau ist eigentlich harmlos, doch das Stichwort der ›vergessenen Opfer‹ – für die griechische Religiosität und in den Sagengeschichten so oft die verborgene Ursache von Unheil – ist hier wichtig, und zwar tatsächlich vor allem als Stichwort. Das andere Motiv ist die Methode der Vernichtung: die Flut aus Regen, Flüssen und Meereswogen: Sie ist im Kleinen das, was im Großen Zeus im *Ilias*-Scholion für das Heroengeschlecht erwägt, aber dann verwirft, und was für das ältere Geschlecht Deukalions (nach den späten Autoren das ›bronzene‹ Geschlecht) schon stattgefunden hatte. Gemessen am Urbild ist allerdings die kleine Sintflut der *Ilias* nur ein göttliches Sandkastenspiel, ja fast eine Parodie, wäre da nicht die symbolische Dimension.

Der *Ilias*-Dichter hat es meisterhaft verstanden, Motive aus anderen Dichtungen zu verwerten und einzugemeinden. Zuweilen verlieren die Motive ihre ursprüngliche Schlüssigkeit, manchmal werden sie auch neu aufgeladen oder umgepolt. So ist hier der Begriff der ›Halbgötter‹ zusammen mit den traditionell verbundenen Motiven der ›Unfrömmigkeit‹ und der ›Sintflut‹ aufgenommen. Dabei wird die Erwartung des Hörers in merkwürdiger Weise abgespeist. Das Zitieren der Sintflutmotivik und ihre Minimierung zugleich: Das ist selbst wieder symbolisch. Der Iliasdichter will sagen, dass er das globale Unheilsplan-Konzept kennt – er hat es ja auch als konstruktive Idee seiner Erzählung vom Groll Achills benutzt – aber er verkündet zugleich, dass er es in seiner totalen Schicksalsbestimmtheit nicht völlig akzeptiert. Und man kann auch vermuten, warum nicht: Weil der Unheilsplan für Homers aristokratiefreundliche Ethik einen zu krassen Vorwurf gegen die Heroen wie gegen die Götter impliziert.

Indem die Beschwerde der beschwerten Erde und die Absicht des Zeus, ihr zu

Liebe den ganzen Krieg anzuzetteln, von der *Ilias* weder genannt noch vorausgesetzt wird, verliert die Geschichte an vorbestimmter Schicksalshaftigkeit (die sich der Hörer gleichwohl als Hintergrund vorstellen darf, wenn er will). Homer verkleinert nicht die Macht der Götter, er vergrößert etwas den Raum für die Selbstmächtigkeit und Verantwortlichkeit der Menschen. Diese Entfatalisierung ist eingebettet in eine generell ›abgeklärte‹ Haltung der *Ilias*. Gegenüber dem, was sonst die Troja-Sage bietet (und griechische Sagen überhaupt) ist in der *Ilias* nicht nur die Rolle des Schicksalshaften, von Prophezeiungen und magischen Kausalverknüpfungen gemindert, sondern allgemein werden dämonische, grausige, abnorme, krasse, vulgäre, komische und indezente Motive, verbrecherische Handlungen und ›schwarze‹ Mythik, die dem Dichter aus Älterem offenbar bekannt waren, vermieden, abgeschwächt oder zumindest nur speziell begründet eingesetzt.[9]

Auch bei Homer stehen die Menschen in dem unergründbaren Dreiecksverhältnis Götter-Schicksal-Menschen ganz unten. Zwei Gefäße mit Gutem und Üblem stehen im Himmel bereit, und Zeus teilt Jedem daraus unterschiedlich zu (*Ilias* 24, 527). Doch der Mensch kann nicht alles auf Götter und Schicksal schieben. Der Dichter der Odyssee, der die *Ilias* kannte und schätzte, geht an einem speziellen Fall auf das grundsätzliche Problem ein und lässt Zeus gleich zu Anfang des Epos so sprechen: »O nein! Wie uns Götter die Sterblichen jetzt wiedereinmal verklagen! Von uns her käme, so sagen sie, alles Unheil. Dabei schaffen sie sich doch durch ihre Frevellust auch selbst Leiden, über das hinaus, was ihnen vom Schicksal bestimmt ward!« (*Odyssee* 1, 32 ff.).

Wenn die Menschen Homers weniger einem vorbestimmten Schicksal verfallen sind, so werden sie nun eher von ihrem Willen und Eigensinn, ihren Leidenschaften und Illusionen getrieben und von den Umständen bestimmt. Die Geschichte wird dadurch nicht leichter zu erzählen. Der Erzähler kann sich

nicht mehr auf einen übergreifenden metaphysischen Sinn verlassen – wie ihn das Konzept des ›Unheilsplans‹ für den Trojanischen Sagenkreis perfekt bietet –, er muss die Figuren und ihre Bewegungen durch eine direkte realitätsnahe Kausalität verknüpfen (und Homer ist ein Fanatiker dieser Kausalität).

Die Geschichte wird durch die Konzeptverschiebung auch nicht glücklicher. Im Gegenteil, jetzt öffnet sich das Tor weit für Tragik und Schuld und für das bitterste Unglück: das selbstverschuldete. Wenn der von Thetis an Zeus vermittelte Plan Achills, durch Enthaltung vom Kampf den Heerführer Agamemnon zur Abbitte zu zwingen, in eine Katastrophe für den Urheber mündet, so ist dies Achills eigene Schuld: Ein Versöhnungsangebot Agamemnons hat er abgelehnt; statt nach Hause zu fahren, wie angedroht, ist er geblieben; kann das Unglück der Griechen dann doch nicht mit ansehen, und schickt seinen besten Freund in den Kampf – und in den Tod. Reue, Wut und Ehre gebieten es ihm, Hektor zu töten, und damit seinen eigenen Tod zu besiegeln. Hier stößt man nun doch wieder an die Grenzen der Selbstverantwortlichkeit. Dass Patrokolos, einmal in die Schlacht gezogen, fällt und zwar durch Hektor, ist bereits wieder Zeus'

7.2a Eris, die Göttin des Streits, und Themis, die Göttin des Rechts, (mit Namensbeischriften) in freundschaftlichem Gespräch, unter ihnen, die Szene mit dem Urteil des Paris (s. Abb. 7.2b). Eris im orientalischen Ärmelgewand, vielleicht als ›Dienerin‹ des Zeus. Ausschnitt eines Vasenbilds (Umzeichnung) auf einem attischen Mischkessel, um 420 v. Chr., St. Petersburg.

Wille (*Ilias* 16.250 f.). Und dass nach Hektors Tod Achills selbst bald folgen muss, ist eine magisch-schicksalshafte Verknüpfung.

Uns ist von den Troja-Epen nur die *Ilias* erhalten, und sie ist eines der größten Werke der Weltliteratur; damit neigen wir dazu, ihre Bedeutung für die archaische und klassische Zeit (7.–4. Jahrhundert v. Chr.) zu überschätzen und damit zugleich ihr rationales Konzept, das den fatalistischen Unheilsplan nicht manifest werden lässt. Doch die Mehrzahl der Bildthemen aus dem troischen Sagenkreis in der Kunst der genannten Zeit war nicht der *Ilias* entnommen, und die anderen Epen waren damals noch bekannt. Das ›Unheilskonzept‹ wird z.B. vom Helena-Drama des Euripides (412 v. Chr.) ganz selbstverständlich vorausgesetzt, und selbst die Bildkunst, die mediale Schwierigkeiten hat, diesen Hintergrund darzustellen, kann ihn in dieser Zeit andeuten.

Im Vasenbild vom Paris-Urteil Abb. 7.2, etwa gleichzeitig zum Drama des Euripides, sieht man Eris und Themis, die Göttinnen des Streits und des Rechts, geschwisterlich aneinandergelehnt mit göttlicher Nonchalance von oben das Geschehen betrachten. Sie sind die Gehilfinnen des Unheilsplans: Zeus hat Eris geschickt, um den Streit unter den Göttinnen und damit den Krieg auszulösen, und alles was geschehen ist und wird, läuft ab unter den Augen der Themis, der vorausplanenden Göttin der Gerechtigkeit!

Die Unschuld Helenas

Im Unheilsplan des Zeus ist Helena nur dafür da, um die Helden aus Ost und West zum großen Morden zusammenzubringen. Zeus hatte sich dazu herabgelassen, mit einer Menschenfrau (so die geläufigere Sagenversion) die schönste Frau der Welt zu zeugen. Nur Zeus konnte dies; doch ist die Tat ein Unikum und fast pervers: Zeus hatte bisher mit Menschenfrauen nur Söhne gezeugt, das war er sich und den Frauen schuldig gewesen! Wenn Zeus sich nun zurückhält und nur ein Mädchen zeugt, ist das ein Hinterhalt: Helenas Schönheit wird die Heroen ins Verderben locken![10] Helena war das letzte Kind, das Zeus mit einer Menschenfrau zeugte und, wie gesagt, die einzige Tochter. Das ist eine schlimmes Zeichen.

Als vollkommenes Werkzeug in Gottes Plan ist Helena von vollkommener Unschuld. Aus dem Trojanischen Krieg kommt sie so unversehrt mit Menelaos nach Sparta zurück, wie sie einst von hier mit Paris geflohen war. Helena ist das, was man mit einer Metapher aus der Chemie als Katalysator bezeichnet: ein Stoff, der notwendig ist, um andere Stoffe in Reaktion miteinander zu bringen, der aber selbst am Ende des Prozesses so pur wieder vorliegt wie zu Beginn. Nichteinmal ein weiteres Kind hat sie geboren, nur ein Töchterchen bekam sie fristgerecht nach der Heirat, wie um zu zeigen, dass sie eine wirkliche Frau ist. Am Ende wird Helena nicht zu den Schatten fahren, sondern lebendigen Leibes von Zeus zu den Inseln der Seligen entrückt. Helena ist heilig. So nach jeder vernünftigen Theologie.

Doch so einfach funktioniert die Fabel nicht, nicht wenn die Geschichte von einer Frau handelt. Göttlicher Plan hin oder her, Helena ist vom Standpunkt üblicher Moral eine Ehebrecherin, und sie ist nicht nur Ursache, sondern auch schuld, dass so viele Helden umkamen. Und diese Schuld klebt an der Tochter des höchsten Gottes! – Hier haben die Sagendichter bald eine simple Lösung gefunden: Helena war ein Phantom! Nämlich jene Helena, die von Paris nach Troja entführt wurde, um die der große Krieg ging und die Menelaos in der Nacht der Eroberung totschlagen wollte, aber dann doch wieder an die Hand nahm: Ein Phantom (gr. eidolon), von den Göttern »aus Luft und Wolken« gewirkt, aber täuschend echt; während Helena selbst indessen wohlverwahrt beim König von Ägypten weilte. Und es ist dann nur ein kleines Problem für die Erzählung, auf der Heimreise des Menelaos von Troja die echte Helena wieder in den Verkehr zu schleusen.

Die Idee scheint ziemlich alt zu sein; sie wurde in einem Lied breit ausgeführt von dem Dichter Stesichoros aus Sizilien (etwa um 600 v. Chr.). Wir kennen nur ungefähr den Inhalt. Dazu gehört eine hübsche, wohl vom Dichter selbst lancierte Legende: Stesichoros dichtet zuerst ein Lied ›Helena‹, das die übliche Geschichte von der verführten und umkämpften Helena gibt. Darauf wird er mit Blindheit geschlagen. Er erkennt das Zeichen und dichtet einen Widerruf (›Palinodie‹), nun mit der Aufspaltung von Eidolon und echter Helena. Sowie er die Wahrheit erkannt hat und kündet, erhält der Dichter sein Augenlicht wieder, von Helena, die durch das zweifache Wunder sich als wahrhaft göttlich erweist.

Die Rehabilitierung der Helena – wir müssen die Lösung akzeptieren, selbst wenn sie uns gekünstelt erscheint – passt am besten, wenn sie im Unheilsplan als göttliches Werkzeug fungierte. Jedenfalls hat Euripides in seinem Drama ›Helena‹ (412 v. Chr.) Unheilsplan und Phantom-Idee in einem Atemzug genannt. Das Stück spielt nach dem Krieg, die echte Helena, in Ägypten, resümiert die Vergangenheit so: »Den Krieg zwang Zeus dem Land der Griechen / und den armen Troern auf, um von der Menschen / lästige Menge die Mutter Erde zu erleichtern, / und Hellas stärksten Mann (= Achill) berühmt zu machen. / Doch zwischen Trojas Wehrkraft und der Griechen Speer / ward ich, nein, nicht ich, nur mein Name / als Kampfpreis ausgesetzt« (Helena, 38 ff.).

Der Hinweis auf Achill stört und steht nicht auf dem relgiösen Niveau des Unheilskozpts; hier musste Euripides einfach dem Ruhm der Ilias Tribut zollen, die ja den Ruhm Achills zum Thema hat. Doch sonst setzt der Dichter die Konzepte der Kyprien und von Stesichoros voraus. Euripides nützt dabei diese Version der Erzählung nicht, um den Krieg zu problematisieren; ihm geht es vor allem um Helena, um das Leid einer Frau, die in höhere - männliche und göttliche - Pläne der Politik verwickelt wird, und deren Unschuld der Gott am Ende doch manifest werden lässt.

Doch wir wollen noch einmal dem Sinn des Trojanischen Krieges nachdenken. In der einfachen Fassung des Unheilsplans ist der Sinn des Krieges durch den Hintersinn des Zeus, der den Krieg inszeniert, um Göttin Erde zu erleichtern, bereits fatal relativiert. Um die Doppelbödigkeit wissen natürlich nur Erzähler und Publikum, und es gehörte (wie bei der Tragödie) mit zum Genuss des Publikums, dass die Protagonisten der Handlung selbst nichts davon wissen. Aber der Kampf ging doch immerhin um die wirkliche Helena, die schönste Frau der Welt, und die Triebfeder der Kämpfenden, ihre Ehre, findet hier ihren festen Grund: die verletzte Ehre des Menelaos, die er und die eidlich verbundenen Fürsten rächen wollen; die Ehre des Paris, der seine Liebe, und die der Troer, die ihren Prinzen und ihr Vaterland verteidigen; sogar die Ehre Achills, der freiwillig an diesem Krieg teilnimmt, aber vom eigenen Heerführer gekränkt worden ist.

Wenn aber Helena nur eine Illusion war? Die Ehre, die Sucht nach Ehre, das höchste Gut der Aristokraten, war dann nur dafür da, um, von Zeus durch eine Attrappe aufgereizt, möglichst viele in die Hadesfalle zu stürzen. Ehre, Dummheit der Edlen? Gott hat die Helden reingelegt: Das einzig Echte war der Tod!

Helena als Phantom verschärft nur nocheinmal die Grundidee des Unheilsplans: Zeus lockt die Helden in den Tod; mit der Göttin Erde hat der Gott Mitleid, mit den Heroen nicht. Aber jetzt müssen wir die Sache endlich vom Kopf auf die Füße stellen: Die Dichter der Erzählung und ihre Zuhörer sind ja die Götter, die den großen Herren der Vergangenheit den Untergang gönnen!

Gewiss, in den Epen werden Helden wie Achill und Ajas tragisch aufgefasst, und der hohe Ruhm der Helden des Trojanischen Krieges ist unbezweifelt. Doch tote Helden verehrt man gern, wenn man selber lebt.

Es war Götterwille, das heißt, es war gut so, dass die Heroen untergingen, sie haben Platz gemacht für eine neue Menschheit. Dass jene einander im Krieg totschlagen durften, war nobler als in der Großen Flut ersäuft zu werden! Dass der Krieg um eine schöne Frau ging, rückt das edle Streben ganz ins Märchengold, denn wer von den Heutigen würde für sowas sein Leben aufs Spiel setzen? Dass die schöne Frau vielleicht ein Nichts war... Das wäre tragisch, aber ist das nicht zugleich auch – aber niemand würde es sagen – ein klein wenig komisch? Oder zumindest befreiend: ›Wir leben zwar in einem geringeren Zeitalter, aber die Großen der Vergangenheit haben am Ende nichts anderes zuwege gebracht, als einander umzubringen, und zwar um ein Nichts‹.

Die moderne Forschung betont gern, dass die Troja-Epen den Griechen des 8. Jahrhundert v. Chr. Identität und Selbstbewusstsein durch die Konstruktion einer gemeinsamen glorreichen Vergangenheit vermitteln sollten. Das ist nicht falsch. Die Sage von der großen Vergangenheit war gewiss alte Sängertradition, immer wieder gespeist durch den Blick auf die Reste der Vergangenheit – wie die großartigen Mauern von Troja und Mykene (Abb. 3.1–2) – und die Dürftigkeit der eigenen Gegenwart, die zu solchen Leistungen nicht fähig war. Doch im 8. Jahrhundert v. Chr., in der Zeit der bekannten Epen, war Stärke, Reichtum, Polis-Fähigkeit und Expansionslust der griechischen Gesellschaft schon enorm entwickelt. Das Konzept vom ›Unheilsplan‹ unter dessen Zeichen die berühmte Vergangenheit gestellt wurde, mag ebenfalls eine alte Idee gewesen sein; jetzt aber wird diese Geschichtskonstruktion auch ein Zeichen neuen Selbstbewusstseins, mit dem man die Vergangenheit gründlich und mit vollem Recht untergegangen sein lässt.

Die Idee vom Unheilsplan wird allerdings nicht zum Kristallisationspunkt für Geschichtspessimismus oder eine philosophisch distanzierte Haltung zum Krieg. Ein Krieg, der nur ein Trick Gottes (wir würden modern sagen: der Natur) ist, damit das Menschengeschmeiß auf Erden nicht überhand nimmt; ein Kriegsziel, das eine Illusion ist; ein Streit um

Ehre, die auf Nichts gründet: Nähme man diesen Mythos zum allgemeinen Modell, könnte man da die menschlichen Begründungen für Kriege und das hehre Bewusstsein, in dem sie geführt werden, noch Ernst nehmen? – Diese Konsequenz zu ziehen, war die Antike nicht in der Lage. Und wir sind es auch nicht.

Das Ende der Vermischung

Helena war, wie gesagt, Zeus' letztes Kind mit einer Menschenfrau. Er und alle Götter enthalten sich seit dem Trojanischen Krieg der Liebesvereinigung mit Menschen (der letzte Fall ist die Zwangsverheiratung der Thetis mit Peleus).[11] Mit der Generation der Trojakämpfer verschwinden auch die Gott-Menschenkinder von der Erde. Die letzten fallen vor Troja, von ihren göttlichen Vätern oder Müttern betrauert. Die entkommen, wie Äneas, sterben noch in diesem Zeitalter oder werden, wie Helena, zu den Inseln der Seligen entrückt.

Nur diese Gott-Mensch-Bastarde sind im genauen Sinn ›Halbgötter‹ (gr. hemítheoi), auch wenn Hesiod und einmal Homer (in den oben zitierten Stellen) das ganze Heroengeschlecht so bezeichnen konnten. Ein fragmentarischer Text aus den ›Frauenkatalogen‹ Hesiods (7. Jahrhundert v. Chr.) macht diese Halbgötter zum Problem. Nach einer Aufzählung der Freier der Helena und der Angabe, dass Helena dem Menelaos die Tochter Hermione gebar, und sich die Götter in zwei Parteien zerstritten (was sich nur auf den Trojanischen Krieg beziehen kann), heißt es: »Denn es war damals, als Zeus das berühmte Geschehen ersann, über die ganze Erde Verwirrung (oder: Wirbelstürme) zu breiten. Schon ging er ans Werk, das zahlreiche Geschlecht der sterblichen Menschen zu verringern und fasste den Plan, die Leben der Halbgötter auszulöschen: Nie mehr sollten sich mit armseligen Menschen mischen die Kinder der Götter, Menschenschicksal vor Augen.[12] Sondern, die seligen Götter sollten künftig wie früher ganz von den Menschen geschieden Leben und Wohnsitz führen.«[13]

Hier haben wir eine neue Variante für die Begründung des Unheilsplans. Nicht Göttin Erde werden die Helden zu schwer, sondern Zeus ergreift Ekel, dass die Götterkinder durch Heiraten sich in die armselige Rasse der Menschen verplempern.[14] Warum aber kommt Zeus das gerade jetzt in den Sinn, ihm, der doch bisher am eifrigsten solche Halbgötterkinder gezeugt hat? Das Ungehörige der Vermischung kommt am Fall Helenas besonders krass zur Erscheinung. Zur Erinnerung: Hier herrscht die patriarchalische Gesellschaft! Da wird also das hohe Kind des Zeus (weil eine Frau) in der Heirat einem Menschen (weil ein Mann) untertan. Dass ein männlicher Götterbastard mit menschlichen Frauen Kinder zeugt, kann man vom Göttervaterstandpunkt noch positiv sehen: Es ist eine Gnade an die Menschen. Aber dass eine Göttertochter, von einem Menschenmann begattet, nun diesem Mann ein Kind gebiert: Ist das vom Standpunkt des göttlichen Vaters, der seine einzige Menschentochter liebt, nicht beinah ein Gräuel?[15] Wie peinlich auch noch für den höchsten Gott mit einem Menschenmann, als ob gleichen Rangs, verschwägert zu sein (eine Schwiegertochter wäre kein Problem)! Zurück zu Helena: Sie gebiert nur ein Mädchen; denn wenn der höchste Gott nur eine Tochter gezeugt hat, dann kann ein Menschenmann mit dieser nicht einen Sohn zeugen! Aber wie, eine Zeustochter vermag keinen Sohn zu gebären?! Und: Eine Enkelin, das heißt zu allem anderen hinzu: Bei patrilinearer Rechnung wird Zeus' Same ins fast Namenlose der Frauenlinie versickern!

Theologisch adäquat, aber vielleicht zu modern formuliert, könnte man sagen: Durch die Entäußerung, die Zeus sich auferlegt hatte, indem er eine Tochter zeugte, kostet der Gott die größtmöglichste Peinlichkeit der Gott-Mensch-Vermischungen aus, um so die Schuld auf das Menschengeschlecht zu türmen, die ihm das Recht zur Inszenierung des vernichtenden Krieges gibt. Dass Zeus dies mit Absicht tut und den Vorsatz schon vorher hat, ist kein Widerspruch in der Logik von Religion und Mythos.[16]

Zeus beendet also das Projekt ›Götter lieben Menschen‹ durch den Trojanischen Krieg. Hier engagieren sich die Götter zum letzten Mal auf Seiten der Menschen und streiten wie diese gegeneinander in zwei Parteien. Nach dem Ende dieses Zeitalters herrscht im Olymp wieder Harmonie. Und kein Gott, keine Göttin muss mehr wie ein Mensch um ein sterbliches Kind bangen. Die Körper von Götter und Menschen erleiden künftig nie mehr den Schauer der Vereinigung in ihrer Fremd- und Vertrautheit: keine Vermischung in Liebe, keine Vermischung im Kind.

So war es vor diesem Zeitalter ja auch, denn die Menschen waren – nach der Mehrheitsauffassung im frühen Mythos – keine Geschöpfe der Götter.[17] Zugleich gibt es im Mythos die Idee, dass Götter und Menschen wie Verwandte benachbart lebten und sich dann voneinander entfernt hätten. Doch wie auch immer, es kehren jetzt nicht ältere Zeiten wieder, sondern neue, kältere ziehen auf: die nach jenem selig-unseligen Kontakt. Wir dürfen übrigens nicht der anheimelnden Illusion verfallen, dass die Fabel objektiver Reflex einer Vergangenheit wäre, in der sich die Menschen den Göttern näher gefühlt hätten. Sondern die ontologische Differenz zwischen Göttern und Menschen wird als geschichtlicher Vorgang ausgedrückt. Warum begegnen wir heutzutage den Göttern nicht? Die Erklärung des Mythos ist einfach und einleuchtend: Früher sind sie sich begegnet, bis zur Vereinigung ihrer Leiber, und darum, weil es früher so war, ist es heute nicht mehr so.

Der Unheilsplan des Zeus und der Bauplan der Troja-Sage

Ist das Motiv des Unheilsplan irgendwann von einem klugen Dichter oder Theologen ersonnen und der entwickelten Troja-Sage vorgehängt worden, um ihr tieferen Sinn zu geben? Man könnte eher das Umgekehrte behaupten:

Der ›Plan des Zeus‹ sei der inneren Struktur der Sage abgelesen.[18] Denn die von höheren Schicksalsmächten geleitete Selbstzerstörung des Heldengeschlechts ist Stoff und Motor dieser Geschichte und nicht erst eine übergelegte Interpretation.

Die Zeustochter Helena bringt die griechischen Fürsten, die stärksten Helden zugleich, als Freier zusammen. Der Schwur der Freier, den künftigen Ehemann zu akzeptieren, und seine Ehre gegebenenfalls mit der Waffe zu verteidigen, soll den Streit um diese Frau verhindern. Doch ist gerade dies die Voraussetzung dafür, den Streit zum größtmöglichsten Krieg zu globalisieren. Paris, der nicht zu diesem verschworenen Griechenverein gehört, entführt Helena und schafft den katastrophalen Kontakt zwischen allen Griechen und dem orientalischen Reich. Ohne den Verein der ehemaligen Freier mit ihren Heeren gäbe es keinen großen Krieg, nur eine Privatfehde.

Gerade die große Zahl der großen Helden auf beiden Seiten macht den Krieg so lang und vernichtend, – bis sie eben nicht mehr so viele sind. Solange die größten Helden auf griechischer Seite, Achill und Ajas, leben, lebt auch die Illusion, Troja durch Kampf erobern zu können.[19] Erst als die Großen tot sind, kommt die Vernunft zum Zug. Jetzt werden endlich auch unheroische Mittel eingesetzt: Technik (der Bogen Philoktets), Magie (der Raub des Palladion) und List (das hölzerne Pferd), und Troja fällt in kürzester Zeit. – Das Ende des Heldensterbens ist damit nicht erreicht, viele erwartet Tod auf der Heimfahrt oder zu Hause, Irrfahrt oder Vertreibung.

Nach einer geläufigen Meinung ist die große Troja-Sage im Lauf langer Zeiten aus vielen Einzelsagen, Liedern, Motiven von ganz verschiedenen Seiten ausgehend unter ein Dach gekommen. Dieser Meinung sind in bestimmter Hinsicht gerade die Verfechter der Historizität des Trojanische Kriegs, denn die wichtigsten Motive der Sage sind ihnen im Grunde peinlich: Als seriöser Historiker möchte man z. B. nicht vertreten müssen, dass

ein realer Krieg um jene Stadt auf dem Hügel von Hisarlik nur einer schönen Frau wegen entbrannt sei!

Nun wissen wir nichts darüber, wie die Troja-Sage entstanden ist, aber es kann kein Zweifel sein, dass sie auch typische ›Weltmärchenmotive‹ verarbeitet. Aber so, wie sie uns vorliegt, und sich ungefähr (vor allem aus den Reflexen in der *Ilias*) für das 8. Jahrhundert v. Chr. rekonstruieren lässt, ist sie alles andere als ein bunter Straus von Motiven. Die Sage erscheint im Gegenteil so konsequent gefügt, als ob sie von einem einzigen Schöpfer konstruiert worden wäre – was man sich allerdings genausowenig vorstellen mag wie einen ursprünglichen Gesamttext der Sage!

Die Ausrichtung auf das Ganze zeigen gerade die starken, wunderhaften Motive, die dennoch nicht für sich existieren könnten, sondern ferne Auswirkungen als Gegenpole brauchen und so wie Klammern in der langen Geschehenskette fungieren. Wenn Philoktet zu Anfang des Feldzugs, von einer gottgesandten Schlange gebissen, von den Griechen auf Lemnos ausgesetzt wird (Kap. 17), so ist das mit eine Ursache, dass sich der Kampf um Troja ergebnislos in die Länge zieht, und für das Unglück, dass Achill vom Pfeil des Paris gefällt wird. Erst jetzt wird Philoktet nach Troja geholt, und er erschießt mit seinem Wunderbogen Paris, den gefährlichsten der Trojaner (Kap. 41). – Auch das Troilos-Abenteuer Achills muss eine solche Klammer gewesen sein (Kap. 22).[20] Achill zieht sich, weil er Troilos am Altar Apolls schlachtet, den Hass des Gottes zu, der ihm den Tod bringen wird. Ferner begegnet Achill hier der Prinzessin Polyxena, die er noch als Toter begehrt, und die ihm nach dem Fall Trojas auf seinem Grab geopfert wird (Kap. 44). – Gerade die ›Vorspiele‹ sind zwingend mit dem Kriegskomplex verknüpft. Die weiteste Klammer bildet die Liebschaft Aphrodites mit Anchises (Kap. 6); ihrem Sohn Äneas ist es als einzigem Prinz der Dardaniden-Dynastie bestimmt, den Untergang Trojas zu überleben, und anderswo neue Herrschaft zu gründen (Kap. 45). – Die Zeugung Helenas als letztes Menschenkind und einzige Menschentochter des Zeus wäre für sich allein genommen ein Motiv, das völlig im Leeren stünde. Es hat Sinn nur im Rahmen des von Zeus geplanten Unheils des Trojanischen Kriegs. – Die Hochzeit von Peleus und Thetis (Kap. 10) liefert den Helden Achill, der so wichtig werden wird als Heldenvernichter, und bietet den Anlass für den Schönheitsstreit der Göttinnen. – Das Urteil des Paris (Kap. 12) verknüpft die schon mit der Zeugung Helenas auf griechischem Boden eingefädelt Intrige des Zeus endlich mit Troja; Paris' Entscheidung für Aphrodite bringt ihm das ›Anrecht‹ auf die verheiratete Helena, und den Hass der zurückgesetzten Göttinnen gegen Troja.

Gerade die zuletzt genannten scheinbar glückshaften ›Märchenmotive‹ sind besonders prekär. Dass der höchste Gott ein einziges Mal eine Menschentochter zeugt; dass ein Mann nach dem Willen der Götter eine Göttin ins Bett zwingt; dass ein Jüngling über die Schönheit von Göttinnen urteilt: Das sind Motive der gleichen Art und zwar unheimliche, ›verkehrte‹ Verschränkungen von Göttlichem und Menschlichem, die erst zur Ruhe kommen, wenn sie genügend Unheil gebracht haben.

Wenn man die Episoden daraufhin abschätzt, wie wichtig sie für den Gesamtkörper der Troja-Sage sind, fällt eine auf, die unter gewissen Voraussetzungen fast ohne Schaden herausgenommen werden kann: die gesamte *Ilias* Homers. Denn was in der *Ilias* geschieht, ist, wenn wir einmal für einen Moment vom Tod Hektors absehen, nichts, was die Geschichte weiterbringt, ein früher gestelltes Problem löst, oder etwas einleitet, was später Folgen haben wird. Die einfachste Lösung: Der Dichter der *Ilias* stand vor der fertigen Troja-Sage, und drängte sich durch eine komplett neuerfundene Episode in die bewährte Geschichte hinein.[21] Der geniale Plott schafft sich die Lücke, in die er hineinschlüpft selbst, indem er nichts anderes gestaltet, als eine Verzögerung im Ablauf

des Krieges[22]: Achill, der beste Mann der Griechen, kämpft nicht und er tut so in den ersten 19 Gesängen (von 24). Die restlichen Verse schildern, wie Achill, durch sein eigenes Verhalten in die Katastrophe von Patroklos Tod geführt, wieder in die Kampfgemeinschaft zurückkehrt, indem er Hektor, den Töter des Patroklos, tötet.

Die *Ilias* nennt hunderte Helden namentlich, die erschlagen werden. Doch kaum einer von den Gefallenen ist aus andern Sagen bekannt, das heißt, der Iliasdichter hat sie erfunden. Das musste er natürlich, wenn seine ganze Episode eine neuerfundene ist, und nicht die Bearbeitung einer bereits gestalteten. Natürlich kommen allseits bekannte Helden in der *Ilias* vor, aber die dürfen im Abschnitt der *Ilias* nicht zu Tode kommen, weil ihr Schicksal in den damals bereits bekannten Liedern behandelt war.[23] Aber wie steht es mit Patroklos und Hektor? Patroklos spielt außerhalb der *Ilias* nur eine minimale Rolle. Hektor aber hat Homer nach dieser Hypothese erfunden, – erfunden, um ihn kämpfen und sterben zu lassen. Im Gegensatz zu Achill, Diomedes, Odysseus etwa auf griechischer Seite, oder Priamos, Paris, Äneas, Memnon auf trojanischer Seite, ist Hektor ohne jede mythische Substanz. Außerhalb der *Ilias* gibt es keine Geschichten um ihn. Hektor ist eine reine Gestalt der humanen Dichtkunst Homers.

Das interessante ist nun allerdings, dass das Konzept der *Ilias* dem Unheilsprogramm der ganzen Sage durchaus entgegenkommt: In sinnlosen Kämpfen, die nicht weiterbringen, fallen Unzählige auf beiden Seiten. In der *Ilias* werden diese Kämpfe besonders mörderisch, zuerst weil Achill nicht teilnimmt, und die Troer in Vorteil kommen, und dann, weil Achill wieder teilnimmt und sich im Racherausch austobt.

Homer kannte zweifellos das Unheilskonzept, wenn er es auch nicht ausspricht und voll akzeptiert hat. Rekapitulieren wir nochmals den Plot Homers vom Standpunkt des Unheilsplans aus, und zwar nicht der inneren Struktur

nach, sondern der äußerlichen Motive wegen, und zwar so, dass die Motive der *Ilias* als Verkleinerungen und Deformationen kenntlich werden: Die Erde fühlt sich nicht durch die Unzahl der Helden belastet, sie »stöhnt« nur noch metaphorisch unter dem Getrampel der vielen Krieger vor Troja (*Ilias* 2, 95).[24] Es ist auch hier eine Göttin aus der Tiefe, die sich bei Zeus beschwert und zu einem Unheilsplan anregt, aber es ist eben nicht die Urmutter der Götter, sondern nur eine der fünfzig Nereiden aus dem Ozean. Sie bittet nicht für sich, sondern für ihren Sohn. Der Plan will nicht die Vernichtung der Menschheit, sondern nur, dass die Griechen vor Troja eine Weile in Schwierigkeiten kommen. Zeus' Zustimmung ist nicht mitgöttliche Empathie, sondern ein Handel: Thetis hatte ihm einst geholfen, jetzt tut er Thetis einen Gefallen. Die Griechen hatten nicht gegen die Götter gefrevelt, nur Agamemnon war respektlos gegen den Sohn einer Göttin gewesen. Und das Fehlen der Opfer beim Wallbau war nicht Hybris als Haltung einer Epoche, sondern momentanes Versehen.[25] – Nicht zuletzt wegen dieser Minimierungen könnte man den Verdacht hegen, dass Homer eine weitverbreitete und überall gern gehörte Sage vom gottgewollten Untergang großmächtiger Herren für sein vornehmes (oder vornehm gewordenes) Publikum entschärft und veredelt hat, ohne allerdings ganz in dessen Klassenborniertheit zu verfallen: Davor bewahrt ihn sein vermutlich niederer Stand als Berufssänger, sein modernes Dichterbewusstsein und seine Religiosität.

Der Sage von Kampf und Untergang Trojas folgt das Nachspiel der meist unglücklichen oder mühseligen Heimkehr. Auch hier ist das Unglück konstitutiv und innerhalb der Geschichte begründet. Dass sich Athena von den Griechen abwendet, folgt aus dem Frevel des lokrischen Ajas bei der Eroberung (Kap. 44); die Ermordung des Agamemnon (Kap. 52) hat eine Ursache in der Opferung der Iphigenie zu Anfang des Feldzuges (Kap. 16), Neoptolemos stirbt am alten Hass Apolls gegen seinen Vater (Kap. 22 und 39).

So ist die Troja-Sage zusammen mit den Heimkehrerschicksalen vor allem eine Geschichte, die auf den Untergang der Großen hin konzipiert ist, nicht auf triumphierende Sieger. Von den größeren Helden überlebt ein Äneas, der rechtzeitig flieht; ein Odysseus, der Meister aller Listen ist; ein Diomedes, der, heimgekehrt, gleich wieder weiterzieht. Unberührt ins alte Glück kehrt nur Helena zurück, das göttliche Werkzeug, und ihretwegen auch Menelaos. Die Kinder und Kindeskinder der Troja-Heimkehrer zerstreuen sich in die Ruhm- ja Namenlosigkeit.

Poetisiert die Sage vom Trojanischen Kriegszug den Untergang der mykenischen Palastherren?

Wenn man der Troja-Sage einen wesentlichen historischen Kern zutraut, und die gewaltige gemeinschaftliche Machtenfaltung der Griechen zu diesem Kern rechnet, muss für diesen Krieg einen Platz in der Blütezeit der ›mykenischen‹ Fürstentümer gefunden werden, das heißt vor 1200 v. Chr., als die Paläste der mykenischen Herren innerhalb eines kurzen Zeitraums zerstört wurden.[26]

Den Krieg um Troja müssten die Heimkehrer auf dem griechischen Festland berühmt gemacht haben. Die treuherzige Vorstellung, dass Großvater dem Enkel von seinem Krieg erzählt, sollten wir vergessen, das stiftet keine gesellschaftliche Erinnerung. Aber wir können getrost annehmen, dass die Sänger/Dichter sich der Sache im ›Lied‹ bemächtigt hätten, und damit entstünde eine tradierbare (und sehr volatile) Substanz. Diese Lieder müssten dann den eben erwähnten Untergang der mykenischen Paläste und ihrer gesellschaftlichen Organisation, vor allem aber auch das höfische Publikum solcher Lieder überlebt haben, ferner den Zerfall der Mykenischen Kultur, die Wanderungen und Neuanfänge, und zwar ohne eine Stützung durch Schrift über ein halbes

Jahrtausend hinweg, – bis im 8. Jh. v. Chr. die neue Alphabetschrift zur Verfügung stand. Das Medium der Tradition, das Lied, wurde in dieser Zwischenzeit von Sängern Mund zu Mund überliefert, immer weiter gesponnen, reduziert und erweitert, ununterbrochen von neuen Ereignissen und den sich wandelnden Wünschen des Publikums gespeist, ohne Konktrolle darüber, was bei diesem Prozess verloren, verändert, neu hinzugedichtet wurde, denn eine solche Kontrolle wäre ja nur durch einen Vergleich mit einem schriftlich fixierten Text möglich gewesen.

Wer der mündlichen Überlieferung prinzipiell solche Absicht und Treue zutraut, dass sie jenen Krieg im historischen Kern überliefern konnte, muss sich fragen lassen, warum diese famose ›Rückerinnerung‹ – wie man den Vorgang in falscher Analogie zum individuellen Gedächtnis auch genannt hat – warum sie also ausgerechnet von einem Ereignis am Rande der damals von Griechen besuchten Welt so ausführliche Kunde gibt, während sie von einer wirklich gravierenden Sache kaum etwas zu wissen scheint: nämlich von der Zerstörung der mykenischen Paläste fast über das ganze griechische Siedlungsgebiet hinweg von Mittelgriechenland bis nach Kreta innerhalb weniger Jahrzehnte, ein Ereignishorizont der – im Gegensatz zu dem allein der Sage abgelesenen ›Trojanischen Krieg‹ – archäologisch gut belegt ist.[27]

Man wende nicht ein, dass Katastrophen kein Stoff für Sagenlieder seien: gerade Katastrophen sind es, auch der trojanische Sagenkreis ist ein Beispiel dafür. Und man bedenke: Die Herrenschicht, die nach diesem Modell den Trojanischen Krieg gemacht hätte, ist als Schicht bei dem späteren Untergang ihre Paläste in Griechenland verschwunden. Die ›niederen‹ Schichten aber, die den Untergang der Palastherren miterlebt haben, die waren weiterhin da!

Wenn wir auf den Punkt bringen, wie Sage und nachweisbare Ereignisse zueinanderstehen, zeigt sich folgendes Verhältnis: 1) Angesichts der archäologi-

schen Befunde auf dem Hügel von Hisarlik wäre niemand auf die Idee gekommen, dass diese Stadt von eine großen Koalition griechischer Fürsten belagert und schließlich erobert und zerstört worden sei: Wenn es nicht die Sage vom Trojanischen Krieg gäbe. 2) Angesicht der griechischen Sagen wäre niemand auf die Idee gekommen, dass die mykenischen Paläste des Festlands und Kretas innerhalb eines geschlossenen Zeitraums durch kriegerische Ereignisse zerstört worden sind: Wenn es nicht die archäologischen Befunde gäbe.

Es lassen sich zwei verschiedene Schlüsse ziehen: Wenn sich der Kampf um die mykenischen Paläste in den Sagen nicht niedergeschlagen hat,[28] dann ist das angebliche Langzeitgedächtnis der griechischen Sage so in Frage gestellt, dass ein Bezug der Troja-Sage auf ein noch älteres Ereignis ganz unwahrscheinlich ist. Oder: Da sich der Untergang der Palastwelt nicht offensichtlich in den Sagen abzeichnet, müssen wir eben mit verfremdeten Reflexen rechnen. Das heißt, wir hätten ziemlich freie Hand für Spekulationen, was freilich auch bedeutet, dass sie aus eben diesem Grund kaum verifizierbar sind.

Und solche Spekulationen gönnen wir uns für ein oder zwei Druckseiten, und stellen uns damit auf das Niveau der Vertretern der Historizität des Trojanischen Kriegs, denn eben dies: Historizität der Sage in einer bestimmten Hinsicht – behaupten wir ja für den Augenblick auch.

Gehen wir also einmal davon aus, dass das eindrucksvollste Ereignis der Mykenischen Welt für die Nachfahren, die ja diejenigen waren, die eine eventuelle ›Erinnerung‹ an diese Welt weitergetragen haben müssten, der Untergang der mykenischen Palastherren war; alles Frühere, z. B. die Kriege jener Fürsten, musste vor ihrem Sturz verblassen! Die Bevölkerung war mit dieser Katastrophe, wie schon gesagt, keineswegs untergegangen, sondern nur: die großen Herren, ihr feudales Gefolgschaftswesen, ihre Verfügungsgewalt über Fronarbeit und landwirtschaftlichen Erträge der Leute, ihre Kontrollbürokratie mitsamt der Schrift, ihre Luxusästhetik vom ausgemalten Palast bis zur Prunkwaffe. Davon abgesehen war aber mykenische Kultur noch für über 100 Jahre einigermaßen intakt, sodass sich in Ruhe Lieder über jene Ereignisse bilden und ihr genießendes Publikum finden konnten.[29]

Und jetzt stellen wir einmal dieses große historische Ereignis neben die größte griechische Sage und probieren, ob die Behauptung möglich ist: Die Sage von trojanischen Krieg verarbeitet den Untergang der mykenischen Palastherren!

Keiner der ›Sachverhalte‹ der Sage ließe sich mit den Ereignissen, die sich archäologisch abzeichnen, parallelisieren. Ja, das Geschehen wäre in der Sage geradezu auf den Kopf gestellt und und dann noch aus dem Zentrum in die Peripherie verschoben: Nicht die griechischen Fürsten werden auf ihren Sitzen angegriffen, von fremden Invasoren oder den eigenen Untertanen, sondern die griechischen Fürsten greifen mit ihren Männern eine fremde Stadt auf der andern Seite des Meeres an. Aber die Ergebnisse würden übereinstimmen: Das Zeitalter der Palastherren, mythisch gesprochen der Heroen, ging damit zu Ende.

Nun kann man zum Verhältnis von Sage und Geschehen fast generell eines behaupten: Die Wirklichkeit muss gründlich umgerührt werden, damit Sinn hineinkommt, und es müssen poetisch-erzählerische Methoden angewandt werden, damit die Geschichte schön und fasslich wird. Und das ist ja die Aufgabe der Sage: Sinngebung und Fassbarkeit herzustellen.

Bei unserem Nibelungenlied (Text um 1200) können wir – anders als beim Trojanischen Sagenkreis – das Verhältnis von Sage und Geschehen nachprüfen, weil wir zeitgleiche historische Schriftquellen über die Ereignisse haben.

In der Wirklichkeit des Jahres 435 n. Chr. wurden die Burgunden im Moselgebiet von hunnischen Truppen geschlagen, die ihnen die Römer auf den Hals gehetzt hatten, nachdem die Burgunden

zuvor in römisches Gebiet eingefallen waren. Im Lied werden die burgundischen Könige mit ihren Mannen von ihrer Schwester Kriemhild an den Hof des Hunnenkönigs Attila/Etzel nach Ungarn gelockt, aus Rache für Siegfrieds Ermordung, und dort gehen die Burgunden in heldenhaftem Kampf bis auf den letzten Mann unter. Das Epos hat mit der Wirklichkeit nur eines gemein: Die Burgunden verlieren die Schlacht mit den Hunnen. Alles andere ist anders: viel persönlicher, spannender, heldischer, schöner, logischer und plausibler als die Wirklichkeit; aus einer kläglichen Niederlage wird eine großartige Katastrophe.

Hier ist besonders interessant, dass das zentrale Ereignis, das im eigenen Land passierte, in die Ferne verschoben und damit wunderbar, tragisch und genießbar wird – eine Verschiebung, die wir auch bei unserer Hypothese annehmen müssten, wenn der Untergang der Palastherren in Griechenland zum Krieg vor Troja wird.

Die Grundhaltung der Troja-Sage – und hier müssen wir von der späten, eingeschobenen und hochgestylten *Ilias* endlich einmal im Interesse der ganzen Sage absehen, ist, wie oben gezeigt, durchaus nicht ungetrübt heldisch: Jenes große Geschlecht war eine Last für die Erde, und Zeus hat Recht daran getan, seinen Untergang zu verordnen. Der Untergang darf sich immerhin in allem Glanz vollziehen. Das ist eine Perspektive nicht gerade von Nachfahren von Palastherren, sondern eher von ehemaligen Untertanen, die mit Erschütterung und Genugtuung zugleich den Sturz ihrer Herren betrachten![30]

Überzeugender würde unsere Hypothese allerdings, wenn wir der Troja-Sage überhaupt jede reale Erinnerung an den Untergang der Palastherren absprechen und sie als späteres Deutungskonzept verstehen. Natürlich haben die Ruinen der Bronzezeit – die großen Burgmauern, die eingestürzten Kuppelgräber – die Phantasie der Menschen Jahrhunderte später angeregt zur Frage: Was ist aus

diesen mächtigen Herren, die Solches bauen ließen, geworden, wo sind sie geblieben, und warum sind ihre Stätten verfallen?

Und gerade dann, wenn es keine Tradition mehr gab, wenn man nicht mehr wusste, dass die Paläste erobert worden waren (womöglich von den eigenen Untertanen), dann wurde die Erklärung, die die Troja-Sage gab, plausibel: Die großen Herren und ihr ganzes Kriegergefolge sind einst weit weggezogen zu einem Krieg über dem Meer. Und dort haben sie sich in endlosen Kämpfen verausgabt. Der Krieg ging um die schönste Frau der Welt, Zeus hatte sie extra zu diesem Zweck geschaffen. Die Paläste der Herren hier in Griechenland sind dann zerfallen, weil sie nicht mehr zurückkamen oder weil sie, wo sie vereinzelt und ohne ihr Heer zurückkehrten, totgeschlagen oder vertrieben wurden. Ihre Nachkommen, die sie unmündig zurückgelassen hatten, als sie in jenen Krieg zogen, sanken bald in die Namenlosigkeit.

Die Motive des Zugs in die Ferne und des schönen, fast immateriellen Ziels Helena geben nicht nur eine noble Begründung für einen Krieg, der die Herren aus ihren Landen entfernte, sondern sind zugleich poetische, fast religiös konnotierte Symbole für die Entrückung dieses Heroengeschlechts; man denke an Hesiod, der die Heroen und die Trojakämpfer noch weiter, auf die Inseln der Seligen führt.

Die Vorbedingung für eine solche Erklärungsfunktion der Troja-Sage ist, wie gesagt, dass die realen Ursachen für den Untergang der mykenischen Paläste bald nicht mehr im Gedächtnis waren – eine plausible Annahme. Nicht erklärt ist damit allerdings, warum Ilios/Troja zum Zentrum der Sage wird und diese Sage so berühmt wird. Dieses Problem besteht allerdings zumindest zur Hälfte auch bei der Hypothese, die Troja-Sage wäre einem Krieg um Troja in mykenischer Zeit zu verdanken. Denn warum war gerade dieser Krieg den späteren Griechen so wichtig, dass sie die Sage tradierten? Warum hat sich an diesem

Stoff die *Ilias* entzündet, eines der bedeutendsten Gebilde der Weltliteratur? Warum haben sich nicht andere Epen, die der Iliasdichter offenbar gekannt hat, durchgesetzt, wie die Lieder vom Kampf um Theben, von den Taten des Herakles und Meleagers, von der Fahrt der Argonauten?

Kurz welchen Standortvorteil hatte Troja? Seit etwa 1050 v. Chr. waren die Griechen übers Meer an die kleinasiatische Westküste gekommen und hatten nicht nur Städte gegründet, sondern auch Sängerdichter und Sagengut aus der alten Heimat mitgebracht. In einer der neuen Städte im weiteren Umraum (Smyrna und Chios z.B. erhoben in der

Antike Anspruch, die Heimat Homers zu sein) muss eine produktive Sängergilde ihr Auskommen gefunden haben, die das mitgebrachte Sagengut mit dem in seinen alten, mächtigen und etwas ruinösen Mauern prangende Ilios/Ilion/Troja verbanden, wo ja, wohl seit 1000 v. Chr., auch eine kleine Griechen-Gemeinde saß.[31] Eine ähnliche Konstellation wird es auch anderswo gegeben haben. Das entscheidende Ereignis – und da folge ich nun freilich einem ganz altmodischen Erklärungsmuster – muss gewesen sein, dass ein oder zwei wirklich geniale Dichter aus dieser ›Schule‹ erwachsen sind. Homer, der sich mit seiner *Ilias* in den bereits gestalteten Stoff

der Sage hineingeschoben hat, muss mit seinem Epos so erfolgreich geworden sein, dass auch die anderen, kleineren, dem Stoff nach älteren Epen aus dem Trojanischen Sagenkreis ihre wandernden Sänger, ihr Publikum und gesamtgriechische Verbreitung fanden. Das nächste geniale Epos, die *Odyssee*, von einem anderen Dichter, aber wohl aus verwandter Sängertradition, hat sich mit seiner Geschichte von der langen Heimkehr eines Troja-Fahrers in Stoff und Stil an diesen Erfolg angehängt. Es ist der poetischen Qualität dieser beiden Epen zu verdanken, dass die ganze Troja-Sage und der Ort Troja/Ilion bekannt und berühmt wurden.   *B.K.*

7.2b Urteil des Paris. In der Mitte im orientalischen Gewand mit Hirtenkeule. Links Hermes, sitzend Hera, mit ihrer Tochter Hebe (›Jugend‹). Rechts Athena, sitzend Aphrodite mit Eros. Auf ›höherer‹ Ebene, teilweise vom Gelände verdeckt: Über Paris die Göttin des Streits, Eris, und die Göttin des Rechts, Themis (Namensbeischriften) – freundschaftlich beieinander.

Links Gespann mit Wagenlenkerin (vielleicht Iris), sie hat Hera und Hebe hergefahren (oder Themis und Eris). Rechts Gespann mit Nike, sie hat Zeus gefahren. Zeus erscheint lässig und entspannt, er ist der souveräne Lenker im Hintergrund. Ausschnitt eines Vasenbilds (Umzeichnung) auf einem attischen Mischkessel, um 420 v. Chr., St. Petersburg.

8. Zeus zeugt Helena

Die schöne Helena! Wer hat nicht von ihr gehört! Um sie ging der blutige Streit der Männer, doch ihr selbst wurde kein Härchen gekrümmt. Nicht jedermann weiß, dass Helena unblutig geboren, nämlich aus einem weißen Ei geschlüpft ist. Eine Geschichte ›ab ovo‹ erzählen, ›vom Ei‹ ab, vom Anfang an, ist eine Metapher, die hier ihren Ursprung hat. Der römische Dichter Horaz hat die Formulierung aufgebracht (*Ars poetica*, publiziert 14 v. Chr.). Auch wir beginnen unser eigentliche Troja-Sagen-Nacherzählung mit diesem Ei, nein, noch einen Schritt vorher: Wie kam es zum Ei? Ganz einfach: Zeus hatte die Gestalt eines Schwans angenommen, als er Helena zeugte.

Dass ein Gott als Vogel eine Frau begattet, die dann ein Ei gebiert, aus dem schließlich – vom Bebrüten wird, der Sage sei Dank, nichts berichtet – ein menschliches Kind schlüpft, ist für uns ein starkes Stück. Aber auch schon der klassische Dramendichter Euripides ließ Helena sich fragen, ob sie nicht ein Monstrum sei: » Ward ich der Welt als Ungetier bestimmt? / Kein Griechen-, kein Barbarenweib bringt je / im weißen Ei die Jungen auf die Welt, / wie Leda, sagt man, mich von Zeus gebar …« (Euripides, *Helena* 16 ff.; aufgeführt 412 v. Chr.). Helena bedenkt dabei, dass sich ihretwegen ein Heldengeschlecht ausgemerzt hat und frägt sich, ob nicht schon die Anomalie ihrer Geburt ein Unheilszeichen war. Viel unheimlicher ist jedoch der scheinbar harmlose Sachverhalt, dass Zeus eine *Tochter* gezeugt hatte: Sie ist seine *einzige* mit einer Menschenfrau, und sie ist das *letzte* Menschenkind, das er zeugte. Wir sind auf die unheilschwangere Bedeutung dieses Motivs bereits eingegangen (Kap. 7).

Zeus und Leda

Zeus ist also der Vater der Hélena (gr. *Heléne*). Die Mutter ist Léda – oder Némesis. Zunächst die geläufigere Version. Leda ist die Frau des Tyndáreos, des Königs von Sparta. Sie ist auch die Mutter der Dioskúren, die den Namen des Zeus schon im Namen tragen (gr. Dióskuroi – ›Zeusjungen‹). Von diesen Zwillingen ist allerdings nur Polydéukes unsterblich, also von Zeus, Kástor ist sterblich, also von Tyndareos. Wie das alles zusammenging, überlassen wir den verschiedenen Sagenversionen, von denen die geläufigste ist, dass die Dioskuren viele Jahre früher geboren sind als ihre Schwester, und die einfachste, dass alle Drei aus *einem* Ei schlüpften (genetisch betrachtet, aber dennoch ›dreieiige‹ Drillinge sind). Zeus zeugt sonst mit menschlichen Frauen meist jeweils nur *ein* Kind und natürlich immer Söhne. Der von Zeus gezeugte Dioskur plus Helena machen nochmals klar, dass Zeus nicht etwa schwächelte, als er Helena zeugte, oder dass Leda unwürdig eines Zeussohnes gewesen wäre. Die Zeugung der Helena ist Absicht des Gottes, böse Absicht.

8.1 Zahmer Schwan balzt vor schönen Frauen. Griechisch-apulische Lekythos, um 330 v. Chr.

Wieso hatte Zeus die Gestalt eines Schwans angenommen? Zeus liebt Verwandlungen bei seinen Liebes-Abenteuern. Als Stier entführt er die phönikische Prinzessin Europa nach Kreta, Danae schwängert er als goldener Regen, in Gestalt ihres angetrauten Ehemanns vereint er sich mit der keuschen Alkmene. Der tiefere Sinn solcher Verwandlung liegt darin, dass sich Gott dem Menschen, wo er ihm so nahe kommt, nicht in seiner wahren Gestalt zeigen kann, das hielte der Mensch nicht aus. Doch in der Logik der Erzählung ist die Camouflage zu zuallererst eine List des Gottes, um an die jungfräuliche oder treu verheiratete schöne Frau heranzukommen. Eine sachliche Voraussetzung für die Schwanen-Fabel war die griechische Freude an schönen Tieren und eine spezielle Vorliebe der Frauenwelt für geflügelte Freunde: Griechinnen hielten sich außer Schwänen (Abb. 8.1) auch Wachteln, Perlhühner, Gänse und Reiher als Spieltiere.

8.2 Schwan und Leda stürmen aufeinander zu und treffen sich im Kuss. Rechts der Gott des Schlafs, links, bestürzt, eine Gespielin Ledas. Griechisch-apulische Amphora, 330 v. Chr., Malibu.

Motiv: Hypnos greift ein

Die spätklassische Vase Abb. 8.2 zeigt die Begegnung auf eine Art, wie sie nur im Flächenbild dargestellt werden konnte. Der flügelschlagende Schwan und Leda eilen aufeinander zu, sie umhalst ihn, Schnabel und Mund treffen sich zum Kuss;[1] Leda sieht nur das schöne Tier, aber uns lässt das Bild mehr sehen: Rechts steht göttlich-lässig Hypnos, der Dämon des Schlafs; er wird Leda mit seiner Zaubergerte in Schlaf versenken, sodass sie in aller Unschuld die Liebe des Gottes empfängt.[2] Links eine Freundin Ledas; die beiden haben eben noch auf der Wiese Ball gespielt, nun flieht die Gespielin erschreckt vor dem Göttlichen, das nur sie als Ausgeschlossene in die Alltagswelt einbrechen sieht.[3]

Motiv: Leda rettet den Schwan

War es hier einfach Liebe auf den ersten Blick, wenn auch verschieden geartet, zwischen der tierlieben Leda und dem menschenverliebten Zeus-Schwan, so ist die Normalversion der Sage raffinierter. Da bietet Leda dem Schwan in ihrem Schoße Schutz, weil er von einem bösen Adler verfolgt wird (dessen Rolle der verwandelte Hermes spielen muss). Zeus nützt den ›typisch weiblichen‹ Schutzreflex gegenüber Schwachen schamlos aus.

Der Schwan, in dem sich der Gott verbirgt, um in Leda einzudringen, erscheint hier am Anfang der Geschichte, an deren Ende das Trojanische Pferd (eine Idee der Göttin Athena!) steht, in dem die Griechen sich verbergen, um in Troja einzudringen. Die Troja-Sage verwendet mehrfach das Motiv des Göttertrugs, der etwas ganz anders aussehen lässt, als es in Wirklichkeit ist. Dieses Prinzip zeigt uns immer wieder, dass hinter dem sichtbaren Geschehen heimtückische göttliche Pläne stehen.

8.3a *Leda nimmt den Schwan in Schutz. Der Vogel (stark beschädigt) ruhte auf dem rechten Oberschenkel auf, vom Arm gehalten. Kopf der Figur nach einer Kopie in Rom ergänzt. Den drohenden Adler muss sich der Betrachter hinzudenken. Marmor, Römische Kopie nach griechischem Original um 380/70 v. Chr., Höhe 1,39 m, Glyptothek. (Kat. 5)*

Marmorstatue des Timotheos

Das Motiv ist zu ersten Mal etwa 420/400 v. Chr. gestaltet worden und zwar in der Großplastik. Um 380/70 v. Chr. wurde eine andere leicht unterlebensgroße Marmorfigur geschaffen, die später so berühmt war, dass sich über 20 römische Kopien erhalten haben. Wo das Original der Leda aufgestellt war, wissen wir nicht; stilistisch lässt es sich mit guten Gründen dem Bildhauer Timotheos zuweisen. Die Münchner Glyptothek besitzt eine der Kopien (Abb. 8.3a), ein besser erhaltenes Exemplar in Rom steht in der Ausstellung als Gipsabguss (Abb. 8.3b). Leda hat sich halb an ein Felsengebilde gelehnt, sie birgt den Schwan mit ihrer Rechten in ihrem Schoß und zieht mit der Linken ihren Mantel als Schutz gegen den Adler hoch (den sich der Betrachter imaginieren muss), dieser Gefahr gilt auch ihre Blick. Ihr linkes aufgestütztes Bein bereitet dem Schwan eine bequeme Kuschelkuhle, ihr Fuß ruht merkwürdigerweise auf einer Fußbank, wie sie zum Beispiel zu einem Thron gehören kann. Für die Situation im Freien scheint das Möbelteil unpassend, gibt der Heroine jedoch Hoheit und lenkte womöglich zugleich – weil auch das hochfüßige griechische Bett mit einem solchen Schemel ausgestattet war – die Phantasie des Betrachters in Richtung Schlafzimmer.[4]

Durch die Bewegung, mit der Leda den Schwan schützen will, hat sie sich selbst schutzlos gemacht: Die Knüpfung ihres langen Untergewandes auf der rechten Schulter hat sich gelöst, das Gewand ist so weit herunter geglitten, dass man fast ihre Scham sieht. Diese Entblößung war nicht so selbstverständlich, wie der moderne Betrachter vielleicht glaubt auf Grund seines Vorurteils, dass die antike Kunst generell gern Nacktheit zeige. Im repräsentativen Frauenbild der Zeit wäre auch nur partielle Entblößung vollkommen verpönt gewesen. Doch die mythische Szene steht in einer anderen Sphäre. Hier ist die Nacktheit Ledas ein pathetischer Zug, der das Liebesschicksal der Heroine anzeigt. Da Leda nicht weiß, was ihr blüht, ist die Pathetik auch tragisch: Leda muss die Liebe des Gottes erleiden, obwohl sie etwas ganz anderes zu wollen meinte.

8.3b *Kopie nach demselben Original, Rom, Kapitolinisches Museum. Höhe 1.32 m, Gipsabguss, Museum für Abgüsse München.*

8.4 *Leda mit dem Schwan. Attische Terrakotta, um 300 v. Chr., H. 26 cm. (Kat. 6)*

Stolze Nacktheit

Ein Terrakotta-Typus (Abb. 8.4) vom Ende der Klassik vereinfacht und forciert das Motiv der Großplastik. Die Figur steht jetzt aufrecht und frontal, die Handlung wird dekonstruiert und damit zeichenhaft. Leda presst einen winzigen Schwan an ihre Lende, doch der hat es in sich, gierig halst er nach ihren Brüsten. Das Motiv der Entblößung ist auffällig gemacht. Kennte man die Sage und die Bildtradition nicht, könnte man meinen, die Frau öffne absichtlich ihr Gewand. Die Figuration heroisiert Leda durch ihre Entrückung aus dem Erzählzusammenhang. Sie hat kaum mehr etwas von der rührenden Unschuld der Statuen-Fassung. Ihre Nacktheit ist jetzt ihr Stolz, Leda ist sich der Götterliebe gewiss. Statuarisch bleibt diese Variante matt.

Bewegte Heroinen

Der Terrakottatypus Abb. 8.5 ist im Urbild wohl vor dem Original der Marmorstatue Abb. 8.3a–b geschaffen. Hier ist die Geschichte zu einer dramatisch bewegten Figuration verdichtet. Die Bewegung der Heroine steht zwischen Flucht und Standhalten. Leda hat das rechte Bein jäh auf einen Erdhügel hochgestellt, doch ihre Rechte mit dem Schwan liegt ruhig vor ihrem Schoß; der Vogel richtet sich auf und liebkost ihre Brust. Die Linke reißt wieder schützend den Mantel hoch. Von vorn erscheint Leda dreiviertels nackt (wenn nicht ein hautenges Untergewand einst farblich angedeutet war), die Scham bleibt verdeckt. Die Kleinkunst ist bei dem heiklen Phänomen der Entblößung ›fortschrittlicher‹ als die repräsentative Großplastik, aber immer noch dezent. Bei unserem Exemplar ist die Kopfhaltung frontal, bei andern gilt sie dem Schwan oder der Gefahr durch den Adler.

Unser Museum besitzt zwei Beispiele verwandter Figurentypen, die uns allerdings irritieren. Das Verhalten der Vogelträgerin Abb. 8.6 leuchtet sachlich nicht ein und ist gerade darum auffällig. Der Adler (will man das Hochreißen des Mantels im Sinn der Leda-Erzählung deuten) müsste nun von links kommen, und die Heroine stürmte regelrecht gegen ihn an – ohne den Schwan verbergen zu wollen, der federleicht auf ihrer Linken sitzt. Die Frontalität des Kopfs hebt die Figur wie beim vorigen Beispiel aus der Handlung heraus ins Überzeitliche. Da Frauen ja allgemein schönes Geflügel als Spieltiere hielten, und unser Vogel als Schwan viel zu klein erscheint,[5] könnte man fragen, ob überhaupt Leda gemeint ist. Aber pathetische Bewegung, Entblößung und dazu ein Wasservogel: diese Kombination kalkuliert zumindest den Reiz der Anspielung auf die Leda-Geschichte mit ein.

Bewegte Heroinen. Attische Terrakotten, 400–350 v. Chr.
8.5 Leda rettet den Schwan. (Kat. 7)
8.6 Leda, den Schwan rettend? (Kat. 8)
8.7 Verfolgte Heroine in der Haltung der ›Leda‹ links, Höhe 20 cm.

Leda und der Schwan.
Kopulation im Stehen, ›Kuss-Version‹
8.8 Der Schwan hat sich,
angeschoben von Amor, schon
zwischen Ledas Schenkel gedrängt.
Darunter prophetisch das Ei, aus
dem Helena schlüpfen wird. In der
Mitte ein Altar: Was hier geschieht,
ist heilig. Tonlampe, 1. Jh. n. Chr.
(Kat. 9)

8.9 Gemme, Karneol, um 100 n.
Chr., Staatliche Münzsammlung.

So vorsichtig muss man allerdings formulieren, denn die heroisch bewegte Frau in genau gleicher Typik kann auch ohne Schwan vorkommen! Bei unserem besonders erlaborierten Exemplar Abb. 8.7 ist auch das lange Untergewand plastisch ausgeführt, dessen Knüpfung sich (wie bei der Marmorstatue Abb. 8.3a–b) auf der einen Schulter geöffnet hat. Das Mädchen wendet den Kopf zurück, als ob sie einen Verfolger sähe. Es gibt keinen Anhaltspunkt, um die Figur zu benennen. Aber sie kann kein Alltags-Mädchen meinen, das Haschen mit Freundinnen spielt. Sie ist wie Leda eine Auserwählte, sie zeigt sich wie von einem Heros oder Gott überrascht und begehrt. Wir wissen nicht recht Bescheid über die Funktion von Terrakotten; jedenfalls konnten sie auch in Heiligtümer geweiht werden. Wer hätte wohl ein solches Votiv stiften können? Man stellt sich am ehesten ein Mädchen vor, das sich, zum Beispiel als Braut, irgendwie mit diesem Thema in Einverständnis wusste.[6] Ob das Leda-Motiv zum Verständnis noch irgendetwas beitrug, hing vom Wissen und Wünschen des Verwenders ab.

Motiv: Kopulation im Stehen

Jahrhunderte später, wohl in den letzten Jahrzehnten v. Chr., wird die Geschichte von Leda und dem Schwan in eine neue Bildidee gefasst. Vergessen ist die wunderbare Vermählung von Unschuld, Pathos und Sexus der klassischen Bilder. Was jetzt dargestellt wird, ist: die Kopulation von Schwan und Frau. Mythisch ist daran immer noch, dass das Unmögliche als möglich vorgestellt wird; dass es ›realistisch‹ gezeigt wird, ist voyeuristisch bis pornographisch. Das Kopulations-Motiv ist bezeichnenderweise kein Konzept der Großplastik, sondern der kleinerformatigen Flächenkunst. Fast alle Beispiele sind Reliefs: von der winzigen Gemme (Abb. 8.8) bis zum drittelslebensgroßen Marmorrelief (Abb. 8.10); nicht zufällig kommt das anzügliche Motiv auch auf Öllämpchen vor (Abb. 8.9).

Kuss-Version und Duck-Version

Die Bildidee ist in zwei Varianten gestaltet, ich nenne sie ›Kuss-Version‹ und ›Duck-Version‹. Der Schwan ist jetzt körperlich ebenbürtig, ja in Relation zuweilen überschwanengroß. Leda steht in beiden Versionen mit eingeknickten Beinen da, sodass sich der Schwan mit seinen Schwimmhautfüßen auf ihren Oberschenkeln niederlassen und festhalten kann, er presst sich mit seinem Leib an sie und ›umarmt‹ meist mit einem Flügel die Geliebte.

Bei der ›Kuss-Version‹ begegnen sich Heroine und Vogel Aug in Aug, und Mund trifft Schnabel, ein altes Motiv, das wir schon kennen (vgl. Abb. 8.2). Im Bild

*Leda und der Schwan. Kopulation
im Stehen, ›Duck-Version‹.
8.10 Fragment eines Marmorreliefs
mit Darstellung wie rechts, um Chr.
Geb.? Aus der Sammmlung Franz
Lenbach, Städtische Galerie im
Lenbachhaus.*

8.11 Marmorrelief, Athen

auf dem Lämpchen Abb. 8.8 greift Leda mit der Rechten in die Biegung des Schwa-
nenhalses: Um den Schwan vom Kuss abzuhalten oder ihn zum umhalsen, bleibt
offen. Der linke Arm geht nach unten und verschwindet in einem Gewandbausch
vor dem Schoß. Was tut sie dort die linke Hand? Die Gemme 8.9 zeigt eine Variante der Kuss-Version: Beide Arme gehen nach unten ins Ungewisse. Das ist so
generell der Fall bei der Duck-Version wie Abb. 8.10–11.[7] Hier ist der Schwan
beherrschend, sein gebogener Hals krönt die Gruppe, er beschnäbelt die Geliebte
im Nacken, duckt sie und sie beugt sich willig; der ›Biss‹ in den Nacken bei der
Begattung ist dem Tierreich abgeschaut.

Leda erscheint von der Seite gesehen ganz nackt, doch ist immer noch ein von
den Schultern geglittenes Gewand im Spiel: Vor ihrem Schoß sieht man oft einen
Stoffknäuel davon (Abb. 8.8–9), eine Bahn hängt zwischen den Oberschenkeln
herunter (Abb. 8.9; 8.11), und wird von den zusammengepressten Knien wieder
nach vorn genommen. Dieser hängende Stoffteil nun kann, wie bei der Lampe
Abb. 8.8 durch etwas ersetzt werden, was nichts anderes ist als die Schwanzgefie-
der des Schwans.[8] Der Schwan hat sich also bereits zwischen die Schenkel
gedrängt – obwohl Leda noch die Knie zusammenpresst! Dass in diesem Punkt
zwei Ausführungen miteinander konkurrierten, zeigt besonders peinlich die
widersprüchliche Kombination bei dem Relief Abb. 8.10: Hier hat der Schwan seinen Bürzel einwärts gekrümmt zwischen die Schenkel Ledas – zum Vorschein
kommt aber der bewährte Hängebausch des Gewands.[9]

Was tut Leda?

Und nun zur Sache. Was tut Leda mit der einen Hand oder mit beiden Händen da
unten zwischen Schwan und Scham? Geht man von der klassischen Unschulds-
szene aus und über sie hinaus, kann man das Lampenbild Abb. 8.8 etwa so verstehen: Der Heroine schwant, was der Schwänerich will und wehrt sich keusch
gegen den Ehebrecher. Mit der Rechten hält sie den Schnabel vom Kuss ab, mit der
Linken schützt sie ihre Scham, indem sie die Hand, womöglich mit dem Gewandbausch davor hält. Man könnte sogar eine gewisse Ähnlichkeit mit der berühmten
Statue der so genannten ›Venus pudica‹ so auswerten (Abb. 8.12); ihr Original ist
viel früher entstanden als unsere Leda-Figuration, und zu deren Zeit war die Venus
bereits in vielen Kopien verbreitet. Diese ›schamhafte Venus‹ ist ganz ähnlich ein-
geknickt und vorgebeugt und sucht Scham und Brüste mit den Händen zu verde-
cken: Die ganze Körperhaltung ist ein einziger Gestus der Schamhaftigkeit.

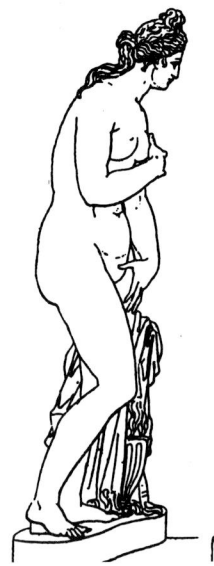

8.12 *Statue der ›schamhaften Venus‹:
Die Hand geht nach unten, um die
Scham vor Blicken zu schützen.
Marmorkopie der römischer Kaiserzeit
nach griechischem Original um 300 v.
Chr., Rom, Kapitolinisches Museum.
Stich des 19. Jahrhunderts.*

8.13 *Kopulation im Liegen: Die
Hand geht nach unten, um den Mann
zu bedienen. Wandmalerei aus
Pompeji, Casa del Centenario,
1. Jh. n. Chr., Neapel*

Anders als bei den Aphroditebildern der Klassik zeigt sich die Göttin bewusst,
dass sie fremden, sexualisierten Blicken ausgesetzt sein könnte, vor denen sie sich
schützen muss.

Unsere Leda sollte sich vor mehr schützen als nur vor Blicken, aber tut sie das
auch immer? Die verschiedenen Ausprägungen des Bildtypus spielen mit mehreren Lösungen; einige Darstellungen, bezeichnenderweise relativ spät und als
Schmuck von Sarkophagen, zeigen eindeutig Ledas keusches Bemühen[10], bei der
Mehrzahl aber bleibt die Frage offen, das heißt, die Beantwortung richtet sich
nach den Wünschen des Betrachters. Zumindest dort aber, wo Leda mit beiden
Armen nach unten langt, wie bei der Kuss-Variante Abb. 8.8, oder generell bei der
Duckversion (Abb. 8.10–11), wo sich Leda dazu noch willig nach unten beugt,
bleibt eigentlich nur eine Erklärung: Leda hilft dem Schwan ins Ziel, und sie tut
dies mit einem geübten Griff, der Ehefrauen gewiss geläufig war, den man aber in
der Bildkunst der Zeit nur Prostituierte gebrauchen sieht, und zwar dann wenn der
Mann unten liegt und sich bedienen lässt (Abb. 8.12). Und tatsächlich könnte es
der Zeus-Schwan für sich allein gar nicht: Ihm fehlen zum Beispiel die Arme zum
Umarmen. Das peinliche ›realistische‹ Konzept der Bildidee hat das bedacht, und
wusste schon, was zu tun war.

Warum wird eine so wichtige Sache im Stehen abgemacht? Offenbar hielt sich
der Entwerfer des Schemas an berühmtere Lösungen, wie die Leda des Timotheos
(Abb. 8.3), wo der Schwan zur Frau flieht, und von ihr vor dem Adler in Schutz
genommen wird. Dieses Motiv konnte immerhin vom kundigen Betrachter als
Vorphase zu dieser Kopulationshaltung hinzuerinnert werden. – Die Vereinigung
im Stehen war gängige Praxis, aber dann wurde (bei der Position Gesicht zu
Gesicht) natürlich die passive Frau hochgehoben und der aktive Mann stand. Bei
unserem Schema ist der Zeusschwan also in ›weiblicher‹ Position, doch das
scheue oder liebedienerische Verhalten Ledas und die Dominanz des Schwans in
der Duck-Version machen das Manko wett. Und Zeus hatte sich ja als verfolgter
Schwan absichtlich schwach gemacht, um zu Leda zu gelangen. So steckt noch in
dieser Verdrehung des sexuellen Rollenspiels etwas vom alten Mythos.

Die sexualisierte Darstellung der Götterliebe ist für die Antike keineswegs
üblich – wie auch hier wieder der moderne Betrachter mit seinem Aberglauben
von der Frivolität der Antike denken mag. Die bekannten Szenen wie Abb. 8.13
zeigen nicht ›freie Liebe‹ oder freizügig ›Eheleben‹, sondern den Umgang von Bürgern mit Prostituierten.[11] Dass die olympischen Götter Menschen liebend verfolgen, wurde in der Klassik gerne dargestellt, aber nie zeigte sich der Gott sexuell

erregt und schon gar nicht das menschliche Gegenüber sexuell entgegenkommend.[12] Unser später Bildtypus geht in der hohen Welt der Götterliebe an die Grenze der Dezenz; möglich ist dies nur, weil die Schwanengestalt dem Zeus ein Alibi gibt.

Zeus und Nemesis

Schon in der *Ilias* (8. Jh. v. Chr.) ist Leda Helenas Mutter. Aber ihre Geschichte mit dem Schwan ist für uns erst im Helena-Drama des Euripides (412 v. Chr.) fassbar. Auch die Darstellungen setzen nicht früher ein. Es gab, wie schon gesagt, noch die andere Version, nach der Nemesis Helenas Mutter ist, und Leda das Kind nur großzieht. So stand es bereits in den Kyprien, dem verlorenen Epos, dessen Motive oft älter sind als die *Ilias*.

Nemesis ist keine Menschenfrau, sondern eine Göttin. Doch ist sie keine der großen Olympier. Das sieht man schon daran, dass ›Nemesis‹ keine undurchsichtiger Name ist wie ›Athena‹, sondern ein übersetzbarer Begriff, der Zorn über Untat und die Scheu, Untat zu begehen, bezeichnet. Die Griechen konnten sich Wesenheiten, die solche ›Abstrakta‹ verkörpern, genauso wirklich und personal vorstellen wie die großen Götter, in deren Auftrag solche ›Personifikationen‹ zumeist handeln. Die Göttin ›Nemesis‹ ist Göttin der gerechten, rächenden Vergeltung. Sie kümmert sich nicht um Kleinkriminalität. Sie ahndet das, was die Griechen ›Hybris‹ nannten: frevelhaften Übermut, der göttliche und menschliche Sitte herausfordert und verletzt. Hybris ist die Sünde der Großen und Starken, Versuchung gerade für die, die den Göttern nahe kommen. Nemesis, die solche Sünde bestraft, stellt die gestörte Weltordnung wieder her.

Zeus begehrt Nemesis, um mit ihr Helena zu zeugen. Doch Nemesis flieht – ist sie ist doch selbst die Verkörperung von Scham und Scheu. Sie flieht über Land und Meer, verwandelt sich milieugemäß in verschiedene Tiere, um zu entkommen, und Zeus verwandelt sich entsprechend, um sie einzuholen. Und als Nemesis sich in eine Gans verwandelt, nimmt Zeus Schwanengestalt an, erreicht, bezwingt und begattet sie. In der Natur kommen Schwan und Gans nicht zueinander, aber im Mythos muss Zeus natürlich eine Nummer größer sein als Frau Gans. Auf jeden Fall ist es hier von beiden Eltern her begründet, wenn die Frucht dieser Begegnung ein Ei ist.[13]

In der Nemesis-Version bleibt sonst alles wie bekannt: Das Ei gelangt irgendwie zu Leda, und Helena wird von ihr und ihrem Mann, König Tyndareos von Sparta, als eigene Tochter aufgezogen. Das heißt, dass die Mutterschaft der Nemesis vor allem eine Aussage ist: Helena, das Werkzeug, um den trojanischen Krieg auszulösen, ist nicht das Produkt zeuslicher Willkür, sondern göttlicher Gerechtigkeit. Bürgerliche Moralvorstellung wird allerdings verletzt: Zeus vergewaltigt, möchten wir einwenden, Nemesis. Das ist zum einen falsch: *Gegen* das stillschweigende Einverständnis des Schicksals wäre auch ein Zeus nicht angekommen. Und zum andern ist es so richtig: Alles ist letzten Endes Zeus, Nemesis führt nur seinen Willen aus; und wie erwiese sich Zeusens gerechte Herrschaft klarer, als durch den Zwang, den er selbst gegen Nemesis, der Rächerin des verletzten Rechts, ausüben darf?

Leda- und Nemesis-Version waren in der klassischen Bildkunst zeitweise nebeneinander im Schwang – eine ganz seltener Fall. Immerhin sparen sich die Situationen genseitig aus: Wo sich gepaart wird, sind es immer Zeus und Leda. Wo das Ei daliegt, oder Helena daraus entschlüpft, ist es immer das Ei der Nemesis, das von Leda aufgefunden wird. Athen war an der Nemesis-Version besonders interessiert, denn zu Athen gehörte eines der wenigen Heiligtümer dieser Göttin. Im attischen Küstenort Rhamnus besaß die Göttin wohl schon einen älteren Kult[14] und spätestens seit 430 v. Chr. einen großen Tempel. Auf der Basis des Kultbildes war in Relief dargestellt, wie Nemesis Helena der Leda zuführt. Nach der attischen Sage war dort an der Küste die Vereinigung von Nemesis und Zeus geschehen.

Leda und das Ei der Nemesis

Die attischen Vasen zeigen seit 450 v. Chr. Bilder, die die Nemesis-Version zur Voraussetzung haben. Auf dem Weinmischkessel Abb. 8.14 betrachten Leda, ihr Gatte Tyndareos und die erwachsenen Dioskuren ein Ei auf dem Altar des Zeus. Es liegt dort von Zweigen umfasst (kein Nest, sondern Zeichen der Heiligung wie die Zweigumkränzung des Altars und der Mannshäupter). Leda hebt erstaunt die Arme (von der Gebetshaltung kaum unterschieden), sie findet das Ei unerwartet, ein Wunder am heiligen Ort. Es ist also nicht ihres, sondern das Ei der Nemesis. Den Verursacher, Zeus, sieht man als Statue auf einer Säule.

Im Bild der italisch-griechischen Vase Abb. 8.15 sehen wir Helenas strahlende Geburt. Leda mit Gruß/Gebetsgestus und Tyndareos in bedenkender Haltung stehen zu Seiten des Altars. Dort hat Klein-Helena das Ei gesprengt und sie ist – ein Wunder – kein Krabbelkind, sondern steht aufrecht und begrüßt jubelnd mit weiten Armen Zieheltern und Welt. Sieht man von der Größer ab, ist sie eine vollkommene Frau, mit entwickelten Brüsten, und langem, bereits in einer Frisur geordnetem Haar.

Der Sinn des Eis

Leda- wie Nemesis-Version münden im Ei, aus dem Helena schlüpfen wird. Mythen-theologisch scheint das Ei primär, die Erzählungen mit Schwan und Gans wären dann daraufhin konstruiert. Was ›bedeutet‹ die Ei-Geburt? Sie ist, wie schon angedeutet, ein Wunderzeichen und Ausdruck von Helenas Heiligkeit. Helena, göttliches Mittel, um den blutigen Streit der Männer zu erzeugen, wird selbst ganz unblutig geboren. In dieser Reinheit und unheilvollen Funktion erinnert sie uns an eine andere fatal schöne Frau, die gleichfalls unblutig ins Licht der Welt getreten ist: an Pandora, künstliches Geschöpf der Götter, das, selbst ganz unschuldig, den Menschen die von den Göttern verordneten Übel gebracht hat.

Von Helena – sieht man von dem, was sie verursacht hat, einmal ab – blieb kaum etwas zurück auf Erden, nicht einmal ein Grab; denn Zeus entrückt sie am Ende lebend auf die Inseln der Seligen. Doch eine Reliquie gab es: Zu Zeiten des Reiseschriftstellers Pausanias, der um 180 n. Chr. sein Buch »Führer durch Griechenland« publizierte, zeigte man in einem kleinen Tempel in Sparta den Touristen das Ei der Leda; mit Bändern umschlungen, hing es herab von der Decke des Tempels. Nur Spielverderber werden sagen: Es war ein Straußenei. *B.K.*

8.14 Leda erstaunt vor dem Ei der Nemesis auf dem Altar des Zeus. Links ihr Gatte Tyndareos, rechts ihre Söhne, die Dioskuren. Auf dem Pfeiler Zeus-Statue. Attischer Weinmischkessel, um 430 v. Chr., Bonn, Akademisches Kunstmuseum.

8.15 Helena entspringt dem Ei auf dem Altar und begrüßt ihre neuen Eltern. Griechisch-campanischer Weinmischkessel, um 340 v. Chr., Neapel

9. Helena heiratet

Von Zeus in Schwanengestalt gezeugt, aus einem Ei geboren, von vollkommener Schönheit: Helena war ein »Wunder zu Schauen für die sterblichen Menschen«. Schon die Zwölf-, Zehn-, oder gar Siebenjährige war so berühmt wegen ihrer Schönheit, dass der Held Theseus sie aus Sparta entführte in der Absicht, sie später zu seiner Gattin zu machen.

Theseus raubt Helena

Theseus, Prinz, dann König von Athen war ein Frauenheld, der auch vor Gewalt nicht zurückschreckte. In der Kunst dargestellt werden der Raub der Amazone Antiope und die Entführung Helenas. Theseus' Frauengeschichten gehen meist nicht glücklich aus: Ariadne muss er dem Gott Dionysos überlassen; die Amazone Antiope endet gewaltsam; die nächste Frau, Phädra, verliebt sich unglücklich in den Sohn des Theseus von Antiope und entleibt sich schließlich selbst. Bei Helena kommt Theseus nach der geläufigeren Sagenversion gar nicht zum Ziel, auf jeden Fall verliert er sie bald wieder.

Zunächst scheint das Abenteuer zu gelingen. Theseus und Freund Peirithoos haben sich verschworen, einander bei der Gewinnung der Wunschfrau zu helfen. Sie reisen nach Sparta und entführen Helena, als sie mit anderen Mädchen im Heiligtum der Artemis tanzt. Theseus gibt Helena seiner Mutter Aithra in Aphidna (einer Ortschaft bei Athen) in Obhut. Nun will auch Peirithoos eine Zeustochter zur Frau. Die Beiden steigen in die Unterwelt, um Kore/Persephone, Gemahlin des Hades, zu rauben.[1] Das Unternehmen geht natürlich schief, mit knapper Not und nur mit der Hilfe des Herakles entkommt Theseus schließlich. Inzwischen aber haben die Dioskuren ihre Schwester Helena befreit. Sie plündern Attika und nehmen auch die Mutter des Theseus, Aithra, mit, die fortan Helena als Sklavin dienen muss. Auch beim nächsten Raub der Helena, nämlich durch Paris, muss sie mit. So treffen wir Aithra in der *Ilias* in Troja wieder (*Ilias* 3,144). Erst nach der Eroberung Trojas wird Helena Aithra freigeben; die Söhne des Theseus, Akamas und Demophon, die am Krieg teilnahmen, werden ihre Großmutter respektvoll nach Athen heimführen (Abb. 45.13).

Die Folgen dieser ersten Helena-Entführung sind nicht groß: Aber die Motive von Entführung, Krieg und Rückgewinnung werden schon eingespielt, es wetterleuchtet um Helenas schicksalshafte Schönheit.[2]

Unsere Amphore vom Maler Euthymides zeigt die Tat des Theseus (Abb. 9.1). Zwei Männer, der eine raubt eine Frau, der andere sichert den Abgang: Das kann nur das sagenberühmte Freundespaar sein, und da die Geraubte keine Amazone ist, ist sie Helena. Der Maler hat den beiden Helden dazu noch ihren Namen beigeschrieben.

Auch das Bild auf der Gegenseite gehört zur Szene. Ganz links steht, wie bei Entführungsszenen üblich, der alte Vater der Entführten, also Tyndareos, König von Sparta; seine Rechte hat er zu einer Geste erhoben, die je nach Situation Erstaunen, Gruß oder Gebet ausdrücken kann. Die beiden Frauen wollen der Entführten zu Hilfe kommen, die Vorderste sagt, wie der Maler hinzugeschrieben hat: »Ich hab's gesehen, los, wir rennen!« Die beiden Freunde sind in heldisch-männlicher Nacktheit dargestellt, im Kontrast zu den Frauen, die fein bekleidet ebenso schön sind. Theseus hat Helena vom Boden gehoben – mit einen im Ringsport bewährten Klammergriff – um sie, so muss man sich vorstellen, zu einem wartenden Gespann zu tragen. Helena hat mit der Rechten den Arm des Entführers am Handgelenk gefasst: Will sie seinen Griff lösen oder hält sie sich fest? Die mutige Verfolgerin packt die Entführte an diesem Arm, um sie zu retten, doch die reagiert nicht.[3] Selbstvergessen lässt sie die zarten Finger im köstlichen Haarschopf des Entführers spielen. Und nur ihm gilt ihr Blick. Dass Helena kein Kind mehr ist, und der frauenerfahrene Theseus noch so jung im ersten Wangenflaum, das gehört sich: Paare sind im Bild immer schön und vollkommen. Auch dass – außer dem Vater – nur Frauen da sind, und sie es sind, die der Entführten zu Hilfe eilen, passt: Mädchen vergnügen sich unter sich. Und solche Gelegenheiten, wo Brüder und wehrfähige Männer nicht da sind, nutzen die Frauenräuber!

Nur das entzückte Einverständnis der Geraubten mit dem Räuber ist ungewöhnlich.[4] Hier kommt offenbar eine besondere, dem Theseus freundliche Sagenversion zum Zug: Danach wurden die beiden wenigstens vorübergehend ein glückliches Paar. Sie heiraten regulär und bekommen die Tochter Iphigenie (die

9.1
Theseus und Peirithoos entführen die junge Helena. Nebenseite (links): Vater Tyndareos grüßt Theseus, zwei Gespielinnen Helenas rennen los, um einzugreifen.
Hauptseite (rechts): Theseus hebt Helena mit einem Ringergriff hoch (um sie zu seinem Wagen zu tragen), eine Freundin will Helena retten, doch die spielt verliebt mit dem Haarschopf ihres Entführers. Freund Peirithoos sichert den Rückzug. Amphora, von Euthymides bemalt, gegen 500 v. Chr. (Kat. Nr. 11)

9.1 Detail aus Hauptseite

sonst in der Sage eine Tochter von Agamemnon und Klytämnestra ist).[5] Von dieser Version aus lässt sich auch die Reaktion von Helenas Vater in unserem Bild verstehen: Seine Geste ist freundlich, denn er sagt, so die Inschrift daneben: »Sei schön gegrüßt Theseus!«. Diese Sagenversion, von der wir gern wüssten, wie sie die Kurve zur Helena des Trojanischen Krieges gefunden hat, hat sich nicht durchgesetzt. Wenn der Literat Hellanikos von Lesbos (5. Jh. v. Chr.) Helena bei der Entführung 7 Jahre alt sein lässt (und Theseus 50), so will er gegen jene Version sicherstellen, dass die beiden keineswegs ein schöne Paar sein konnten, und Helena jungfräulich in den Schoß der Familie zurückkam.

Zurück zu unserm Bild. Geht man vom Betrachten zum Lesen über, sind drei der beigeschriebenen Namen merkwürdig. Wahrscheins hat der Inschriftenmaler, der ganz am Schluss die Namen auftrug, nachdem auch der zwischen die Figuren gepinselte Schwarzgrund getrocknet war, zwei Namen vertauscht; denn bei Helena ist ›Korone‹ beigeschrieben, und ›Helene‹ bei der verfolgenden Gefährtin.[6] Die letzte Frau links heißt ›Antiopeia‹, fast also wie ›Antiope‹, die Amazonen-Gattin des Theseus. Daran muss der Maler gedacht haben, als er einen Namen für diese Figur erfinden musste (die wie die andern gekleidet ist, nicht wie eine Amazone). Sollte hier aber ein besonderer Witz verborgen sein,[7] war er ein nachträglicher Einfall des Beschrifters: Für Leser und Insider lustig, jeoch für das Bildkonzept, den Betrachter und den internationalen Markt, auf den unser Stück gelangte, irrelevant. Kurz: Unser Bild ist das schönste und sinnigste, das die Entführung der Helena durch Theseus und Peirithoos darstellt!

9.1
Theseus und Peirithoos entführen die junge Helena. Hauptseite.

Griechenlands Helden freien um Helena

Helena kommt nach Sparta zurück, wird mannbar und muss endlich verheiratet werden! Fast alle griechischen Fürsten bewerben sich, soweit sie noch nicht standesgemäß verheiratet sind. Achill allerdings war damals zu jung. Die Freier treffen in Sparta ein, unter ihnen Odysseus. Der Kluge bewirbt sich nur zum Schein; er kann sich denken, wer Helena gewinnen wird: wer Reichtum und Macht hinter sich hat. Wirklich interessiert ist er an Penelope, eine entfernte Verwandte Helenas und so klug wie Odysseus. Helenas Freier sind die streitbarsten jungen Helden der Zeit, jeder gebietet über eigene Kriegsmacht. Der Brautvater Tyndareos befürchtet, dass es zu Drohung und Kampf kommt. Odysseus gibt guten Rat (Tyndareos hilft ihm dafür bei der Werbung um Penelope). Nach Odysseus' Vorschlag schwören die Freier vor der Entscheidung, dass sie den Eidam akzeptieren werden und ihm militärisch Gefolgschaft leisten, falls ein anderer diese Ehe verletzt: Die zweite Klausel erzwingt die Einhaltung der ersten. So scheint der Friede gesichert (doch genau dieser Eid wird die griechischen Fürsten gemeinsam in den großen Krieg gegen Troja führen).

Tyndareos entscheidet sich nun für Menelaos, weil er die reichsten Brautgaben brachte. Oder weil Menelaos' älterer Bruder Agamemnon, der mächtigste der Könige und bereits verheiratet mit Helenas Halbschwester Klytämnestra, sich bei seinem Schwiegervater für den Bruder eingesetzt hat. Beide Gründe klingen realistisch. Ganz phantastisch für griechische Verhältnisse ist dagegen, was sich der Tragödiendichter Euripides ausgedacht hat: Nach ihm durfte Helena selbst entscheiden, wen sie heiratet. Immerhin, mag sich das Publikum entschuldigend gedacht haben, ist das eigentlich auch einer Zeustochter würdig.

Menelaos bleibt mit seiner Gemahlin in Sparta. Mit der Prinzessin hat er auch Herrschaft und Königreich gewonnen. Das zeigt gleich, wer von beiden in der Sage vom Trojanischen Krieg die Hauptfigur ist: Helena, nicht Menelaos. – Helena gebiert Menelaos ein Töchterchen, Hermione; sie lässt das Baby zurück, als sie Paris folgt. Nach dem Tod des Paris, wird Helena mit dessen Bruder Deiphobos vermählt. Nach dem Krieg lebt sie wieder mit Menelaos in Sparta. Aber Kinder hat Helena nicht mehr bekommen.

Agamemnon und Menelaos sind Söhne des Atreus und die letzten Großen eines gewalttätigen Geschlechts. Tantalos, der Stammvater, war Speisegenosse der Götter, wurde ihnen als Frevler verhasst und büßt auf ewig in der Unterwelt (Abb. 9.2). Verwandtenmord, Inzest, Eidbruch und Betrug wurden Alltag in diesem fluchbeladenen Haus. Die *Ilias* lässt die dunkle Vergangenheit vornehm beiseite. Der Kenner der Sagen aber, der das Geschehen vom Unheilsplan des Zeus aus betrachtete, konnte sich denken: Das sind die rechten Leute, um die Heroen ins Unheil zu führen (auch wenn Menelaos als Gatte Helenas und Schwiegersohn des Zeus dem Unheil entkommt).

Agamemnons Gattin Klytämnestra wird sich wie ihre Schwester Helena mit einem anderen Mann einlassen. Und sie wird einen kleinen, aber eigenhändigen Beitrag zur Ausrottung des Heldengeschlechts leisten (Kap. 52). Als Gattenmörderin, erschlagen vom eigenen Sohn, spielt sie die verfluchteste Rolle in der langen Geschichte vom Ende der Heroen, so wie die Zeustochter Helena, die eine ganze Generation ins Unglück führt, die heiligste.

Nach dem Krieg und nach vielen weiteren Wirren werden die Tochter von Menelaos und Helena, Hermione, und Orest, der Sohn von Agamemnon und Klytämnestra, ein glückliches Paar (Kap. 55). Der Fluch des Atridenhauses ist erloschen. Das Zeitalter der Heroen ist zu Ende. Die Nachkommen Orests und Hermiones verlieren sich bald aus der Sage. *B.K.*

9.2 Tantalos, als lydischer König in orientalischer Tracht, büßt für seine Frevel im Hades. Von einem überhängenden Felsen bedroht, muss er in Ewigkeit um sein Leben fürchten. Tantalos ist der Urahn von Menelaos und Agamemnon. Helena heiratet in ein fluchbeladenes Haus! Griechisch-apulische Grabvase. Hauptwerk des Unterwelts-Malers, um 330 v. Chr.

10. Ein Mensch erringt eine Göttin: Peleus und Thetis, die Eltern Achills

Das Unheil des Trojanischen Krieges wird von langer Hand und von verschiedenen Orten aus vorbereitet. Für die wichtigste Kriegsursache, Helena, hatte Zeus mit Vergnügen gesorgt. Jetzt bleibt noch der zweite Vorschlag des Momos zu erfüllen (Kap. 7): Die Göttin Thetis mit einem Sterblichen zu verheiraten. Von hier aus gehen zwei Linien zum Krieg: Beim Hochzeitsfest lässt Zeus den Schönheitsstreit der Göttinnen ausbrechen, der schließlich Troja und die Griechen ins Verhängnis ziehen wird. Die Frucht der ungleichen Ehe aber wird Achill sein, der stärkste der Helden vor Troja. Er wird Unzähligen auf beiden Seiten den Tod bringen; denn im falschen Vertrauen auf Achills Stärke führen die Griechen den Krieg zehn Jahre lang vergeblich im offenen Kampf.

Warum muss Thetis einen Menschen heiraten?

Manchmal nehmen sich Göttinnen (von den Göttern mit Unmut beobachtet) die köstliche Freiheit, Menschenmänner zu lieben: Aphrodite verführte Anchises, Eos entführte Tithonos (Kap. 6). Etwas ganz anderes ist es, wenn die Meergöttin Thetis von den Göttern gezwungen wird, dem Sterblichen Peleus in eine irdische Ehe zu folgen. Diese göttlich verordnete Verkehrung der Ordnung lässt böses Spiel ahnen. Ähnlich verkehrt und Unheil bringend ist die nächste Situation, die aus dieser entspringt: Wenn ein Sterblicher über Göttinnen richten muss. Doch dem jeweiligen menschlichen Part, Peleus und Paris, erscheint das Geschehen als Glück: So raffiniert sind die Unheilspläne des Zeus!

Thetis ist keine Olympierin. Sie stammt aus der Tiefe des Meers, ist Tochter des göttlichen Meergreises Nereus und seiner Gemahlin Doris und hat noch 49 Schwestern – Wassernixen wie in unseren Märchen. Thetis führt sie an, sie ist die schönste und die einzige, die heiraten muss. Zeus selbst (nach einer Version auch sein Bruder Poseidon) begehrt Thetis. Doch Themis, die Göttin der rechten Ordnung (nach anderer Version Prometheus, der weise Titan, der für seine Menschenfreundlichkeit von Zeus an den Kaukasus geschmiedet worden war) enthüllt Zeus ein Schicksalsgeheimnis: Der Sohn der Thetis wird stärker werden, als sein Vater es ist.

Die Olympier wissen, was das bedeutet. Sie waren selbst an die Macht gekommen, indem sie ihre Väter, die Titanengötter, gestürzt hatten: unter der Führung des Zeus, der stärker war als sein Vater Kronos. Und schon Kronos hatte seinen Vater Uranos gewaltsam entthront. Ein Zeussohn, stärker als Zeus, würde den Olympiern das gleiche Schicksal bereiten. Doch es gibt einen Weg, die Kette der Göttergenerationen abzubrechen und die Ordnung der Welt zu erhalten. Zeus beschließt nach dem Rat der Themis: Thetis ist an einen Sterblichen zu verheiraten. Da mag der Sohn stärker werden als der Vater, aber er wird schwächer sein als jeder Gott, und er wird sterblich sein.

Diese Begründung für die Zwangsverheiratung ist erst um 470 v. Chr. beim Dichter Pindar belegt, wird aber älter sein. Es ist ein Konzept mit Sinn und Biss: Zeus erkauft die Ewigkeit seiner Herrschaft durch Liebesverzicht, und zwar, über die aktuelle Situation hinausgehend, durch einen prinzipiellen. Und in der letzten Vereinigung, die Zeus sich gestattet, zeugt er keinen Sohn, sondern Helena, seine einzige Menschentochter, sein letztes Kind; sie wird den Krieg auslösen.[1] Die erzwungene Heirat von Peleus und Thetis ist die letzte Liebe zwischen einem Menschen und einer Gottheit. Götter und Menschen vereinigen sich künftig nicht mehr. Die Götter zahlen für ihren ewigen Frieden diesen Preis. Das Unheil, das ihnen drohte, leiten sie um auf die Menschenwelt. Das Schicksal bekommt andere Beute: Nicht die Olympier müssen kämpfen und werden entthront, sondern die Menschen bekriegen einander und der Herrschaft der Heroen wird ein Ende gesetzt.

Der mythenpoetische Kern der Geschichte war allerdings nur die erzwungene Heirat von Göttin und Mensch; sie konnte auch anders erklärt werden. Für *Ilias* und Kyprien galt folgende Version: Auch hier stellt Zeus der Thetis nach, aber sie verweigert sich ihm (aus Dankbarkeit gegen Hera, von der sie aufgezogen worden war). Der gekränkte Zeus gönnt Thetis nun auch keinem anderen Gott und zwingt sie, einen Menschen zu heiraten. (Hera mildert, indem sie Thetis den braven Peleus verschafft). Diese Version ist nicht so fatal wie die von der Unheilsabwälzung.[2] Doch nie wird Thetis vergessen: »Ach, hat eine der Göttinnen des Olymps je im Herzen so viele unselige Qualen erduldet, wie sie mir Zeus zu leiden gegeben? Mich von den Meermädchen als einzige zu dem Sterblichen zu zwingen, zu Peleus, des Aiakos' Sohn! Ich ertrug das Ehebett des Mannes, obwohl ich sehr widerstrebte. Nun liegt er vom traurigen Alter zermürbt in seinem Palast« (*Ilias* 18, 430 ff.). Als Thetis dies sagt, wohnt sie wieder mit ihren Schwestern beim Vater im Meer. Die ewig junge Göttin hat den alternden sterblichen Gatten verlassen, aber sie tut alles für den gemeinsamen, ach so sterblichen Sohn Achill: ihre letzte Freude und ihr letztes Leid.

Wer ist Peleus?

Peleus, der künftige Gatte der Thetis, ist immerhin ein Enkel des Zeus. Sein Vater Aiakos, von Zeus mit der Nymphe Ägina gezeugt, herrscht auf der Insel Ägina. Aiakos ist uns schon bekannt: Er hat mit den Göttern Apoll und Poseidon an den Mauern Trojas gebaut (Kap. 3). Aiakos' Frau ist (nach einer Version) eine Tochter des Kentauren Chiron; er wird seinem Enkel Peleus später beistehen. Der ältere Bruder des Peleus ist Telamon, die beide haben Herakles auf seinem Zug gegen Troja begleitet (Kap. 5). Die Brüder hatten in früheren Jahren ihren Halbbruder getötet, und Vater Aiakos hatte sie aus Ägina verwiesen. Telamon war nach Salamis, Peleus nach Thessalien gegangen.

10.1 Peleus, Held unter Helden. Jagd auf den Eber von Kalydon. Hinter dem Untier, inschriftlich: Meleager und Peleus; vor dem Eber: die Dioskuren und Jason. Jason wird später die Fahrt der Argonauten anführen. Attische Schale, von Archikles und Glaukytes signiert, 550 v. Chr.

10.2 Peleus als Sportsmann.
Bei den Leichenspielen für König
Pelias ringt er mit der Heldin Atalante.
In der Realität hatten Frauen im Sport
nichts zu suchen. Attische Amphore,
um 490 v. Chr.

Peleus ist keiner der ganz großen Helden, aber er hat ein bewegtes Leben, und wo Helden gemeinsam etwas unternehmen, ist er dabei. So sehen wir ihn bei der Jagd auf den Eber von Kalydon (Abb. 10.1) gleich hinter Prinz Meleager, der die Helden zusammengerufen hat. Er ist auch auf dem Wunderschiff Argo, das Jason nach Kolchis führt, um das goldene Widderfell zu rauben. Als nächstes nimmt er bei den Wettspielen zu Ehren des toten Pelias teil. Dort ringt er mit Atalante, dem Heldenmädchen, das sich ebenbürtig zu den Männern gesellt hat. Im Vasenbild Abb. 10.2 sehen wir Atalante im Vorteil: Peleus wird verlieren.

Peleus war sportlich und schön. Etruskische Gemmen (Abb. 10.3) zeigen ihn nackt, wie er in einer schwungvollen Bewegung sein Haar aus dem Waschbecken zieht und auswringt. Solche Becken standen an Übungsplätzen, und so ist Peleus gerechtfertigt. Denn eigentlich ist es, wenigstens im Bild, Frauensache, sich mit Haarpflege zu beschäftigen. Das Motiv rühmt den Helden in seiner Leiblichkeit und zeigt, dass er auf sie achtet.

Peleus erringt sich Thetis

10.3 Peleus macht sich schön.
Der Held (etruskische Inschrift ›Pele‹)
hat sein Haar im Becken gewaschen.
Etruskische Gemme (Abdruck),
um 470 v. Chr., Privatbesitz.

Sein glücklichstes Abenteuer war, wie er sich Thetis zur Gattin gewann. Von allen Motiven aus dem Kreis der Troja-Sage ist diese Szene die beliebteste.[3] In der Vasenmalerei des 6./5. Jahrhunderts v. Chr. wird Peleus damit vorübergehend zu dem am dritthäufigst dargestellten Helden – nach Herakles und Theseus. Peleus war zwar von den Göttern für Thetis erwählt, doch die Götter geben nichts umsonst. Ein Held muss sich anstrengen. Wie ein Krieger oder Sportler sich mühen muss, auch wenn ihm der Sieg vorbestimmt ist.[4] Homer scheint nichts von dem ›Kampf‹ des Peleus um Thetis zu wissen, doch die Kunst hat ihn vielleicht schon im 7. Jahrhundert v. Chr. wiedergegeben.

Thetis, die »Silberfüßige« (so rühmt sie Homer), pflegt in Vollmondnächten an der ›Tintenfischküste‹ Thessaliens mit ihren Schwestern aus dem Meer zu tauchen und auf heiligem Grund den Reigen zu tanzen. Das ist die Gelegenheit. Der Kentaur Chiron instruiert Peleus: Er muss Thetis fangen, sie wird sich verwandeln, er muss sie unerschüttert festhalten, bis sie zu ihrer wahren Gestalt zurückkehrt. Und so gewann Peleus die Göttin als Gattin.

Die Geschichte von Peleus und Thetis folgt einem Märchenschema, das weit in der Welt verbreitet ist. Schon dass diese Wasserwesen weiblich sind und als Schwesternschar auftreten, gehört dazu. Sie können sich verwandeln und sind prophetisch begabt. Sie sind begehrenswert, doch kann man sie nur mit Gewalt gewinnen. Ihre Bezwingung kränkt sie, und sie verlassen irgendwann den Mann wieder. Ihren menschlichen Nachkommen aber helfen sie immer wieder auf wunderbare Weise. All diese Motive treffen wir schon hier.

Das Märchenmotiv von der erzwungenen Heirat der Meerfrau bedarf freilich gar nicht der höheren Macht, die dies verordnet; die Begierde des Mannes und das Wesen der Nixe erklären schon das Problem. So mag die konkrete Geschichte von Peleus und Thetis und ihrem Sohn Achill in einem früheren Stadium selbstständig existiert haben. Aber so wie sie uns vorliegt, ist sie ein entscheidender Teil der Troja-Sage geworden. Ihre außerordentliche Beliebtheit in der Bildkunst aber speist sich aus der Tiefe jener Wünsche, die sich am leichtesten im Märchen erfüllen: Ein Mann fängt sich die schönste Meermaid und nimmt sie zum Eheweib, komme was wolle. Auch in der *Ilias* und später bei Pindar gilt die Heirat mit Thetis als Peleus' größtes Glück, – das Unglück für ihn wird sein, dass der herrliche Sohn aus dieser Ehe vor ihm und in der Ferne stirbt.

Dargestellt wird die Verfolgung, häufiger noch die Erringung. In unserer frühesten Darstellung Abb. 10.4, um 560 v. Chr., springt Peleus aus dem Hinterhalt; vor ihm steht ein brennender Altar, die Nereiden flüchten, noch im Gleichtakt ihres Tanzlaufs; man vergleiche den ungestörten Reigen der Nereiden Abb. 10.5. Welchem Gott galt das Opfer, und für wen wurde der Reigen getanzt? Die Frage geht hier ins Leere. Freilich sind es sonst Menschen, die Altäre für die Götter entzünden, und Menschenmädchen tanzen ihren Reigen einer Göttin zu Ehren. Die göttlichen Nereiden-Mädchen aber waren hier ganz bei sich, im Selbstgenuss ihres heiligen Spiels. Wenn Peleus jetzt in diese Sphäre einbricht, weiß er sich unter höherem Schutz. – Hier und in allen folgenden Bildern finden wir die Meermädchen immer auf der Flucht, nie stellen sie sich gegen den Entführer, wie etwa die Gefährtinnen der Helena beim Raub durch Theseus (Abb. 9.1). Sind unsterbliche Nereiden nicht mächtiger als Menschen? Doch hier zeigt sich ihr Nixencharakter: Sie sind flüchtige, scheue Wesen, scheu gerade vor Menschen. – Welche im Vasenbild Abb. 10.4 ist Thetis? Die Nereidenschwestern gleichen sich hier wie eine Welle der anderen; doch Peleus wird die letzte fangen und die ist Thetis!

Bei der hundert Jahre späteren Verfolgungs-Szene Abb. 10.6 steht tatsächlich bei der letzten der vier Fliehenden ›Thetis‹ beigeschrieben. Die Mädchen fliehen zum Altar, eine Palme erhöht die Heiligkeit des Orts, dort steht feierlich der göttli-

10.4 Peleus verfolgt Thetis. Der Altar brennt, die Nereiden haben eben noch ihren heiligen Reigen getanzt. Attische Trinkschale, um 560 v. Chr. (Kat. 15)

10.5 Der rasende Reigen der Nereiden, ungestört. Attische Trinkschale, 540 v. Chr., Tarquinia

10.6 Peleus verfolgt Thetis (Inschrift), sie zückt einen Delphin gegen ihn. Am Altar Nereus, Vater der Nereiden. Attische Tonbüchse, Utensil der weiblichen Schönheitspflege, 460 v. Chr. (Kat.Nr. 16)

Peleus verfolgt Thetis.
Bronzene Verkleidungsbleche
von drei Weinkessel-Ständern,
aus einem etruskischen Fürstengrab,
um 530 v. Chr. (Kat.Nr. 12 – 14)

10.7–8 Verwandlungsfigur im
Nacken der Thetis: drohender
Löwenkopf. (Kat. 12–13)

10.8 Hinterher der Götterbote
Hermes, mit Reisehut und Botenstab:
Der Gewaltakt ist von den Göttern
gebilligt! (Kat. 13)

che Vater Nereus. Ist Nereus inzwischen auch an Land gestiegen, oder reicht die Reihe seiner vielen Töchter bis zum Palast unterm Meer? Darüber müssen wir uns keine Gedanken machen: Das Bild kann über Raum und Zeit hinweg Figuren zusammenführen. Nereus bleibt ruhig, wie die Väter bei Frauenraub-Szenen meist. Väter wissen, was der Lauf der Welt ist, und Nereus, der zukunftskundige Gott, weiß dazu noch, was Wille der Olympier ist.

Die drei Kesselständer aus einem Grab zeigen unter anderen Sagenbildern (die Verfolgung des Troilos Abb. 22.9) auch die Verfolgung der Thetis (Abb. 10.7–9). Hier sehen wir eine Merkwürdigkeit. Aus Nacken oder Hals der Verfolgten wächst, gegen den verfolgenden Peleus drohend, ein Löwenkopf beziehungsweise eine Schlange: So versucht die Bildkunst, die gefährlichen Verwandlungen der Göttin auszudrücken. – Im Bild Abb. 10.9 läuft Gott Hermes, der Bote der Götter, Peleus hinterher. Seine Mittun zeigt an, dass hier nichts ohne Willen der Götter geschieht.

Die Bilder von der Erringung der Thetis setzen später ein als die frühesten Bilder der Verfolgung, etwa seit 510 v. Chr. Peleus hat Thetis erreicht, meist bückt er sich merkwürdig tief, um die Göttin zu fassen. Wir sehen ihn zwei Griffarten anwenden: Er umschlingt mit der Linken die Taille der Frau, und greift mit der Rechten meist nach unten, wie um sie am Laufen zu hindern (Abb. 10.10–11; 16–17). Oder er gebraucht den typische Ringergriff: Mit beiden Armen um die Taille gefasst und die Hände verklammert (Abb. 10.13–15; 18–19).[5] Beidesmal könnte man meinen, der Held wolle Thetis hochheben und wegtragen. Mit dem Klammergriff hebt man tatsächlich beim Ringsport den Gegner (Abb. 10.11), um ihn zu

10.9 Verwandlungsfigur der Thetis:
Schlange. Voran eine Schwester.
(Kat. 14)

10.10 *Peleus ringt um Thetis, die sich in Feuer und Panther verwandelt. Rechts eine fliehende Schwester. Links der Kentaur Chiron, er hat Peleus beraten, er wird auch für das Paar und Achill sorgen. Attische Amphore, gegen 500 v. Chr. (Kat. 18)*

werfen,[6] und Theseus hob so Helena, um sie zu entführen (Abb. 9.1). Aber Peleus hebt Thetis fast nie vom Boden ab. Seine Anstrengung scheint im Missverhältnis zu stehen zur Wirkung und zur Hilflosigkeit einer Frau. Es ist also etwas Besonderes gemeint, aber der Betrachter muss es aus der Erzählung schon wissen: Keine Entführung, sonder ein zäher Kampf, der für Peleus im unerschütterlichen Festhalten besteht, bis die Zauberische ihre Verwandlungen aufgibt.

Die Verwandlungen darzustellen, war ein Problem. Betrachten wir die frühe Erringungsszene Abb. 10.10. Aus Thetis' Schultern wächst es wie Flügel, mit verdünntem Schwarzfirnis bräunlich und changierend gemalt. Das meint Feuer;[7] die Wasserfrau kann sich sogar in die Gestalt ihres Gegenteils flüchten! Auch bei Pindar (etwa 470 v. Chr.) verwandelt sich Thetis zuerst in Feuer, dann in einen Löwen. Hier im Bild sehen wir außer dem Feuer gleich zwei Panther, die den Helden anfallen. Und zwar wie selbstständige Wesen, die Thetis zu Hilfe kommen. Wer die Geschichte nicht kennt, könnte aus dem Bild nicht auf eine Verwandlung schließen; aber diese Darstellungsweise, noch missverständlicher als die frühere (Abb. 10.7–9), setzte sich durch (Abb. 10.12–13; 15; 18; 20). Als Verwandlungsfiguren erscheinen auf den Münchner Vasen noch Löwe, Schlange, Seedrache und Hund. Wenn die Verwandlungstiere so wie hier den Helden anfallen, versteht man immerhin, dass der Held nicht nur Muskelkraft gegen Magie einsetzen musste, sondern auch geistige Konzentration: Er darf nicht dem Reflex nachgeben, den Griff zu lösen, um sich gegen die Tiere zu wehren. Sie sind übrigens immer angriffig; verwandelt, hat Thetis nichts mehr von der hilflos flehenden Frau.[8]

Links steht Chiron, der beste der Kentauren, Großvater des Peleus, vorn ganz Mensch und sogar bekleidet, über der Schulter aber nach Kentaurenart einen ausgerissenen Baum mit erjagten Hasen. Thetis fleht ihn um Hilfe an, mit Blick und Geste; doch Chiron weist mit Blick und Hand nach unten zum sich krümmenden Helden: Er gibt ihm Rat und bezeugt, dass recht ist, was Peleus tut. Entgegen der erzählten Geschichte lässt der Maler den Kentauren im Bild beim Kampf dabei sein, so erinnert er den Betrachter an Vergangenes und Folgendes: Chiron wird

10.11 *Der Klammergriff beim Ringsport: So hebt man den Gegner vom Boden! Attische Amphore, 510 v. Chr., Berlin*

10.12 *Erringung. Als Frau gebärdet sich Thetis hilflos, als Verwandlungstier greift sie an. Links mit weißem Haar Nereus, der Meergreis. Attische Amphore, 500 v. Chr. (Kat. 19)*

10.13 *Bezwingung mit Ringergriff. Peleus im kurzen gegürteten Wams, an der Seite das Schwert in der Scheide. Unter dem Gefäßhenkel der Altar. Attische Weinschale, 510 v. Chr. (Kat. 27)*

dem Paar seine Wohnhöhle zum Beilager zur Verfügung stellen und später den kleinen Achill erziehen. Der Maler hat noch weiter gedacht, bis zum tragischen Ende. Unter dem Kentauren steht »Patroklia« geschrieben, das ist der Titel des 16. Gesangs der *Ilias*, und auf der Gegenseite der Vase ist dargestellt, was aus dieser Unglücksgeschichte folgt, nämlich der Tod Achills (Abb. 39.11).

Was sagen die Bilder sonst über Peleus? In den früheren Bildern ist Peleus bärtig (Abb. 10.4; 10.13), doch bald immer häufiger unbärtig, seit etwa 490 v. Chr.

10.14 Peleus wendet den Ringergriff
an. Er ist nackt dargestellt: als Held
und wie ein Sportler im Wettkampf.
Attische Amphore, 490 v. Chr.
(Kat. 20)

10.15 Erringung. Verwandlungstier:
Schlange. Peleus trägt über dem
kurzen Wams ein buntes Rehfell wie
Jäger und wandernde Helden.
Zur Seite sein berühmtes Jagdmesser,
erkennbar an der breiten Scheide.
Attische Amphore, 490 v. Chr.
(Kat. 21)

10.16–17 Erringung. Peleus hat
den Schultermantel um die Hüfte
geschlungen, um unbehindert
zupacken zu können. Statt des
Schwerts wieder das Jagdmesser
in der breiten Scheide. Attisches
Ölgefäß, 490 v. Chr.
(Kat. 22)
Attische Amphore, 500 v. Chr.
(Kat. 23)

10.18 a Erringung. Szene über beide Seiten der Schale. Zwei der Fliehenden mit Delphinen in der Hand: Die Nereiden regieren ihr Element und sein Getier.

stets. Die ältere Kunst betont seine Männlichkeit, die spätere seine Jugend und Schönheit: eine allgemeine Veränderung in der Bildsprache, nicht in der Erzählung vom Werdegang unseres Helden. – Peleus trägt oft die langen Haare des Vornehmen, meist kunstvoll hochgebunden; dazu auch die Schläfenlocken der Jugend (wie Abb. 10.12); manchmal hat er auch das kurze Haar der Sportler (wie Abb. 10.16). Nicht selten steckt ihm ein Kranz im Haar, der ihn im Bild schmückt, ehrt und heiligt, gerade weil er praktisch nicht zur Situation passt. – Gern trägt er die leichte Tracht des wandernden Helden: ein gegürtetes ärmellosen Hemd (Chiton) und das Schwert in der Scheide auf der linken Seite und darum halbverdeckt, man sieht noch den Tragegurt schräg über dem Leib (wie Abb. 10.10; 13). – Nicht selten hat Peleus das Schultermäntelchen, das man normalerweise lose über die Schultern hängt (wie Abb. 10.19), fest um die Hüfte geschlungen (Abb. 10.12; 16–17): So tragen den Mantel Leute, wenn sie arbeiten, – oder eben Helden, die sich mit dem Körper mühen. – Einmal ist Peleus ganz nackt (Abb. 10.14), das ist für Männer und Helden in der Kunst immer möglich, aber hier, wo er den Ringergriff anwendet, denkt man gleich an die Nacktheit beim Sport.

10.18b Gegenseite: Die Schwestern eilen zum Vater Nereus; eine bittet ihn inständig, einzugreifen. Doch der Wissende hält still. Attische Weinschale, vom Maler Duris, um 480 v. Chr. (Kat. 28)

10. Ein Mensch erringt eine Göttin: Peleus und Thetis, die Eltern Achills · 95

Eine Beobachtung zu Peleus' Waffe. Das griechische Schwert ist schmal und gerade; die Scheide, in der es steckt, ist ebenso schmal, langrechteckig und unten mit einer Art Knauf, dem ›Ortband‹, versehen (Abb. 10.10; 12–13). Aber auch eine anders geformte Scheide kommt hier vor: breiter, die obere Kante gerade, die andere gebogen, ohne Ortband (Abb. 10.15–17). Das ist die Scheide für das breite krummschneidige Messer (griechisch: Máchaira), das sonst Helden in dieser Zeit nicht tragen, nur Peleus.[9] Dieses Messer ist seine Wunderwaffe. Pindar nennt es »das Messer des Daidalos«, ein Werk also des mythischen Dädalos, der sein Handwerk bis an die Grenze zur Magie trieb. Dieses Messer hatte Peleus in einem früheren Abenteuer das Leben gerettet; ›das Messer des Peleus‹ war sprichwörtlich für ein Rettungsmittel im letzten Moment. Die seltsame Waffe erweist, genauso wie die Freundschaft mit einem Kentauren, dass Peleus kein üblicher Held ist, sondern mit dem Wunderbaren vertraut. So ist kein Zufall, was hier geschieht. Er versagte zwar gegen eine Frau im sportlichen Ringkampf (Abb. 10.2), aber hier siegt er, als er sich eine zauberische Göttin zum Weib erringen will.

Zwei Bilder noch. Das ausführlichste von der Erringung ist Abb. 10.19, es umrundet das ganze Gefäß, ein Mischkessel für Wein und Wasser fürs Trinkgelage. Die Schwestern der Thetis fliehen nach beiden Seiten weg von dem Geschehen, das wieder durch den brennenden Altar geheiligt wird: zum Vater Nereus und zum Kentauren Chiron. Nereus ist hier als ›Meergreis‹ mit schütterem Haar dargestellt (er gehört ja der vorolympischen Göttergeneration an), und er erscheint hier wie der Kentaur als wunderbares Doppelwesen: vorne Mensch, hinten fisch-

10.19a–b Erringung. Unser ausführlichstes Bild. Rechts der Pferdemensch Chiron; links Nereus, halb Mensch, halb fischflossige Schlange. Auch in der Not bewahren die Nereiden ihren weiblichen Schick: Thetis fasst zierlich ins Haarband, eine Schwester hält eine Blütenranke. Weinmischkessel, ein preziöses Werk des sog. Berliner Malers, 480 v. Chr. (Kat. 29)

10.20a–b Verfolgung. Unser spätestes Bild. Verwandlungstiere: Hund und Seedrache. Links neben Chiron lässig und souverän die Herrin des Geschehens: Aphrodite, Göttin der Liebe; sie sendet Eros mit einer Siegerbinde aus. Griechisch-apulisches Wassergefäß, 370 v. Chr. (Kat. 17)

10.19c–d

flossige Seeschlange. Auch dies zeigt seine Ferne zu den Olympiern an, er ist uralt und kommt (wie nach griechischer Vorstellung die Schlange) aus der Tiefe. Die Töchter flehen ihn beidhändig an, aber der Schicksalskundige weiß, dass er die Grenze, die sein Szepter setzt, nicht überschreiten darf. Der Kentaur auf der anderen Seite gegenüber, ohnehin Parteigänger des Peleus, weist bekräftigend auf die Tat, als eine Tatsache, die so geschehen muss.

Unser spätestes Vasenbild Abb. 10.20 bietet wieder, wie unser frühestes Abb. 10.4 die Verfolgung. Peleus streckt eher sehnend als angriffig beide Arme aus, Thetis wendet sich in ihrer rasenden Flucht doch zu ihm um und vergisst nicht, ihr Gewand über der Schulter zierlich zu halten. Ihre Verwandlungstiere sind Hündin und Meerdrache (vergleiche zu dessen Gestalt Abb. 4.2)[10]. Rechts sehen wir Vater Nereus, von einer seiner Töchter kniefällig bestürmt, links wieder Chiron und zum ersten Mal Aphrodite; als unbewegte Bewegerin der Geschehens lässig an einen Pfeiler zurückgelehnt, nachdenklich mit der Linken im Gewand spielend. Eros fliegt in ihrem Auftrag aus, ein Band mit beiden Händen ausgebreitet, das man einem Sieger ebenso wie einer schönen Frauen schenken darf. Die Anwesenheit Aphrodites heißt, dass Liebe siegt, und der Gewaltakt des Peleus göttlich gebilligt ist.[11]

Fast immer sind in unseren Bildern die Schwestern der Thetis dabei, entsetzt über die Gewalttat an ihrer Schwester, den Vater zum Eingreifen drängend. Die Schwestern sind die Familie der Thetis, zu ihnen kehrt sie später zurück. Zweimal werden sie Thetis geschwisterlich beistehen müssen: Nach dem Tod des Patroklos

10.20c

bringt Thetis mit ihrer Hilfe die von Hephaistos neu geschmiedeten Waffen übers Meer zu Achill vor Troja, in denen er, wie Thetis weiß, zuerst siegen, dann sterben wird (Kap. 33). Und als Achill tot ist, wird sie mit ihren Schwestern an seine Bahre eilen; siebzehn Tage helfen die göttlichen Frauen ihrer Schwester Thetis, den einzigen Sohn zu beweinen (Kap. 39).

10.21 *Erringung. Auch Hermes und der Kentaur Chiron sind wieder dabei. Halsbild von einem attischen Weinmischkessel, um 490 v. Chr. (Kat. 25)*

Streit auf dem Hochzeitsfest

Damit kein Missverständnis entsteht: Der Kampf des Peleus war keine Vergewaltigung. Peleus hatte so Thetis gezwungen, ihre Verwandlungsflucht aufzugeben und sich als das zu geben, was sie ist: eine Frau. Peleus war damit, nach den Regeln des Märchens, Herr über sie geworden und hat sie als Ehefrau gewonnen. Die Hochzeitsnacht findet im Höhlenpalast des Kentauren Chiron statt. Am Tag danach kommen die Götter zum Fest und bringen Gaben: Sie schenken Peleus Rüstung und Waffen, Achill wird sie später von Troja tragen. Zeus gibt gar zwei unsterbliche Rosse, Xanthos (›Fuchs‹) und Balios (›Scheck‹), auch sie werden einst Achills Wagen ziehen. Der Besuch der Götter ist ein schwacher Trost für die Göttin Thetis, aber ein großer Tag für den Menschen Peleus. Keinem andern Helden ist eine solche Ehrung widerfahren.

Jedoch, es war ein merkwürdiges Fest. Nach der einen Sagenversion, siehe oben, hatten die Götter ja einen ganz eigenen Grund zur Freude: Sie retten durch diese Heirat ihre Herrschaft. Weiter: Einst waren die großen Heroen der Vorzeit wie Tantalos oft bei den Göttern zu Gast und hatten sie auch an die eigene Tafel geladen (freilich war Tantalos dann dem Größenwahn verfallen und büßt seither

10.22 *Erringung. Peleus hat sich den Mantel um die Hüfte geschlungen, um ungehindert zupacken zu können; an der Hüfte das Schwert in der Scheide. Attische Amphore um 490 v. Chr. (Kat. 24)*

auf ewig in der Unterwelt: Abb. 9.2). Kehren die alten Zeiten der schönen Nähe zwischen Göttern und Menschen jetzt wieder? Nein, es ist der letzte gemeinsame Schmaus. So wie diese Heirat der letzte Liebeskontakt ist. Und mit diesem letzten Fest von Göttern und Menschen beginnt der Countdown für das Ende des Heroenzeitalters.

Denn hier wird die Lunte für den Trojanischen Krieg gelegt und gezündet. Vor den Augen aller Götter bricht unter den drei größten Göttinnen plötzlich ein Streit aus: Wer ist die Schönste von ihnen? Die Drei sind: 1) Hera, Schwester und Gattin des Zeus. 2) Athena, die Lieblingstochter des Zeus. 3) Aphrodite, die schönste Göttin, so sagen wir es keineswegs ins Blaue hinein, denn sie ist die Göttin der Liebe. – Es ist klar: Zeus kann den Streit nicht schlichten und für einen anderer Gott schickt es sich dann erst recht nicht. Am Ende wird wohl ein ›Neutraler‹ entscheiden müssen, z.B. ein Mensch. Der Streit, das Dilemma, die Lösung: Das ist von Zeus mit böser Absicht für die Menschen ersonnen.

Aber war da nicht Eris, die Göttin des Streits, so erinnert sich vielleicht der Gebildete, die, weil sie nicht eingeladen war, dann erst recht kam, wenn auch nur bis zur Schwelle, um den – künftig sprichwörtlichen – Zankapfel mit der Aufschrift »Der Schönsten« unter die Gäste zu werfen? Die Idee mit dem Apfel ist immerhin seit dem 4. Jahrhundert v. Chr. nachweisbar, aber die Eigenmächtigkeit der Eris ist eine späte Erfindung. Obwohl auch bei anderen Autoren zitiert, passt diese anekdotische Version am besten zu dem witzig-frechen Lukian, der so das große Weltgeschehen gleichsam von missgelaunten Dienstboten auf der Hintertreppe ausgelöst sein lässt. In ein früheres, frömmeres Weltbild passt dies nicht. Eris ist tatsächlich eine niedere Dämonin, aber das heißt auch, dass sie große Dinge nur im Auftrag höherer Götter tut. Und so war es auch im Epos: Nach der erhaltenen Inhaltsangabe war in den Kyprien gedichtet, dass Zeus die Eris zur Hochzeit schickt, um den Streit auszulösen. Der Gott, der alles bedenkt und lenkt, ordnet an, aber greift selten direkt ein.

Der Streit bei der Hochzeit wird nicht dargestellt, ein ideales Bildmotiv sind dagegen die drei Göttinnen vor Paris (Kap. 12). Dort wird uns auch Eris, die Göttin des Streits, wiederbegegnen (Abb. 12.12), einmal sogar mit Themis, der Göttin des Rechts (Abb. 7.2). Der Maler lässt sie lässig interessiert zuschauen, wie das Verhängnis seinen Lauf nimmt, an dem sie beide im Auftrag des Zeus mitwirken durften. Der Streit unter den Göttinnen, ein bloßes Spiel der Eitelkeit, wird sich zum tödlichen Krieg für die Menschen auswachsen. Dieses Spiel, dass die Menschen für die Götter büßen müssen, kennen wir schon. Alles hat eben seinen Ursprung im Himmel.

Bildmotiv: Hochzeitsfahrt unter Göttern

Wir haben jetzt zu schwarz, nämlich in die Zukunft gesehen. Der Mythos denkt großzügig: Für Peleus war die Gewinnung der Braut ein wunderbares Helden-Abenteuer, und Hochzeit und Götterbesuch waren ein Glück. Glücksatmosphäre zeigt ein zwischen 520 und 500 v. Chr beliebter Bildtypus auf Vasen, den der antike Betrachter auf Peleus beziehen konnte: Mann und Frau auf einem Viergespann, von Göttern zu Fuß begleitet oder empfangen (Abb. 22–25). Hermes, der Botengott ist meist vor den Pferden platziert, der Weingott Dionysos und der leierspielende Apoll stehen glücksverheißend in der Nähe der so Geehrten. Zuweilen reckt eine Frau dem Paar zwei Fackeln entgegen: Die Hochzeitsnacht steht also bevor (Abb. 24–25).

Die Darstellung ist edel, konventionell und wenig charakteristisch. Dem wirklichen Hochzeitsritual der Zeit entsprach sie nicht; da wurde die Braut sitzend und auf einem Maultierkarren in das Haus des Bräutigams gefahren. Das aufwändigere, weniger bequeme, aber sportliche Pferdegespann, in dem man stehend fährt,

bringt in den Vasenbildern des 6. Jahrhunderts v. Chr. immer noch den Krieger in die Schlacht, so wie es im Epos geschildert wird, aber im wirklichen Krieg längst nicht mehr stattfand. Wir haben hier also zumindest einen Hochzeitszug vor uns, der in der Darstellungsweise ›episch‹ stilisiert ist. Auch der Wunsch, den das Bild ja so leicht realisiert, ein Brautpaar von den Göttern beglückt zu sehen, ist eine allgemeine Botschaft. Doch eine konkrete Deutung lag für den antiken Betrachter mindestens ebenso nahe. Wer würde in dieser Zeit der beliebten Erringungsszenen bei dem Brautpaar nicht als erstes an Thetis und Peleus denken? An den glücklichen Mann, der eine Göttin gewann, und eine Hochzeit feiert, zu der die Götter kamen! Tatsächlich sind bei zweien der vielen Exemplaren diese Namen auch beigeschrieben. Die ikonographische Unbestimmtheit der Bilder mit dem Hochzeitszug ist aber wohl Absicht: Mythischer Hintergrund und Verallgemeinerung ins allzeit Mögliche machen den Wert dieses Bildschemas aus.[12]   B.K.

Brautfahrt eines noblen Paares, von Göttern beglückt: Dionysos mit der Weinranke; Apoll spielt auf der Kithara; Hermes mit dem Botenstab führt das Gespann an. Wer dem Brautpaar einen Namen geben wollte, dachte an Peleus und Thetis.

10.23–24 Attische Gefäße, um 500 v. Chr. (Kat. 32 und 33)

10.25–26 Frauen mit Fackeln begrüßen zur Hochzeitsnacht. Dabei Dionysos, der Gott des Glücks, und Hermes, der Mittler zu den Olympiern. Attische Amphoren, um 500 v. Chr. (Kat. 34 und 35)

11. Muss Achill ein Held werden?

Aus der Ehe von Peleus und Thetis entspringt Achill. Er ist ihr einziges Kind! Schon auf dem Hochzeitsfest war der Streit der Göttinnen ausgebrochen, der zum Trojanischen Krieg führen wird – der für Achill ein kurzes Heldenleben und den Tod bereithält. Als Helena heiratet, ist Achill noch zu jung, um zu freien. Als Achill erwachsen ist, werben die griechischen Heerführer um ihn; denn ohne ihn wagen sie den Krieg nicht. Achill steht von der Zeugung bis zum Tod im Zeichen des Trojanischen Krieges.

Die wunderbarsten Helden sind keine Kriegshelden, sondern von Wundermächten begünstigte, die mit Übermenschlichem, Außermenschlichem, Sonderbarem und Grauenhaftem fertig werden und nebenbei – sie sind Alleskönner – auch mit kriegerischen Situationen. Helden wie Perseus oder Herakles, wie Jason und Odysseus. Achill gehört zu den Helden der prosaischen Art, den Kriegshelden, aber da ist er der Größte. Der Mythos drückt dies aus, indem er ihn mehr am Wunderbaren teilhaben lässt als andere Krieger. Achills mythische Substanz wird sofort sichtbar, wenn man ihn mit Hektor vergleicht: Hektor ist nur eine Erfindung des Dichters und uns darum so gut verständlich; an ihm haftet keine Legende, kein Rätsel. Und doch erfüllt sich Achill nur im Krieg. Und zwar als Unglücksheld. Er leistet nichts für die Eroberung Trojas, aber fast alles für Zeus' Unheilsplan. Er reißt Freunde wie Feinde in den Tod, denn solang er lebt, wird gekämpft: um ein Troja, das, so wollen es Zeus und das Schicksal, durch Kampf nicht zu erobern war! Sein unglückseliger Tod zeigt nochmals, dass er von ganz anderer Statur ist als die biederen Krieger wie Hektor, die sich von Achill erschlagen ließen (Kap. 39).

Hat Achill eine Alternative?
Achill hat die Wahl zwischen einem langen normalen und einem kurzen ruhmvollen Leben – das gehört zum Wenigen, was das Publikum heute noch von Achill weiß. Auch ›Halbgötter‹ müssen sterben, das ist das Erbe ihres menschlichen Elternteils. Ein Held aber stirbt nicht an Altersschwäche im Bett, ein Held muss zugrunde gehen, ein Kriegsheld im Krieg. Achill, sagen wir es gleich, hat keine Alternative.

Seine Todesverfallenheit spricht Achill geradezu zynisch gegen einen besiegten Trojaner aus, den er im nächsten Augenblick töten wird: »Also, mein Lieber, stirb nun auch du, warum denn so klagen?... / Siehst du nicht, wie schön ich bin und wie groß, / Sohn eines Edlen, eine Göttin gebar mich als Mutter, / und doch ist der Tod auch mir nah und das übermächtige Schicksal. / Bald wird kommen der Morgen, der Abend oder der Mittag, / wo einer auch mir in der Schlacht das Leben nimmt, / gleich, ob er mich trifft mit dem Speer oder mit dem Pfeil von der Sehne«

(*Ilias* 21,106 ff). Da weiß Achill bereits, dass er bald sterben wird, denn er will Hektor erschlagen, und nach Hektor, so hat ihm Thetis prophezeit, wird er selbst fallen. Das hat er sich nicht ausgesucht. Und schon zu Beginn der *Ilias* bekommen wir es gesagt: Ihm ist von Geburt an nur ein kurzes Leben beschieden. Nachdem Achill, von Agamemnon in seiner Ehre gekränkt, die Mutter aus dem Meer heraufgerufen hat, klagt sie: » Weh mir, mein Kind! was zog ich dich auf, und gebar dich zum Unheil! / Wenn du doch bei den Schiffen ohne Tränen und Leid / sitzen könntest, wo dir doch ein so kurzes Leben nur zugeteilt ist und wirklich kein langes! / Jetzt aber bist du kurzlebig zugleich und elender als alle! (1,414 ff.). Thetis sorgt dafür, dass Achill schließlich wieder geehrt wird, doch sie weiß: Sie ist eine »Unglücksheldengebärerin« (*Ilias* 18, 54).[1]

Das kurze ruhmvolle Leben ist für Achill das, ›was ›zugeteilt ist‹, so die Bedeutung der griechischen Wörter für ›Schicksal‹: ›móira‹, ›móros‹, ›áisa‹. Doch der Dichter und Denker Homer weiß: Glanz und Höhe erhält das kurze Leben Achills erst vor der Möglichkeit eines anderen Lebens. Davon lässt Homer Achill nun sprechen, als in großer Not Agamemnon eine Versöhnungsbotschaft schickt, und ihm Reichtum, Herrschaft und eine Tochter zur Ehe anbietet. Achill lehnt ab. Er tut so, als ob er gleich morgen nach Hause fahren würde, dort eine liebe Gattin sich wählen und das Leben genießen. Er schließt seine Rede mit einem scheinbar ultimativen Argument: Keine Schätze der Welt sind mit der Kostbarkeit des Lebens vergleichbar – das er verlieren werde, wenn er hier bleibt und kämpft: »Denn meine göttliche Mutter, die silberfüßige Thetis, / sagt, es gäbe für mich zwei Wege zum Ziel des Todes: / Wenn ich hier bleibe und kämpfe um die Stadt der Troer, / geht mir die Heimkehr verloren, doch mein Ruhm wird unsterblich. / Kehre ich aber ins liebe Vaterland heim, / geht mir mein edler Ruhm verloren, doch mein Leben wird lang sein, / und es wird mich nicht schnell das Ziel des Todes erreichen« (*Ilias* 9, 420 ff.).

Homer lässt also Achill erwägen, sein Heldsein aufzugeben und ein langes Leben im Familienglück zu wählen! Das könnte eine Erfindung Homers sein, der Achill so zugleich humanisiert wie heroisiert: Sein von der Sage vorgegebener Tod (auf den in der *Ilias* nur verwiesen wird), ist nicht vorbestimmtes Verhängnis, sondern bewusste, moralische Tat. Doch wird sich Achill auch bei Homer nicht in freier Werteabwägung für den Ruhm des kurzen und gegen das Glück langen Lebens entscheiden.[2] Die Ereignisse nehmen einen katastrophischen Verlauf, Achill schickt Patroklos unwillentlich in den Tod, Achill muss daraufhin Hektor töten (und damit den eigenen Tod akzeptieren). Das ist nicht Wahl, das ist Notwendigkeit. Seinen nahen Tod versteht Achill in der *Ilias* durchweg als Unheil; Nachruhm ist ihm kein Trost, das Leben ist ihm mit Patroklos' Tod verleidet.[3] Gerade sein Unglücksschicksal erzeugt aber den mythischen Ruhm Achills; jene Entscheidungsfreiheit, die der humane Homer ja auch nur für eine Episode aufblitzen lässt, gehört nicht zum Schwerpunkt dieses Helden.

Die Mutter will ihren Sohn vor dem Krieg bewahren

Jeder Heros endet unglücklich. Doch vorher glückt ihm Vieles: Er vollbringt große Taten, gewinnt Frau und Reich und zeugt Kinder.[4] Achill aber ist vom Mythos als Unglücksheld konzipiert, er gewinnt fast nichts als den frühen Tod. Hier bekommt das Motiv der scheinbaren Lebensalternative einen besonderen Sinn: Es zeigt sich so nur, wie unabwendbar das Schicksal ist. In der wundersamen Kindheit Achills erscheinen zwei Motive, die von der Vergeblichkeit sprechen, sein Schicksal zu wenden. Mutter Thetis weiß, dass der Krieg kommen wird, und sie versucht, Achill davor zu bewahren – als ob es diese Möglichkeit gäbe!

Gleich das Baby will Thetis unverwundbar machen und taucht es in den Styx, den Fluss der Totenwelt. Sein Wasser ist sonst tödlich, aber dem Halbgötterkind

11.1 Mutter Thetis taucht Achill in den Styx. An der Ferse wird der Held verwundbar bleiben. Gemme, um Chr. Geb., Hannover

gibt es Schutz vor dem Tod. Thetis hielt das Baby kopfüber am einen Füßchen, wie wir es auf der Gemme Abb. 11.1 sehen: Und an dieser Stelle bleibt die Haut unbenetzt und ungeschützt. Das Motiv der Feiung mit der kleinen (geheimen) Fehlstelle kennen wir von unserem Siegfried, der in Drachenblut badet (aber ein Lindenblatt fällt auf seine Schulter) und bei der Troja-Sage von Ajas, dem Cousin Achills, und ja auch von den Mauern Trojas (Kap. 3). Die Feiung Achills ist erst seit dem 3. Jahrhundert v. Chr. belegt. Homer weiß nichts von einer Unverletzbarkeit Achills, sie würde auch nicht in sein leistungsorientiertes Heldenbild passen. Die verletzliche Ferse korrespondiert natürlich mit Achills Tod: Er fällt durch den (von Apoll gelenkten) Pfeil des Paris in die ›Achillesferse‹. Der Tod durch den Pfeil war schon Homer bekannt, und der Schuss durch die Ferse stand wohl im alten Epos der Aithiopis. Doch während das Motiv der Feiung, die die Ferse ausspart, den entsprechenden Tod verlangt, setzt der Schuss in die Ferse nicht die Unverletzbarkeit am übrigen Körper voraus. So meint es auch der Maler des Vasenbilds Abb. 39.2, wo Achill durch zwei Pfeile erlegt ist: Der Pfeil quer durch die Ferse hat den unnahbaren Nahkämpfer aus der Ferne zu Fall gebracht hat, ein zweiter Pfeil, im Rücken, hat ihn getötet.[5] Kurz, es ist fraglich, ob das Motiv der vergeblichen Feiung zur alten Sage gehört. Auf jeden Fall ist es für eine großartige Unheilsperspektive entwickelt: Der eben geborene Achill, den Thetis im Totenreichsfluss unverwundbar machen will, ist vom Schicksal schon in diesem Moment für jenen absonderlichen Tod auserwählt.

Als Achill zum Knaben herangewachsen ist, kleidet ihn Thetis als Mädchen ein, bringt ihn auf die Insel Skyros zu König Lykomedes, der nur Töchter hat, und lässt ihn dort unter den Mädchen aufwachsen; sein Mädchenname ist Pyrrha (etwa: ›Blondie‹). Zu dem, was Thetis hier tut, kennt die Völkerkunde Verwandtes. So gibt es Bräuche, einen Knaben, den man besonders behüten will (weil er der einzige ist oder kränklich), als Mädchen auszustaffieren, um so den Bösen Blick und die Schadensdämonen zu täuschen, die es auf den männlichen Nachwuchs abgesehen haben, nicht auf die minderen Mädchen. Die List der Thetis ist ein volkstümliches Motiv, freilich nicht magisch gemeint, sondern ganz rational: Sie will ihren Sohn vor der Lust am Krieg bewahren und vor den Werbern zum Krieg verstecken. So etwas würde nicht gut ins Epos passen. Das Motiv kann älter sein, aber wir können es erst seit dem 5. Jahrhundert v. Chr. fassen.

Achill merkt eines Tages, dass er kein Mädchen ist. Mit der ältesten der Töchter, Deidámeia, zeugt er heimlich seinen einzigen Sohn, Pyrrhos (›Blonder‹), später Neoptólemos (›Jungkrieger‹) genannt (Kap. 41), der erst geboren wird, als Achill schon weg ist. Denn bei der ersten Waffe, die der als Kaufmann verkleidete Odysseus zusammen mit Schmuck den Mädchen zeigen wird, stürzt Achill aus der Mädchenschar hervor und zieht in den Krieg (Kap. 14).

Beide Rettungsversuche sind also vergeblich. Sie passen übrigens nicht ganz zusammen. Wenn Thetis Achill unverwundbar machen will, weiß sie, dass er in den Krieg ziehen wird.[6] Wenn sie ihn unter die Mädchen steckt, weiß sie: Falls Achill in den Krieg zieht, wird er sterben.

In der Schule des Kentauren

Von der wunderbaren Herkunft abgesehen, erfährt man bei Homer nicht viel Merkwürdiges über Achills Jugend. Doch eines: Achill hat die Heilkunst vom Kentauren Chiron gelernt. Homer kennt also die Erziehung durch den Kentauren, ignoriert sie aber im Übrigen, wie vieles aus der volkstümlichen Überlieferung. Als Thetis für ihren Sohn neue Waffen beim Schmiedegott Hephaist erbittet, erzählt sie: »… Mir wurde ein Sohn geboren und er schoss auf wie ein Reis. Und als ich ihn aufgezogen hatte wie eine Pflanze in des Gartens Mulde, schickte ich ihn mit den Schiffen hinaus nach Troja zum Kampf gegen die Troer …« (Ilias 18, 437 ff.).

1   2   3

Hier ist gar kein Platz für Chiron; die Mutter umhegt den Sohn bis er aus dem Haus geht. Die Dominanz der Mutter ist allerdings fast so merkwürdig wie eine Erziehung durch einen Kentauren; aber diese Mutter ist eben eine Göttin.

Nun zur vorhomerischen Sage. Chiron ist Achills Urgroßvater (großmütterlicherseits), Freund und Helfer des Peleus, er hat, wir erinnern uns, auch zu seiner Ehe beigetragen. Chiron ist menschlicher als Kentauren sonst, und doch ist die wilde Natur sein Zuhause. Medizin ist für uns eine Wissenschaft, aber sie war einmal auch Kräuterkunde und darum vermag der Wald- und Wiesenkentaur die Heilkunst am besten lehren. Wenn Peleus den kleinen Achill dem Chiron zu Erziehung übergibt, ist Achill in den Vasenbildern bald ein Kleinkind, das noch getragen wird, bald steht er schon auf eigenen Beinen. Auch Mutter Thetis kann zuweilen dabei sein. In der späten Kunst ist es, wie wir gleich sehen werden, Thetis, die alles managt.

Die Feiung im Styx, die Erziehung bei Chiron, das Versteck unter den Mädchen auf Skyros sind schließlich zu einer Jugendgeschichte Achills zusammengefasst worden. Sie wird merkwürdigerweise in der Bildkunst der späten Antike zum Renner, neben biblischen und christlichen Themen! Und zwar auf vornehmem Tafelgeschirr aus Silber und auf billigen Wiedergaben in Ton aus Werkstätten im heutigen Tunesien. Das Tontablett Abb. 11.2 zeigt im Innern den gereiften Achill aus dem letzten Gesang der *Ilias* (Abb. 36.12). Auf drei der Randleisten ist die Jugend Achills aufgerollt. Und zwar in einer Erzählweise, die chronologisch Episode an Episode reiht – ohne sie durch Rahmen voneinander zu trennen wie bei unseren Comics. Solche zusammenhängende Bildfolgen kannte schon der Alte Orient, aber die griechische Kunst der Archaik und Klassik war an dieser Methode, die dem Bild seine innere Geschlossenheit nimmt, nicht interessiert. Unter unseren Denkmälern finden wir diese Art der Bilderzählung nur noch bei dem römischen Sarkophag Abb. 54.1.

Nun zu den Bildfriesen Abb. 11.2, von links nach rechts zu lesen: 1) Thetis kreißend auf dem Bett, die Linke jammernd erhoben, eine Dienerin fächelt ihr Kühlung. Unter dem Bett eine Schüssel mit Wasser, in dem das Neugeborene gewaschen werden wird. 2) Thetis präsentiert kniend ihr ganz eingemummtes Kind einer gelagerten Frau, die eine Schale hält: Es ist die Quellnymphe des Unterweltsflusses Styx. Das Knien weist voraus auf die Handlung, die wir von der Gemme 11.1 kennen: Thetis wird das nackte Baby kopfüber ins Wasser tauchen. 3) Thetis führt den kleinen Achill an der Hand zum Kentauren Chiron, der sie freudig begrüßt. Der Kleine ist nackt und hat wohl einen Ball in der Hand. – Abb. 11.2b: Nächster Streifen. 4) Chiron und der kleine Achill einander gegenüber, jeder mit erhobenem Zeigefinger. Vielleicht bringt hier Chiron Achill das Reden oder Zählen bei; oder er lehrt ihn seine berühmten Spruchweisheiten, die Achill wiederholen muss. Ist das geistige Nahrung, so folgte im nächsten Bild 5) die leibliche. Der Kentaur hat einen Hasen erjagt, der sitzende Achill, der sich mit der Linken auf eine Keule stützt, streckt die Hand danach aus. Er wird ihn ungebraten verspeisen. Die Texte lassen Achill mit Bärenmark, Löweninnereien und Wolfsfleisch, alles roh, ernährt werden. 6) Hier übt Achill eine komplizierte Kunst der Kultur, nämlich den sportlichen Diskuswurf, der Kentaur rennt anspornend in die Wurfrich-

11.2   *Bilderfriese mit der Kindheitsgeschichte Achills. Tontablett, nordafrikanische Terra-Sigillata, gegen 400 n. Chr., Archäologische Staatssammlung*

11.2a   *(1) Thetis in Wehen. (2) Mit dem eingewickelten Baby vor der Flussnymphe des Styx. (3) Thetis bringt den Kleinen zu Chiron zur Erziehung.*

11.2 b (4) Chiron lehrt Achill.
(5) Er nährt ihn mit Jagdwild.
(6) Beim Sport: Diskuswurf.
(7) Achill, auf Chiron reitend, jagt
einen Panther. (8) Achill, als Mädchen
verkleidet: Thetis will ihn bei König
Lykomedes verstecken.

11.3 Der Kentaur Chiron lehrt den
jungen Achill das Spiel auf der
Kithara. Gemme, 1. Jahrhundert n.
Chr., Staatliche Münzsammlung,
München.

tung. 7) Jagd: Achill, noch zu klein um grätschbeinig auf dem Pferderücken zu sitzen, auf dem galoppierenden Kentauren, sie verfolgen einen Panther, Achill holt mit einem Stein (?) aus.[7] Bei Pindar (um 475 v. Chr.) erjagt schon der Sechsjährige im Lauf Löwe und Eber, selbst Athena und Artemis, die Göttin der Jagd, staunen darüber. 8) Jetzt ist Achill kein kleiner Bub mehr und er geht nicht mehr an der Hand der Mutter. Brav als Mädchen gekleidet, schreitet er hinter Thetis einher, die sich besorgt zurückwendet. Die Beiden sind auf dem Weg zu König Lykomedes. – Eines hat Achill bei Chiron nicht gelernt: wie man im Krieg kämpft; das gehörte damals wie heute nicht zur Kindererziehung.[8] Die militärische Ausbildung schlösse nun an, und genau das umgeht Thetis mit ihrer List. Abb. 11.3c: nächster Streifen. 9) Dort sehen wir Achill, vielleicht Jahre später, zwischen den Töchtern des Lykomedes, jene spinnen, er spielt ihnen auf der großen Kithara vor. Damit zeigt er sich aber dann doch als Mann; schon weil er unter den arbeitenden Frauen sich der Muße widmet. Außerdem wurde das schwere Konzertinsturment, wenn man von den göttlichen Musen absieht, nur von Männern gespielt. Wo aber hat Achill das Saitenspiel gelernt? Beim Kentauren! Musik ist nicht nur Kunst, die Harmonie der Töne ist Natur. So ist Chiron, der zwischen Natur und Kultur steht, wie für die ärztliche Kunst auch hier der rechte Lehrer. Die Szene, wie der Mann mit dem schweren Pferdekörper dem feinen Menschenkind Musik beibringt ist bildlich merkwürdig und rührend. Die römische Kunst liebt das Motiv; wir können nur das winzige Gemmenbild Abb. 11.3 bieten. – Zurück zu unserem Tontablett: Die Sitzende, die sich entzückt dem Spieler zuwendet, ist zweifellos Deidameía (gr. Deidámeia), die Geliebte Achills. Sie sehen wir vergeblich knien in der nächsten Szene, als Achill aus dem Tor als Krieger in die Welt hinaus stürmt (dazu Kap. 14). Was Achill zu den Waffen greifen lässt, ist seine ›Natur‹, nicht sein Können. Achill zieht ganz jung in den Krieg; in der *Ilias* gibt ihm Peleus deswegen einen älteren Mann, Phoinix, mit, der ihn im Gebrauch der Waffen und in der Rede ausbilden soll.

Mutter Thetis weiß was kommt. Da das Schicksal nicht mehr zu wenden ist, versorgt sie ihren Sohn für den Krieg, vom Vater bekommt er Waffen und Pferde, von der Mutter Kleider und warme Decken. Vor Troja tut sie alles für ihren Sohn, sie intrigiert für ihn bei Zeus, sie tröstet den Weinenden am Ufer, sie verschafft ihm neue Waffen nach Patroklos' Tod, sie gibt ihm schließlich sogar die goldne Urne für Patroklos' und seine eigenen Gebeine. Wenn unser spätantiker Bildfries in der Jugend Achills den Vater Peleus gar nicht vorkommen lässt, hat das Sinn. Thetis bemuttert Achill von der Geburt bis zum Tod und zwar dank ihrer göttlichen Kräfte so sehr, wie es keine menschliche Mutter vermöchte. Kein anderer Helden ist so sehr Mutters Sohn wie Achill.[9]   B.K.

11.2 c (9) Achill spielt die Leier
unter den Töchtern des Lykomedes.
(10) Achill stürmt in den Krieg,
Deidameia fleht vergeblich.

12. Ein Mensch muss über Göttinnen richten: Das Urteil des Paris

Zurück zur Hochzeit von Peleus und Thetis. Alle Götter und Göttinen waren gekommen, auch die drei mächtigsten Frauen: Hera, die herrische Gattin des Zeus – Athena, Lieblingstocher des Zeus, ewig jungfräulich, aus Zeus' Haupt geboren – Aphrodite, die Göttin der Liebe, nach Homer gleichfalls eine Tochter des Zeus. Zeus ließ zwischen ihnen den Streit ausbrechen, welche die Schönste sei. Kein Gott konnte wagen, diesen Streit zu entscheiden. Neutraler Schiedsrichter kann nur ein Außenstehender sein, der den Göttern in Art und Gestalt zugleich nächstverwandt ist: ein Mensch. Zeus schickt die Streitenden unter dem Geleit des Götterboten Hermes zu Paris, dem trojanischen Prinzen, der an den Hängen des Ida, Trojas Hausberg, die königlichen Herden hütet.

Dass sich Göttinnen wie Menschenweiber um ihre Schönheit streiten, ist das theologisch korrekt? Unterscheiden sich Göttinnen überhaupt hinsichtlich ihrer Schönheit? Und wenn, wäre die Schönheit von Hera, Athena, Aphrodite nicht jeweils wesensgemäß, also optimal und singulär, und deshalb nicht vergleichbar? Ja ist die Schönheit göttlicher Körper nicht so groß, dass ein Mensch sie gar nicht anschauen, geschweige denn messen könnte? Immerhin hat letzteres der Redner Isokrates (um 385 v. Chr.) auch bedacht und gemeint, Paris hätte zwar nicht die Schönheit der Göttinnen beurteilen können, aber doch wenigstens ihre Bestechungsangebote (Macht, Kriegsruhm, Liebesglück). Doch Mythos und Kunst sahen keine Probleme hinsichtlich Gestalt und Substanz der göttlichen Körper, um die es ja in dieser Geschichte geht, wie in keiner anderen.[1] Die Kunst zeigt die Götter generell ganz und gar menschlich von Anblick, und selbst das einfache Mittel, sie größer darzustellen als die Menschen, haben die Vasenmaler kaum je genutzt.[2]

In der Geschichte vom Paris-Urteil stecken jedoch zwei bedenkliche Sachverhalte. Dass ein Mensch über Göttinnen richtet, hat etwas ähnlich Verkehrtes, wie wenn ein Mensch eine Göttin in die Ehe zwingt (Kap. 10). Beides aber ist der Wille des Zeus und zwar mit unheilvoller Absicht. Und: Wie immer auch Paris entscheidet, er kann nur eine Göttin als die schönste ausrufen und wird sich immer zweie zu Feinden machen. Der scheinbare Glücksfall, der Paris zum Richter über Göttinnen macht, ist eine Falle!

Warum bestimmt Zeus Paris als Richter? Paris, der Hirte, lebt in der Einsamkeit; es wäre unschicklich, wenn die Göttinnen, die sich soweit herablassen, von anderen Menschen gesehen würden. Paris, der Prinz, ist ein Dardanide; mit den schönen Männern aus diesem Geschlecht haben die Götter sich schon vertraut gemacht, so Zeus (Kap. 2) und, sehr bedenklich, auch Aphrodite (Kap 6); und nur ein Schöner kann über Schöne urteilen. Aber das sind keine zwingenden Gründe,

12.2a Paris-Urteil. Nur die Rinder kümmern sich nicht darum, doch Hund, Rabe und Paris wenden sich dem Zug der Göttinnen zu. Etruskische Amphore, um 530 v. Chr. (Kat. 36)

sie dienen nur dazu, Zeus' Plan den Göttinnen zu verschleiern: den größt-möglichsten Krieg einzufädeln, den zwischen den griechischen Fürsten und der unerstürmbaren Stadt jenseits des Meeres, deren Prinz Paris ist.

Warum hütet ein Prinz Herden? In Mythos und Märchen, wo Vieles deshalb so schön ist, weil Gegenteil der Realität, tun Fürstensöhne dies gerne (siehe Anchises, Kap. 6), genauso wie Königstöcher zum Brunnen gehen, um Wasser zu holen (Kap. 22). Eine Sage von Paris' Jugend lässt ihn als ausgesetztes Königskind, sich selbst unbekannt und vermeintlich niederen Standes, die Herden hüten; aber das ist kein zwingender Teil der Geschichte, ich komme darum später darauf zurück.

Wie die drei Göttinnen von Hermes zu Paris geführt werden, wird seit dem 7. Jahrhundert v. Chr. auf den Vasen dargestellt. Das älteste Vasenbild unserer Sammlung dazu Abb. 12.1 , um 530 v. Chr., ist dem Handwerk nach ›etruskisch‹, künstlerisch und ikonographisch jedoch einfach ein Dialektfall der griechischen Kunst. Die Szene ist so ausführlich, weil auf beide Bildseiten verteilt. Paris tritt als Hirt und als Prinz auf, jugendlich unbärtig, mit feinen langen Locken, im gemus-terten Mäntelchen, einen Speer in der Hand. Seinen Stieren und dem hechelnden Hütehund wendet er den Rücken zu, um die Ankömmlinge (über den Henkel hin-weg) gemessen zu begrüßen. Doch auch ein Rabe auf dem Rücken des letzten Stiers hat sich neugierig nach rechts gewandt; ein Vogel ist nicht befremdlich, wo es Viehungeziefer gibt; doch der Rabe ist auch das Tier Apolls, des Gottes, der Tro-ja und Paris freundlich gesinnt ist. Apoll wird später den Pfeil des Paris zum Tod Achills lenken (Kap. 39). Dem verdächtigen Raben werden wir wieder begegnen bei jener Freveltat Achills, die ihn Apoll für immer verhasst macht (Abb. 22.15). Doch zurück zum glücksverheißenden Anfang. Die Ankömmlinge führt ein weiß-haariger würdiger Herold an, die Hand grüßend erhoben, in der andern den gezwieselten Botenstab. Dieser menschliche Herold, vom Maler des reichlichen Bildfelds wegen ersonnen, vermittelt doch sinnvoll zwischen den Welten: Ihm folgt der jugendliche Götterbote Hermes, der, da der Greis den Kontakt zu Paris herstellt, sich den Göttinnen widmen kann. Jede ist wesensgemäß charakterisiert. Hera ist herrisch und pompös: Mit dem Mantel über dem Kopf erscheint sie als die hohe, in ewiger heiliger Hochzeit verbundene Gattin des Zeus. Athena ist die munterste: Kriegerin mit Speer, Helmhut und Raubtierskalp auf der kessen Brust. Aphrodite ist die bestangezogene: mit gleich drei Kleidungsstücken, Haube und

12.2b Geführt von einem menschlichen Herold und dem Botengott Hermes, kommen die Göttinnen an: Die züchtige Hera, die kriegerische Athena, die reichgekleidete Aphrodite. (Kat. 36)

zweifarbigen Schnabelschuhen; zierlich schürzt sie mit der einen Hand das Gewand, mit der andern grüßt sie an allen vorbei ihren Richter. Die Reihenfolge Hera, Athena, Aphrodite, gilt für fast alle frühen Bilder vom Zug der Göttinnen. Man sieht, es kommt auf den Spannungsbogen Paris – Aphrodite an: Die Letzte ist die Schönste, sie wird die Erste sein.[3]

Auf den etwas späteren attischen Vasen Abb. 12.3–7 (die Bewegungsrichtung geht hier wie meist von links nach rechts) ist Athena in der Mitte gleich zu erkennen, die erste und letzte Göttin aber sind einander fast gleich – bis auf die Position: Der Betrachter wusste Bescheid. Die Göttinnen stehen jetzt, Hermes jedoch behält seinen Botenschritt bei wie ein Attribut. Paris erscheint nicht als junger Mann und leichtbekleidet, sondern bärtig, mit steiler Stirnfrisur, im langen Mantel und sogar Untergewand, Stiefeln und in zwei Fällen mit einem Szepter (wie auch zwei der Göttinnen: Abb. 12.3). Paris wird hier als der würdige Königssohn charakterisiert, der er ja ist. Und in der Bildsprache der Zeit bedeutet Unbärtigkeit

12.3 Paris, hier ein würdiger Prinz mit Szepter, flieht vor der Erscheinung der Göttinnen. Doch Hermes macht ihm seine Aufgabe klar. Das Reh bei Athena zeigt an, dass man im Freien ist. Attisches Wassergefäß, um 510 v. Chr. (Kat. 37)

zwar Jugend, aber Bärtigkeit noch nicht unbedingt Alter, sondern zuallererst Männlichkeit und Würde. In der Erzählung war Paris immer jung.

Die Szene Abb. 12.3 zeigt ein neues Motiv: Hermes überbringt mit redender Hand seine Botschaft, doch Paris wendet sich zur Flucht, in anderen Beispielen zeigt er sein Erschrecken auch durch die Gestik. Die Bilder bringen Götter und Menschen nicht selten zusammen, doch nur beim Paris-Urteil wird eine solche Reaktion gezeigt.[4] Das Thema dieser Geschichte besteht eben darin, dass Gottheiten einem Menschen sich zeigen und zwar, damit er sie (abschätzend) ansieht. Der Schrecken des Paris reflektiert das Aufscheinen der Göttlichkeit, wie die Unerhörtheit seiner Aufgabe. Auf unserer Vase blickt Paris nicht geradeaus, sondern geneigten Hauptes dem Hermes ins Gesicht, reagiert also auf dessen Ansinnen.[5] Es ist kein Widerspruch, wenn in den anderen Bildern Paris standhält, ja in der Szene Abb. 12.5 die Götter sogar im Sitzen empfängt.

Trotz seines prinzlichen Aussehens ist Paris immer auch als Hirte gedacht. Das Reh, das Abb. 12.3 zutraulich neugierig mit den Göttinen mitläuft, zeigt die freie Natur an, und Abb. 12.5 sitzt Paris auf einem Erdhügel mit Sträuchern daneben. Hermes verkündet ihm hier seinen Auftrag, bedrängt ihn geradezu mit dem Botenstab und hält ihm einen Kranz in Haupteshöhe hin als Zeichen, dass er ihm im Auftrag des Zeus Amt und Ehre anträgt.[6] Paris hat übrigens in der Linken eine Leier, als habe er eben noch mit der Rechten die Saiten gezupft. Das Instrument kommt seit 560 v. Chr. immer wieder in dieser Situation vor. Die Leier, die nur der Geschulte spielen kann, bedeutet hier mehreres: Paris ist ein Herr, kein armer Hütejunge, der allenfalls die selbstgemachte Rohrflöte bläst. Er lebt hier in Einsamkeit und vertreibt sich die Zeit kultiviert mit Saitenspiel und Heldensang wie einst Anchises in seinem Hirtenamt (Kap. 6). Und: Paris ist ein künstlerischer Mensch, der, wie der Betrachter wissen muss, mit solchen Fähigkeiten Frauen bewegt. Später im Krieg, als Paris einmal dem Menelaos ausweicht, wird Hektor ihn als Schönling und Frauenverführer beschimpfen, und, so sagt Hektor weiter, wenn sich Paris dem kriegsliebenden Menelaos stellen würde: »Da würdest du wohl erkennen, was für ein Mann der ist, dem Du die blühende Gattin geraubt / und gar nichts würde Dir nutzen die Leier und die Gabe der Aphrodite, / oder deine Haarpracht und dein gutes Aussehen, wenn du dann mitten im Staub lägst!« (*Ilias* 3, 53).[7] Von der Leier in der Hand des Paris hier ging wohl für den antiken

12.4a Die drei Göttinnen vor Paris. Hermes weist einen Kranz vor als Zeichen für das ehrenvolle Amt, das er im Auftrag des Zeus bringt. Paris sitzt als Hirte im Feld; vornehme Tracht und Frisur bezeichnen ihn als Prinzen, die Leier als Künstler, der auf Frauen wirkt. Attische Amphore, um 510 v. Chr. (Kat. 39)

12.4b Gegenseite des Gefäßes. Das Ende der Geschichte: Nach der Zerstörung Trojas führt der stolze Krieger Menelaos Helena zurück.

12.5 *Die Göttinnen vor Paris.*
Attische Amphora, um 500 v. Chr.
(Kat. 38)

Betrachter der Gedanke schnell zu dem Paris als Gatte der Helena, und die Gegenseite der Vase (Abb. 12.5b und 45.2) geht noch weiter, an das Ende vom Lied: Eine Frau steht da in der Mitte, ruhig souverän und zugleich Objekt, zwischen zwei martialisch tänzelnden Kriegern, Gegenbilder des musischen Paris. Der eine fasst die Frau am Handgelenk: Das ist Menelaos, nach der Eroberung Trojas, der Helena, um die der Krieg ging, nach Sparta zurückführt. Paris ist längst tot. Der Maler lässt die Krieger sich spannen und spreizen, dem Paris dagegen gibt er Ruhe, Würde und eine argumentierend geöffnete Hand im Gegensatz zur zwingenden Faust der Krieger.

Die unansehlich erhaltene Amphore Abb. 12.6 lohnt doch das Hinsehen. Auf der einen Seite die drei Göttinnen, Athena in der Mitte, die rechte mit Szepter, die linke mit Zweigen in Händen, also Aphrodite, die blumenliebende; die andere ist dann Hera, die Herrscherin. Auf der Gegenseite überredet Hermes dem Paris zu seinem Richteramt, und auch ein Hund, eigentlich doch des Paris' eigener Hüte-

12.6 *Die mittlere Göttin ist wie immer Athena, rechts Hera mit Szepter, links Aphrodite mit Ranken. Gegenseite: Hermes trägt Paris das Richteramt an, auch der Hütehund bittet seinen Herrn; der riecht an einer Blüte. Attische Amphora, um 490 v. Chr. (Kat. 40)*

hund, hebt bittend Schnauze und Pfote. Paris ist ein prinzlicher Dandy, mit Szepter in der einen Hand, einer Blüte, deren Duft er genießt, in der andern. Es ist klar, dass unser Mann mit der Blüte die Göttin mit den Ranken als Schönste küren wird.

Es gibt auch Bilder ohne Paris, nur den Zug der Göttinnen, von Hermes angeführt, der sich dann meist zurückwendet, wie bei dem Salbgefäß Abb. 12.7. Alle Drei haben Ranken in Händen, Reben mit Trauben, hier haben sich also alle so geschmückt. Am Ende steht Dionysos, der Gott des Weines, mit Trinkhorn und gleichfalls mit Rebranke. In der Erzählung kam Dionysos gewiss nicht vor; im Bild ist er für die dionysische Glücksatmosphäre verantwortlich; vor den andern aber wird er die ihm nächste der Frauen, Aphrodite, begünstigen.[8]

Unser spätestes und einst prächtigstes Bild bietet eine Hydria aus Alexandria am Nildelta, um 320 v. Chr. (Abb. 12. 1 und 8). Hier sitzt Paris als abwägender Richter in der Mitte, von den Göttinnen umgeben. Von seinem Hirtendasein spricht Felssitz und Knotenstock, sonst ist er ganz Prinz, in prachtvoller orientaler Gewandung: Ärmel- und Hosentracht, besticktem Obergewand, Mütze, goldenem Halsreif; er sitzt bequem und doch etwas gewunden da, mit vergrübelter Stirn und suchendem Blick. Ihm am nächsten steht Aphrodite (aber Paris wendet den Kopf in die andere Richtung), im Mantel und durchsichtigem Untergewand, das den Oberkörper fast wie nackt erscheinen lässt. Ein fliegender Eros – gerade über des Paris Kopf – flüstert ihr zu. Von ihr und dem zarten Flügelkind strahlt das meiste Weiß aus, also die Idealfarbe der Haut der (vornehmen) Frau, die nie ohne Hut und Sonnenschirm außer Haus geht. Im Gelände sitzt Athena, auf ihr Speerpaar gestützt, auch die freie Jungfrau zeigt ihre frische Haut; unten steht ihr Schild, einst ganz vergoldet: Waffenglanz sticht Paris ins Gesicht. Als dritte steht rechts Hera, würdig, feierlich, aber ohne Glanz von Haut und Waffen, doch mit der goldenen ›Götterkrone‹ im Haar, die ihr als Himmelskönigin gebührt. Sie hat eine Trabantin bei sich, bis zu den Augen verhüllt; wir wissen sie nicht zu deuten, aber sie passt zu Hera, der Göttin der Ehe, so wie auf der anderen Seite links oben zu Aphrodite die gelagerte halbnackte Nymphe passt, die der Göttin einen Kranz hinstreckt. Am Rand links abwartend Hermes, rechts oben Pan, der Gott der Weiden und Wälder als bocksfüßiger Schrat, erregt und mit der Geste des Spähens, was hier so Wichtiges geschieht.

12. 7a Die Göttinnen mit Rebranken, vornweg Hermes. Auch ohne Paris erkennt man die Geschichte. Ganz links Dionysos mit Trinkhorn, seine Weinreben verklären die Szene. Attisches Salbölgefäß, 490 v. Chr. (Kat. 41)

12.8 Umzeichnung des Bildes auf der Hydria Abb. 12.1 (Kat. 44)

Das heutige Publikum wird von diesen Bildern nicht ganz befriedigt sein. Der berühmte goldene Apfel mit der Aufschrift »Der Schönsten«, welchen die Dämonin des Streits damals unter die Gäste warf, und den jetzt als Siegesprämie doch Paris der Aphrodite überreiche sollte: Wo ist er? Das Motiv war eine beiläufige literarische Erfindung, und die griechische Kunst ignoriert es völlig. Nur in der etruskischen (und römischen) Kunst kommt der Apfel einigemal vor. Auf dem etruskischen Spiegel (Abb. 12.9) drückt Paris den Apfel der Aphrodite in die Hand. Hermes, zwischen den beiden, der den Apfel ja zuvor dem Paris übergeben haben muss, zeigt dabei mit der Rechten unauffällig auf die Göttin: Es ist Zeus' Wille, dass Paris so handelt. – Wir kennen den Apfel natürlich aus den neuzeitlichen Bildern vom Paris-Urteil seit der Renaissance; die Künstler kannten den ›Zankapfel‹ (daher unsere Redensart!) aus der antiken Literatur, nicht aus der antiken Kunst.

Und damit gleich zum nächsten Punkt. Eben diese neuzeitlichen Bilder[9] zeigen die Göttinnen auch fast immer nackt (Abb. 12.15): Die Göttinnen haben sich für Paris ausgezogen! Diese Vorstellung, die uns ganz selbstverständlich zu sein scheint, wäre für die griechische Archaik und Klassik schlicht Blasphemie gewesen. Die antike Kunst hatte wahrlich nichts gegen die Darstellung von Sexualität, aber Göttinnen sind keine Dirnen! Bei Aphrodite in unserm spätesten Bild (Abb. 12.1 und 8) schimmert wohl der Oberkörper durchs dünne Tuch. Und auf griechisch-etruskischen Spiegeln seit 300 v. Chr. kann Aphrodite, aber nur sie, fast ganz nackt erscheinen, wie bei Abb. 12.10. Doch das meint nicht, dass die Liebesgöttin sich als erste (oder einzige) ausgezogen hätte; so drückt die Kunst dieser Zeit ihr Wesen als Göttin der Schönheit und Liebe aus, und zwar durchaus unabhängig von der Situation. In der Situation des Schönheitswettbewerbs wird allerdings das Wesen der Göttin in besonderer Weise aktuell! – Erst seit dem 1. Jahrhundert v. Chr. und nur in der Literatur kommt die Idee auf, dass die Göttinnen sich vor Paris entkleiden. Doch die Bilder bleiben weiterhin dezent: Was man vielleicht sagen kann, wagt man nicht ins Anschaubare zu übertragen. Auch scheint die Sache eher als Witz aufgefasst worden zu sein, so jedenfalls bei dem Götterverspotter Lukian. Die Neuzeit hat das Motiv begeistert ernst genommen, so konnte man am Christentum vorbei, durch die Antike legitimiert, endlich nackte Frauen darstellen und gleich drei nebeneinander. Unsere beliebten Paris-Urteil-Bilder mit ihren antikisch göttlichen Nacktheiten sind also gerade darin so unantik wie nur möglich, aber reizvolle Dokumente einer ersten Emanzipation von der christlichen Erniedrigung des Körpers.

12.9 Paris überreicht Aphrodite den goldenen ›Zankapfel‹ als Siegespreis; er folgt einem Fingerzeig des Hermes: So ist es Wille des Zeus. Gravur auf der Rückseite eines Bronzespiegels, etruskisch, um 300 v. Chr., Paris (Umzeichnung)

12.10 Paris-Urteil. Aphrodite erscheint fast nackt, hat aber den Mantel über den Kopf gezogen. Schönheit ist ihr heiliges Wesen: Sie hat sich nicht für Paris ausgezogen. Gravur einer Spiegelrückseite, etruskisch, um 300 v. Chr., Cambridge, Corpus Christi College (Umzeichnung)

Der Urteilsspruch des Paris war, dass Aphrodite die Schönste von den drei Göttinnen sei. Das erstaunt uns, ehrlich gesagt, nicht sehr. Welche Frau sollte schöner sein als die Göttin der Liebe? Was uns wundert, ist, dass Aphrodite Paris besticht, indem sie ihm die schönste Frau der Erde, Helena, verspricht (die verheiratet ist). Wird dieses Verhalten angemessener, wenn (so in der Literatur seit dem 5. Jahrhundert v. Chr.) auch die beiden anderen Göttinnen zu diesem Mittel greifen und Hera dem Paris Herrschaft verspricht und Athena Sieg und Ruhm in allen Kriegen?

Diese Fragen verschwinden, wenn wir die Geschichte von der hohen Warte des Unheilsplans betrachten. Zeus, der den Streit durch Eris hatte entstehen lassen, wusste ja auch, wer die schönste ist und wen Paris wählen wird.[10] Des Versprechens der Aphrodite aber bedurfte es, um Paris das Verbrechen begehen zu lassen, die verheiratete Helena zu entführen: Nur so gibt es Krieg, und nur so den ganz großen zwischen den Griechen und Troja. Zu diesem höheren Endzweck lässt der Mythos Aphrodite eben so handeln (wie es zugleich ihrem Wesen entspricht!). Die beiden zurückgesetzten Göttinnen aber werden mit ihrem Hass – so unauslöschlich, wie ihn nach des Zeus' und der Griechen Meinung nur Frauen entwickeln können – jede andere Lösung verhindern als den Untergang des Paris, seiner Dynastie und seiner Stadt.[11]

Das Motiv der Bestechung ergibt sich also nicht aus einem zweifelhaften Charakter der Göttinnen, sondern aus der Funktion dieser Episode im größeren Zusammenhang. Die ›Bestechung‹ ließe sich übrigens auch verstehen als wohlverdientes Geschenk für den guten Rechtsspruch, und von Athena und Hera hätte der Richter gegebenenfalls eine entsprechende Gabe erwarten dürfen.[12] Moderne Mythenkunde hat das Paris-Urteil auch als eine Märchenfabel verstanden, wo der Held drei Feen begegnet und unter drei gegensätzlichen Lebensentwürfen sein Schicksal wählen darf. Die antiken Interpreten sahen dies nicht viel anders, nämlich so, dass Paris als Lüstling und womöglich als der typisch weichliche Asiat seine ihm gemäße Wahl trifft (und damit seinem Vaterland den Untergang bringt) – obwohl er (so Euripides) Herrschaft oder Sieg über Griechenland hätte gewinnen können, wenn er nicht seiner Lust gefolgt wäre und Hera oder Athena gewählt hätte. Schon in der kurzen Erwähnung des Paris-Urteils in der *Ilias* ist es die ›Brunst‹ des Paris, die ihn zu seiner fatalen Entscheidung führt; das dafür gebrauchte ›machlosýne‹ ist ein ganz schlimmes Wort, was man daran merkt, dass es sonst nur eine Erscheinung bei Frauen bezeichnet.[13] In diesem abschätzigen Sinn hat die ganze Antike, wenn sie davon redete, Paris gedeutet – in den Bildern spüren wir allerdings nichts davon. Das Merkwürdigste ist, dass niemand ihm zugute hielt, dass Aphrodite doch naturgemäß wirklich die Schönste gewesen sein muss.[14]

Wenn man die drei Göttinnen als Schicksalsspenderinnen sieht, hätte tatsächlich kein ambitionierter junger Mann der Antike diese Wahl getroffen, sondern nach politischer Macht oder Kriegsruhm gegriffen. Und ein heutiger Jüngling, vor die Wahl gestellt, sagen wir einmal, zwischen Wirtschaftsmacht, Starruhm und der schönsten Frau? Ganz sicher würde er nicht die letztere wählen, denn die – würde er sich zynisch sagen – kriegt er sowieso, wenn er reich und berühmt ist. In der Antike hatte einzig der schon erwähnte Isokrates ein gutes Wort für Paris, doch seine Argumentation ist niederschmetternd. In einer fiktiven Lobrede auf Helena (um 385 v. Chr.), mit der er seinen Schülern demonstrieren will, dass ein guter Redekünstler auch über verbrauchte Themen noch was Neues sagen kann, meint unser Meister in unschlagbarer Spießigkeit, dass Paris eben Schwiegersohn des Zeus werden wollte und zwar, weil hohe Protektion für das Fortkommen der Kinder günstig sei.

Darf ich für einen Moment der ganzen Antike zu Trotz (und doch ist die alte Erzählung so vieldeutig, dass sie auch dies erlaubt), die sittliche Reife von Paris'

12.11 Prinz Paris mit Szepter und Leier in anspruchsvollem architektonischem Rahmen. Die Göttinnen mit den Symbolen ihrer Angebote. Aphrodite mit Eros: Liebesglück; Athena mit Helm: Kriegsruhm; Hera mit Löwe: Königsherrschaft. Attische Trinkschale, 440 v. Chr., Berlin. (Gegenseite von 13.2)

Entscheidung – abgesehen von ihrer Gerechtigkeit – rühmen? Er will nicht Heras Herrschaft, was heißt, dass er alle besiegen müsste, nicht Athenas Sieg im Krieg, was heißt, dass er alle beherrschen würde, sondern nur Aphrodites Gabe: Glück mit einer Frau, was heißt, dass Herrschaft und Kriegsruhm für ihn davor nichtig sind: War das nicht die menschlichste aller Verblendungen? Aber eine Verblendung war es gewiss, das muss man zugeben. Und so wird Paris zum tragischsten aller Helden. Gerade das, was er von sich wies, wird dereinst gegen ihn kommen; alles, was er nicht wollte – das Aufeinanderprallen der Mächte, den totalen Krieg, der Völkerschicksale bestimmt – genau das bewirkt er durch seinen Wunsch nach privatem Glück. So bös sind Götter, Schicksal und die Menschen.

Dass Aphrodite dem Paris Helena versprach, gehört zur Essenz der Sage. Dass alle drei Göttinnen Versprechen machen, mag alt sein, ist uns aber literarisch erst im 5. Jahrhundert v. Chr. fassbar. Die Kunst kann so etwas kaum darstellen, aber ein attischer Schalenmaler um 440 v. Chr. hat es versucht (Abb. 11). Paris, mit Leier und Szepter, sitzt hier auf einem Klapphocker in einer festen Architektur, seine Haltung hält die Balance zwischen Lässigkeit und Würde.[15] Jede der drei Göttinnen hält etwas mit der Hand nach vorn. Aphrodite steht ausnahmsweise an der Spitze. Auf ihrer flachen Hand hockt federleicht Eros; der Liebesgott bietet dem Prinzen ein feines Band an: Er will ihn mit unwiderstehlichem Liebreiz begnaden. Die letzte Göttin muss Hera sein, sie hat einen Löwen auf der Hand. Der Löwe ist nicht ihr übliches Attribut, der König der Tiere symbolisiert hier also die Herrschaft, die Hera verspricht. Athena in der Mitte hat auch sonst oft ihren Helm nicht aufgesetzt, sondern so wie hier in der Hand (Abb. 12.3). Aber nach dem, was die andern Beiden tun, muss hier damit gemeint sein, dass sie Paris Kriegsruhm verspricht.[16]

Das Paris-Urteil ist, wie gesagt, von seiner inneren Konstruktion her in den Unheilsplan des Zeus eingebettet. Wenn wir aber von dem Fluchtversuch des Paris absehen, der in der Zeit zwischen 560 und 500 v. Chr. relativ häufig gezeigt wird, erscheint die Szene in den Bildern meist als unproblematisches, ja wunderbares Ereignis. Die Hydria (Abb. 12.1; 8) ist ein typisches Gefäß des weiblichen Haushalts und zwar in einer Luxusausführung (einst mit bunten Farben und Blattgold), was den Gebrauch ausschließt und eine repräsentative Aufgabe des Gefäßes verlangt. Hier, genauso wie auf dem Frauenspiegel Abb. 12.9, strahlt die Szene zweifellos Glücks-Atmosphäre aus: Der Triumph Aphrodites und der mit ihrer Gnade beglückte Prinz sind schön. Die Nahsicht auf das Glück und die Fernsicht auf das

URTEIL DES PARIS

Unheil betrachten nur die zwei Seiten, die dieses Ereignis hat. Die Bildkunst bringt es sogar fertig, beide Perspektiven in einem Bild anzudeuten. Es ist wieder eine Hydria, ein ›Frauengefäß‹ also (und fast 100 Jahre früher als Abb. 12.1 und 8), auf der wir Paris umgeben von den Göttinnen sitzen sehen (Abb. 12.12), er wird von Eros, den Aphrodite (rechts) gesandt hat, vertraulich angeredet. Über der Szene erscheint eine zweite Ebene von Figuren, die über und hinter dem Geschehen wirksam sind. Rechts ein Freundinnenpaar, die eine hält wie zufällig einen Kranz über das Haupt Aphrodites, die andere weist, nun mit einem geöffnetem Kranz in Händen, auf Paris und Eros; ihr Name ist beigeschrieben: ›Eutychia‹, die göttliche Macht des guten Gelingens, des Glücks, das Paris mit seiner Entscheidung gewinnen wird. Doch direkt über Paris taucht schlängelhaarig Eris auf, die Dämonin des Streits, sie hat dieses Geschehen inszeniert im Auftrag des Zeus, ihr Blick geht über die Szene hinweg zu ihm, der ganz in der Ferne (links oben) sitzt, den Körper abgewandt, den Blick über die Schulter aus der Höhe herab, in der Linken lässig den furchtbaren Blitz: Jeder der die Geschichte vom Paris-Urteil kannte, wusste

12.12 Paris mit Eros, umgeben von Hermes und den drei Göttinnen. Oben: Über Paris die Dämonin des Streits Eris. Links außen Zeus. Rechts über Aphrodite, Paris zugewandt, Eutychia (›glückliches Gelingen‹). Rechts außen Helios, der Sonnengott. – Glück und Unheil sind angedeutet, Zeus ist der Lenker aus der Ferne. Attische Hydria, um 410 v. Chr., Karlsruhe (Umzeichnung).

12.13 Paris-Urteil. Rechts gebietet Hermes dem fliehenden Paris Halt. Nach links eilt ein Flügeldämon mit hässlichem Gesicht weg: Momos, der dem Zeus den Plan eingegeben hat, die Menschheit durch den Trojanischen Krieg zu dezimieren. Attische Hydria, um 510 v. Chr., Chicago

sich diese beiden Figuren zu deuten. Ganz rechts fährt Helios in seinem Sonnenwagen auf: Dieser Tag wird ein Zeitalter wenden. Ein anderes Vasenbild dieser Zeit (Abb. 7.2), zeigt über der Urteilsszene geschwisterlich aneinandergelehnt Eris, die Dämonin des Streits, und Themis, die Göttin des Rechts: Beide treiben im Auftrag des Zeus die Geschichte an, die in den Krieg münden wird.

Solche Andeutungen sind in der Kunst allerdings selten, doch schon für die Archaik belegt. Auf dem Bildfries Abb. 12.13 sieht man rechts, wie Hermes den fliehenden Paris verfolgt, in der Mitte haben sich die Göttinnen – wegen des niederen Bildfelds – auf Sitzblöcken niedergelassen, nach links eilt ein geflügelter Mann weg, also ein Dämon. Er hat wie Hermes, der Botengott, den Reisehut auf dem Kopf und ist auch sonst ähnlich ausstaffiert. Sein Profil aber ist hakennasig, er ist also kein freundlicher Bote, sondern ein böser Dämon. Das kann hier nur ›Momos‹, der ›Tadler‹, sein.[17] Erinnern wir uns: Als Zeus beschloss, die Helden mit Flut und Blitz zu vernichten, da kritisierte Momos den einfältigen Einfall und gab dem Zeus den genialen Unheilsplan ein (Kap. 7). Hier kann Momos mit Befriedigung sehen, dass sein Plan läuft; nun kann er anderswo Schaden stiften oder Zeus Bericht erstatten.

Natürlich kann auch durch Kombination mit andern Bildszenen der Troja-Sage die Erinnerung des Betrachters angeleitet werden: Das Paris-Urteil Abb. 12.11 hat sinnig zur Gegenseite die Begegnung von Paris und Helena (Abb. 13.2). Abb. 12.3 ist mit dem Troilos-Abenteuer Abb. 22.6 kombiniert, mit dem das Schicksal Achills (und nach einer Version auch Trojas) seine endgültige Wendung zum Untergang erfährt.

Die Jugend des Paris

Die *Ilias* sagt nichts von einer merkwürdigen Vergangenheit des Paris – abgesehen von seinem verblendeten Urteil, »damals als die Göttinnen zu ihm ins Gehöft kamen« (*Ilias* 24, 25 ff.). Es genügt hier die Voraussetzung, dass Paris wie andere Fürstensöhne auch die Oberaufsicht über die königlichen Herden am Idas hatte. Seit 480 v. Chr. gibt es jedoch in Kunst und Literatur Hinweise auf eine spezielle Kindheitssage. Sie lebt vom gleichen Zwiespalt wie die Erzählung vom Paris-Urteil: vom Unheilsplan, in dem Paris eine Schlüsselrolle spielt, und vom Wunderglück, das Paris dennoch reichlich zu Teil wird.

Die Kindheitsgeschichte folgt einem weit verbreiteten Märchenschema vom ausgesetzten Fürstenkind und seiner wunderbaren Rettung und zwar in der Modifikation vom Unheilskind, das hätte getötet werden wollen. Als Hekabe, die Gemahlin des Priamos, mit Paris schwanger ist, träumt ihr, sie gebäre einen feuerschnaubenden Hundertarmigen, der den Wald des Ida und die Stadt Troja in Flammen setze. Seher empfehlen, das Kind zu töten oder auf dem Ida auszusetzen. Das ausgesetzte Baby wird zunächst von einer Bärin gesäugt, dann von Hirten aufgezogen. Nach einer nur bildlich überlieferten Version wird Paris als Knabe von der Göttin Artemis (die natürlich schon die Bärin geschickt hatte) nach Hause zurückgeführt und freudig wieder aufgenommen (Abb. 25.4), auch wenn die seherisch begabte Schwester Kassandra entsetzt ist. Apollon ist ein Parteigänger Trojas, er wird später Paris die Hand führen, um Achill zu erschießen. Apolls Zwillingsschwester Artemis kümmert sich in dieser Version schon um den kleinen Paris und wird auch den erwachsenen – auch das ist nur bildlich überliefert – aus dem Kampf gegen Menelaos retten (Abb. 25.3).[18] Doch diese Version ist so vollkommen verloren gegangen, dass sie keine Spuren in der Literatur zurückgelassen hat.

Eine andere Version hat sich durchgesetzt. Paris hütet unerkannt und seiner Herkunft unbewusst die königlichen Herden. Eines Tages sollen zu Ehren des vermeintlich toten Paris sportliche Festspiele gehalten werden, deshalb wird der Lieblingsstier des Paris nach Troja geführt: als Siegespreis. Paris zieht mit dem Stier in

12.14 Paris: Das Ende einer unschuldigen Jugend. Der im Wettkampf siegreiche Paris wird von der Schicksalsgöttin und Aphrodite gerettet. Links seine Brüder in Waffen, rechts die kleine Kassandra mit Opferbeil. Etruskische Aschenurne aus Alabaster, um 50 v. Chr., Volterra (Umzeichnung)

die Stadt, beteiligt sich am Wettkampf, siegt in fast allen Disziplinen – sogar gegen seine Brüder! Erzürnt, dass ein Dienstbote siegte, wollen sie ihn töten, er flieht zum Altar des Zeus, und wird als Paris erkannt: von der seherisch begabten Schwester Kassandra, die ihn als Unheilsbringer töten will. Doch Paris wird mit Freuden von Eltern und Brüdern aufgenommen.

Im Relief der etruskischen Urne Abb. 12.14 ist Paris zum Altar geflüchtet, das Schwert heldisch in der einen Hand, die sportliche Siegespalme, die ihn wie ein Baldachin schirmt und krönt, in der andern. Zwei Göttinnen helfen ihm. Die links mit Flügeln ist die Göttin des Siegs, oder – nach etruskischer Ikonographie – des Schicksals. Sie stützt sich, die Beine lässig überkreuzt, auf den Verfolgten wie auf einen Freund und hält mit der Rechten in göttlicher Leichtigkeit einen Angreifer ab. Die Göttin rechts, ebenfalls mit überkreuzten Beinen als Zeichen müheloser Überlegenheit, tut noch weniger, ist also höherrangig; sie ist wohl Aphrodite (etruskisch: Turan). Immerhin fasst sie an das Glückszeichen des Palmzweigs und legt die andere Hand Paris auf die Schulter. Rechts halten Priamos (im asiatischen Ärmelgewand) und ein Helfer ein kleines Mädchen fest, das, zünftig zum Schlachten geschürzt, mit der Opferaxt ausholt: Kassandra, die einzige, die prophetisch und vernünftig zugleich ist, sie hätte Paris getötet, aber auf sie hört man nur zur Hälfte: Dass es Paris ist, glaubt man ihr gern, aber nicht, dass er den Untergang bringen wird.

Merkwürdigerweise berichten die verschiedenen Versionen der Jugendgeschichte nichts vom Paris-Urteil. Wir hätten es besonders märchenschön gefunden, wenn die Göttinnen zu dem Hütejungen gekommen wären, als er noch nicht wusste, dass ein Prinz ist, und dass er sich dann, von diesem Wunder und von Aphrodite erweckt, in die Stadt aufmacht, um sein Glück zu suchen. Der Jugendsage ging es offenbar darum, dass das Schicksal den Paris im Voraus zum Unheil der Stadt auserkoren hat, noch ehe er in irgendeiner Weise hätte schuldig werden können, und: dass diesem Schicksal auf keine Weise zu entgehen war – sogar das Glück half zur Erfüllung des Unglücks.

Paris = Alexandros

Unser Held hat übrigens zwei Namen, viel häufiger als Páris wird er Aléxandros genannt (in der *Ilias* 45 : 13). So ist es auch in der Kunst; das einzige Beispiel unserer Sammlung mit Beischrift (Abb. 25.1) nennt ihn allerdings gerade »Paris«. Aléxandros – ›Mannabwehr‹ ist griechisch und ein sprechender Name wie

12.15 Ein Paris-Urteil von 1538. In süddeutscher Landschaft. Die Göttinnen haben sich vor Paris entkleidet, die mittlere ist Venus/Aphrodite. Paris bietet ihr den Apfel. In den Wolken zielt Amor/Eros auf Paris, um seine Begierde nach Helena zu entfachen. Kupferstich von Heinrich Aldegrever, Staatliche Graphische Sammmlung, München.

Hektor (etwa: ›Schützer‹). Paris dagegen ist, wie der Name des Vaters der beiden Brüder Priamos, nicht ableitbar, hat also vielleicht orientalische Wurzel. Der kriegerische Name ›Alexandros‹ – den in historischer Zeit ja z. B. makedonische Könige trugen – ist wohl als rühmender Ehrenname des Paris aufzufassen. In der Troja-Sage außerhalb der *Ilias* war Paris-Alexandros, so könnte man weiter schließen, der führende Prinz von Troja und – als Entführer der Helena ohnehin – der eigentliche Gegner der Griechen. Also nicht Hektor, der wohl nur eine Erfindung Homers ist. Auch Homer musste sich daran halten, dass Paris-Alexander es war, der dem stärksten der Griechen, Achill, den Tod bringen wird. Und damit Troja auch nur durch List erobert werden kann, muss Paris zuvor getötet sein; die Griechen mussten dazu im 10. Kriegsjahr Philoktet herbeiholen, der den unfehlbaren Bogen des Herakles besaß (Kap. 41).   B.K.

*13.1 Bronzereliefbüste eines
Jünglings mit phrygischer Mütze.
Als Möbelzier für eine Kline (Bett),
auf der man beim vornehmen
Gelage (Symposion) ruhte, ist Paris,
der schöne Trojanerprinz und
Liebhaber der Helena, ein überaus
passendes Motiv. Römisch, frühe
Kaiserzeit (Kat. 46).*

ES GEHT LOS

13. Paris entführt Helena

Den Lohn Aphrodites dafür, dass er ihr den Preis der Schönsten unter den unsterblichen Göttern zukommen ließ, den muss sich Paris noch erarbeiten. Und das ist von Anfang an mit Problemen verbunden. Helena, die Schönste unter den Sterblichen, ist schon mit Menelaos, dem König von Sparta, verheiratet. Aber auch Paris ist schon vermählt, mit Oinone, der Tochter des Flussgottes Kebren. Der zweifache Ehebruch kann nicht ohne Folgen bleiben (siehe unten Kap. 41).

Die Liebesgöttin steht in der Pflicht. Sie unterstützt Paris beim Bau eines Schiffes[1] und sorgt dafür, dass auch ihr Sohn, Äneas, an der Fahrt des Prinzen von Troja nach Griechenland teilnimmt. Die unheilvollen Prophezeiungen von Helenos und Kassandra (vgl. Abb. 13.7), den mit seherischen Gaben ausgestatteten Geschwistern des Paris, finden kein Gehör, und können daher – wie in fast allen Sagen – das Schicksal nicht abwenden.

In Sparta werden Paris und seine Gefährten zunächst von Helenas Brüdern, den Dioskuren Kastor und Polydeukes, dann auch von Menelaos freundlich empfangen (Abb. 13.2). Das Außenbild der Schale in Berlin zeigt diesen Moment, während Helena – die kommenden Wirrungen wohl ahnend – sich von den Gästen abwendet. Eros nestelt schon an ihrem Gewandsaum. So wird deutlich, dass Aphrodite das Handeln der Hauptfiguren bestimmt. Paris und Helena machen sich später bei ihrer Flucht die Abwesenheit des Menelaos zunutze, der zwischenzeitlich nach Kreta abgereist ist, um seinen Großvater Katreus zu beerdigen (*Kyprien*; Apollodor, *Epitome* 3, 3 – 4).

13.2 Freundlich und nichtsahnend begrüßt Menelaos, durch Szepter und Bart als Herrscher und reifer Mann gekennzeichnet, seine trojanischen Gäste, Paris und Äneas, jeweils noch mit Reisehut bekleidet. Dagegen verraten Gestik und Mimik seiner Frau bereits, was kommen muss. Helena sitzt auf einem vornehmen Lehnstuhl und hat ein Schmuckkästchen auf dem Schoß. Eine Dienerin hält ihr einen Spiegel vor, doch sie wendet sich ab und stützt ihr Haupt auf die Rechte; der geflügelte Eros kauert zu Füßen Helenas. Attisch-rotfigurige Schale, um 440/430 v. Chr. Berlin.

13.3 *Aphrodite selbst legt ihre Hand der nachdenklichen Helena auf die Schulter und wirbt für Paris, der neben dem geflügelten Himeros (»Liebesverlangen«) steht, rechts daneben Heimarmene (»Schicksal«) und eine unidentifizierbare Frau mit Vögelchen, links Peitho (»Überredung«) mit einem Schmuckkästchen, sowie ganz links Nemesis (»Vergeltung«), mit der die Geschichte begann und die bereits auf den Ausgang hinweist, angelehnt an eine weitere Frau. Attisch-rotfiguriger Amphoriskos des Heimarmene-Malers, um 430 v. Chr. Berlin. (Umzeichnung).*

In der schriftlichen Überlieferung ist es stets das glänzende Erscheinungsbild des trojanischen Prinzen, das die Königin für den Gast einnimmt (Homer, *Ilias* 3, 39; 3, 392; Euripides, *Iphigenie in Aulis* 73 – 74). Paris kann schon in der frühen Bildkunst als prächtiger Orientale erscheinen. Zur Regel wird das freilich erst in der unteritalischen Vasenmalerei des 4. Jahrhunderts v. Chr. Auch die schöne Bronzebüste (Abb. 13.1) zeigt einen Jüngling mit lang herabfallendem lockigen Haar in orientalischer Tracht: Er trägt einen langärmligen Chiton, ein auf der rechten Schulter geknüpftes Mäntelchen (Chlamys) und eine ›phrygische‹ Mütze mit offen herabhängenden Seitenlaschen. Die Kopfbedeckung besitzt gesondert eingesetzte Knöpfe und ist wohl aus Leder zu denken. Eine über die Stirn laufende, in der Mitte mit einem Kupferstreifen eingelegte Binde hält sie zusammen. Mit der etwas zu klein geratenen Rechten greift er das Mäntelchen. Die pathetische Kopfwendung und der leicht geöffnete Mund lassen an den leidenschaftlichen Liebhaber Paris denken.

Helena kann den Reizen des schönen Prinzen nicht widerstehen. Die Vasenmaler machen seit dem 5. Jahrhundert v. Chr. das Eingreifen Aphrodites augenfällig. Wenn bisweilen eine ganze Schar göttlicher Mächte, angeführt von der Liebesgöttin selbst, auf die noch unschlüssige Helena einwirkt (Abb. 13.3), wird für jeden deutlich, dass ihr Schicksal nicht in ihren eigenen, sondern in den Händen der Götter liegt.

Auch das Bild auf einem Kelchkrater des ›Kertscher Stils‹ (Abb. 13.4) wird oft als Begegnung von Paris und Helena interpretiert. Ein fliegender Eros mit Lyra führt den spärlich bekleideten jungen Mann zu der in der Bildmitte lässig thronenden schönen Frau, auf deren Knien eine Taube aufgeregt flattert. Auf der Gegenseite setzt sich die Szenerie fort: ein weiterer Eros, Tauben und geschäftige Gefährtinnen. Da eindeutige Hinweise auf Paris und Helena fehlen, bleibt zweifelhaft, ob hier tatsächlich ein mythischer Zusammenhang gemeint ist. Zur Entstehungszeit dieser Vase – im zweiten Viertel des 4. Jahrhunderts v. Chr. – besteht die Tendenz, Alltags- und Mythenbilder miteinander zu verweben. Das Bild eines einfachen athenischen Liebespaares wäre demnach durch die Annäherung an das berühmte Vorbild »geadelt«. Die Attribute der Liebesgöttin (Eroten und Tauben) stehen somit nur für die Liebe an sich, nicht für einen konkreten Mythos, die beiden weiteren Jünglinge sind wohl nicht die Dioskuren, sondern attische Bürger.

Ob nun Alltagsbild oder mythische Szene. In all diesen Bildern (Abb. 13.2 – 4) führen die Maler die Macht Aphrodites sowie die Unausweichlichkeit des Schicksals – und damit auch die Schuldlosigkeit der Liebenden – vor Augen.

13.4 *Im Zentrum des Bildes sitzt auf einem Lehnstuhl eine schöne junge Frau, die in herrscherlicher Pose einen nur mit Mäntelchen bekleideten jungen Mann empfängt. Taube und Eros machen überdeutlich, dass sich hier ein Liebespaar gegenübersteht. Attisch-rotfiguriger Kelchkrater, um 370 v. Chr.*

Frauenraub

Immer wieder bemächtigen sich in der griechischen Sage Götter und Helden schöner Frauen – und seltener auch schöner Knaben – mit Gewalt (siehe Kap. 2. 6. 8–10). Der Frauenraub gehört zu den traditionellen heroischen Taten. In der Regel handelt es sich dabei um unverheiratete Frauen, die der Held entführt. Insofern stellt die Entführung Helenas durch Paris einen Sonderfall dar. Die schöne Zeustochter war gleich mehrfach Opfer von Entführungen, als kleines Kind raubte sie bereits der athenische Heros Theseus (Kap. 9, 45).

Auch die – wie bei den Griechen mythisch verbrämte – Frühgeschichte anderer Völker kennt Frauenraube, etwa den des Stammes Benjamin im Alten Testament (Richter 21, 16–21) oder – noch bekannter – den Raub der Sabinerinnen. Um den Frauenmangel in der gerade gegründeten Stadt zu beheben, bemächtigen sich Romulus und die Römer mittels List und Gewalt der Mädchen aus der Nachbarschaft. Die Sache kommt schließlich zu einem einvernehmlichen Ende. In vielen Kulturen findet sich ein ritueller Frauenraub. Selbst bei uns hat sich der Brauch erhalten, dass bei einer Hochzeitsfeier die Braut – meist von Freunden – entführt wird, und vom Bräutigam ausgelöst werden muss. Erinnerungen an reale Frauenraube lassen sich aber bei uns wie in den anderen Kulturen kaum einmal fassen. Wir besitzen lediglich eine Notiz bei Herodot (6, 65, 2), dass in Sparta vor gar nicht so langer Zeit, nämlich im 6. Jahrhundert v. Chr., Frauenentführungen noch vorgekommen seien. Hinter dem Raub fremder Frauen steht wohl oft die noch heute bei vielen in Stammesverbänden lebenden Völkern verbreitete Heiratsregel der ›Exogamie‹ (wörtlich: ›Außenheirat‹), die der Vermeidung des Inzests (oder der Vergrößerung der Gemeinschaft) dienen soll. Etwas anders verhält es sich bei den beliebten Frauenrauben der griechischen Bildkunst: Nicht weil es einer Gemeinschaft kollektiv an heiratsfähigen Frauen mangelt, sondern weil solche amourösen Abenteuer ebenso wie Siege über Unholde und Fabelwesen zum Bild des idealen Helden gehörten, steigerten mit dem gewaltsamen Erwerb schöner und prominenter Frauen einzelne Heroen ihren Ruhm. Zur Zeit dieser Bilder gehören derartige Abenteuer freilich längst in die Kategorie der (irrealen) »Männerträume«. Raub und Vergewaltigung einer freien Frau waren in Athen schon zur Zeit Solons (um 600 v. Chr.) unter Strafe gestellt (Plutarch, *Solon* 23, 1).

Gerade in der zweiten Hälfte des 6. und zu Beginn des 5. Jahrhunderts v. Chr. finden sich auf attischen Vasen eine Vielzahl von Frauenraubszenen. Dabei ist ein auffälliger Wandel der Darstellung zu beobachten: Zunächst wird durchweg das Gewaltsame der Handlung betont. In Athen sind die Abenteuer des Nationalheros Theseus sehr beliebt, der sich gerade auch als Schwerenöter hervortat. Auf einer Münchner Bauchamphora (Abb. 1) hat er schwer gewappnet eine junge Frau, die Amazone Antiopeia, mit einem Ringergriff gepackt und ist auf einen Wagen gesprungen, der von einem Gefährten gesteuert wird. Der Entführer blickt zurück, sicher auf die Verfolger, die nicht im Bild sind. Ein weiterer schwerbewaffneter Krieger, der wohl auch beim Raub mitgewirkt hat, läuft nebendrein. Der vornehme Alte, der

Abb. 1 Theseus hat die Amazonenkönigin Antiopeia gepackt und mit ihr den Fluchtwagen bestiegen, den ein Gefährte lenkt. Ein weiterer Hoplit läuft neben den Pferden auf Poseidon zu. Attisch-schwarzfigurige Amphora, um 520/510 v. Chr.

gestisch sein Wohlwollen für die Tat bekundet, ist Poseidon, der Vater des Theseus.

Auch das wenig später entstandene Bild auf der herrlichen Amphora des Euthymides (Abb. 2; vgl. Abb. 9.1) zeigt den athenischen Königssohn als einen wahren »Frauenhelden«. Die Beteiligung seines Freundes Peirithoos verweist auf den Raub der Helena (s. Kap. 9). Doch der Maler Euthymides, der auch auf geistreiche Beischriften besonderen Wert gelegt hat, gibt der Szene durch die beigeschriebenen Namen eine witzige Wendung: Die Geraubte nennt er »Korone«, die Gespielinnen, welche ihr zu Hilfe eilen, heißen »Helena« und »Antiopeia«, tragen also die Namen zweier

prominenter Opfer des Theseus. Der berühmte Archäologe Adolf Furtwängler hat bereits in Korone eine in der Zeit des Euthymides stadtbekannte Athener Dirne erkannt. Der Maler hat also für den Betrachter spielerisch die Ebene des Mythos und der realen Alltagswelt miteinander verwoben. Der ›Don Juan‹ erobert auch die schönste Frau des zeitgenössischen Athen, ja, wenn man so will, er zieht sie zwei berühmten Schönheiten aus Sparta und aus der Welt der ›Barbaren‹ vor. Kennzeichnend für diese Entwicklungsstufe ist aber, dass aus dem Raub nun eine weniger gewaltsam anmutende Entführung geworden ist. Theseus ist hier unbewaffnet. Zwar hält er das Mädchen noch immer mit einem

bei den Vasenmalern der Zeit beliebten klassischen Ringergriff – vielleicht passend für den Kampf mit einer kriegerischen Amazone, eher noch für Peleus und Thetis, aber denkbar ungeeignet, um eine Frau zum Fluchtwagen zu tragen –, doch Korones Blick und wie sie ihm liebevoll durch das Haar streicht, lassen daran zweifeln, dass das Mädchen wirklich von seinen Freundinnen gerettet werden möchte[1]. Ein derartiges stilles Einverständnis mit der Entführung zeigen seit dem 5. Jahrhundert v. Chr. dann die Bilder von der Entführung Helenas durch Paris, wobei das Eingreifen der Liebesgöttin sukzessive an die Stelle der Gewalt tritt.   F. K.

Abb. 2 Der athenische Heros Theseus entführt eine junge Frau namens KORONE. Eine Gefährtin (HELENA) versucht vergeblich, sie dem Entführer zu entreißen. Peirithoos, der Freund des jungen Helden, blickt sich nach weiteren Verfolgern um. Attisch-rotfigurige Amphora, bemalt von Euthymides, um 510/500 v. Chr.

13.5 Helena scheint Paris nur widerwillig zu folgen, und dessen Gefährte Äneas muss ihm den Rücken frei halten. Während letzterer hier noch Bart trägt, wird Paris seit dem frühen 5. Jh. v. Chr. jugendlich bartlos dargestellt. Auf der Gegenseite derselben Schale hat Makron das Parisurteil (Abb. 12.11) wiedergegeben. Attisch-rotfigurige Schale, um 490 v. Chr. Berlin (Umzeichnung).

Die archaischen Bilder zeigen die Entführung noch als typischen Frauenraub (siehe »Kasten« Frauenraub). Paris entführt Helena mehr oder minder mit Gewalt, er trägt sie fort oder er greift sie am Handgelenk und verleiht seinem Ansinnen mit Waffen Nachdruck (Abb. 13.5)[2]. Auf einer Schale des Makron in Berlin wehrt sein Begleiter Äneas Helenas Schwester Timandra ab, während Euopis (die »Schönäugige«) erfolglos Ikarios, den Onkel, und Tyndareos, den Vater, um Hilfe bittet. Die Alten schauen nur staunend zu.

Während dort die Götter noch nicht im Bild erscheinen, ist auf einer nur wenige Jahre später entstandenen Schale desselben Malers in Boston (Abb. 13.6) Aphrodite bereits treibende Kraft. Sie richtet Helena den Schleier und »schubst« sie gleichsam in ihr (trügerisches) Glück. Eros und Peitho (»Überredung«) tragen ihren Teil bei. Paris' Griff ans Handgelenk ist eine rituelle Geste, die auch auf Hochzeitsbildern aus jener Zeit erscheint. Die Betrachtung des Geschehens hat sich sinnfällig gewandelt: Aus dem Raub wird die Entführung. Die Beteiligung der mächtigen Liebesgöttin und ihrer Helfer lässt die Entführung nun weniger gewaltsam erscheinen, auch wenn Blicke und Gestik der beiden Protagonisten sie noch nicht eindeutig als Verliebte charakterisieren[3]. Der unbekleidete Knabe am rechten Bildrand, Helenas Sohn Nikostratos, den sie in Sparta zurücklässt, zeigt die Tragweite ihres Handelns auf.

13.6 Helena steht im Zentrum, links die jugendlichen Äneas und Alexandros (Paris), die sie mit Waffengewalt entführen, doch auch Aphrodite, ein kleiner Eros und Peitho drängen sie, dem trojanischen Prinzen zu folgen. Attisch-rotfigurige Schale, bemalt von Makron, um 490/80 v. Chr., Boston (Umzeichnung).

Die Vasenmaler moralisieren nicht. Auf den Bildern erscheint Helena tadellos. Sie verhält sich nicht anders als andere prominente Frauen in ähnlicher Situation. Sie ist hilflos – mal der Gewalt des Entführers, mal dem Wirken Aphrodites – ausgeliefert. Das entspricht dem Bild, welches auch Homer in *Ilias* und zeichnet: Dort wird sie wohlwollender beurteilt als Paris, den sein eigener Bruder, Hektor, als »Weichling, an Schönheit ein Held, weibsüchtiger, schlauer Verführer« schilt (*Ilias* 3, 39); sie wird von dem trojanischen Prinzen und unter dem Einfluss Aphrodites von einem besseren Ehemann weggelockt. Helena gibt keinem anderen die Schuld, auch wenn sie die Entscheidung, Mann und Kind zu verlassen, bisweilen bereut (*Odyssee* 4, 260 – 264). Als sie einmal ihr Schicksal beklagt (*Ilias* 3, 399 – 412), fährt Aphrodite sie schroff an. Das Wirken der Göttin steht also über der Moral. Helena wird gleichwohl in keiner Quelle gegen ihren Willen entführt. Trotzdem machen ihr erst die Dramen des 5. Jahrhunderts v. Chr. – wo der Sinn des Trojanischen Krieges, anders als im Epos, diskutiert und bestritten wird – den Ehebruch in scharfer Form zum Vorwurf und leiten daraus ihre Schuld am Kriegsausbruch ab[4]. In der zeitgleichen Kunst findet sich jedoch darauf kein Hinweis.

Das gilt auch für eine Variante des Mythos, die Helena schon früh vom Vorwurf des Ehebruchs reinwaschen wollte und vielleicht auf Stesichoros (um 600 v. Chr.) zurückgeht[5]. Demnach flieht sie gar nicht mit Paris nach Troja, sondern nur ihr Trugbild (*eidolon*), um das beide Seiten dann 10 Jahre streiten. Sie selbst aber gelangt nach Ägypten, von wo sie Menelaos anschließend wieder mit nach Sparta bringt. Die Bildkunst hat diese Version ebenso wenig aufgegriffen wie die in den *Kyprien* überlieferte Zwischenstation in Sidon[6]. Frügarchaische wie spätklassische Bilder (Abb. 13.7) zeigen vielmehr die Ankunft des Paares in Troja und ihre Vermählung.   *F.K.*

13.7 Die Ankunft von Helena in Troja: Das Schiff wird entladen – Paris hatte nicht nur die Frau, sondern auch Dienerinnen (u. a. die Theseusmutter Aithra) und Schätze von Menelaos geraubt (Homer, Ilias 3, 70) –, Eros verlässt es als letzter. Helena, im Zentrum, wird von Aphrodite geführt, Priamos begrüßt sie freundlich, Kassandra dagegen ist verzweifelt, auch der kleine Troilos, wie die Schwester prophetisch, klagt. Alle wichtigen Figuren mit Beischriften. Apulischer Volutenkrater, um 350 v. Chr., Genf.

14.1 Mitten im Zug der vornehm gewandeten Fürsten MENELA[O]S. Nur die Namensbeischrift unterscheidet ihn von den anderen. Frühattischer Ständer, um 660 v. Chr., Berlin.

14.2 Rechts des Sphingenpaares beginnt ein Zug inschriftlich benannter Personen mit AGAMEMNON im Königsmantel, mit Heroldstab und durch den Gestus der Linken als Redner charakterisiert. Ihm folgen eine Frau namens ALKA (Tatkraft, Stärke). Ihre Hand liegt auf dem Haupt des Knaben DORIMACHOS (Speerkämpfer oder dorischer Kämpfer), der sich zu ihr umwendet. Davor mit SAKIS (Schild?) eine weitere Frau, rechts folgt eine Eberjagd. Die Bedeutung des Zuges ist unklar, nur Agamemnon ist aus der Sage bekannt. Deckel einer korinthischen Büchse (Pyxis), um 590/580 v. Chr. (Kat. 47).

14. Die Kriegsmaschine läuft an

Mit dem Raub der Helena war gewissermaßen der »Bündnisfall« eingetreten (siehe oben Kap. 9). Etwas ähnliches hatte ihr Stiefvater Tyndareus (oder der schlaue Odysseus) schon geahnt, als er die Brautbewerber durch einen gemeinsamen Eid verpflichtete, dem auserwählten Ehemann seiner Tochter beizustehen, sollte sie einmal geraubt werden. Freilich fürchtete er damals wohl vor allem den Zorn der abgewiesenen Freier.

Bei seiner Rückkehr – oder, nach den *Kyprien*, schon vorher durch die Götterbotin Iris – erfährt Menelaos von der Entführung Helenas. Unverzüglich erinnert der betrogene Ehemann die vormaligen Mitbewerber an ihren Eid.

Auf einem frühattischen Ständer ist Menelaos aus dem Zug der Fürsten durch Namensbeischrift herausgehoben (Abb. 14.1). Doch nicht der König von Sparta, sondern sein Bruder Agamemnon, der König von Mykene (Abb. 14.2), stellt sich an die Spitze des Heeres, das für den Zug gegen Troja gesammelt wird. Agamemnon ist der mächtigste Herrscher in ganz Hellas, und bei Homer (*Ilias* 2, 477 ff.) ist seine überragende Stellung völlig unstrittig. Er hatte nicht um Helena gefreit, weil er damals bereits mit Helenas Schwester, Klytämnestra, verheiratet war. In der *Ilias* handelt er aus Bruderliebe, um Menelaos zu helfen, die Schmach zu tilgen. Bei den attischen Tragikern des 5. Jahrhunderts v. Chr. ist ihm der Raub der Helena ein allzu willkommener Anlass, gegen die reiche Stadt in Kleinasien zu Felde zu ziehen. Zeitgenössische Vorurteile der Athener gegen den politischen Gegner Sparta werden in den Dramen (Aischylos, *Agamemnon*; Euripides, *Iphigenie*) auf Agamemnon und Menelaos projiziert. Allein wäre der König von Mykene den Trojanern nicht gewachsen, doch mit der Unterstützung so vieler Griechen besteht Aussicht auf Erfolg, auf unsterblichen Ruhm und reiche Beute. Der sogenannte ›Schiffskatalog‹ im 2. Buch der *Ilias* (493 ff.) nennt über 30 Fürsten und fast 1.200 Schiffe (Karte 1), die auf griechischer Seite am Krieg gegen Troja teilnehmen[1]. Als Herakles die Stadt ein erstes Mal einnahm (siehe Kap. 5), waren ihm nur sechs Schiffe gefolgt (Homer, *Ilias* 5, 641).

Nicht für alle Griechen ist der anstehende Kriegszug freilich eine verlockende Perspektive. Manch einer will sich drücken. So auch der listenreiche Odysseus, der den Wahnsinnigen spielt, als ihn die Boten des Menelaos auffordern, seinen Eid einzulösen. Palamedes, der den König von Ithaka an Klugheit sogar noch übertrifft, lässt den Schwindel auffliegen, indem er droht, Telemach, den Sohn des Odysseus zu töten. Da kann jener die Verstellung nicht weiter aufrecht halten. Weil er nun – wohl oder übel – mit gegen Troja ziehen muss, treibt er fortan mit Rat und Tat das Unternehmen entscheidend voran, um möglichst rasch wieder nachhause zurückkehren zu können. Dem Palamedes aber wird er bei späterer Gelegenheit seine List heimzahlen (siehe unten Kap. 47).

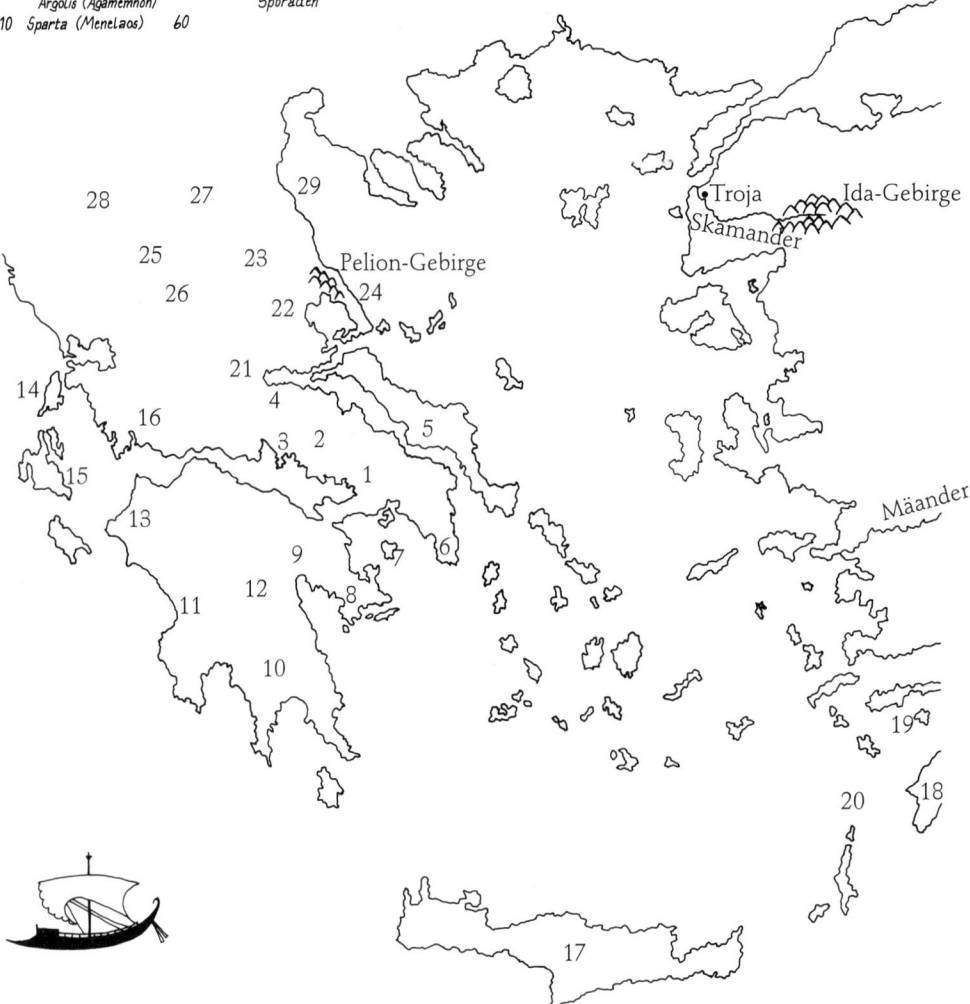

Das Aufgebot der Griechen (›Schiffskatalog‹)

1	Boiotien	50	11	Pylos (Nestor)	50	21	Alos, Trachis, Phthia (Achill)	50
2	Minyer mit Orchomenos	30	12	Arkadien (Agapenor)	60	22	Phthiotis (Protesilaos)	40
3	Phokis	40	13	Elis	40	23	Pherai (Eumelos)	11
4	Lokris (›Kleiner Ajas‹)	40	14	Westionische Inseln	40	24	Methone, Meliboia (Philoktet, Medon)	7
5	Euboia (Elephenor)	40	15	Kephalla, Ithaka, Zakynthos (Odysseus)	12			
6	Athen (Menestheus)	50						
7	Salamis (›Großer Ajas‹, Teukros)	12	16	Aitolien (Thoas)	40			
			17	Kreta (Idomeneus, Meriones)	80			
8	Argos und südl. Argolis (Diomedes, Sthenelos, Euryalos)	80	18	Rhodos (Tlepolemos)	9			
			19	Syme (Nireus)	3			
9	Mykene und nördl. Argolis (Agamemnon)	100	20	Nisyros und südl. Sporaden	30			
10	Sparta (Menelaos)	60						

25	Trikka, Ithome (Podaleirios, Machaon)	30	
26	Thessalotis (Eurypylos)	40	
27	Argissa (Polypoites)	40	
28	Kyphos und Pindos-Gebiet	22	
29	Magnesia/Pelion-Gebiet (Prothoos)	40	

Karte 1: Das Aufgebot der Griechen nach dem ›Schiffskatalog‹ mit Angabe der Zahl der jeweiligen Schiffe und der berühmtesten Helden.

Während die Entlarvung des Odysseus offenbar kaum dargestellt worden ist[2], war ein anderer »Drückeberger« für die bildenden Künstler weitaus interessanter: Achill. Obwohl noch ein junger Mann, eilt ihm bereits der Ruf voraus, der größte Kämpfer unter den Griechen zu sein. Er war noch gar nicht geboren (oder allenfalls ein kleines Kind), als um Helena gefreit wurde, ist jetzt also nicht wie andere Helden an einen Eid gebunden. Doch so groß der Heerhaufen der Achäer auch ist, um Troja einzunehmen, können sie auf seine Teilnahme nicht verzichten. So lautet ein Orakelspruch des Sehers Kalchas (Apollodor, *Bibliothek* 3, 13, 8). Die göttliche Mutter des Helden, Thetis, hat aus Sorge um ihren sterblichen Sohn nichts unversucht gelassen, sein Leben zu schützen (siehe oben Kap. 11). Als er neun Jahre alt ist, bringt sie ihren Sohn aus der Obhut des Kentauren Chiron an einen vermeintlich sichereren Platz, zu den Töchtern des Königs Lykomedes auf Skyros. Ihre List, Achill als Mädchen zu verkleiden, ist anfangs erfolgreich. Der Knabe ist noch bartlos, doch ganz kann der Heranwachsende seine Männlichkeit nicht verbergen, denn mit einer der Königstöchter, Deidameia, zeugt er alsbald einen Sohn, Neop-

14.3 Achill in Frauenkleidern greift auf das Signal des Trompeters hin zu den Waffen. Rechts neben ihm Odysseus, mit Bart und Pilos, der ihn enttarnt hat. Eine junge Frau, wohl Deidameia, versucht noch, Achill zurückzuhalten. Mittelmedaillon einer Silberplatte aus dem Schatzfund von Kaiseraugst, um 330–345 n. Chr., Kaiseraugst.

14.4 *Links sitzt Achill in Frauenkleidern leierspielend unter den Töchtern des Lykomedes, die mit Spindel und Spinnrocken hantieren; rechts hat er die Waffen ergriffen und folgt dem zur Eile drängenden Odysseus, sein Blick geht zu Deidameia zurück, die sich vor dem Palast ihres Vaters flehend zu Boden geworfen hat. Ausschnitt von einem römischen Tontablett mit Darstellungen der Kindheit und Jugend des Achill, 2. Hälfte 4. Jh. n. Chr., München, Archäologische Staatssammlung.*

14.5 *Kriegerabschied. Nur durch die Namensbeischriften erfahren wir, dass es Achill ist, der sich von seiner Mutter Thetis verabschiedet. Sein Freund Patroklos folgt ihm. Odysseus dahinter und Menelaos ganz rechts sind durch Bärte als älter gekennzeichnet. Ganz links hat der attische Vasenmaler mit Menestheus einen »Landsmann« in die Geschichte eingeschmuggelt, der zwar auch zu den Freiern Helenas zählte, in den Schriftquellen in diesem Zusammenhang aber nicht vorkommt. Durch den Zusatz »Der da« ist er noch besonders herausgehoben. Attisch-schwarzfiguriger Kantharos, um 550 v. Chr., Berlin.*

tolemos (siehe unten Kap. 41)[3]. Die Griechen haben inzwischen durch Kalchas erfahren, dass Achill sich auf Skyros verbirgt. Der schlaue Odysseus setzt darauf, dass der heranwachsende Held seine männlichen Instinkte und seine kriegerische Erziehung durch Chiron nicht wird verhehlen können. Die als Kaufleute getarnten Odysseus und Diomedes breiten am Hofe des Lykomedes vor den Mädchen ihre Waren aus, unter lauter Gewändern und Geschmeide auch Speer und Schild. Anfangs gelingt es Achill noch, sich zurückzuhalten, doch als Odysseus den Trompeter Alarm schlagen lässt, kann er sein Kriegertum nicht länger verleugnen und greift zu den Waffen, während die Königstöchter das Weite suchen (Abb. 14.3 – 4). Odysseus und Diomedes fällt es nun nicht schwer, den nach Ruhm strebenden Jüngling für die Teilnahme am Feldzug zu gewinnen.

Die erhaltenen Bilder von der Enttarnung Achills stammen überwiegend aus römischer Zeit[4]. Tatsächlich folgt der Held nach einer älteren Sagenversion, die sich auch bei Homer (*Ilias* 11, 765) findet, bereitwillig dem Aufruf zum Feldzug gegen Troja. Er wird nicht auf Skyros, sondern in seiner Heimat Phthia von Odysseus und Nestor abgeholt (Abb. 14.5). Seine Mutter stattet ihn mit prächtigen, von Hephaist geschmiedeten Waffen aus, die sie und Peleus einst zu ihrer Hochzeit erhalten haben[5].

Aufgrund seines noch jungen Alters gibt man Achill mit dem deutlich älteren Erzieher Phoinix und seinem engsten Freund Patroklos zwei erfahrene Gefährten mit. Die hochklassische Schale in München zeigt diesen Moment im konventionellen Schema des Kriegerabschieds (Abb. 14.6), der die Bürger an ihre Pflicht gegenüber der Heimatstadt erinnerte. Nur die Beischriften verweisen auf den Mythos. *F. K.*

14.6 *Der zum Gehen bereite Achill verabschiedet sich von seiner ernst blickenden Mutter Thetis, die zwei Opferschalen hält. Detail einer attisch-rotfigurigen Schale des Eretria-Malers, um 430 v. Chr. (Kat. 48).*

15. Erster Versuch: Landung im falschen Land

Schon die Mobilmachung verlief nicht reibungslos. Als dann endlich in der Bucht des böotischen Aulis eine riesige Flotte zusammengestellt ist[1], kommt noch ein schlechtes Vorzeichen hinzu (*Ilias* 2, 303 – 330): Während die Griechen opfern, verschlingt eine Schlange acht Spatzen und ihre Mutter; das deutet der Seher Kalchas so, dass man Troja neun Jahre erfolglos belagern und erst im zehnten Jahr einnehmen werde[2].

Die Griechen segeln gen Osten. Sie landen in fremdem Land und versuchen wohl, im Handstreich eine Stadt einzunehmen, die sie für Troja halten. Anders ist kaum zu erklären, dass sie erst im Verlauf des unerwartet zähen Ringens erfahren, dass sie irrtümlich Teuthrania in Mysien (Karte 2) berennen. Am Fluss Kaikos wer-

15.1 Achill verbindet den Arm seines älteren (bärtigen) Freundes Patroklos, der auf einem Schild sitzt und sich mit gebleckten Zähnen abwendet, wohl um seinen Schmerz zu verbergen. Das Geschehen ist unweit des Schlachtfeldes zu denken, denn Achill trägt noch seinen Helm. Der üblicherweise »männermordende« Held zeigt sich hier von einer ganz anderen Seite, als geschickter »Sanitäter«, wie es ihn einst der weise Kentaur Chiron gelehrt hatte, und als liebevoll sorgender Freund. Umzeichnung des Innenbildes einer attisch-rotfigurigen Schale des Sosias-Malers, um 500 v. Chr., Berlin.

Karte 2 Wichtige Plätze der Troja-Sage.

den sie jedoch geschlagen. Der mysische König Telephos fügt ihnen herbe Verluste zu; allein Patroklos und Achill halten seinem Ansturm stand (Pindar, *9. Olympische Ode* 70–73). Auf diese schweren Kämpfe verweist das Bild des verwundeten Patroklos auf der berühmten Sosias-Schale (Abb. 15.1).

Mit dieser Szene können wir ferner Achills Aufforderung an den Freund verbinden, fortan immer unter dem Schutz seiner Lanze zu kämpfen (Pindar, *9. Olympische Ode* 76–79). Die Kämpfe um Teuthrania enden schließlich, als Achill mit Unterstützung des Weingottes Dionysos (Pindar, *8. Isthmische Ode* 49 ff.) Telephos am Oberschenkel verwundet. Weil sie inzwischen gemerkt haben, dass sie im falschen Land sind, und keine Aussicht auf schnelle Beute besteht, setzen die Griechen nach diesem unrühmlichen Auftakt wieder die Segel und kehren heim. Ein Sturm zerstreut die Flotte[3], und so dauert es längere Zeit, bis die Griechen sich wieder sammeln.

15.2 *Der kleine Orest lässt nicht erkennen, dass er sich von seinem Entführer bedroht fühlt; Telephos' Lanze richtet sich nicht gegen das Kind. Der besorgte Vater des Knaben versucht auch eher mit Verhandlungen als mit Gewalt seinen Sohn zurückzubekommen. Attisch-rotfigurige Pelike, um 450 v. Chr., London.*

All diese Ereignisse haben kaum Niederschlag in der bildenden Kunst gefunden – allein in Pergamon, wo man Telephos als Gründerheros und Ahnherren der Attaliden verehrte, wird in hellenistischer Zeit am Großen Altar die Schlacht in der Kaikosebene ausführlich geschildert[4]. Den Pergamenern galt sie als mythische Parallele für ihren ebenda errungenen Sieg über die Kelten.

Doch seit dem 5. Jahrhundert v. Chr. gibt es eine Vielzahl von Darstellungen, die den Myserkönig Telephos mit einem kleinen Knaben an einem Altar zeigen (Abb. 15.2–4); mal hält er ihn nur fest, mal bedroht er das Kind mit einem Schwert. Eine solche Beliebtheit verdankt die – immer wieder unterschiedlich erzählte – Telephos-Sage ganz offensichtlich der Behandlung durch die großen athenischen Dramatiker Aischylos, Sophokles und Euripides im 5. Jahrhundert v. Chr. Schon die *Kyprien* berichten, dass Telephos unvermittelt in Argos (Karte 2) erscheint. Seine Wunde, die ihm Achill beigebracht hat, ist nicht verheilt. Ein Orakelspruch (Euripides *frg.* 700: »der Verwundende wird heilen«) bringt ihn in die schwierige Lage, dass er seine Feinde aufsuchen muss, um Heilung zu erfahren[5]. Die haben nicht vergessen, dass er viele von ihnen erschlagen hat. Telephos muss Schutz am Altar suchen. Doch schließlich ist Achill bereit, seine Wunde zu behandeln. Diese (ursprüngliche?) Fassung findet sich nur selten in der Bildkunst[6].

In den attischen Dramen wird die Lösung dann komplizierter: Vielleicht schon bei Aischylos, sicher dann 438 v. Chr. im *Telephos* des Euripides kommt der Myserkönig als Bettler verkleidet nach Argos. Als seine Tarnung auffliegt, kann sich Telephos nur noch retten, indem er Orest, den Sohn des Gastgebers Agamemnon, als Geisel nimmt (Abb. 15.2). Schon hier steht Klytämnestra nicht eindeutig an der Seite ihres Mannes, denn aus Mitleid drückt sie dem Fremden das eigene Kind in den Arm.

Dramatischer als auf dem frühklassischen Vasenbild ist die Szenerie auf einer etruskischen Aschenkiste (Abb. 15.3). Hier hat Telephos den Knaben tatsächlich am Schopf gepackt, als wolle er ihn gleich auf dem Altar hinschlachten. Den König Agamemnon können seine Frau Klytämnestra und ein junger Grieche nur mit Mühe am gewaltsamen Eingreifen hindern.

Die Flucht an den Altar oder an den häuslichen Herd – wie die Architektur auf manchen Bildern (Abb. 15.3) nahe legt, ist im Fall des Telephos wohl letzteres gemeint – ist im griechischen Mythos ein geläufiges Motiv. An diesem Platz war der Fliehende sakrosankt. Die Herdstelle ist auch deshalb ein passender Ort des Geschehens, weil dort »Fremde« (Ehefrauen oder Sklaven) in die Gemeinschaft (*oikos*) aufgenommen wurden, so wie eben schließlich auch Telephos. Selbst wenn die Erfindung seiner Flucht an den Altar wahrscheinlich auf die Dramatiker zurückgeht, übernehmen die bildenden Künstler doch nicht unmittelbar Bilder aus dem Theater. Der dramatische Höhepunkt der Geschichte ist auf der Theaterbühne nämlich nicht dargestellt, sondern in einem Botenbericht erzählt worden[7]. Nur

als Travestie – wie in der von Aristophanes 411 v. Chr. aufgeführten Komödie *Thesmophoriazusen* – kam diese Szene auch auf die Bühne. So handelt es sich bei Bildern wie der Terrakottagruppe in den Antikensammlungen (Abb. 15.4) vielleicht um Komödien-»Zitate«.

Die Geschichte nimmt ein gutes Ende: Es stellt sich heraus, dass Telephos ein Sohn des Herakles und damit Grieche ist. Als Gegenleistung für seine Heilung willigt er ein, das versammelte Heer nach Troja zu führen. Das fällt ihm nicht leicht, denn er ist mit einer Tochter des trojanischen Königs Priamos verheiratet, und sein Sohn Eurypylos wird später an der Seite der Trojaner kämpfen. Nun ist auch Achill bereit, zu helfen. Als das zunächst fehlschlägt, weiß wieder einmal Odysseus Rat: Nicht Achill, sondern sein Speer ist für die Genesung erforderlich. Ein etruskischer Bronzespiegel zeigt, wie die Heilung gelingt (Abb. 15.5).

Auch bei dieser Szene folgen die Künstler nie der Version des klassischen Dramas: Stets behandelt Achill selbst den Myserkönig, nicht Odysseus.

Die Landung im falschen Land erscheint uns heute grotesk, doch in der Antike gab es keine (verlässlichen) geographischen Aufzeichnungen oder gar Karten (Karte 2), die einem den Weg wiesen. Es wird vielmehr deutlich, mit welchen logistischen Problemen Feldherren, aber auch Kaufleute und Kolonisten im Altertum

15.3 Von links drängt der bärtige Agamemnon in langem Gewand, mit phrygischer Mütze und gezücktem (verlorenen) Schwert nach rechts, ein junger Grieche stellt sich ihm in den Weg. Rechts sitzt der nackte Orest auf einem Altar; er wehrt sich erfolglos gegen den am Oberschenkel bandagierten Telephos, der, auf seine Verfolger zurückblickend, das Kind an den Haaren packt und mit seinem (verlorenen) Schwert bedroht. Klytämnestra im Zentrum unterstützt ihn, einerseits indem sie den linken Arm auf seine Schulter legt sowie durch ihre Blickwendung, andererseits indem sie sich ihrem eigenen Mann in den Weg stellt. Ionische Säulen und Gebälk geben einen architektonischen Rahmen. Etruskische Aschenkiste aus Volterra, um die Mitte des 2. Jhs. v. Chr. (Kat. 49).

15.4 Ein (komischer) Schauspieler, kenntlich an der überproportionierten Gesichtsmaske und dem dicken Wanst, in der Rolle des Telephos: Er hat sich mit dem Knaben Orest an den Altar geflüchtet und bedroht ihn mit einem Schlachtermesser. Attische Terrakotte, 370-350 v. Chr. (Kat. 50).

15.5 Rechts sitzt Telephos (Telef) mit blutender Wunde; vor ihm kratzt Achill (Achle) etwas Rost von seiner Lanze. Ganz links stützt sich der bärtige Agamemnon (Achmemrun) auf sein Szepter; teilnahmsvoll deutet er auf die Wunde. Etruskischer Bronzespiegel, 2. Hälfte 4. Jh. v. Chr., Berlin (Umzeichnung).

grundsätzlich zu kämpfen hatten. Immer wieder lesen wir von Siedlern, die erst während der Fahrt nach ortskundigen Führern suchen, und noch das Heer Alexanders des Großen hätte die Hauptstadt des Perserreiches, Persepolis, beinahe nicht gefunden. Bei der Anfahrt zur See kam noch erschwerend hinzu, dass widrige Winde die Flotte weit vom Ziel abbringen konnten.

Homer scheint von einem missglückten ersten Feldzug nichts zu wissen. Er berichtet allein von dem Schlangenomen in Aulis (*Ilias* 2, 303–330), das dort unmittelbar vor der »zweiten« Ausfahrt anzusetzen ist. In der *Ilias* (1, 71–72) ist es der Seher Kalchas, nicht Telephos, der die Griechen kraft seiner Sehergabe nach Troja führt. Der möglicherweise erst später entstandene ›Teuthranische Krieg‹ mag ein Nachklang der historischen Kämpfe äolischer Griechen bei der Kolonisation Westkleinasiens sein.

F. K.

16. Zweiter Versuch: Flaute in Aulis

Auch im zweiten Anlauf will die Fahrt nach Troja zunächst nicht gelingen. Widrige Winde halten die Flotte in Aulis (Karte 2) fest. Der Seher Kalchas wird befragt, und er konfrontiert den Heerführer der Griechen mit dem schrecklichen Ratschluss: Agamemnon habe durch einen Frevel den Zorn der Göttin Artemis auf sich gezogen. Deshalb fordere sie nun, dass er seine älteste Tochter Iphigenie opfere. Der König von Mykene ist verzweifelt. Doch schweren Herzens entschließt er sich, sein liebstes Kind unter dem Vorwand, sie solle vor der Abfahrt der Griechen mit Achill vermählt werden, nach Aulis zu locken. Dort aber wartet auf sie nur der Altar, auf dem sie für das Wohl des Heeres geopfert wird. Jetzt erst kann die Flotte gen Troja auslaufen.

Während Homer auch von diesen Schwierigkeiten wieder nichts weiß – er kennt nicht einmal eine Agamemnontochter dieses Namens – erzählen andere antike Texte die Geschichte seit früher Zeit in vielen unterschiedlichen Versionen. Nach den *Kyprien* gründet der Zorn der Artemis darauf, dass Agamemnon ein der Göttin heiliges Reh erlegt und sich dessen noch überheblich gebrüstet hat. Nach der vielleicht ältesten Version hat der Anführer der Griechen vor langer Zeit ein der Göttin gegebenes Gelübde gebrochen (Euripides, *Iphigenie im Taurerland* 20). Auch für das weitere Verhalten der Hauptbeteiligten, vor allem von Agamemnon und Iphigenie, ist die Überlieferung ganz uneinheitlich. Fast immer aber greift Artemis im letzten Moment noch ein, entführt das unschuldige Mädchen vom Altar und ersetzt es durch eine Hirschkuh.

Während vor allem die attischen Dramatiker dieser Randgeschichte des Trojanischen Krieges breiten Raum widmeten, haben die griechischen Künstler sie nur selten aufgegriffen. Vasenbilder, (verlorene) Wandgemälde, Reliefkeramik und ein Architekturrelief aus Termessos in Pisidien zeigen vor allem die Szene am Altar. Relativer Beliebtheit erfreut sich das Thema im 4. Jahrhundert v. Chr. in Unteritalien. Auf einem apulischen Volutenkrater (Abb. 16.1) scheint Iphigenie aus freien Stücken zum Altar zu gehen, eine Version, die sich in der *Iphigenie in Aulis* des Euripides findet. Sie opfert ihr eigenes Leben heroisch zum Wohl der Gemeinschaft, damit der Erfolg des Feldzuges nicht in Frage gestellt wird. Auch wenn die Artemis Iphigenie (meist) in letzter Sekunde rettet, so werden ihre Eltern sie doch nicht mehr lebend wiedersehen. Klytaimnaistra wird das ihrem Gatten nie verzeihen (siehe Kap. 52). Nach anderen Bild- und Textüberlieferungen wird Iphigenie gewaltsam zum Altar geschleppt und wie ein Tier geschlachtet[1].

Vor allem die Dramen klassischer Zeit haben die Rolle Agamemnons in dieser Geschichte und seinen Handlungsspielraum immer wieder neu gestaltet. Mal sind es seine Eitelkeit, die Ruhmsucht und die Schmähungen seines Bruders Menelaos, der ihm Schwäche und mangelnden Patriotismus vorwirft, die Agamemnon daran

16.1 Iphigenie geht ungeleitet von rechts auf den Altar zu. Ein älterer Mann, wohl ihr Vater Agamemnon, hält bereits das drohende Messer über ihr. Das Reh hinter und Artemis über dem Mädchen deuten die Rettung an. Links sitzt Apoll, Bruder der Artemis, dem die schreckliche Weissagung verdankt wird, mit einem Lorbeerzweig. Apulisch-rotfiguriger Volutenkrater, um 360 v. Chr., London.

hindern, die Tochter zu retten (Aischylos, *Agamemnon*; Euripides, *Iphigenie in Aulis*), mal wird er weitgehend von Schuld freigesprochen, denn die Gottheit lässt ihm keine Wahl (Sophokles, *Elektra*; Euripides, *Iphigenie im Taurerland*).

Stand der Sinn des gesamten Unternehmens in der frühen Zeit nie in Frage, so werden seit dem 5. Jahrhundert v. Chr. Zweifel laut. Das Zaudern des Königs Agamemnon, der sich zwischen der großen gemeinsamen Sache und dem Schicksal der geliebten Tochter nur falsch entscheiden kann, ist allen Dramen gemeinsam.

F. K.

17. Philoktets Unglück

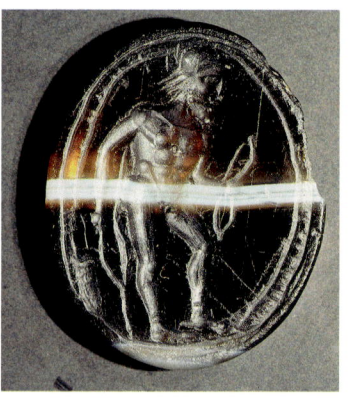

17.2 Nackter Philoktet steht auf einen Stab gestützt und hält in der anderen Hand Bogen und Pfeil. Onyx-Intaglio, 3./2. Jh. v. Chr., München, Staatliche Münzsammlung.

Seit dem 5. Jahrhundert v. Chr. gibt es, vor allem auf kleinformatigen Bildträgern, geschnittenen Steinen und Münzen (Abb. 17.1–17.4, 17.6), zahlreiche Darstellungen eines Mannes, der allein auf einem Felsen sitzt oder angelehnt steht. Stets führt er einen Bogen und Köcher mit sich.

All diese Bilder zeigen Philoktet, den Anführer des Aufgebots von Methone, Thaumakia, Meliboia und Olizon (*Ilias* 2, 716–728)[1]. Die für ihn charakteristische Waffe ist der Bogen. Aber es ist nicht irgendein Bogen, sondern die Waffe, welche vor ihm Herakles – und vor diesem weitere Helden – besessen haben. Der junge Philoktet hatte den größten der griechischen Helden bei einigen von dessen Abenteuern begleitet. Schließlich war er es auch, der den Scheiterhaufen entzündete, als Herakles sich auf dem Berg Oita selbst verbrannte, weil er die Schmerzen nicht mehr ertragen konnte, die ihm das Nessos-Gewand verursachte. Als Dank für diesen letzten Freundschaftsdienst erhielt Philoktet den Bogen (Sophokles, *Philoktet* 670. 801–803). Homer (*Odyssee* 8, 219–220) und andere rühmen ihn fortan als den besten Bogenschützen unter den Griechen.

Aber auf unseren Bildern gebraucht er seinen Bogen nicht, weder zum Kampf, noch zur Jagd, sondern er hat ihn abgelegt. Viele Bilder zeigen ihn auf einen Stock gestützt, manchmal zusätzlich noch an einen Fels gelehnt. Oft nimmt er eine gebeugte Haltung ein und hat ein Bein merkwürdig vorgestellt, als würde er humpeln. Gelegentlich sind Bart und Haar ungepflegt (Abb. 17.6), ungewöhnlich für einen griechischen Helden vornehmer Abstammung. Immer erscheint er – wie Fels und Bäumchen andeuten – in der freien Natur, fern jeglicher menschlichen Siedlung, und vor allem allein, selbst wenn das Bildfeld Raum für weitere Figuren

17.3 Philoktet nimmt einen Pfeil aus am Boden stehenden Köcher. Italischer Karneol-Ringstein, 3. Jh. v. Chr. München, Staatliche Münzsammlung.

17.1 Nackter Philoktet hockt sinnend auf einem Felsen vor einer Quelle. Der linke Arm ruht auf einem Stock. Der Bogen ist an den Fels gelehnt, den Köcher trägt Philoktet auf dem Rücken. Etruskischer Sardonyx-Skarabäus, 3. Jh. v. Chr., München, Staatliche Münzsammlung.

17.4 *Philoktet mit einem übergeworfenen Mäntelchen steht auf einen Stock gestützt und lehnt sich an einen Felsbrocken. Abdruck eines Karneol-Intaglio, 2./1. Jh. v. Chr., Staatliche Münzsammlung, München.*

17.5 *Der bartlose Philoktet bricht vor der Statue und dem brennenden Altar der Chryse zusammen, der Mund ist vor Schmerz geöffnet. Die Göttin ist in einem Gestus der Epiphanie wiedergegeben. Am Fuß des Altars ringelt sich die Schlange. Agamemnon im langen Gewand ist im Begriff, sie mit seinem Szepter zu töten, Achill mit Bratspieß blickt auf Kultbild und Altar, während ein junger Mann dem Verwundeten helfen will. Zwei reife Männer hinter Philoktet gestikulieren bestürzt, der linke von ihnen ist Diomedes. Alle sind mit Kränzen für das Opferfest geschmückt, die Hauptfiguren sind inschriftlich bezeichnet. Attisch-rotfiguriger Stamnos des Hermonax, 460/450 v. Chr., Louvre (Umzeichnung).*

17.6 *Philoktet sitzt auf felsigem Gelände vor seiner Höhle, im Hintergrund ein Bäumchen, an dem sein Bogen hängt. In der Linken hält er eine Feder oder einen Zweig über seinem verletzten Fuß. Etruskischer Sarder, 2. Jh. v. Chr., Staatliche Münzsammlung, München.*

lässt. Es handelt sich also nicht um einen Ausschnitt aus einer größeren Szene. Philoktet ist allein, weil das griechische Heer ihn ausgesetzt hat, auf der Insel Lemnos oder – nach einer anderen Version – auf Tenedos (Karte 2). Was ist passiert?

Die Griechen waren endlich von Aulis aus in See gestochen und hatten Kurs auf Troja genommen. Bei einem Zwischenstopp auf Tenedos kam es zu einem ersten Zerwürfnis zwischen Agamemnon und Achill (Aristoteles, *Rhetorik* 2, 24). Letzterer grollte, weil er nicht frühzeitig zu einem Fest eingeladen worden war, und stellte seine weitere Beteiligung an der gemeinsamen Unternehmung in Frage. Odysseus rettete die Situation, indem er Achill vorwarf, aus Feigheit den Kampf mit den Trojanern zu meiden. So bei der Ehre gepackt gab der Beleidigte klein bei. Im Rahmen des besagten Festes auf Tenedos (so die *Kyprien*) oder aber auf der winzigen Insel Chryse beim Opfer für die gleichnamige Nymphe (Sophokles, *Philoktet* 192 ff. 263–270. 1326–1328) wurde Philoktet von einer Schlange gebissen (Abb. 17.5). Womit er das »verdient« hatte, war schon in der Antike unklar[2]. Die Griechen waren darauf bedacht gewesen, alles richtig zu machen, und wollten daher – wie schon Herakles vor dem ersten Zug gegen Troja – Chryse ein Opfer

darbringen. Allein Philoktet, der schon damals dabei war[3], konnte sie zum Heiligtum führen. Die Wunde vom Schlangenbiss wollte jedenfalls nicht heilen. Vielmehr verbreitete sie einen üblen Gestank, der den übrigen Griechen bald ebenso unerträglich war wie das Gejammer des geplagten Helden. So beschloss man – wieder einmal war dabei Odysseus federführend –, Philoktet auszusetzen und ohne ihn weiterzufahren. Warum man ihn aber den weiten Weg nach Lemnos zurückbrachte (Karte 2), ist schwer verständlich.

Hier verweilt der Held nun für lange Zeit, von den Gefährten verlassen und ohne fremde Hilfe, und denkt über sein ungerechtes Schicksal nach (Abb. 17.1). Ein Intaglio zeigt ihn vor seiner Höhle mit einer Feder (oder einem Zweig) in der Hand (Abb. 17.6). Damit will er wohl den Wundgestank wegfächeln. Sein verwahrlostes Äußeres unterstreicht die Einsamkeit und das Leiden.

Erst nach neun Jahren, als ein Orakel den Griechen vor Troja weissagt, dass sie ihr Ziel ohne Philoktet bzw. seinen Bogen nicht erreichen können, werden sie sich des Unglücklichen wieder erinnern (siehe Kap. 41).   *F. K.*

18. Zwei Kriege um Troja – Die Giebel von Ägina

Der erste Kampf um Troja:
Die Skulpturen im Ostgiebel des Aphaiatempels von Ägina

Zweimal glückte den Griechen in sagenhafter Vorzeit die Eroberung Trojas und beide Male hatten sich dabei mythische Ahnen der Ägineten als große Helden hervorgetan: Stammvater des äginetischen Herrscherhauses war Ajakos, ein Sohn des Zeus und der Nymphe Ägina, die der Insel den Namen gab. Telamon, ein Sohn des Ajakos, kämpfte an der Seite des Herakles, als dieser zum ersten Mal Troja eroberte. Beim zweiten, von Homer besungenen Kampf um Troja waren die Enkel des Ajakos die größten griechischen Helden: Ajas, der Sohn des Telamon, und Achill, der Sohn von Telamons Bruder Peleus. Wohl deshalb schmückten die Ägineten die beiden Giebel ihres kurz nach 500 v. Chr. für die Göttin Aphaia neu errichteten Tempels mit Darstellungen dieser Ruhmestaten ihrer Ahnen, der so genannten Ajakiden.

Auslöser des ersten Trojanischen Krieges ist ein zweifacher Wortbruch gewesen: Apoll und Poseidon bauen die Mauern von Troja. Ajakos hilft ihnen dabei. Der trojanische König Laomedon zahlt aber den Göttern den dafür ausbedungenen Lohn nicht. Apoll straft daraufhin Troja mit einer Pest; Poseidon sendet ein Ungeheuer, das viele Menschen verschlingt. Um das Untier zu versöhnen, ist Laomedon gewillt, ihm seine eigene Tochter Hesione zu opfern. Da kommt Herakles, rettet Hesione und tötet das Ungeheuer. Zum Dank dafür hat ihm Laomedon die unsterblichen Rosse versprochen, die einst Tros, Großvater des Laomedon und Ahne der Trojaner, von Zeus geschenkt bekommen hatte. Wiederum hält Laomedon nicht Wort. Deshalb zieht Jahre später Herakles, begleitet von seinem Freund Telamon, mit einer Schar auserwählter Krieger gegen Troja. Die Stadt wird erobert und Laomedon mit seinen Söhnen getötet, nur Priamos überlebt.

Dass dieses Thema in der Ostgiebelgruppe des Tempels dargestellt ist, hat schon 1817, also wenige Jahre nach der Auffindung der Skulpturen, der Archäologe Alois Hirt erkannt. Ihm war die Geschichte von der ersten Eroberung Trojas aus der antiken Literatur, vor allem von den Oden Pindars, vertraut.[1] Dieser besingt in seinen Preisliedern auf äginetische Sieger bei den panhellenischen Spielen immer wieder die Ruhmestaten der Ajakiden. Zu Hirts Deutung passt auch die Helmzier eines Bogenschützen, die in Form eines Löwenkopfes gestaltet ist, und somit für Hirt diese Figur als Herakles kennzeichnete (Abb. 18.1). Die Deutung blieb längere Zeit umstritten, da solch eine abgekürzte Darstellung des berühmten Löwenfells bei Heraklesdarstellungen der antiken Kunst ungewöhnlich ist. Erst als man in Delphi Reliefs des Athener Schatzhauses fand, die die Taten des Herakles darstel-

18.1 *Kopf des Herakles. Sein Helm ist in Form eines Löwenkopfes gestaltet: sehr detailgetreu, sogar die Schneidezähne und die mächtigen, einst bis in die Stirn ragenden Fangzähne (abgebrochen) sind dargestellt. Detail Abb. 18.2, 490/480 v. Chr.*

18.2 Ostgiebel: Herakles und
Telamon erobern Troja.
Giebelskulpturen des Tempels der
Aphaia von Ägina, 490/480 v. Chr.
(Kat. 51)

len und bei denen auf einer Reliefplatte der Held einen ganz ähnlich geformten Helm trägt, waren diese Bedenken für die meisten zerstreut.[2] Dennoch erstaunt, dass in dieser Giebelkampfgruppe der Halbgott Herakles, der Anführer des Feldzuges, so wenig prominent postiert und recht unauffällig mit seinem Attribut, dem Löwenskalp, charakterisiert wurde. Für den antiken Betrachter, der aus starker Untersicht auf die in über 9 m Höhe im Giebel stehende Figur blickte, dürfte die löwenkopfförmige Helmzier wohl nur bei genauer Betrachtung auszumachen gewesen sein: Herakles ist in diesem Kampfbild ein Held unter anderen Helden.

Vielleicht erklärt sich dies aus äginetischem Lokalpatriotismus. Denn nach Pindar, der nicht müde wird, den Ruhm der Ajakiden zu preisen, hat nicht Herakles, sondern Telamon den trojanischen König getötet. Aber auch bei Apollodor, der fünf Jahrhunderte später schreibt, heißt es: »Während der Belagerung brach Telamon durch die Mauer hindurch und drang so als erster in die Stadt ein, nach ihm Herakles« (vgl. Kap. 3 und 5). Danach müsste man eigentlich erwarten, dass Telamon in dieser Giebelkomposition eine dominante Position einnimmt.

Aber, so könnte man einwenden, ist die Frage, wer in dieser Giebelgruppe Telamon oder Laomedon darstellt, überhaupt berechtigt? Adolf Furtwängler, der die Grundlagen zur Erforschung dieser Skulpturen gelegt hat, verneint dies. Er postuliert die Anonymität der Giebelfiguren: Die Künstler hatten, wie er glaubt, »völlig freie Hand, die Giebel zu füllen. Was man zu sehen verlangte, war nichts anderes als Heldenkämpfe.«[3] Das ist aber m. E. wenig wahrscheinlich und widerspricht vielen Darstellungen auf Vasenbildern, aber auch auf Marmorwerken dieser Zeit, wie z. B. den Friesen des Siphnier-Schatzhauses in Delphi, bei denen die Namen der Dargestellten angeschrieben sind.

Und so sieht Dieter Ohly, der die Skulpturen von den Ergänzungen Thorvaldsens befreit und die heutige Neuaufstellung erarbeitet hat, dieses Problem auch ganz anders. Er glaubt, dass der »einstige kundige Besucher« des Heiligtums die einzelnen Figuren benennen konnte.[4] Nur uns, meint er, fällt die Bestimmung schwer, da die Sage vom ersten Trojanischen Krieg nur in Bruchstücken überliefert, der Giebel nur lückenhaft erhalten und vor allem die ehemalige farbige Fassung der Skulpturen gänzlich verloren sei, »deren Anteil an der Schilderung nicht unterschätzt werden sollte«.

Ohly erkennt, wie schon viele andere vor ihm, in dem Sterbenden der linken Giebelhälfte den trojanischen König Laomedon, der von den Pfeilen des Herakles getroffen wurde (Abb. 18.2). Die Bewegung der Göttin Athena, die in ihrer weit ausgestreckten Linken die Ägis hält, interpretiert er als Drohgebärde: »Ist der Gestus der Göttin als Unwille zu deuten, mit dem sie eben diesem im Ostgiebel siegreichen Hopliten späteres Unheil verkündete?«.[5] Der siegreiche Vorkämpfer rechts von Athena ist deshalb für Ohly ein Trojaner: »vermutlich Priamos«, der einzige Sohn des Laomedon, der diesen ersten Kampf um Troja überlebt und als

Ohly:	Laomedon	Trojaner Trojaner	Trojaner Telamon	Priamos	Grieche	Iolaos	Herakles	Grieche
Wünsche:	Laomedon	Trojaner Grieche	Grieche Trojaner	Telamon	Trojaner	Trojaner	Herakles	Grieche
Variante 2:	Laomedon	Trojaner Trojaner	Trojaner Peleus	Telamon	Trojaner	Trojaner	Herakles	Grieche
Variante 3:	Trojaner	Trojaner Trojaner	Trojaner Peleus	Telamon	Laomedon	Trojaner	Herakles	Grieche

18.3 Ostgiebel:
Deutungsmöglichkeiten der
Kampfgruppen. Trojaner sind kursiv,
Griechen in normaler Schrift
angegeben.

neuer König Troja wieder aufbaut. Mit dieser Benennung ist das Kampfgeschehen im Giebel geklärt: Zu dem unterlegenen griechischen Gegner des »Priamos« gehört der von hinten heraneilende Knappe. Ohly hält ihn für Iolaos, den Kampfgefährten und Freund des Herakles. Der Sterbende in der rechten Giebelecke ist ebenfalls ein Grieche. Wenn der Vorkämpfer rechts von Athena ein Trojaner ist, kann der Kämpfer links von Athena nur ein Grieche sein, wohl Telamon. Seine trojanischen Gegner sind für uns nicht benennbar (Abb. 18.3).

Ohlys Deutung des Kampfgeschehens besticht durch die klare Scheidung von Freund und Feind: Die beiden siegreichen Kämpfer zu Seiten Athenas, der Trojaner Priamos und der Ajakide Telamon, sind wahre Vorkämpfer: Sie stehen allein den Feinden gegenüber, die in die jeweilige Giebelecke gruppiert sind. Die beiden Bogenschützen verspannen die Komposition: Sie zielen über den ganzen Giebel hinweg und haben ihren jeweiligen Gegner in der gegenüberliegenden Giebelecke schon getroffen. Dass der trojanische König Laomedon von Herakles getötet wird, entspricht der Sagenversion, wie Apollodor sie berichtet.

Obwohl diese Deutung der Giebelkomposition so schlüssig wirkt, scheint sie mir nicht unproblematisch zu sein: Von der Figur des Telamon, nach Ohly links von Athena stehend, sind zwar nur Bruchstücke erhalten, aber dennoch kann man mit Sicherheit sagen, dass Telamons Körper durch den in der Linken getragenen Schild weitgehend verdeckt gewesen sein muss. Hingegen konnte der Bildhauer den anderen Vorkämpfer, nach Ohly der Trojaner Priamos, in seiner ganzen körperlichen Pracht darstellen, da er nach rechts agiert und nicht vom Schild verdeckt wird. »Priamos« schreitet weit aus, er ist sich seines Sieges über den schon taumelnden griechischen Gegner gewiss. Dieser Krieger ist, neben Athena, die dominanteste Figur des ganzen Giebels. Kann dieser Held wirklich Priamos sein? Ist es möglich, dass im Giebelschmuck eines Tempels in Ägina einem Trojaner die prominenteste Stelle zugewiesen wird? Müsste nicht dem Sieger und dem hier verehrten Lokalheroen dieser Platz zugewiesen sein?

Kurz gesagt: Der Vorkämpfer rechts von Athena kann m. E. nicht Priamos, sondern muss der Äginete Telamon sein. Dem viel gerühmten Sohn des Ajakos und Vater des Ajas gebührt dieser Platz. Die Haltung und Bewegung der Athena spricht nicht gegen diese Deutung. Im Gegenteil: Das weite Entfalten ihrer Ägis ist zweifellos eine Geste ihrer göttlichen Macht: Es stellt eine Bedrohung dar, wenn sie jemandem feindlich ihre Ägis entgegenhält; es ist aber ein Zeichen ihrer Hilfe, wenn Athena, wie in diesem Giebelbild, die Ägis im Rücken des Kriegers schützend ausbreitet.[6]

Wenn der rechte Vorkämpfer Telamon, ein Schützling Athenas ist, dann muss sein wankender Gegner, dem ein Knappe vergeblich zu Hilfe eilt, ein bedeutender Trojaner sein. Dann folgt Herakles und ganz außen ein Sterbender, wohl ein Grieche. Hält man nun den Vorkämpfer (fehlend) auf der anderen Seite des Giebels für einen Trojaner – aus Gründen der Gleichgewichtigkeit – so ergibt sich daraus eine

vergleichbare Abfolge von Freund und Feind: Trojanischer Vorkämpfer gegen einen Griechen, dahinter ein zweiter hinzu eilender Grieche, dann ein trojanischer Bogenschütze und schließlich ein sterbender Trojaner. In dieser Aufteilung von Freund und Feind stehen sich Griechen und Trojaner gleichgewichtig gegenüber.[7] Und die Benennung der Figuren wird dem Mythos und der Bedeutung des Darstellungsprogramms für die Ägineten weit gerechter als die bisherigen Vorschläge.

Sichere Benennungen anderer Krieger sind nicht möglich. Jedoch kann m. E. – gemäß der hier vorgeschlagenen Deutung – auch der trojanische Vorkämpfer links von Athena nicht Priamos sein. Ich glaube, dass Priamos in diesem Kampf nicht dargestellt war, denn der Mythos berichtet: Laomedon und seine Söhne werden bei der Eroberung Trojas getötet – nur Priamos überlebt. Seine Schwester Hesione, die gefangen genommen wurde, wird von Herakles dem Telamon zur Nebenfrau gegeben. Ihr ist es erlaubt, einen Gefangenen frei zu kaufen. Sie wählt ihren Bruder Priamos, der die Eroberung der Stadt überlebt hat. Er wird von Herakles zum neuen König von Troja erhoben. Warum diese Gnade? In einer Sagenversion heißt es, Priamos habe als einziger der Söhne des Laomedon »sich dem Vater widersetzt und ihm geraten«, dem Herakles den vereinbarten Lohn, die Rosse, zu geben. Wahrscheinlich hat Priamos, der jüngste Sohn, am Kampf gegen Herakles und Telamon gar nicht teil genommen. Damit entspräche Herakles' großherzige Einsetzung des Priamos zum neuen König genau dem mythischen Schema, das wir auch von der Sage um den König Augias kennen: Dessen Sohn hatte gegen seinen ungerechten Vater Partei für Herakles ergriffen, und wurde nach dem Tod des Augias von Herakles zum neuen König von Pisa (in Elis) erhoben. Auf jeden Fall muss Priamos unschuldig gewesen sein: Das ist die Voraussetzung für sein Überleben und für die Thronfolge. Er kann nicht ein den Griechen Verderben bringender Held, also ein Vorkämpfer, gewesen und in diesem Giebel dargestellt sein. Wäre der Vorkämpfer links von Athena ein Trojaner, könnte er folglich nur einer der anderen Söhne Laomedons sein, die später von Herakles getötet werden.

18.4 Ostgiebel: Kampfgruppe in der rechten Giebelhälfte (Abb. 18.2). 490/ 480 v. Chr.

Bei dieser Deutung der Giebelfiguren sind Griechen und Trojaner nicht so klar getrennt wie beim Vorschlag von Ohly. Aber die Kampfgruppen sind rhythmisch geordnet, wie wir es vom Westgiebel des Aphaiatempels aber auch von den Olympiaskulpturen kennen: Die Verteilung von Freund und Feind ist ausgewogen.

Auch wenn ich die hier vorgeschlagene Deutung für gut möglich halte, muss man sich fragen, ob man unbedingt von der Rhythmik der Komposition auf eine Gleichwertigkeit der Gegner in einem Kampfbild schließen darf. Es gibt zu wenige gut erhaltene griechische Giebelgruppen dieser Zeit, um entsprechende Darstellungsprinzipien ableiten zu können. Bei diesem Giebel scheint mir die Frage berechtigt: Könnte der Vorkämpfer links von Athena nicht ebenfalls ein Ajakide sein? Nach Pindar hat auch Peleus, der Bruder des Telamon, an dem Feldzug gegen Troja teilgenommen.[8] Dass die beiden Ajakiden als die großen Protagonisten dieses Kampfgeschehens gezeigt würden, entspräche den rühmenden Schilderungen Pindars und dem äginetischen Nationalstolz.

Wenn wir annehmen, dass der Vorkämpfer links von Athena ebenfalls ein Ajakide ist, nämlich Peleus, so müssen die anderen Krieger in dieser Giebelhälfte Trojaner sein. Sie sind nicht benennbar. Der bärtige Sterbende in der Giebelecke könnte der trojanische König Laomedon sein – getroffen von den Pfeilen des Herakles. Aber auch diese Benennung ist, wenn man Pindar vertraut, nicht zwingend: Er schreibt nämlich, wie schon oben angeführt, dass Telamon den trojanischen König tötete. Ist deshalb nicht zu erwägen, ob die Kampfgruppe rechts von Athena den Augenblick seines größten Triumphes, seinen Sieg über Laomedon zeigt (Abb. 18.4)? Die Dramatik der Darstellung würde dazu passen: Telamons Gegner ist schon verwundet, wie Einkerbungen am Körper zeigen. Aus diesen ›Wunden‹, so muss man sich die einstige Bemalung vorstellen, quoll Blut und rann über den Körper herab.

Mit dem Schwert (verloren) in der Rechten fuchtelt der schwer Getroffene hilflos in der Luft. Seine Linke kann den Schild nicht mehr halten, er gleitet ihm langsam vom Arm herab. Sein Knappe eilt hinzu. Er trägt in der Rechten einen Helm (nur eine Helmwange erhalten), der seinem Herrn zuvor vom Kopf geschlagen wurde. Die Hilfe des Knappen kommt zu spät. Im nächsten Augenblick wird der Verwundete von Telamon den tödlichen Stoß mit der Lanze erhalten. Mit der Horizontalen des Giebelbodens ergeben die Körper Telamons und des Knappen eine dreiecksförmige Komposition, deren Mittelachse für einen kurzen Augenblick der aufrecht stehende Verwundete bildet, bevor er nach hinten stürzt. Warum soll nicht in dieser hoch dramatischen Kampfszene die Entscheidung dieses Krieges, der Sieg des Telamon über Laomedon dargestellt sein? Zwar ist der Kopf des Wankenden nicht erhalten, aber aus einem kleinen, relativ unverwitterten Streifen unter dem Halsansatz lässt sich erschließen, dass der Verwundete einen Bart trug, durch den diese Stelle vor Verwitterung durch den Regen geschützt wurde.[9] Ein Bart würde zum Bild des trojanischen Königs passen.

Bei den zuletzt angeführten zwei Deutungsvarianten ergibt sich – anders als bei der ersten von mir erwogenen Deutung – kein Gleichgewicht der Gegner: vier Griechen stehen sechs Trojanern gegenüber. Ob dies bei einer Giebelkomposition dieser Zeit möglich sein kann, ist schwer zu entscheiden. Ikonographische Parallelen fehlen: Die Giebelgruppe ist die einzige Darstellung dieses Themas in der griechischen Kunst.

Wie dem auch sei: Die drei hier vorgeschlagenen Lösungen zur Benennung der Hauptfiguren gehen von der Vorstellung aus, dass der entwerfende Bildhauer schon in der Komposition der Figuren das eigentliche Thema der Darstellung, nämlich den Ruhm der Ajakiden, dem Betrachter offensichtlich machte. Dass dies nicht der Fall sein soll und in den Giebeln Heldenkämpfe dargestellt sind, bei denen man die Ajakiden nur anhand von möglicherweise einst auf dem Gebälk

des Tempels aufgemalten Namen entschlüsseln konnte, halte ich für schwer verständlich. Deshalb scheinen mir die hier vorgeschlagenen Benennungen der Figuren wahrscheinlicher zu sein, als die bisher gegebenen.

Der zweite Kampf um Troja:
Die Skulpturen im Westgiebel des Aphaiatempels von Ägina

Zehn Giebelfiguren fanden 1811 die Ausgräber vor der Westfront des Tempels, und so hat der englische Architekt Charles Robert Cockerell, einer der Auffinder der Ägineten, anhand der von ihm notierten Fundlagen einen ersten Rekonstruktionsversuch der Giebelgruppe entworfen. Für diese Figurenkomposition fand 1817 Alois Hirt eine schlüssige Deutung. Er glaubte, dass eine berühmte Szene aus der *Ilias* dargestellt sei: Der Kampf um die Leiche des Patroklos. Dem gemäß wurden von Hirt verschiedene Figuren benannt: Ajas, Patroklos, Äneas, Paris, Teukros. Kronprinz Ludwig von Bayern, der 1812 die Skulpturen auf einer Auktion in Zante erworben hatte, schrieb, als er dies erfuhr, voller Freude nach Rom an Martin von Wagner, der dort die Ergänzungsarbeiten des Bildhauers Bertel Thorvaldsen an diesen Figuren leitete: »Jetzt ist es gefunden, was die Bildsäulen darstellen … den Streit um Patroklos Leiche…, und sie sollen, wie sie an des Tempels Giebel dichter gestanden, in meiner Glyptothek zu stehen kommen.«[10] Wagner, den Hirts Deutung nicht überzeugte, antwortete Ludwig: »Auch die von Hofrath Hirt gefasste Meinung, dass die Gruppe des einen Giebels den Streit um den Leichnam des Patroklos….vorstellen soll, ruht auf sehr seichten Gründen, oder um richtiger zu sagen, auf gar keinen.« Spöttisch und mit gutem Wortwitz setzte Wagner hinzu: »Ich versprach mir wirklich mehr Spührsinn von unseren antiquarischen Hirten«.

Die spätere archäologische Forschung sollte Wagners Kritik recht geben, aber damals blieb sie ohne Wirkung. Die Figuren wurden auf Ludwigs Wunsch nach Cockerells Plan aufgestellt. So entstand gegen den Willen Wagners und Thorvaldsens jene eigenwillige Figurenkomposition des Westgiebels, bei der zwei leicht geduckte, mit Lanzen agierende Krieger so postiert sind, dass man der Eindruck hat, sie würden in den Rücken des jeweils vor ihnen kauernden Bogenschützen einstechen (Abb. 18.6). Dass dies falsch ist, hat man bald erkannt: Viele neue Vorschläge zur Komposition des Giebels wurden erwogen und verworfen.

Erst nach Abnahme der Ergänzungen von Thorvaldsen gelang es Dieter Ohly, auf wichtige Erkenntnisse Adolf Furtwänglers, Eduard Schmids und auf eigene Forschungen sich stützend, eine überzeugende Gruppierung der Giebelgruppe zu erarbeiten. Sie gründet u. a. auf einer genauen Untersuchung der erhaltenen Gesimsblöcke des Giebels, in denen die Standflächen (Plinthen) der Figuren vertieft eingelassen waren. Diese Einbettungen sichern in entscheidenden Bereichen die Richtigkeit der jetzigen Aufstellung.

Die Komposition des Westgiebels ist gleichgewichtig und rhythmisch gegliedert: Zu beiden Seiten Athenas jeweils eine Zweikampfgruppe und dann eine

18.5 Westgiebel: Kopf eines Kriegers, Gegner des Vorkämpfers rechts von Athena (Detail von 18.7). Trotz der Kampfsituation hat der Krieger seinen Helm aus dem Gesicht geschoben. Diese idealisierte Darstellung ermöglicht dem Bildhauer, das Gesicht des Helden zu zeigen. Beim richtigen Aufsetzen des Helmes zum Kampf bedeckt der Helm, wie man an den Aussparungen für Augen und Ohren erkennen kann, das Gesicht fast vollständig. Stiftlöcher am Helm weisen auf Verzierungen aus Metall hin. 500/490 v. Chr.

18.6 Klassizistische Aufstellung der von Thorvaldsen ergänzten Westgiebelgruppe.

18.7 Neuaufstellung der Westgiebelgruppe nach Abnahme der Ergänzungen. Giebelskulpturen des Tempels der Aphaia von Ägina, 500/490 v. Chr. (Kat. 52)

Kampfgruppe von jeweils vier Kriegern – ein Bogenschütze und ein geduckt agierender Kämpfer gegen einen Fallenden und einen Sterbenden (Abb 18.7). Für die Fragen, welche unter diesen Kämpfern die Griechen bzw. Trojaner sind und wer von ihnen benannt werden kann, gibt der Bogenschütze in der linken Giebelhälfte einen wichtigen Anhaltspunkt. Mit seiner fremdländischen Tracht – eng anliegende Hose, langärmelige Jacke, darüber eine Lederweste und auf dem Kopf die so genannte skythische Mütze aus Leder – muß es ein Trojaner und kann dann nur der trojanische Prinz Paris sein. Das hat schon A. Hirt vor 190 Jahren so gesehen, und das gilt heute noch. Paris scheint auf den schon getroffenen Krieger in der äußersten Giebelecke zu zielen. Der von einem Pfeil schon Getroffene ist aber keinesfalls Achill, der vor Troja durch einen Pfeilschuss des Paris stirbt: Die Kampfdarstellung folgt konventionellen kompositorischen Gesetzen und ist keine Aneinanderreihung der mythisch bedeutendsten Kampfszenen. Allein aus der Position des Paris ergibt sich, dass der neben ihm kämpfende Krieger ebenfalls ein Trojaner und die beiden unterliegenden Gegner Griechen sind. In der gegenüberliegenden Giebelhälfte ist es genau umgekehrt: ein griechischer Bogenschütze und geduckter Krieger gegen zwei unterliegende Trojaner (ein Figur fehlt). Für keine dieser Figuren gibt es einen äußerlichen Anhaltspunkt, der eine Benennung sichern könnte. Nur wenn man, was sicher nicht unberechtigt, von einem gewissen Lokalpatriotismus der Ägineten ausgeht, liegt es nahe, in dem griechischen Bogenschützen Teukros, den Sohn Telamons und Enkel des Ägineten Ajakos zu erkennen. Das sieht Ohly so, und hat man auch schon vor 190 Jahren so gesehen: Wie Paris bei den Trojanern, galt nämlich Teukros bei den Griechen als der beste Bogenschütze.

Bei der Deutung der Zweikampfgruppen muss man davon ausgehen, dass bei einer von ihnen Ajas, Enkel des Ajakos, als siegreicher Kämpfer dargestellt gewesen sein muss. Ohly erkennt ihn in dem Vorkämpfer links von Athena. Er konnte nämlich bei seinen grundlegenden Untersuchungen zur ehemaligen Bemalung der Ägineten auf dem Schild dieses Kriegers, anhand der unterschiedlichen Verwitterung der Marmoroberfläche, das ehemalige Schildzeichen entdecken: einen Adler mit einer Schlange im Schnabel.[11] Ein antikes Schildzeichen hat zweifellos nicht die kennzeichnende Bedeutung eines abendländischen Schildwappens und man findet auf Bildern griechischer Vasen oft denselben Helden mit ganz unterschiedlichen Zeichen auf seinem Schild.[12] In diesem Fall dürfte jedoch das Schildzeichen für die Benennung dieser Figur als Ajas sprechen. Pindar, der die Ruhmestaten der Ajakiden besingt, weiß nämlich über Ajas folgende Legende zu berichten: Sein Vater Telamon wünschte sich einen Sohn. Als Herakles mit Telamon zur ersten Eroberung von Troja aufbrach, bat er seinen Vater Zeus, dem Telamon einen Sohn zu schenken, dessen Körper ebenso unverwundbar sei wie sein Löwenfell und der Mut dementsprechend. Zeus schickte als Zeichen, dass der Wunsch in Erfüllung gehe, seinen Adler. Und so konnte Herakles dem Telamon verkünden: »Es wird ein Sohn dir, Telamon, den du wünschtest, geboren werden. Nach dem ›aietos‹, dem

| Ohly: | Grieche | Grieche | Trojaner | Paris | Trojaner | Ajas | Trojaner | Grieche | Teukros | Grieche | Trojaner | Trojaner |
| Wünsche: | Grieche | Grieche | Trojaner | Paris | Trojaner | Ajas | Achill | Trojaner | Teukros | Grieche | Trojaner | Trojaner |

18.8 Westgiebel:
Deutungsmöglichkeiten der
Kampfgruppen. Trojaner sind kursiv,
Griechen in normaler Schrift
angegeben.

Adler, sollst du ihn Ajas nennen.« Und so ist es naheliegend, dass man in Ägina dem Ajas einen Adler auf den Schild malte, um an diesen Mythos zu erinnern (vgl. Kap. 5).

Im Sinne der Gleichgewichtigkeit von Griechen und Trojanern glaubt nun Ohly, dass der rechte Vorkämpfer ein Trojaner sein müsse (Abb. 18.7). Damit hätte in dieser ausgewogenen Giebelkomposition den prominentesten Platz im Giebel – nach Athena – ein Trojaner inne.[13] Sein Körper wird nicht vom Schild verdeckt, er kann vom Bildhauer in seiner ganzen Pracht gezeigt werden. Wie bei der Deutung des Ostgiebels, muss man sich fragen, ist diese Bevorzugung eines trojanischen Helden bei einer Darstellung in Ägina vorstellbar? Es wäre doch für den entwerfenden Bildhauer ganz einfach gewesen, die völlig symmetrische Komposition der beiden Zweikampfgruppen einfach umzudrehen, den siegreichen Trojaner links von Athena zu stellen und Ajas rechts von Athena zu platzieren, um somit diesen Ahnen der Ägineten gebührend herauszustellen. Wenn der entwerfende Meister des Giebels dies nicht tat, muss es einen Grund haben. Ebenso schwer verständlich ist es, dass bei der von Ohly vorgeschlagenen Deutung Achilles, Enkel des Ajakos, der berühmteste Ajakide überhaupt, in diesem Giebel nicht dargestellt ist.

Die Lösung aus diesem Dilemma ist einfach: Ich glaube, dass wir in dem rechten Vorkämpfer Achilles erkennen müssen. Ihm, dem größten Held vor Troja, gebührt dieser Platz. Die beiden berühmtesten Enkel des Ajakos, die Söhne der ersten Eroberer Trojas, sind die siegreichen Vorkämpfer.[14] Ihre Gegner müssen

18.9 Kampfgruppe in der linken
Giebelhälfte. Der Bogenschütze ist der
trojanische Prinz Paris, erkennbar an
seiner fremdländischen Tracht: eng
anliegende Hose, langärmelige Jacke,
darüber eine Lederweste und auf dem
Kopf die so genannte skythische
Mütze aus Leder. Die einstige reiche
und detaillierte Bemalung des Ge-
wandes setzte diese Figur von den
übrigen nackten Kriegern deutlich ab.
500 / 490 v. Chr.

18.10 Westgiebelgruppe: Ajas von hinten gesehen. An dem kleinen Stützsteg im Rücken setzte einst der bis dorthin herabfallende Helmbusch des Kriegers auf. Der Helmbusch war nicht angestückt, sondern aus demselben Marmorblock wie die Figur gearbeitet. 500/490 v. Chr.

große trojanische Helden sein. Nur sind ihre Namen für uns nicht bestimmbar, denn Achill und Ajas haben viele von ihnen erschlagen. Möglicherweise waren ihre Namen, wie die Namen aller Kämpfer einst auf dem weiß getünchten Giebelgesims mit Farbe aufgemalt.

Bei dieser Benennung der Giebelfiguren bekommt die Darstellung genau die Aussage, die Pindar immer wieder als unvergleichlichen Ruhm der Ägineten preist: Achill und Ajas, die Söhne des Peleus bzw. des Telamon und die Enkel des Ajakos, sind beim zweiten Krieg um Troja die größten griechischen Helden. Die hier vorgeschlagene Deutung verbindet sich bestens mit dem Gleichgewicht der Figurenkomposition: sechs Griechen gegen sechs Trojaner. Nur wird durch die siegreiche Aktion der beiden Ajakiden der Ausgang dieses Kampfes offensichtlich. Und genau diese Aussage ist m. E. bei einer Darstellung auf einem Tempel in Ägina auch zu erwarten.

Die beiden Bogenschützen heben sich schon durch ihre Panzerung von den übrigen, nackt kämpfenden Kriegern ab. Durch die ehemalige reiche Bemalung der Panzer wurde dies noch deutlicher. Diese Hervorhebung ist nicht nur für die Giebelkomposition von großer Wirkung gewesen, sondern sie passt auch zur Bedeutung der beiden Krieger: Paris löste mit dem Raub der Helena den Krieg aus, der Troja den Untergang bringt, und an seinem Pfeilschuss stirbt Achill (Abb. 18.8). Hingegen ist Teukros der einzige der Ajakiden, der von Troja heimkehrt. Er stammt mütterlicherseits vom trojanischen Herrscherhaus ab: Seine Mutter Hesione, Tochter des trojanischen Königs Laomedon, wurde nach der ersten Eroberung Trojas von Telamon zur Zweitfrau genommen: Teukros ist somit Halbbruder des Ajas, Neffe des trojanischen Königs Priamos und Cousin von Hektor, Paris und den vielen, insgesamt 50 Söhnen und Töchtern des Priamos, die fast alle beim Kampf um Troja untergehen.

Abschließend sei hinzugefügt: Das Programm dieser Giebelgruppen ist m. E. nicht die Darstellung griechischer Heldenkämpfe vor Troja, sondern die Verherrlichung der mythischen Ahnen Äginas, denen diese heroischen Siege der Griechen vor allem zu verdanken waren. Die Giebelbilder zeigen die Ajakiden unter dem Schutz der Göttin Athena: Es ist eine politische Manifestation Äginas gegenüber seinem Konkurrenten Athen. Zu diesem Programm gehörte auch eine einst am Altarplatz des Tempels aufgestellte Figurengruppe, die, wie Ohly aus Fragmenten erschließen konnte, den Raub der Nymphe Ägina durch Zeus zeigte.[15] Dieser Raub führt zur Geburt des Ajakos: Der Stammvater der Ägineten war also ein Sohn des Zeus und somit Halbbruder des Herakles.

Ägina pflegte den Kult um Ajakos und seine Nachkommen. Es gab dort, wie berichtet wird, auch Kultbilder der Ajakiden. Der Ruhm des Ajakos strahlte sogar über Ägina hinaus: Manche vornehme Familie Athens führte ihre Ahnen auf ihn zurück. Ihm wurde am Ende des 6. Jahrhunderts auf dem Marktplatz von Athen sogar ein Heroon errichtet. Sicher eine bewusste politische Aktion Athens: Man wollte Ajakos, d. h. die Insel für sich vereinnahmen. Ägina reagierte und schloss sich 506 v. Chr. einer antiathenischen Allianz an. Wenig später errichteten die Ägineten diesen Tempel, der die Taten ihrer Ahnen unter dem Beistand Athenas feiert. Die Aussage dieses Denkmals verstand jeder. Welch hoher Ruhm zu dieser Zeit die Ajakiden umgab, lässt sich aus einer uns überlieferten Geschichte aus der Zeit der Perserkriege erahnen: Am Vorabend der Seeschlacht bei Salamis (480 v. Chr.), als die Griechen gemeinsam gegen die Perser zusammenstanden und auch Ägina die Rivalität mit Athen vergaß, ließen die Griechen die Kultbilder der Ajakiden aus Ägina herbeibringen – als Helfer in der Schlacht. Und deren Kräfte versagten nicht.

R. W.

KAMPF UM TROJA

VOR DER ILIAS: NEUN JAHRE KRIEG

19. Landung vor Troja: Protesilaos

Als die riesige Flotte endlich vor Troja landet, kommt es bereits am Strand zu heftigen Kämpfen mit den Trojanern, die die Griechen schon erwarten. Der junge Protesilaos, Anführer der Männer aus Phylake in Thessalien, springt als erster an Land, tötet eine Reihe von Trojanern, bevor er selbst von Hektor erschlagen wird. So die *Kyprien*, und in der *Ilias* (2, 698–702) heißt es im ›Schiffskatalog‹:

»Diesen herrschte voran der streitbare Protesilaos,
als er lebt'; jetzt aber umschloss ihn die dunkle Erde.
Einsam in Phylake blieb mit zerrissenen Wangen die Gattin
und sein verödetes Haus: ihn erlegt' ein dardanischer Krieger,
als er dem Schiff entsprang, zuerst von allen Achaiern.«[J.H. Voss]

Ein gewöhnliches Soldatenschicksal möchte man meinen. Doch Protesilaos erlangte durch diesen unspektakulären Tod in der Antike weitreichenden Ruhm und Verehrung. Das bedarf einer Erklärung, denn selbst wenn das ›agonale Prinzip‹, das ständige Sich-Messen und Streben, der Beste zu sein, das griechische Denken und Handeln nachhaltig bestimmt hat, so musste man doch nicht unbedingt beim Sterben der erste sein[1].

Eine in zwei Repliken in New York und London überlieferte Statue (Abb. 19.1) wird oft mit Protesilaos in Verbindung gebracht[2]. Der Krieger mit Helm und Lanze bewegt sich auf einer abschüssigen Fläche nach vorn, hält aber in der Bewegung inne. Ursprünglich hielt er in der Linken einen Schild, wie Reste des Schildbandes am linken Unterarm belegen. Wellen an der Basis der Londoner Replik lassen vermuten, dass er sich auf einem Schiff oder am Strand befindet. Er ist also wohl im Begriff, von Bord zu gehen. Eine Identifizierung mit eben dem Griechen, der als erster seinen Fuß auf trojanischen Boden setzte, liegt nahe. Durch Plinius (*Naturgeschichte* 34, 76) wissen wir auch, dass ein Bildhauer namens Deinomenes eine Protesilaosstatue geschaffen hat. Münzen aus seiner Heimat Thessalien (Abb. 19.2), die den Heros Protesilaos bei der Landung zeigen, könnten motivisch von diesem bis in die Kaiserzeit hoch geschätzten Bildwerk angeregt worden sein. Mit der erhaltenen Skulptur aus der Zeit des Strengen Stils (Abb. 19.1) aber haben sie wenig gemein.

In der frühen Überlieferung (*Ilias, Kyprien* etc.) findet sich zu Protesilaos nicht mehr als die knappe Schilderung vom jähen Ende seines kurzen Heldenlebens. Kaum ein Bildwerk aus der Zeit vor 500 v. Chr. lässt sich mit ihm verbinden[3]. Bald danach aber erscheint er auf Münzen der makedonischen Stadt Skione (Abb. 19.3). Sie belegen das hohe Alter einer literarisch erst spät fassbaren Erzählvariante (Konon *FGrH* 26 F 1,13): Demnach fiel Protesilaos nicht zu Beginn des

19.1a–b ›Protesilaos‹.
a: Kriegerstatue. Die Baumstumpfstütze, an der ein Schwert hängt, ist eine notwendige Zutat des römischen Kopisten für die Marmorstatue, die das griechische Bronzeoriginal aus der Zeit um 460 v. Chr. nicht besaß.
b: Rekonstruktion von Th. Stathakopoulou-Karagiorga. Hand und Armhaltung zeigen, dass der Krieger die verlorene Lanze fast senkrecht hielt, auf keinen Fall machte er eine Ausholbewegung.

19.2 *Protesilaos mit Panzer, Helm, Schild und gezücktem Schwert ist an Land gegangen, im Hintergrund der Bug eines Kriegsschiffs. Silbermünze vom phthiotischen Theben, 302–286 v. Chr.*

19.3a–b *Kopf eines jungen behelmten Mannes; die rückläufige Inschrift auf dem Helmbusch bezeichnet ihn als PROTESILAS. b: Schiffsheck mit Steuermann (?) und Mast; Inschrift SKIO. Silbermünze von Skione, geprägt 500–480 v. Chr., London.*

Krieges, sondern gründete nach der Zerstörung Trojas auf der Rückfahrt in Makedonien die Stadt Skione.

Auch literarisch gewinnt der jugendliche Held im 5. Jahrhundert v. Chr. an Gestalt. Die besondere Tragik seines Schicksals, des frisch Vermählten, der schon am Tag nach der Hochzeit mit Laodameia in den Krieg ziehen muss, wird nun ausgestaltet – erstmalig fassbar in dem Drama *Protesilaos* des Euripides. Auf seine und seiner Gattin Bitten hin gewähren die Götter der Unterwelt dem Toten, noch einmal für einen Tag mit ihr zusammenzusein. Als er sie dann erneut verlassen muss, nimmt sich Laodameia das Leben. In der Bildkunst findet sich diese tragische Liebesgeschichte jedoch erst sehr viel später, in römischer Zeit. Vorbildliche Gattenliebe ist ein beliebtes Motiv auf kaiserzeitlichen Sarkophagen (Abb. 19.4).

Erst durch eine Prophezeiung erlangt der Tod des Protesilaos den Rang einer wahren Heldentat, wonach den Griechen nämlich bekannt war, dass derjenige unter ihnen, der als erster den Fuß auf trojanischen Boden setzte, auch als erster fallen würde. Indem er aus freien Stücken sein Leben für das Gemeinwohl gibt, wird Protesilaos zum Vorbild für spätere Generationen und eignet sich als Motiv öffentlicher Staatsdenkmäler (Abb. 19.1, 19.6), die an den Patriotismus der Bürger appellieren, es ihm gleich zu tun. In diesem Sinne ist auch häufig das verhaltene und gleichzeitig schwankende Voranschreiten der oben besprochenen Skulptur (Abb. 19.1) interpretiert worden, als innerliches Zögern des Kriegers in dem Augenblick, da er wissentlich in den Tod geht. Freilich ist diese Deutung ungewiss, denn wir erfahren nicht vor dem 2. Jahrhundert n. Chr. (Apollodor, *Epitome* 29–30), dass die Griechen dieses Orakel kannten. Thetis warnte ihren Sohn Achill davor, als erster von Bord zu gehen. So wissen wir nicht, ob der Protesilaos der klassischen Zeit (Abb. 19.1–2) bereits sehenden Auges in den Tod ging. Eine Gemme in München (Abb. 19.5) zeigt vielleicht den Augenblick seines Todes.

Auf jeden Fall besaß Protesilaos in seiner Heimat Phylake schon früh einen Heiligen Bezirk, wo Spiele zu seinen Ehren abgehalten wurden (Pindar, *1. Isthmische Ode*, 58–59). Auch in Elaius auf der thrakischen Chersonnes, wo sich sein Grab und ein Heiligtum für ihn befanden (Herodot 7, 33; 9, 116; Thukydides 8, 102), errichtete man ihm bereits im 5. Jahrhundert v. Chr. ein Ehren- oder Kultbild. Der Popularität des Helden in der Literatur spätestens seit dem 5. Jahrhundert v. Chr.

19.4 *Verschiedene Episoden aus dem Leben des Protesilaos (von links nach rechts): Der Held macht den ersten Schritt vom Schiff auf ein Landungsbrett, Hektor tritt ihm entgegen. Daneben liegt schon der tote Protesilaos, über ihm sein Schatten im Gespräch mit dem Seelengeleiter Hermes, der ihn gleich darauf zum Palast führt. Dort, in der Bildmitte, steht er vor der Architektur mit Laodameia durch Handschlag verbunden, Sinnbild ehelicher Eintracht (concordia). Die unfertigen Köpfe der mythischen Eheleute sollten noch die Gesichtszüge der römischen Verstorbenen erhalten. Weiter rechts trauert der Held am Bett der Gattin, sein Schatten entschwebt bereits wieder. Über ihr verweisen ein Schrein mit Theatermaske, Thyrsosstäbe und Krotalen auf den Dionysoskult; der Weingott war auch ein Herrscher im Jenseits. Ganz rechts führt Hermes den Schatten zu Charon, der in seinem Nachen wartet, Protesilaos endgültig in die Unterwelt zu bringen. Hauptseite eines stadtrömischen Sarkophags, um 160–170 n. Chr., Vatikan.*

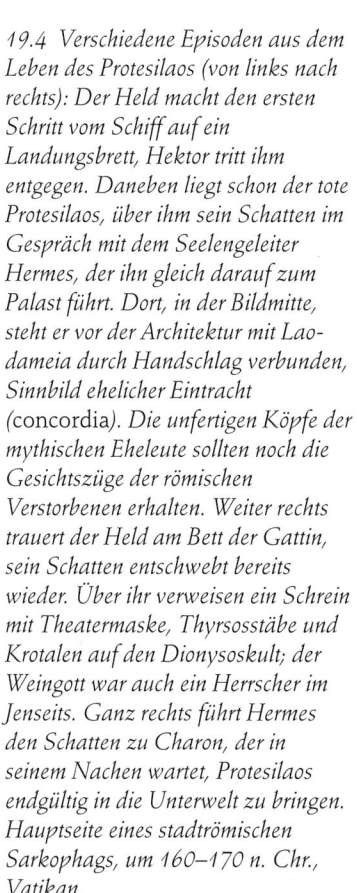

stehen nur wenige Darstellungen seines Mythos in der griechischen Kleinkunst gegenüber. Immerhin sind mindestens zwei unterschiedliche Protesilaos-Statuen klassischer Zeit gesichert[4]. Diese Verehrung wird nur verständlich, wenn er (auch schon in den Augen der Griechen klassischer Zeit) das eigene Leben – in Kenntnis der verhängnisvollen Prophezeiung – für den Erfolg seiner Kameraden opferte. Die Beschreibung seines Standbildes in Elaius bei Philostrat (*Heroenrede* 2, 1–2) passt nicht zu der oben besprochenen Skulptur (Abb. 19.1). Eine Vorstellung vom Aussehen der Statue in Elaius geben wohl eher kaiserzeitliche Münzbilder der Stadt (Abb. 19.6).

Auch in späteren Zeiten zählte Protesilaos zu den großen Vorbildern. Als Alexander der Große 334 v. Chr. zu seinem Feldzug gegen das Perserreich aufbrach, brachte er ihm an seinem Grab in Elaius Opfer dar, auf dass seine eigene Landung auf asiatischer Erde glücklicher sei (Arrian, *Anabasis* 1, 11, 5). Damit stellte sich der Makedonenkönig bewusst in die Nachfolge mythischer Eroberer des Ostens.

F. K.

19.5 Links zieht ein Mann ein Kriegsschiff an Land, während sich sein Nebenmann umgedreht hat und mit der zum Mund geführten Hand anzeigt, dass er spricht. Rechts beugen sich zwei Männer zu einem Dritten in ihrer Mitte, der auf die Knie gesunken ist: der tödlich getroffene Protesilaos? Dann erinnert der ›Redner‹ vielleicht an die Prophezeiung. Abdruck eines Sardonyx-Intaglio aus Cerveteri, frühes 1. Jh. v. Chr. München, Staatliche Münzsammlung.

19.6 Gepanzerter Protesilaos steht mit Lanze auf der Prora eines Kriegsschiffs, das am Bug eine Hirschprotome trägt. Bronzemünze von Elaius, geprägt unter Commodus, 180–192 n. Chr., Berlin.

20. Findet der Trojanische Krieg nicht statt?

20.1 Die griechischen Gesandten (wie alle übrigen Figuren inschriftlich benannt) MENELAOS, ODYSSEUS und der bartlose, jüngere Herold TALTHYBIOS mit Botenstab und Reisehut sind wohl schon in Troja eingetroffen und haben auf den Stufen des Altars (der Athena) Platz genommen. Die großartige Prozession, die ihnen entgegenkommt, wird von der durch ihre Größe herausgehobenen Athenapriesterin THEANO angeführt. Die Frau des Antenor spinnt während des Schreitens, in ihrer Linken hält sie den Spinnrocken, mit der Rechten zwirbelt sie den Faden. Ihr folgen zwei junge Frauen (DIA und MALOI) und ihre alte Amme, bewaffnete Reiter und zwei Krieger zu Fuß eskortieren sie; darunter sind auch Theanos Söhne GLAUKOS und EURYMACHOS. Spätkorinthischer Mischkrug, um 560 v. Chr., Vatikan (Sammlung Astarita).

Die *Kyprien* berichten, dass auch für die Protesilaos nachfolgenden Griechen die Landung an Trojas Gestaden zunächst nicht wie geplant verläuft. Der gewaltige Kyknos, ein Sohn des Poseidon, tut sich auf Seiten der Trojaner hervor und erschlägt viele Griechen, bis Achill ihn töten kann. Manche Quellen überliefern, dass der Sohn des Meergottes unverwundbar ist (Aristoteles, *Rhetorik* 2, 22, 12), dass ihm zumindest Bronze und Eisen nichts anhaben können. So erdrosselt Achill ihn schließlich mit seinem eigenen Helmband, als Kyknos strauchelt (Ovid, *Metamorphosen* 12, 72 – 144), oder er erschlägt ihn mit einem Stein (Apollodor, *Epitome* 3, 31). Die Notiz, Kyknos sei weißhäutig (ein Albino?) gewesen, kann ebenso zur Erklärung seines Namens (»Schwan«) dienen wie Ovid's Schilderung, dass sich sein Körper nach dem Tod in einen Schwan verwandelt habe. Kein einziges erhaltenes Bild erzählt von dieser Geschichte.

Schon die anfänglichen Verluste der Griechen bei der Landung müssen beträchtlich sein, denn nachdem sie einen Brückenkopf im Feindesland errichtet haben, unternehmen sie den Versuch, friedlich zum Erfolg zu gelangen[1]. Eine Gesandtschaft unter der Führung von Menelaos und Odysseus verlangt von den Trojanern die Herausgabe Helenas. Ein fragmentarisch erhaltenes Gedicht des Bakchylides (15, 50 – 63 = *Dithyrambos* 1) überliefert Menelaos' lakonisch knappe Rede vor den Trojanern. Den greisen Trojaner Antenor hat der nachfolgende Auftritt des Odysseus (*Ilias* 3, 205 – 224: »die Worte so dicht wie ein Schneegestöber im Winter«) noch stärker beeindruckt. Alle Redekunst ist jedoch vergebens; die Trojaner lehnen es ab, Helena herauszugeben.

Im Gegensatz zur Kyknos-Geschichte, die wir nur aus knappen Textüberlieferungen kennen, zeigen gelegentlich Vasenbilder die Unterhändler in Troja. Das Bild auf einem großen Mischkrug aus Korinth (Abb. 20.1) schildert ausführlich, wie die griechische Gesandtschaft von Antenors Frau, der Athenapriesterin Theano, in der Stadt empfangen wird[2]. Während Homer sie gar nicht erwähnt, gibt der

Vasenmaler Theano in dieser Situation eine zentrale Rolle. Vielleicht fehlt ihr Mann, weil er zur gleichen Zeit König Priamos überzeugen muß, Friedensverhandlungen aufzunehmen. Bereits länger bestehende Freundschaftsbande zu Antenor und seiner Familie (Pausanias 10, 26, 7–8) bewegten die Griechen wohl dazu, sich mit ihrem Anliegen nicht unmittelbar an Priamos zu wenden. Der weise Antenor steht dem König nahe (siehe unten Abb. 22.7) und sein Wort hat Gewicht. Er und seine Frau nehmen Menelaos und Odysseus als Gastfreunde in ihrem Haus auf und unterstützen ihr Anliegen im Rat der Troer. Die Kriegsbefürworter in der Stadt, allen voran Antimachos, plädieren hingegen dafür, die Griechen auf der Stelle zu erschlagen (Homer, *Ilias* 11, 122–142). Die griechischen Helden sind sich der Bedrohung wohl bewusst, denn sie schauen ernst und sind mit Lanze und Schwert bewaffnet.

Mehr als 100 Jahre später hat der Eretria-Maler den Versuch, Helena auf diplomatischem Wege zurückzugewinnen, noch einmal auf einem Kantharos festgehalten. An die Stelle archaischer Erzählfreude tritt nun ein klassisches Stimmungsbild. Die innere Befindlichkeit der Beteiligten wird ausgemalt, Detailfreude weicht Schlichtheit und Reduktion auf wenige Hauptpersonen. Beiden Bildern gemeinsam ist, dass sie den Ernst der Lage betonen (Abb. 20.2a–b)[3]. Der Fries auf der Gegenseite zeigt die unvermeidlichen Folgen der Ablehnung: Hektor und Paris ziehen in die Schlacht (Abb. 20.2b).

Noch einmal, nachdem auch der Zweikampf zwischen Menelaos und Paris keine Entscheidung gebracht hat, wird Antenor sich vergeblich für die Rückgabe Helenas einsetzen (Homer, *Ilias* 7, 347–353). Schließlich wird Agamemnon es Antenor und seiner Familie nach dem Fall Trojas danken, dass er für die Rückgabe Helenas eingetreten ist und den Mord an den Gesandten verhinderte[4].

Während Homer die vertane Chance zum Frieden nur am Rande erwähnt und den Sinn des Trojanischen Krieges nicht in Frage stellt, beklagt schon Kassandra bei Euripides in den *Troerinnen* den nichtigen Anlass. Im modernen Drama *Der Trojanische Krieg findet nicht statt* (*La Guerre de Troie n'aura pas lieu*) von Jean Giraudoux ist er dann vollends dahin, denn die schöne Helena ist nicht mehr in Paris verliebt und auch ihm scheint das Feuer abhanden gekommen. Die entführte Braut genießt die Bewunderung der trojanischen Greise, die ihre Augenweide auf keinen Fall preisgeben wollen. Sie, die gewiss nicht mehr ins Feld ziehen werden, schwärmen vom Krieg im Namen der Schönheit und der Dichter Demokos von der Schönheit des Krieges. Hektor will den Krieg in letzter Minute verhindern. Es gelingt ihm, Helena zur Rückkehr zu bewegen, Paris wie Priamos ihr Einverständnis dazu abzuringen und dafür mit Odysseus, dem Chefunterhändler der Griechen, den Abzug der griechischen Flotte zu vereinbaren. Doch die Unverbesserlichkeit der Menschen bewirkt, dass der Krieg schließlich doch noch ausbrechen muss.

F. K.

20.2 A: THEANO *blickt sorgenvoll auf die beiden griechischen Gesandten,* MENELAO[S] *und* Odysseus, *die auf dem Altar der Athena Platz genommen haben. Auch die Mienen der Griechen verheißen nichts Gutes, vor allem das zum Betrachter gedrehte Gesicht des Odysseus ist ein künstlerisches Mittel, um die krisenhafte Situation deutlich zu machen.* [A]NTENOR *bespricht derweil die Lage mit seinem Sohn* AGENOR. B: *Kriegerabschied.* KASSANDRA *reicht ihrem Bruder* HEKTOR *eine Spendeschale; zwischen dem sich rüstenden* PARIS *und seiner Mutter* HEKABE *steht* APOLLON. *Attisch-rotfiguriger Kantharos des Eretria-Malers, 425–420 v. Chr., Tarent (Umzeichnung A. Lezzi-Hafter).*

21. Geplänkel

Die *Ilias* setzt erst im letzten Jahr des Trojanischen Krieges ein. Von den vorangegangenen neun Kriegsjahren erfahren wir dort nur in kurzen Rückblenden. Auch die *Kyprien* und spätere Quellen schenken diesem Abschnitt des Krieges kaum Beachtung. Homer und die übrigen Autoren sind keine Kriegsberichterstatter, Strategie und Taktik interessieren sie nicht, sondern Einzelschicksale und persönliche Konflikte der Hauptfiguren, der wichtigsten griechischen Fürsten. Diese Sichtweise spiegelt sich auch in der spärlichen bildlichen Überlieferung wider.

Da sich Troja nicht im ersten Ansturm nehmen lässt, unternehmen die Griechen eine Reihe kleinerer Beutezüge. Von vielen solcher Unternehmungen erfahren wir nur gleichsam nebenbei in der *Ilias* oder anderen Texten, kaum einmal werden sie in der bildenden Kunst thematisiert. Es hat den Anschein, als trüge Achill die Hauptlast des Krieges; so sieht es der Held auch selbst (*Ilias* 1, 165). Doch die *Ilias* verengt den Blick auf sein Schicksal. Zwölf Städte hat er zur See erobert, elf zu Lande verwüstet (*Ilias* 9, 328).

Zu den namentlich erwähnten Eroberungen zur See zählen etwa die Inseln Tenedos, Skyros und Lesbos. Die Einnahme von Tenedos fällt zeitlich vielleicht noch vor die Landung in Troja. Für das weitere Geschehen ist von Bedeutung, dass Achill dort bei der Landung den Stadtgründer Tennes erschlägt, einen Liebling Apolls (Diodor 5, 83, 4 – 5). Thetis hatte ihren Sohn eindringlich davor gewarnt, weil der Gott ihn für diese Tat später eigenhändig töten werde. Von der Eroberung der Insel Skyros, über das Enyeus, ein Sohn des Dionysos und der Ariadne, gebietet, bringt Achill die reizende Iphis mit, welche er seinem Freund Patroklos überlässt (*Ilias* 9, 666 – 668). Auf Lesbos erbeutet er gleich eine Vielzahl von Frauen (*Ilias* 9, 128 – 129), darunter die blühende Jungfrau Diomede (*Ilias* 9, 664 – 665), die fortan mit ihm das Bett teilt.

Zu Lande verwüsten die Griechen das Hinterland Trojas. Namentlich erfahren wir von den Städten Pedasos in der Troas, Thebe und Lyrnessos in Mysien[1]. Als Achill Thebe »am Fuße des Plakos« erobert, erschlägt er auch Eetion, den König der Kiliker und Vater Andromaches, sowie dessen sieben Söhne. Der Kilikerkönig wird aber von Achill ehrenvoll bestattet (*Ilias* 6, 415). Aus der reichen Beute hebt Homer einige Stücke besonders hervor: das Pferd Pedasos, welches von nun an neben den göttlichen Pferden Achills im Gespann läuft (*Ilias* 16, 152 – 154), eine Leier mit silbernem Steg, die der Held in Kampfpausen spielt (*Ilias* 9, 186 – 188), und einen großen ehernen Diskus, den Achill später bei den Leichenspielen für Patroklos aussetzen wird (*Ilias* 23, 826 – 829). Wohl bei derselben Unternehmung fällt auch Chryseïs, die Tochter des Apollonpriesters Chryses, in seine Hände. Sie muss er aber an Agamemnon abtreten (*Ilias* 1, 366 – 369). Bei der Erstürmung von Lyrnessos erringt Achill die »schöngelockte« Briseïs und erschlägt ihren Gemahl, den dortigen König Mynes, sowie drei ihrer Brüder (*Ilias* 2, 689–693; 19, 295–296)[2]. Als »Ehrengeschenk der Achaier« darf er das Mädchen behalten (*Ilias* 1, 392). Briseïs' Vater Brises erhängt sich, als Achill seinen Wohnsitz erstürmt.

Schöne Frauen von vornehmer Abkunft sind eine begehrte Beute[3], doch anders als beim oben behandelten »Frauenraub« (siehe Kasten S. 124 f.) können Frauen aus Kriegsbeute kaum darauf hoffen, fortan als standesgemäße Gattin an der Seite des Siegers zu leben. Patroklos stellt zwar der unglücklichen Briseïs in Aussicht, dass Achill sie später ehelichen werde (*Ilias* 19, 297–299), doch gemeinhin darf sie allenfalls erwarten, als bevorzugte Sklavin mit ihrem Herrn das Lager zu teilen. Der Gang in die Sklaverei ist in der Antike ein fast allgegenwärtiges Los, und dementsprechend gehen die Opfer und ihre Familien mit solchen Schicksalsschlägen gelegentlich sehr pragmatisch um. Während Briseïs später vielleicht auch deshalb traurig von Achill scheiden wird, weil sie bei ihrem neuen Herren, Agamemnon, keine Möglichkeit sieht, eine vergleichbare Rolle einzunehmen, so lässt sich Chryses durch die gute Behandlung seiner Tochter Chryseïs und ein großzügiges Sühnegeld leicht über ihren Verlust hinwegtrösten (Diktys von Kreta 2, 47). Später wird der Streit um Chryseïs und Briseïs einen folgenschweren Konflikt zwischen Agamemnon und Achill auslösen. Die unglücklichen Frauen können nichts dafür, denn sie sind nur passiv am Geschehen beteiligt.

Unterlegene Männer können in der Regel nicht mit Milde rechnen; sie werden erschlagen. Nur bei Knaben wird eine Ausnahme gemacht, wenn sie nicht als Bedrohung erscheinen und ein erkleckliches Lösegeld lockt. So nimmt Achill den Priamossohn Lykaon im väterlichen Obstgarten gefangen und lässt ihn von Patroklos nach Lemnos verkaufen (*Ilias* 21, 35–44. 77–80; *Kyprien* Kullmann 293–297). Wir erfahren auch den Marktwert des trojanischen Prinzen: Euneos von Lemnos, ein Mann aus königlichem Hause, der wohl mit so ziemlich allem handelt, gibt für den Jüngling einen prächtigen silbernen Mischkrug aus Sidon (*Ilias* 23, 741–747). An anderer Stelle wird der Erlös mit 100 Stieren beziffert (*Ilias* 21, 79), was wohl lediglich eine gängige Umrechnung sein muss, denn der phönikische Silberkrug befindet sich bei den Leichenspielen für Patroklos tatsächlich noch im Besitz des Achill. Später kauft ein Gastfreund des Priamos Lykaon für den dreifachen Preis wieder frei und ermöglicht ihm die Heimkehr. Als der Jüngling endlich wieder in Troja angelangt ist, bleiben ihm nur noch zwölf Tage, bis er erneut auf Achill trifft, der im Fluss Skamander ein wahres Blutbad unter den Trojanern anrichtet. Diesmal ist alles Flehen vergeblich. Achill erschlägt den Wehrlosen und wirft ihn in die Fluten (*Ilias* 34–127). Zwischen den beiden Treffen von Achill und Lykaon liegt eine größere Zeitspanne – Gefangenschaft und Rückkehr mit Zwischenstation in Arisbe in der Troas. Beim ersten Mal hatte Achill die Waffen noch nicht beiseite gelegt, beim zweiten Mal hat er sie gerade wieder aufgenommen, um Patroklos zu rächen. Das letzte Aufeinandertreffen der beiden wird seit dem 4. Jahrhundert v. Chr. bisweilen bildlich dargestellt (Abb. 34.2)[4].

Die Versorgung des riesigen Heeres im Feindesland ist ein logistisches Problem. Soweit möglich hat man die Lebensmittel den umliegenden Bauern abgepresst oder auf Raubzügen erbeutet. Die *Kyprien* berichten, dass wiederum Achill die Rinder des Priamos raubt, die Äneas im Idagebirge hütet. Der Trojaner ergreift vor Achill die Flucht, seine Mitstreiter werden erschlagen. Von dieser Episode gibt es auch eine frühe, singuläre Darstellung[5]. Manchmal funktionierte die Versorgung auch ohne Gewalt. So erfahren wir, dass der schon erwähnte Euneos aus Lemnos den Griechen mehrere Schiffsladungen edelsten Weines zum Geschenk macht (*Ilias* 7, 468) – als Händler (gerade auch von Sklaven) profitierte er in hohem Maße von den Kriegshandlungen.

Doch irgendwann ernährt das Land die Truppe nicht mehr und auch das Beutegut reicht nicht aus[6]. Als die Griechen vor Troja Hunger leiden, erinnern sie sich an

21.1 Anios und seine Töchter auf und um einen Altar: Links steht Elais mit einem Ölzweig, daneben hockt Spermo mit Ähren, im Zentrum Anios, rechts steht Oino mit Weinreben. Von rechts tritt ein griechischer Fürst (Agamemnon oder Odysseus?) an sie heran; der Gestus seiner rechten Hand zeigt an, dass er zu seinen Gegenübern spricht. In der oberen Bildhälfte das göttliche Geschwisterpaar Artemis und Apoll, die auf den Ort des Geschehens verweisen, die Insel Delos, wo sie geboren wurden und die ihnen heilig ist, ganz rechts Pan, alle mit typischen Attributen. Apulisch-rotfiguriger Kelchkrater des Dareios-Malers, um 330 v. Chr., Privatbesitz.

das Angebot des Königs Anios, der ihnen einst in Aulis ob der Prophezeiung des Kalchas, der Krieg werde zehn Jahre dauern, angeboten hatte, neun Jahre auf Delos zu bleiben, um Troja dann im zehnten Jahr zu erobern (siehe Kap. 15). Seine drei Töchter mit den sprechenden Namen Elais, Spermo und Oino sollten die Griechen dort mit Öl, Korn und Wein versorgen. Diese Offerte hatten sie damals fahrlässig ausgeschlagen, jetzt kommen sie als Bittsteller zu Anios. Eine singuläre Darstellung auf einem apulischen Mischkrug zeigt die griechische Gesandtschaft, die nun (vergeblich) den König und seine Töchter um Hilfe bittet (Abb. 21.1).

Immer wieder unternimmt man wohl auch den Versuch, die Trojaner in offener Feldschlacht in die Knie zu zwingen oder die Mauern der Stadt zu überwinden. Andromache erinnert ihren Mann daran, dass die Griechen schon dreimal versuchten, die Stadt zu erstürmen (*Ilias* 6, 435 ff.: »am Feigenbaum«). Am Skäischen Tor konnte Hektor Achill nur mit Mühe entkommen (*Ilias* 9, 355).

Die Chronologie der Ereignisse bleibt oft unklar. Militärisch verfolgen diese Aktionen der Griechen vor allem drei Ziele. Die Raubzüge sind zunächst einmal nötig, um den riesigen Heerbann über längere Zeit in der Fremde versorgen zu können (»Der Krieg ernährt den Krieg«). Gleichzeitig dienen sie dazu, die Trojaner zu schwächen, welche auf die Unterstützung aus dem Umland angewiesen sind. Manche Städte werden belagert, weil sie mit den Trojanern paktieren, andere wohl nur, weil ihre Reichtümer locken. Schließlich ist ein wesentlicher Beweggrund für all die kleinen Feldzüge, dem Streben der vornehmen griechischen Anführer nach Ruhm und Beute gerecht zu werden. Denn dafür sind sie in den Krieg gezogen.

F. K.

22. Keine Heldentat. Achill – ein Kindermörder

22.1 Achill in Lauerstellung hinter Baum und Brunnenpfeiler, hinter ihm ein weiterer Hoplit; im Zentrum Polyxena, die im Begriff ist, ihre Hydria zu füllen; Troilos reitet von rechts heran und führt ein Beipferd mit, über ihm ein Vogel. Sog. Tyrrhenische Amphora des Timiades-Malers, um 570–560 v. Chr. (Kat. 53).

Die Schilderung der militärischen Auseinandersetzung beschränkt sich keineswegs auf Zweikämpfe gleichrangiger Helden untereinander; das gilt für die Bildkunst noch mehr als für die antiken Schriftquellen. Im Gegenteil: Die am häufigsten dargestellte Tat Achills ist die Ermordung des trojanischen Prinzen Troilos, des vielversprechenden jüngsten Sohnes von König Priamos. Aus den antiken Texten erfahren wir kaum etwas darüber. So beruht die Rekonstruktion des Geschehens in weiten Teilen auf den Bildern[1]. Den Beweggrund für Achills Handeln jedoch können sie nicht liefern. Nach einer – freilich erst seit dem frühen 2. Jahrhundert v. Chr. bezeugten – Version der Sage verkündet ein Orakel, dass Troja nicht fallen wird, wenn Troilos – dessen Name schon eng mit dem Schicksal der Vaterstadt verbunden ist – sein 20. Lebensjahr erreicht[2]. Sein Tod gehört demnach zu den Vorbedingungen für die Eroberung der Stadt (vgl. Kap. 41–42).

Die belagerten Trojaner müssen sich das Wasser für Mensch und Tier außerhalb der Mauern der Stadt besorgen. Troilos pflegt seine Schwester Polyxena beim Wasserholen an einer Quelle zu begleiten und dabei auch seine Pferde zu tränken. Auf den Bildern führt er in der Regel noch ein zweites Pferd mit; wohl eine Anspielung auf eine Überlieferungsvariante, wonach der »rossefrohe« Knabe (Homer, *Ilias* 24, 257) ausritt, um seine Pferde zu trainieren[3]. Das Unterfangen scheint jedenfalls völlig ungefährlich, denn die beiden Königskinder sind ohne nennenswerten militärischen Schutz unterwegs (Abb. 22.2). Achill, der ihnen hinter einem Baum – ein Hinweis, dass der Ort in freier Natur liegt – beim Brunnenhaus auflauert, haben sie noch nicht bemerkt (Abb. 22.1, 22.3). Vasenbilder zeigen den Sohn des Priamos manchmal mit Speeren, meist aber völlig unbewaffnet.

22.2 Zug schwerbewaffneter Krieger. Es ist nicht zu sagen, ob sie inhaltlich mit dem Vorderseitenbild zu verbinden sind, ob sie ausrücken, um den bedrohten Knaben zu retten. Rückseite der Amphora auf Abb. 22.1 (Kat. 53).

22.3 *Lauernder Achill. Auch ohne weitere Figuren, Bildelemente oder Beischriften erkannte der antike Betrachter das Bildmotiv. Innenbild einer Siana-Schale des C-Malers, um 570–560 v. Chr. (Kat. 15).*

22.5 *Troilos kauert vor einem Brunnen und hält ein Gefäß; er tränkt seine Pferde, von denen eines den Kopf gesenkt hat; ganz rechts eine Herme. Italische Glaspaste, 1. Jh. v. Chr./1. Jh. n. Chr. München, Staatliche Münzsammlung.*

Daraus lässt sich folgern, dass die Trojaner noch das Terrain beherrschen, wodurch das Unternehmen Achills – welches zunächst wenig heldenhaft anmutet – doch etwas kühner erscheint.

Das in der Bildkunst seit dem frühen 7. Jahrhundert v. Chr. in vielen Kunstlandschaften Griechenlands beliebte Thema war offenbar so wichtig, dass es auch an prominenter Position monumental gefasst wurde: Der Archäologe Ernst Buschor konnte plausibel machen, dass einen nur sehr fragmentarisch erhaltenen Kalksteingiebel (Abb. 22.4) auf der Athener Akropolis eine Darstellung des Troilosabenteuers schmückte[4].

Da die Ikonographie dieses Mythos schon bald festen Konventionen folgte, verstand der antike Betrachter solche Bilder auch dann sofort, wenn sie auf die Darstellung einzelner Figuren verkürzt wurden (Abb. 22.3, 22.5; vgl. auch Abb. 22.15). Da ein schwerbewaffneter Krieger üblicherweise nicht in kauernder Haltung wiedergegeben wurde, erkannte man darin sofort den im Hinterhalt lauernden Achill. Auch wenn Troilos auf einer Glaspaste (Abb. 22.5) allein erscheint,

22.4 *Unterstützt von Hermes und Athena kauert links Achill vor dem Lorbeerbaum des Apoll und dem Brunnenhaus, aus dem Polyxena und zwei weitere Wasserträgerinnen treten, während rechts Apoll Troilos warnt, der dabei ist, seine Rosse zu tummeln. Rekonstruktionsversuch des Troilosgiebels von der Athener Akropolis (nach M. Heidenreich), um 570 v. Chr.*

22.6 *Achill verfolgt Troilos, eine Hydria liegt zerbrochen unter dem Pferd, Frauen fliehen nach außen, wo orientalische Bogenschützen zuschauen. Schulterbild einer attisch-schwarzfigurigen Hydria, um 520/510. v. Chr. (Kat. 37).*

22.7 *Vor dem Brunnenhaus Apoll; ein Knabe füllt seine Hydria, ein zuschauendes Mädchen hebt die Arme; Thetis, Hermes und Athena verfolgen, wie Achill den Knaben einholt, der mit der Gerte seine Pferde antreibt; Polyxena hat ihre Hydria fallengelassen und läuft zur Stadt, wo vor den Mauern Priamos auf einem Steinsessel sitzt; sein Freund Antenor bringt die schlechte Kunde; aus dem Stadttor kommen Hektor und Polites. Umzeichnung von einem attisch-schwarzfigurigen Krater, um 570 v. Chr., Florenz.*

muss das nicht bedeuten, dass der Gemmenschneider hier einer Erzählvariante folgt, wonach der Trojanerprinz ohne seine Schwester zur Quelle geritten ist.

Einen besonderen Reiz all dieser Bilder macht die unerwartete Bedrohung aus. Brunnenhausszenen sind beliebte Motive der Vasenmalerei und Sinnbilder friedlichen Alltags. Nur durch das Einfügen eines berittenen Knaben und eines Hopliten am Rande wird daraus urplötzlich eine dramatische Szene.

Ebenso häufig und schon seit den Anfängen der bildlichen Sagendarstellungen finden sich Bilder, die die darauffolgende Phase des Geschehens festhalten: Das ungleiche Rennen auf Leben und Tod. Der »fußstarke« Held ist aus seinem Versteck hervorgebrochen. Er verfolgt und ereilt schließlich den zu Pferd fliehenden Troilos im Heiligtum des Apollon Thymbraios (Abb. 22.6 – 11 und Kat. 60). Seine Schnelligkeit ist die herausragende Qualität des Achill. Wenn schon die Ermordung eines unschuldigen Kindes, zumal eines unbewaffneten kein Ruhmesblatt ist, so gereicht es dem Helden doch wenigstens zur Ehre, dass er – gegen jede menschliche Erfahrung – das Laufduell gegen ein Pferd gewinnt. Wenn Troilos auch auf diesen Bildern meist noch sein Beipferd mitführt, ist das weniger so zu verstehen, dass er auf der Flucht noch die Pferde wechselt, sondern eher als ein Hinweis für den Betrachter, dass der Anlass, die sichere Stadt zu verlassen, das Tränken oder Üben der Pferde war.

Die unter dem Pferd zerbrochen liegende Hydria verweist auf den Ort, wo Achills Angriff erfolgte. Auf der Hydria des Antimenes-Malers (Abb. 22.6) machen

22.8 Achill verfolgt Troilos. Böotisch-schwarzfiguriger Amphoriskos, um 550 v. Chr. (Kat. 54).

in alle Richtungen fliehende und wild gestikulierende Frauen den panischen Schrecken anschaulich, der die völlig überraschten Trojaner ergriffen hat. Selbst die trojanischen Bogenschützen wagen es nicht, ins Geschehen einzugreifen.

Ganz ähnlich hat bereits ein halbes Jahrhundert zuvor der Maler der berühmten François-Vase die Szene erfasst (Abb. 22.7). Dort ist das Geschehen jedoch noch in epischer Breite erzählt. Während wir oben sahen, dass die Darstellung verkürzt werden konnte, zwang umgekehrt das niedrige, breite Bildfeld auf Mischkrügen oder auf der Schulter von Hydrien die Maler dazu, weitere Figuren in die Handlung einzufügen, die eigentlich mit den drei Hauptfiguren Achill, Troilos und Polyxena auskam. Klitias, der Maler der François-Vase, bewältigt diese Aufgabe meisterlich, indem er zeitlich und räumlich weit auseinander liegende Ausschnitte der Geschichte nebeneinander ausbreitet (Abb. 22.7). So lässt er links den Betrachter auf den zurückliegenden friedlichen Ausgangspunkt der Geschichte am Brunnenhaus zurückblicken: Dort, wo Achill Troilos auflauert, füllt ein Knabe sein Wassergefäß, ein Mädchen hat die Hydria schon abgestellt und verfolgt das dramatische Geschehen mit sichtbarer Anteilnahme. Auch die Götter Thetis, Hermes und Athena schauen – für die Sterblichen unsichtbar – zu. Die Verfolgung steht im Zentrum, und durch die Figur Apolls links sowie den klagenden Priamos und die ausrückenden Trojaner rechts gibt Klitias einen Ausblick auf das weitere Schicksal, sowohl des Troilos als auch Achills.

Dagegen hat ein halbes Jahrhundert später der sogenannte Antimenes-Maler auf der Münchner Hydria (Abb. 22.6) neue und anonyme Figuren hinzugefügt, um die Fläche zu füllen, aber ohne das Bild inhaltlich zu bereichern: Bogenschützen mit spitzen Mützen, wie sie etwa für Skythen charakteristisch sind, der rechte, davoneilende trägt auch noch einen für Reitervölker typischen Hosenanzug. Zusammen mit den nicht identifizierbaren Frauen bilden sie einen gelungenen Rahmen. In der unmittelbar rechts neben Troilos laufenden und noch wilder gestikulierenden, mithin stärker emotional beteiligten Frau darf man vielleicht die Schwester Polyxena erkennen, die vor Schreck ihre Hydria fallengelassen hat. Durch die symmetrische Bildkomposition werden die Hauptfiguren im Zentrum betont. Solche kompositorische Überlegungen spielten für die Künstler früharchaischer Zeit gegenüber der Freude am Erzählen eine untergeordnete Rolle.

Seltener sind Bilder, auf denen Achill Troilos bereits eingeholt hat und nach den langen Haaren des schönen Knaben greift, um ihn vom Pferd zu reißen (Abb. 22.8 – 9). Obwohl realiter – selbst bei kleinen Pferden – kaum jemals ein

22.9 Achill packt Troilos am Haar. Relief auf einem etruskischen Kesseluntersatz aus Bronze, um 540 v. Chr. (Kat. 13).

22.10 Verfolgungsszene. Der Vorauslaufende und der Bart des Reiters lassen es zweifelhaft erscheinen, ob hier die Troilosgeschichte dargestellt ist. Attisch-schwarzfigurige Lekythos, um 550–525 v. Chr. (Kat. 55).

Krieger zu Fuß auf diese Weise einen gegnerischen Reiter vom Pferd geholt haben wird, entwickelt sich daraus in klassischer Zeit ein beliebtes Motiv bei der Darstellung von Kämpfen zwischen den verschiedenen Waffengattungen, vor allem bei Kämpfen zwischen Griechen und Amazonen.

Auf einer schwarzfigurigen Lekythos (Abb. 22.10) greift ein Schwerbewaffneter nach den Haaren eines bärtigen Reiters. Nach einer sehr viel späteren Überlieferungsversion stirbt Troilos nicht schon in der Anfangsphase des Krieges im Kindesalter, sondern er führt die Trojaner nach Hektors Tod zunächst erfolgreich an, bis auch er von Achill im Kampf getötet wird (Vergil, *Aeneis* 1, 474–478).

Auf einer Halsamphora des Antimenes-Malers (Abb. 22.11) scheint der unglückliche Sohn des Priamos den Griechen um Gnade anzuflehen. Die panische Angst des Troilos hat sich auch auf das sich aufbäumende Pferd übertragen. Dem schönen Prinzen im vornehmen Reitermantel steht ein riesiger Achill gegenüber, wodurch der Grieche hier besonders furchteinflößend wirkt.

Troilos sucht im Heiligtum des Apollon Thymbraios vor den Toren Trojas den Schutz des Gottes vor seinem Verfolger – nur auf der François-Vase ist die Stadt Troja das Ziel seiner Flucht. Doch vergebens, denn Achill setzt sich auch über göttliche Schranken hinweg. Am Altar, wo der Knabe unter dem Schutz des Apoll steht, schlachtet er ihn regelrecht und enthauptet ihn. Wohlgemerkt: Achills Frevel besteht nicht darin, dass er den wehrlosen Troilos ermordet – das ist ob des Orakels militärische Notwendigkeit –, sondern weil er dies im Apollon-Heiligtum tut. Nur selten verzichten die Künstler darauf, auf den Ort der grässlichen Tat hinzuweisen. Die frühesten attischen Bilder zeigen diese Szene in drastischer Form (Abb. 22.12): Achill – mit göttlichem Beistand in seinem Rücken, Hermes und besonders Athena sind durch Kleidung und Attribute als glänzende Erscheinungen hervorgehoben – hat den Knaben bereits erschlagen. Der Leichnam liegt zu seinen Füßen. Der Held muss sich nun der anrückenden Trojaner erwehren. Oben in der Bildmitte der Kopf des Troilos. Hat er ihn mit seiner Lanze aufgespießt, oder ist das Haupt des Knaben im Flug vorzustellen, weil der Grieche es den heraneilenden Trojanern entgegengeschleudert hat? Vielleicht eher letzteres, um so Zeit für seinen Rückzug zu gewinnen. Bildbeherrschend ist aber der große Altar darunter, durch eine Beischrift eindeutig bezeichnet. Mit seiner Form und der geritzten Verzierung erinnert er sicher nicht zufällig an den berühmten Omphalos, den »Nabel der Welt« im Apollonheiligtum von Delphi. So ist der Gott im Bild gegenwärtig, und der Betrachter wird unmissverständlich auf das weitere Schicksal Achills verwiesen.

Eine neue, ähnlich eindrucksvolle Bildfassung des grausigen Geschehens, hat mehr als ein halbes Jahrhundert später ein Maler der Leagros-Gruppe geschaffen (Abb. 22.13). Ungewöhnlich ist hier schon die Verbindung von Schulter- und Hauptbild, die sich in gelungener Weise zu einem Gesamtbild zusammenschließen. Ein Schwerbewaffneter hat einen Knaben am Fußgelenk gepackt und zerschmettert ihn am Altar vor den Mauern einer Stadt, während daneben ein Greis mit schlohweißem, schütterem Haar kauert. Das Bildmotiv ist ohne Zweifel von Darstellungen entlehnt, die Neoptolemos zeigen, der den Hektorsohn Astyanax und zugleich auch noch Priamos tötet, indem er den Kopf des Knaben gegen den des Großvaters schleudert. Daran (Abb. 44.8–9) wird der antike Bildbetrachter unwillkürlich erinnert. So hat man denn auch auf der Münchner Hydria diese Begebenheit erkennen wollen, doch die Tat findet offenkundig vor den Toren der Stadt und auch noch vor ihrer Eroberung statt, denn von den Mauerzinnen nimmt ein Bogenschütze den Griechen unter Beschuss und aus dem Stadttor galoppiert ein Gespann mit zwei Kriegern, einem Hopliten und einem Bogenschützen, die zu retten versuchen, was nicht mehr zu retten ist. Athena – in der Bildmitte, im Typus der ›Promachos‹ – stellt sich ihnen in den Weg.

Durch die Gräueltat im Heiligtum hat sich Achill den Gott Apoll zum erbitterten Feind gemacht – wie schon durch die Tötung des Tennes und später des Lykaon (siehe Kap. 21). Eine späte literarische Überlieferung (Lykophron, *Alexandra* 307–313; Apollodor, *Bibliothek* 3, 12, 5) treibt den Konflikt noch auf die Spitze, indem nun Troilos als Sohn des Apollon erscheint. Auch wegen dieser Taten Achills steht Apoll auf Seiten Trojas, obwohl er einst beim Bau der Stadtmauer genauso um den Lohn geprellt worden ist wie Poseidon (siehe Kap. 4), der sich auf die griechische Seite stellt. Einige Bilder erwecken den Eindruck, dass Achill vor-

22.11 *Troilos auf dem steigenden Pferd trägt einen Reitermantel und ist mit einem Speer bewaffnet. Er macht gegenüber Achill, der ihm den Fluchtweg verstellt, eine abwehrende oder eher flehentliche Handgeste. Attisch-schwarzfigurige Halsamphora des Antimenes-Malers, um 520/510 v. Chr. (Kat. 56).*

22.12 Hermes und Athena stehen auf Seiten Achills, die Leiche des Troilos liegt bereits am Altar (»BOMOS«). ACHILLEUS schleudert den abgeschlagenen Kopf gegen HEKTOR, AINEAS und weitere Trojaner. ›Tyrrhenische‹ Amphora des Timiades-Malers, um 570 v. Chr. (Kat. 57).

sätzlich frevelt (Abb. 22.12 – 13). Auf jeden Fall scheut er nicht die Auseinandersetzung mit dem Gott. Nicht nur bei dieser Gelegenheit fordert er ihn heraus. »Gerne ließ ich Dich büßen, wenn ich nur die Macht dazu hätte« wirft er ihm entgegen, als der ihn wieder einmal daran gehindert hat, einen Trojaner zu töten (Homer, *Ilias* 22, 20). Der Groll Apolls führt zum Tod Achills: Der Gott wird später den Pfeil des Paris lenken (siehe Kap. 39). Noch dem Sohn Achills, Neoptolemos, tritt er vor Troja feindlich entgegen, als der Eurypylos erschlägt (siehe Kap. 41), und er bewirkt später auch seinen Tod: Beim Altar in Delphi wird er von Orest erschlagen (siehe Kap. 46).

Schon einige frühe Darstellungen der Ermordung des Troilos lassen einen weiteren Beweggrund für die grausige Tat des Achill erkennen (Abb. 22.11, 22.14), der in der Literatur erst in hellenistischer Zeit fassbar wird. Demnach hatte der Held ein Auge auf den schönen Knaben geworfen und ihn getötet, als der seine Liebe nicht erwiderte[5].

Die Ermordung des Troilos ist ein Thema der archaischen Epoche, während das Interesse an dem gesamten Troilosmythos in der folgenden klassischen Zeit stark abnimmt. Auf rotfigurigen Vasen aus Athen findet sich nur noch gelegentlich die Verfolgung des Knaben. Auch die Dichter des 5. Jahrhunderts v. Chr. schenken dem Thema auffällig wenig Beachtung; wir wissen nur von verlorenen Dramen des Phrynichos und des Sophokles.

Auch für Polyxena ist die Begegnung verhängnisvoll. Nach der Eroberung Trojas verlangt der Geist Achills ihre Opferung an seinem Grab (vgl. Kap. 44). Eine alternative Version der Sage weiß von einer Liebesbeziehung zwischen Achill und Polyxena. Einige Vasenbilder (Abb. 22.15a–b), die den Helden zeigen, wie er der Priamostochter ohne ihren kleinen Bruder am Brunnenhaus auflauert, mögen darauf Bezug nehmen[6]. Der Vogel auf dem Brunnen könnte der Rabe Apolls sein, der seinem Herrn das Geschehen berichten wird. Besonders häufig findet sich dieses Motiv auf schwarzfigurigen Lekythen, Grabgefäßen, die oft mythische Bilder

22.13a–b Klage von der Mauer
herab (Schulterbild oben). Im
Hauptbild (links) ein Gespann vor
dem Tor, Athena, dann kauernd
Priamos. Troilos wird von
Neoptolemos zerschmettert. Attisch-
schwarzfigurige Hydria der Leagros-
Gruppe, um 510 v. Chr. (Kat. 58).

vom Tod zeigen. Auch auf anderen Vasenbildern (Abb. 22.1) steht Polyxena, nicht
Troilos, im Zentrum. Wie schon im Fall von Iphigenie trägt auch hier wieder das
unglückliche Mädchen keine Schuld an seinem gräßlichen Schicksal.

Das Troilosabenteuer ist eines der ältesten Themen der griechischen Bildkunst.
Es weist für den Kenner der Geschichte auf das Ende Achills und des Trojanischen
Krieges voraus. Die »Beliebtheit« des Themas in der Kunst bleibt trotzdem rätsel-
haft. Wenn diese scheinbar wenig heroische Tat für den Giebelschmuck eines
fr5üharchaischen Kalksteinbaus auf der Athener Akropolis (Abb. 22.4) ausgewählt
wurde, kann der Frevel des Achill nicht im Zentrum gestanden haben, denn Athena unterstützt ihren Schützling bei der Tat. Dagegen spricht ferner, dass Achill
üblicherweise auf den Bildern von links nach rechts agiert, nach den Konventionen der griechischen Ikonographie ist er damit als Sieger gekennzeichnet. Mehr
noch als andere »Kommandounternehmen«, die für die Einnahme Trojas erforderlich sind, wird in der Troilosgeschichte der Ausgang des Krieges vorweg genommen: nicht nur der Untergang der Stadt und die Ausrottung des trojanischen
Königshauses, sondern auch der Tod des größten Helden auf griechischer Seite;
und sie führt die widerstreitende Haltung der olympischen Götter in diesem Ringen vor Augen.   F.K.

22.14 Achill tötet Troilos über dem
Altar des Apoll, auf dem ein Hahn
sitzt, eine typischen Liebesgabe.
Umzeichnung des Reliefs auf einem
bronzenen Schildband,
um 580–570 v. Chr., Olympia.

22.15a–b Polyxena füllt ihr
Wassergefäß (Hydria). Das
Brunnenhaus ist – wie seit dem späten
6. Jh. v. Chr. üblich – durch eine
Felsquelle ersetzt. Hinter einem Baum
lauert Achill. Weißgrundige attische
Lekythos, um 480 v. Chr. (Kat. 59).

23. Nach neun Jahren Krieg wird die Zeit selbst Helden lang

Auf einer Amphora in den Münchner Antikensammlungen (Abb. 23.1–2) sitzen sich zwei Krieger bei einem Brettspiel gegenüber. Ihre Schutzwaffen, Schild und Helm, haben sie in ihrem Rücken abgelegt, während die bereitgehaltenen Lanzenpaare ebenso wie die angespannte Körperhaltung verraten, dass sie jederzeit bereit sind, den Kampf wieder aufzunehmen, von dem sie gerade eine Pause machen. Doch augenblicklich gilt ihre ganze Konzentration dem Spiel. Beide Spieler greifen nach ihren Spielsteinen; der rechte, stärker nach vorn gebeugte Krieger scheint am Zug zu sein. Die prachtvollen farbigen Gewänder der Akteure, die mit filigranen Stickereien verziert sind, lassen ihre vornehme Abkunft erkennen. Die altertümliche Form des ›böotischen‹ Schildes, der im 6. Jahrhundert v. Chr. nicht mehr in Gebrauch ist, verweist die Szene in den Bereich des Mythos. Doch das Bild allein liefert keinen Hinweis, die Krieger zu benennen und sie mit einer bestimmten Sage in Verbindung zu bringen. Wohl finden sich schon seit

23.1 Achill und Ajas beim Brettspiel. Durch Beischriften sind die Akteure identifiziert. Ungewöhnlich ist, dass hier Ajas Achill überragt und auf der linken Seite sitzt, die nach griechischer Bildkonvention dem Sieger zusteht. Attisch-schwarzfigurige Halsamphora, um 525 v. Chr. (Kat. 61).

Homers Zeiten Schilderungen von spielenden Helden (*Odyssee* 1, 107), doch ohne die Beischriften, die die linke Figur als AIAS, den Krieger rechts als ACHIL[L]EUS ausweisen, ließen sie sich schwerlich identifizieren. Achill und Ajas haben einen gemeinsamen Großvater, Ajakos, Sohn des Zeus und der Aigina, und sie sind die beiden Stärksten auf Seiten der Griechen. Daher halten sie im Schiffslager auch die äußersten, gefährdetsten Positionen (Homer, *Ilias* 11, 7 – 9). Ajas stammt von der Insel Salamis. Er ist der Sohn Telamons, der schon mit Herakles Troja eingenommen hatte (vgl. Kap. 5). Kühn und unerschrocken wie Achill eifert er seinem Vater nach. Doch Ajas gilt stets nur als der Beste nach Achill.

Über 150 Darstellungen dieses Motivs sind erhalten. Allein unsere Sammlung besitzt sechs weitere Vasenbilder von Kriegern beim Brettspiel. Weil andere Spielernamen als Achill und Ajas nie beigeschrieben sind, dürfen wir annehmen, dass es sich stets um dieselben handelt.

Den Griechen galt ihr genialer Kulturheros Palamedes (vgl. Kap. 14 & 47) als Erfinder des Brettspiels (Sophokles, *Fragment 479*)[1]. Der hatte sich schon große Verdienste um das Griechenheer erworben, indem er mit Hilfe der von ihm eingeführten Buchstaben und Zahlen die Rationierung der knapp werdenden Verpflegung regelte (Scholion zu Euripides, *Orest* 432). Als die Griechen während der langen Flaute in Aulis die Langeweile quält, sorgt er mit dem Brettspiel für Abhilfe. Doch keine antike Schriftquelle berichtet von einem Brettspiel von Achill und Ajas. Die Szene lässt sich zeitlich nicht genauer einordnen als irgendwann vor dem Zorn des Achill. Die Künstler verzichten konsequent auf jeden Hinweis, der die Brettspieler mit einem bekannten Ereignis verbinden würde.

Schon früh waren Brettspiele auch in Athen beliebt. Beim Areopag, der antiken Blutgerichtsstätte, fanden sich Spielsteine aus geometrischer Zeit[2]. Das Bild auf einer Scherbe von der Agora (Abb. 23.3) lässt an Schach- oder Backgammonspieler in neuzeitlichen Kaffeehäusern denken. Nach einer von Herodot überlieferten Anekdote (1, 62 – 63) verbrachten die Athener die Mittagszeit entweder schlafend oder brettspielend.

23.3 *Ein Zuschauer schaut neugierig einem Brettspieler über die Schulter. Über ihm die Beischrift »Und ich habe vier.« Rechts schließt sich eine weitere Spielergruppe an. Fragment einer attisch-schwarzfigurigen Bandschale, um 540/530 v. Chr., Athen.*

23.2 *Umzeichnung der Amphora von Abb. 23.1 durch Martin von Wagner.*

Wir kennen antike Spieltische aus Stein (Abb. 23.4), durchaus ähnlich denjenigen auf den Bildern, gleichwohl werden die meisten aus Holz gewesen sein. Welches Spiel aber die homerischen Helden Ajas und Achill spielen, ist unerheblich und lässt sich den Bildern nicht entnehmen[3].

Auch wenn das Brettspiel schon früher als Thema in die Bildkunst eingeführt worden sein mag, herrscht doch unter den Archäologen seltene Einigkeit, dass die mythische Verbindung mit Ajas und Achill auf ein »Urbild« des großen attischen Vasenmalers und Töpfers Exekias zurückgeht. An seinem Bild auf einer Amphora, die sich heute im Vatikan befindet (Abb. 23.5), haben sich fast alle späteren Maler orientiert. Kein Nachfolger hat die Qualität dieses Meisterwerkes erreicht. Bestechend sind Präzision und Virtuosität, mit der etwa die prächtigen Gewänder der Helden, aber auch ihr Bart- und Haupthaar ausgeführt sind. Exekias teilt nicht mehr die Vorliebe früherer Maler, Episoden des Mythos ausführlich zu erzählen, sondern er schafft monumentale, eindringliche, oft »stille« Bilder, die das Wesen der Protagonisten treffend charakterisieren. Auf den ersten Blick sind die Spieler nicht deutlich zu unterscheiden, beide tragen einen weißen Lederpanzer und kostbare herrschaftliche Mäntel, sie sitzen sich symmetrisch gegenüber, beugen sich vor und ziehen jeweils einen Spielstein. Doch mit subtilen Mitteln hebt der Maler den linken, Achill, hervor. Am deutlichsten ist der leichte Vorteil an den beigeschriebenen Zahlen abzulesen, die sich auf die jeweiligen Würfe oder Züge der Spieler beziehen. Achill hat vier, Ajas nur drei. Ersterer hat den Helm aufbehalten, letzterer hat ihn auf seinem Schild abgelegt. Dadurch überragt Achill seinen Vetter und besetzt die Bildmitte. Auch sitzt er auf einem höheren Block. Sein Rücken ist straffer als der gebeugte des Ajas. Man darf in den Unterschieden wohl Anspielungen auf das unterschiedliche Schicksal der beiden erkennen, weniger momentane Überlegenheit. Gleichwohl dominiert der Eindruck der Gleichrangigkeit, und das geschieht sicher bewusst. Die Bildkomposition ist wohlüberlegt: Der Rückenkontur der Helden wiederholt den Gefäßkontur und die Lanzen und Schilde verlängern die Henkelachsen. Die Blickachsen der Spieler wie ihre Unterarme und Lanzen treffen sich auf dem Spieltisch, der so noch stärker betont wird.

Bei den Werken anderer Meister wird auf so feine Differenzierungen verzichtet, beide Helden erscheinen dort üblicherweise entweder behelmt oder ohne Helm, vielleicht weil die Maler die Asymmetrie scheuten. Das Werk des Exekias ist allen späteren Behandlungen des Themas aber nicht nur hinsichtlich der Kom-

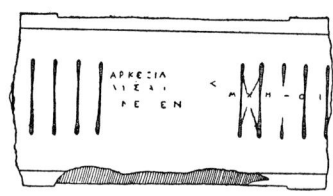

23.4 Steinerner Spieltisch aus Epidauros für das »Fünf-Linien-Spiel«, 4./3. Jh. v. Chr., Epidauros.

23.5 Achill und Ajas beim Brettspiel. Der Maler Exekias hat nicht nur die Namen, sondern auch die Würfe beigeschrieben: Achill hat eine 4, Ajas eine 3. Attisch-schwarzfigurige Bauchamphora des Exekias, um 530 v. Chr., Vatikan.

position und Feinheit der Zeichnung überlegen, sondern es ist auch beziehungs-reicher, tiefgründiger. Während im frühen Epos und gerade bei Homer dem Ajas im Gegensatz zum strahlenden Achill das Image des ewigen Verlierers anhaftet, erscheint er bei Exekias erstmals im Mittelpunkt oder gemeinsam mit Achill (vgl. Kap. 39–40). Der jugendliche Achill wird von den Göttern, allen voran Athena, geliebt (Homer, *Ilias* 20, 97–98), wohingegen der wackere Recke Ajas von den Unsterblichen nie begünstigt wird (Homer, *Ilias* 11, 544; 15, 489; 16, 103. 119) und schließlich tragisch endet. In der literarischen Überlieferung bilden sie nie ein Paar. Erst der Tod Achills verknüpft ihre Schicksale – dem antiken Betrachter kam selbstverständlich sofort in den Sinn, dass Ajas später den Leichnam Achills bergen wird (Kap. 39). In der Unterwelt gehört Ajas dann mit Patroklos und Antilochos zu dessen ständigen Gefährten (Homer, *Odyssee* 24, 15 ff.).

Meisterwerke des Exekias – wie z. B. die Schale mit der Meerfahrt des Dionysos – folgen oft nicht getreu der schriftlichen Überlieferung des Mythos, sondern sie geben vielmehr ein Bild vom Wesen der Figuren. Es sind Bildmotive mit einer selbstständigen Aussage, die aus dem Erzählzusammenhang herausgelöst sind. So nutzt der Meister das Alltagsbild der Helden beim Brettspiel, um sie einerseits gemeinsam und ebenbürtig darzustellen, andererseits um sie im Vergleich zu charakterisieren. Dabei hat jede Abweichung von der Symmetrie eine Bedeutung.

Es war schon die Rede von der Begeisterung der Athener für Brettspiele, die Glück und Geschick vereinen. Brettspielerbilder sind ganz offensichtlich eine Erfindung der Vasenmaler in Athen. Exekias hat ein Alltagsthema dann ins Mythische gehoben. Doch die Spielleidenschaft allein erklärt die große Beliebtheit des Themas nicht hinreichend.

Es ist auffällig, dass die Brettspielerbilder beinahe ausnahmslos zwischen 540 und 480 v. Chr. und fast immer in Athen entstanden sind. Die vielen Wiederholungen – auf der Akropolis wurde sogar eine Statuengruppe der brettspielenden Helden geweiht – bezeugen das große öffentliche Interesse an dem Thema. Die Amphora des Exekias im Vatikan entstand zu einer Zeit, als seine Vaterstadt mit Megara um die Insel Salamis im Streit lag[4]. Einige Jahre später gewann Athen endgültig die Oberhand, und mit der Phylenreform des Kleisthenes wird Ajas gegen Ende des 6. Jahrhunderts v. Chr. zum attischen Heros. Aus persönlicher Sympathie oder aus attischem Nationalgefühl heraus reklamiert Exekias schon früh eine hervorragende Position für Ajas, an der Seite des unbestritten größten Helden, Achill. Die »Einbürgerung« zum »attischen« Helden mag die spätere Beliebtheit des Bildthemas zum Teil erklären.

Fast alle späteren »Brettspielervasen« folgen dem Kompositionsschema des Exekias. Auch die eingangs besprochene Halsamphora in München (Abb. 23.1–2) ist dem nur wenige Jahre früher entstandenen »Urbild« verpflichtet: Die angelehnten Schilde etwa zeigen an, dass die Komposition ursprünglich für ein Bildfeld mit seitlichem Rahmen, wie es etwa eine Bauchamphora (Abb. 23.5) besitzt, geschaffen wurde. Auch die prächtigen Mäntel finden sich hier wieder. Doch viele subtile Details, mit denen Exekias die Helden unterschiedlich charakterisiert hat, fehlen bereits. Diese Entwicklung verstärkt sich in der Folgezeit noch. Ohne Beischriften werden die Helden austauschbar. Viele Bilder beschränken sich auf die brettspielenden Helden. Eine Weinkanne in München (Abb. 23.6) fügt lediglich einen Vogel hinzu, der auf den linken Hopliten zufliegt, wohl ein gutes Omen.

Einige Zeit nach der Erfindung des Bildschemas wird eine zusätzliche Figur im Bildzentrum eingefügt, die Göttin Athena, die mit Helm, Lanze und oft auch ihrer Ägis gewappnet zwischen den Spielern steht und sich durch Blickwendung und manchmal auch durch ihre Gestik dem linken Spieler (Achill) zuwendet (Abb. 23.7–8). Viele Maler übernehmen diese Neuerung. Aufgrund der völligen Gleichheit der Kontrahenten fehlt den Wiederholungen die Spannung des »Urbildes«.

23.6 *Zwei bärtige Krieger beim Brettspiel. Ein Vogel, der auf den linken Spieler zufliegt, gibt einen Hinweis auf den Ausgang des Spiels. Attisch-schwarzfigurige Oinochoe, um 520/510 v. Chr. (Kat. 62).*

So wird eine Bereicherung der Komposition um eine Mittelfigur naheliegend, die das Gleichgewicht aufhebt. Doch wie die Gestik der Göttin gedeutet werden soll, ist ungewiss.

Anstelle von Athena finden wir seit etwa derselben Zeit gelegentlich auch ein Bäumchen zwischen den Helden (Abb. 23.9). Dies ist als Hinweis zu verstehen, dass sich die Szene in der freien Natur abspielt. Auch die Kombination von Athena und einem Bäumchen im Zentrum kommt ab und zu vor (Abb. 23.10).

In keinem anderen Bildzusammenhang mit Ausnahme des Troilosabenteuers (Kap. 22) findet sich Achill so häufig wie beim Brettspiel mit Ajas. Ließ sich schon die Ermordung des trojanischen Prinzen ohne die überreiche bildliche Überliefe-

23.8 Oft findet sich das Motiv auch flüchtig hingepinselt auf kleinen Ölgefäßen, die als Grabbeigaben dienten. Attisch-schwarzfigurige Lekythos, um 490 v. Chr. (Kat. 64).

23.9 Zwei Helden beim Brettspiel. Die Spielsteine sind farblich unterschieden. Originell ist hier die Geste des rechten Hopliten, der erstaunt oder erschrocken ob des gegnerischen Zuges die Hand hebt. Attisch-schwarzfigurige Bauchamphora, um 510/500 v. Chr. (Kat. 65).

rung kaum rekonstruieren, so fehlt für das Brettspielermotiv jeglicher Rückhalt in den Schriftquellen.

Lange schienen die Archäologen Carl Robert und Friedrich Hauser eine schlüssige Deutung der Brettspielerbilder geliefert zu haben[5]. Gestützt auf wenige Darstellungen, die das Bild noch um einige Figuren erweitern (Abb. 23.11a–c)[6], vermuteten sie, Athena sei ins Lager der Griechen geeilt, um die in ihr Spiel vertieften Helden vor einem trojanischen Überfall zu warnen. Ein verlorenes Epos *Palamedeia* habe die literarische Vorlage geliefert. Auf der Halsamphora in München (Abb. 23.11a–c) scheinen Hopliten, schwerbewaffnete Krieger, von beiden Seiten die in ihr Spiel versunkenen Helden zu bedrohen. Auf der Rückseite desselben

23.10 Athena wendet sich dem linken der beiden Brettspieler zu. Sie hat ihren Helm abgenommen und gibt sich so den Helden zu erkennen. Der zum Teil verdeckte rechte Spieler sitzt verkrampfter, und weil er sich stark vorbeugt, wird er von seinem Gegenüber überragt. Attisch-schwarzfigurige Halsamphora, um 510/500 v. Chr. (Kat. 66).

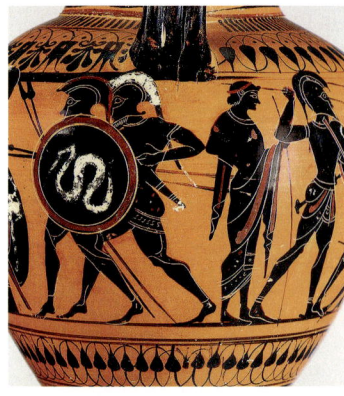

23.11a–c Die Helden diskutieren gestenreich den Spielverlauf, der Rechte ist dabei nervös auf seinem Sitz nach vorne gerutscht. Derweil bewegen sich von außen (unter den Henkeln, b) je zwei bewaffnete Krieger auf die Mitte zu. Die räumliche Staffelung von Spieltisch und Figuren ist widersprüchlich. Auf der Rückseite (c) prallen von links und rechts kommend Schwerbewaffnete aufeinander, während ein weiterer Kämpfer in der Bildmitte bereits gefallen ist, ganz links als »Zuschauer« ein Jüngling im Mantel. Attisch-schwarzfigurige Hals-amphora, um 510 v. Chr. (Kat. 67).

Gefäßes ist ein Kampf bereits im Gange. Die beiden Brettspieler nehmen jedoch überhaupt keine Notiz von dem Treiben um sie herum, und die formelhafte Gestik der Göttin lässt sich nicht zweifelsfrei deuten[7]: Ist es ein Beistandsgestus oder die Aufforderung zum Kampf?

Die Interpretation von Robert und Hauser hat viele Schwachstellen. Ihre Argumentation ist zirkulär. Auf der Grundlage weniger und ausgesprochen später Sonderfälle wird ein epischer Mythos rekonstruiert, der für diese mehrdeutigen Bilder eine Erklärung liefert. Weil aber die große Mehrzahl der Darstellungen keine Hinweise auf einen solchen Mythos erkennen läßt, nur die beiden Helden beim Spiel zeigt und auch Athena erst später hinzutritt, wird spekuliert, die Künstler hätten das Thema oft verkürzt. Es will aber nicht einleuchten, warum sich selbst bei den besten Malern[8] nicht die geringste Andeutung einer kommenden Gefahr finden lässt. Es gibt kein einziges Bild, in dem die Spieler aufschrecken oder anderweitig mit den übrigen Figuren inhaltlich verbunden werden. Dagegen zeigt eine Schale im Vatikan, die möglicherweise sogar noch vor der Amphora des Exekias, auf jeden Fall unabhängig davon entstanden ist, wie man sich den weiteren (friedlichen) Verlauf des Brettspiels in der Frühzeit dachte (Abb. 23.12a–b).

Auch bei der spätesten erhaltenen Darstellung des Themas auf einem Mischkrug des Hephaistos-Malers (Abb. 23.13), die eine Skulpturengruppe zeigt[9], fehlt jeder Hinweis auf eine Bedrohung durch herannahende Trojaner. Hier zeichnet eine statuarisch anmutende Athena mit der Siegesgöttin Nike auf der Hand den jugendlichen Krieger links, also Achill, als Sieger aus. Es ist zumindest möglich, dass auch auf den übrigen Bildern Athena als Helferin ihres Schützlings Achill zu verstehen ist.

Ganz grundsätzlich ist gegen die Herleitung von einem verlorenen und nicht einmal inhaltlich bekannten Epos einzuwenden, dass die Vasenmaler, zumal ein Exekias, nicht bloße Illustratoren literarischer Vorlagen waren. Mythen wurden in der Antike nie als unveränderlich betrachtet. Wie Dichter konnten auch bildende Künstler Geschichten um- oder gänzlich neu gestalten. Den Vasenmalern keine eigenen Bildentwürfe zuzugestehen, engt ihre Möglichkeiten unzulässig ein. In

23.12a–b Krieger beim Brettspiel, Schwerbewaffnete, ältere Männer und Jünglinge schauen zu. Über den Hauptfiguren, die sich nicht identifizieren lassen, fliegen Vögel aufeinander zu, gleichnishaft für die rivalisierenden Krieger. Die Inschriften ergeben keinen Sinn. Auf der Gegenseite beschließen zwei Krieger das Ende ihres Spiels per Handschlag. Der linke, hier aufgrund seiner Bartlosigkeit offensichtlich jüngere Spieler hat wohl gewonnen, wie der Vogelflug vermuten lässt. Während sich die Hopliten schon zum Gehen wenden, kommentieren die Jünglinge außen den Spielausgang noch mit Handbewegungen. Wegen der unterschiedlichen Wiedergabe der Hauptfiguren ist es fraglich, ob jeweils die gleichen Personen dargestellt sind und ob wir sie auch als Achill und Ajas deuten dürfen. Attisch-schwarzfigurige Schale, um 530 v. Chr., Vatikan.

23.13 Ein junger Mann mit Reisehut betrachtet ehrfürchtig eine Skulpturengruppe, die sich auf einer Basis befindet. Athena lässt durch Nike auf ihrer Hand dem jüngeren, links kauernden Brettspieler den Siegeskranz zukommen. Neuartig bei dieser Bildkomposition ist, dass die Spieler ihre Schilde jetzt aufgenommen haben und hinter dem Spieltisch kauern. Attisch-rotfiguriger Kolonettenkrater des Hephaistos-Malers, um 425 v. Chr., Berlin.

diesem Fall galt es, Ajas überzeugend neben Achill in Szene zu setzen, wofür die Literatur gerade keine Vorlage lieferte. Das Brettspieler-Motiv ist glaubwürdig und erlaubt eine differenzierende Charakterisierung der Helden. Gerade bei Soldaten ist es bis heute üblich, die Öde des Nichtstuns durch allerlei Glücksspiel zu überbrücken. Um die Symmetrie, aber auch den Ausgang des Spiels sinnfälliger zu machen, haben bald viele Maler Athena im Zentrum hinzugefügt. Eine Mittelfigur erschien ihnen vielleicht auch als die attraktivere Komposition. Später haben einige durch die eigenwillige Einbindung der Szene in ein bewegtes Kampfgeschehen vielleicht tatsächlich einen Angriff der Trojaner erfunden und dem Bild so eine ganz neue Bedeutung gegeben[10], doch diese lag dem »Urbild« sicher noch nicht zugrunde. Weder ein drohender Überfall, noch der Sieg Achills kann die zentrale Bildaussage gewesen sein, sonst hätten sie deutlicher betont werden müssen.

Neben taktischem Geschick entscheidet beim Brettspiel auch das Glück über den Sieg, welches nach griechischer Vorstellung den Sterblichen aber nicht zufällig zufiel. So hat man denn schon früh Athena dahingehend gedeutet, dass sie den Akteuren ihr Schicksal zuteilt[11]. Funde von Würfeln oder Spielsteinen in Gräbern und Heiligtümern deuten darauf hin, dass das Brettspiel hier nicht als austauschbares Sinnbild für Müßiggang verstanden werden soll. Vielmehr darf es vielleicht als Gleichnis verstanden werden, dass letztendlich das Schicksal bzw. der Wille der Götter entscheidet, dass Achill unsterblichen Ruhm erlangen, Ajas hingegen ein trauriges Ende zuteil werden wird. Für Exekias und die Athener war wohl von Bedeutung, dass nicht überlegene Geschicklichkeit, sondern das Glück Achill vor »ihrem« Ajas auszeichnet. Eine jüngere Erklärung für die Beliebtheit dieses Themas geht noch weiter. Demnach spielten die Helden um den ehrenvollen Tod in der Schlacht. Sie wählten bewusst den »schönen Tod« (thanatos kalos) und stünden damit den Bürgern als mythische Vorbilder vor Augen, durch ihre Bereitschaft, bis zum Äußersten für das Gemeinwesen zu kämpfen.   F. K.

ILIAS: 51 TAGE

24. Der Zorn des Achill

Die *Ilias* erzählt nicht die ganze Geschichte des trojanischen Krieges. Vielmehr greift der Dichter wenige Tage aus dem breiten Handlungsgefüge heraus. Er konzentriert sich auf ein emotionales Motiv und setzt die Kenntnis der Ereignisse voraus. Diese außerordentlich fruchtbare Beschränkung der Handlung kontrastiert er mit der nahezu endlosen Breite der Erzählweise.

Er berichtet eben nicht von der Vorgeschichte, und auch nicht von den endlosen Jahren im griechischen Kriegslager und in der belagerten Stadt. Auch bleibt der Ausgang des Krieges offen, denn die Erzählung bricht mit dem Tod und der Bestattung des größten trojanischen Helden, des Hektor, ab. Wenige Kampftage in einer Zeitspanne von sieben Wochen bilden den Rahmen für das dramaturgische Meisterwerk: Indem der siegbringende Megaheld Achilleus die Teilnahme am Kampf verweigerte, wird die Spannung sprunghaft auf einen Höhepunkt geführt. Schuld war der niedere Machtinstinkt des Agamemnon – Anführer des griechischen Militärbündnisses: Apoll forderte die – zum Zwecke der »Liebesdienste« – von Agamemnon geraubte Priesterin Chriseis zurück und unterstrich seinen göttlichen Anspruch mit unerhörtem Nachdruck – durch eine Seuche, die er im Lager der Griechen ausbrechen ließ. Agamemnon musste handeln. Er gab zwar »seine« Chriseis zurück, fordert jedoch – ganz autoritäre und erniedrigende Geste – die Gespielin des Achill als Kompensation. Achill – Halbgott und autarker Fürstensohn – wurde aus Gründen des »Bündnisfalls« zum Gehorsam gegenüber dem präpotenten Verhalten Agamemnons gezwungen. Er überließ die schöne Briseis dem »obersten Heeresleiter«, verweigerte aber von diesem Augenblick an den Einsatz im Kampffeld.

Das alles konnte nicht ohne Konsequenzen bleiben. Die Meeresgöttin Thetis, Mutter des gedemütigten Helden, brachte eine (heftige) Klage im göttlichen Präsidium ein. Sie umschlang die Knie des Göttervaters und bat – ganz gekränkte Mutter – um Genugtuung für ihren Sohn: ein siegreicher Verlauf für den Gegner, denn jeder sollte sehen, dass die Griechen ohne Achill versagen würden.

Zeus sandte Agamemnon ein »falsches« Traumbild. Nun zogen die Griechen siegessicher in den Kampf, um große Verluste zu machen und bis zum eigenen Schiffslager zurückgedrängt zu werden. Bei den brennenden Schiffen gelang es Ajas in letzter Sekunde, die Katastrophe aufzuschieben. Der drohende Untergang der Griechen zwang Achill, seinen Freund Patroklos in den Kampf zu senden. Der Tod des Freundes jedoch ließ Achill nicht ruhen: Erst jetzt griff er wieder zu den Waffen und tötete den mächtigen Gegner Hektor. Die *Ilias* endet mit den Leichenfeiern für Hektor, also einige Zeit vor der Zerstörung von Troja.

Die Wegführung der Briseis

Achill hatte einige Konkubinen, die Vasenmaler konzentrieren sich aber ganz auf das schicksalhafte Liebesverhältnis von Briseis zu Achill. Nicht allein die Wegführung wird zum Bildthema, auch eine spätere Rückkehr zu Achilleus findet seine Bildform. Nicht nur Homer, sondern auch Aischylos (*Nereides* aus der Achilleustrilogie) behandelt die Liaison und deren zarte wie tragische Elemente. Briseis ist eine bezaubernde Erscheinung. Homer umspielt ihren schönen Körper mit reizvollen Epitheta: schönwangig, schönhaarig und gleichend der goldenen Liebesgöttin.

Die Worte, die Homer dem Agamemnon in den Mund legt, als er Briseis von Achill fordert, sind voller Niedertracht und Dünkel:

24.2 *Briseis muß Achill verlassen, zwischen ihnen Patroklos. Römisches Wandgemälde aus Pompeji, Haus des Tragischen Poeten, Neapel, Nationalmuseum.*

»Doch Du kümmerst mich nicht
Noch kehre ich mich daran, dass du grollst! Doch drohe ich dir so:
Da mir fortnimmt die Chryses-Tochter Phoibos Apollon,
Werde ich diese mit meinem Schiff und meinen Gefährten
Senden. Doch gehe ich selber und hole Briseis, die schönwangige,
In meine Hütte, dein Ehrengeschenk! Dass du es gut weißt,
Wieviel besser ich bin als du, und dass auch ein anderer sich hüte,
Sich mir gleich zu dünken und gleichzustellen ins Angesicht!
So sprach er. Doch dem Peleus-Sohn war es ein Schmerz, und drinnen
Sein Herz in der behaarten Brust erwog ihm zwiefach:
Ob er das scharfe Schwert gezogen von dem Schenkel,
Die Männer aufjagte und den Atreus-Sohn erschlage,
Oder Einhalt täte dem Zorn und zurückhalte den Mut.«
(*Il.* 1, 180 ff. Übers. W. Schadewaldt)

Eine Weinschale aus Athen, die in der Zeit der Kriege der Griechen gegen die Perser entstanden ist und heute im Britischen Museum aufbewahrt wird (Abb. 24.1), zeigt das ganze Entsetzen des gedemütigten Achilleus. Auf einem schön verzierten Klapphocker blickt er seiner Gespielin nach, die von einem Boten am Handgelenk ergriffen wurde und weggeführt wird. Das Zelt des Achill ist durch ein großes verziertes Tuch, das baldachinartig über Säulen gelegt wurde, angedeutet. Achilleus hat seinen Körper und seinen Kopf in den Stoff seines weiten Mantels gehüllt. Nur die Augen des zornigen Mannes bleiben frei.

Ein Wandgemälde in Pompeji, das Jahrhunderte später entworfen wurde, ist voller Sentiment (Abb. 24.2): Der schöne Achilleus, dessen Oberkörper entblößt ist, wendet sich Briseis zu, die von Patroklos bereits am Arm ergriffen wurde. Die

24.1 *Odysseus führt die Geliebte des Achilleus fort. Der gedemütigte Achill sitzt auf einem schönen Hocker in seinem Zelt. Attisch-rotfigurige Schale, um 480 v. Chr., London, Britisches Museum.*

Geliebte ist offensichtlich eine Liebende, traurig über den Verlust: Sie senkt ihren Kopf und führt mit der rechten Hand das Gewand an die Augen!

Achill mit der Lanze

Die Erscheinung, das Wesen und die Gefühle eines einzelnen Menschen bestimmen die Ereignisse der *Ilias*. Es ist die enorme Kraft seines Körpers, der außergewöhnliche Mut und seine herausragende Geschicklichkeit, die Achilleus vor allen anderen Griechen erstrahlen lässt. Sein ungebrochener Stolz, sein fester Wille, eine Demütigung nicht hinzunehmen, liefert den Stoff für den Spannungsbogen des homerischen Epos.

Viele griechische Bilder zeigen den handelnden Achilleus. Da erscheint Achill, wie er kämpft, mordet, verhandelt oder speist. Aber auch sein Leichnam wird dargestellt. Seltener sind die Bilder, die den Helden in seiner ganz allgemeinen Erscheinung – wie in einem Porträt fassen. Die Vatikanischen Museen besitzen eine stattliche Amphore, auf deren Bauch ein beinahe statuarisch anmutendes Bild der homerischen Leitfigur erscheint (Abb. 24.3).[1] Achilleus ist durch eine Beschriftung kenntlich gemacht, er trägt eine kostbar verzierte Rüstung und lehnt sich nur leicht an seine mächtige Lanze. Die rechte Hand stützt er locker in die Hüfte und blickt nach links. Auf der Gegenseite des Gefäßes ist eine Frau abgebildet; vielleicht schaut er ihr nach. Ist es etwa seine geliebte Briseis?

Die antiken Schriftsteller berichten von einer Figur des Bildhauers Polyklet, die leider dermaßen berühmt war, dass es völlig ausreichte, sie unter ihrem Spitznamen »Doryphoros« (=Lanzenträger) zu nennen. Nirgends erfahren wir etwas über die tatsächliche Bedeutung der Figur. In der Wissenschaft herrscht weitgehend Einigkeit, dass dieser polykletische Doryphoros in mehreren römischen Kopien erhalten ist. Im Neapler Nationalmuseum steht die am besten erhaltene Wiederholung (Abb. 24.4): Ein nackter junger Mann verlagert das Gewicht seines Körpers lässig auf das rechte Bein, sein Kopf ist leicht nach rechts gewendet. Die linke Hand ist angehoben und hielt nach Ausweis der Fingerstellung einen Gegenstand.

24.4 »Doryphoros«, gefunden im Gymnasium von Pompeji, römische Kopie nach einem griechischen Original um 440 v. Chr., Neapel, Nationalmuseum.

24.3a–b Namengebende rotfigurige Amphora des Achilleus-Malers, aus Athen, um 450 v. Chr., Rom, Vatikan.

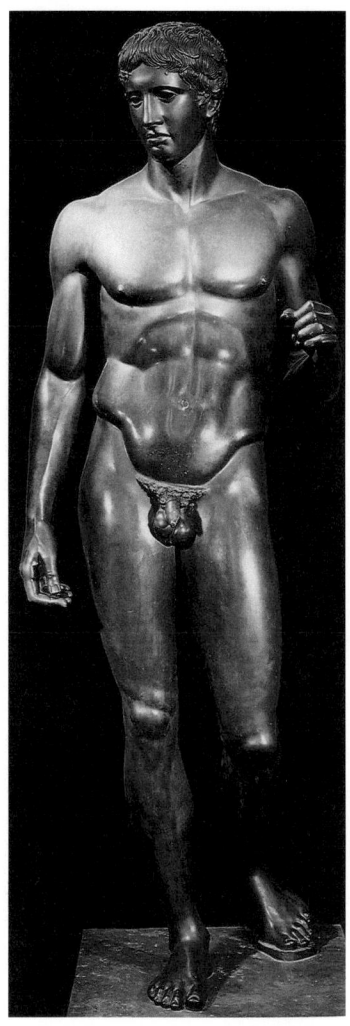

24.5 Ehemals Kriegerdenkmal der Münchner Universität, Rekonstruktion des Doryphoros in Bronze, München, Ludwig-Maximilians Universität.

Er könnte einen Schild[2] oder aber – so die *comunis opinio* – eine Lanze gehalten haben. Da die künstlerische Ausführung gut zu allem passt, was wir von Polyklet wissen, und da er offensichtlich eine Lanze trug, liegt die Gleichsetzung mit dem »Doryphoros« der antiken Schriftquellen nahe.

Als vor wenigen Jahren eine weitere antike Kopie derselben Figur in Messene gefunden wurde, hat der Ausgräber eine Identifikation als Theseus, dem Athener Königssohn und Heros, vorgeschlagen. Es ist hier nicht der Ort, die Argumentation für diese Deutung zu wiederholen. Die Wissenschaft hat dadurch jedoch noch nicht von ihrer alten Überzeugung Abstand genommen: Denn bislang wurde der Lanzenträger zumeist als Achill angesprochen. Gerade in den letzten Jahren ist sogar versucht worden, das allgemeine Achill-Bild des »Doryphoros« zu modifizieren. Zum einen hat man sich bemüht, die Figur als den an den Leichenspielen des Patroklos teilnehmenden, somit athletischen Achill zu deuten.[3] Zum anderen sind feinsinnige Beobachtungen vorgebracht worden, die belegen sollen, dass der »Doryphoros« Achill wiedergibt, der gerade die Lanze aus der waffenführenden rechten Hand in die passive Linke gelegt hat, nachdem er – aus Protest gegen die Wegführung seiner Geliebten – entschieden hatte, selbst nicht mehr in den Kampf einzugreifen.[4]

Im Rahmen der vorliegenden Publikation wollen wir an der Gleichsetzung der erhaltenen Kopien mit dem »Doryphoros« der antiken Literatur, aber auch an der Deutung als Achilleus festhalten. Wie reizvoll wäre doch die Tatsache, ein überlebensgroßes statuarisches Bild des wichtigsten Mannes vor Troja zu besitzen. Zumindest für einen Augenblick sollten wir in dieser Figur nicht nur das allgemeine Bild des Helden, sondern vielmehr das Thema der *Ilias* gespiegelt sehen: Achilleus ist von Agamemnon gedemütigt worden. Er reagiert durch die Verweigerung des Kampfes und bringt damit das gesamte Heer der Griechen in größte Gefahr. *V.B.*

25. Das Duell

Zu Beginn der *Ilias* (3. Gesang) einigte man sich – neun ergebnislose Jahre der Belagerung und der endlosen Gewalt lagen zurück – auf die Lösung des eskalierten Konflikts in Form eines Duells. Geradezu naiv erscheint die Hoffnung, den verlustreichen Krieg durch einen privaten Kampf der eigentlich Betroffenen beenden zu können.

> »Laßt dann mich vor dem Volke und den streitbaren Held Menelaos
> Kämpfen um Helena selbst und die sämtlichen Schätze den Zweikampf.
> Wer von beiden nunmehr obsiegt und stärker erscheinet,
> Nehme die Schätze gesamt mit dem Weibe und führe sie heimwärts.«
> (*Il.* 3, 69 ff., Übers. J. H. Voss)

Der frauenraubende Prinz trat gegen den beraubten König an. Alle anderen Krieger sind zur Rolle des Zuschauers verpflichtet. Das spannende Duell zeigte sehr bald, dass Menelaos Paris überlegen ist. Eigentlich wäre Paris getötet worden, hätte nicht die Liebesgöttin selbst eingegriffen: Sie entrückte den Unterlegenen durch Zauberhand aus der staubigen »Arena« und ließ ihn sich im »blütenreinen« Schlafgemach der Helena wieder finden: Aphrodite bestimmt an diesem Ort das Geschehen.

> »Doch jenen entrückt' Aphrodite
> Ohne Müh, als Göttin, und hüllt' in Nebel ihn ringsher,
> Setzt' ihn darauf ins Gemach, von duftender Würze durchräuchert;
> Schnell dann Helena suchend, enteilte sie (...):
> Komm; dich ruft Paris, mit mir nach Hause zu kehren.
> Jener ruht im Schlafgemach auf zierlichem Lagergestelle,
> Strahlend in Reiz und Feiergewand.« (*Il.* 3, 380 ff. Übers. Nach J. H. Voss)

Der allein durch göttlichen Beistand gerettete Paris ignorierte seine Niederlage und gab Helena nicht an die Griechen zurück. Diese Intransigenz erzürnte die Götter; Zeus und Hera beschlossen den Untergang Trojas.

Im Zentrum des Bildes einer Münchner Amphore trägt Aias den toten Achilleus aus einem imaginären Kampffeld (s. Abb. 39.11). Der tapfere Mann ist nicht von Mitkämpfern und Gegnern der aktuellen Schlacht umgeben. Vielmehr zieht der Maler drei zeitlich weit voneinander getrennte Episoden in einem Bild zusammen, das den Eindruck eines Schlachtentumults suggerieren soll. Es gelingt dem Künstler auf diese Weise zweierlei: Zum einen bereichert er das prachtvolle Gefäß durch die Erinnerung an drei herausragende Kampfsituationen vor Troja. Zum

25.1 Menelaos im Zweikampf mit Paris (Beischriften!), Attisch-schwarzfigurige Amphora, um 510 v. Chr. (Kat. 18)

25.2 *Die Liebesgöttin, deren rechte Schulter nackt ist, rettet ihren Schützling Paris aus dem Zweikampf mit Menelaos. Etruskische Alabasterurne, 150–100 v. Chr., Volterra.*

anderen aber setzt er die äußerst dramatische Rettung des Leichnams des größten griechischen Helden in eine lebendige Kulisse. Während links von Aias Neoptolemos, der zu einem späteren Zeitraum nach Troja geholt wird (s. Kap. 41), gegen Äneas kämpft, erscheinen – wieder in einer anderen Zeitschicht – zur Rechten Paris und Menelaos (Abb. 25.1). Der Körper des Menelaos ist durch Nacktheit und athletischen Bau hervorgehoben. Die Unterlegenheit des hübschen, aber schmächtigen Paris wird schon durch sein Körpergewicht (sicher kaum mehr als die Hälfte seines Gegners) verdeutlicht. Das Gesicht des Menelaos bleibt – er hat den Helm nur locker auf das Haar gesetzt – sichtbar. Die ganze Kraft seiner physischen Erscheinung wird ins Bild gesetzt, genau so wie der Leichnam des Achill in seiner ganzen Körperlichkeit dargestellt wird.

Auf einer etruskischen Alabasterurne (Abb. 25.2) hat sich der Kampf weiter entwickelt: Paris ist bereits zu Boden gegangen und es sieht so aus, als würde Menealaos seinen Gegner – wie in der *Ilias* geschildert – gerade am Helmbusch packen, um ihn in die Luft zu schleudern. In diesem Augenblick erscheint die Liebesgöttin, um den Kinnriemen des Helms zu lösen und ihren Schützling in einen Nebel gehüllt aus dem Kampffeld zu entrücken.

Offensichtlich gab es noch eine anders lautende Version des Duells. Zwei bedeutende Vasenmaler des frühen fünften Jahrhunderts v. Chr. stellen Paris die Jagdgöttin Artemis schützend zur Seite. Auf einem Schalenbild des Duris (Abb. 25.3) entzieht sich Paris durch Flucht. Menelaos folgt ihm mit gezogenem Schwert und machtvollem Schritt, und es ist eben nicht Aphrodite, sondern die namentlich genannte Jagdgöttin, die den Unterlegenen schützend empfängt. Ein schönes Schalenbild in Tarquinia (Abb. 25.4), das der so genannte Brygosmaler entworfen hat, zeigt – diese Deutung ist allseits akzeptiert worden – den nackten Paris, der nach Hause zurückkehrt und von seinem Vater und seinem Bruder wiedererkannt und begrüßt wird. Priamos streckt ihm die Spendenschale entgegen, Hektor nimmt ihn in die Arme und Artemis hält ihre schützende Hand über den jungen Prinzen. *V.B.*

25.4 *Wiedererkennung des Paris. Attisch-rotfigurige Weinschale, bemalt vom Brygosmaler, um 485 v. Chr., Tarquinia.*

25.3 *Zweikampf des Menelaos und Paris. Attisch-rotfigurige Weinschale aus Athen, bemalt von Duris, um 480 v. Chr., Paris, Louvre.*

26. Diomedes wütet

Ausführlich widmet sich Homer den blutigen Taten des Diomedes, dem Fürsten der peloponnesischen Stadt Argos. Ungern zählt man die Toten, erschreckend ist die Grausamkeit der dichterischen Bilder.

Zu Beginn des 5. Gesanges der *Ilias* wird der Leser in Kenntnis gesetzt, wie Athena ihren Schützling Diomedes zum Kampf motiviert: »Jetzo schmückt' Athene des Tydeus Sohn Diomedes hoch mit Kraft und Entschluß, damit vorstrahlend aus allem Danaervolk er erschien' und herrlichen Ruhm sich gewänne. Flammen ihm hieß auf Helm und Schilde sie mächtig umherglühn, ähnlich dem Glanzgestirne der Herbstnacht, welches am meisten klar den Himmel durchstrahlt, in Okeanos' Fluten gebadet; solche Glut hieß jenem sie Haupt umflammen und Schultern, stürmt ihn dann mitten hinein, wo am heftigsten schlug das Getümmel.« (*Il.* 5, 1 ff. Übers. J. H. Voss)

Das nun folgende Gemetzel führte auf beiden Seiten zu großen Verlusten, von Homer wird es detailreich geschildert: »Diesen traf da er (…) rechts hindurch ins Gesäß (…), dass ihm die Spitze, vorn die Blase durchbohrend, am Schambein wieder hervordrang. Heulend sank er aufs Knie, und Todesschatten umfing ihn.« (65 ff.) »… hinten die spitzige Lanze gerad' in die Höhle des Nackens; zwischen den Zähnen hindurch zerschnitt die Zunge das Erz ihm, und er entsank in den Staub, am kalten Erze noch knirschend.« (73 ff.) »Blutig entsank ihm der Arm ins Gefild' hin, aber die Augen übernahm der finstere Tod.« (82 f.) Von der Hand des Diomedes, Sohn des grausamen Tydeus, selbst fielen an diesem Kampftag wohl die meisten Trojaner: »Also vor Tydeus' Sohn enttaumelten dichte Geschwader troischen Volks.« Die Durchschlagskraft des Griechen entging dem Pandaros, einem wichtigen Verbündeten der Trojaner – hervorgehoben wird von Homer, dass er der Produzent seiner eigenen Waffen war –, nicht: »Richtet' auf Tydeus' Sohn er sofort sein krummes Geschoß hin (…) und traf ihn rechts an der Schulter in sein Panzergelenk; ihm flog das herbe Geschoß durch grad' in die Schulter hinein, und Blut umströmte den Panzer.« (97 ff.) Während der Schütze sein Opfer dem Tode nahe wähnte, flehte Diomedes, dem der vom Wagen springende Sthenelos den Pfeil aus dem Fleisch zog, zu Athena, die ihn erhörte: »leicht ihm schuf sie die Glieder (…) und sprach: Kehre getrost, Diomedes, zum mutigen Kampf mit den Troern, denn dir goß ich ins Herz die Kraft und die Stärke deines Vaters. (…) Auch das Dunkel entnahm ich den Augen dir (…), dass du wohl erkennest die Götter. (…) Hüte dich, seligen Göttern entgegen zu wandeln (…); doch käme Aphrodite her in den Streit, die magst du mit spitzigem Erze verwunden.« (121 ff.)

Durch himmlische Macht gestärkt, traf Diomedes auf seinen Herausforderer. Pandaros warf diesmal die Lanze, die den Schild durchdrang, aber nicht den Körper des Gegner verletzte: »Nicht getroffen, gefehlt!« Sprach Diomedes und »ent-

sandte« seinerseits den Speer; »ihn richtete Pallas Athene grad am Aug' in die Nas',
und die weißen Zähn' ihm durchdrang sie; hinten zugleich die Zunge zerschnitt
das starrende Erz ihm, dass die Spitz' ihm entfuhr am äußersten Ende des Kinnes.
Und er entsank dem Geschirr, und es rasselten um ihn die Waffen.« (287 ff.)

Kaum war Pandaros ausgeschaltet, da stürmte Äneas, trojanischer Held von
Weltrang, leiblicher Sohn der Liebesgöttin und designierter Gründer des römischen Weltreichs, stampfend und wütend auf den rasenden Diomedes zu. Den
Leichnam des toten Freundes zu schützen, »streckt er die Lanz' und den Schild
(…), zu erschlagen bereit, wer nur annahte zu jenem, mit grauenvollem Geschrei.
Da ergriff den gewaltigen Feldstein Diomedes, so schwer, dass nicht zweien Männer ihn trügen (…); doch er schwang ihn allein und behände. Hiermit traf er Änei-
as das Hüftgelenk, wo des Schenkels Bein in der Hüfte sich dreht, das auch die
Pfanne genannt wird; und er zermalmt' ihm die Pfann' und zerriß ihm beide die
Sehnen; rings auch entblößte die Haut der zackige Stein, und der Held sank vorwärts hin auf das Knie und stemmte die nervige Rechte.« (300 ff.)

Und er wäre gestorben, »wenn nicht schnell es bemerkt (…) Aphrodite. (…)
Diese den trautesten Sohn mit Lilienarmen umschlingend, breitet ihm vor das sil-
berhelle Gewand gegen der Feinde Geschoß« und trug ihn hinweg aus der Feldschlacht. (312 ff.) Während es den Griechen gelang, den Wagen des Äneas zu rauben, setzte der wütende Diomedes der Göttin nach und verletzte deren göttlichen
Körper. Athena hatte diese Situation ja vorausgesehen und ihm antizipatorisch das
göttliche Placet gegeben, Aphrodite, die Widersacherin, in ihrer götterkörperli-
chen Integrität zu erschüttern. »Er folgte mit grausamem Erze der Kypris, weil er
erkannt, sie erschien' unkriegerisch (…): Als er nunmehr sie erreicht (…) traf er mit
eherner Spitze die Hand ihr, zart und weich; und sofort in die Haut ihr stürmte die
Lanze durch die ambrosische Hülle, die ihr Charitinnen gewebet, nah am Gelenk
in der Fläche; da rann ihr unsterbliches Blut hin, klarer Saft, wie den Wunden der
seligen Götter entfließet, denn nicht essen sie Brot, noch trinken sie funkelnden
Weines; blutlos sind sie daher (…) Laut nun schrie die Göttin und warf zur Erde
den Sohn hin.« Nur gut, dass Apollon als entschiedener Vertreter der trojanischen
Sache zur Stelle war und den Schützling übernehmen konnte: »hüllend in dunkles
Gewölk« (330 ff.).

Diomedes war erregter noch als zuvor: »Weiche zurück, Zeus' Tochter aus
Männerkampf und Entscheidung. Nicht genug, dass du Weiber von schwachem
Sinne verleitest ..« (348 ff.). Verschreckt floh die Göttin vor einem Sterblichen. Ihr
half der Kriegsgott Ares aus der ungewöhnlichen Situation. Mit dessen Wagen –
gelenkt von der Götterbotin Iris – erreichte sie schließlich den Olymp, wo sie sich
von der Mutter (Dione) pflegen ließ.

Aber der göttliche Beistand unterstütze auch die trojanische Seite. Apollon ließ
Äneas schnell genesen und zu neuen Kräften kommen, während Ares den Trojanern neuen Mut verlieh. Priamos zog mit den Göttern gleich, wenn er jetzt seinen
Sohn Hektor ermahnte, das Geschäft des Krieges mit höchster Motivation zu
betreiben. Die Heere prallten aufeinander und wieder nutzt der Dichter die Szenerie zur Ausgestaltung grausamer Bilder, die auch dem Storyboard einer Holly-
woodproduktion gut anstehen würden, eben in der Art von: » … und hieb ihm das
Schwert in die Schläfe. Und er entsank aufröchelnd dem schöngebildeten Kampf-
wagen häuptlings hinab in den Staub, auf Scheitel gestellt und Schultern. Also
stand er lange, von lockerem Sande gehalten, bis anstoßend die Ross' in den Staub
hinwarfen den Leichnam« (584 ff.).

Und plötzlich entdeckte der wütende Diomedes den Kriegsgott, wie er sich in
den Kampfreihen der Trojaner bewegte und dem trojanischen Prinzen Hektor
assistierte und vor Gefahren bewahrte. Als auch Zeus und die Götter gewahr wurden, dass Ares mordend in den Kampf eingriff, und damit die Rolle der Götter, die

26.1 Diomedes und Äneas im Zweikampf. Attisch-rotfiguriges Weinmischgefäß (Krater), bemalt vom Tyszkiewicz-Maler, 490/80 v. Chr., Boston.

ansonsten im Hintergrund die Fäden zogen und allerhöchstens im Feld erschienen, um – in allerletzter Sekunde – das Leben eines Lieblings zu schützen, überschritt, erhielt die bebende Athena von Zeus ein Sonderkommando: Sie verdrängte den Wagenlenker und stellte sich – durch den Helm des Unterweltgottes getarnt – Diomedes zur Seite. Als nun der Kriegsgott Diomedes entdeckte und sich dem Wagen des Sterblichen näherte, da lenkte Athena die Lanze des Diomedes und traf – unerhörter Vorgang – den Kriegsgott. Dieser, schwer verletzt, erlitt unsägliche Qualen: »… und es drängte die Lanze Athena gegen die Weiche des Bauchs, wo die eherne Binde sich anschloß; dorthin traf und zerriß ihm die schöne Haut Diomedes, zog dann die Lanze zurück. Da brüllte der eherne Ares, wie wenn zugleich neuntausend daherschrien, ja zehntausend rüstige Männer im Streit (…). Rings nun erbebte das Volk der Troer umher und Achaier, voll von Angst; so brüllte der rastlos wütende Ares.« (856 ff.) Welcher Sterbliche wird den Göttern je so nahe gewesen sein? Das ist die Aristie des Diomedes.

Auf einem Weinmischgefäß, heute im Bostoner Museum, werden Diomedes und Äneas von schützenden Göttinnen in den Kampf begleitet (Abb. 26.1). Das ist natürlich eine erzählerische Abbreviatur, es gilt ja auf einem beschränkten Bildfeld möglichst viele Aspekte der Handlung zusammenzufügen. Leider wird dadurch der Spannungseffekt der Erzählung zugunsten der Gesetze der Bildsprache aufgegeben: Im Augenblick des Kampfes stehen sie ja eigentlich beide nicht hinter ihren Lieblingen, weder Athena auf der Rechten, noch Aphrodite auf der linken Seite. Beide halten sich jedoch stets zur Intervention bereit, die erst notwendig wird, als Äneas so schwer durch den geworfenen Felsen verletzt wird. Die Differenzierung dieser narrativen Finessen gelingt dem Maler dennoch, und zwar durch Nuancen. Athena »schiebt« ja nur ihren Diomedes in den Kampf, Äneas ist jedoch schon in die Knie gegangen (der zeitgenössische Betrachter weiß also sofort: der schwere Stein hat ihn schon getroffen), und deshalb greift die Liebesgöttin in einer schnellen Bewegung mit ihren Armen aus, so dass deutlich wird, dass sie Äneas, der eigentlich sterben müßte, aus dem Schlamassel herausretten wird.

Ein etruskisches Vasenbild (Abb. 26.2) verfährt spielerischer mit den Erzählstrukturen der Heldenlegende: Da wird gekämpft, ganz links ein trojanischer Bogenschütze (vielleicht Pandaros) und in der Mitte wieder der zusammengesunkene Äneas in der eigentlich aussichtslosen Situation – wäre da nicht die Göttin (hier sogar geflügelt), die ihren geliebten Schützling – ganz wie bei Homer ausgeführt – in ein Gewand einhüllt. Sie lässt ihn so unsichtbar werden, um ihn aus der tödlichen Gefahr zu entrücken.   V.B.

26.2 Die geflügelte Liebesgöttin legt den Schleier der Unsichtbarkeit über ihren Schützling Äneas. Etruskisch schwarzfigurige Amphora, um 470–460 v. Chr., Würzburg.

27. Hektors Abschied

Homer unterbricht den Bericht des Kampfverlaufs und gestaltet, als wolle er die Zeit anhalten, eine Begegnung zwischen Hektor und Andromache von großartigem Sentiment und einer ergreifenden Tragik. Andromache, die von der blutigen Übermacht der Griechen gehört hatte, war mit Diener und Kind zu einem hohen Mauerturm gerannt, in der schrecklichen Gewissheit, dass ihr Mann dem Ansturm des Feindes erliegen wird. Hektor wiederum hatte das Kampffeld für einen dramaturgisch aufregenden Augenblick verlassen, und damit den Blick des Zuhörers/Lesers aus dem – ja im Hintergrund andauernden – Grauen erregenden Gemetzel in die Schönheit und Feierlichkeit der mondänen Palasträume gelenkt: Hier begegnete er Alexandros-Paris unter den Frauen und ermahnte ihn zur Teilnahme am verzweifelten Kampf.

Dann suchte er Frau und Kind auf, und die Schilderung, die folgt, ist in ihrer Zartheit des Privaten, der Vorausahnung des tragischen Ausgangs von unvergleichlicher Größe. An diesen Zeilen Homers muss sich seither die europäische Dichtung messen!

»Siehe, mit Lächeln blickte der Vater still auf das Knäblein; aber neben ihn trat Andromache, Tränen vergießend, drückt ihm freundlich die Hand und redete, also beginnend: Trautester Mann, dich tötet dein Mut noch! Und du erbarmst dich nicht des stammelnden Kindes noch mein, des elenden Weibes. Ach, bald Witwe von dir! Denn dich töten sicher die Achäer.«[1]

Hektor teilte die Einschätzung seiner Frau, konnte sich seiner Pflichten jedoch nicht entbinden, zumal er die Rache der anderen Kriegswitwen fürchtete: »Mich auch härmt das alles, o Trauteste, aber ich scheue Trojas Männer zu sehr und die saumnachschleppenden Weiber.«[2] Und lieber will er sterben, als die Verschleppung seiner geliebten Frau erleben zu müssen: »Doch nicht kümmert mich so der Troer künftiges Schicksal (...) als wie dein's, wenn ein Mann der erzumschirrten Griechen weg die Weinende führt, der Freiheit Tag dir entreißend. (...) Aber es decke mich Toten der aufgeworfene Hügel, eh' ich deines Geschreies vernehm' und deiner Entführung.«

Zwar wird Hektor nicht an diesem Tage sterben – erst musste ja Achilleus wieder in den Kampf eintreten –, doch werden zwischen den Liebenden später keine vergleichbaren Worte eines tragischen Abschiedes mehr gefunden werden.

Das starke Sentiment und die bittere Tragik des Verlustes des geliebten Sohnes und Ehemanns durch die Gewalt des Krieges erhalten hier im 6. Gesang der *Ilias* ihre mustergültige epische Fassung. Da mag es nicht überraschen, dass auch die frühgriechischen Maler um eine verbindliche Bildform für dieses grundsätzliche

27.1 Ein Krieger nimmt von seiner Familie Abschied. Attisch-rotfiguriger Stamnos, bemalt vom Kleophonmaler, um 440/30 v. Chr. (Kat. 68)

27.3 *Das elegante Gesicht des alten Mannes. Mit weißer Farbe ist das schüttere Haar aufgelegt. Ausschnitt von 27.1.*

27.4 *Priamos, der Vater des Hektor, hat seinen Kopf gesenkt. Mit der Haltung seiner Hand unterstreicht er seine Worte (?), die er an den Sohn gerichtet hat. Die beiden Altersbilder (27.3–4) liegen etwa 50 Jahre auseinander. Auf dieser älteren Fassung sind die Locken parallel gelegt, der Bart durch genau gesetzte Punkte stilisiert. Ausschnitt von Abb. 27.5*

27.2 *Der Krieger führt die Opferschale an den Mund. Die junge Frau hält die Weinkanne (Oinochoe), aus der sie gerade eingegossen hat, in der gesenkten rechten Hand. Ausschnitt von Abb. 27.1.*

Thema ringen:[3] In der Mitte des 6. Jahrhunderts v. Chr. – einem Zeitraum[4], in dem der homerische Einfluss auf die Bilderwelt besonders stark ist – begegnen wir den frühesten Bildern dieser ›topischen Emotio‹. Während ja sonst auf den Bildern Handlungsabschnitte des Mythos in Szene gesetzt werden, wird jetzt – womöglich zum ersten Mal in der Entwicklung ›westlicher‹ Kultur – ein seelischer Zustand bzw. die Qualität des Tragischen an und für sich im Bild gefasst. Die Aussage der Bilder – wie ja auch dieser Sequenz bei Homer – ist eine ganz allgemeine, die auch unabhängig vom Mythos ihre Gültigkeit besitzt: der Schmerz bzw. die Angst vor dem Schmerz durch den Verlust eines Menschen in kriegerischer Gewalt. Kein anderer Augenblick hätte ausgewählt werden können, um den Schrecken eines Ereignisses, das erst noch eintreten wird, mit so nachhaltiger Kraft abzubilden.

In den frühen Jahren der Hochklassik befreit der Kleophonmaler das tragische Sentiment aus der reinen Anordnung der Figuren und einer starren Sprache der Gestik, indem er es in eine ausgereifte Differenzierung der Körperhaltung und der Blickführung transferiert (Abb. 27.1–2).

Wie um diesen Vorgang noch einmal zu betonen, setzt er ein großes Auge mit schweren Wimpern als Zeichen auf den Schild des stattlichen Kämpfers (Abb. 27.2). Dieser wendet sich seiner (?) jungen Frau zu, die ihm gerade Wein in die Spendeschale gegossen hat. Sie senkt ihren Blick und hebt mit der Linken ihr Gewand: vielschichtige Handlung und Gestik, die das Geschehen in die Nähe von Opfer und Hochzeitsritus tragen. Der Vater, dessen Alter durch Bart und weißes Haar hervorgehoben ist (Abb. 27.1, 27.3), stützt seinen rechten Arm auf einen großen Knotenstock und betrachtet die Szene aus der Distanz.

Wir wissen nicht, ob der Kleophonmaler an den Abschied eines bestimmten Helden dachte, als er sein großartiges Bild entwarf. Der ja ganz allgemein gedachte Bildentwurf des »Kriegerabschieds« wird nur in seltenen Fällen durch die Hinzufügung von Namensbeischriften auf konkrete mythische Episoden bezogen.

Die Münchner Sammlungen bewahren die Vase eines der ganz großen Meister (Euthymides): Auf dem höchsten künstlerischen Niveau gestaltet, hat er seine Abschiedsszene benannt (Abb. 27.5).

Hekabe reicht Hektor den Helm, Priamos senkt sorgenvoll den Kopf (Abb. 27.4). Die Eltern werden im Profil gezeigt, Hektor ist in der Bildmitte zusätzlich hervorgehoben, indem sein Körper dem Betrachter zugewandt ist. Der Vater hat eine Strähne über die Glatze gekämmt, der Bart ist weiß, der Körper ist ganz in den Mantel gehüllt und die Füße stecken in Schuhen. Diese Charakterisierung des alten Mannes steht in gesuchtem Kontrast zur kraftvollen Physis des jungen Hektor, der sich gerade den ledernen Panzer über die hauchdünne und extrakurze Rockbluse (Chitoniskos) legt. Die Mutter ist eine schöne Frau. Ihr Blick ist dem Sohn zugewandt und den prachtvollen Helm hält sie so hoch, dass er aus dem Bild gerät und das Ornamentband überdeckt: Der Maler »gibt« ihrer Geste »nach« und begrenzt die Leerstelle durch zwei senkrechte Linien; Busch und Kalotte des Helmes sind zugleich Stellvertreter der fehlenden Palmette. Mit der linken Hand hält die Mutter noch die Lanze, an ihren Körper ist der prachtvoll verzierte Schild gelehnt: Doch die herrliche Rüstung und die wertvollen Waffen werden den Sohn nicht vor dem Tod und der Schändung des Körpers bewahren.   *V.B.*

27.5 Hektor legt seine Rüstung an. Seine Mutter Hekabe reicht ihm den Helm. Der Vater Priamos stützt seine Linke auf einen Stock. Attisch-rotfigurige Amphora des Euthymides, 510–500 v. Chr. (Kat. 69).

28. Hektor kämpft gegen Ajas

Hektor und Paris waren kampfeslüstern und suchten die Entscheidung. Sie töteten viele griechische Aristokraten. Athena war beunruhigt und begab sich nach Ilion zur Buche. Dort begegnete sie ihrem Widersacher Apollon, der den Vorschlag macht, Hektor so mit Mut zu erfüllen, dass er einen Griechen zum entscheidenden Zweikampf herausfordere. Das »hörte« der Seher Helenos, und beauftragte seinen Bruder Hektor, die Griechen aufzufordern, einen Zweikampfgegner zu bestimmen.

Voller Neugier und bereit, doch – wenn nötig – zu intervenieren, setzten sich die göttlichen Kontrahenten, der Dichter vergleicht sie mit den in den Lüften kreisenden Geiern, auf die »hohe Buche«.

»Heiße die anderen ruhn, die Troer umher und Achaier; selbst dann rufe hervor den tapfersten aller Achaier, gegen dich anzukämpfen in schreckenvoller Entscheidung.« (…) Hektor erfreute sich ob der Rede (…) und hemmte die troischen Haufen, haltend die Mitte des Speers, und still standen sie nun alle. Auch Agamemnon setzte die hellumschienten Achaier. Aber Pallas Athen' und der Gott des silbernen Bogens [Apollon] setzten sich beid', an Gestalt wie zween hochfliegende Geier, auf die erhabenen Buche des ägiserschütternden Vaters [Zeus]«
(*Ilias* 7, 49 ff., Übers. J. H. Voss)

Doch kein Freiwilliger meldete sich im griechischen Herr, da bietet sich Meneloas an, wird aber von seinen Gefährten zurückgehalten: »Und wetteifere nicht, den stärkeren Mann zu bekämpfen.« (*Ilias* 7, 111 f., Übers. J. H. Voss) Erst als Nestor, der Greis, sich machtvoll empörte und den Griechen das Bild verstorbener Helden vorhielt, meldeten sich Agamemnon, Diomedes, die beiden Ajas, Idomeneus, Meriones, Eurypylos, Thoas und der »edle« Odysseus. Nestor ließ das Los entscheiden und alle wünschten sich Ajas, den Telamonier:

»Alle warfen sie [die Lose] dann in den Helm Agamemnons des Königs. Aber das Volk hob flehend die Händ' (…), Vater Zeus, gib Ajas das Los, o gib's dem Tydeiden oder ihm selbst, dem König der golddurchstrahlten Mykene.
(…) Dort schüttelte nun der reisige Nestor, und es entsprang dem Helme das Los, das sie selber gewünschet, Ajas Los.« (*Ilias* 7, 176 ff., Übers. J. H. Voss)

Ajas legte seine Waffen um und erhob sich, »der ragende Hort der Achaier, lächelnd mit finsterem Ernste des Antlitzes; und mit den Füßen wandelt' er mächtigen Schritts, und schwang die erhabene Lanze. (…) Aber dem Volk der Troer durchschauderte Schrecken die Glieder. Selbst dem Hektor begann sein Herz im

Busen zu schlagen; doch nicht konnt' er nunmehr wo zurückfliehn, noch sich verbergen …« (*Ilias* 7, 211 ff., Übers. J. H. Voss)

Mit seinem turmhohen Schild, der von einem berühmten Meister aus sieben Stierhäuten und einer achten aus Erz gefertigt worden war, baute sich Ajas vor Hektor auf und sprach die »drohenden Worte«: »Hektor, deutlich erkennst du, wie sich im Danaervolk noch andere Helden erheben. (…) Auch wir sind Männer, mit Freudigkeit dir zu begegnen, und noch viel! Wohlauf, und beginne du Kampf und Entscheidung.« (*Ilias* 7, 226 ff., Übers. J. H. Voss).

28.1 Der Kampf zwischen Hektor und Ajas wird beendet. Das Kampfgeschehen erstreckt sich über die Vorder- und Rückseite (Abb. 28.2) des Gefäßes. Attisch-rotfigurige Amphora, um 480 v. Chr., Würzburg.

Hektors Lanze durchbohrte die äußeren Schichten des gegnerischen Schilds. Ajas' Wurf – die Lanze durchdrang Schild und Rüstung – hätte eine schwere Verletzung zugefügt, wäre Hektor nicht im letzten Augenblick zurück gewichen. »Hektors Schwert verbog sich an der Mitte des Schildes und Ajas' Waffe ritzte den Hals des Trojaners, und schwarz entspritzte das Blut ihm« (262). Hektor – unverdrossen – griff zur *ultima ratio:* Mit dem Feldstein traf er den Nabel des Schildes. Doch Ajas griff zu einem größeren Stein, »sandt' ihn daher umschwingend und strengt' unermessliche Kraft an. Einwärts brach er den Schild mit dem mühlstein-

28.2 *Rückseite des Gefäßes Abb. 28.1 mit dem Ende des Kampfes zwischen Hektor und Ajas.*

ähnlichen Felsen und verletzt' ihm die Knie, dass rücklings jener dahinsank.« (268
ff.) Jetzt intervenierte der Gott mit dem silbernen Bogen und half seinem Schützling wieder auf die Beine. Sie hätten mit Schwertern den Kampf fortgesetzt, da
besann man sich eines Besseren. Auf Veranlassung des Zeus, der die Entscheidung
scheute, wurden von griechischer und trojanischer Seite Herolde gesandt, den
Kampf abzubrechen: Idäos und Talthybios. »Zwischen die Kämpfenden streckten
die Stäbe sie; aber Idäos sprach das Wort (…): „Nun nicht mehr, ihr Kinder, des
feindlichen Kampfes und Gefechtes! Beide seid ihr ja geliebt dem Herrscher im
Donnergewölk Zeus' (…)« Hektor, dem Ajas die Entscheidung überließ, antwortete: »Ajas, dieweil dir ein Gott die Kraft und die Größe verliehen und den Verstand
und im Speere der beste du bist der Achaier, laß uns jetzt ausruhen von feindli-
chem Kampf der Entscheidung (…) Denn nun nahet die Nacht; gut ist's auch der
Nacht zu gehorchen.(…) Laß uns jetzt auch einander mit rühmlichen Gaben
beschenken, daß man sage hinfort bei Troern und Achaiern: ›Seht, sie kämpften
den Kampf der geistverzehrenden Zwietracht, und dann schieden sie beid' in
Freundschaft wieder versöhnet.‹« (278 ff.) Hektor überreichte Aias sein silberver-
ziertes Schwert und erhielt von dem Mann, der ihn gerade fast getötet hätte, den
»Leibgurt, schimmernd von Purpur« (305).

Um 480 v. Chr. verdichtet der Athener Maler Duris den Ablauf des Kampfes für
die Außenseite einer Weinschale (Abb. 28.3): Nicht auf dem Baum sitzend, son-
dern direkt hinter den Helden erscheinen Athena und Apoll als Schutzgottheiten.
Der mächtige, offensichtlich überlegene Aias ist in voller Rüstung gezeigt, sein
Gegner nackt, somit zwar schön, aber auch schutzlos. Hektor geht – wie es
Homer beschreibt – durch den Wurf des Felsens zu Boden. Der große Stein
erscheint in einer zweiten Ebene der Bilderzählung gleich hinter dem riesigen
Schild des griechischen Hünen.

Im Würzburger Martin-von-Wagner-Museum wird eine aus Fragmenten wieder zusammengefügte Amphore aufbewahrt (Abb. 28.1–2). Vielleicht ist sie vom

berühmten so genannten Kleophradesmaler – auch gegen 480 v. Chr. – gestaltet worden. Die inschriftlich benannten Helden werden jeweils von einem Herold in langem Gewand aus dem Schlachtfeld heraus geführt. In ihrer rechten Hand tragen Hektor und Ajas die Ehrengeschenke. In erstaunlicher Kongruenz mit dem Epos hält der eine das Schwert, der andere den reich verzierten Gurt. Ihre Gesichter sind zurückgewandt, der Blick noch kampfeswütig, aber auch überwältigt von der aristokratischen Geste gegenseitiger Anerkennung.

Die Münchner Sammlungen besitzen ein besonders lebendiges Vasenbild (Abb. 28.4). Es ist 40 Jahre früher als die beiden anderen, noch in der alten schwarzfigurigen Technik gefertigt worden. Zwei – wohl einigermaßen ebenbürtige – Kontrahenten werden von zwei älteren schön gekleideten Zivilisten auseinander getrieben. Zwei nackte Jugendliche assistieren, indem sie die Streitenden an deren rechtem Handgelenk nehmen, den rechten Arm schultern und mit der ganzen Kraft ihres Körpers aus dem Kampffeld zerren. Drastisch ist der Abbruch eines noch nicht entscheidenden Zweikampfes dargestellt, auch wenn die beigeschriebenen Namen fehlen, ist es nahe liegend, dieses Bild mit dem 7. Gesang der *Ilias* zu verbinden. *V.B.*

28.4 Hektor und Ajas werden durch die Herolde getrennt. Attisch-schwarzfigurige Amphora, München-Maler, um 520 v. Chr. (Kat. 70)

29.1 *Odysseus versucht vergebens,*
Achilleus zum Wiedereintritt in den
Kampf zu bewegen. Achilleus hat
seinen Kopf verhüllt und auf die Hand
gestützt. Detail von Abb. 29.2.

29. Vergebliche Gesandtschaft

Homer vergleicht Agamemnons Tränen mit der schwärzlichen Quelle, die »aus jähem Gestein ergießt ihr dunkles Wasser«. Der glücklose Anführer der Griechen war angeschlagen, vor der Versammlung wusste er nur einen Ausweg: »Laßt uns fliehen in den Schiffen zum lieben Lande der Väter; nie erobern wir doch die weit durchwanderte Troja!« Diomedes, über den feigen Vorschlag entsetzt, hält dagegen: »Doch nicht Tapferkeit gab dir Zeus, die edelste Stärke des Menschen! Wandere Du! Frei ist der Weg (...) Aber die anderen bleiben, die hauptumlockten Achaier, bis wir zerstört die Feste des Priamos.«[1]

Das autoritäre Wort des greisen Nestors nennt die Verfehlung: »Nicht nach unserem Sinne – denn ich habe dich mit allem Nachdruck davor gewarnt – hast du, hochherzigen Geistes, den tapfersten Mann schmählich entehrt, denn du nahmst sein Geschenk ihm.« Der einsichtige Agamemnon bot eine fürstliche Kompensation, und man bestimmte eine Gesandtschaft, die sich voller Hoffnung auf den Weg macht, von Odysseus und Ajas angeführt: »Beide nun gingen am Ufer des weitaufrauschenden Meeres, beteten viel, dass sie doch leicht gönnen den hohen Sinn des Achilleus.«

Homers Erzählweise ist voller dramaturgischer Raffinesse, die auf der direkten Gegenüberstellung der denkbar größten Gegensätze beruht. Die Wut des Achills ob seiner Demütigung durch Agamemnon hätte im Zusammenhang (des eigentlichen Handlungsablaufs) durch das Zücken des Schwertes – also die Mordabsicht – nicht schärfer gezeichnet werden können. Hera selbst musste eingreifen: Sie ordnete an, dass Athena dem wütenden Manne erscheinen und von dem unüberlegten Schritt abhalten soll.

Das ist für den Moment eine äußerst dramatische Entwicklung der Ereignisse, es ist aber noch keine »homerische Dramaturgie«. Die grenzenlose Demütigung und Wut des Helden wird in ihrer erschütternden menschlichen Dimension erst erfahrbar, als den vom Affekt ausgelösten Tötungsabsichten die »wahre« Natur des »seine Gefährten liebenden und ehrenden« Achill entgegen gesetzt werden kann.

Der Rückzug des Helden aus dem gemeinsamen Kampf hatte die Griechen erwartungsgemäß in größte Schwierigkeiten gebracht. Also beschlossen sie, eine Gesandtschaft zu Achill zu schicken. Es waren Odysseus, Phoinix und Ajas, die sich auf den Weg machten, um von einem versonnen musizierenden ›Privatier‹ äußerst freundschaftlich empfangen zu werden.

»Als sie die Zelt' und Schiffe der Myrmidonen erreichten,
Fanden sie ihn, erfreuend sein Herz mit der klingenden Leier,
Schön und künstlich gewölbt, woran ein silberner Steg war (…)
Hiermit erfreut' er sein Herz und sang Siegstaten der Männer (…)«
(*Ilias* 9, 185 ff. Übers. J. H. Voss)

In ca. 30 Verszeilen hat der Dichter nun die ungewöhnliche Mühe des regelrecht
»beflissenen« Gastgebers ausgebreitet. Hier steigert er den atmosphärischen Kon-
trapunkt bis an die Grenze des Erträglichen. Jetzt schafft er – acht Gesänge voller
Heldenzorn später – das dramaturgische Gegenbild zu den affektgeladenen
Tötungsabsichten des Achill:

»Freude mit euch! Willkommen ihr Teuersten! Zwar ist gewiß Not!
Doch auch dem Zürnenden kommt ihr geliebt vor allen Achaiern.
Also sprach und führte hinein der edle Achilleus,
Setzte sie dann auf Sessel und Teppiche, schimmernd von Purpur.
Eilend sprach er darauf zu Patroklos, der ihm genaht war:
Einen größeren Krug, Meötios' Sohn, uns gestellet!
Misch' auch stärkeren Wein, und jedem reiche den Becher,
denn die wertesten Männer sind unter mein Dach nun gekommen. (…)
Selbst nun stellt' er die mächtige Bank im Glanze des Feuers,
Legte darauf den Rücken der feisten Zieg' und des Schafes,

*29.3 Der zornige Achilleus. Mit
großer Genauigkeit und Schönheit
der Linie sind die Mantelfalten um
den jugendlichen Körper geführt.
Über den Hocker ist ein Rehfell
gelegt. Detail von Abb. 29.2.*

*29.2 Odysseus versucht vergeblich,
Achilleus zum Wiedereintritt in den
Kampf zu bewegen. Hinter Odysseus
steht Phoinix, hinter Achill Patroklos.
Attisch-rotfigurige Kalpis des
Kleophrades-Maler, um 480/70 v.
Chr. (Kat. 71).*

29.4 *Achill empfängt die Gesandtschaft. Der eloquente Odysseus hat die Beine über einander geschlagen und hält sein Knie mit den Händen. So kann er das Gewicht des Körpers nach hinten legen. Der in den Mantel gehüllte Achill stützt seinen Kopf in die Hand – ganz im Gegensatz zu Odysseus – ist er nach vorne gebeugt. Attisch-rotfiguriger Stamnos des Triptolemos-Malers, um 480 v. Chr., Basel.*

Legt' auch des Mastschweins Schulter darauf voll blühenden Fettes. (…)
Wohl zerstückt' er das Fleisch und steckt' es alles an Spieße. (…)«
(*Ilias* 9, 197 ff., Übers. J. H. Voss)[2]

Die Kompensation ist fürstlich, Reichtum und Ehre des Achilleus wären durch das Angebot des Agamemnon deutlich vermehrt: »Zehn Talente des Goldes, dazu dreifüßiger Kessel sieben, vom Feuer noch rein, und zwanzig schimmernde Becken; auch zwölf mächtige Rosse, sieben Weiber auch gibt er, untadlige, kundig der Arbeit. Und es begleite sie, die er entführet, Brises' Tochter zugleich, und mit heiligem Eide beschwört er's, dass er nie ihr Lager verunehret noch ihr genahet.« Achilleus – so übermittelte der wortgewandte Odysseus – sollte aber auch mit einem Löwenanteil der künftigen Beute bedacht werden: »Wenn uns aber die Götter gewähren, Priamos' mächtige Stadt zu erobern, reichlich sollst du dein Schiff mit Gold und Erz belasten (…) Auch der troischen Weiber erwähle du zwanzig dir selber, die – gleich nach Helena – dort die schönsten sind.« Auch wurde er zurück ins Kampffeld gelockt mit einer Prinzessin aus Argos, deren ungewöhnlichen Brautschatz. Doch auch damit nicht genug: »Sieben gibt er dir dort der wohlbevölkerten Städte (…) Alle sind sie nah' am Meere, begrenzt von der sandigen Pylos.«

Doch der listenreiche Odysseus spürte, dass jedes Angebot, kam es nur von Agamemnon, Achilleus kaum zu bewegen vermag. Da änderte er die Strategie und lockte mit Ruhm: »Aber wenn Atreus' Sohn zu sehr dir im Herzen verhasst ist, er und seine Geschenk', o so schau der anderen Achaier drängende Not mit Erbarmen im Heer, das wie einen der Götter dich ehren wird; denn wahrlich, erhabenen Ruhm dir gewännst du, Hektor entrafftest du nun!«

Achilleus aber lenkte nicht ein. Agamemnon war ihm nicht nur verhasster als die Hölle, noch scherte er sich um das Ansehen bei den Griechen, die den Verrat an ihm ja nicht vereitelt hatten: »Böt' er mir auch so viel, wie des Sandes am Meer und des Staubes, dennoch nimmer hinfort bewegte mein Herz Agamemnon.«

Am Übergang zur Klassik entwickeln die Athener Maler ein ergreifendes, seelisch wie atmosphärisch ausgereiftes Erzählmotiv. Die besonders schöne Kalpis in der Münchner Sammlung verdichtet den breiten Bogen der homerischen Dramaturgie in einer einzigen Bildanordnung. Wenn ein erstarrter Achill und kein rühriger Gastgeber gezeigt wird, dann erzählt das Vasenbild nur scheinbar eine andere Geschichte. Der Maler ist gezwungen, zeitliche Voraussetzungen, wechselnde Aspekte der Stimmung und Folgendes durch Bildelemente zu substituieren.

Odysseus hatte den Petasos aufgesetzt, als er sich zusammen mit Phoinix und Aias auf den Weg zu den Zelten des Achills gemacht hat. Kaum angekommen, wirft er den Reisehut in den Nacken. Der in kurzem Chiton und Chlamys gekleidete Odysseus ist aber nicht nur »Reisender«, sondern auch Waffenträger: Mit der Rechten stützt er sich auf seine beiden Lanzen, die die Mittelsenkrechte des Bildes verfestigen. Als wären diese Lanzen eine unüberbrückbare Sperre, versinnbildlichen sie die ungleichen Positionen der Gesprächspartner. Dem wortgewandten und listenreichen Odysseus sitzt ein verhüllter Achill gegenüber, der seinen Kopf – in Trauer?, in Ratlosigkeit? – in die rechte Hand stützt. Während Achill im homerischen Epos ja als musizierender Privatier und betont eifriger Gastgeber inszeniert wird, muss der Vasenmaler den Hintergrund der Handlung in die Erscheinung des Helden einbetten. Achill ist durch die Erniedrigung (der beschämenden Wegführung der Briseis) erstarrt, Körper und Kopf vor Zornesscham im Gewand verborgen. In dieser Erscheinung wird er auf der Athener Trinkschale des Briseismalers bereits unmittelbar im Augenblick der Erniedrigung (acht Gesänge zuvor) ins Bild gesetzt. So ist diese Charakterisierung des schmollenden Helden zu einer Bildformel geworden. Darüber hinaus versinnbildlicht diese Darstellungsweise die Unbeugsamkeit und Willensstärke des Achilleus: Auch wenn er ein äußerst freundlicher Gastgeber ist, öffnet er sich nicht dem Ansinnen der Gesandtschaft, wieder in den Kampf einzutreten.[3]   V.B.

29.5 Achill empfängt die Gesandtschaft. Auf dieser etruskischen Amphora ist Achilleus mit Bart wiedergegeben. Alle Anwesenden sind redlich bemüht, Achill umzustimmen. Sowohl das Umfassen und Küssen der Knie als auch der Griff an das Kinn sind eindeutige Bittgesten. Etruskisch-rotfigurige Amphora, um 470/60 v. Chr. (Kat. 72)

30. Spione, Späher und Massaker

Die Lage der Griechen hatte sich – seitdem Zeus mit all seiner Macht die Partei der Trojaner ergriffen hatte – zusehends verschlechtert. Trotz lockender Angebote war auch Achill nicht zu überzeugen, wieder in den Kampf einzutreten (s. Kap. 29). Hektor hatte bis in die Dunkelheit hinein gekämpft. Das blutgetränkte Kampffeld lag voller Leichen. Die Trojaner zogen sich nachts nicht mehr in ihre Stadt zurück, sondern kampierten auf offenem Feld – ein deutliches und aufreizendes Zeichen ihrer Überlegenheit. So war die Stimmung im griechischen Lager desperat.

Auf griechischer Seite begegnen wir den schlaflosen Atriden Agamemnon und Menelaos. Beide hatte große Furcht ergriffen, da wendete sich Agamemnon an seinen Bruder: »Rat bedürfen wir beide (...), der Sicherheit schaff' und Errettung (...), dieweil Zeus' Herz sich gewandt hat. Wahrlich, zu Hektors Opfer hat mehr sein Herz er geneiget!«

Rat suchend begab sich Agamemnon zu Nestor und riss den alten Mann aus tiefem Schlaf. Da Nestor den nächtlichen Besucher nicht erkannte, sagte Agamemnon: »Kenne doch Atreus' Sohn Agamemnon, welchen vor allen Zeus in unendlichen Jammer versenkt hat, weil mir der Atem meinen Busen noch hebt und Kraft in den Knien sich regt. (...) Denn ich sorge mit Angst um die Griechen, hin ist der feste Mut und alle Besinnung dahin; es entfliegt aus dem Busen mir das klopfende Herz, und es zittern mir unten die Glieder!« (*Ilias* 10, 88 ff. J. H. Voss)

Nestor – durch und durch erfahren und besonnen – kanalisiert die diffuse Sorge in eine sinnvolle Planung. Vor der nächtlichen Versammlung – inzwischen hatte man auch Odysseus, Diomedes, Ajas und Meriones aus dem Schlaf gerissen – riet er, einen Späher auszusenden: »Ob er einen der äußersten etwa erhaschte oder vielleicht ein Gespräch der feindlichen Männer behorchte (...).« Ob die Troer nun sich zurückziehen werden oder nicht. »Dieses erforsch' er alles vielleicht und kehrte zu uns dann unverletzt; groß wäre der Ruhm ihm unter dem Himmel (...), auch lohnten ihm edle Geschenke.« (*Ilias* 10, 205 ff. J. H. Voss)

Natürlich stellte sich Diomedes, der Mann für die besonders schwierigen Aufgaben, zur Verfügung. Ihn bewegte sein ausgeprägtes Ehrverständnis und die Aussicht auf großen Ruhm. Und es überrascht nicht, dass er das enorme Risiko nicht ohne die Unterstützung des listigen Odysseus, »dem so entschlossen der Mut und das Herz voll freudiger Kühnheit ragt in jeder Gefahr« (*Il.* 10, 244 f. J. H. Voss), auf sich nahm.

Homer steigert die Spannung durch den erfolgreichen dramaturgischen Kunstgriff der ›Parallelhandlung‹: Auch die Trojaner berieten sich in selbiger Nacht. Denn auch die überlegene Situation verunsicherte sie, da sie in ihrer weiteren Entwicklung diffus erschien. So wurde auf der gegnerischen Seite der gleiche

30.1 Der trojanische Späher Dolon. Terrakottarelief, 4. Jh. v. Chr. (Kat. 73).

30.2 Odysseus und Diomedes entdecken den trojanischen Spion Dolon im Tamariskenwald. Die Szene ist sehr eindringlich geschildert und wirkt grotesk. Süditalisches Weinmischgefäß (Krater), um 390–80 v. Chr., London, Britisches Museum.

Beschluss zur gleichen Zeit gefällt. Hektor setzte das schönste Gespann aus der Beute als Gage für den Späherjob aus: es meldete sich der hässliche und – wie bald zu sehen sein wird – glücklose Dolon, der »darauf das krumme Geschoß um seine Schulter hängt. Hüllete dann sich umher ein graugezotteltes Wolfsfell, fügte den Otterhelm auf das Haupt und fasste den Wurfspieß.«

Kaum hatte diese groteske Gestalt das Lager verlassen, wurde sie auch schon von den wachen Sinnen des Odysseus geortet. Dolon versuchte zu fliehen, doch die beiden Griechen stellten ihn durch einen Lanzenwurf. Mit zitternden Knien plauderte der Tor nun alles aus, was er wusste – und das war nicht wenig. So berichtete er detailliert von den Truppenkontingenten der mit Troja befreundeten Mächte und deren Position, auch gab er den wichtigen Hinweis, dass diese in dieser Nacht nicht bewacht waren. Schließlich verwies er darauf, dass die Thraker mit kraftvollen Pferden unter der Führung des Rhesos, »dessen Rosse die schönsten und größesten (…), weißer denn blendender Schnee und hurtigen Laufs wie die Winde. Auch sein Geschirr ist köstlich mit Gold und Silber geschmücket.« (*Ilias* 10, 436 ff.), gerade zur Unterstützung der Trojaner hinzu gestoßen waren. Mehr Informationen wurden nicht benötigt, so wurde Dolon in grausamer Weise ermordet: »Sprach's und bereit war jener, das Kinn mit nervichter Recht rührend, ihn anzuflehn; doch tief in den Nacken ihm schwang er schnell das erhobene Schwert und durchschnitt ihm beide die Sehnen, dass des redenden Haupt mit dem Staub' hinrollend vermischt ward.« (*Ilias* 10, 453 ff. J. H. Voss).

Von der Göttin Athena begleitet und (um den rettenden Rückweg zügig zu finden) Tamariskenzweige brechend drangen die grausamen Helden schnell zum Lager der Gegner vor. Odysseus löste Pferde und Wagen des Rhesos, während Diomedes den thrakischen Herrscher mitsamt zwölf seiner Krieger im Schlaf ermordete. »Rings nun würgt' er umher, und schreckliches Röcheln erhob sich unter dem mordenden Schwert, und gerötet von Blut war der Boden.«

Doch Athena trieb sie zur Rückkehr. Sie gaben ihrem Drängen nach – nicht ohne auf halben Weg anzuhalten, um – beutegierig, aber auch zum Zwecke des Dankopfers – die blutverschmierte, doch wertvolle Rüstung des Dolon aufzunehmen. Im griechischen Lager zurückgekehrt, wurden sie von Nestor und den Atriden – erleichtert – empfangen und »entwuschen sich beide den vielen Schweiß, in die Meerflut eingetaucht. (…) Dann stiegen sie ein zum Bad in schön geglättete Wannen. Beide vom Bad erwärmt und gesalbt mit geschmeidigem Öle, saßen zum Frühmal jetzt; und aus vollem Kruge sich schöpfend, gossen sie aus vor Athene des herzerfreuenden Weines.« (*Il.* 10, 572 ff.). Was für eine Nacht!

30.3 *Odysseus und Diomedes entdecken den trojanischen Spion Dolon im Tamariskenwald. Relief aus Marmor, um 100 v. Chr., Wien, Kunsthistorisches Museum.*

Wie antworten die bildenden Künstler auf dieses Meisterwerk der Erzählform und Dramaturgie, einer Abenteuergeschichte mit gesteigertem Suspensefaktor?[1] Natürlich mussten sie sich darauf verlassen, dass der Betrachter mit der Story vertraut ist. Auf einem süditalischen Weinmischgefäß (Abb. 30.2) begegnen sich die befeindeten Spähertrupps im Tamariskenwald. Allen ist das geräuschlose Anpirschen gemein, gerade erst bemerkt Dolon, dass er von den Gegnern entdeckt wurde. Diomedes blickt ihn mit dunkler Mine an, Odysseus hat bereits das Schwert gezückt. Der Maler macht hiermit natürlich darauf aufmerksam, dass der Aufgegriffene mit dieser Waffe auf grausame Weise zu Tode kommen wird. Und der Künstler bemüht sich – nicht ohne Erfolg – um das unattraktive Äußere des »hurtigen Dolon«, dessen Kopf (erfolglos) durch die skurrile ›Otterkappe‹, die Homer explizit erwähnt, geschützt wurde.

Ein Marmorrelief, um 100 v. Chr. entstanden und heute in Wien (Abb. 30.3), überträgt dieselbe Sequenz auf eine weiter gefasste Bühne. Durch den größeren Handlungsraum gelingt es, den Augenblick der höchsten Spannung zu inszenieren. Verdeckt durch einen Baum haben Odysseus und Diomedes den gegnerischen Späher gerade entdeckt. Für einen kurzen Moment ist dieser noch ahnungslos, läuft seinen Mördern jedoch direkt in die Arme. Ein großer Raubvogel, der von rechts her über den beiden Griechen schwebt, verweist überdeutlich auf das erfolgreiche Ende der Mission, zumindest aus griechischer Perspektive.

Ein Terrakottarelief in den Münchner Sammlungen[2] (Abb. 30.1) zeigt den denkbar kleinsten Ausschnitt: Dolon, der sich an das griechische Lager heranpirscht, zieht sich an einem Baumstumpf eine Anhöhe hinauf. Sein linkes Knie hat er auf den Boden gesetzt, auch mit der rechten Hand, in der er den Bogen hält, stützt er den Körper, der in das Wolfsfell gehüllt ist, ab.

Die Illustrationen spätantiker Handschriften sind häufig der medialen Gattung der Bildergeschichte angenähert. Die Miniatur aus der *Ilias Ambrosiana* (Abb. 30.4) setzt zwei Phasen des Abenteuers in eine einzige Bühne. So erscheinen die Handelnden gleich zweimal. Während Odysseus (mit Filzkappe) und Diomedes äußerlich unverändert bleiben, nimmt der arme Dolon zwei krass unterschiedliche Erscheinungsformen an: Ist er im ersten Teilbild in sein Wolfsfell gehüllt, strauchelnd, weil von Odysseus an Fell und Schultermantel kraftvoll ergriffen, und dann – nebenan – der reine Horror: der entblößte Körper grausam zerstückelt. Odysseus hält Waffe und den blutenden Kopf in den Händen.

30.4 *Odysseus und Diomedes ergreifen und ermorden den trojanischen Späher Dolon. Miniatur aus der Ilias Ambrosiana, 5. Jh. n. Chr., Mailand.*

Von der Begegnung der beiden Spähtrupps sind sehr wenige antike Bilder erhalten, noch weniger waren offensichtlich die Darstellung der Ermordung des Rhesos gefragt. Die erhaltenen Umsetzungen sind jedoch von großer Erzähldichte: Athena lenkt den nächtlichen Mord auf einem süditalischen Prachtgefäß von etwa 350 v. Chr. (Abb. 30.), das sich heute in Berlin befindet. Der nackte Diomedes führt das Schwert gegen den Thrakerkönig, der sich in der Nähe des Feuers auf

reich verzierter Matte und Kissen zum Schlaf niedergelegt hatte. Drei weitere
Thraker wiegen sich – ›sträflicherweise‹ – in Sicherheit.

Eine Amphore – ungefähr um 550 – 540 v. Chr. gefertigt und heute in der Getty-
villa in Malibu (Abb. 30.6) – benennt die Protagonisten durch Beischriften. Rhesos,
den Diomedes an der Gurgel gegriffen hat, schreckt aus dem Schlaf hoch und
blickt (noch nicht vollständig dem Traum entrissen) seinem Mörder in die Augen.
Jeden Augenblick wird Diomedes mit seinem langen Schwert den Körper des
Königs durchbohren. Die vielen Gefährten des Rhesos liegen auf ihren Matten
dicht gedrängt. Sie haben die Augen geschlossen. Ob sie noch träumen, oder
bereits ermordet sind, ist ungewiss.   *V. B.*

31. Der göttliche Beistand

Zunächst sah alles wieder so gut aus für die Griechen: Agamemnon wütete und tötete unzählige Trojaner. Doch dann wurde der Atride verletzt und das Blatt wendete sich. Zeus lenkte machtvoll das Geschehen und setzte sich somit gegen seine Widersacher im Olymp durch. Die Verschärfung der Situation ist notwendige dramaturgische Vorbedingung für den Augenblick des Wiedereintritts des Achilleus in den Kampf (s. Kap. 33 – 39). Die aus der Intervention des Göttervaters resultierende Übermacht der Trojaner wird von Homer in vier Gesängen, in aller Ausführlichkeit ausgebreitet.

Kampfeswut und Verzweiflung des Agamemnon

Durch grelle Kontraste versteht es der Dichter der *Ilias* die Spannung zu steigern. Auch jetzt im 11. Gesang führt er die Pracht und Schönheit der Rüstung des Agamemnon in über 40 Verszeilen aus (*Il.* 11, 15 – 46). Dieses lustvolle Schwelgen in schönen Bildern lässt uns Schreckliches erahnen. Größte Gewalt wird der Anführer des griechischen Heeres ausüben, und viele Trojaner werden auf grausame Weise zu Tode kommen.

»Blendendes Erz«; »Beinschienen, blank und schön«; »eherner Harnisch mit silberner Knöchelbedeckung … ringsum zehn blauschimmernde Streifen des Stahls, zwölf aus funkelndem Gold' und zwanzig andre des Zinnes; auch drei bläuliche Drachen erhuben sich gegen den Hals, voll Glanz wie Regenbogen; goldene Buckeln leuchteten über das Heft, und die Kling' umhüllte die Scheide silberhell, am Gehenk von strahlendem Golde befestigt«; »gewaltiger Schild, schön von Kunst; ihm liefen umher zehn eherne Kreise. Auch umblinkten ihn zwanzig von Zinn gewölbte Nabel, weiß, und der mittlere war von dunkler Bläue des Stahles. Auch die Schreckensgestalt der Gorgo drohte schlängelnd mit wutfunkelndem Blick, und umher war Grauen und Entsetzen. Silbern war des Schildes Gehenk, und grässlich auf diesem schlängelt ein blauer Drache dahin«; »von Rosshaaren umwallt und fürchterlich winkte der Helmbusch.«

Im nun folgenden Kampf stürmte Agamemnon voran und tötete Bianor und Oileus. Agamemnons Lanze durchdrang das Erz des Helmes und den Schädelknochen und »sein Gehirn ward ganz mit Blute vermischt.« (11, 97 f.) Er tötete Isos und Antiphos, Söhne des Priamos: »Jenem über der Warze durchschoß er die Brust.« Und immer war er begierig nach Beute: »Schnell entzog er darauf der Getöteten prangende Rüstung«. Als nächstes mussten Hippolochos und Pisandros in unrühmlicher Weise ihr Leben geben: »… und das Haupt von der Schulter ihm hauend; ließ dann rollen den Rumpf, wie ein Mörser gewälzt im Getümmel.« (11, 146 f.). Vor Agamemnon sanken die Häupter »wie wenn vertilgendes Feuer in nie gehauene Waldung fällt.« (11, 155) Doch dann erschien Hektor im Feld, der selbst wütete und zahlreiche Achaier tötete. Zeus machte sich Sorgen, er wird von Homer mehr denn je als der entschiedene Unterstützer der trojanischen Sache geschildert. Die göttliche Mutter des zornigen Achill wollte es ja so: die Welt sollte sehen, dass die Griechen ohne ihren Sohn zum Untergang verurteilt sind. Dafür werden nun bald viele Achaier sterben müssen. Hektor andererseits wurde vor allen Bedrohungen vom Göttervater selbst und das mit höchster Aufmerksamkeit abgeschirmt. So beauftragte er Iris, Hektor vor dem rasenden Agamemnon zu schützen. Er sollte sich erst in den Kampf begeben, wenn Agamemnon verwundet wurde. »Weich' er selber zurück(...) Aber sobald ein Speer ihn verwundete oder ein Pfeilschuß …, dann rüst' ich jenen mit Stärke, niederzuhaun, bis er naht den schöngebordeten Schiffen, bis die Sonne sich senkt, und heiliges Dunkel heraufzieht.« (11, 189 ff.)

Neu begann das Gefecht. Für einen Augenblick hielt die Kampfeswut des Agamemnon an und er tötete Iphidamos. Jetzt jedoch (und ist es eine Fügung des Zeus?) versuchte Koon, – nicht ohne Hinterlist – den Tod seines Bruders zu rächen: »seitwärts genaht mit dem Speer und unbemerkt Agamemnon stach er in die Mitte des Armes, dass ihn gerade durchdrang die schimmernde Spitze des Erzes.« (11, 251 ff.) Und während der Bruder den Leichnam aus dem »Gedränge« zog, da rammte Agamemnon ihm »unter dem Schilde« die Lanze in den Leib und enthauptet ihn mit dem Schwert: »Hieb dann über dem Bruder das Haupt von der Schulter ihm nahend. So vom Atreiden besiegt, dem Könige, fanden Antenors beide Söhn' ihr Verhängnis und sanken in Hades' Wohnung.« (11, 261 ff.).

Das frische Blut floß aus der Wunde, für Homer die Erklärung, dass sich der Schmerz in Agamemnons Körper noch nicht ausgebreitet hat. Agamemnon raste mordend durch die Schar der Feinde. »Aber sobald ihm stockte das Blut (...) heftiger Schmerz nun fasste den Heldenmut Agamemnons. (...) Und er sprang in den Wagen (...), schnell zu den Schiffen zu kehren, denn unmutsvoll war das Herz ihm.« (11, 267 ff.) Hektor jubelte: »Seid nun Männer und gedenkt des stürmenden Mutes! Fern ist der tapferste Mann, und mir gibt herrlichen Siegesruhm Zeus, der Kronid'!« (11, 287 ff.)

Nun stürmte Hektor zurück in den Kampf und Homer vergleicht ihn mit dem wütenden Kriegsgott und dem »hochherbrausenden Sturmwind.« Viele Griechen starben in diesem Sturm. Odysseus, der jetzt bereits den Verlust der Schiffe befürchtete, ermunterte Diomedes, und es gelang, zumindest eine Pattsituation herzustellen, nicht ohne das Einwirken des Zeus, der nun den Tod möglichst vieler Helden (auf beiden Seiten) suchte: »Nun ließ schweben die Schlacht im Gleichgewicht Kronion, schauend von Idas Höhen, und sie würgten sich untereinander.« (11, 336 ff.)

Achill beobachtete vom Schiffsdeck den eiligen Nestor, der den verwundeten Machaon in seinem Wagen zu den Schiffen brachte. Patroklos sollte erkunden, wer der Verwundete sei. Achill entging die Zuspitzung der Gefahr nicht.

Auch als weitere Verwundete, darunter die großen Streiter vom Kampf zurückkehrten, blieb der Entehrte stur: »Wund von Geschoß ist Tydeus' Sohn, der Held Diomedes, wund von der Lanz' Odysseus, der Herrlich, und Agamemnon; auch Eurypylos traf ein fliegender Pfeil in die Lende. (...) Aber Achilleus hegt, zwar tapfer, mit uns nicht Mitleid.« (11, 660 ff.)

Die Götter zerstören die Mauer der Griechen

Zum Schutz ihres Lagers, der Schiffe und der Beute hatten die Griechen eine Mauer errichtet, sie hatten es jedoch unterlassen, den Göttern ein Opfer zu bringen. Das würde gerächt werden. Homer verweist auf künftige Ereignisse und schafft so ein Sinnbild für die Handlung der nun folgenden Gesänge, in denen den Trojanern das Ungeheuerliche tatsächlich gelingen wird: nämlich die Mauer der Feinde zu brechen und zu den Fahrzeugen vorzudringen. Poseidon und Apoll werden sich – so die dichterische Zukunftsschau – zusammenschließen und die Mauern mit den Gewalten der Natur zerstören.

Alle Flüsse des Gebirges wird Apollon »gegen den Bau lenken, neun Tage beströmt' er ihn, während herab Zeus regnete, schneller ins Meer die umflutete Mauer zu wälzen.« Poseidon wird die Erde erbeben: »Alle Blöck' und Steine, die mühsam gelegt die Achaier, schleift und ebnet es.« Am Ende wird der Sand die letzten Steine bedecken, die Zeit wird über das Werk der Menschen siegen … (12, 17 ff.)

Doch zurück zur ›Gegenwart‹: Hektor überwand mit seinen Leuten den Graben vor der Mauer der Griechen. Ein unheilvolles Himmelszeichen ignorierte er. Zeus sandte einen – für die Griechen – widrigen Sandsturm, der ihnen den letzen Mut nahm, doch hielten die beiden Ajas die Stellung, und es gelang ihnen, die Moral ihrer Kameraden zu stärken. Das Kriegsglück ist schwankend, erreicht gegen Ende des 12. Gesangs (hiermit scheint wieder alles offen zu sein) zunächst ein klares Unentschieden: »Überall von Türmen und Brustwehr rieselte rotes Blut, an jeglicher Seite, der Troer und der Achaier. Doch nicht schafften sie Flucht der Danaer; sondern sie standen gleich, wie die Wage steht, wenn ein Weib lohnspinnend und redlich abwägt Woll' und Gewicht und die Schalen beid' in gerader Schwebung hält, für die Kinder den ärmlichen Lohn zu gewinnen.« (12, 430 ff.)

Doch aufgepasst: Wieder konstruiert der Dichter eine breit angelegte und mit einem Gleichnis überhöhte narrative Folie, vor der sich die folgenden Ereignisse in umso schärferen Konturen abzeichnen. Denn gleich wird Hektor das Unglaubliche gelingen, und somit größte Verwirrung unter den Griechen hervorrufen. Mit einem gewaltigen Stein und übermenschlicher Kraft (ist da etwa Zeus wieder beteiligt?) schlug er das Tor der Mauer auf, seine Mannen strömten in das Feldlager, und die Achaier zogen sich aufgebracht zu den Schiffen zurück. »Schmetternd zerbrach er die Angeln umher (…), dumpf krachte das Tor … und die Bohlen zerspalteten hiehin und dorthin unter des Steines Gewalt. (…) Doch es flohen die Achaier zu den geräumigen Schiffen; es tobt' unermesslicher Aufruhr.« (12, 459 ff.)

Hektor erreicht die Schiffe der Griechen

Zwei lange Gesänge dauert der Kampf um die Schiffe. Auf den gesamten Verlauf des geregelten Kampfgeschehens bezogen, erreichen wir jetzt den eigentlichen Höhepunkt. Der Sieg der Belagerten ist in greifbarer Nähe, auch ist Zeus auf der Seite der Trojaner. Wird der letzte Schritt gelingen? Werden Hektor und seine Kriegsmacht die Schiffe der Invasoren in Brand setzen, die Griechen gefangen nehmen und deren Kriegsbeute beschlagnahmen?

Die griechischen Helden waren demoralisiert und durch Verletzungen geschwächt. Agamemnon dachte – wieder einmal – an Flucht, wird aber von Odysseus zurechtgewiesen. Die Lage der Griechen war deplorabel, da schritt die resolute Hera zur Tat, legte sich den Gürtel der Liebesgöttin um und »ermüdete« Zeus, ihren Mann. Jetzt konnte Poseidon ungestört handeln und seinen Schützlingen, den Griechen, in größerem Umfang zur Seite stehen. Nun traf Ajas, der Telamonier, Hektor mit einem Stein. Dieser wurde ohnmächtig aus der Schlacht getragen und die Troer zogen sich zurück. Doch da erwachte Zeus und das Blatt wandte sich erneut. Poseidon wurde zurückbeordert und Apoll ausgesandt, den schwer lädierten Hektor herzustellen und die Griechen zu schwächen. Schon wieder drangen die Trojaner in das Lager ein und kämpften erneut vor den Schiffen. Die Achaier »umzäunten die Schiffe' rings mit ehernem Geheg', und Zeus trieb stürmend die Troer.« (15, 566)

Hektor (»Siehe, der Schaum umstand die Lippen ihm, während die Augen unter den düsteren Brauen ihm funkelten … fürchterlich!«) durchbrach die fest geschlossenen Reihen des Gegners mit der »Wut des Orkans« und »wie ein Löwe voll Wut eindringt in die Rinder« (15, 627 ff.). Seine Leute folgten und die Griechen wichen zurück. Jetzt standen sie vor den Schiffen. Doch Ajas trat aus den Reihen der Zurückweichenden hervor und »umwandelt' mächtigen Schrittes der Schiffe Verdeck. Und bewegt' in den Händen die mächtige Stange des Meerkampfes. (…) Und es tönte sein Ruf bis zum Äther«. In blutigem Nahkampf erreichten die Trojaner das Schiff des Protesilaos. Hektor berührte es bereits und rief: »Feuer her und erhebt' in stürmendem Drange den Schlachtruf! Uns nun sendete Zeus den Tag, der alle vergütet« (15, 718 f.)

Ajas wich zurück auf die Bank des Steuermanns, doch tötete er alle – zwölf werden es sein, die mit dem Feuer nahen, und konnte so – auf sich allein gestellt, doch mit der riesigen Harpune bewaffnet – die Katastrophe abwenden.

Die poetischen Bilder, die Homer in diesen Gesängen schafft, sind von unvergleichlicher mimetischer Energie und erwachen in der Wahrnehmung zu ungeheurem Leben. Kein Wunder, dass sich die bildenden Künstler hiermit nicht messen wollen. Aus der griechischen Antike sind so gut wie keine Umsetzungen in die Malerei, geschweige denn in die Skulptur erhalten.

31.1–2 Die Trojaner dringen bis zum griechischen Schiffslager vor. Etruskische Amphora, um 470/60 v. Chr. (Kat. 72, vgl. auch Abb. 29.5).

31.3 Umzeichnung der etruskischen Amphora Abb. 31.1–2 von Martin von Wagner.

Auf einem etruskischen Gefäß, das sich in den Münchner Sammlungen befindet (Abb. 31.1–3), ist jedoch der Kampf um die Schiffe aufgegriffen worden: Von rechts dringen die Trojaner vor, brennende Fackeln in die Höhe haltend. Die verzweifelte Lage der Griechen wird durch das Zusammenbrechen der Krieger verdeutlicht. Ajas (?) weicht zurück und wird jeden Augenblick auf das Verdeck der Schiffe springen, um aus erhöhter Position mit der ungewöhnlichen Waffe den Feind zurückzuschlagen.   V. B.

32. Der Wendepunkt – Taten und Tod des Patroklos

Während die übrigen Griechen das katastrophale Scheitern ihrer Unterneh-mung vor Augen haben, beobachten Achill und Patroklos offenbar aus sicherer Entfernung, wie die Trojaner im Begriff sind, die griechische Flotte in Flammen aufgehen zu lassen. Nachdem er lange aus Loyalität zu seinem Freund stillgehalten hat, bricht es nun aus Patroklos heraus (Homer, *Ilias* 16, 35 – 45):

> »… denn starr ist dein Sinn und gefühllos!
> Suchst du im Herzen indes ein Göttergebot zu vermeiden
> oder brachte von Zeus dir ein Wort die göttliche Mutter,
> sende wenigstens mich, und die Scharen der Myrmidonen
> lass mir folgen, ob ich wohl ein Licht den Danaern bringe.
> Gib mir auch um die Schultern die eigene Rüstung zu tragen,
> ob die Troer vielleicht, für dich mich haltend, vom Kampfe
> lassen und Atem schöpfen die tapferen Söhne Achaias,
> wäre die Rast zu atmen auch kurz nur in ihrer Bedrängnis.
> Unermüdet könnten wir leicht die ermüdeten Krieger
> rückwärts drängen zur Stadt, hinweg von den Schiffen und Zelten.«
> [nach H. Rupé]

Die Worte verfehlen ihre Wirkung nicht, und Achill gibt nach. Doch dass seine Eschenlanze für Patroklos zu schwer ist, lässt dessen weiteres Schicksal schon erahnen. Aus Sorge um seinen geliebten Gefährten warnt ihn Achill eindringlich, die Götter nicht herauszufordern (Homer, *Ilias* 16, 91 – 96):

> »Hüte dich auch, in freudigem Stolz auf Kampf und Getümmel,
> Troer mordend, auf Ilion zu die Männer zu führen,
> dass vom Olympos nicht einer der ewigen Götter dazwischen
> trete; denn sehr begünstigt die Troer der treffende Apoll.
> Sondern wende dich wieder, sobald du den Schiffen Befreiung
> brachtest, und lass die andern im Felde sich weiter schlagen.« [nach H. Rupé]

Das Eingreifen des Patroklos und der Myrmidonen verändert schlagartig die mili-tärische Lage. Nun werden die Trojaner zusammengehauen. Allen voran erschlägt Patroklos einen ihrer Helden nach dem anderen. Als er auch den Tapfersten unter den Bundesgenossen der Trojaner, den lykischen König Sarpedon, einen Sohn des Zeus und der Europa[1], tötet, ist dies gleichzeitig der Höhepunkt seiner Taten und sein Todesurteil. Das Duell zwischen Patroklos und Sarpedon wurde offensicht-lich in der Bildkunst nicht dargestellt.

Über dem Leichnam Sarpedons entwickelt sich ein blutiger Kampf, wie Zeus es bestimmt hat. Die Griechen behaupten schließlich das Schlachtfeld, rauben die Rüstung des Königs und verstümmeln seine Leiche. Da greift der Göttervater ein (Homer, *Ilias* 16, 666 – 675):

»Zeus aber sprach zu Apollon jetzt, der Wolkenversammler:
Eile, mein Phoibos, vom dunklen Blut Sarpedon zu säubern,
bring ihn abseits weit aus der Pfeile Bereich in die Ferne,
wasch' ihm die Glieder im strömenden Fluss; mit ambrosischem Öle
salb' ihn darauf, umhülle den Leib mit unsterblichen Kleidern
und vertrau' ihn zur Führung an den stürmenden Boten
Schlaf und Tod, den Zwillingsbrüdern; sie sollen ihn eilends
niedersetzen im blühenden Reiche des Lykiervolkes.
Dort aber werden ihm dann das Grab mit Hügel und Säule
Brüder und Vettern bereiten; denn das ist die Ehre der Toten.« [nach H. Rupé]

32.1 *HYPNOS und THANATOS heben den riesigen Leichnam des SARPEDON behutsam auf; im Hintergrund HERMES. Am Rande schauen zwei Hopliten, LEODAMAS und HIPPOLYTOS, unbeteiligt zu. Attisch-rotfiguriger Kelchkrater, bemalt von Euphronios, 515–510 v. Chr., New York.*

Seit dem späten 6. Jahrhundert v. Chr. finden sich wiederholt Bilder (Abb. 32.1), die die Bergung des erschlagenen Sarpedon zeigen. Vielleicht war es Euphronios, der großartigste Vertreter des frühen rotfigurigen Vasenstils, der dieses Bildmotiv erfand. Der riesenhafte Sarpedon scheint zu schweben. Die kaum zu unterscheidenden Zwillingsbrüder Hypnos (Schlaf) und Thanatos (Tod) werden ihn gleich ins ferne Lykien forttragen. Besäßen sie keine Flügel, die die Szene ins Mythisch-Märchenhafte verweisen, hielte man sie für gewöhnliche Schwerbewaffnete. Homer gibt nirgends eine Beschreibung des Brüderpaares. Sich ein Bild zu machen, oblag den Vasenmalern. Auch sonst gestalten diese den Sagenstoff eigenständig, folgen nicht stur literarischen Vorlagen. Auf den Vasenbildern blutet der Tote noch und trägt kein »unsterbliches Kleid«. Anstelle von Apollon erscheint Hermes, passend als Seelengeleiter und Botengott, der auch deutlich macht, dass Zeus den Gang der Dinge lenkt. Das lange Haar und die Bartlosigkeit des Sarpedon sind nicht so zu verstehen, dass er noch ein junger Mann ist – er hat Frau und Kind und ist König der Lykier –, sondern lassen ihn als alterslos-heroisch und vornehm erscheinen, wie die gleichzeitigen Kuroi, idealisierte marmorne Grabstatuen von Aristokraten. Euphronios und seine Zeitgenossen hatten zudem ein besonderes Interesse an der menschlichen Anatomie; vielleicht erscheint der Tote auch deshalb unbekleidet.

Eben noch in allergrößter Not, sind die Griechen unter der Führung des Patroklos, der Achills Warnung vergessen hat, nun drauf und dran, Troja zu erstürmen. Selbst die tapfersten Trojaner verlässt der Mut. Doch die unsterblichen Götter haben längst eine neue Wendung der Ereignisse beschlossen (Homer, *Ilias* 16, 787 – 821).

»… da war, Patroklos, dir genaht das Ende des Lebens;
denn dir begegnete Phoibos jetzt im gewaltigen Treffen,
furchtbar; er aber sah den Nahenden nicht im Gedränge,
weil er entgegen ihm kam, in dichtem Nebel verborgen.
Hinter ihn trat er und schlug auf den Rücken ihm zwischen die breiten
Schultern von oben die Hand; da schwindelt' es ihm vor den Augen.
Da nun warf den Helm vom Kopf ihm herunter Apollon,
…
… und Zeus nun gab ihn dem Hektor
jetzt auf dem Haupte zu tragen; doch nahe schon war sein Verderben.
Ganz in den Händen zerbrach ihm die schattenwerfende Lanze,
groß und wuchtig und fest, die eherne; nieder zu Boden

fiel der Schild mit dem Riemengehenk, der breit ihn bedeckte.
Dann aber löste den Panzer der Sohn des Zeus ihm, Apollon,
Schrecken betäubte sein Herz und lähmte die glänzenden Glieder,
also stand er verwirrt, und von hinten hinein in den Rücken
zwischen die Schultern bohrte den Speer ihm ein Dardanerkrieger,
Panthoos' Sohn, Euphorbos, …
… dieser traf dich zuerst, o Patroklos, reisiger Kämpfer,
doch bezwang er dich nicht; er eilte zurück in die Menge,
hatte den eschenen Speer aus dem Leibe gerissen und scheute,
selbst dem entblößten Patroklos noch als Gegner zu stehen.
Patroklos aber, vom Schlage des Gottes und dem Speere bezwungen,
wich zur Schar der Gefährten zurück, das Verhängnis zu meiden.
Hektor aber, sobald er den mutigen Patroklos wieder
rückwärts weichend erblickte, vom spitzigen Erze verwundet,
lief ihm nach durch die Reihen und stieß aus der Nähe die Lanze
unten hinein in die Weichen und trieb hindurch ihm die Spitze.«
[nach H. Rupé]

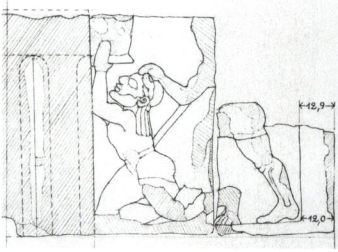

32.2 *Ein gestürzter Krieger greift mit der Linken nach einem Brustpanzer. Derweil stößt ihm ein anderer von hinten eine Lanze in den Rücken. Metope vom Heraion in Foce del Sele (Silaris), Paestum, um 540 v. Chr.*

Auch dieser dramatische Kampf findet sich kaum einmal unter den auf uns gekommenen Bildwerken[2]. Eine hocharchaische Metope aus Silaris (Abb. 32.2) zeigt möglicherweise den von Apoll bezwungenen Patroklos, der vergeblich nach seinem Panzer greift, welchen ihm der Gott entrissen hat, während ihn von hinten Euphorbos mit der Lanze durchbohrt. Die Haltung der Götter bzw. ihr Eingreifen, das den Ausgang bestimmt, wird bei den Kämpfen des Patroklos im Bild selten so anschaulich.

32.3 *Zwei Schlachtreihen prallen aufeinander. Einem der von links kommenden Krieger scheint es zu gelingen, den Gefallenen aus der Mitte auf die linke Seite zu ziehen. Konkrete Hinweise auf die Identifizierung der Personen fehlen. Außenbild einer attisch-schwarzfigurigen Trinkschale des Exekias, um 540 v. Chr.*

32.4 *Kampf über einem Gefallenen. Zwischen den Häuptern der Hopliten die Namen AIAAS, HEKTORO, TYDYS. Attisch-schwarzfigurige Bauchamphora, 510–500 v. Chr. (Kat. 74).*

Der triumphierende Hektor nimmt Patroklos die göttlichen Waffen ab, die der von Achill empfangen hatte. Anschließend lässt Zeus um den Leichnam einen langen und heftigen Kampf entbrennen. Der berühmte Vasenmaler Exekias hat das Thema aufgegriffen[3], doch das Bild unter dem Henkel seiner berühmten Münchner Schale (Abb. 32.3) zeigt sicher nur ein allgemein-heroisches Bild vom Kampf über einem Toten. Dem antiken Betrachter kam gleichwohl das von Homer ausführlich geschilderte Ringen um die Leiche des Patroklos in den Sinn, zumal der Gefallene seiner Rüstung gänzlich beraubt ist.

Auch in dem namenlosen Gefallenen auf einer eine Generation später entstandenen Bauchamphora in München (Abb. 32.4) hat man Patroklos erkennen wollen. Es handelt sich um eine konventionelle Darstellung des Kampfes über einem Leichnam. Ohne die beigeschriebenen Namen wäre keiner der Beteiligten zu identifizieren. Die genannten Ajas, Hektor und Tydeus – die übrigen sind nicht benannt – lassen sich jedoch nicht sinnvoll mit den Kämpfern verbinden. Will man – im Widerspruch zur üblichen Lesekonvention – in dem linken Vorkämpfer Ajas und in seinem Gegenüber Hektor (mit Hahn als Schildzeichen) erkennen, dann verwundert, dass im Rücken des Letzteren Tyd(e)us auftaucht. Dieser Name ist im Mythos nur für den Vater des Griechen Diomedes belegt, und obwohl Tydeus gar nicht vor Troja gekämpft hat, würde man ihn doch an der Seite des Ajas erwarten. Umgekehrt ist der Bogenschütze hinter dem vermeintlichen Ajas orientalisch

32.5 *Zwei Krieger haben einen unbekleideten Leichnam gepackt und heben ihn in den Kasten eines wartenden Zweigespanns. Hellbraune italische Glaspaste, 1. Jh. v. Chr. – 1. Jh. n. Chr., München, Staatliche Münzsammlung.*

gekleidet, weswegen man die Troer links vermuten würde. Nichts spricht dafür, den Toten als Patroklos zu identifizieren. Zunächst weil er noch seine Rüstung besitzt und ihm die Lanze den Hals durchbohrt; Hektor hatte sie Patroklos in die Weichen – zwischen Rippen und Hüfte – gestoßen. Die Symmetrie und sein dem vermeintlichen Hektor zugewandtes Haupt lassen ferner nach konventioneller Ikonographie vermuten, dass der Tote zur rechten Gruppe gehört, also kein Grieche ist. Schließlich ist es bei Homer Menelaos, der Patroklos auf die griechische Seite zieht, Ajas deckt nur den Rückzug. Kurzum, man gewinnt den Eindruck, dass der Maler die Dinge etwas durcheinander gebracht bzw. die Inschriften ohne viel Überlegung angebracht hat.

Als schließlich deutlich wird, dass die Trojaner die Oberhand gewinnen, gelingt es Menelaos gerade noch, zusammen mit dem Argiver Meriones, den toten Patroklos zu bergen. Eine Münchner Glaspaste (Abb. 32.5), also eine preiswerte antike Kopie eines Ringsteines, hält den Moment fest, als die beiden die Leiche in den Wagen heben. Menelaos vollbringt hier seine größte Tat. Der Tod des Patroklos stellt den Wendepunkt in der *Ilias* dar. Denn erst dadurch wird das Aufeinandertreffen des Besten der Griechen mit dem Stärksten auf trojanischer Seite überhaupt möglich. Der Verlust seines geliebten Freundes wird Achill seinen Zorn vergessen lassen.

F. K.

33. Trost für Achill

Die Nachricht vom Tod des Patroklos stürzt Achill in grenzenlose Trauer (Homer, *Ilias* 18, 22 – 35). So laut ist sein Jammern, dass ihn die Mutter in den Tiefen des Meeres hört und mit ihren Schwestern, den Nereiden, herbeieilt, um den Sohn zu trösten. Der macht sich die größten Vorwürfe, dass er so lange in untätigem Trotz verharrte, anstatt dem Freund und den übrigen Griechen auf dem Schlachtfeld zur Seite zu stehen. Nun aber ist er wild entschlossen, Patroklos zu rächen, wohl wissend, dass ihm selbst nur noch eine kurze Lebensfrist vergönnt ist (Homer, *Ilias* 18, 114 – 121; nach H. Rupé):

> »Jetzt aber eil' ich, den Mörder des liebsten Hauptes zu treffen,
> Hektor, und dann empfange ich selber mein Los, wenn es immer
> Zeus zu vollenden beschließt und die anderen unsterblichen Götter.
> Nicht einmal des Herakles Kraft entging dem Verhängnis,
> welcher der Liebling doch war des herrschenden Zeus, des Kroniden,
> sondern ihn zwang das Geschick und der Grimm der schrecklichen Heere.
> So auch ich: wenn eben ein gleiches Geschick mir beschieden,
> lieg' ich getötet; doch jetzt verlangt es mich, Ruhm zu gewinnen.«

Thetis akzeptiert die Entscheidung ihres Sohnes. Und sie tut nun alles, um die ihm noch verbleibende Zeit so glänzend wie möglich zu gestalten. Ganz Mutter lässt sie Achill nicht ohne die passende Ausrüstung ins Feld ziehen. Sie macht sich sogleich zum Olymp auf, um ihm Ersatz für die von Hektor erbeuteten Waffen zu beschaffen.

Derweil hätten die Trojaner ohne göttliches Eingreifen wohl nicht nur die Griechen wieder vollständig zurückgedrängt, sondern auch die Leiche des Patroklos erobert. Menelaos und Meriones gelingt nur deshalb die oben geschilderte (Kap. 32) Bergung des Toten, weil Hera durch die Götterbotin Iris Achill dazu bewegen kann, gegen die Trojaner aufzutreten: Sein bloßes Erscheinen und Brüllen genügen, um sie in die Flucht zu schlagen. Die Schilderung der folgenden Szene bei Homer (*Ilias* 18, 231 – 236; nach H. Rupé) findet eine genaue Entsprechung im Bild eines prächtigen attischen Mischkessels in Agrigent (Abb. 33.1):

> »… indessen die Krieger Achaias
> freudig den Patroklos rissen hinweg aus der Bahn der Geschosse
> und auf ein Lager ihn legten; da standen im Kreise die Freunde
> klagend, und mit ihnen folgte zugleich der schnelle Achilleus,
> heiße Tränen vergießend, denn dort, auf die Bahre gebettet,
> sah er den treuesten Freund, zerfleischt von der Schärfe des Erzes.«

33.1 Während zwei schwer gewappnete Krieger den mit einem feinen Tuch bedeckten Leichnam forttragen, beklagt ein weiterer im Hintergrund, vermutlich Achill, den erschlagenen Gefährten. Das eidolon, *der Geist des Toten (Patroklos?), entschwebt neben dem Haupt des Klagenden. Hopliten am Rand unterstützen die Aktion gestisch. Attisch-rotfiguriger Kelchkrater, um 500 v. Chr., Agrigent.*

Als die Nacht hereinbricht und die kämpfenden Parteien trennt, wird im Lager der Trojaner das weitere Vorgehen diskutiert. Weil Achill wieder ins Geschehen eingreift, rät der kluge Polydamas, sich hinter die sicheren Mauern der Stadt zurückzuziehen. Doch nicht seinem prophetischen Rat, sondern dem übermütigen Hektor, der den endgültigen Sieg vor Augen wähnt, folgen seine Landsleute.

Zur gleichen Zeit trifft Thetis beim »kunstberühmten« Hephaist ein. Diese Begegnung im Olymp schildert Homer im 18. Buch der *Ilias* mit großer Ausführlichkeit. Seit dem Beginn des 6. Jahrhunderts v. Chr. finden sich auch immer wieder Bilder der beiden Götter in der Werkstatt des Schmiedegottes (Abb. 33.2 – 4). Eine nur fragmentarisch erhaltene Dramentrilogie des Aischylos hat die Beliebtheit des Themas im 5. Jahrhundert v. Chr. noch gesteigert. Hephaist ist Thetis seit seiner Kindheit herzlich verbunden, denn als ihn seine Mutter Hera aus Scham über seine Lahmheit vom Olymp ins Meer hinabgeworfen hatte, nahm sich die Tochter des Nereus des kleinen Hephaistos an (Homer, *Ilias* 18, 394 – 405).

33. 2 *Der Schmiedegott auf einem Hocker vor seinem Amboss. Seine Füße, die auf einem Schemel ruhen, sind verkrüppelt. Schild und Helm überreicht er Thetis, die Beinschienen hängen noch an der Wand. Umzeichnung eines bronzenen Schildbandes, um 590 v. Chr., Olympia.*

Von der berühmten homerischen Beschreibung der Verzierung des Schildes (*Ilias* 18, 478 – 608) finden sich aus gutem Grund kaum einmal Reflexe in der griechischen Kunst; das Bildformat ließ die Wiedergabe des komplexen Bildprogramms auf Vasen nicht zu. Der Erzgießerei-Maler hat auf seiner namengebenden Schale in Berlin (Abb. 33.3) mit der Angabe von Sternen die im Epos beschriebene Darstellung des Himmels auf der prächtigen Schutzwehr immerhin angedeutet. Auf den Vasenbildern klassischer Zeit (Abb. 33.3 – 4) erscheint der Schmiedegott oft wie ein gemeiner Handwerker, ohne göttliche Attribute und bisweilen sogar ungepflegt. Man hätte erwarten können, dass die Vasenmaler, Handwerker wie die Schmiede, Erzgießer und Bildhauer, die auf den Außenbildern der Berliner Schale dargestellt sind, ihren Schutzpatron großartiger darstellten. Auf die Angabe seines charakteristischen Klumpfußes (Abb. 33.2) hat man nun allerdings verzichtet. Käme nicht eine Frau, um die Waffen abzuholen, man würde an eine gewöhnliche Werkstattszene denken. Doch es ist der hässliche, verkrüppelte Hephaist, welcher die schönsten Kunstwerke schafft und – zum Teil bedingt durch seine Behinderung – wundersame Maschinen erfindet: Dreifüße, die von selbst zur Götterversammlung laufen (*Ilias* 18, 375 – 376) oder goldene, mädchengestaltige Roboter, die den Lahmen stützen (*Ilias* 18, 417 – 418). Gelegentlich bietet der »göttliche Hinkefuß« den übrigen Olympiern Anlass zu ›homerischem Gelächter‹ (*Ilias* 1, 599 – 600), doch gerade dadurch wie auch durch seine Erfindungsgabe erweist er sich seinen strahlenderen Götterkollegen oft als überlegen.

33.3 *Hephaist betrachtet den Helm, den er gerade noch mit dem Hammer bearbeitet hat. Den Schild hat Thetis bereits aufgenommen, die Beinschienen hängen an der Wand. Innenbild einer attisch-rotfigurigen Schale des Erzgießerei-Malers um 480 v. Chr., Berlin.*

33.4 *Hephaist – mit Dreitagebart und der kegelförmigen Filzkappe der Seeleute und Handwerker – poliert den Schild mit einem Lappen; weitere Waffen sowie sein Arbeitsgerät hängen an der Wand. Thetis greift schon nach dem Schild. Attisch-rotfigurige Amphora, um 460/450 v. Chr., Boston.*

 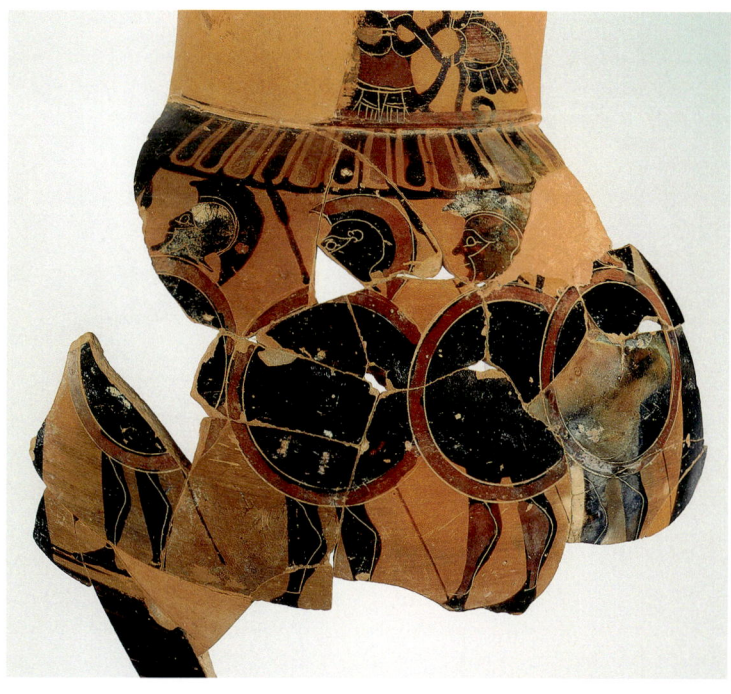

Mit Anbruch des folgenden Tages, zu Beginn des 19. Buches der *Ilias*, bringt Thetis die neu geschmiedeten Waffen ihrem noch immer klagenden Sohn. Auf allen Bildern blickt sie ernst oder betrübt, kennt sie doch sein weiteres Schicksal: »Denn solang er mir lebt und das Licht der Sonne noch schauet, muss er leiden, und nie vermag ich, ihm nahend zu helfen.« (*Ilias* 18, 442 – 443).

Die »schimmernden Waffen des Hephaist« verleihen dem Helden nicht nur die angemessene glänzende Erscheinung für seine kommende größte Tat, sondern sie stehen auch gleichnishaft für die göttliche Tröstung des Trauernden. So ist denn die »Wiederbewaffnung« Achills seit archaischer Zeit ein beliebtes Bildthema. Die exakte Deutung der Bilder von der Übergabe der Waffen (Abb. 33.5, 33.8) ist jedoch oft problematisch, denn schon einmal hat Achill Waffen aus den Händen der Mutter erhalten, beim Auszug aus Phthia (Kap. 14). Bei Homer bringt Thetis die neuen Waffen ihrem Sohn allein (*Ilias* 18, 616 – 617), erst im Drama des Aischylos kommt sie zusammen mit den übrigen Nereiden zu ihm. So hat man denn vor der Achill-Trilogie (gegen 490 v. Chr.) entstandene Bilder, auf denen Thetis von ihren Schwestern begleitet wird, konsequent mit seinem Abschied aus der Heimat in Verbindung gebracht. Weil aber auch schon eine korinthische Kanne (Abb. 33.7) der Zeit um 550 v. Chr. Thetis zusammen mit den Nereiden beim trauernden Achill zeigt, ist dieses Argument nicht stichhaltig. Ohne weitere, eindeutige Hinweise lassen sich Bilder wie jenes auf der Münchner Bauchamphora (Abb. 33.5) nicht zweifelsfrei der einen oder der anderen Szene zuweisen. Dasselbe gilt für eine vollständiger erhaltene und liebevoller gemalte Halsamphora in Boston (Abb. 33.8). Die weitaus bedeutsamere Übergabe der neuen Waffen ist viel häufiger und schon früher, seit der ersten Hälfte des 7. Jahrhunderts v. Chr. dargestellt worden.

Auch das Rückseitenbild (Abb. 33.6), wenn wir es überhaupt inhaltlich mit der Vorderseite verbinden dürfen, hilft nicht weiter. Die Myrmidonen folgten von Phthia aus ihrem Herrscher in den Krieg und tun dies auch, als dieser nach Patroklos' Tod frisch gewappnet in die Schlacht zieht.

Auf einem meisterhaft bemalten Salbölgefäß in New York (Abb. 33.9) erscheint Achill nicht in leidenschaftlicher Klage – wie bei Homer und auf archaischen Bildern (Abb. 33.7) –, sondern in stiller Trauer. Ohne Namensbeischriften wäre der mythische Zusammenhang nicht ersichtlich, erst der von rechts nahende

Zug der auf Delphinen reitenden Nereiden macht deutlich, dass es sich nicht um ein Alltagsbild handelt. Der fließende Übergang zwischen Sagen- und Alltagswelt mag beabsichtigt sein, denn Gefäße wie dieses wurden für die Ausstattung von Begräbnissen gefertigt; und häufig zeigen sie den letzten Abschied von einem Verstorbenen. Thetis ist durch Krone und Schild vor den anderen ausgezeichnet. Die göttlichen Waffen sind in dickem Tonschlicker (Barbotine) plastisch aufgelegt und anschließend vergoldet. Mit ihnen wird Achill seine kommenden Siege und unsterblichen Ruhm erringen. Als Thetis, von Hephaist kommend, ihren noch immer trauernden Sohn beim Leichnam des Patroklos antrifft, lässt Homer sie pragmatisch sagen: »Lassen wir diesen doch jetzt, mein Kind, wie sehr es auch schmerzt, liegen, dieweil ihn einmal der Wille der Götter bezwungen.« (*Ilias* 19, 8 – 9). Sogleich steigt in Achill der Hass auf Hektor hoch und »freudig hielt er in Händen die herrlichen Gaben des Gottes.« (*Ilias* 19, 18).

Als ihm Agamemnon Briseïs nahm, war Achill in seiner Ehre tief gekränkt, doch der Verlust des besten Freundes trifft ihn im Herzen. Seine Reaktion ist im Lauf der Zeit unterschiedlich dargestellt worden. Indem der hochklassische Vasenmaler (Abb. 33.9) auf dramatische Gefühlsausbrüche (Abb. 33.7) verzichtet und dem Bild so eine eigentümliche ›Stille‹ verleihen kann, werden die tiefen Gefühle Achills anschaulich. Aus der homerischen Männerfreundschaft wird in den *Myrmidonen* des Aischylos eine erotische Beziehung[1]: Patroklos ist nun der ›Eromenos‹, der Geliebte des Achill. War er bei Homer – und auf frühen Vasenbildern – der Ältere, so ist er im Drama der schöne Jüngling. Klassische Bilder übernehmen häufig diese Auffassung und zeigen den Toten bartlos (Abb. 33.9).

Bevor Achill wieder den Kampf aufnehmen kann, muss er sich mit Agamemnon aussöhnen. Der große Schmerz lässt ihn seinen Stolz überwinden und so macht er diesmal den ersten Schritt. Er ruft die Griechen zusammen und wendet sich an Agamemnon (*Ilias* 19, 56 – 62). Die Aussöhnung zwischen den beiden ist nur selten und erst spät dargestellt worden[2]. Auf einem großartigen Mischkessel des Dareiosmalers in Neapel (Abb. 35.2) erscheint sie wenigstens implizit: Dort bringt rechts neben dem Grab des Patroklos ein bärtiger Mann mit Brustpanzer aus einer Schale die Totenspende dar. Es könnte Agamemnon sein; dann wäre die ihm folgende Frau wohl Briseïs, die der Heerführer der Griechen an Achill zurückgibt. Mehr noch als viele andere beklagt Briseïs den Tod des Patroklos. Sie hat dafür einen besonderen Grund, denn er hatte ihr einst versprochen, dafür Sorge zu tragen, dass Achill sie nach der Rückkehr nach Phthia heiraten wird.

Agamemnon schwört, mit einem Eberopfer an Zeus den Eid noch bekräftigend, dass er Briseïs nicht ›berührt‹ hat. Noch einmal wiederholt er seine Verteidigung. Er erzählt die Geschichte von Zeus und der Unheilsgöttin Ate (»Verblendung«) und bringt Achill die schon am Vortag angebotenen Geschenke. Achill, der nur noch an Rache denkt, löst die Versammlung auf. Während sich die übrigen Griechen für den Kampftag stärken, will er selbst von Speis und Trank nichts wissen. Die Gegenwart von Odysseus und Phoinix auf einer korinthischen Weinkan-

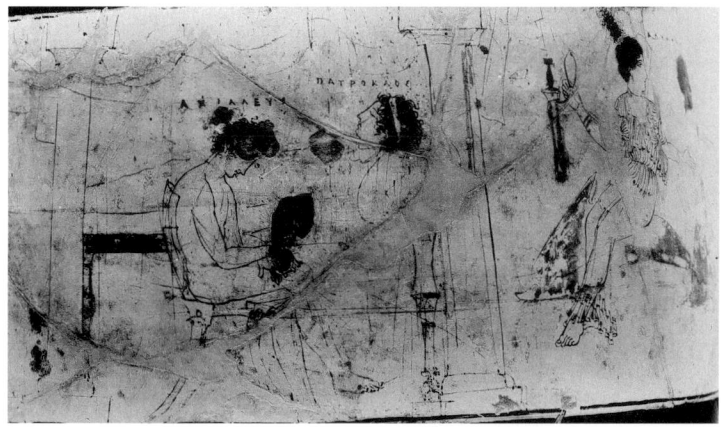

33.9 *Während Achill noch den aufgebahrten jugendlichen Patroklos betrauert, nähern sich von rechts Thetis und die Nereiden mit den neuen Waffen. Die Namen der Figuren, auch der einzelnen Nereiden sind beigeschrieben. Säulen zeigen den Ort des Geschehens an, das nach Homer (Ilias 24, 448) aus Fichtenstämmen gezimmerte Haus des Helden. Attische, teilweise weißgrundige Lekythos des Eretria-Malers, um 420 v. Chr., New York.*

ne in Brüssel (Abb. 33.7) ist vielleicht mit dem von Homer geschilderten Versuch der Griechenfürsten zu verbinden, den Helden zu trösten und zur Teilnahme am gemeinsamen Mahl zu bewegen (*Ilias* 19, 303 – 354). Erneut beklagt Achill den Verlust des Freundes, welchen er noch über den eigenen Vater Peleus und den Sohn Neoptolemos stellt, der auf Skyros heranwächst. Schließlich ist selbst Zeus in Sorge um den Helden und schickt Athene, die ihrem halsstarrigen Schützling zur Stärkung Nektar und Ambrosia einflößt.

Bei der »Wiederbewaffnung« zeigen sich alle Facetten von Achills Charakter und seine wahre Größe. Er ist »an Kampfesmut dem Ares gleich«, selbst den Kampf mit den Göttern scheut er nicht (*Ilias* 21, 265), aber er ist auch weich, sentimental, großmütig, nie falsch. Der größte Held der Griechen ist nicht ohne Fehl, es mangelt ihm an Klugheit und in seinem Groll und seiner Trauer, ebenso wie in seinem Hass und seiner Liebe ist er grenzenlos und überschreitet dabei das rechte Maß. Nur göttlicher Rat kann ihn von seiner Halsstarrigkeit abbringen. Doch sehenden Auges wählt er aus Liebe zu seinem Freund einen frühen Tod und zieht ein kurzes mühevolles, aber ruhmreiches Leben einem langen, aber untätigen vor.

Nachdem er die Waffen angelegt hat, besteigt Achill den Wagen und ermahnt seine Wunderpferde, Xanthos (›Falbe‹) und Balios (›Schecke‹), ihn nicht wie vordem Patroklos im Stich zu lassen. Doch der Hengst Xanthos erwidert, dass dies nicht in ihrer Macht gelegen habe, dass es das Schicksal (*moira*) und Apoll waren, die seinen Freund erschlugen, und auch er werde bald einem Sterblichen und einem Gott unterliegen. Zornig fährt ihn darauf Achill an (*Ilias* 19, 420 – 424):

»Xanthos, was willst Du den Tod mir verkünden? Das brauchst du mitnichten.
Selbst schon weiß ich es wohl, mein Los ist, hier zu verderben,
fern von Vater und Mutter. Und dennoch bin ich entschlossen,
nicht zu rasten, bevor ich die Troer noch müde gerungen.
Sprach's und lenkte mit Jauchzen voran die stampfenden Rosse.«
[nach H. Rupé]

F. K.

34. Die Rache: Achill tötet Hektor

Das Vorderseitenbild eines rotfigurigen Stamnos des so genannten Berliner Malers in den Antikensammlungen (Abb. 34.1) zeigt das Duell zweier Schwerbewaffneter. Der Ausgang des Kampfes ist unzweifelhaft. Während der bartlose Angreifer mit ›chalkidischem‹ Helm, Brustpanzer, Rundschild, Lanze und Schwert fast vollständig gerüstet ist, begegnet ihm der Strauchelnde fast nackt, nur ein Mäntelchen hängt über die Schulter. Allein mit dem Schwert versucht er, den Lanzenstoß zu parieren, der Schild deckt ihn nicht mehr, sondern entgleitet ihm, die linke Hand ist geöffnet, sein ›korinthischer‹ Helm ist in die Stirn geschoben. Der jugendliche Kämpfer links stürmt entschlossen mit steifem Schritt voran, Rumpf, Hals und Kopf nehmen die Bewegungsrichtung des rechten Beines auf, die Lanze steht dazu im rechten Winkel. Im gleichen Maße fällt der ältere bärtige Krieger rechts nach hinten – die Rumpfachsen der Kontrahenten stehen ungefähr parallel zueinander. Seine Fußstellung zeigt an, dass er wohl aus einer ähnlichen weiten Schrittstellung wie sein Gegenüber nach hinten stürzt. Um seine Niederlage komplett zu machen, blutet er am Oberschenkel und an der Brust. Er ist wohl in die Lunge getroffen, denn er spuckt Blut. Sein Auge ist bereits gebrochen. Der wankende Hoplit hat vor 100 Jahren Adolf Furtwängler an den rückwärts taumelnden Verwundeten im ungefähr gleichzeitigen Ostgiebel des Aphaiatempels von Ägina erinnert (Abb. 18.4)[1]. Bei dessen Rekonstruktion stützte er sich auf das Vorbild dieses und anderer Vasenbilder. Es könnte sich um das Bild zweier anonymer Hopliten handeln, griffe nicht Athena in das Geschehen ein. Im Gleichschritt mit dem Linken marschiert sie nach rechts und blickt sich nach dem jungen Krieger um. Sie ist mit der Ägis gewappnet, hält die Lanze untätig in der Armbeuge und streckt ihren ›attischen‹ Helm nach rechts. Erst durch die Beteiligung der Göttin, die durch die Blickwendung Partei für den Jüngeren nimmt, wird der mythische Zusammenhang offenbar, und wenn ein jugendlicher Schützling Athenas einen älteren Gegner besiegt, dann wird man darin den Zweikampf von Achill und Hektor erkennen dürfen, den Homer im 22. Buch der *Ilias* ausführlich schildert. Doch blicken wir noch ein wenig zurück.

Achill wütet unter den Trojanern

Als er auf das Schlachtfeld zurückkehrt, jagt der von unmäßiger Rachsucht getriebene Achill die Trojaner vor sich her. Selbst die Tapfersten unter ihnen werden zusammengehauen oder ergreifen die Flucht. Durch Täuschung kann Apoll Äneas zum Standhalten bewegen, doch der ist dem rasenden Griechen nicht gewachsen. Weil Äneas nach dem Willen des Zeus zukünftige Generationen von Trojanern beherrschen soll (Kap. 45), wird er von Poseidon entrückt (Abb. 34.2). Achill sucht sich andere Opfer. Als er den Priamossohn Polydoros tötet, schlägt Hektor Apolls

34. 1 Achill stürmt auf den wankenden und bereits schwer verwundeten Hektor los, um ihn im nächsten Augenblick niederzumachen. Im Zentrum Athena, die durch ihre Blickwendung Unterstützung Achills signalisiert, gleichzeitig den unterlegenen Trojaner mit dem Helm bedroht. Attisch-rotfiguriger Stamnos des Berliner Malers, 490/80 v. Chr. (Kat. 76).

Warnung in den Wind, nicht gegen den stärkeren Griechen zu kämpfen. Doch der Gott beendet das Aufeinandertreffen der Haupthelden bevor es richtig begonnen hat, hüllt Hektor in Nebel und trägt ihn fort (*Ilias* 20, 407–454). Mit Beginn von Buch 21 sind die Trojaner auf der Flucht zur Furt durch den Skamander oder Xanthos – den »gelben« Fluss, wie ihn die Götter nennen. Achill schlachtet sie scharenweise hin. Vom Totschlagen zwischenzeitlich ermüdet nimmt er zwölf Trojaner gefangen, die für Patroklos geopfert werden sollen (Kap. 35). Lykaon, ein Bruder des Polydoros, war schon einmal von Achill gefangen und nach Lemnos verkauft worden (Kap. 21). Als er jetzt erneut in Achills Hände fällt, hofft er wieder auf Gnade, doch der Held entgegnet auf seine flehentlichen Bitten (*Ilias* 21, 106–109):

> »Stirb denn, Lieber, auch du! Warum wehklagst du so?
> Starb doch auch Patroklos, der dir weit überlegen war!
> Siehst du nicht, wie ich selber so schön und gewaltig bin?
> Sohn des edelsten Vaters, hat mich eine Göttin geboren!«

Das ist nicht zynisch; Achill hat sein eigenes schmerzliches Schicksal angenommen und erwartet dasselbe von seinem Gegner, da es nun einmal das Los der Menschen ist, früher oder später zu sterben. Das Gemetzel hat noch kein Ende. Schließlich erregt das Blutbad in seinen Fluten den Zorn des Skamander, der anschwillt und Achill zu ersäufen droht. Auf ein Stoßgebet des Helden an Zeus ziehen Poseidon und Athena den Götterliebling aus den Fluten, doch als der Held wieder in Not ist, muss Hephaist den Flussgott zur Aufgabe zwingen. Am Ende des Buches bringen sich die verbliebenen Troer mit Apolls Hilfe in Sicherheit. Die drohende Einnahme Trojas ist noch einmal aufgeschoben. All diese von Homer beschriebenen Kämpfe spielen zu keiner Zeit in der Bildkunst eine wichtige Rolle, einige Episoden – wie die wundersame Rettung des Äneas – begegnen spät auf Denkmälern, die bewusst das Epos illustrieren. Die so genannten »homerischen Becher« (Abb. 34.2) tragen aus diesem Grund ausführliche erläuternde Beischriften. Das künstlerische Desinteresse gilt gerade auch einigen der kurzweiligsten Passagen der *Ilias*, den im 20. und 21. Buch ausführlich geschilderten Kämpfen zwischen den Göttern[2].

Hektors Ende

Mit Beginn von Buch 22 sind alle Trojaner in der Stadt, allein ihr tapferster Vorkämpfer wartet vor den Toren auf Achill, um seinen Fehler wieder gutzumachen. Dass er Polydamas' Rat verwarf, vor Achill in die sichere Burg zu fliehen, kostete

34.2 Von links nach rechts: Versöhnung zwischen [ACHIL]LEUS und [AGA]MEMNON, etwas abseits Odysseus, der grollt, weil Achill seinem Rat nicht gefolgt ist. – ACHILLEUS schleudert seinen Speer auf AINEAS, der von Poseidon entrückt wird. – Vor Schilfsträuchern hockt der Flussgott SKAM[AN]DROS, nur mit dem Schwert stellt sich ein junger Krieger (Lykaon) Achill entgegen, der ihn mit der Lanze bedroht. In der Ilias dagegen bettelt der Knabe um sein Leben, und Achill tötet ihn mit dem Schwert. Umzeichnung von einem Reliefbecher, 3./2. Jh. v. Chr., Berlin.

viele Trojaner das Leben. Vergeblich versuchen Priamos und Hekabe, ihren Sohn zur Flucht in die Stadt zu bewegen (*Ilias* 22, 25 – 91). So kommt es endlich zum Zweikampf. Doch das lang ersehnte finale Duell zwischen Achill und Hektor ist alles andere als ein Spannungshöhepunkt. Beide zeigen sich in dieser Situation wenig heldenhaft, vielmehr offenbaren sie allzu menschliche Schwächen. Dem Trojaner gefriert beim Anblick des Gegners das Blut in den Adern und er rennt um sein Leben. Achill, für seine Schnelligkeit berühmt, verfolgt ihn dreimal um die Stadtmauer, doch es gelingt ihm nicht, den verhassten Gegner zu stellen. Selbst die Götter haben nun Mitleid; Zeus möchte Hektor retten, doch – heftig getadelt von Athena – lässt er dem Schicksal seinen Lauf (Homer, *Ilias* 22, 208 – 213):

> »Als sie nun endlich zum vierten Male die Quellen erreichten,
> richtete Vater Zeus die goldenen Schalen der Waage,
> warf zwei Lose hinein des trauerbringenden Todes,
> das des Achilleus und das des Rossebändigers Hektor,
> fasste die Mitte und wog. Da sank des Hektor Verhängnis
> lastend zum Hades hinab, es verließ ihn Phoibos Apollon.«
> [nach H. Rupé]

Während Hektor nun gottverlassen ist, steht Athena ihrem Schützling Achill zur Seite und täuscht obendrein den unglücklichen Trojanerprinzen. In Gestalt seines Bruders Deïphobos gaukelt sie ihm Unterstützung vor. Achill bringt sie dessen verschossene Lanze zurück, doch als Hektors Speer an des Gegners Schild abprallt, ist Deïphobos fort, und der Trojaner erkennt, dass er einem Trugbild aufgesessen ist. So kann Achill den letzten verzweifelten Angriff Hektors leicht kontern – die Schwachstellen von dessen Rüstung kennt er nur allzu gut.

Das Schlimmste befürchtend hatte Hektor schon vor dem eigentlichen Kampf vorgeschlagen, der Sieger möge den Unterlegenen respektvoll behandeln. Im Sterben bittet er noch einmal um ehrenvolle Bestattung durch die Seinen, doch Achills Rachedurst ist noch nicht befriedigt. Unter den Augen der verzweifelten Eltern und der Gemahlin des Toten schleift er ihn ins Lager der Griechen (Abb. 36.3).

Achills Duell mit Hektor wird in der archaischen Kunst – im auffälligen Gegensatz etwa zum Zweikampf mit Memnon (Kap. 38) – kaum dargestellt. Eine stereotype Kampfdarstellung auf einer korinthischen Schale des frühen 6. Jahrhunderts v. Chr. wird lediglich durch die beigeschriebenen Namen Achill und Hektor »literarisiert«[3]. Erst seit spätarchaischer Zeit findet sich das Thema etwas häufiger, verschwindet dann aber bald wieder aus dem Bildrepertoire der Vasenmaler. Die Darstellung bleibt stets konventionell; wie bei anderen mythischen Duellen (Diomedes / Äneas, Ajas / Hektor, Achill / Memnon) wird das göttliche Wirken durch die die Helden flankierende Götter (Abb. 34.5) oder die allein eingreifende Athena (Abb. 34.1, 34.4) sinnfällig gemacht. Ohne Beischriften ließen sich Achill und Hektor nur selten identifizieren.

Der sogenannte Erzgießerei-Maler hat oft originale Bildentwürfe, so auch auf der Außenseite einer Schale in Boston (Abb. 34.3). Dort verbinden umlaufende helle Mauerzinnen schon äußerlich die gegenüberliegenden Seiten des Gefäßes. Die Beischrift ILION macht auch dem Letzten klar, dass die Krieger um die Feste Troja rennen. Hektor läuft vor dem »fußschnellen« Achill davon. Der Fliehende kann trotz aller Anstrengung nicht entkommen, aber auch der Verfolger erreicht nicht sein Ziel. Im Lauf wendet Hektor sich zu Achill um. Möglicherweise ist also der Moment festgehalten, als er sich von Athena getäuscht dazu entschließt, standzuhalten. Die Göttin wartet hinter einem Baum. Die Läufer passieren geschlossene Stadttore, welche von – schwarzfigurig gemalten – Bogenschützen in orientalischer Tracht bewacht werden. In der *Ilias* schneidet Achill dem Troja-

ner konsequent den Fluchtweg in die Stadt ab. Auf der gegenüberliegenden Seite
ist das Tor jedoch weit geöffnet. Dort stehen die Eltern und gestikulieren erregt.
Wollen sie ihren Sohn noch zur Flucht in die Stadt bewegen – wie es Homer zu
Beginn des 22. Buches der *Ilias* schildert –, oder verweist der Maler hier schon auf
das Geschehen nach Hektors Tod, als sich Priamos verzweifelt aus dem Tor stürzen will und sich Hekabe klagend die Haare rauft (*Ilias* 22, 405 – 413)? In vielen
Details meint man, Anklänge an das Epos wiederzufinden.

Der nach einem Meisterwerk, das sich heute in Berlin befindet, benannte Berliner Maler, von dem wir bereits den Münchner Stamnos (Abb. 34.1. 34.4) kennen,
hat das Thema mehrfach aufgegriffen. Er war einer der besten Vasenmaler spätarchaischer Zeit, der sich durch besonders feine Zeichnung auszeichnete, jedoch
kein Neuerer war und einen eher altertümlichen Stil pflegte. Auf einem großen
Mischkessel in London hat er das schmale Bildfeld am Hals für die Darstellung
berühmter Duelle vor Troja genutzt. Auf der einen Seite stehen sich Achill und

*34.4 Umzeichnung des Bildes von
Abb. 34.1 (Kat. 76).*

34.5 Mit Unterstützung Athenas greift Achill Hektor an. Apoll verlässt das Schlachtfeld, doch mit seinem Pfeil weist er schon auf Achills Ende voraus. Alle Figuren sind durch Beischriften identifiziert. Halsbild eines attisch rotfigurigen Volutenkraters des Berliner Malers, 490/480 v. Chr., London.

Memnon gegenüber (vgl. Kap. 38), auf der Gegenseite Achill und Hektor (Abb. 34.5). Bedingt durch das breitere Bildformat ist die Szenerie um eine zusätzliche Figur bereichert, und trotzdem haben alle Akteure weit mehr Raum zu agieren. Die Bewegungen der Kontrahenten stimmen weitgehend mit dem Münchner Bild überein, die Parallelität ist hier noch ausgeprägter, weil Hektor etwas aufrechter erscheint und seine nutzlos zum Boden zeigende Lanze gleichsam als Spiegelachse fungiert. Achill wirkt dynamischer durch das gebeugte linke Knie und den weit vorgestreckten Schildarm. Auch wenn jetzt beide die gleiche Bewaffnung aufweisen, ist es doch ein ungleicher Kampf. Zu Athena, die von links ihrem Liebling gestisch beisteht, ist am rechten Bildrand Apoll hinzugekommen, der jedoch seinen Schützling im wörtlichen Sinne im Stich lässt. Gleichwohl dreht er sich noch zum Geschehen um und bedeutet mit dem erhobenen Pfeil, dass Achill später durch sein Zutun fallen wird. Für Hektor kommt das freilich zu spät.

Das Bild widerspricht der epischen Beschreibung des Zweikampfes in fast allen Details: Die Kämpfer tragen nicht ihren göttlichen Brustharnisch, anstatt mit dem Schwert anzustürmen, taumelt Hektor mit der Lanze nach hinten, und er blutet aus Brust und Oberschenkel, während Achills Lanze ihn bei Homer über dem Schlüsselbein in den Hals trifft. Trotzdem trifft der Maler den dramatischen Kern des Epos: Zwei Helden begegnen sich allein auf dem Schlachtfeld, die Götter bestimmen den Ausgang, der tragische Hektor wird selbst von den eigenen Schutzgöttern allein gelassen, und sogar der nahe Tod des Siegers, den ihm der sterbende Hektor prophezeit (*Ilias* 22, 358 – 360), wird hier durch Apolls Pfeil sinnfällig gemacht. Der Maler bedient sich dabei fest etablierter Bildformeln für siegreiche wie für unterlegene Krieger und für göttliches Einwirken.

Achill kann die Todesankündigung nicht schrecken, haben ihm doch seine Mutter wie sein Wunderpferd längst das baldige Ende geweissagt. So schleift er den Leichnam unbeeindruckt hinter seinem Wagen her, entlang der Stadtmauer zu den Schiffen (Abb. 36.3). Hektors Eltern und Ehefrau müssen der Verhöhnung und Erniedrigung von den Mauerzinnen aus hilflos zuschauen. Manche Bilder zeigen die Verzweiflung der Eltern (Abb. 34.3). Doch so geläufig die Auseinandersetzung mit dem Tod in der Schlacht ist, so häufig wir in der griechischen Kunst Totenklagen finden, das literarisch ausgestaltete Bild der trauernden Andromache haben die Künstler offenbar nicht aufgegriffen. *F. K.*

35. Leichenfeier für Patroklos

Nachdem Achill seinen ärgsten Feind erschlagen und dessen Leichnam geschändet hat, beklagen der Held (Abb. 33.9) und seine Myrmidonen erneut den Tod des Patroklos, und »nass war von Tränen der Sand und nass die Rüstung der Männer« (*Ilias* 23, 15). Am nächsten Tag lässt Achill auf dem Berg Ida Bäume fällen, um Patroklos am Strand einen gewaltigen Scheiterhaufen (100 mal 100 Fuß) zu errichten – Alexander der Große wird dereinst seinem großen Vorbild Achill auch bei der Bestattung seines Freundes Hephaistion in Babylon nacheifern.

Das Bild des sogenannten Dareios-Malers (Abb. 35.2) auf einem großen apulischen Grabgefäß ist die ausführlichste Darstellung der Leichenfeier und in der griechischen Kunst singulär. Dagegen ist vor allem die Opferung der Trojaner in der italisch-etruskischen Kunst ein beliebtes Thema (Abb. 35.1).

Die detaillierte Beschreibung des sich über drei Tage hinziehenden Rituals in der *Ilias* ist eine unserer ergiebigsten Quellen für die Kenntnis griechischer Bestattungsbräuche überhaupt.

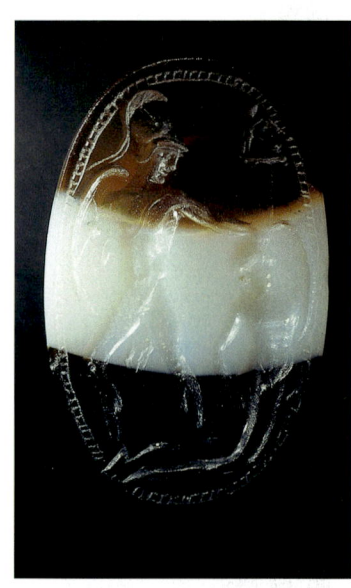

35.1 *Ein junger Krieger packt einen Gefesselten am Schopf. Wenn hier Achill dargestellt ist, der einen Trojaner opfert, dann markiert die Sphinxsäule hinten das Patroklosgrab. Italischer Onyx-Ringstein, 3. Jh. v. Chr., München, Staatliche Münzsammlung.*

> »Viele gemästete Schafe und Rinder mit schleppendem Gange
> zogen sie ab und besorgten sie dort an der Stätte; von allen
> nahm er das Fett und bedeckte den Toten vom Kopf zu den Füßen,
> schichtete dann die gehäuteten Leiber, der stolze Achilleus.
> Doppelhenklige Krüge, gefüllt mit Honig und Salböl
> lehnte er gegen das Lager, und vier halskräftige Rosse
> warf er stracks auf das Scheitergerüst mit heftigem Stöhnen.
> Hunde hatte der Herrscher neun am Tische gefüttert;
> auch von diesen warf er ein Paar auf den Haufen, geschlachtet,
> zwölf der edelsten Söhne dazu von den mutigen Troern,
> die er gewürgt mit dem Erz – so Böses ersann er im Herzen –,
> ließ des Feuers Gewalt, die eiserne, alles verzehren, …«
> [*Ilias* 23, 166–177; nach H. Rupé]

Vieles davon hat der Maler festgehalten, anderes hat er weggelassen – die Opfertiere, das Haaropfer[1] und vor allem die Leiche des Patroklos, der im Zentrum des Scheiterhaufens aufgebahrt war. Der Vasenmaler hat verschiedene Momente zusammengefasst: Im unteren Register werden Achills Rosse getränkt, die am ersten Tag Hektors Leichnam dreimal um den toten Freund geschleift hatten, im Hauptbildstreifen die Ereignisse des zweiten Tages, das Abschlachten der zwölf (hier lediglich fünf) Trojaner und das Trankopfer der Griechenfürsten (hier wohl stellvertretend Agamemnon) vor dem Scheiterhaufen. Die Szenerie im oberen Register – oft Schauplatz späterer Ereignisse – verweist bereits in die Zukunft (Kap. 36). Nicht mehr im Bild erscheinen das Einsammeln von Patroklos' Gebei-

LEICHENFEIER DES PATROKLOS, NEAPEL

35.2 Leichenfeier: Im Zentrum ein Holzstoß, Beischrift auf dem Unterbau PATROKLOU TAPHOS, Grab des Patroklos; erst später wird an der Stelle des Scheiterhaufens das Grabmal errichtet. Prächtige geopferte Waffen, davor Achill, der beginnt, die gefesselten Trojaner zu schlachten, rechts spendet Agamemnon aus einer Schale, vor ihm eine Hydria, hinter ihm Briseïs, die den Toten besonders betrauert hat, und eine Dienerin. Unten der blutende Hektor an den Wagen gebunden, der Lenker Automedon und ein Grieche, links gießt ein Mädchen Wasser in ein Becken, um die Pferde zu tränken. Oben unterhalten sich greise Griechen – Nestor und Phoinix? – im Zelt des Achill, links wohl Thetis und zwei Griechen, rechts eine Götter- versammlung: Athena, Hermes und Pan. Apulischer Volutenkrater des Dareios-Malers, um 340/330 v. Chr., Neapel (Umzeichnung K. Reichhold).

35.3 *Leichenspiele für Patroklos: Von einer Tribüne aus feuern die Griechen die Gespanne an, der Name des Lenkers links, (Antiloch)-OS (?), ist nur bruchstückhaft erhalten, rechts war vielleicht der führende Wagen dargestellt. Scherbe von einem attisch-schwarzfigurigen Kessel des Sophilos, um 580/570 v. Chr. Athen.*

nen in einer goldenen Urne – vorläufig in Achills Zelt aufbewahrt, bis nach dessen Tod beide gemeinsam beigesetzt werden (Kap. 39) – und die Errichtung eines Erd-hügels als Grabmarkierung (Abb. 36.1) am dritten Tag.

Nachdem die Griechenfürsten am Morgen des dritten Tages die Glut mit Wein gelöscht und den Leichenbrand eingesammelt haben, wollen sie wieder gehen, doch Achill hält sie zurück und lädt zu sportlichen Wettkämpfen zu Ehren des Toten ein. Die Leichenspiele für Patroklos erinnern an das Programm der antiken Olympischen Spiele, obwohl nach traditioneller Überlieferung in Olympia zur Zeit Homers noch lediglich Laufwettbewerbe stattfanden. Die Beschreibung des Dichters zeigt aber deutlich, dass es damals bereits einen hoch entwickelten Sportbetrieb gegeben haben muss. Achill fungiert als Spielegeber (›Agonothet‹) und Schiedsrichter. Er stellt die wertvollen Preise, »dreifüßige Kessel und Becken, Rosse, Maultiere und kräftige Stiere …, schöngegürtete Weiber und grau erglän-zendes Eisen« (*Ilias* 23, 259 – 261). Die Griechenfürsten kämpfen in der Folge mit Leidenschaft und großem Ernst darum, doch in erster Linie trachten sie nach dem damit verbundenen Ruhm. Der ausführliche Iliastext (23, 257 – 897) ist spannend und lebensnah wie eine moderne Rundfunkreportage. Kernstück ist das prestige-trächtige Wagenrennen, welches einen dramatischen Verlauf nimmt. Seine herausgehobene Bedeutung spiegelt sich auch in der Bildüberlieferung: Es ist die einzige Disziplin, die sich auf früh- und hocharchaischen Vasenbildern aus Korinth und Athen (Abb. 35.3 – 4) sicher nachweisen lässt[2].

Die Beischrift PATROKLUS ATLA auf dem Fragment eines großes Kessels (Abb. 35.3), den der attische Maler Sophilos signiert hat, verrät, dass hier die »Wettkämpfe (zu Ehren) des Patroklos« dargestellt sind. Die Darstellung der Zuschauer auf der Tribüne trifft sehr genau die leidenschaftliche Anteilnahme, welche die epische Schilderung vermittelt, und verrät vielleicht eigene Anschau-ung solcher Wettspiele, die in jener Zeit gerade einen gewaltigen Aufschwung nahmen[3]. Das dramatische Wagenrennen möchte man sich hier ähnlich lebendig vorstellen[4]. Der Zuschauer ganz oben sitzt eigentlich nach rechts, doch er wendet sich gestenreich zu dem von links kommenden Wagen um. Eine Inschrift daneben nennt ACHILES, doch es lässt sich nicht ausmachen, ob dieser unter den anderen auf der Tribüne saß oder weiter rechts stehend auf die Teilnehmer wartete. Die Götter jedoch, die wie im Schlachtengetümmel auch beim sportlichen Wettstreit

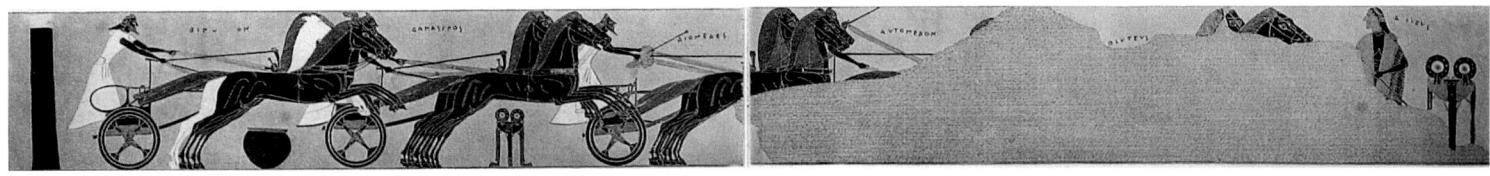

ihre Lieblinge unterstützen und andere – wie die beiden Ajas – ins Unglück stürzen, begegnen uns auf keinem dieser frühen Bilder.

Klitias, der den berühmten, schon oft zitierten Mischkessel bemalt hat, ist wohl ein großartiger Zeichner, doch seine sauber aufgereihten Gespanne (Abb. 35.4) lassen – anders als das nur wenig ältere Bild des Sophilos – die Dramatik des Rennens kaum erahnen. Zuschauer fehlen, allein Achill rechts erwartet die Wagen; am linken Rand die Wendemarke. Neben Achill und unter den Pferdeleibern stehen Dreifüße und Kessel, bis in klassische Zeit traditionelle Preise. Die Teilnehmer weichen hier stark vom Iliastext ab, zumal mit Odysseus (altertümlich OLYTEUS) einer gewinnt, der dort gar nicht mitfährt. Der Maler hat sie wohl erfunden, vielleicht weil er sich nicht mehr genau erinnerte, jedenfalls wird er kaum eine *Ilias* zur Hand gehabt haben.

Den übrigen Disziplinen – Faustkampf, Ringkampf, Wettlauf, Zweikampf mit Waffen, Diskuswurf, Bogenschießen und Speerwurf – räumt Homer zusammen weniger Raum ein als dem Wagenrennen; in der bildlichen Überlieferung fehlen sie zunächst völlig[5]. Erst seit dem Hellenismus und nur im Rahmen von Iliasillustrationen finden sich gelegentlich Bilder dieser Wettkämpfe. Mal mit Kraft, mal mit Technik und List, immer aber mit größtem Einsatz ringen die vornehmen Athleten um Sieg und Platzierung und ehren so den Toten. Unterlegene weinen über Missgeschicke und streiten um die Preise. Die Unruhe überträgt sich auch auf die Zuschauer, die engagiert mitgehen, heftig debattieren und auf den Sieger wetten. Entgegen der üblichen Praxis erhalten nicht nur die Sieger Preise, sondern auch alle Platzierten, vielleicht weil hier nur Fürsten gegeneinander antreten.

Die Leichenspiele sind ein Moment allgemeiner Entspannung nach tragischen Ereignissen. Gleichzeitig wird hier der größte griechische Held gefeiert: Achill zeigt sich bei den Spielen von seiner besten Seite. Hatte er sich eben noch beim Schleifen des toten Hektor und beim Trojaneropfer in hemmungsloser Leidenschaft wilden Rachegefühlen hingegeben, so ist er jetzt ungewöhnlich konziliant und großherzig: Dem unglücklichen Eumelos, der beim Wagenrennen verunglückt ist, spricht er einen Trostpreis zu, an den greisen Nestor vergibt er einen Ehrenpreis und Antilochos verleiht er für schöne Worte eine Zugabe. Am Ende steht seine große Versöhnungsgeste gegenüber Agamemnon, den er kampflos zum Sieger im Speerwurf ausruft. All diese Preisverleihungen erscheinen aber erst auf ›Homerischen Bechern‹ hellenistischer Zeit und schließlich in spätantiken Buchmalereien.   F.K.

36. Hektors Lösung

Die *Ilias* schließt mit dem dramaturgischen Höhepunkt, dem Aufeinandertreffen von Achill und Priamos.

Misshandlung von Hektors Leichnam

Doch zunächst sieht es gar nicht nach einer gütlichen Lösung aus, denn Achills Großmut während der Leichenspiele ist schnell wieder verflogen. Bald überkommt ihn erneut der Schmerz über den Verlust des Patroklos. Am nächsten Morgen macht er seinem Herzen Luft, indem er den toten Hektor um das Grab des Freundes schleift.

Schon unmittelbar nach dem Tod des Mannes, der ihm den liebsten Freund genommen hatte, übte er grausam Rache: Er durchbohrte Hektor die Füße zwischen Knöchel und Ferse, zog Riemen[1] hindurch, band ihn an seinen Streitwagen und schleifte den Leichnam vom Schlachtfeld ins Griechenlager (*Ilias* 22, 396 – 415; Abb. 36.3).

Vor der Bestattung des Patroklos wiederholte er diese bewusste Schändung der Leiche (*Ilias* 23, 13 – 25; Abb. 35.2), die sowohl von Homer – und seinen Zeitgenossen –, als auch von den Betrachtern der Jahrhunderte später entstandenen Vasenbilder als schändlich angesehen worden ist[2].

36.1 Im Zentrum das Viergespann, geführt von einem jugendlichen Lenker. Rechts daneben steht Achill über dem Leichnam des an den Wagen gebundenen Hektor und vor dem Grabhügel des Patroklos, dessen eidolon *ihm in Kriegergestalt entgegenfliegt. Von links eilt die geflügelte Götterbotin Iris heran. Attisch schwarzfigurige Hydria, um 510 v. Chr. (Kat. 77).*

Schließlich gibt es noch eine dritte Schleifung: Nach den Spielen für Patroklos zieht Achill 12 Tage lang Morgen für Morgen den Toten je dreimal um das Grabmal des Freundes (*Ilias* 24, 14–21). Mit der Misshandlung der Leiche setzt er die Sühne von Patroklos' Tod fort. Aber spätestens in diesem Moment, als er selbst nach der Bestattung des Freundes nicht davon ablässt, verstößt der Held nicht nur eklatant gegen die geltenden Wertvorstellungen, sondern provoziert auch den Unwillen der Götter. In einer Rede vor den Olympiern klagt Apoll, Hüter des Rechts und Schutzgott des Hektor, das Fehlverhalten in scharfer Form an. Wie zuvor in seinem Groll gegen Agamemnon, den er zu lange gehegt hatte, überschreitet Achill auch jetzt wieder das erträgliche Maß, und er missachtet die Rechte der Toten. Die Sorge der Griechen über das unwürdige Handeln ihres größten Recken veranschaulichen vielleicht die in ein ernstes Gespräch vertieften Alten im Zelt des Achill auf dem oben bereits besprochenen Krater in Neapel (Abb. 35.1). Als Thetis zu ihrem Sohn eilt, um ihn wissen zu lassen, dass Zeus die Auslieferung von Hektors Leiche wünscht, da gehorcht Achill nicht aus Einsicht, sondern weil der Göttervater es befiehlt. Die Götterbotin Iris wird zu Priamos geschickt, um ihm mitzuteilen, er solle sich mit reichen Gaben ins Lager der Griechen aufmachen, um von Achill den toten Hektor auszulösen.

36.3 Angetrieben von Automedon zieht Achills Gespann Hektor hinter sich her, der Held deckt sich mit dem Schild gegen die Geschosse der Trojaner, die wie die trauernden Eltern auf der Stadtmauer stehen. Griechen folgen dem Wagen. Römische Silberkanne aus Berthouville, um 50 n. Chr. Paris, Bibliothèque Nationale.

Das Schulterbild einer Hydria in den Antikensammlungen (Abb. 36.1) hält den Augenblick des göttlichen Eingreifens fest. Der Wagen ist zum Stehen gekommen (oder noch nicht losgefahren?), darin steht Automedon (?) im langen weißen Gewand des Wagenlenkers, rechts davon, gerüstet, als wolle er in die Schlacht ziehen, schreitet Achill auf den weißen Grabhügel des Patroklos zu, der zusätzlich noch durch eine Schlange als Grab für den Heros bezeichnet ist. Achill hat seine Lanze neben das Gesicht des verhassten Feindes gesetzt. Doch er will nicht seinen Rachedurst beim Anblick Hektors stillen, denn er schaut nach vorn, wo ihm das ›Seelenbild‹ (*eidolon*) des Patroklos in Gestalt eines kleinen Hopliten entgegenfliegt. So mag man eher an die Szene in der *Ilias* (23, 65–71) denken, als Patroklos' Geist dem schlafenden Achill erscheint und auf seine Bestattung drängt – auch wenn der Grabhügel im Bild bereits errichtet ist. Der nackte, unverhältnismäßig große Leib des Trojaners liegt ausgestreckt auf dem Rücken, während im Epos Achill den Toten mit dem Gesicht in den Staub gedreht hatte[3]. Aphrodite und Apoll, die auf der Seite der Trojaner stehen, schützen Hektors Leichnam vor Entstellung, salben ihn und halten Hunde und Sonne fern (*Ilias* 23, 184–191). Achill erscheint hier nachdenklich, vor sich den erschlagenen ärgsten Feind wie den engsten Freund, als deutete sich schon die innere Wandlung an, die er wenig später vollziehen wird. Von links kommt gemessenen Schrittes Iris mit dem Heroldstab, die dem grausigen Treiben ein Ende setzen wird.

Auch wenn die spätarchaischen Bilder von der Schleifung Hektors im Allgemeinen sehr einheitlich sind[4], so weicht die Münchner Hydria doch in einigen Details vom üblichen Schema ab. Denn meist ist der Wagen in Bewegung wiedergegeben, und der »fußschnelle« Achill springt auf oder läuft nebenher. Er erscheint dann als erbarmungsloser Triumphator. Kein Bild folgt exakt der literarischen Vorlage. Bei Homer hält Achill selbst die Zügel in Händen, auf den Vasenbildern jedoch übernimmt dies fast immer ein Wagenlenker, wie es der Konvention archaischer Schlachtenbilder entspricht. Und während in der *Ilias* Thetis ihrem Sohn den Willen der Götter übermittelt, setzen die Vasenmaler konsequent die Götterbotin Iris an ihre Stelle. Vielleicht hielten sie die Künstler für geeigneter als Verkörperung göttlichen Eingreifens.

Die Schändung von Hektors Leichnam war in der Antike ein beliebtes Thema. In der griechischen Bildkunst ist meist die dritte Schleifung dargestellt. Die ersten Bilder entstehen um die Mitte des 6. Jahrhunderts v. Chr., die allermeisten dann gegen 510 v. Chr., so wie unsere Hydria in München (Abb. 36.1). Zu jener Zeit greifen die Maler gern homerische Geschichten auf, besondere Freude haben sie an martialischen Bildern. So verwundert es nicht, dass im 5. Jahrhundert v. Chr., als die Künstler dann ›stillere‹ Momente suchen und die inneren Beweggründe der Figuren stärker ausleuchten, das Thema nicht mehr zur Darstellung kommt.

Die zweite Schleifung findet sich in der Bildkunst bislang nur ein einziges Mal auf dem schon besprochenen großartigen Grabgefäß in Neapel (Abb. 35.2). Dort ist der Moment festgehalten, unmittelbar bevor oder nachdem der Tote um den Scheiterhaufen des Patroklos geschleift wird.

Aus hellenistischer Zeit kennen wir nur wenige Darstellungen der Schleifung. Erst in römischer Zeit findet sich das Thema wieder häufig, nun aber meist die erste Schleifung vor der Stadtmauer im Angesicht der untröstlichen Eltern. Sie begegnet auf einer Vielzahl von Bildträgern ganz unterschiedlicher Größe und Qualität: Gemmen, Tonlampen, Silbergeschirr (Abb. 36.3) und Reliefs. Oft ist die Schleifung dort Teil von Ilias- oder Achill-Zyklen, so auch bei einer Silberkanne in Paris (Abb. 36.3), wo sich unmittelbar die Darstellung von Achills Tod anschließt.

Diese Bilder folgen nicht mehr der homerischen Schilderung, sondern klassischen Dramen. Während in der *Ilias* Achill mit dem Toten ohne Umweg ins Lager der Griechen fährt, lässt erstmals Euripides in der *Andromache* Hektor um die Mauern Trojas schleifen. In der römischen Kunst wird die herausragende militärische Tüchtigkeit *(virtus)* Achills dem Betrachter vorbildlich vor Augen gestellt.

Hektors Lösung

Die Götter haben Achill wissen lassen, dass er die Rechte der Toten nicht weiter missachten darf. Homer beschreibt ausführlich, wie Priamos, von Hermes geleitet, zu Achill geht, um den Leichnam des Sohnes auszulösen.

»…; der Greis aber ging voran zu dem Zelte,
wo Achilleus verweilte; da fand er den Liebling der Götter
drinnen; und weit von ihm saßen die Freunde; nur zwei der Gefährten,
Alkimos, Ares' Genoss, und der tapfre Automedon, waren
eifrig tätig um ihn. Er hatte mit Essen und Trinken
eben geendet, und vor ihm stand gedeckt noch die Tafel.
Heimlich aber war Priamos eingetreten, und nahe
kam er, umschlang dem Peliden die Knie und küsste die schlimmen
mordgefährlichen Hände, die all seine Söhne getötet.« [Ilias 24, 471 – 479]

36.4 *Gebeugt und mit grauem, schütteren Haar tritt PRIAMOS ins Zelt, ein bärtiger ACHILLEUS wendet sich der ihn bekränzenden Briseïs zu, unter dem Ruhelager der Leichnam Hektors, wohl nur der Grieche dahinter, der sich an den Helm fasst, hat den Gast schon erblickt; HERMES wendet sich mit einer unterstützenden Geste zum Gehen; hinter ihm ein junger Diener (ERODOROS) mit wertvollen Gefäßen. Attisch-rotfigurige Schale des Oltos, um 510 v. Chr. (Kat. 78).*

Vor allem die in der rotfigurigen Technik arbeitenden Vasenmaler Athens haben seit dem späten 6. Jahrhundert v. Chr. immer wieder dieses bewegende Zusammentreffen ins Bild gesetzt. Sie mussten die vom Dichter langsam entwickelte Spannung des Dialogs in einem Bild festhalten, und zwar so, dass es für die Betrachter verständlich war, dass die dramatische Stimmung eingefangen wurde und schließlich die Komposition auch künstlerisch ansprechend war. Aus gutem Grund weichen sämtliche Bildfassungen in wichtigen Punkten von der homerischen Schilderung ab.

Auf seiner Münchner Schale (Abb. 36.4 – 6) hat Oltos wie kein Künstler vor ihm die Protagonisten in ihrer Unterschiedlichkeit charakterisiert und die angespannte Situation fühlbar werden lassen. Priamos nähert sich von links, ein würdiger Greis, von Alter und Leid gezeichnet, aber Haar, Bart und Gewand sind gepflegt, auch wenn die stoppeligen Haupthaare »ungriechisch« sind. Seine Gestik zeigt ihn als Bittsteller, aber nicht unterwürfig wie bei Homer. In der *Ilias* appelliert der Trojaner an das Mitleid und die Ehrfurcht des Griechen. Im Bildzentrum liegt Achill, hier als reifer bärtiger Mann, der den Besucher noch gar nicht bemerkt hat, auf einem couchartigen, kunstvoll gedrechselten Möbel, einer Kline, in der Linken eine Trinkschale haltend, gerade wie die von Oltos bemalte. Seine riesenhafte Gestalt, seine prächtige Erscheinung – Haare und Bart sind sorgsam frisiert, der Saum verrät die Kostbarkeit des Gewandes –, das gestreifte Kissen und die mit einem Reiterfries bestickte Matratze geben ihm ein herrscherliches Gepräge. Ein Beistelltisch vor ihm, übervoll mit Brotlaiben, Fleisch und Würzkräutern, verweist auf das im Epos geschilderte vorangegangene Mahl. In der Zeit des Oltos speisten, vor allem aber zechten die vornehmen Griechen in dieser aus dem Orient übernommenen Art und Weise, während sie zu Homers Zeiten beim Essen noch saßen.

Hermes, der sich mit einer unterstützenden Geste von Priamos verabschiedet, folgt dem König in der *Ilias* nicht bis ins Zelt, denn »es wäre ungehörig, wenn ein unsterblicher Gott so offen die Sterblichen ehrte« (*Ilias* 24, 463 – 464). Doch für die komplexe Bildaussage ist er wichtig: Er steht für den Schutz des Priamos und für das Wirken der Götter. Im Epos hat er die Gestalt eines Griechen angenommen, doch in der Bildkunst erscheint er konsequent mit den üblichen Insignien – Heroldstab, Reisehut und Flügelschuhen –, weil er sonst nicht als Gott erkennbar wäre.

Das junge Mädchen, dessen körperliche Reize deutlich zur Schau gestellt sind und das Achill bekränzt, muss Briseïs sein. Homer lässt sie erst viel später hinzukommen (*Ilias* 24, 676), als Priamos und Idaios sich bereits im Vorzelt zum Schlafen gelegt haben und Achill allein in seinem Gemach zurückbleibt. Der junge

36.5 Auf der Gegenseite derselben Schale wie Abb. 36.4: Drei Pferdeführer – einer in orientalischer Tracht mit langärmeligem Hosenanzug und Lederhaube (Baschlyk), deren herabhängende Laschen man unter dem Kinn verknotete, trägt den ungewöhnlichen Namen NYPHES – und eine Dienerin mit einem Kasten auf dem Kopf.

36.6 Detail von Abb. 36.4: Priamos, Achill, der tote Hektor und Briseïs.

Krieger hinter ihr (Alkimos oder Automedon) macht das Staunen über das unerwartete Erscheinen des Trojanerkönigs (*Ilias* 24, 482 – 484) anschaulich.

Im Epos wartet der alte Herold des Trojanerkönigs, Idaios, mit den Geschenken vor dem Zelt (*Ilias* 24, 470 – 471). Erst sehr viel später werden sie hereingetragen. Doch hier wie auf vielen Vasenbildern schließt sich an Hermes ein langer prunkvoller Zug von Gabenbringern an, der die gesamte Gegenseite der Schale einnimmt. Zeus hatte Priamos aufgetragen, sich nur von seinem Herold begleiten zu lassen. Dem Vasenmaler kam es aber darauf an, die reichen Geschenke auszubreiten, welche einerseits als Ehrbekundung für Achill zu verstehen sind und sein Wohlwollen sicherstellen sollen, andererseits aber auch den Wert Hektors für seine Stadt dokumentieren. Die Gaben entsprechen nicht der Schilderung des Dichters, allein das junge Mädchen mag in dem flachen Kasten auf dem Kopf die vielgepriesenen Gewänder tragen. Die Schalen und der Krug, die der aus der Sage nicht bekannte ERODOROS an der Spitze des Zuges trägt, hat man sich wohl aus Edelmetall vorzustellen. Doch ebenso wie die edlen Rosse erwähnt Homer sie nicht. Ein Ohrring charakterisiert den Diener als ›Barbaren‹.

So findet sich vieles im Bild, was im Epos anders oder nicht gleichzeitig erscheint oder aber gänzlich fehlt. Um den Sinn des 24. Gesangs der *Ilias* in einem Bild zu erfassen, kann der Maler nicht einen bestimmten Moment der Dichtung herausgreifen, sondern muss Ungleichzeitiges zusammenbringen. Vielleicht weil er auch die sich erst im Laufe des Beisammenseins entwickelnde gegenseitige Hochachtung von Priamos und Achill (*Ilias* 24, 629 – 632) festhalten will, erscheint der eintretende Trojanerkönig als würdiger Alter – dass er sich tagelang im Schlamm gewälzt und weder geschlafen noch gegessen oder getrunken hat (*Ilias* 22, 414; 24, 637 – 642), auch dass er sich eingangs dem Griechen unterwirft, wird nicht dargestellt. Während Priamos die Größe und Schönheit des Helden bewundert, der wie ein Gott erscheint – tatsächlich ist er im Bild des Oltos weit größer als alle anderen –, wird Achill beim Anblick des Trojanerkönigs an seinen eigenen greisen Vater Peleus erinnert, den er nie mehr sehen wird[5].

Der eklatanteste und fundamentale Widerspruch zur Textüberlieferung ist zweifellos der tote Hektor, der auf allen Bildern ausgestreckt – und hier völlig unversehrt (*Ilias* 24, 413 – 420) – vor Achill liegt. Bei Homer befindet sich der Leichnam beim Eintreffen des Priamos im Freien, bei Achills Schiff, und in der Folge unternimmt Achill alles, damit sein Vater ihn nicht zu Gesicht bekommt. Denn der Trojanerkönig ist von grenzenlosem Schmerz beherrscht und zu allem bereit, wenn er nur den Sohn noch einmal sehen kann. In der *Ilias* steht der dramatische Höhepunkt erst noch bevor. Während Achill in einer langen Antwortrede auf die flehentliche Bitte des Greises endlich zu der von Apoll geforderten Einsicht gelangt, dass es menschlich ist, sein Leid zu erdulden, dagegen sinnlos, endlos zu trauern (*Ilias* 24, 44 – 49. 549 – 551), ist Priamos davon noch weit entfernt und will den Toten sofort sehen, um sich der Klage hinzugeben. Weil der kopflose Vater aber im Angesicht des toten Sohnes womöglich unbedachte Schmähungen gegen Achill vorbringen würde, weist Achill ihn harsch zurück. Er fürchtet, dass dann auch sein Schmerz um Patroklos wieder hochkochen würde und er den Alten im Zorn erschlüge. Priamos fügt sich. Achill lässt die Leiche waschen, ankleiden und noch weiter wegbringen. Das Wiedersehen wird so auf später verschoben, wenn es ungefährlich ist, weil sich dann Achill und Priamos nicht mehr gegenüberstehen. Als das erreicht ist, ist die Härte bei Achill verflogen und er lädt den Gast freundlich zum Mahl. Nun entsteht sogar eine enge Verbundenheit zwischen beiden, die in gegenseitiger Bewunderung gipfelt (*Ilias* 24, 629 – 632). Achill sorgt für einen sicheren Schlafplatz und verspricht eine ausreichend lange Waffenruhe für die Totenklage und Bestattung. Schließlich wird die mögliche gefährliche Begegnung der beiden an Hektors Leichnam am nächsten Morgen von Hermes verhindert, der Priamos und Idaios noch vor dem Ende der Nacht mit dem toten Hektor nach Troja zurückführt. Wir können annehmen, dass den Malern der Iliastext mehr oder minder geläufig war. Wenn sie trotzdem einmütig eine Figurenkonstellation schaffen[6], die im Epos zur Katastrophe geführt hätte, dann weil Hektor für das Verständnis der Szene unverzichtbar ist. Er ist zentraler Gegenstand des Dialogs, und für seine Lösung bringt der Vater unermessliche Reichtümer auf. Wie Hermes ist der Tote quasi nur für den Betrachter sichtbar, nicht für die handelnden Personen. Der Achill vom Ende der *Ilias* sucht gerade nicht die Demütigung des Feindes, sondern seiner späten Selbsterkenntnis und seinem weitsichtigen Handeln ist ein humaner Ausgang zu verdanken.

Im frühen 5. Jahrhundert v. Chr. wird der Sagenstoff in Aischylos' heute verlorener Achill-Trilogie *(Myrmidonen, Nereiden, Phryger)* literarisch neu gestaltet. Hermes an Stelle von Thetis trägt Achill auf, Hektor herauszugeben. Vor allem aber geht dem Achill aus den *Phrygern* die Humanität des homerischen Helden gänzlich ab, er lässt den toten Hektor in Gold aufwiegen. Die Geschenke sind damit nicht mehr Ehrengaben im Rahmen einer diplomatischen Aktion, sondern im juristischen Sinne ›Lösegeld‹. Tatsächlich spiegeln sich einige Neuerungen auch in der Bildkunst (Abb. 36.7)[7], die in hochklassischer Zeit weniger Interesse an dem Thema zeigt. Ein Tonrelief in Toronto zeigt die früheste erhaltene Darstellung der Wägung Hektors. Hektor liegt vor einer Lade mit geöffnetem Deckel, die wohl das Lösegeld enthält. Achill trägt einen Panzer mit Gorgoneion auf der Brust, den Helm hat er abgenommen. Er greift mit gebietender Geste an den mächtigen Waagebalken, die Aufhängung war vielleicht ursprünglich aufgemalt. Ein Gehilfe im knappen Chiton hält in der Rechten einen Gegenstand, vielleicht ein Edelmetallgefäß, das er auf die Waagschale legen will. Der alte Priamos mit Stab und langem Mantel greift sich im Trauergestus an die Stirn.

Auf einer etruskischen Amphora in München (Abb. 36.8), die oft mit Hektors Lösung verbunden wird, ist wohl eher die vergebliche Gesandtschaft der Griechen zu Achill dargestellt (Kap. 29). Zwei Bittsteller lassen sich auch mit der aischyleischen Fassung von Hektors Lösung nicht verbinden.

Ein in augusteischer Zeit gefertigter römischen Silberbecher (Abb. 36.9a–b), der mit weiteren römischen Importen (vgl. Abb. 41.6a–b) bei Hoby in einem germanischen Fürstengrab gefunden worden ist, zeigt den Trojanerkönig in orientalischer Tracht, wie er kniefällig die Hände Achills küsst, der nun nicht mehr lagert, sondern auf einem Schemel sitzt. Hermes hatte Priamos geraten, wenn er seine Bitte vorbringe, die Knie des Helden zu umfassen und die Hände zu küssen, die so viele seiner Söhne getötet haben (*Ilias* 24, 465. 478). Doch alle Vasenmaler haben sich gescheut, diese drastische Form der Unterwerfung ins Bild zu setzen. Dagegen entspricht ein solches Bild römischem Geschmack. Es gleicht einer höfischen Szene. Das Sitzen des Helden wie die Unterwerfung des Trojanerkönigs folgen zwar dem Wortlaut der *Ilias*, aber das Bild trifft nicht den Geist des Epos. Emotionslos nimmt Achill den Kniefall auf, das Leid des Priamos spielt keine Rolle. Der zeitgenössische Betrachter hat in dieser Szene eine in mythischen Kontext übertragene Unterwerfung eines Barbarenhäuptlings erkennen können. Die *clementia* (Gnade) gegenüber Besiegten war ein hohes römisches Ideal und eine kaiserliche Kardinaltugend. Wiederholungen dieses Bildmotivs in der frühkaiserzeitlichen Reliefkeramik und Glyptik (Abb. 36.10) lassen ein gemeinsames Vorbild vermuten, wohl eine klassizistische Neuschöpfung, vielleicht nach älteren, verlorenen Vorlagen.

Die Auslösung Hektors ist auch auf einer Silberkanne der frühen Kaiserzeit in der Bibliothèque Nationale (Abb. 36.11) dargestellt. Auf der Hauptseite betrauert Achill den auf dem Totenbett aufgebahrten Patroklos mit seinen Gefährten, gewissermaßen als Erklärung für die grausame Rache. Unter dem Henkel findet sich das Aufwiegen Hektors in Gold. Diese Kanne bildete ein Paar mit der oben besprochenen (Abb. 36.3) und gehörte – wie die Hoby-Becher (Abb. 36.9; 41.6a–b) – zu einem prächtigen Tafelservice. Die Bilder beruhen nicht auf der homerischen Schilderung, sondern folgen einer erstmals bei Aischylos fassbaren Überlieferung (vgl. Abb. 36.7). Schon die Henkelattaschen in Gestalt tragischer Masken (Abb. 36.11) verweisen auf klassische Tragödien als Vorbilder.

36.10 *Priamos in orientalischer Tracht küsst die rechte Hand Achills, der in heroischer Nacktheit vor ihm sitzt und die Linke auf einen Schild mit Gorgoneion legt. Die beiden übrigen Personen werden Automedon und Alkimos sein. Römische Glaspaste, kaiserzeitlich. München, Staatliche Münzsammlung*

36.11 *Hektors Leichnam wird aufgewogen, das große Gefäß auf der anderen Waagschale ist wohl aus Gold oder mit Gold gefüllt. Links trauern Achill und weitere Griechen um Patroklos, rechts Priamos und Gefolge um Hektor. Oben am Henkelansatz eine Theatermaske. Römische Silberkanne aus Berthouville, um 50 n. Chr. Paris, Bibliothèque Nationale.*

36.12 *Achill zögert, ob er die flehentliche Bitte des Priamos gewähren oder ablehnen soll. Im Hintergrund Achills Wagenlenker Automedon und links die an einen Pfeiler gelehnte Briseïs. Der Rand der Platte ist mit Szenen aus der Jugend des Helden dekoriert. Nordafrikanisches Relieftablett, zweite Hälfte 4. Jh. n. Chr. München, Archäologische Staatssammlung.*

Noch die Spätantike hatte großes Interesse am Achillmythos. So finden sich weiterhin Bilder von Hektors Lösung, meist im Rahmen von Bilderzyklen. In dem eingetieften, reliefierten Mittelfeld einer spätantiken ›Terra Sigillata‹-Platte aus nordafrikanischer Produktion (Abb. 36.12) nähert sich der Trojanerkönig unterwürfig dem auf einem würfelförmigen Hocker sitzenden Achill. Dieser wendet ihm den Rücken zu und dreht nur den Kopf zu Priamos. Eine ähnliche Darstellung findet sich schon auf zahlreichen römischen Sarkophagen attischer Manufaktur um 200 n. Chr. – dort häufig zusammen mit der Schleifung Hektors. Daraus spricht die auf Aischylos zurückgehende zwiespältige Haltung des Helden, der den – hier gar nicht wiedergegeben – Leichnam nur unwillig herausrückt. Solche mit Hilfe von Modeln hergestellte Tontabletts ahmen Erzeugnisse aus wertvollerem Material (Silber) nach.

Totenfeier für Hektor

Als Priamos mit dem toten Hektor auf dem Wagen in die Stadt kommt, betrauern die Troer ihren größten Krieger. Seine Gattin Andromache, seine Mutter Hekabe und schließlich Helena halten Klagereden vor dem aufgebahrten Leichnam. Anschließend tragen die Trojaner neun Tage lang Holz für den Scheiterhaufen zusammen und bestatten den Helden am zehnten. Mit der Klage um Hektor schließt die *Ilias*. Von dieser Schlussszene gibt es keine gesicherten Bilder[8]; nach Pausanias (3, 18, 16) war auf dem Thron von Amyklai die Totenfeier der Troer für Hektor dargestellt.

Hektors Lösung ist nicht nur die am häufigsten dargestellte Achillepisode, sondern im Gegensatz zu vielen anderen Motiven des Mythos hatte sie auch eine lange Lebensdauer in der Kunst. Erstmals begegnet sie um 570 v. Chr. auf einer attischen (›tyrrhenischen‹) Hydria, und in römischer Zeit nimmt die Beliebtheit des Sagenstoffs sogar noch zu, allerdings mit gewandelter Bedeutung. Stand für Homer und die attischen Vasenmaler im Zentrum, dass Achill schließlich seinen ungebührlichen Zorn ablegt, der ihn seit Beginn der *Ilias* verzehrt hat, und damit wahrhaft heroische Gestalt gewinnt, so erkennt der kaiserzeitliche Betrachter in den Bildern der Schleifung und der Lösung Hektors zentrale römische Tugenden – *virtus* und *clementia* – die nun die Beliebtheit dieser Bildmotive begründen. F. K.

244 ·

NACH DER ILIAS:
LETZTES KRIEGSJAHR UND
EROBERUNG TROJAS

37. Eine unmögliche Liebe: Achill tötet Penthesileia

Die *Ilias* schließt mit der Bestattung des ausgelösten Hektor durch die Trojaner. Doch damit endet noch nicht der Trojanische Krieg. Inhaltlich findet die *Ilias* ihre Fortsetzung in der *Aithiopis* des Arktinos von Milet, einem Epos, das uns aber nur in Form einer knappen Inhaltsangabe sowie in wenigen kurzen Fragmenten überliefert ist. Es lässt sich bis heute nicht eindeutig entscheiden, ob die *Aithiopis* vielleicht sogar älter ist als die *Ilias*.

Nach dem Verlust Hektors haben die Trojaner dem Achill keinen gleichwertigen Helden mehr entgegenzusetzen. Die nun dringend benötigte Hilfe kommt in Gestalt der Penthesileia und der ihr nachfolgenden Amazonen. Letztere stammen nach einer älteren Auffassung aus Thrakien, einem Land, das den Griechen ob der Wildheit seiner Bewohner nicht ganz geheuer war. Die Amazonenkönigin Penthesileia ist eine Tochter des Kriegsgottes Ares. Nicht ganz aus freien Stücken steht sie den Troern als Bundesgenossin gegen die Griechen bei, denn sie kommt zu Priamos, weil sie unbeabsichtigt ihre Schwester Hippolyte getötet hat, und sich nun im Exil vom Trojanerkönig entsühnen lassen muss.

Exkurs: Die Amazonen

Schon in den frühesten griechischen Epen begegnet uns das sagenhafte Volk der kriegerischen Frauen, die Ares als ihren Stammvater und Artemis, die jungfräuliche Göttin der Jagd, verehren. Nur für kurze Zeit kommen sie zur Sicherung des Nachwuchses mit Männern eines Nachbarvolkes zusammen, ziehen aber nur die Mädchen auf und töten die Knaben, verstümmeln sie oder senden sie den Vätern zurück. Anfangs lokalisiert die Sage den Weiberstaat der Amazonen in Thrakien, später im Nordosten Kleinasiens am Flusse Thermodon, zwischen Sinope und Trapezus, mit der mythischen Hauptstadt Themiskyra. Im späten 5. Jahrhundert v. Chr. verschiebt Herodot (4, 110 – 117) ihr Siedlungsgebiet weiter nach Nordosten und verbindet sie mit den Skythen, wohl weil man inzwischen festgestellt hat, dass am Thermodon kein Frauenstaat existiert. Der römische Feldherr Pompeius (106 – 48 v. Chr.) schließlich rühmt sich, bei seinem Feldzug gegen Mithridates VI., König von Pontos, im Kaukasus auch gegen die Amazonen gekämpft zu haben[1]. Immer wieder müssen griechische Helden, ja sogar Götter sich mit diesem mythischen Volk messen: Dionysos, Herakles, Bellerophon, Jason, Theseus und schließlich auch Achill. Seit dem mittleren 6. Jahrhundert v. Chr. sind Amazonen ein beliebtes Thema der Bildkunst, stellvertretend für die Auseinandersetzung mit ›Barbaren‹ schmücken dann seit der Klassik monumentale Darstellungen von Amazonenkämpfen bedeutende Bauwerke wie die »Bunte Halle« und das Hephaisteion in Athen, den Zeusthron in Olympia, den Apollontempel in Phigalia oder das Mausoleum von Halikarnassos. Das Hauptbild einer herrlichen Hydria

37.1 ACHILL und PENTHESILEIA im Reiterkampf, im Zentrum liegt eine gefallene Amazone. Attisch-schwarzfigurige Halsamphora, um 520/510. v. Chr., (Kat. 79).

des Hypsis in München (Abb. 37.2) zeigt drei Amazonen, die sich zum Kampf bereit machen. Alle sind sie wie griechische Schwerbewaffnete gekleidet und gerüstet. Seit dem späten 6. Jahrhundert v. Chr. werden Amazonen aber meist wie Skythen und Perser in der orientalischen Tracht der Reitervölker dargestellt, und sie tragen deren bevorzugte Waffen: Pfeil und Bogen, Schwert oder Streitaxt. Der attische Maler hat den dreien die Namen berühmter Frauen des Mythos gegeben: »Antiopeia« im Zentrum und »Hypsopyle« rechts erinnern an die vom Athener Theseus geraubte Amazonenkönigin (s. Kasten S. 124 f.) bzw. an die Anführerin (Hypsipyle) der Amazonen auf Lemnos, die Jason einen Sohn schenkte; der Name »Andromache«, zu Deutsch »Manneskämpferin«, für die linke Kriegerin ist für eine Amazone geradezu prädestiniert und auf vielen Vasenbildern belegt, jedoch aus der Literatur nur für die ganz und gar unkriegerische, aber vorbildliche Ehefrau des Trojaners Hektor bekannt.

37.2 *Amazonen rüsten sich zum Kampf. Wie griechische Hopliten tragen sie »attischen« Helm, Rundschild, Beinschienen, Lanze und Schwert, nur der Panzer fehlt. ANTIOPEIA im Zentrum bläst auf einer langstieligen Trompete. Mit »CHEU CHE« gibt der Maler, welcher rechts oben signiert hat, wohl den Laut wieder, mit dem das Amazonenheer zum Kampf gerufen werden soll. Attisch-rotfigurige Hydria, bemalt von Hypsis, um 510/500 v. Chr.*

Tod der Penthesileia

Für kurze Zeit können die Amazonen auf dem Schlachtfeld das Blatt wenden. Penthesileia erschlägt viele Griechen, darunter auch Machaon, einen berühmten Krieger, vor allem aber Arzt der Griechen, einen Sohn des Asklepios (*Aithiopis*; Apollodor, *Epitome* 5, 1). Doch schließlich trifft sie auf einen überlegenen Gegner, Achill. Die erste gesicherte Darstellung dieses Duells findet sich auf peloponnesischen Schildbandreliefs aus der Zeit um 600 v. Chr. Die Identifizierung der Amazonenkönigin ist dort in drei Fällen durch die Namensbeischrift PEN gesichert.

Das Aufeinandertreffen mit der Amazone bezog wohl schon von Anfang an seinen besonderen Reiz aus der tragischen Liebesbeziehung zwischen den Gegnern, denen ihre Gefühle erst in dem Moment bewusst werden, als Achill Penthesileia tötet. Die frühesten Bilder lassen diesen Aspekt aber noch unberücksichtigt. Der größte Meister des schwarzfigurigen Malstils, Exekias, thematisiert vielleicht erstmalig die unglückliche Liebe der beiden auf einer Amphora im British Museum (Abb. 37.3): Im Augenblick von Penthesileias Tod – sie ist mit ›brechendem‹ Auge wiedergegeben – treffen sich die Blicke der Kontrahenten. Wenige Jahre zuvor hatte derselbe Maler den Zweikampf schon einmal auf einer weiteren Amphora in London gemalt, doch noch ohne erkennbare Hinweise auf die erotische Beziehung. Das Meisterwerk des Exekias unterscheidet sich von den meisten anderen zeitgenössischen Behandlungen des Themas auch durch die Beschränkung auf die Hauptpersonen. In dieser Zeit trägt die Amazone noch eine griechische Rüstung. Ungriechisch auf der Exekias-Amphora ist allerdings das Pantherfell über dem kurzen Kleid.

Das Epos kennt ausschließlich Fußkämpfe, doch seit der Mitte des 6. Jahrhunderts v. Chr. kann die Amazone auf Vasenbildern auch zu Pferd erscheinen – wohl eine Erfindung der Bildkunst, die dadurch zu erklären ist, dass ihre Heimat Thrakien schon in der *Ilias* (13, 3 – 6) als das Land der »Rossetummler« gilt; auch die später mit den Amazonen verbundenen Skythen waren ein Reitervolk. Meist verfolgt Achill Penthesileia zu Fuß und zieht sie an den Haaren vom Pferd. Doch auf der Amphora in München (Abb. 37.1), wo die Protagonisten namentlich bezeichnet sind, tritt ihr Achill ebenfalls beritten gegenüber. Das ist singulär; vielleicht wollte der Maler ihn ebenbürtig erscheinen lassen. Es ist auch eines der wenigen Bilder, auf denen der spätere Sieger nicht schon als deutlich überlegen gezeichnet ist.

Noch auf frühen rotfigurigen Bildern tötet Achill Penthesileia meist mit der Lanze, später jedoch ersticht er sie in der Regel mit dem Schwert. Die großartigste

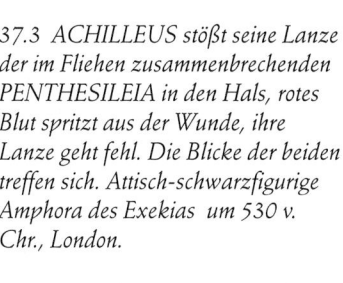

37.3 ACHILLEUS stößt seine Lanze der im Fliehen zusammenbrechenden PENTHESILEIA in den Hals, rotes Blut spritzt aus der Wunde, ihre Lanze geht fehl. Die Blicke der beiden treffen sich. Attisch-schwarzfigurige Amphora des Exekias um 530 v. Chr., London.

37.4 Kämpfe von Griechen und Amazonen, in der Mitte birgt ein bärtiger Grieche (Achill?) eine tote Amazone (Penthesileia?). Attisch-schwarzfigurige Hydria, Leagros-Gruppe, um 510/500. v. Chr., London

Darstellung dieser dramatischen Szene zeigt das Innenbild der namengebenden Schale des Penthesileia-Malers in München (Abb. 37.5). Gar nicht »männergleich« (oder »männerfeindlich«) – wie die Amazonen in der Literatur bezeichnet werden – erscheint hier die Anführerin der kriegerischen Frauen. Vielmehr sind ihre Schönheit und Weiblichkeit besonders betont; sie trägt reichen Schmuck aber keine Waffen! Die riesige Schale, ein Meisterwerk auch des Töpfers, diente wohl nicht als Trinkgefäß, sondern als Votivgabe, wie die zusätzlichen Farben Weiß, Goldgelb und Purpurrot anzeigen. Mit verdicktem Tonschlicker sind einige Details – Metallteile wie Helm, Ohrringe, Lanzenspitze etc. – plastisch angegeben. Als fortschrittlichen Meister erweisen den Maler die gewagten Verkürzungen bei der Zeichnung von Achills linker Schulter und seines Schildes. Mit einer bei Archäologen ungewohnten Einhelligkeit wird ein verlorenes großformatiges Gemälde als Vorbild angenommen. Die schwierige Komposition im Schalenrund ist gut gelungen. Ein bärtiger Grieche und eine sterbende Amazone rahmen die Hauptpersonen. Noch stärker als bei Exekias (Abb. 37.3) ist die Blickverbindung betont, durch

37.5 Achill tötet Penthesileia. Attisch-rotfigurige Schale, bemalt vom Penthesileia-Maler, um 460/450 v. Chr. (Kat. 80).

37.6 Achill stützt die sterbende Penthesileia. Apulischer Volutenkrater, um 370/360 v. Chr., Schloss Fasanerie in Adolphseck.

37.7 Achill hält die sterbende Penthesileia. Rekonstruktion einer im späteren 2. Jh. v. Chr. entstandenen Skulpturengruppe, Basel.

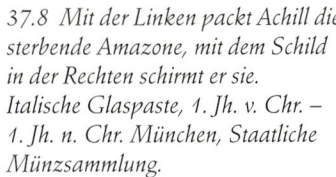

37.8 Mit der Linken packt Achill die sterbende Amazone, mit dem Schild in der Rechten schirmt er sie. Italische Glaspaste, 1. Jh. v. Chr. – 1. Jh. n. Chr. München, Staatliche Münzsammlung.

37.9 Schildzeichen eines »Griechen«: Achill hält Penthesileia. Detail eines römischen Silberbechers aus Manching, frühes 2. Jh. n. Chr. (Kat. 106).

das aus dem Helm herausschauende funkelnde Auge des Achill. So lassen sich die Figuren identifizieren bzw. von anderen Amazonenkämpfen sicher scheiden.

Als Motiv einzigartig ist die Darstellung auf einer Hydria im British Museum (Abb. 37.4), die Achill zeigt, wie er die tote Penthesileia auf der Schulter vom Schlachtfeld trägt; dagegen findet sich dasselbe Bildmotiv sehr häufig im Zusammenhang der Bergung des toten Achill durch Ajas den Telamonier (s. Kap. 39). Gewöhnlich werden so Gefallene der eigenen Seite geborgen, die erschlagenen Feinde werden allenfalls ihrer wertvollen Rüstung beraubt, wie es bei Patroklos der Fall war. Ihre Leichen werden nicht geschont, auch wenn man für sie in prominenten Fällen – man denke nur an Hektor – ein stattliches Lösegeld erzielen kann. Wenn in diesem Fall aber die tote Amazone von einem Griechen, einem Gegner, vor Verstümmelungen bewahrt wird, so spricht daraus eine besondere Beziehung zwischen den beiden, wie sie nur für Achill und Penthesileia bezeugt ist. Nach gängiger Überlieferung überließ der Held ihren Leichnam den Trojanern zur feierlichen Bestattung; eine alternative Sagenversion berichtet jedoch, dass die Amazonenkönigin von den Griechen bestattet wurde.

Einige Vasen des 4. Jahrhunderts v. Chr. aus Unteritalien zeigen Achill, wie er die gestürzte Amazonenkönigin stützt. Der griechische Held wollte der geliebten Gegnerin ein würdiges Begräbnis sichern. Als Pausanias (5, 11, 6) im 2. Jahrhundert n. Chr. nach Olympia kam, sah er noch auf den Schranken des Zeusthrones im Tempel des Göttervaters eine Bild des Achill, der die sterbende Penthesileia hochhebt. Panainos, Bruder oder Neffe des Phidias, soll es im mittleren oder späten 5. Jahrhundert v. Chr. gemalt haben. Vielleicht angestoßen von dem berühmten Vorbild gewinnt dieses Motiv in der Folgezeit an Beliebtheit. Auf einem apulischen Volutenkrater in Adolphseck (Abb. 37.6) ist Penthesileia vom Pferd gestürzt, der nackte Achill hält sie. Die Szene spielt sich zwischen Bäumen, Felsen und Blumen ab. Penthesileia trägt wieder ›barbarische‹ Tracht, buntgemusterten Hosenanzug und gezackte Tiara. Achills Schutzgöttin Athena, Apoll als Freund der Trojaner sowie Aphrodite und Eros, die hier wirken, rahmen die Hauptfiguren.

Das Stützmotiv begegnet im Hellenismus bei einer berühmten Skulpturengruppe, die durch zahlreiche römische Kopien und Statuetten überliefert ist (Abb. 37.7). Dasselbe Bildthema findet sich mit geringfügigen Veränderungen auf späthellenistischen und kaiserzeitlichen Gemmen (Abb. 37.8) und ist wohl auch auf dem Schild eines Griechen auf dem Manchinger Silberbecher (s. Kasten S. 322) dargestellt (Abb. 37.9), in weit größerer Zahl schließlich auf römischen Sarkophagen des späten 2. und des 3. Jahrhunderts n. Chr.

Nachspiel: Achill tötet Thersites

Mit dem Tod ihrer Anführerin verlässt auch die verbliebenen Amazonen der Kampfesmut. Bei den Siegern hat Penthesileias Ende aber noch ein Nachspiel. Denn nach ihrer Bestattung tötet Achill den Ätoler Thersites und löst damit Unruhe im eigenen Lager aus. Hintergrund und Umstände dieser Tat sind unterschiedlich überliefert. Nach einer Version erregt Thersites den Zorn des Achill, weil er der sterbenen Amazone ein Auge aussticht, in anderen Quellen lesen wir, dass er sich über die Liebe des Helden lustig macht oder ihn gar der Nekrophilie bezichtigt. Achill stopft ihm darauf ein für alle Mal sein Schandmaul. Meist heißt es, er habe Thersites eine Ohrfeige versetzt, später ist auch von der Lanze als Tatwaffe die Rede. Der Totschlag wie schon die privilegierte Behandlung der Toten beweisen, dass das Liebesmotiv bereits in der *Aithiopis* von zentraler Bedeutung war, anders wäre die Handlungsweise des Achill nicht zu erklären. Thersites ist eine interessante Randfigur der Sage. Zu Beginn der *Ilias* (2, 211–277) hat er einen unrühmlichen Auftritt. Als Schwätzer und Demagoge mit kreischender Fistelstimme schmäht er die Anführer der Griechen, Agamemnon, Achill und Odysseus. Gerade letzteren beiden ist er verhasst, und unter dem Gelächter des Heeres verprügelt Odysseus ihn, den nicht nur hinsichtlich seiner Gesinnung, sondern auch ob seines äußeren Erscheinungsbildes »hässlichsten Mann vor Ilios«[2]. Doch in der Bildkunst findet sich dieser »Antiheld« fast nie. Die Darstellung auf einem apulischen Mischkrug (Abb. 37.10) ist vielleicht von dem Satyrspiel *Achilleus, der Thersitestöter* des im 4. Jahrhundert v. Chr. tätigen Dichters Chairemon angeregt. Im Vasenbild ist Thersites enthauptet, und von rechts will sich Diomedes auf den Mörder stürzen. Während Thersites in der *Ilias* ohne Stammbaum bleibt, ist er bei anderen Autoren von vornehmer Abkunft, ein Verwandter des Diomedes, welcher folglich Sühne für den Getöteten fordert. Schon die *Aithiopis* weiß von diesem Streit unter den Griechen, der schließlich dadurch beigelegt werden kann, dass Achill nach Lesbos fährt, dort Leto und ihren Zwillingskindern Apoll und Artemis Reinigungsopfer darbringt und von Odysseus von der Blutschuld gelöst wird.

F. K.

37.10 *Im Zentrum das wie ein Palast dargestellte Zelt des Achill mit Teilen der Rüstung, darin sitzt der Held auf einer Kline, daneben ein bekümmerter Phoinix. Unten der enthauptete Leichnam des Thersites, bewacht von Automedon, Achills Wagenlenker. Rechts stürmt Diomedes das Schwert ziehend heran und wird von Menelaos zurückgehalten, links kommt Agamemnon, um schlichtend einzugreifen. Oben Götter: Pan, Poina (»Strafe«), Athena und Hermes. Apulischer Volutenkrater, um 350/340 v. Chr., Boston.*

38. Achill tötet Memnon

Als nach dem Tode Penthesileas (Kap. 37) und dem Untergang ihres Amazonenheeres die Hoffnungen der Trojaner auf Rettung geschwunden waren, kam ihnen aus weiter Ferne – der Krieg wird global – ein neuer Alliierter zu Hilfe: Memnon mit seinen Äthiopern.[1] Die Antike war sich nicht sicher, wo die Äthioper lebten: in Ägypten oder in Vorderasien. Auf Vasendarstellungen werden sie als ›Schwarze‹ charakterisiert: Vorgewölbte Stirn, kurze runde Nase, aufgeworfene Lippen und eckige Kinnlade. Auf einem Vasenbild (Abb. 38.1–2) tragen sie neben Schwert und Bogen auch eine Keule, was sie als fremdartige Barbaren kennzeichnet: Der gerüstete Krieger in der Mitte, mit rotem Bart und einer mächtigen Schlange auf seinem weißen Schild, ist ihr König Memnon. Er ist trojanischen und göttlichen Geblüts: Sein Vater Tithonos war der Bruder des Priamos. Memnon, so

38.1 Memnon, König der Äthioper, voll gerüstet und in Begleitung eines Hundes, zwischen zwei fremdländisch aussehenden Kriegern. Es sind Äthioper. Sie tragen neben Schwert und Bogen auch eine Keule. Attisch-schwarzfigurige Amphora, 510–500 v. Chr. (Kat. 81).

sagt Odysseus, galt als der schönste vor Troja, noch schöner als Achills Sohn Neoptolemos. Kein Wunder: Auch sein Vater Tithonos muss hinreißend schön gewesen sein, denn Eos, die Göttin der Morgenröte, verliebte sich in ihn. Eos erwirkt bei Zeus die Unsterblichkeit und nimmt den Schönen zu sich in den Olymp. Im Liebestaumel vergisst aber Eos bei Zeus auch die »ewige Jugend« zu erbitten. Nach einigen glücklichen Jahren – sie haben zwei Kinder, darunter Memnon – zeigen sich bei Tithonos die ersten Alterserscheinungen. Kaum sieht Eos beim Gatten das erste graue Haar, bleibt sie dem Ehebett fern. Die Göttin kann den Anblick des langsam vertrocknenden Tithonos nicht ertragen und sperrt ihn schließlich hinter bronzenen Türen weg. Nach einer anderen Sagenversion verwandelt sie ihn in eine Zikade: Tithonos kann nur noch zirpen – aber dies bis in alle Ewigkeit. Eine tragische Geschichte eines Göttergatten – ohne Happy End.

Auch seinem Sohn Memnon ist ein tragisches Schicksal bestimmt. Für ihn hat Eos Waffen bei Hephaistos schmieden lassen, und damit wütet der mächtige

38.2 Rückseite der Amphora (Abb. 38.1). In der Mitte: Memnon mit rotem Bart, zurückgesetztem korinthischen Helm und einem weißen Schild mit einer großen schwarzen Schlange als Zeichen. Die beiden ihn rahmenden Krieger werden durch vorgewölbte Stirn, kurze runde Nase, aufgeworfene Lippen und eckige Kinnlade als »Schwarze«, als Äthioper charakterisiert. (Kat. 81).

38.3 Hermes wägt die »Seelen«, als kleine Krieger gestaltet, beim Zweikampf von Achill (ganz links) und Memnon. Deren Mütter, Thetis und Eos (mit ausgetreckten Armen), eilen erschreckt zu Zeus, der neben seiner Gattin Hera sitzt. Auf der Waagschale neigt sich die »Seele« des Memnon nach unten. Er wird fallen. Schale des Epiktet, um 510 v. Chr., Rom, Museum Villa Giulia.

Kämpfer Memnon unter den Griechen vor Troja. Als er dem Nestor nahe kommt, der trotz seines greisen Alters noch mitkämpft, wirft sich Nestors Sohn Antilochos dazwischen: Memnon tötet ihn im Zweikampf. Antilochos ist, nach dem Tode des Patroklos, Achills bester Freund gewesen. Der Tod des Antilochos muss von Achill gerächt werden. Und so stehen sich jetzt zwei Söhne von Göttinnen gegenüber – beide gerüstet mit Waffen des Hephaistos.

Die Geschichte des Memnon war in der *Aithiopis* des Arktinos von Milet gestaltet, von der uns aber nur eine knappe Inhaltsangabe des Proklos und des Apollodors sowie wenige andere Fragmente erhalten sind. Über den gleichen Sagenstoff hat Aischylos zwei Tragödien, *Memnon* und *Psychostasie* (Seelenwägung) geschrieben – auch davon gibt es nur noch Fragmente. Die Kunst hat jedoch seit dem 6. Jahrhundert v. Chr. das Thema »Achill – Memnon« häufig gestaltet: Auf dem Außenbild einer Schale (Abb. 38.3) ist das Drama des Aufeinanderprallens zweier Helden, Söhne von Göttinnen, in großartiger Weise verdichtet: Thetis, die Mutter Achills, und Eos, die Mutter des Memnon, eilen beim Anblick des Kampfes voller Schrecken zu Zeus, um für das Überleben ihres Sohnes zu bitten. Zeus kann sich nicht entscheiden: So übergibt er dem Gott Hermes die Schicksalswaage. Zwischen den beiden mächtig ausschreitenden Kämpfern hält Hermes die Waage, in deren Schalen die »keres« bzw. die »psychai« (die ›Seelen‹) der Kämpfer als kleine Kriegerfiguren (eidola) dargestellt sind. Wessen Schale sich senkt, der muss sterben. Die Schale des Memnon, der als zentrale Figur in der Mitte steht, senkt sich leicht. Seine Mutter Eos sieht es und breitet die Arme aus – hilflos. Sie weiß, dass Zeus mit dieser Wägung eine Macht angerufen hat, die noch über den Göttern steht: Moira – das Schicksal. Die Moira wurde nach dem Glauben der Griechen dem Menschen bei seiner Geburt zugeteilt.

Das gleiche Thema ist im Ostfries des Siphnierschatzhauses dargestellt, nur sind da die Ebenen des Kampfes und der Schicksalswägung säuberlich getrennt.[2] Die eine Frieshälfte zeigt eine Götterversammlung im Olymp: Es geht um diesen Kampf. Die Meinung der Götter ist gespalten, die zwei Parteiungen sitzen sich gegenüber (Abb. 38.4a). Die Götter sind erregt, sie gestikulieren lebhaft. Hinter Zeus (auf einem Thron mit Armlehnen) sitzt die pro-trojanische Partei: Apollo, der sich zu Aphrodite (?) umdreht, dann folgt Eos und schließlich Ares, dessen Haltung schon zeigt, dass ihn weniger die Diskussion als der Kampf der Helden, das Waffengeklirr interessiert. Auf der pro-griechischen Seite sind es: Poseidon (Figur fehlt), Athena, Hera und Thetis, die bittflehend die Hände ausstreckt. All ihre Aufmerksamkeit richtet sich auf die jetzt verlorenen Szene in der Mitte, die Hermes mit der Schicksalswaage zeigte.[3]

 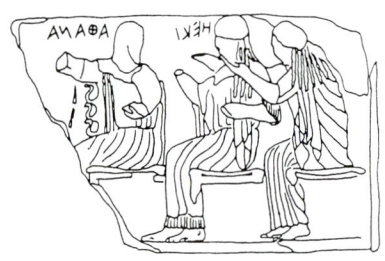

38.4a Götterversammlung: In der Mitte Zeus (auf einem Thron mit Armlehne); dahinter Apoll, der sich zu Aphrodite (?) umdreht, dann Eos, die Mutter Memnons, und schließlich Ares. Gegenüber die pro-griechische Partei: Athena, Hera und Thetis, die Mutter Achills. In der Mitte ist zu ergänzen: Hermes mit der »Seelenwaage« in der Hand. Daneben auf pro-griechischer Seite: Poseidon. Marmorfries von der Ostseite des Siphnier-Schatzhauses, 525 v. Chr., Delphi.

Die andere Hälfte des Frieses füllt der Kampf über der Leiche des Antilochos (Abb. 38.4b). Dessen Vater Nestor steht rechts ganz außen, wie ein Zuschauer. Die Komposition ist weitgehend symmetrisch: Viergespanne mit Rosseführer rahmen das Kampfbild. Zu Achill (mit Gorgonenhaupt auf dem Schild) ist ein Mitkämpfer (wohl Ajas?) gesellt, und hinter Memnon steht Äneas. Dass Achill und Memnon nicht alleine, sondern mit Beistand eines anderen Helden kämpfen, ist ungewöhnlich: Vasenbilder zeigen nämlich meist allein einen Zweikampf von Achill und Memnon. Obwohl nur bei wenigen dieser Bilder die Helden namentlich bezeichnet sind, ergibt sich aus der Anwesenheit der weiblichen Figuren, der Göttinnen, die am Schicksal ihrer Söhne Anteil nehmen, bei vielen dieser Bilder eine Bestimmung der Kämpfer.

Eine der frühesten Darstellungen des Zweikampfs Achill-Memnon findet sich auf einem eigentümlich geformten Gefäß, das zur Aufbewahrung und Darbietung von Salben diente (Abb. 38.5): Die Helden sind mit Viergespannen vorgefahren, deren Lenker noch im Wagenkorb stehen. Ihre Mütter, in langen Chiton und Mantel gehüllt, stehen vor den Viergespannen. Die voll gerüsteten Kämpfer stehen sich gleichwertig gegenüber. Eine Entscheidung ist noch nicht gefallen. Von ähnlicher Unentschiedenheit ist auch ein anderes Kampfbild (Abb. 38.6).

Ein zweiter, verbreiteter Bildtypus zeigt die beiden Helden über dem Leichnam des Antilochos kämpfend. Nicht sosehr am Kampfgeschehen, mehr an der Reaktion der Göttinnen erkennt man, wer auf dem Amphorenbild (Abb. 38.8) Achill bzw. Memnon ist: Die Göttin rechts ist Eos, denn sie wendet sich, ihre Linke vor Schreck erhoben, vom Ort des Geschehens ab.[4] Ihr Sohn hat einen prachtvoll verzierten Schild. Er trägt keinen Panzer, sondern nur ein Fell über dem Chiton. Achill hat sich über seinen Panzer, der unten mit einem weißen Rand endet, einen mit Sternchen reich verzierten Umhang gelegt. Der Vasenmaler erfreute sich, die Kleidung der Göttinnen, das Gewand und den Panzer der Krieger fein zu verzieren.

38.5 Zweikampf Achill-Memnon. Gerahmt von Zweigespannen, in deren Wagenkorb die Pferdelenker stehen. Davor die Mütter der Helden. Attisch-schwarzfiguriges Exaleiptron, um 570 v. Chr. (Kat. 82).

38.6 Kampf zweier Schwerbewaffneter (Hopliten) zwischen zwei Anteil nehmenden Frauen. Achill und Memnon zwischen Thetis und Eos? Attisch-schwarzfigurige Kanne, 520/10 v. Chr. (Kat. 83).

38.4b Kampf über der Leiche des Antilochos. Achill (mit Gorgonenhaupt auf dem Schild) dahinter Ajas (?). Gegenüber: Memnon und Äneas. Viergespann mit Rosseführer rahmen das Kampfbild. Ganz rechts Nestor, der Vater des Antilochos. Marmorfries von der Ostseite des Siphnier-Schatzhauses, 525 v. Chr., Delphi, Museum.

38.7 Kampf über einem gefallenen Krieger. Achill und Memnon (?). Frauen, Männer im Mantel und ein Hoplit als Zuschauer. Attisch-schwarzfigurige Bauchamphora, um 540 v. Chr. (Kat. 84).

Da bei einem ganz ähnlich aufgefassten Kampfbild die beiden Göttinnen in Haltung und Gestik kaum unterschieden sind, lässt sich hier schwer bestimmen, wer Achill bzw. Memnon ist (Abb. 38.7). Gewöhnlich, aber nicht ohne Ausnahmen, führt die Bewegungsrichtung des Siegers von links nach rechts: Somit würde der Krieger mit dem weißen Adler auf dem Schild Memnon sein. Die Männer hinter den Göttinnen sind nicht benennbar: Sie sind Zeugen der Tat und bestätigen durch ihre Anwesenheit die Wichtigkeit des Geschehens.

Nicht wenige Vasenbildern zeigen aber Memnon als eindeutig Unterlegenen: Entweder wird er, noch im Zurückweichen verzweifelt kämpfend, von Achills Lanze schwer getroffen und bricht zu Boden (Abb. 38.9–10), oder der Vasenmaler zeigt ihn schon am Boden kniend bzw. auf den Rücken fallend, von Achills Lanze durchbohrt (Abb. 38.11–12). Die Göttinnen begleiten das Geschehen: Thetis mit Gesten der Freude, Eos mit den entsprechenden Gebärden des Entsetzens und der Trauer. Der alle besiegende, übermächtige Achill ist das Thema dieser Bilder.[5]

Man kann sich fragen, warum der Kampf Achill-Memnon so häufig dargestellt ist, während wir von anderen, in der *Ilias* breit beschriebenen Zweikämpfen so wenige Darstellungen besitzen. Eine überzeugende Antwort darauf zu finden, ist nicht leicht: Vielleicht war die *Äthiopis*, das uns verlorene Epos, in dem auch die Memnon-Sage gestaltet war, im Altertum sehr beliebt. Eine andere Erklärungs-

38.8 Achill und Memnon über der Leiche des Antilochos kämpfend. Memnon mit Fell über dem Chiton. Eos wendet sich erschrocken ab. Darüber der Adler des Zeus. Attisch-schwarzfigurige Bauchamphora, um 520 v. Chr. (Kat. 90).

36.9 Achill besiegt Memnon.
Eos wendet sich erschrocken ab.
Die Schildhand Achills ist verzeichnet
und versehentlich über den Schildrand
des Memnon geraten. Attisch-
schwarzfigurige Halsamphora,
um 520 v. Chr. (Kat. 86).

36.10 Achill tötet den verzweifelt sich
wehrenden Memnon. Eos erhebt
klagend die Hand. Thetis streckt für
ihren Sohn aufmunternd die Hände
aus. Attisch- schwarzfigurige
Halsamphora, um 520 v. Chr.
(Kat. 87).

36.11 *Achill sticht mit der Lanze auf den schon am Boden knienden Memnon ein. Eos eilt Gnade erbittend hinzu. Zwei herbeilaufende Hopliten rahmen das Bild.*
Schulterbild einer attischen Hydria, 500–490 v. Chr. (Kat. 88).

36.12 *Rückwärts gestürzter Krieger wird von der Lanze durchbohrt. Achill–Memnon (?).*
Attisch- schwarzfigurige Amphora, um 510 v. Chr. (Kat. 89).

36.13 *Eos klagt um den toten Memnon. Amphora, um 530 v. Chr., Vatikan.*

36.14 *Der »Schlaf« und der »Tod«, beide gerüstet und mit Flügeln, nehmen den toten Memnon auf, um ihn zur Bestattung in seine Heimat zu bringen. Rechts: die klagende Eos, links: die Götterbotin Iris. Außenbild einer attisch-rotfigurigen Schale, 500–490 v. Chr., London, Britisches Museum.*

möglichkeit scheint mir jedoch naheliegender: Wenn bei Zweikampfszenen, die von zwei Frauen gerahmt werden, die Kämpfer beschriftet sind, dann finden sich fast ausnahmslos nur die Namen Achill bzw. Memnon. Falls aber bei entsprechenden Darstellungen keine Namen angegeben sind, hing es vom Betrachter ab, ob er den Memnon-Mythos assoziierte. Er konnte die Darstellung auch als Paradigma des Kriegerlebens sehen, als Bildtypus: Zweikampf mit zuschauenden Frauen.[6] Dem damaligen Betrachter war das Bild der Mutter, die stolz auf ihren siegreichen Sohn ist, ebenso vertraut, wie das Entsetzen einer Mutter, deren Sohn im Kampf fiel. Der gebildete zeitgenössische Betrachter wird jedoch – vielleicht auch er nicht in jedem Fall – diese Bilder mit den Memnon-Mythos verbunden haben. Er bedurfte nicht entsprechender Beischriften, um an den Mythos erinnert zu werden. Er kannte die Taten und Schicksale der mythischen Helden, die das Epos beschreibt. Sie dienten ihm in vergleichbaren Lebenssituationen als Vorbild bzw. Trost.

Auch das Bild der um ihren Sohn trauernden Eos konnte diese Funktion haben (Abb. 38.13): Unter Platanen und Kiefern liegt der tote Memnon auf Streu gebettet. Seine Waffen und sein Gewand hängen bzw. lehnen an den Bäumchen. Obwohl keine Namensbeischriften gegeben sind, scheint mir die oft vermutete Deutung auf Memnon, der von seiner Mutter betrauert wird, am wahrscheinlichsten: Das idyllische Wäldchen, in dem ein Vogel zwitschert, passt am besten zur Naturgöttin Eos. Das Außenbild einer Schale zeigt eine zeitlich wenig später anzusetzende Szene, von der die Sage berichtet (Abb. 38.14): Die Zwillingsbrüder »Schlaf« und »Tod«, beide geflügelt und als Freunde der Krieger gerüstet, heben den toten Memnon auf, um ihn auf Geheiß des Zeus in seine ferne Heimat zu bringen. Von rechts eilt Eos heran, von links die Götterbotin Iris: Sie verkündet den Willen des Zeus, Memnon die Unsterblichkeit zu gewähren, die Eos für ihren Sohn erbeten hat.

R.W.

39. Der Tod des Achill

Die *Ilias* berichtet nicht vom Tod Achills. Er wurde in dem uns nicht erhaltenen Epos, die *Aithiopis*, geschildert. Von dessen Inhalt gibt der spätantike Philosoph Proklos (411–485 n. Chr.) eine kurze Zusammenfassung: Achill wird von Paris durch einen von Apoll gelenkten Pfeil getötet. Ajas rettet den Leichnam.

Dass er von Troja nicht heimkehren wird, wusste Achill: Seine Mutter Thetis sagte ihm, dass er bald nach Hektor fallen müsse (*Ilias* VIII, 96); sein Pferd Xanthos, dem Hera dafür die menschliche Sprache verliehen hatte, weissagte ihm, dass er von einem Gott und einem Menschen bezwungen werde (*Ilias* XIX, 416 f). Der sterbende Hektor wusste es noch genauer und prophezeite ihm, dass ihn am Skäischen Tor Trojas Paris und Apoll töten werden (*Ilias* XXII, 358). Dass Achill nur an der Ferse verwundbar gewesen sei, ist ein Mythos späterer Zeit. Homer kennt die Unverwundbarkeit Achills nicht. Im Gegenteil: Achill wird durch Asteropaios am rechten Ellbogen verwundet und blutet (*Ilias* XXI, 166 ff.). Dass er von Paris' Pfeil in der Ferse getroffen wird, erwähnen zwar erst Autoren römischer Zeit, aber diese Angabe muss auf eine alte Sage zurückgehen, denn schon ein Vasenbild des 6. Jahrhunderts v. Chr. zeigt Achill von einem Pfeil in die Ferse getroffen (Abb. 39.2). Ein zweiter steckt in seinem Rücken. Achill ist in der Vorderansicht dargestellt und wirkt so, selbst als Toter noch, Schrecken einflößend. Der Trojaner Glaukos hat um Achills Fuß einen Lederriemen geschlungen und will den Toten auf seine Seite ziehen. Da erscheint Ajas, größer als alle anderen Krieger, um den Toten zu bergen. Ajas' Lanze durchbohrt Glaukos. Paris flüchtet, noch im Weglaufen auf Ajas schießend. Äneas und ein weiterer Trojaner stürmen gleichen Schritts herbei. Die trojanische Übermacht braucht Ajas nicht zu fürchten: Hinter ihm steht hilfreich Athena mit drohender Lanze. Die rechte Zweikampfgruppe gehört nicht zum Thema des Hauptbildes und die linke Szene wirkt gegenüber der Dramatik des

39.1 Ajas trägt den Leichnam des Achill. Schwarzfigurige Amphora des Exekias, um 540 v.Chr. (Kat. 90).

39.2 Kampf über dem toten Achill. Ajas durchbohrt Glaukos, der den Toten mit einer Schlinge auf die trojanische Seite ziehen wollte. Der bogenschießende Paris flieht. Äneas und ein weiterer Trojaner eilen ihm zu Hilfe. Anschließend eine Zweikampfgruppe. Hinter Ajas steht Athena, daneben Diomedes, dem von seinem Wagenlenker der verwundete rechte Zeigefinger verbunden wird. Zeichnung nach Halsamphora, um 550 v. Chr., verschollen, einst Pembroke Hope.

Hauptbildes geradezu belustigend: Dem großen griechischen Held Diomedes wird von seinem Wagenlenker der rechte Zeigefinger verbunden.

Achill fällt nicht im offenen Zweikampf. Er wird hinterrücks getroffen. Ein Kampfgeschehen, das nicht dem Kriegerideal der damaligen Zeit entsprach, und deshalb höchst selten auf Vasenbildern dargestellt wurde. Nur die Kleinkunst hat häufiger das Bild des vom Pfeil getroffenen Achill gestaltet, wie er kampfunfähig auf dem Boden kniet (Abb. 39.3). Hingegen ist die große Heldentat, nämlich die mutige Bergung des toten Achills, ein großes Thema der antiken Kunst von frühgriechischer bis in römische Zeit gewesen. Ajas trägt den Toten stets allein, während die Leiche des Patroklos, was an sich realistischer ist, von zwei Helden, Menelaos und Meriones, geborgen wurde. Auch wenn die Waffen Achills wenig später eine so tragische Rolle spielen sollten, gibt es nicht wenige Darstellungen,

Achillesferse

Eine besondere Dialektik von Stärke und Schwäche war der Gestalt des Achilles von Beginn an eigen. »Der fußschnelle«, so sein homerischer Beiname, profitierte im Kampf maßgeblich von dieser Stärke. Andererseits ereilte ihn dort, an der einzig verwundbaren Stelle seines Körpers, der Pfeilschuss, der sein kurzes Leben jäh beendete.

In der der Antike wird diese seine einzige (physische) Schwäche recht spät eindeutig lokalisiert und ihre Entstehung in der heute noch geläufigen Form erklärt: erst in dem unvollendeten Versepos des römischen Dichters Statius aus dem späten 1. Jahrhundert n. Chr., dem frühesten erhaltenen Zeugnis für die Kindheitsgeschichte des Helden. Als Thetis ihren Sohn, dem die Unsterblichkeit verwehrt war, wenigstens unverletzlich machen wollte, hielt sie ihn an der Ferse in den Unterweltfluss Styx und vergaß, anschließend auch diese Stelle mit dem magischen Wasser zu benetzen.

Auch die Auffassung von Achilles eigentlicher Schwäche veränderte sich; diese wurde, je später desto öfter, im Inneren des Helden gesucht. Wohl ebenfalls Statius bringt erstmals die Liebesleidenschaft als wichtige Eigenschaft des Helden ins Spiel. In der Folgezeit dominiert sie oft seinen Charakter und wird mehr und mehr zur eigentlichen Ursache seines Untergangs.

Fulgentius, ein christlicher Autor (um 500 n. Chr.), deutete Achills ganzes Leben in moralisierend-allegorischer Weise als Sinnbild für die Gefahren der Libido. Das Verhängnis begann aus seiner Sicht mit der fehlenden Abhärtung der Ferse, deren Venen mit den Organen der Lust und Leidenschaft verbunden sind – und so wurde selbst der am stärksten scheinende in erster Linie Opfer seiner eigenen sexuellen Begierde: Achill kam durch Polyxena zu Fall.

So gestaltet der anonyme Verfasser des so genannten »Excidium Troiae« Achills Ende weitgehend analog zur biblischen Erzählung von Samson und Delilah. Seine Version der Tötung Achills im Tempel macht zudem plausibel, wie Paris' Pfeil überhaupt in die doch nicht besonders exponierte Ferse des griechischen Helden gelangen konnte. Da Achill auf Bitten Polyxenas am »Gottesdienst« im Tempel teilnimmt und dort, wie von der christlichen Liturgie vorgesehen, niederkniet, kann Paris, im Hinterhalt lauernd, in aller Ruhe von hinten sein unbewegtes Ziel anvisieren. Eine solche Szene ist auch aus der Malerei, freilich erst des 17. und 18. Jahrhunderts, erhalten.

Derselben Gleichzeitigkeit von Stärke und Schwäche wie der mythische Held selbst unterliegt die Achillessehne, die der niederländische Anatom Philipp Verheyen im Jahr 1693 als Begriff in die Medizin einführte. Diese Sehne, Bestandteil des dreiköpfigen Wadenmuskels, ist die eigentliche Problemzone der erst gut hundert Jahre später sprichwört-lich gewordenen Achillesferse. Im Grunde ist sie nicht schwach zu nennen: Kann sie doch Belastungen von bis zu 1000 kg aushalten. Trotzdem ist sie sehr verletzlich und überdies für alle Lauf- und Sprungfunktionen unverzichtbar. Ohne sie geht buchstäblich nichts mehr.

In heutigen Troja-Umdichtungen ist Achill oft eine – nur noch negative – Nebenfigur. Vom Helden ist nur noch »das Vieh« geblieben, wie Christa Wolfs Kassandra ihn nennt – ein klinischer Fall, vorrangig für Psychologen interessant, die sich freilich auf keinen einheitlichen Gebrauch einigen können:

Einige diagnostizieren bei Männern mit Unverwundbarkeitsphantasien ein »Achilles-Syndrom«, andere benutzen diesen Begriff für das Gefühl überaus erfolgreicher Menschen, eigentlich doch Versager zu sein. Wieder andere definieren zwanghafte mörderische Impulse und ihre Ausdrucksformen als »Achilleskomplex«. Der Sprachgebrauch oszilliert stark. Ob eines dieser Krankheitsbilder je den Bekanntheitsgrad des berühmten freudschen Ödipuskomplexes erreichen wird, darf füglich bezweifelt werden.   *Ch. M.*

Ch. Müller, Achilles auf den Fersen. Ursprung und Rezeption geflügelter Worte und Sprachbilder (2006)

39.3 Tödlich verwundeter Achill, hellbrauner Sardonyx, Berlin, Antikenmuseum.

39.4 Ajas mit dem toten Achill auf der Schulter, Henkel eines Volutenkraters von Kleitias, sog. François-Vase, 570–560 v. Chr., Florenz.

die Achill ohne Rüstung, oft völlig nackt zeigen. Es ist eine feste Bildformel der griechischen Kunst, einen toten Krieger durch Nacktheit als wehrlos zu kennzeichnen, in diesem Fall könnte es aber auch Ausdruck einer besonderen Texttreue sein.[1] In den *Epitomen* des Apollodor heißt es nämlich zum Kampf um den Leichnam Achills: »... dabei tötete Ajas den Glaukos und gab die Waffen des Achill her, dass man sie zu den Schiffen bringe; den Leichnam selbst lud Ajas sich auf, und von Pfeilen überschüttet, trug er ihn mitten durch die Feinde, während Odysseus gegen die Nachdrängenden kämpfte.«[2]

Die erste durch Beischriften in ihrer Deutung gesicherte Darstellung dieser Heldentat findet sich auf den Henkeln des berühmten Kleitias-Kraters (Abb. 39.4). Der tote Achill ist nackt und übergroß. Die eigenwillige Schrittstellung des Ajas (so genannter Knielauf) ist ein verbreitetes Darstellungsschema dieser Zeit um 570/60 v. Chr. Etwa 30 Jahre später gelingt Exekias für dieses Thema ein Bildentwurf, den viele Vasenmaler übernehmen und variieren.[3]

Exekias hat die Bergung des toten Achills mehrmals gemalt. Zweimal auf einer fast kugelförmig gewölbten Amphora (Abb. 39.1, Abb. 39.5). Die beiden Bilder auf diesem Gefäß unterscheiden sich nur in Details. Auf einer Seite ist die Zeichnung etwas einfacher, dadurch aber auch klarer (Abb. 39.1): Ajas hat den toten Achill mitsamt seiner Rüstung auf den Rücken genommen. Er schreitet weit aus. Die Bewegung führt nach links – in der griechischen Kunst eher ungewöhnlich –, was sich wohl damit erklärt, dass Exekias den mächtigen und prachtvoll verzierten Schild des Ajas zeigen wollte. Der linke Arm Achills hängt kraftlos über den Schild herab und seine Hand liegt, geschickt gezeichnet, leicht verdreht auf dem Schild auf. Achills Gesicht wird von dem korinthischen Helm, dessen hoher Rossschweif nach unten hängt, weitgehend verdeckt. Sein Auge ist gebrochen, fast geschlossen, während das Auge des Ajas weit geöffnet dargestellt ist. Dieser Gegensatz bekommt eine besondere Betonung, da Exekias die beiden Köpfe eng zusammen komponierte.

Durch farbliche Auflagen von Weiß (Kaolin) und Purpurrot (Hämatit mit Quarzstaub gemischt) differenziert und schmückt Exekias die Rüstung und Kleidung der Helden:

Achill trägt ein am Saum verziertes, rotes Untergewand und einen Panzer aus weißem gestärkten Leinen, von dem nur im Rücken ein kleiner Teil sichtbar ist, während er sonst fast vollständig von seinem reich gemusterten Wollmantel verdeckt wird. Achills Schild trägt als Zeichen ein Gorgonenhaupt, von dem oben und unten weiße züngelnde Schlangen ausgehen. Dazu sind noch dicke rote Punkte auf die Schildfläche gesetzt. Auf dem rot umrandeten Schild des Ajas ist das zentrale Zeichen ein Pantherkopf, der unten und oben von zwei weißen Löwen gerahmt wird.

Die Ajas-Achill-Gruppe auf der anderen Seite der Vase hat Exekias noch reicher verziert (Abb. 39.5). Von dem einstigen, auf Rüstung und Kleidung aufgetragenen Weiß hat sich leider schon viel abgelöst, und so ist heute manches nur noch in schwachen Spuren zu erkennen – der Sinterpunkt von Kaolin liegt nämlich höher als die Brenntemperatur der Keramik, und somit verband sich das Weiß nicht so fest mit dem Untergrund. So waren u. a. beim Ajas die Ränder der Beinschienen und des Helms durch weiße Punktreihen hervorgehoben, und auf seinem Chiton (Untergewand) zierliche weiße Punktrosetten aufgemalt. Auch den Mantel Achills säumten weiße Punktreihen. Auf Achills Schild mit einem Löwenkopf als zentralem Zeichen lassen sich noch die Reste von zwei weißen, auf den Löwenkopf zufliegenden Adlern erkennen.

Den Schild des Ajas ziert ein mächtiger Panther, der frontal und bis zum Ansatz der Vorderbeine wiedergegeben ist. Hinter seinem Kopf fliegt ein Adler. Ajas und Achill tragen über den Beinschienen auch noch Oberschenkelschienen, von denen eine (an Achills Bein) durch eine rot gefasste Spirale leicht zu erkennen ist. Bei dieser Bergungs-Gruppe sind die Beinschienen des jeweiligen rechten Beines rot bemalt, bei der Gruppe auf der anderen Seite (Abb. 39.1) nur die linken Beinschienen. Neben den vielen Variationen in der Detailbildungen hat Exekias auch die Bewegung und den Aufbau der Figurengruppe leicht verändert: Der Schritt des Ajas ist noch ausgreifender, sein linkes Bein knickt unter der Last leicht ein, so dass die Füße des Toten die Wade berühren. Auch der Rücken des Ajas ist unter der Last stärker gekrümmt, und der Tote wird – was realistisch – am Arm gehalten, damit er nicht nach hinten abrutscht. Die schwere Last drückt Ajas so stark nieder, dass sein Gesicht vom Schild weitgehend verdeckt, und nur noch sein Auge sichtbar ist.

Die Figurengruppe wirkt monumental und vermag auch, etwas von dem Drama der beiden Helden auszudrücken. Dies erreicht Exekias, indem er einerseits die

39.5 Ajas trägt den Leichnam Achills, andere Seite der Amphora 39.1.

39.6 Ajas trägt den Leichnam Achills, daneben klagender Greis und Bogenschütze in skythischer Tracht. Schwarzfigurige Amphora, um 510 v. Chr. (Kat. 91)

Darstellung frei und ohne Nebenfiguren auf den Vasenkörper setzt, und zum anderen dadurch, dass er trotz aller Detailverliebtheit nicht die Wirkung der Konturen stört. So hat er dem Helm Achills einmal einen besonders großen Helmbusch bzw. einen doppelten Helmbusch gegeben, da der Fall des Rosshaares auf der freien Fläche des Vasengrundes wunderbar dargestellt werden kann. Hingegen trägt der Helm des Ajas keinen Busch, denn seine aufragende Form würde der Zeichnung des gekrümmten Rücken Achills die Spannung, und somit der ganzen Komposition etwas an Dramatik und Dynamik nehmen.

Das Thema der Leichenbergung ist mit dieser Bilderfindung des Exekias für viele griechische Vasenmaler typologisch festgelegt: Bewegung nach links; der Tote gerüstet mit seinem Schild auf dem Rücken. Nur wenige von ihnen waren aber dieser anspruchsvollen künstlerischen Aufgabe gewachsen. Bei der Leichenbergung (Abb. 39.6) ist der Kopf des Achill hinter dem Schild des Ajas fast vollkommen verschwunden, und vom Kopf des Ajas sieht man nur noch die Spitze des Helmbuschs, da der Maler den Toten auf dessen linke Schulter gelegt hat. Bei einem anderen Vasenbild hat sich der Maler grotesk verzeichnet (Abb. 39.7): Ajas schreitet nach links, hält aber seinen Schild hinterm Körper, – er müsste ihn folglich mit der Rechten halten. Aber nicht die rechte Hand, sondern seine Linke greift in den Schildgriff, sogar der Schildbügel ist auf den linken Arm gezeichnet. Da auch noch die Arme des Toten, der über der linken Schulter des Ajas liegt, hinter dessen Oberkörper zum Vorschein kommen, wird die Darstellung anatomisch und räumlich völlig unverständlich. Schließlich ragen hinter dem Schild noch die Enden zweier Lanzen hervor, ohne dass man sich vorstellen könnte, wie sie gehalten wurden. Das Bild zeigt noch weitere Ungereimtheiten. In der Wissenschaft wird der ›Künstler‹ nach dieser Vase als »Maler von München 1519« bezeichnet.

Auch auf anderen Bildern sieht man, wie die Vasenmaler mit der Schwierigkeit dieser Darstellung kämpften: Oft ist der aufliegende Schild verzeichnet, oder der Kopf Achills vom Schild des Ajas weitgehend verdeckt (Abb. 39.8) und sogar nur sein Helmbusch sichtbar (Abb. 39.9). Bei einem Vasenbild, das Ajas nach rechts schreiten lässt, trägt Ajas in der Linken den Schild und mit der Rechten zwei mächtige Speere (Abb. 39.10). Er hat keine Hand frei, um den auf Schulter und Rücken liegenden Toten zu halten. All diesen Darstellungen sind noch weitere Figuren beigegeben. Bei dem letztgenannten Bild (Abb. 39.10) könnte der Krieger, der Ajas folgt, Odysseus sein. Bei anderen Bildern (Abb. 39.6–7) glauben manche Wissenschaftler, in dem Bogenschützen mit skythischer Tracht Ajas Halbbruder Teukros, in dem Alten Phoinix, den greisen Erzieher des Achill, und in der Frau Thetis, die Mutter Achills, zu erkennen. Aber diese Benennungen sind unsicher, denn all diese Bilder changieren zwischen Sagenbild und allgemeiner heroischer Darstellung. Deshalb gibt es keinen Sinn, die begleitenden Krieger zu benennen: Der Alte kann der Vater des Toten, die Frau die Mutter oder Gattin sein.

Es gibt aber auch Vasenmaler, die fern des von Exekias formulierten Bildtypus die Leichenbergung darstellten. Ein Vasenbild zeigt Ajas mit dem toten Achill inmitten zweier Kampfgruppen (Abb. 39.11). Die Darstellung ist wenig realistisch: Ajas wendet sich, wie man an seiner Schrittstellung erkennen kann, nach links. Sein Oberkörper ist dem Betrachter frontal zugewendet, der Kopf blickt nach rechts. Seinen Schild hält er mit der Rechten, was an sich schon ungewöhnlich ist, und dabei noch hinter seinen Rücken, was bei dieser Darstellung des rechten Armes anatomisch unmöglich ist. In seinem linken Arm lehnt der nackte

39.7 Ajas trägt den Leichnam Achills, daneben weglaufender Bogenschütze in skythischer Tracht und Greis. Schwarzfigurige Amphora, 510–500 v. Chr. (Kat. 92).

39.8 Ajas trägt den Leichnam Achills, daneben eine Figur im Mantel und ein Krieger. Schwarzfigurige Lekythos, 510–500 v. Chr. (Kat. 93).

39.9 Ajas trägt den Leichnam Achills, daneben ein Greis und eine sich abwendende Frau. Schwarzfigurige Amphora, um 510 v. Chr. (Kat. 94).

Achill. Der Tote, in Vorderansicht mit geschlossenen Augen und schlaff herabhängenden Armen gezeichnet, steht aber mit seinen Beinen nicht auf dem Boden auf, sondern berührt ihn nur mit den Zehenspitzen. Achills linker Fuß ist seltsam verdreht, die Zehen schleifen auf dem Boden nach, als wolle der Maler damit ausdrücken, dass die Sehne vom Pfeil durchtrennt worden sei. Die Bergungsszene ist malerisch geschickt ins Bild gesetzt: Der weiße Panzer und der rot gefasste Schildrand des Ajas lassen den nackten Toten eindrucksvoll hervortreten.

Sehr wirklichkeitsnah ist hingegen eine andere Bergungsszene (Abb. 39.12): Inmitten kämpfender Krieger hat sich Ajas niedergekniet, um den Toten auf die Schulter zu hieven. Achill trägt keinen Helm. Sein Haar fällt in langen Locken

39.10 Ajas trägt den Leichnam Achills, dahinter ein Krieger (Odysseus ?). Schwarzfigurige Amphora um 530–520 v. Chr. (Kat. 95).

39.11 *Ajas hält den aufgehobenen Leichnam des Achill zwischen Zweikampfgruppen. Schwarzfigurige Bauchamphora, um 510 v. Chr. (Kat. 18).*

herab. Aus seinem niedergesunkenen Kopf entflieht seine ›Seele‹, in Form eines voll gerüsteten kleinen Kriegers (eidolon). Die Darstellung erinnert an Homers Worte beim Tod des Patroklos (*Ilias* XVI, 856–7): »Rasch entflog die Seele den Gliedern, hinunter zum Hades«. Die Seele des Achills hält den Schild noch kampfbereit vor sich, als habe sie noch nicht bemerkt, dass sein Körper tot ist.

Den Bildtypus des knienden Ajas, der den Leichnam Achills aufnimmt, hat die hellenistisch-römische Kleinkunst häufig variierend gestaltet. Im Hellenismus entstand auch eine überlebensgroße Ajas-Achill-Gruppe, von der sich uns – das griechische Original ist verloren – mehrere römische Kopien erhalten haben (Abb. 39.13–15). Keine davon ist vollständig: Entweder wird die Wirkung der Gruppe durch neuzeitliche Ergänzungen oder durch das Fehlen von Gliedern beeinträchtigt. Eine Gipsrekonstruktion, die entsprechende Teilabgüsse von mehreren fragmentarisch erhaltenen antiken Gruppen verbindet, lässt das ursprüngliche Aussehen dieses berühmten hellenistischen Werkes in etwa erkennen (Abb. 39.14)[4]:

Dargestellt ist nicht ein bestimmter Augenblick der Totenbergung, sondern der Bildhauer deutet durch verschiedene Bewegungsmomente die unmittelbar vorausgegangenen und unmittelbar folgenden Handlungsabläufe an: Ajas hat den Oberkörper des bäuchlings auf dem Boden liegenden Achill zur Seite gedreht und

39.12. *Ajas kniend mit dem toten Achill auf der Schulter, inmitten von Kampfgruppen. Schwarzfigurige Hydria, um 510 v. Chr. (Kat. 96).*

ihn dann leicht angehoben. Um sich von dem Gewicht des Leichnams zu entlasten, und um ihn besser umfassen zu können, stützt er sein Knie unter den Rücken des Toten. Dann legte er sich dessen rechten Arm auf die linke Schulter. Im nächsten Augenblick wird sich Ajas auf sein rechtes Knie niederlassen, den Leichnam noch weiter zu sich drehen und ihn dann mit dem Kopf nach hinten über die Schulter legen (also genau umgekehrt wie bei den Vasenbildern des Exekias-Typus).

Der von Ajas geborgene Leichnam Achills wird von den Griechen aufgebahrt für die Klage seiner Mutter Thetis und der Nereiden. Im letzten Buch der *Odyssee* (24, 36–94) erzählt in der Unterwelt Agamemnons Seele der Seele des Achill von der siebzehntägigen Trauer um ihn, und wie sein Leichnam bestattet wurde:

> »Glücklich bist du, Pelide, du göttergleicher Achilleus,
> Weil du vor Troja und ferne von Argos gefallen. Da wurden
> Andere heldische Söhne Achaias und Trojas erschlagen,
> Neben dir wie auch im Kampf um dich. In den Wirbeln des Staubes
> Lagst du, ein Riese mit riesigen Gliedern und Kämpfe mit Pferden
> Hast du vergessen. Für uns aber war es ein endloser Kriegstag.

39.13 *Ajas und Achill, römische Kopie nach einem griechischen Original des 2./1. v. Chr., Florenz, Palazzo Pitti.*

39.14 *Ajas-Achill-Gruppe, Rekonstruktion von B. Schweitzer, Gips. Leipzig.*

Auch nicht ein Weilchen hätten vom Krieg wir gelassen, doch ließ es
Zeus durch Orkane nicht zu. So trugen wir dich aus dem Kampfe,
Betteten dich bei den Schiffen und während den herrlichen Körper
Rein wir dir wuschen mit Fett und mit warmem Wasser, verströmten
Heißeste Tränen die Danaer, scherten die Haare und standen
Um dich im Kreis. Aus der Salzflut stieg mit unsterblichen Nymphen
Auch deine Mutter, die Kunde erhalten. Und göttliches Schreien
Hallte da über die See; es erzitterten alle Achäer ...
Jammernd und klagend schlossen die Töchter des Alten vom Meere
Rund um dich einen Kreis; sie trugen unsterbliche Kleider.
Alle neun Musen begannen in Wechselgesängen mit schöner
Stimme die Lieder der Trauer. Da sahst du nicht einen Argeier
Tränenlos, so mächtig erhob sich die tönende Weise.
Siebzehn Tage weinten um dich die unsterblichen Götter,
Siebzehn Nächte, und immer mit ihnen die sterblichen Menschen.
Achtzehn waren es, als wir dem Feuer dich gaben und rundum
Mengen von fettesten Schafen und glänzenden Rindern dir schlugen.
Du aber branntest in süßestem Honig und strömenden Ölen,
Branntest in göttlicher Hülle, und viele achaische Helden
Zogen vorüber am Holzstoß, wo du verbranntest. Die einen
Gingen, die anderen fuhren mit Rossen, es dröhnte und lärmte.
Doch als Hephaistos' Flammen dich endlich gänzlich vernichtet,
Wurde dein weißes Gebein in der Frühe gesammelt, Achilleus,
Wurde in reinen Wein und in Salbe getan. Deine Mutter
Gab uns dazu einen goldenen Schrein mit Griffen; sie nannte
Dionysos den Schenker, als ruhmvollen Schöpfer Hephaistos.
Darin, Achilleus, Strahlender, ruhn deine weißen Gebeine,
Einig mit denen des Sohns des Menoitios, deines Patroklos.
Abseits liegen dann die des Antilochos, den du vor allen
Anderen Gefährten geehrt hast, fast wie den toten Patroklos.

Nachher bauten wir ihnen den großen, untadligen Hügel,
Wir, das heilige Heer der mit Speeren bewehrten Achaier;
Alle umschloß er und ragte empor auf der Höhe der Küste:
Weither vom Meer, in des breiten Hellespontos Gebieten,
Sollten die Menschen ihn sehen, so jetzt wie in künftigen Zeiten.
Aber die Mutter erbat von den Göttern ein herrliches Wettspiel,
Ließ es dann mitten im Feld von den edlen Achaiern vollführen ...
Dir zu Ehren setzte die Göttin die herrlichsten Preise,
Thetis mit silbernen Füßen; du warst ja ein Liebling der Götter.
Also verlorst du den Namen, Achilleus, selbst nicht im Tode;
Edelster Ruhm wird immer dich zieren bei sämtlichen Menschen.«
(Übersetzung: A. Weiher)

Bei den Leichenspielen zu Ehren Achills siegte sein Vetter Ajas beim Diskuswurf, Ajas Halbbruder Teukros beim Bogenwettkampf, Diomedes im Stadionlauf
und Eumelos im Wagenrennen.   *R. W.*

*39.15 Fragment einer
überlebensgroßen Ajas-Achill-
Gruppe, sog. »Pasquino«, Kopie
römischer Zeit nach hellenistischem
Vorbild des 2./1. Jhs. v. Chr., Rom.
Palazzo Braschi.*

40. Die Tragik des Ajas

N ach den Feierlichkeiten zu Ehren des toten Achill entbrennt zwischen Ajas und Odysseus ein Streit um dessen Erbe: die göttlichen Waffen. Als die beiden mit den Schwertern aufeinander losgehen wollen, werden sie von Besonnenen getrennt (Abb. 40.2a). Es folgt ein Rededuell, in dem jeder seine Ansprüche begründet, das uns aber nicht überliefert ist. Schließlich wird abgestimmt (Abb. 40.2b): Odysseus siegt. Ihm nützen die Waffen nichts, sie sind ihm zu groß. Er kann sie nur betrachten und über ihre Bedeutung nachsinnen (Abb. 40.3). Odysseus siegt nicht nur wegen seiner Redebegabung und Schlauheit, sondern vor allem wegen seines Wissens. Er weiß: Durch die Kraft der griechischen Helden vor Troja kann die Stadt nicht erobert werden: Es bedarf u. a. einer List und der Hilfe des Neoptolemos, Achills Sohn, der bisher am Kampf nicht teilgenommen hat. Neoptolemos wird herbei geholt. Ihm übergibt Odysseus die Rüstung und die Waffen (Abb. 40.1). Als dieser die Waffen übernimmt, war Ajas schon tot. Er, der seinen Vetter Achill vom Schlachtfeld getragen und die Waffen gerettet hatte, konnte nicht verstehen, dass Odysseus und nicht ihm die Waffen zugesprochen wurden. Ajas geriet über diese Entscheidung in Zorn. Die Göttin Athena, die immer Odysseus begünstigt, verwirrt seinen Sinn, und Ajas gerät in Raserei: Im Glauben, es seien Odysseus und die anderen griechischen Heerführer, metzelt er eine Herde von Rindern und Schafen nieder. Als er aus dem Wahn wieder zu Sinnen kommt, wird ihm bewusst, dass er seinen Ruf, groß, stark und besonnen zu sein, verloren und sich lächerlich gemacht hat. Sein Gemüt verdüstert sich. Das Bild des unglücklichen Ajas, der über das ihm angetane Unrecht und über seinen schändlichen Wahn nachsinnt, was schließlich zum heroischen Entschluss des Selbstmordes führt, ist uns von griechischen Vasenbildern kaum bekannt.[1] Erhalten haben sich aber Darstellungen in der griechischen Kleinkunst und vor allem

40.1 Odysseus übergibt die Waffen Achills an dessen Sohn Neoptolemos. Zeichnung nach dem Innenbild einer rotfigurigen Schale, um 480 v. Chr., Wien, Antikensammlung.

40.2a–b A: Ajas und Odysseus im Streit um die Waffen Achills. Ajas mit dem Schwert in der weitausholenden Hand wird von Besonnenen zurückgehalten. In der Mitte steht beschwichtigend Agamemnon. B: Abstimmung im Streit um die Waffen Achills. Ajas bekommt nur wenige Stimmen. Betrübt wendet er sich ab (ganz rechts). Odysseus (ganz links) hebt frohlockend die Hände. In der Mitte Athena, sich Odysseus zuwendend. Außenbild der Schale 40.1.

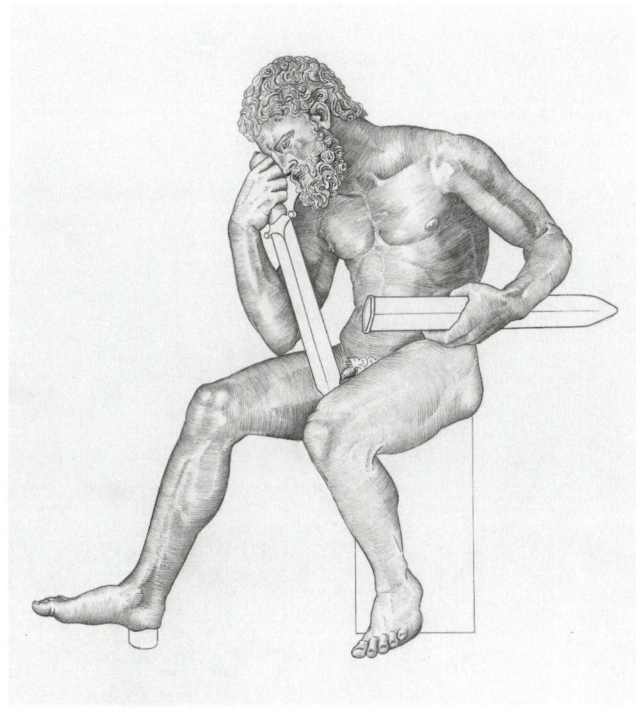

40.4 Torso vom Belvedere, römische Kopie augusteischer Zeit nach hellenistischem Vorbild. H. 159 cm. Rom, Vatikan.

40.5 Sinnender Ajas, augusteische Bronzestatuette, H. 29 cm. Schweizer Privatbesitz. Schwert und Schwertscheide zeichnerisch ergänzt. Zeichnung von Ch. Bergmann.

40.3 Sinnender Odysseus mit den Waffen Achills. Römische Tonlampe. 2. Jh. n. Chr. (Kat. 97)

eine monumentale Bildfassung hellenistischer Zeit, von der uns neben einem Torso aus römischer Zeit, der so genannte Torso vom Belvedere (Abb. 40.4), auch zahlreiche Reflexe und Variationen in Kleinbronzen (Abb. 40.5), Reliefs, Glaspasten und geschnittenen Steinen überliefert sind. Demnach muss das griechische Original ein berühmtes Werk gewesen sein. Möglicherweise war es die Statue des Ajas, die, wie antike Quellen berichten, in dem Heiligtum des Helden vor Troja aufgestellt war.[2]

Die Rekonstruktion des Torso vom Belvedere als sinnender Ajas ist im Katalog zur gleichnamigen Ausstellung in der Glyptothek ausführlich erklärt worden

40.6 Torso vom Belvedere und Ergänzung des Torso (1998) als Sinnender Ajas in Gips.

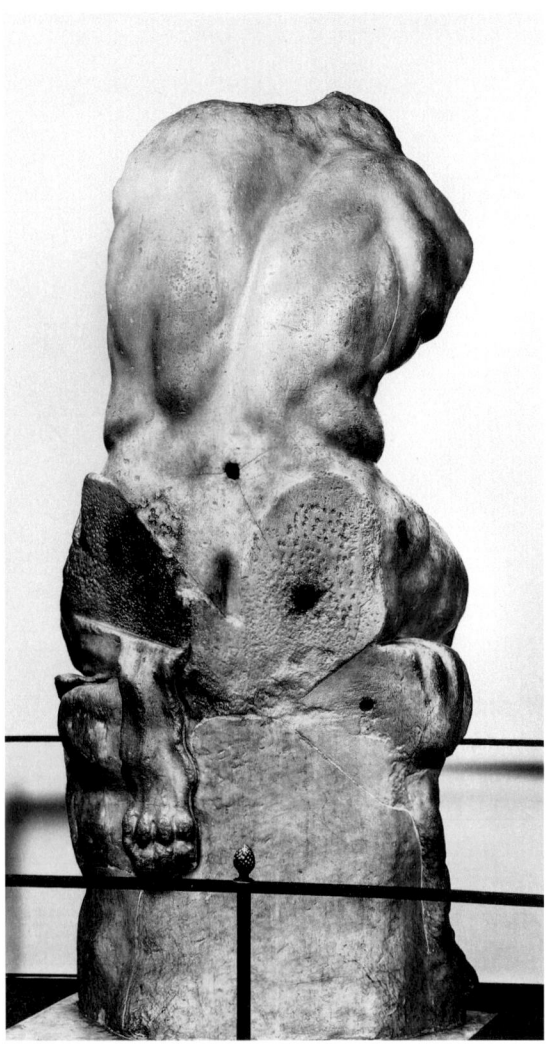

40.7 *Rückansicht des Torsos,
Abb. 40.4. Antike Dübellöcher
im Rücken und auf den
Anstückungsflächen.*

(Abb. 40.6).[3] Diese Rekonstruktion wurde an einem Gipsabguss durchgeführt und beschränkte sich hauptsächlich auf die Ergänzung von Kopf und fehlenden Gliedern. Dadurch konnte die Deutung des Torso als ›Sinnender Ajas‹ erarbeitet, auf ihre Tragfähigkeit getestet und somit auch gesichert werden.

Ein späterer Ergänzungsversuch an einem kleinen Modell, stellte sich die Aufgabe, weitere Probleme des Torsos zu lösen. Die Rekonstruktionsarbeiten übernahm, wie schon bei den früheren Versuchen, der Bildhauer und bewährte Restaurator der Glyptothek, Alfons Neubauer. Ausgangspunkt unserer Überlegungen waren die zahlreichen Dübellöcher an der Rückseite der Statue (Abb. 40.9 – 10): Sichtbar sind fünf am Körper und ein Dübelloch am Fels. Dort können es aber weit mehr sein, nur ist dies für uns nicht mehr erkennbar, da der Fels an der Rückseite der Figur durch neuzeitliche Ergänzungen weitgehend verdeckt ist.

Über diese Dübellöcher ist in der Forschung viel gerätselt worden. Als der Torso in München war, konnte man die Dübellöcher mit Speziallampen gut ausleuchten und genau untersuchen. Dabei ergab sich: Alle sichtbaren Dübellöcher an der Rückseite des Torso ähneln sich sehr: Sie zeigen die gleiche Bohrtechnik und sind durchwegs fast gleich tief. Sie sind m. E. alle antik, denn nirgends konnte ein Hinweis auf neuzeitliche Entstehung oder auch nur auf eine neuzeitliche Wiederverwendung gefunden werden.[4]

Zwei Fragen stellten sich jedoch: Warum so viele, so kräftige und so tiefe Dübellöcher? Wie erklärt sich der schmale Felssitz auf dem die Figur fast balancierend wirkt? Bei unserer Ergänzung im Originalformat (Abb. 40.6) wurden an der Rückseite der Figur die Glutäen angesetzt, das Fell um das Gesäß herumgeführt

40.8 *Verkleinerte Nachbildung des Torso (Maßstab 1x5) mit Einzeichnung der Marmorader.*

40.9 *Anstückungsfläche an der Rückseite des Torso (linker Glutäus). In die Dübellöcher sind Holzstifte eingeführt, um die Bohrrichtung der Löcher zu zeigen.*

40.10 *Bohrloch, davon ausgehende Druckrisse, in einer leicht erhabenen, wenig durchmodellierten Fläche. Rückseite des Torso.*

und der Sockel etwas verbreitert. Trotzdem wirkt das Verhältnis von Körper zu Fellsitz unausgewogen: Der Fels muss hinter dem rechten Glutäus auf jeden Fall weiter nach hinten ausgeladen haben, also größer gewesen sein. Für die jetzige Disproportion zwischen Körper und Felsen gibt es eine gute Erklärung: Bei genauer Betrachtung des Torsos sieht man nämlich, dass der Marmor eine Ader hat, die von der Schulter leicht schräg nach unten verläuft. Auf einem kleinen Gipsmodell ist der Verlauf der Ader eingezeichnet (Abb. 40.8). Sie verläuft exakt parallel mit den Anstückungsflächen am rechten Glutäus und am darunter liegenden Felsen. Die Übereinstimmung von schräg geadertem Marmor und schräg verlaufender Anstückung kann kein Zufall sein: Offensichtlich ist in antiker Zeit bei einem starken Stoß eine dortige Ader ›aufgegangen‹, d. h. die Figur hier gebrochen. Für die Reparatur musste zur Neuanstückung des entsprechenden rückwärtigen Teiles die Bruchfläche geglättet werden und Dübellöcher gebohrt werden.

Die andere Stückungsfläche (für den linken Glutäus) verläuft fast im rechten Winkel zu der Stückungsfläche am rechten Glutäus. Diese Stückung hat folglich nichts mit der Blockader zu tun. Auch diese Stückung ist nicht sofort verständlich. Man fragt sich, warum musste hier angestückt werden? Die knapp darunter ausgearbeitete und gut erhaltene Tatze ragt plastisch weit über die Stückungsfläche hinaus, damit kann diese auch nicht als Blockende erklärt werden. Es muss sich also hier ebenfalls um eine Stückungsfläche für eine Ergänzung handeln. Aber wie erklärt sich hier eine Beschädigung und somit die Notwendigkeit einer Ergänzung, wenn alle Partien ringsum bestens erhalten sind. Zudem steht fest: Das Pantherfell war zweifellos über den Glutäus hochgeführt, denn oberhalb des Glutäus sieht man noch einen Rest des Felles.

Um diese Fragen zu lösen, hilft eine erneute Betrachtung des in der Forschung vieldiskutierten Dübellochs über dem Gesäßansatz (Abb. 40.10). Das Loch liegt etwas außerhalb der Rückgratlinie und ist sicher antik. Bei genauer Betrachtung der Marmoroberfläche unter Streiflicht erkennt man, dass um das Dübelloch die Oberfläche weniger organisch ausgearbeitet und rechts davon, zwischen Dübelloch und Stückungsfläche des rechten Glutäus, die Oberfläche des Rückens etwas weniger gut geglättet ist. Das bedeutet, dass an dieser Stelle der Bildhauer nicht so frei arbeiten konnte. Die Erklärung für diese drei Phänomene (Dübelloch, anorganische Stelle, weniger gut geglättete Partie) liegt nahe: Offensichtlich gab es hier

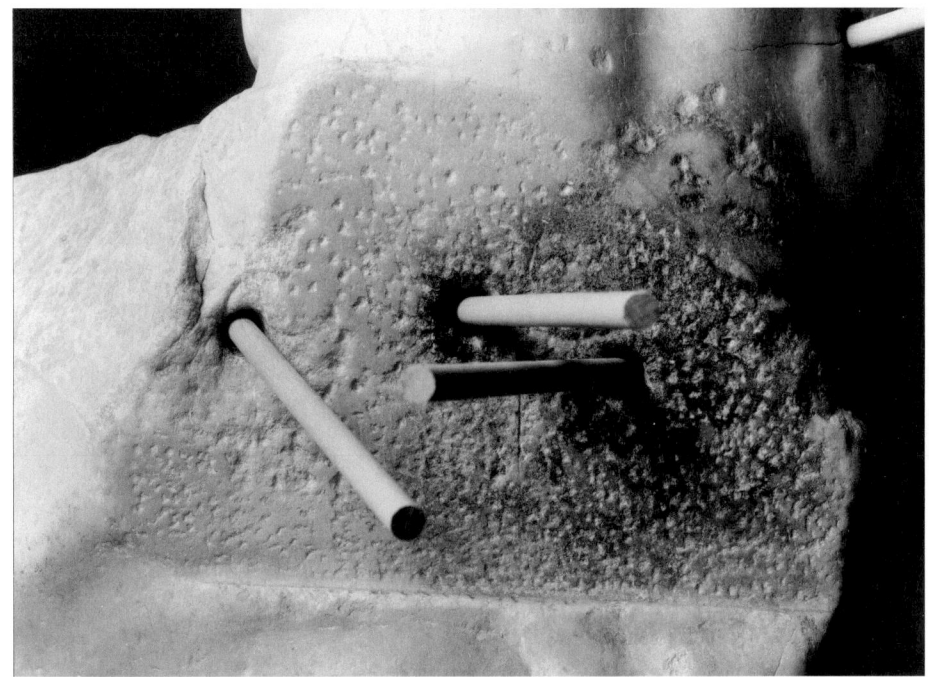

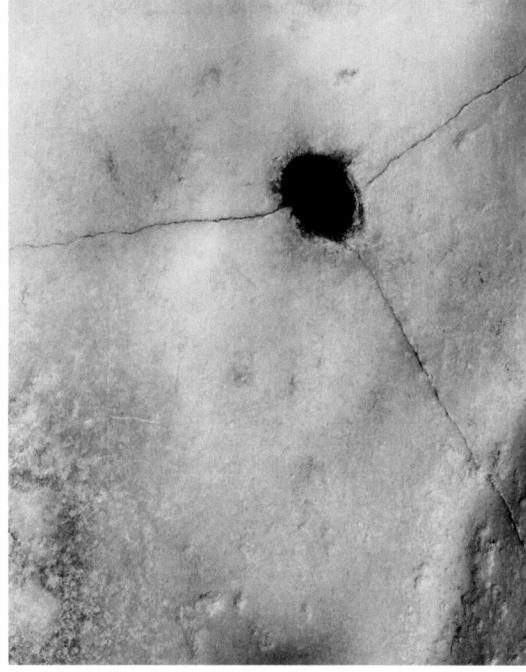

vom Körper eine Verbindung zu einem rückwärtigen Attribut. Als diese in der Antike bei einem starken Stoß der Figur abbrach, wurde sie abgearbeitet und anstelle des Verbindungssteges ein stützender Dübel eingesetzt. Dieser Dübel musste größeren Druck aushalten, dadurch entstanden Risse um das Loch. Es sind Druckrisse, keine Rostrisse, denn der Marmor ist nicht von Rost durchdrungen wie bei anderen Dübellöchern.

Um sich nun über die Art der Anstückung eine Vorstellung machen zu können, wurden mit Mullbinden umwickelte Hölzer in die Löcher eingeführt (Abb. 40.9): Sie zeigen die Richtungen der Dübel an. Aus den unterschiedlichen Richtungen der Dübel geht hervor, dass hier verschiedene, getrennt gearbeitete Marmorergänzungen angesetzt wurden.

40.11a-d Ergänzung an einer verkleinerten Nachbildung des Torso. Die Gestaltung der Rückseite der Figur mit Baum, Schild, und Schaf ist rein hypothetisch. Vorhandene Dübellöcher lassen jedoch auf eine ähnlich reiche Ausgestaltung schließen.

40.12 Sinnender Ajas auf einem Fels sitzend. Davor tote Tiere, dahinter ein Baum. Innenbild eines römischen Bronzegefäßes, 1. Jh. n. Chr. (Kat. 98).

40.13 Sinnender Ajas, auf einem Fels sitzend. Davor tote Tiere, in seinem Rücken ein Baum. Römische Tonlampe, 1. Jh. n. Chr., Wien, Antikensammlung.

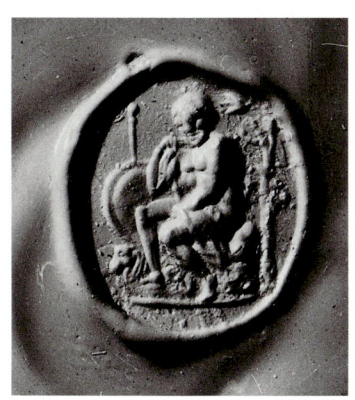

40.14 Sinnender Ajas, Abdruck einer römischen Glaspaste. München, Staatliche Münzsammlung.

Für die Frage, wie die Rückseite der Figur einst aussah, geben die Darstellungen des ›Sinnenden Ajas‹ in der Kleinkunst einen möglichen Hinweis. Bei einigen von ihnen sieht man im Rücken des Ajas einen Baum oder auch seinen berühmten Schild (Abb. 40.14). Natürlich lassen sich Darstellungen aus der Flächenkunst nicht auf eine rundplastische Figur übertragen, aber sie können motivische Anregungen geben, was möglicherweise im Rücken der Figur dargestellt gewesen war. Entsprechend dieser Vorlagen wurde nun am kleinen Modell eine Rekonstruktion der Figurenrückseite durchgeführt (Abb. 40.11a–d): Am Fels angelehnt ist ein Baumstrunk, von dem ein kleiner Ast nach links führt. Über ihm liegt ein Fellzipfel. Damit ließe sich das über den linken Glutäus (fehlend) hochgeführte Fell erklären, denn dieses bedarf solch einer Stütze, um sich oberhalb des Glutäus, wo ein Rest am Torso noch sichtbar ist, zu halten. Wenn man an die Rückseite der Figur – so legen es die breiten Stückungsflächen und zahlreichen Dübellöcher nahe – größere Ergänzungen anfügen muss, dann könnte man sich dort auch eine Darstellung von Ajas berühmten Schild vorstellen.

Natürlich ist die hier vorgestellte Rekonstruktion der Rückseite sehr hypothetisch: Der Baum kann anders, der Schild viel größer gewesen sein. Vielleicht hat die rückwärtige Seite sogar gänzlich anders ausgesehen. Das ist jedoch nicht das Problem. Entscheidend ist: Das Vorhandensein der schräg verlaufenden Marmorader, die dazu parallel verlaufenden Anstückungsflächen, die unglückliche Proportion von Körper zu Felssitz, die abgearbeitete Ansatzfläche im Rücken, und schließlich die gleichartigen, in der Richtung divergierenden Dübellöcher weisen darauf hin, dass die Figur ursprünglich an der Rückseite reicher gestaltet war und nach einer starken Beschädigung neu ergänzt werden musste.

Auch vorne war der Fels, auf dem die Beine des Ajas aufsaßen, sicher phantasievoll gestaltet. Aus der unterschiedlichen Höhe der Oberschenkel könnte man schließen, dass das rechte Bein etwas erhöht aufgesessen hat. In dem kleinen Modell (Abb. 40.11a) wurde diese Möglichkeit erprobt und das rechte Bein des Ajas auf ein totes Schaf aufgesetzt, wie dies auch eine antike Kleinbronze des ›Sinnenden Ajas‹ zeigt.[5] Möglicherweise saß aber das rechte Bein auf einem Felsvorsprung auf, wie es auch auf vielen Darstellungen des Ajas in der Kleinkunst zu sehen ist (Abb. 40.15 – 17). Wenn man den rechten Fuß höher aufsetzt, muss der Felssitz in der Rekonstruktion nach unten etwas verlängert werden. Wie viel weiß man nicht, da beim Torso vom Belvedere der Felssitz unten modern abgearbeitet ist. Jede Erhöhung der Figur verändert aber den Gesamteindruck der Figur enorm und macht sie noch monumentaler.

Wie viel an dem Torso vom Belvedere schon in der Antike gestückt und geflickt wurde, wird deutlich, wenn man in alle Dübellöcher Holzstifte einführt: Der Torso schaut dann aus wie ein Igel. Neben den rechwinkligen Dübellöchern, die von der Seite in die Oberschenkel eingetrieben wurden (Abb. 40.18), sind es vor allem mehrere runde Dübellöcher auf der linken Brust und Schulter. Die dortige Bruchfläche gliedert sich in eine fast homogen wirkende Bruchfläche (Abb. 40.19, links unten) und in eine unregelmäßig gebrochene Partie oben auf der Schulter. Die untere Bruchfläche ist nicht vom Bildhauer geglättet worden: Es kann folglich keine Anstückungsfläche sein, denn eine Bruch auf Bruch-Ergänzung ist für die Antike ausgeschlossen. Offensichtlich ist diese Partie an der Brust in antiker Zeit abgeplatzt, oder es zeigte sich ein Riss, und man hat mit dem Dübel diesen Teil wieder befestigt, um ein endgültiges Abbrechen zu verhindern. An der Schulter sind nach der antiken Restaurierung nicht nur der Arm und die geflickte Schulter wieder abgebrochen, sondern es ist darüber hinaus auch noch viel Substanz in nachantiker Zeit verloren gegangen. Man erkennt dies an der gering erhaltenen Tiefe der zwei kreisrunden Dübellöcher und vor allem an den beiden Klammerlöchern, an der Oberseite der Schulter, die ins Leere greifen – die Klammern sind auf dem Photo (Abb. 40.19) mit Pappkarton simuliert.

Der neue Rekonstruktionsversuch erwies erneut, dass all diese Dübellöcher mit einer Ergänzung der Figur als ›Sinnenden Ajas‹ gut zu vereinbaren sind – bei keiner anderen der bisher vorgeschlagenen Deutungen ist dies der Fall.[6] Andererseits wird durch den Rekonstruktionsversuch am kleinen Modell schmerzlich evident, wie fragmentarisch uns das Bild dieser berühmten Statue des ›Sinnenden Ajas‹ überliefert ist. Wir müssen versuchen, das Fehlende zu erschließen, wohl wissend, dass wir der Fantasie des unbekannten griechischen Meisters nicht gewachsen sind.

Auch wenn die Ergänzungen problematisch sind, so lässt das ergänzte Werk dennoch etwas von der einstigen enormen plastischen Wucht und von der Aussagekraft dieser Statue erahnen. In großartiger Weise hat der Bildhauer vermocht, die Tragik des Ajas in der Komposition und in den Detailbildungen dieser Skulptur

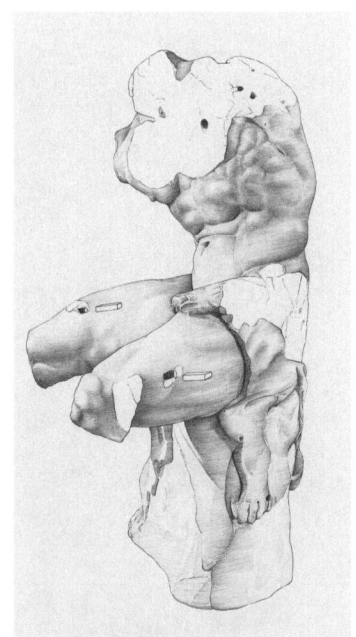

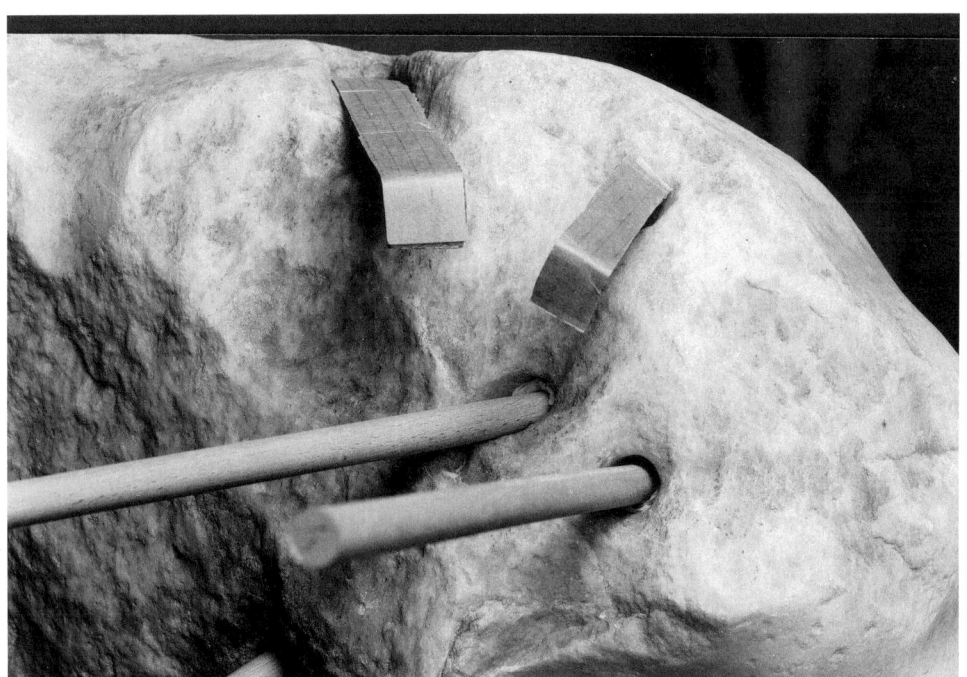

40.19 Linke Schulter des Torso (Abb. 40.4). Mit Holzstiften in den Bohrlöchern und Klammern aus Pappe in den Klammerbettungen.

auszudrücken: Das Sitzen mit den gespreizten Beinen zeigt die Ermattung an; der rechte Arm und Kopf sind in der typischen Haltung des Sinnens gegeben, und dieses Bewegungsmotiv kann auch die Scham des Ajas über seine Tat ausdrücken, während die ruckartige Bewegung des Oberkörpers und der nach hinten gerissene linke Arm auf das vorherige Rasen wie auch auf die kommende Tat hinweisen. Die starke Anspannung der Muskulatur, die zu dem ermatteten Sitzen und dem Sinnen kontrastiert, zeigt nicht nur den kraftvollen Helden, sondern kann auch als Ausdruck der inneren Erregung des Verzweifelten verstanden werden. Von seiner vorausgegangenen Raserei können auch tote Tiere zeugen, die eventuell zwischen oder unter seinen Beinen lagen. Ajas sitzt auf einem Pantherfell. Dieses Attribut hat für die Figur vor allem eine allgemeine Aussage: Raubtierfelle, wie einen Mantel über die Schulter geworfen, trugen die griechischen Heerführer im homerischen Epos, wenn sie fern des Kampfes sozusagen privat waren. Es erhöhte ihren Rang. Als Ajas nach dem Niedermetzeln der Tiere von seiner Raserei erwachte und sich ermattet auf einem Felsen niederließ, setzte er sich auf seinen Fellmantel – ein homerischer Held sitzt nicht mit bloßem Hintern auf dem Stein. Da aber der Bildhauer den Pantherkopf auf dem linken Oberschenkel aufliegen lässt, und er damit besonders betont wird, könnte dem Pantherfell bei dieser Figur noch eine weitere Bedeutung für den antiken Betrachter zugekommen sein: Der von der Raserei ergriffene Ajas ist wie ein Raubtier in die Herde eingefallen.

Im Bewegungsmotiv des Ajas werden unterschiedliche körperliche und seelische Zustände zugleich ausgedrückt: Ermattung, Sinnen, aber auch Erregung. Ajas trägt das Schwert nach unten gerichtet. Der Daumen liegt nicht auf der Parierstange, sondern auf dem Knauf (Abb. 40.11a – b). In einem Wort: Er richtet das Schwert gegen sich. Wenn er von seinem Felssitz aufsteht, wird er sich ins Schwert stürzen.

Der Selbstmord des Ajas wird in attischen Vasenbildern nur selten dargestellt, aber unter den wenigen Bildern sind Meisterwerke der griechischen Vasenmalerei. Exekias vermochte, die Einsamkeit des zum Selbstmord entschlossenen Ajas in einem Vasenbild darzustellen (Abb. 40.20): Bei einer Palme, wohl am Meeresstrand, hat Ajas sein Schwert, ein Geschenk Hektors, in einen kleinen aufgeworfenen Erdhaufen gesteckt. Sorgfältig klopft er die Erde fest, damit das Schwert nicht umfalle, wenn er sich hineinstürzt. Eine geniale Idee, nicht die Tat, sondern ihre Vorbereitung zu zeigen. Ajas ist nackt, seine Stirn von Kummer gefurcht. Auf ihn

blicken die leeren Augen seines Helms und über der Fratze der Gorgo Medusa ein Pantherkopf. Eine anderes Vasenbild zeigt die Szene wenig später: Vor dem in einem Erdhügel steckenden Schwert kniet Ajas, erhebt die Hände und gedenkt, wie Sophokles in der gleichnamigen Tragödie berichtet, am Ende des Lebens seiner Heimat Salamis. Er bittet Helios, den Sonnengott, er möge seiner Frau und seinem Vater das ihm widerfahrene tragische Schicksal verkünden. Ajas findet, nach 10 Jahren Krieg vor Troja, kein Wort für seine Mitkämpfer – außer an seinen Halbbruder Teukros. Er soll ihn aus dem Schwert heben. Ein Schaleninnenbild zeigt

40.21 Das letzte Gebet des Ajas vor seinem Selbstmord. Attisch-rotfigurige Lekythos, um 460/50 v. Chr., Basel, Antikenmuseum.

40.22 Der tote Ajas wird von seiner Frau mit einem Tuch bedeckt. Innenbild einer attisch-rotfigurigen Schale, um 490/80 v. Chr., Malibu.

278 ·

40.23 Ajas in der Unterwelt. In der Mitte die Unterweltsgöttin Persephone. Links Ajas mit einem Fell bekleidet, rechts Sisyphos mit seinem Stein. Attisch-schwarzfigurige Amphora, um 540/30 v. Chr. (Kat. 99).

den toten Ajas, dem das Schwert von hinten unter der linken Achsel durchbohrt hat. Den Toten bedeckt Tekmessa (?), die Frau des Ajas, mit einem Tuch (Abb. 40.22). Ajas ist allein und verbittert, als er sich ins Schwert stürzt. Und bleibt dies auch nach seinem Tod in der Unterwelt. Der Dichter der Odyssee berichtet von einer Begegnung des Odysseus mit der Seele des Ajas (Od. 11, 543–564). Odysseus beklagt den unseligen Waffenstreit und gibt die Schuld dem Göttervater Zeus. Er versucht, sich mit Ajas zu versöhnen: »Aber komm näher, Herr, damit das Wort und die Rede / Du von uns hörst, bezähme den Zorn und den trotzigen Unmut.« Doch die Seele des Ajas würdigt Odysseus keines Wortes, wendet sich ab und geht stumm weiter hinab ins Reich der Schatten. Ein Vasenbild zeigt den grollenden, unversöhnlichen Ajas in der Unterwelt (Abb. 40.23): Ajas hat trotzig die Hände geballt. Er trägt ein Raubtierfell. Auf einem Pantherfell sitzt er auch vor seinem Selbstmord, und sein Schild ist häufig mit einem Pantherkopf verziert. Selbst in der Unterwelt ist Ajas allein: Persephone, die Göttin der Unterwelt wendet sich Sisyphos zu, der mühsam seinen Stein wälzt.   *R. W.*

41. Wundersame Bedingungen für die Eroberung: Ein neuer Kämpfer und die Waffen des Herakles

Neoptolemos, strahlende Jugend und frischer Kampfesmut

Die blutige Bühne hat ihre großen Darsteller verloren! Achilleus und Hektor, Aias und Memnon, Patroklos und Penthesilea sind tot. Das ist zu früh, schließlich steht jetzt die Inszenierung des listenreichen und barbarischen Endes der belagerten Stadt an. Homers Handlungsbogen war mit dem Tod Hektors, dem großen Helden auf trojanischer Seite abgeschlossen. Die »Kleine Ilias« und die Iliupersis übernehmen nun die Fortsetzung, schildern den Ausgang und bereichern ihn mit neuen, unverbrauchten Akteuren und zahlreichen spannungsgeladenen Erzählmotiven. Da der epische Zyklus nicht erhalten ist, müssen wir uns ein Bild aus Fragmenten fügen, das gilt bereits für den ›Ritter‹ von edler Gestalt, Neoptolemos (»Neukämpfer«), den Sohn des toten Achilleus.

Odysseus war von Helenos, dem trojanischen Seher in griechischer Gefangenschaft, (aber auch von einem Orakel) in Kenntnis gesetzt worden, dass die Griechen niemals siegen werden, solange nicht – märchenhafter Weise – verschiedene, zum Teil wundersame aber auch ganz verständliche Bedingungen erfüllt worden sind. Helenos wies die Griechen zunächst daraufhin, dass sie den Achilleussohn für den Kampf gewinnen müssen. Es ist Odysseus persönlich, der sich auf den Weg zu dessen Großvater nach Griechenland (Skyros) macht.

Neoptolemos ist eine strahlende Erscheinung voller Kraft und Mut. Eine ungemein facettierte, plastische Beschreibung erhalten wir wieder von Homer – retrospektiv. In der *Odyssee* legt der Dichter die schwärmerischen Worte in den Mund des Odysseus, der in der Unterwelt der um seinen Sohn bekümmerten Seele des Achill begegnet:

Er preist dessen Anmut: »Keinen Schönern hab' ich je gesehn, nur den göttlichen Memnon.«, lobt die Eloquenz: »Oftmals trafen wir uns wegen Trojas Stadt zur Beratung: Er war der Erste, der sprach, und fand auch die treffendsten Worte«, berichtet von dessen Durchschlagkraft: «Viele Männer erschlug er dabei in schrecklichem Morden. Aber ich kann nicht alles berichten, die Namen nicht nennen« und findet Worte für dessen unvergleichlichen Mut: »Aber als die besten Argeier das Pferd dann bestiegen, ... und jeder erzitterte bis in die Kniee; bei ihm doch sah ich mit eigenen Augen keine Blässe am herrlichen Körper, ... immer hielt er die Hand am Griff seines Schwertes; die schwere eherne Lanze ergriff er und sann auf Vernichtung der Troer.« (Od. 11, 523)

Neben den Literaten sind uns lebendige Schilderungen aus der Hand der Maler erhalten: Der so genannte Antimenesmaler hat die Schultern zweier Wasserkrüge (Hydrien) mit ein und derselben Heldentat versehen (Abb. 41.2 – 3): Neoptole-

41.1 Der junge Neoptolemos (NEOPTOLEMOS) mit aus dem Gesicht geschobenen Helm zwischen den beiden Kämpfern Ajas (AIAS) und Äneas (AINEIAS). Attisch-schwarzfigurige Amphora, um 510 v. Chr. (Kat. 18).

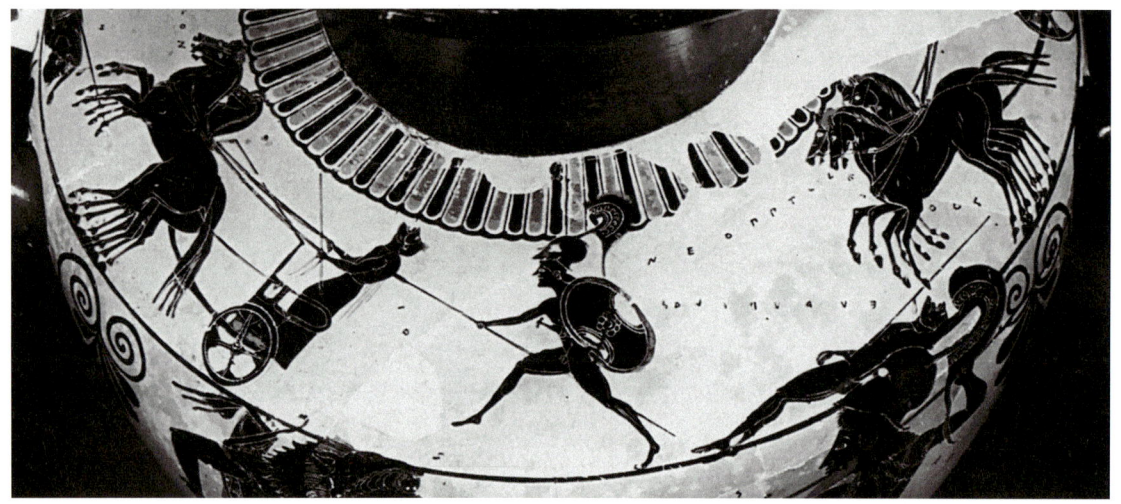

41.2 Neoptolemos tötet Eurypylos und dessen Wagenlenker. Attisch-schwarzfiguriges Wassergefäß (Hydria), bemalt vom Antimenes-maler, um 510 v. Chr., Basel.

mos' Furor ist kaum Einhalt zu bieten: Gerade hat er den strahlenden Eurypylos getötet und hinter sich gelassen, da setzt er dem Wagenlenker seines Gegners nach und bohrt ihm die Lanze in den Rücken. Auch hat er Helikaon bereits ermordet, der vor dem Gespann des jetzt tödlich getroffenen Lenkers, der seinen Kopf im Schmerzensschrei nach oben reißt, zu Boden gegangen ist. Um die Kampfeskraft des Neoptolemos zu bändigen, benötigt es eines Gottes: Apollon erscheint auf dem Kampffeld, um seine Stadt vor dem Sturm der Griechen zu bewahren.

Neoptolemos kämpfte in der Rüstung und mit den Waffen seines Vaters. Diese Waffen waren ja von der göttlichen Mutter bei einem Gott in Auftrag gegeben worden. Nach dem Tod Achills hatte Odysseus die Waffen zugesprochen bekommen. Ein anderer (Ajas), dem dieses Ehrengeschenk eher zugestanden hätte, beging ihretwegen Selbstmord. Die farbige formenreiche Pracht, die durch die Verwendung verschiedener Metalle hervorgerufen wurde, trug sicherlich auch zur stattlichen Erscheinung und zur Kampfesstärke des Neoptolemos bei.

Der detailverliebte Maler Duris schildert die Übergabe (Abb. 41.4): Der bärtige Odysseus reicht – das wird ihm sicher nicht leicht gefallen sein – das weiter, worum er so sehr mit Worten gekämpft hatte.[1] Der junge, bartlose Neoptolemos nimmt die Gabe – feierlich gestimmt – entgegen; ja, er blickt in das schön gestalte-

41.3 Dieses Wassergefäß stammt vom selben Maler wie Abb. 21.2: Auch hier tötet Neoptolemos den zusammenbrechenden Eurypylos. Apollo (mit Bogen) und Athena (mit Ägis) unterstützen die beiden Fronten. Da das Schulterbild dieser Hydria etwas schmäler ist, wirkt die Szene gedrängter. Attisch-schwarzfigurige Hydria, bemalt vom Antimenesmaler, aus Vulci, um 510 v. Chr., Würzburg.

41.4 Odysseus gibt Neoptolemos die Waffen des Achill. Innenbild einer attisch-rotfigurigen Schale, bemalt von Duris, 500–480 v. Chr., Wien, Kunsthistorisches Museum.

te Visier des Helmes, als ob er in dieser Maske das Antlitz seines Vaters entdecken könnte, den er tragischer Weise zu Lebzeiten nie gesehen hatte. Um dieses Bild zu verstärken, wählt der Maler eine Helmform, in der Elemente der physiognomischen Erscheinung des Menschen wiederholt werden: Eine doppelte Reihe von Buckellocken ist aus dem Helmmetall geformt und rahmt so die Stirnfläche. Neoptolemos war offensichtlich auch darauf bedacht, möglichst zügig nach Sigeion zu gelangen, um wenigstens den dort aufgebahrten Leichnam seines Vaters noch zu Gesicht zu bekommen.

Philoktet:
»Da sprichst du wahr. So komme denn zurück auf dein
Ergehn: erzähle, wie sie an dir frevelten!«
Neoptolemos: »Der prächtige Odysseus, mich zu holen, kam
samt meines Vaters Pfleger an auf buntem Schiff [poikilostolo];
sie sagten – sei es Wahrheit oder nur Geschwätz -,
daß keiner außer mir die Burg erobern kann:
dies sei nach meines Vaters Untergang gewiß.
Mit solchen Reden brachten sie mich bald so weit,
o Freund, daß ich mit ihnen schnell das Schiff bestieg.
Vor allem trieb mich Sehnsucht, unbestattet noch
des Toten Leib zu schauen; denn ich kannt' ihn nicht.
Hinzu kam der Gedanke, daß es rühmlich sei,

wenn's mir bestimmt sei, einzunehmen Troias Burg.
Es war der zweite Tag schon meiner Segelfahrt,
als guter Wind zum traurigen Sigeion mich
gelangen ließ. Kaum ausgestiegen, war ich gleich
vom ganzen Heer umringt, und jeder schwur, Achill,
der tote, sei zum Leben wieder auferwacht.
Doch er lag da, entseelt. Ich aber, schmerzerfüllt,
nachdem ich ihn beweint, begab mich kurzerhand,
wie's ziemte, zu den Fremden, den Atriden, hin,
erbat des Vaters Waffen und sein sonstig Gut.«
(Sophokles, *Philoktet* 341 ff. Übers. Wilhelm Willige)

Das Bild einer Münchner Amphora lässt – nur scheinbar – Vater und Sohn gemeinsam im Kampf um Troja auftreten (Abb. 41.1): Im Zentrum des Geschehens, das eben keine Gleichzeitigkeit ausdrückt, wuchtet der weißgeharnischte Aias seinen getöteten Freund Achill aus dem Schlachtfeld. Links davon kämpft Neoptolemos gegen Aneas und rechts Menelaos gegen Paris. Neoptolemos, obwohl von seinem eigenen und dem Schild des Ajas verdeckt, ist doch hervorgehoben: Der Helm sitzt nur locker auf dem Haupt und lässt so den Blick auf sein Gesicht frei. Das Gesicht des Aineas ist, da der Helm ›ordnungsgemäß‹ aufgesetzt ist, zur Maske degradiert, ja der einfache Helmbusch lässt zwar viel Raum für die geschwungene Namensbeischrift, doch der hoch aufragende Helmbusch des Neoptolemos verleiht seinem Träger jedoch Würde. Sein Namenszug gerät folglich in Bedrängnis und stößt förmlich gegen den Schild: O und S müssen abgetrennt werden. Diese drei bedeutenden Episoden stammen alles in allem aus drei ganz unterschiedlichen Zeitebenen. Paris und Menelaos waren gegeneinander angetreten, um in einem einsamen Zweikampf den Ausgang des Konflikts ohne weiteres Blutvergießen zu entscheiden. Das war aber lange vor dem Tod des Achills; der Bericht steht ganz zu Beginn der homerischen Schilderungen. Mit dem Auftritt des Neoptolemos dagegen, stehen wir in der Phase kurz vor der Eroberung der Stadt.

Philoktet – Der Ausgesetzte

Die Griechen hatten das Geschrei und den Gestank nicht ertragen. Der Versuch, Philoktet von den Folgen des Schlangenbisses zu heilen, war gescheitert, so ließ man den Leidenden – wohl auf Betreiben des ehrlosen Odysseus – einfach auf der Insel zurück. Man überließ ihn der Wildnis. Der kranke Held, der sein Bein nachzog, konnte überleben, da er die Pfeile und den Bogen des vergöttlichten Herakles besaß: eine »weithin zielende« Waffe, die niemals ihr Ziel verfehlte. Die griechischen Anführer hatten sicher kein gutes Gefühl, diese unehrenhafte und grausame Entscheidung zu treffen, und vielleicht hatte der eine oder andere schon damals eine Ahnung, dass ein Sieg gegen die Trojaner kaum ohne die Wunderwaffen zu erzielen sei.

Nun, zehn Jahre später, bekamen es die Griechen »schriftlich«. Die Aussage des Sehers war unmissverständlich: So wie es geweissagt wurde, dass das Schulterblatt des Pelops in Griechenland zu exhumieren und nach Kleinasien zu überführen sei, dass Neoptolemos in den Kampf einzutreten hatte, dass aber auch das allerheiligste Kultbild des trojanischen Tempels in den Besitz der Griechen zu gelangen hätte, hatten sie jetzt Philoktet und seine Wunderwaffe in das Schlachtfeld vor Troja zu transferieren. Ein Kommando wird konstituiert, Odysseus – der listenreiche – würde wieder einmal die Unternehmung leiten. Über die anderen Teilnehmer herrscht in der schriftlichen Überlieferung keine Übereinstimmung. Da werden – je nach Ausrichtung des tragischen oder ethischen Gehalts, ganz

41.5 Der bärtige Philoktet betrachtet seine offene Wunde. Attisch-rotfiguriges Salbgefäß (Lekythos), um 430 v. Chr., New York, Metropolitan Museum of Art.

unterschiedliche Charaktere – entweder der ehrenvolle Neoptolemos oder der verschlagene Diomedes – in das hochnotpeinliche Abenteuer gestürzt.

Philoktet war ein ehrenhafter Mann, Odysseus hielt nur sich selbst für einen besseren Bogenschützen als Philoktet. Bereits in seinen Jugendjahren trat er zusammen mit Herakles auf der Nachbarinsel seines späteren Exils auf: Er assistierte dem opfernden Helden im Heiligtum der Chryse. Genau hier – geheimnisvoller Weise – direkt am Altar der Göttin wurde er von der Schlange in den linken Fuß gebissen, als er – selbst Anführer eines großen Truppenkontingents – kurz vor der Ankunft in Troja das Opfer vollzog. Vielleicht ist dieser Schlangenbiss Eingriff der Naturgewalten, oder aber Philoktet wurde jetzt für einen lang zurückliegendes Vergehen gegen die Götter bestraft.

Philoktet besaß die Wunderwaffe, weil er vor langer Zeit so mutig war, den großen Helden Herakles anzuzünden. Er selbst hatte ihn darum gebeten – nachdem sich der eigene Sohn (verständlicher Weise) geweigert hatte, den Vater in den Flammentod zu schicken. Aber Herakles hatte keine Wahl, nachdem er das durch den Kentauren vergiftete Gewand angezogen hatte, seine Haut sich auflöste und ein Weiterleben in Schmerzen undenkbar war. Herakles hatte sich auf dem Gipfel eines hohen Berges selbst noch den Scheiterhaufen aufgerichtet und sich darauf gelegt. Philoktet zündete ihn an und erhielt als Dank die großartigsten Waffen, die die Welt kannte: ein einzigartiger Besitz, auf den der neue Eigentümer zu Recht stolz war: daher auch sein Name »Freund des Besitzes« (Philos = Freund / Ktema = Besitz).

Die frühe aristokratische Zeit, in der so viele Bilder des trojanischen Krieges entstanden sind, fand kein Interesse am leidenden Helden. Ganz anders das 5. Jh. v. Chr., das um die Psychologie, Pathologie und das unvermeidlich Tragische der menschlichen Existenz kreist. Alle drei großen Tragiker, zunächst Aischylos, später Euripides und zuletzt Sophokles widmen dem einsamen Mann und der Hinterlist des Odysseus ein eigenes Werk. Erhalten ist aber nur die letzte Version, die 409 v. Chr. zur Erstaufführung kommt. Sophokles schickt Odysseus zusammen mit Neoptolemos auf die Reise, die einzig dem Zwecke diente, Philoktet zu täuschen und so gegen seinen Willen in das Lager vor Troja zu verschleppen. Der reine Jüngling Neoptolemos wurde missbraucht und in einem inszenierten Pflichtdilemma zum Köder degradiert:

41.6a–b Der verwundete Philoktet zu Beginn und zum Ende seiner erzwungenen Einsamkeit: Die Bisswunde des Philoktet wird ausgewaschen (a) und Odysseus ist gekommen, um Philoktet in das griechische Heer zurückzuholen. Silberbecher aus Hoby, gefertigt von Cheirisophos, 1. Jh. v. Chr., Kopenhagen.

Neoptolemos: »Doch bringt mir das Gewinn, wenn er [Philoktet] nach Troja kommt?«
Odysseus: »Ja, denn allein die Pfeile nehmen Troja ein.«
Ne: »Also nicht ich zerstör' es, wie ihr doch gesagt?«

Od: »Du ohne Pfeile nicht und sie nicht ohne dich.«

Ne: »Erbeuten muß ich sie, wenn es sich so verhält!«

Od: »Denn wenn du dies vollbringst, wird dir zwiefacher Preis.«

Ne: »Welcher? Könnt' ich dies einsehn, sträubt' ich mich nicht mehr.«

Od: »Du würdest klug und tüchtig dann zugleich genannt.«

Ne: »Es sei, ich will es tun, entsage jeder Scham.«

Od: »Und denkst du auch an alles, was ich dir empfahl?«

Ne: »Sei ohne Sorge, wenn ich's einmal zugesagt!«

(Sophokles, *Philoktet* 112 ff. Übers. Wilhelm Willige)

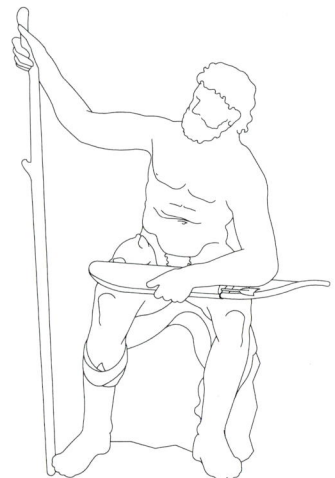

Auch die Maler des 5. Jh. nehmen sich dieses Themas an. Ein berühmtes Tafelbild des großen Malers Polygnots (oder seiner Schule) hing noch 500 Jahre nach seiner Entstehung in der Pinakothek der Athener Akropolis und ist inzwischen natürlich verloren. Es schilderte offenbar den Hinterhalt: Während das griechische Kommando (Neoptolemos oder Diomedes[2]) bemüht ist, Philoktet falsche Tatsachen vorzuspiegeln, versucht der miese Odysseus den Bogen heimlich zu entwenden.

Ein Salbgefäß (Abb. 41.5), das sich heute in New York befindet und in der ersten Hälfte des 5. Jh. v. Chr. in Athen gefertigt worden war, stellt uns die Einsamkeit des Ausgesetzten vor Augen. Philoktet, in einem kurzen Chiton gekleidet, sitzt auf einem Felsen und stütz seinen kranken Körper mit dem rechten Arm ab. Mit der linken Hand hält er sein linkes Knie, während der kranke Fuß – mit einem Wickelverband versehen – auf einem Stein ruht. Signum seiner Überlebenschance ist der große Köcher (»Gorytos«), an dessen Seite der Bogen geschnallt ist, mitten im Bild. Die vergifteten Pfeilspitzen verfehlen ihr Ziel nicht und gewährleisten die Ernährung. Die Wundnekrose jedoch will nicht verheilen, auch nach Jahren muss Philoktet die offene Wunde schützen. (Andere Bilder zeigen, wie er mit einem Flügel eines Vogels die Insekten fern hält.)

41.7 Der Torso Belvedere (Vatikan) als Philoktet ergänzt. Rekonstruktion: E. Simon, Zeichnung: M. Boss.

41.8a–b Der verwahrloste Philoktet hockt auf einem Felsen, den Kopf in die Hand gestützt. Statuette aus Bronze, 1. Jh. v. Chr.–1. Jh. n. Chr., (Kat. 100)

Der einzigartig schöne Silberbecher (Abb. 41.6a), gefertigt von Cheirisophos im letzten vorchristlichen Jahrhundert und heute vom Dänischen Nationalmuseum in Kopenhagen beherbergt, zeigt zwei Episoden aus dem Leben des Helden, die viele Jahre auseinander liegen: Der jugendlich-schöne Philoktet ruht auf einem Felsen, über den sein Mantel gelegt ist. Er wird von einem Gefährten gestützt, während die Bisswunde ausgewaschen wird. Die Schlange ist gerade dabei – feige – die Bühne zu verlassen. Sie schlängelt sich um eine Felserhebung und nähert sich dem blattlosen Baum an dessen Ästen der schwere Köcher des Verwundeten hängt.

Dreht der Zecher den Becher um 180 Grad (Abb. 41.6b), so wechselt er die Zeit, das Gefäß mahnt den Betrachter, sich der Vergänglichkeit des Lebens zu erinnern: Die Beteiligten sind während mühsamer erfolgloser und verlustreicher Jahre des Kampfes gealtert, der Zurückgelassene darüber hinaus in seiner äußeren Erscheinung verwahrlost. Philoktet stützt das Gewicht seines Körpers auf einen langen Stock. Odysseus hat sich vor ihm niedergesetzt und wird – zunächst vergeblich – versuchen, den Gedemütigten zum Einlenken zu überreden.

Die Münchner Glyptothek hat vor wenigen Jahren mit großem Erfolg die Rekonstruktion des weltberühmten Torso Belvedere als sterbenden Aias vorgestellt (s. Kap. 40). Zuletzt wurde die großartige Marmorskulptur jedoch einmal wieder als Darstellung des Philoktet gedeutet: Martin Boss und Erika Simon legen in ihrem Rekonstruktionsvorschlag dem großen Dulder Köcher und Pfeile auf die Oberschenkel (Abb. 41.7), nähern sich aber ansonsten dem Erscheinungsbild auf dem Silberbecher an.[3] Tatsächlich ruht die große nackte Gestalt, die im Torso erhalten ist, auf einem Felsen, über den ein Pantherfell gelegt ist. Dieses Pantherfell passt zu leichtbewaffneten, insbesondere Bogen schießenden Kriegern.

Die Münchner Antikensammlungen besitzen nur einen ganz kleinen Philoktet (Abb. 41.8): Er ist aus Bronze und gerade mal fünf Zentimeter hoch. Wieder kauert er auf einem Felsen, ist nackt und eigentlich nur an der verwahrlosten Frisur als der ausgesetzte Gefährte zu erkennen.

Natürlich gelang die Unternehmung – durch List: Neoptolemos – höchst glaubwürdig – täuschte den Verzweifelten. Er spielte ihm vor, er sei auf der Heimreise nach Griechenland und Philoktet sehnte sich nach der Heimat. Neoptolemos kam dem Wunsch des Älteren zunächst nicht nach und ließ sich zum Schein überreden. Ja, Philoktet vertraute ihm seine Waffen an, für den beschwerlichen Weg zum Schiff. Doch kaum hatte Neoptolemos Bogen und Köcher in seinen Händen, da tauchte zum Entsetzen des Philoktet Odysseus auf. Man erklärte dem Mann süffisanter Weise, der nun keine Wahl mehr hatte, etwas von Pflicht und Notwendigkeit, brachte ihn nach Troja, wo er jetzt aber von seinem Leid (durch den Stabsarzt Machaon) geheilt wurde. (Diese Entwicklung ist dramaturgisch notwendig, da Philoktets künftige Rolle die des strahlenden Kriegers sein wird. Man fragt sich jedoch, warum die Heilung nicht auch schon früher möglich gewesen war). Philoktet tötete viele Feinde, darunter auch Paris. *V. B.*

42.1 Diomedes trägt das Palladion
(verloren) in der linken Hand.
Römische Marmorkopie einer Statue
des Kresilas (?), um 430 v. Chr.
(Kat. 101)

42. Noch eine wundersame Bedingung: Der Raub des Kultbilds

Nur unter der Voraussetzung, dass es den Griechen gelingen würde, das Kultbild aus dem Tempel in der Zitadelle der feindlichen Stadt zu rauben, könnten sie den Sieg erringen (so der Seher Helenos).[1]

Dafür werden die zwei verschlagenen Charaktere als »Gaunerduo« in Szene gesetzt. Diomedes und Odysseus, die nach der Überzeugung bedeutender Schriftsteller ja bereits durch List und Beredsamkeit den Philoktet herumbekommen hatten, machten sich des Nachts auf den Weg. Die wesentlichen Elemente vieler großer Raubgeschichten der westlichen Unterhaltungskultur sind hier vereint und grandios vorweggenommen.

42.2 Helena (l.) greift in ihren Schleier und hält die Opferschale. Rechts von ihr erscheint Diomedes mit gezückter Waffe und Palladion. Apulisch-rotfigurige Pelike, um 350 v. Chr., Neapel.

Zunächst benutzten die beiden die städtische Kanalisation (andere berichten, dass sie einen Tunnel gruben), um in die Stadt zu gelangen. Wieder andere behaupten, Odysseus wäre auf die Schultern des Diomedes gestiegen, hätte sich dann auf die Mauer geworfen und sich dann gemeiner Weise geweigert, seinen eigenen Kameraden hochzuziehen, damit ihm allein die große Ehre dieser zweifelhaften Heldentat zukomme. Auf alle Fälle kamen zahlreiche Wächter zu Tode: Das ganze ist eine blutige Episode, selbst der ehrwürdige Tempelwächter Alkathoos[2] fand offensichtlich ein grausames Ende. Angeblich hatte sich Odysseus als Bettler verkleidet (so wie er es ja zehn Jahre später noch einmal tun wird, um bei seiner Heimkehr in Ithaka zunächst unerkannt zu bleiben.) Nach Apollodor ist es aber die Griechin Helena, die ihn trotzdem erkannte, aber nicht verriet, sondern – man höre und staune – Odysseus beim Raub des Kultbildes unterstützte (Abb. 42.2):

> »Odysseus aber gelangte mit Diomedes nachts zur Stadt und ließ Diomedes auf ihn warten; er selbst aber, entstellt und in Lumpen gekleidet, betrat unerkannt und als Bettler verkleidet die Stadt. Von Helena erkannt, entwendete er mit ihrer Hilfe das Palladion, wobei er viele der Wächter umbrachte. Gemeinsam mit Diomedes brachte er es dann zu den Schiffen.«
>
> (Apollodor Epitome 5, 13, Übers. K. Brodersen)[3]

In anderen Überlieferungen (Schol. B Hom. Il. 6, 311 Bekker) überreichte die Athenapriesterin Theano selbst das Palladion an Odysseus. Es gibt aber auch die Version, nach der die beiden Helden in den Tempel eindrangen, um dann einer Mehrzahl von Palladien gegenüber zu stehen. Die Trojaner hatten in weiser Voraussicht, um einen möglichen Diebstahl abzuwehren, das Kultbild vermehrt. Doch die Göttin selbst (das ist die Dichotomie ihrer Rolle: Einerseits wurde sie inständig von den Trojanern verehrt, andererseits unterstützte Athena im Krieg

uneingeschränkt die Griechen) ließ die Augen des einzig wahren Palladions auf-
funkeln[4] und gab den Räubern so den entscheidenden Wink.

Und kaum hatten Odysseus und Diomedes – mit List – die feindliche Stadt
unbemerkt verlassen, da entbrannte eine mörderische Eifersucht wegen der
Ehrung durch die griechischen Heerführer. Diomedes trug das Raubgut in der Linken und geht voran: Da zückt Odysseus sein Schwert und ist im Begriffe seinen
Kameraden feige und von hinten anzugreifen, nur um die Leistung alleine auf seine Person zu lenken. Dem wachsamen Diomedes entging diese Schliche jedoch
nicht: Die Schneide warf ein Reflexlicht des leuchtende Vollmondes auf die Erde
und Diomedes deutete die Erscheinung richtig. Bei dem ewig divenhaften, selbst-
verliebten Benehmen des Listenreichen hatte er auch schon mit so etwas rechnen
müssen. Jetzt zückte er sein Schwert, wand sich zu Odysseus zurück und bedeutete ihm machtvoll, dass Einer wie er nicht so einfach zu übertölpeln ist.

Wie auch immer sich diese internen Querelen entwickelt haben: Jetzt besaßen
die Griechen das Kultbild der Göttin und hatten somit der feindlichen Stadt den
göttlichen Schutz entrissen!

Es verwundert kaum, dass die griechischen Künstler sich zunächst schwer tun,
zu dieser facettenreichen und kontroversen Unternehmung Bilder zu kreieren:
Doch mit der bedeutenden Statuenerfindung des großen griechischen Bildhauers
Kresilas, die wohl im Auftrag von Argos, der Mutterstadt des Diomedes, entstanden ist, erhält das Sujet eine grandiose Bildform. Die antiken Schriftsteller berichten über sie und sie wurde von späteren, römischen Kunstfreunden offensichtlich
mehrfach kopiert.[5] Eine annähernd vollständig erhaltene Kopie (leider fehlt auch
hier das Palladion) ist in Cumae in der Grotte der Sybille entdeckt worden
(Abb. 42.3), eine weitere – besonders ausdrucksstarke – befindet sich seit 1815 in
»bayerischem Besitz« (Abb. 42.1, vgl. Abb. 42.4). Diese Münchner Kopie stammt
aus einer römischen Privatsammlung (die Winckelmann selbst für den Kardinal
Albani geordnet hat) und lässt sich bis in die europäische Renaissance als bekannt
zurückverfolgen.

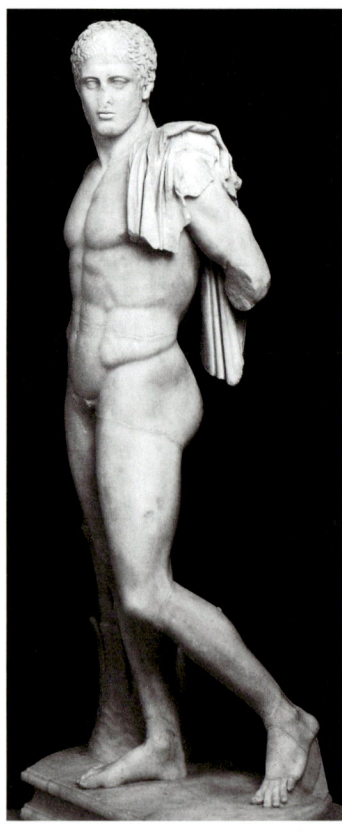

*42.3 Diomedes trägt das Palladion
(verloren) in der linken Hand.
Römische Marmorkopie einer Statue
des Kresilas (?), um 430 v. Chr.,
Neapel.*

*42.4a–b Diomedes (?) trägt das
Palladion (verloren) in der linken
Hand. Statuette aus Marmor,
40–60 n. Chr. (Kat. 102).*

42.5 Diomedes trägt das Palladion (verloren) in der linken Hand. Römische Marmorkopie einer Statue des Kresilas (?), um 430 v. Chr. (Kat. 101)

42.6 Rest einer Marmorstütze, Halterung für die kleine Kultstatue der Athena (Palladion) in der Hand des Diomedes. Siehe Abb. 42.5

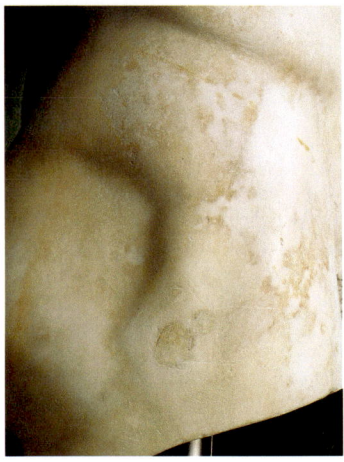

42.7 Rest (modern abgeschliffen) der Marmorstütze, Halterung für die rechte Hand mit Schwert. Siehe Abb. 42.5.

42.8–9 Kopienvergleich: Die zwei Gegenüberstellungen der beiden römischen Kopien des verlorenen griechischen Originals zeigen, dass die Münchner Version (vgl. Abb. 42.8a–b, 42.1) der Kopie in Neapel (Abb. 42.9a–b, 42.3) überlegen ist. Die Haare des Münchner Diomedes sind lebendiger und plastischer ausgearbeitet. Die Ansicht der Gesichter jedoch zeigt, wie genau die römischen Bildhauer kopiert haben: Die Locken an der Stirn sind weitgehend identisch.

42.10 Diomedes trägt das Palladion in der linken Hand. Mit der Rechten hat er sein Schwert gezückt. Attisch-rotfigurige Weinschale, um 400 v. Chr., Oxford.

42.11a–b Diomedes mit dem Palladion. Ringstein (Sarder), 250–200 v. Chr., München, Staatliche Münzsammlung (Original: a und moderner Abdruck: b).

Die anspruchsvolle Wiederholung des griechischen Meisterwerks bewahrt die introvertierte Arroganz des Helden. Sein Körper, entworfen auf dem Höhepunkt einer normativen Verfestigung von Anatomie und Physis, ist makellos. Die Arbeit spiegelt die Hochstimmung der griechischen Kultur in der Zeit der Großbauten auf der Athener Akropolis, sie zeigt aber vor allem einen Helden. Vielleicht ist ja gerade der Augenblick dargestellt, in dem Diomedes gewahr wird, dass er von dem Neid besessenen Odysseus hinterrücks angegriffen wird. Sicherlich hielt er – jetzt (und auch an den anderen Repliken) verloren – in der rechten Hand das Schwert. In der vorgestreckten Linken – das wird durch den Rest des Marmorsteges im Bereich der Falten des Mäntelchens deutlich – trug er einen hohen Gegenstand: natürlich das geraubte Palladion. Dieses Darstellungsschema finden wir in anderen Gattungen der antiken Kunst wieder. Besonders schön sind das Innenbild einer rotfigurigen Schale in Oxford[6] (Abb. 42.10) und verschiedene Ringsteine in München (Abb. 42.11–15).[7] Diese Bilder zentrieren und isolieren das Abenteuer auf Diomedes, der ohne seinen Mitstreiter und Neider auftritt. Als eine derart gesteigerte Einzelstatue sollten wir uns auch unseren Münchner Diomedes ergänzen, wenn vom Betrachter auch – durch seine präzise Kenntnis des Ablaufs der Geschichte – natürlich der auf seinen Ruhm bedachte Odysseus in Gedanken ergänzt wurde.

In Sperlonga wurden in den 1950er Jahren spektakuläre Skulpturenfunde gemacht. Bernard Andreae hat sich vor allem um die kunsthistorische Bewertung

42.12–14 Diomedes mit dem Palladion

42.12–13 Ringstein aus Karneol, 150–100 v. Chr., München, Staatliche Münzsammlung (Abdruck: links und Original: rechts).

42.14 Ringstein aus hellgrüner, durchscheinender Glaspaste, 300–250 v. Chr., München, Staatliche Münzsammlung.

42.15a–b Der kniende Diomedes
mit dem Palladion. Ringstein (Sarder),
2. Jh. v. Chr., München, Staatliche
Münzsammlung (a: Original,
b: Abdruck)

und Deutung bemüht. In seiner Odysseus-Ausstellung, die ja auch in München
gezeigt wurde, hat er neben der ergänzten Polyphemgruppe, der Skylla auch die
Fragmente einer Odysseus-Diomedes-Gruppe zusammengestellt (Abb. 42.16):
Mit kraftvoll-sehniger Hand greift Diomedes die Brust des Kultbildes: Athena, im
Schema der Promachos, führt in der erhobenen Rechten die Lanze, auf dem Kopf
hat sie den reich verzierten Helm. Ihr Gewand ist auf altertümlicher Weise dra-
piert. Die gesamte, streng auf den Betrachter ausgerichtete Erscheinung suggeriert
die Ehrwürdigkeit eines altüberkommenen Kultbildes.

Wieder herrscht in den Schriftquellen keine Einigkeit: Die einen sagen, dass das
Palladion mit Diomedes später in dessen Heimatstadt Argos überführt wird, um
dort alljährlich in einer Prozession gefeiert zu werden. Andere konstruieren ein
ganz anderes Schicksal: Irgendwie werden die Griechen dann doch wieder
gezwungen, das geraubte Idol an die Stadt Troja zu restituieren. Einer weiteren
Variante zufolge haben Diomedes und Odysseus doch das falsche Palladion
erwischt. Jedenfalls generiert politisches Kalkül Elemente eines Lokalmythos, und
das für eine nicht unbedeutende Siedlung im Mittelmeerraum: Auf dem politisch
bedeutenden Stadthügel Palatin fand das trojanische Palladion seinen endgültigen
Aufstellungsort. Spätestens durch den großen römischen Dichter Vergil, der im
Auftrag des Kaisers Augustus den Gründungsmythos der Stadt Rom prachtvoll
konstruiert, erfahren wir, dass der trojanische Aristokrat Äneas (einziger männlicher Überlebender im kampfesfähigem Alter) das Kultbild aus der brennenden
Stadt rettet und zusammen mit Papa und Söhnchen nach Latium transferiert. Ist es
eine Laune des Schicksals?: In einem zweiten Anlauf haben die römischen
Archäologen (Paribeni) begriffen,[8] dass man im Bezirk der alten Tempelanlagen
des Palatins das Kopffragment einer sehr schönen archaisch-griechischen Marmorstatue ausgegraben hatte (Abb. 42.17). Auf einem weiblichen Kopf sitzt ein
Helm, das macht die Benennung als Athena eindeutig. Somit könnte es der Rest
eines Palladions sein, und es spricht nicht viel dagegen, dass mit diesem Bruch-
stück jene Marmorstatue vom Palatin wieder gefunden wurde, in dem die römische Bevölkerung das Kultbild des zerstörten Troja gesehen hat. Äneas ist direkter
Abkömmling der protrojanischen Liebesgöttin Aphrodite, gleichzeitig Gründer
des machtvollen iulischen Geschlechtes der römischen Republik und Kaiserzeit.
Der »Urmutter«, also der Venus Genetrix, hatte ja Ceasar auch ein ganzes Forum
einschließlich des prachtvollen Tempels geweiht.

»All der Danaer Hoffen und Zuversicht auf diesen Krieg hier
stand von je auf der Hilfe der Pallas. Aber seitdem der
ruchlose Tydeussohn und der Vater der Schandtat, Ulixes,
Pallas schicksalträchtiges Bild aus heiligem Tempel

Fortzureißen gewagt, – sie erschlugen die Wächter der Stadtburg,
rafften sodann das heilge Bild und wagten, der Göttin
rein-jungfräulichen Schmuck mit blutiger Hand zu besudeln –
seit der Zeit zerrann und sank der Danaer Hoffnung
jäh dahin, brach nieder die Kraft; es zürnte die Göttin.
Unzweideutig bewies es Tritonia grausig in Wundern:
Eben erst stand im Lager ihr Bild; schon brannten und blitzten
Flammen aus weitgeöffnetem Auge, die Glieder hinab rann
salziger Schweiß, dreimal vom Boden – Wunder zu sagen –
sprang die Göttin und schwang ihren Schild und die zitternde Lanze.
Augenblicks rät Kalchas, die Flucht übers Meer zu versuchen,
kündet, Pergamus könne nicht fallen durch Argolerwaffen,
wenn sie heilige Weisung nicht holten aus Argos, zurück nicht
brächten die Gottheit, die schon übers Meer sie entführten im Schiffe.
…
Statt des Palladiums bauten, gewarnt, der beleidigten Gottheit hier dies
Gebilde sie auf als Sühne des grausigen Frevels.«
(Vergil 2, 162 ff., Übers. J. Götte)   *V.B.*

42.16 Odysseus und Diomedes rauben das Palladion, Statuengruppe aus Sperlonga (Marmor), 50 v. Chr.– 10 n. Chr.

42.17 Fragmente des Palladions? Griechische Marmorstatue, um 500 v. Chr., Rom, Antiquario Pallatino.

43.1 *Das Trojanische Pferd. Bild
auf dem Hals eines großen
Vorratsgefäßes (Pithos), 670 v. Chr.,
Mykonos.*

43. »Was es auch sei, ich fürchte die Danaer, selbst wenn sie schenken«

»Gebrochen vom Krieg, vom Schicksal geschlagen,
bauten die Danaerführer, der Last erliegend des Krieges,
ragend gleich einem Berge ein Roß, unterstützt von Minervas
göttlicher Kunst (divina Palladis arte); aus Tannen gefügt sind dem Rosse
die Rippen.
Heimkehrgelübde täuschen sie vor; so geht das Gerücht um.
Helden, erlesen durch Los, verschließen sie hier nun verstohlen
hinter dem Dunkel der Flanke und füllen die riesigen Höhlen
tief im Innern, den mächtigen Bauch, mit bewaffneten Kriegern.«
(Vergil, *Aeneis* 2, 13ff.)

*Das trojanische Pferd als ›Sphyrelaton‹ (antiker Begriff für die frühen Holzfiguren, die mit Metallblechen beschlagen wurden). Auch so hätte sich ein Bürger in der Mitte des 7. Jh. v. Chr. das trojanische Pferd vorstellen können.
Ausführung des Modells: P. Bayer, E. Kloker, S. Kellner, Brinkmann & Brinkmann, 2006.*

Epeios[1] baute das Pferd. Er war handwerklich und künstlerisch äußerst begabt. Diese zwei Kategorien wurden von den Griechen eigentlich nicht unterschieden: Der Begriff *techne* umfasst den gesamten Bedeutungsraum. Epeios kreierte das Pferd nicht allein, keine geringere als Athena – natürlich in ihrer Eigenschaft als Schutzgöttin des Handwerks und der Künste (Ergane) – unterstützte ihn nach Kräften: Das Ergebnis konnte sich sehen lassen. Das gewaltige Bild war von enormer Schönheit und beeindruckte Menschen wie Götter. Das war Voraussetzung dafür, dass es von den Feinden – trotz aller Zweifel und trotz allen (berechtigten) Verdachts – als ein Geschenk an die Götter (*agalma theon*) wahrgenommen wurde.

Offenbar entwarf Athena das erste Modell aus dem dann der Riese entwickelt wurde. Natürlich wurde das gigantische Pferd, dessen Bauch so groß war, dass er mindestens zehn Mann aufnehmen konnte, aus Holz gefertigt, nicht aus massiven Stämmen geschnitzt, sondern zunächst als Korpus: Dieser Korpus wurde in Schiffsbaumanier gefügt. Daher benutzt Homer nicht die Bezeichnung »hölzernes Pferd«, sondern *douratéos hippos*, – also das »Balkengefügte«.[2]

Wann immer sich das 20. Jahrhundert – ganz von minimalistischen Formen geprägt – ein Bild dieses trojanischen Pferdes gemacht hat, wurde die frühgriechische Handwerkskunst diffamiert. Als wäre die aristokratische Zeit eine Lumpen-, Rupfen- und Lederriemenwelt gewesen, wird auch das Pferd in entstellender Weise einfach zusammengezimmert: das Ergebnis ist immer wieder – sei es im Bühnenbau, oder als Museumsgag – eine überdimensionierte Holzkiste auf Stelzen. Das soll das von Athena entworfene Gottesgeschenk sein? Es kann gar nicht falscher sein! In den Jahrhunderten, in denen Homer lebte und die poetischen Bilder der Heldengeschichten konzipiert wurden, ist die handwerkliche Perfektion, die Makellosigkeit der Oberfläche, der unermessliche Ornamentreichtum und ganz selbstverständlich die Fassung des Bildes mit kostbarsten Farben und Edel-

metallen unverzichtbar. Was hat sich also ein Zeitgenosse der Dichter bei dessen Worten vorgestellt?

Frühe griechische Holzbilder verbindet eine unumstößliche Tatsache: Aus Holz ist einzig und allein der Kern, aus ihm ist das Gefüge der Statue gefertigt. Die Maserung, die Struktur, die Farbe des Holzes war nicht an einer einzigen Stelle sichtbar. In Kreta, in Delphi (Abb. 43.2) in Olympia (Abb. 43.3) sind in den letzten Jahrzehnten die bedeutenden Reste solcher Holzbilder entdeckt worden. In allen Fällen handelt es sich um so genannte »Sphyrelata«[3]: Über einen Holzkern werden Bronze-, Silber- oder Goldbleche getrieben. Die Bleche selbst sind durch Punzierung oder andere Techniken mit Details und Ornamenten versehen (Abb. 43.4). Auch kennt die europäische Kunst vor der zweiten Schaffenshälfte Riemenschneiders kaum ein Holzbildwerk, das nicht zumindest stuckiert und/oder farbig gestaltet war.

Wir müssen also eigentlich davon ausgehen, dass auch das Bild des trojanischen Pferdes diesen Minimalansprüchen eines agalma entsprochen hatte. Und womöglich sehen wir auf dem Außenbild einer Münchner Schale Athena, wie sie Epeios assistiert, der gerade mit Klüpfel und Stechbeitel das Modell überarbeitet (Abb. 43.6). Das Innenbild einer anderen Schale zeigt die Göttin, wie sie selbst Hand »anlegt« (Abb. 43.5). Auf einem eleganten Stuhl (Klismos) sitzend, berührt sie mit beiden Händen über Hals und Kopf des Riesenpferdes, das – mit Schmuckbinden verziert – wohl gerade fertig gestellt wurde.

Ein Marmorrelief in Berlin, das sich in einem sehr schlechten Erhaltungszustand befindet, fordert vom modernen Betrachter höchste Geduld (Abb. 43.7).[4] Hat man jedoch das Erhaltene aufmerksam studiert, wird man mit dem Bild des in Einzelteilen vorgefertigten Pferdes belohnt: Im Vordergrund liegt das rechte Hinterbein mit Schenkel und Schweif. Hinter dem Schweif erscheint ein nackter Handwerker, ebenso erkennen wir weiter links den Oberkörper eines Teammitglieds, das offensichtlich gerade in der rechteckigen Öffnung der Bauchhöhle verschwindet. Ganz am linken oberen Rand erscheint die lenkende göttliche Kraft, Athena (Schuppen ihrer Ägis/Ziegenfells sind noch auszumachen). Rechts oben hingegen wird tatkräftig an dem äußerst lebendig gestaltetem Hals und der Mähne des Pferdekolosses gearbeitet. Dieses eigenwillige Bild des trojanischen Pferdes noch vor seiner Montage ist in der Säulenhalle des Königs Eumenes in Pergamon um 150 v. Chr. angebracht worden, um vom Schicksal der legendären Nachbarstadt zu berichten. Das Bild ist für den modernen Betrachter verwirrend. Das liegt vor allem daran, dass das Tier demselben Grad von künstlerischer Durchgestaltung unterliegt wie die menschlichen Gestalten.[5] Das Gehäuse für die Täuschung der Feinde ist also kein zusammengeschustertes Provisorium, sondern eine perfekte Arbeit auf der Höhe seiner Zeit (*state-of-the-art*). Die Geschichte von der Erstellung des Pferdebildes wurde eben auch entwickelt, um zu zeigen, dass sich das – für eine ganz ungewöhnliche Aufgabe – notwendige technologische und künst-

43.2 Silber- und Goldbleche von der Ummantelung einer hölzernen Stierfigur (Sphyrelaton) aus dem delphischen Apollonheiligtum, um 600 v. Chr., Delphi.

43.3 Bronzeblech von der Ummantelung einer hölzernen Frauenfigur (Sphyrelaton) aus Olympia, 7. Jh. v. Chr., Olympia.

43.4 Bronzeblech von der Ummantelung einer hölzernen Frauenfigur (Sphyrelaton) aus Olympia, 750–775 v. Chr., Olympia.

43.5 Die Göttin Athena ergreift Hals und Kopf einer großen Pferdefigur. Innenbild einer attisch-rotfigurigen Weinschale, bemalt von Sabouroff-Maler, 470–460 v. Chr., Florenz.

43.6 *Epeios bei der Arbeit?*
Aussenbild einer attisch-rotfigurigen
Weinschale, bemalt vom Erzgießerei-
Maler, um 490 v. Chr. (Kat. 103)

lerische Know-How aufregender Weise vor Ort – also im Kriegslager selbst – befand. Die Griechen erfinden sehr früh Bilder für das trojanische Pferd. Auf einer Fibel aus den Jahren um 750 v. Chr. sind nur die Vorderläufe zu sehen.[6] Da diese aber auf Rollen dargestellt sind, wird der hohe narrative Gehalt deutlich.[7]

Nach der Fertigstellung des *agalma* wurde der Bauch mit ehrenvollen und verschlagenen Protagonisten gefüllt. Laut Vergil hatten im Inneren der Skulptur Thessander, Stehenelos, Odysseus, Akamas, Thoas, Neoptolemos, Machaon, Menelaos und Epeios Platz gefunden. Nun wurde das Pferd vor die Mauern des Feindes verbracht.

Das Geschenk der Danaer (= Griechen) war den Trojanern verständlicher Weise äußerst suspekt: Kassandra weiß ob ihrer seherischen Kräfte um den Verrat, sie wurde aber nicht beachtet. Laokoon warnte und warf die Lanze in den Körper des künstlichen Tieres. Das Klirren von Waffen war aus dem Inneren zu hören, das hätte Gewissheit bringen müssen.

»… wollen der Danaer Falle, die argwohnweckende Gabe,
stürzen ins Meer, auch Feuer dran legen und sie verbrennen,
oder durchbohren des Bauches Versteck und gründlich durchsuchen.
Gegensatz spaltet so die ungewiß schwankende Menge.«
(Vergil, *Aeneis* 2, 36 ff.)

Doch die Griechen begleiteten das verführerisch schöne und überaus eindrucksvolle »Geschenk« mit einer üblen Inszenierung – quasi als flankierende, vertrauensbildende Maßnahme. Zunächst fingierten sie selbst – in toto – Aufgabe und Abreise. Unter den zweifelnden Trojanern trat nun ein »zurückgelassener« Grieche auf. Sinon gelang es, eine ungeheuerliche Lügengeschichte aufzutischen. Danach sei er von seinen eigenen Leuten verraten worden – allen voran durch den listenreichen Odysseus, der jetzt von Sinon vor den trojanischen Zuhörern in den düstersten Tönen geschildert wird.

43.7 *Das Trojanische Pferd wird in Einzelteilen gebaut. Im Bildvordergrund: Schweif und Hinterläufe. Dahinter: Körper (mit Zustiegsluke) und Hals. Marmorrelief aus Pergamon, um 170 v. Chr., Berlin, Pergamonmuseum.*

Sinon erarbeitete sich in mehreren – gut präparierten – Schritten eine Glaubwürdigkeit. Laut Vergil wurde er von Hirten, die ihn gefangen hatten, dem feindlichen König vorgeführt als dieser mit seinen Trojanern vor den Mauern der Stadt über das hölzerne Pferd debattierte – und zwar just im kritischen Augenblick, als der Apollonpriester Laokoon eindringlich und – so scheint es zunächst – sehr erfolgreich vor der ungeheuerlichen List warnte.

Sinon inszenierte den Verschreckten. Zögerlich gab er zu Erkennen, dass er von den Griechen dem Menschenopfer zugeführt werden sollte, sich aber rechtzeitig durch Flucht retten konnte. Was war (angeblich) geschehen? Sinon war als Freund und Gefährte des Palamedes, der als »Fahnenflüchtiger« von Odysseus ermordet worden war, bei den Griechen in Ungnade gefallen. Als nun den Anführern des griechischen Heeres geweissagt worden war, dass sie den Krieg zu beenden, die Götter durch das Geschenk des hölzernen Pferdes zu besänftigen und schleunigst allesamt abzureisen hätten, da hätte ein Orakel (ähnlich wie zehn Jahre zuvor bei der Abfahrt in Aulis, als Agamemnon das Leben seiner eigenen Tochter zur Disposition stellte) die Opferung eines Menschen gefordert. Der Seher Kalchas habe dann – natürlich im Verbund mit Odysseus – Sinon, dessen Stellung im Sozialverbund extrem geschwächt war, bestimmt.

Das Konstrukt erfüllt alle Plausibilitätskriterien, Priamos schwankte und fasste Vertrauen. Nun wurde Sinon nach dem Pferd befragt. Nicht um eine Antwort verlegen, erklärte er das griechische Desaster mit dem Frevel, den Odysseus und Diomedes begangen haben, als sie das Palladion aus dem Tempel der feindlichen Stadt raubten (s. Kap. 42).

»All der Griechen Hoffen und Zuversicht auf diesen Krieg hier
stand von je auf der Hilfe der Pallas Athena. Aber seitdem der
ruchlose Diomedes und der Vater der Schandtat, Odysseus
Pallas schicksalträchtiges Bild aus heiligem Tempel
fortzureißen gewagt, – sie erschlugen die Wächter der Stadtburg,

rafften sodann das heilige Bild und wagten, der Göttin
rein-jungfräulichen Schmuck mit blutiger Hand zu besudeln –
seit der Zeit zerrann und sank der Griechen Hoffnung
jäh dahin, brach nieder die Kraft; es zürnte die Göttin.
…«

Aber anstatt das Palladion zu restituieren – so Sinon – befiehlt der Seher, das kolossale Pferd zu fertigen:

»Statt des Palladiums bauten, gewarnt, der beleidigten Gottheit
hier dies Gebilde sie auf als Sühne des grausigen Frevels.
Doch so gewaltig zu türmen den Bau, aus Eichenholz kernfest
ihn zu fügen zum Himmel empor, hat Kalchas befohlen,
dass nicht etwa dies Werk durchs Tor in die Festung gelange,
nicht mit heiliger Kraft, wie einst, das Volk wieder schütze.
Würde nun eure Hand verletzen die Gaben Athenas,
dann soll großes Verderben – o, brächten die Götter dies Omen
über ihn selbst – des Priamus' Reich und die Trojaner treffen.
Stiege jedoch das Pferd an euren Händen zu eurer
Stadt, dann bräche Asien los zum furchtbaren Krieg gen
Pelops Mauern, es schlage dies Schicksal unsere Enkel.«
(Vergil, *Aeneis* 2, 162 ff.)

Ein Trojanisches Pferd in München

Die Forderung Friedrich Wilhelm Schellings – »plastisch d. h. antik denken« – hatte seit dem frühen 19. Jahrhundert bis nach dem 2. Weltkrieg für Generationen Münchner Bildhauer Geltung. Man braucht nur die zahlreichen in München aufgestellten Pferdebilder zu betrachten: Überall ›wiehern‹ einem die archaischen oder die klassischen Pferde der Akropolis, die Rosse von San Marco oder das Pferd des Marc Aurel entgegen. In dieser Tradition steht auch das von Wimmer zwischen 1978 und 1982 gefertigte Trojanische Pferd. Obwohl dem Bildhauer, der mit renommierten Archäologen befreundet war, die berühmte antike Darstellung des Trojanischen Pferdes aus Mykonos (vgl. Abb. 43.1) sicherlich bekannt war, orientierte er sich nicht an diesem urtümlich wirkenden Vorbild, sondern behielt das ›edle‹ Pferdebild bei, das er schon mehrfach dargestellt und aus griechischen Vorbildern der archaisch-klassischen Zeit entwickelt hatte.

Trojanisches Pferd (1978–82) vor der Alten Pinakothek. Bronze, H 290 cm, von Hans Wimmer (1907–1992). Leihgabe der Stadt München.

Das Trojanische Pferd entstand im Auftrag der Stadt München. Ursprünglich für ein Schulzentrum gedacht, plante H. Wimmer in seinem ersten Entwurf ein weit größeres Pferd, in das die Schüler auch hätten hineinklettern können. Dies ließ sich aus haftungsrechtlichen Gründen nicht verwirklichen. Das schließlich von ihm ausgeführte Pferd

mit seinen schlanken, geradezu zartgliedrigen Beinen ist das Abbild eines hochgezüchteten Araberhengstes und nicht eine künstlerische Umsetzung des übergroßen, Verderben bringenden Bildwerks, das einst aus Holz gezimmert war. Erst beim Nähertreten zu der zwischen Baumreihen platzierten Bronze entdeckt man an der zur Seite schräg abfallenden Plinthe die Angabe von vier Rädern, die aber funktionslos und wie Schmuckrosetten wirken. Darunter auf dem Sockel stehen in Altgriechisch geschriebene Verse aus der Odyssee, die nur zu verstehen sind, wenn man die Verse zuvor kennt:
(»Wie das Heer der Achaier in
schöngebordeten Schiffen
Von dem Gestade fuhr, nach
angezündetem Lager.)
Aber die anderen, geführt vom
hochberühmten Odysseus
Saßen, von Troiern umringt,
im Bauch des hölzernen Rosses,
Welches die Troier selbst in die Burg
von Ilion zogen.«   *R. W.*

Eigentlich waren die Trojaner jetzt schon überzeugt. Sie feierten den Sieg und entschlossen sich, das Pferd in die Stadt zu bringen.

Doch die Götter setzten noch eins drauf. Dass gerade Apollon dadurch seine Stadt ins Unheil stürzte, überrascht, aber offensichtlich hatten sich jetzt wirklich alle Götter von Troja abgewandt. Der Warner Laokoon wurde zusammen mit seinen Söhnen von zwei gewaltigen Schlangen des Apolls angegriffen. Bei dem Versuch, seine Kinder zu retten, kam der Priester selbst zu Tode.[8] Der Gott rächte sich bei seinem Diener vielleicht für einen lang zurück liegenden Frevel: Laokoon hatte sexuellen Kontakt zu seiner Frau im Bezirk des Heiligtums.

Die Auffindung der marmornen Laokoongruppe (Abb. 43.8, 10), sicherlich die berühmteste antike Statuengruppe[9] überhaupt, jährt sich in diesem Jahr zum fünfhundertsten Mal: Am Mittwoch, den 14. Januar 1506 fand ein römischer Bürger in seinem Weinberg die Überreste antiker Architektur. In einem marmorgetäfelten Raum stand die Skulptur – beinahe unbeschadet. Auf Wunsch des Papstes (Julius II.) besichtigten die beiden größten Künstler den Fundort. Kaum angekommen, rief Giuliano da Sangallo zu Michelangelo: »Das ist der Laokoon, den Plinius erwähnt.«[10] Die zügige Identifikation überrascht, doch waren die Worte Vergils und Plinius' aufgrund neuer italienischer Editionen (1469 und 1476) in aller Ohren

43.8 *Marmorgruppe des Laokoon und seiner Söhne, 2. Hälfte 1. Jh. v. Chr. – Anfang 1. Jh. n. Chr., Vatikan.*

und Fillipino Lippi hatte kurz zuvor sein berühmtes Laokoon-Fresko (Poggio a Caiano) begonnen.

Der kenntnisreiche römische Autor Plinius erwähnt offensichtlich genau diese Statuengruppe und preist sie in den höchsten Tönen, das wiederum war den Pliniuslesern der italienischen Renaissance nicht entgangen, und so war man einem »Bekannten« begegnet: »Bei ausgezeichneten Kunstwerken tritt manchmal die Zahl der Künstler, die daran gearbeitet haben, dem Ruhm in den Weg, indem weder einer allein den Ruhm davontragen darf noch mehrere in gleicher Weise ihn für sich beanspruchen können. Das (aber) ist der Fall beim Laokoon. Er steht im Haus des Imperators Titus, und es handelt sich um ein Werk, das allen Werken der Malerei und der Bildhauerkunst vorzuziehen ist. Drei Spitzenkünstler haben ihn und die Söhne und die staunenswerten Windungen der Schlangen aus dem gleichen Stein nach Beschluß der (kaiserlichen) Ratsversammlung – *de consilii sententia* – gemacht: die Rhodier Hagesander, Polydorus und Athenodorus.« (Plin. n. h. 36, 37)

Zum Verständnis der Laokoongruppe sei ein Aspekt hervorgehoben: Antike Marmorskulptur war wohl immer farbig gefasst. Plinius selbst verweist auf die Tatsache, dass Praxiteles, den er ja eigentlich für den größten aller Bildhauer hält, den bedeutendsten Malerkollegen mit der Farbfassung seiner Werke beauftragt

43.9a *Die Laokoongruppe (in ihrer Farbigkeit rekonstruiert) vor einer Fantasiearchitektur. Öl auf Leinwand, Alessandro Allori, ca. 1570, Privatsammlung.*

hat. Das war in der zweiten Hälfte des 4. Jahrhunderts v. Chr. Die Entstehungszeit der Laokoongruppe ist in der Wissenschaft noch umstritten. In der Mehrheit hat man sich aber zu einer Datierung im späteren Hellenismus (zwischen 130 und 20 v. Chr.) durchgerungen.[11] Und aus diesem Zeitraum stammen die zahlreichen Funde gut erhaltener Marmorskulptur von der reichen Kykladeninsel Delos.[12] Da diese Insel noch in späthellenistischer Zeit zerstört wurde, haben die Statuen nur kurze Zeit gestanden: Ihre Farbigkeit ist daher besonders gut erhalten und die Annahme, dass eine polychrome Ausgestaltung grundsätzlich angewandt wurde, ist wegen der Fülle an Spuren zwingend. Es gibt also keinen vernünftigen Grund, sich nicht auch die berühmte Laokoongruppe in einem raffinierten Farbenkleid vorzustellen (vgl. Abb. 43.9a–b). Wenn in der neuesten wissenschaftlichen Literatur zu diesem Monument angenommen wird, der antike Betrachter hätte zunächst seine liebe Mühe gehabt, überhaupt den Aufbau der Gruppe zu verstehen, so missachtet diese »Konstruktion« die gliedernde Kraft der Farbe.[13] Sicherlich waren die Körper der Schlangen mit ihren Schuppen bemalt gewesen, selbstverständlich unterschieden sich die Schlangenleiber im Farbton. Wir können inzwischen auch mit einiger Zuversicht annehmen, dass auch die Körperfarbe des Vaters dunkler war als jene seiner Söhne. Auch unterstützte der modellierende Auftrag der Farbe die Plastizität und den Verlauf des Mantelstoffes. Der Schrecken, die Todesangst war den Angegriffenen durch die gemalten Augen in die Gesichter »geschrieben« worden.

Übersetzen wir »opus omnibus et picturae et statuariae artis praeferendum« mit »ein Werk, das allen anderen Werken der Malerei und der Bildhauerkunst vorzuziehen sei«, dann lassen wir Plinius sich selbst – an einer zentralen Aussage – untreu werden.[14] Denn eigentlich hat er die knidische Aphrodite des Praxiteles als die schönste Skulptur der Bildhauerkunst auserwählt. Es drängt sich eine gewagte Hypothese auf, der jedoch bisher jedes stützende Argument fehlt: Der Originaltext des Autors ist ja über die Jahrhunderte vermittelt worden, indem Abschrift von Abschrift entstand und sich so Fehler in der Tradierung eingeschlichen haben. Der ursprüngliche Ablativ »arte« könnte sich erst in den Scriptorien der Klöster zu einem Genitiv »artis« gewandelt haben, denn dann hätte Plinius etwas ganz anderes – widerspruchsfreies – sagen wollen: »opus omnibus et picturae et statuariae arte praeferendum« würde dann sinnvoller Weise ergeben: »es handelt sich um ein Werk, das allem anderen – und zwar sowohl hinsichtlich der Farbfassung als auch in Bezug auf die bildhauerische Ausarbeitung – vorzuziehen ist.« Jetzt würde der kenntnisreiche Mann die Skulpturengruppe hervorheben, weil sie durch die Verbindung der farbigen Fassung und der Art der bildhauerischen Arbeit etwas ganz besonderes darstellt.

War schon das Thema der Figurengruppe dem antiken Zeitgenossen geläufig, dann ist sowohl durch Komposition – die Figuren sind dem Betrachter in einer einheitlichen Ebene bühnenhaft zugewandt – als auch mit den Mitteln Farbgebung ein Maximum an Verständnis- und Lesehilfe geleistet worden. In der Rekonstruktion der Gruppe – nur weniges erklärendes ist hinzugefügt worden – überzeugt die Ergänzung des Kopfes der oberen Schlange nicht. Offensichtlich ist er dort angebracht worden, wo sich eigentlich der Schwanz befand. Vielmehr ist anzunehmen, dass der Kopf der Bestie sich drohend über dem Kopf des Laokoon aufbaut, ja dass der Priester den Hals der Schlange mit seiner rechten Hand gegriffen hat, um die Schlange von einem Biss in seinen Kopf abzuhalten.[15]

Die Trojaner, die dieser grauenerregenden Szene tatenlos beiwohnten, hatten die – wohl etliche Zeit zurückliegende – erotische Eskapade vergessen oder gar nicht mitbekommen. Sie konnten den Tod des Priesters nicht anders verstehen als die unmittelbare Reaktion der Götter auf seinen Versuch, vor dem Pferd zu warnen. So fühlten sie sich nun in ihrer Entscheidung zu allem Überfluss auch noch

durch ein »göttliches Zeichen« bestärkt. Äneas jedoch blieb misstrauisch und ließ sich nicht von der Überzeugung der Masse einnehmen: Er ahnte die List und sah die Abwendung der helfenden Götter. Mit Sohn und Vater verließ er Troja und wird eines Tages Rom gründen (Kap. 45).

Die triumphierenden Trojaner indessen setzten die Hufe des Pferdes auf Räder, verbreiterten den Stadtmauerzugang und brachten das Pferd bis hinauf in die Zitadelle (also durch den zweiten Mauerring?). Als das Pferd hier über die Schwelle gezogen wurde, da klirrten vier Mal die Waffen der eingesperrten Gefährten, eben jedes Mal, wenn eine jede Rolle über den hohen Schwellstein gehievt wurde. Aber die »Befreiung« wurde als Lust empfunden, niemand war bereit, jetzt noch irgendeinen Verdacht aufkeimen zu lassen.

> »Wir zerbrechen die Mauern und öffnen den Ring unsrer Festung.
> Alle gehen voll Eifer ans Werk, sie schieben den Füßen
> gleitendes Rollwerk unter und legen Seile aus Hanf dem
> Nacken um: so steigt zu den Mauern das Werkzeug des Schicksals,
> schwanger von Waffen; und Knaben und unvermählte Mägdlein
> singen Hymnen und fassen voll Freude ans Seil mit den Händen.
> Anrückt das Roß und gleitet nun drohend mitten zum Stadtkern.«
> (Vergil, Aeneis 2, 234 ff.)

Weltberühmt ist der Reliefpithos im kleinen Museum der Kykladeninsel Mykonos (Abb. 43.1). Auf dem Hals des Gefäßes aus den Jahren um 670 v. Chr. begegnet uns das früheste, sich weitgehend selbst erklärende Bild des finalen Täuschungsmanövers. Auch hier ist das Pferd bereits auf Räder gestellt worden. Die Trojaner feiern seine Ankunft und erkennen nicht, was dem Betrachter der Vase nicht entgeht: Hinter den Luken haben sich die schwer bewaffneten Griechen versteckt.[16]

Nach einer Version ist es der verschlagene Sinon, der sich erst das Vertrauen erschlichen hatte, um dann in der folgenden Nacht die Luken zu öffnen. Das war ja konstruktiv an sich nicht notwendig, zeigt aber, dass die ganze Geschichte doch wieder breitere historische Erfahrungen in sich aufgenommen hat: Denn häufig ist die feindliche Stadt – so lehrt es die Geschichte – nach langer Belagerung nicht durch militärisches Geschick, sondern durch Verrat eingenommen worden: Mit viel Geld wird ein Vertrauter unter den Feinden bestochen, der dann – natürlich nachts – die Tore der Stadt von innen öffnet und so die eigene Stadt dem Untergang preis gibt.

V. B.

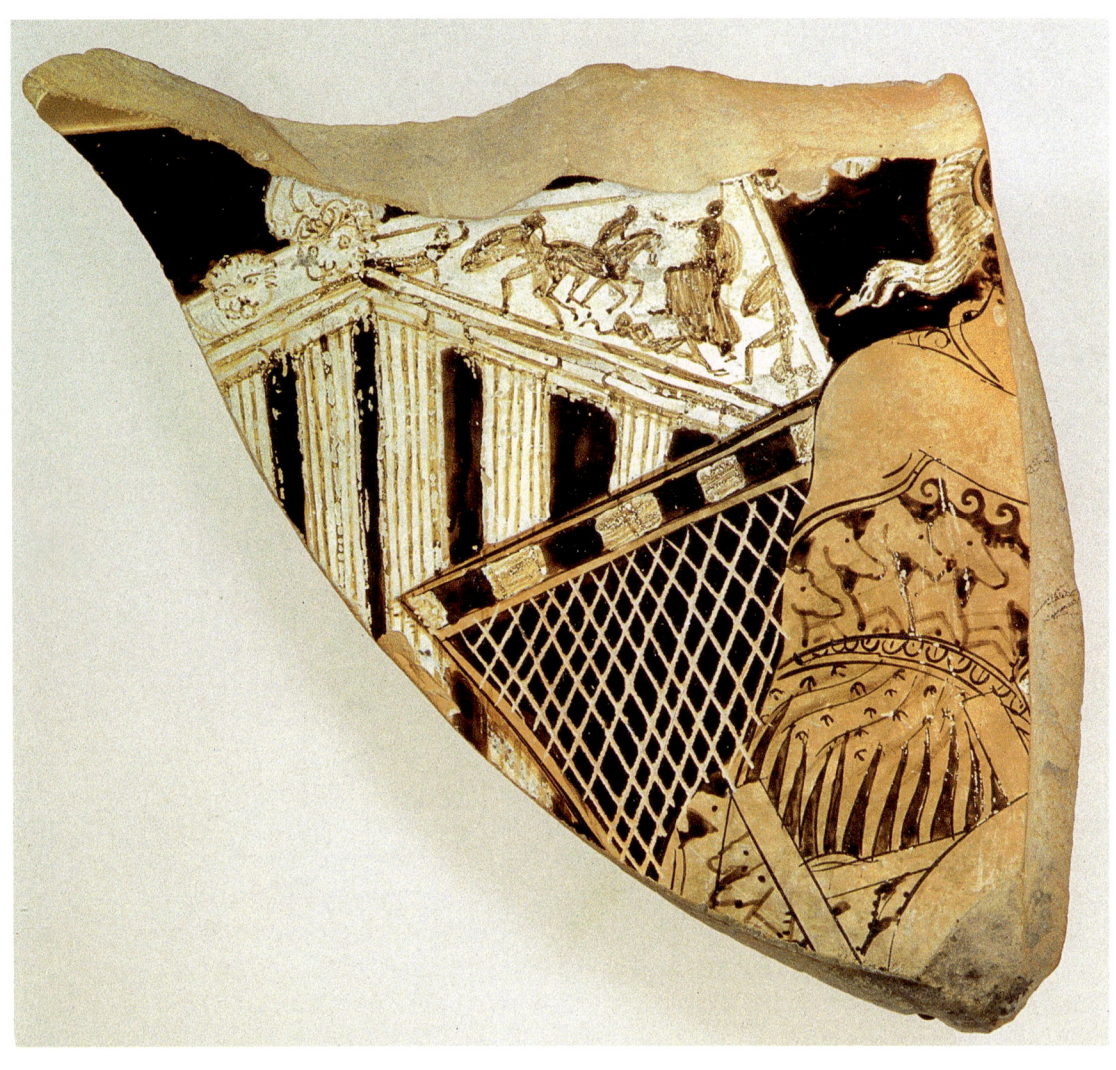

44.1a–b A: Vor dem Hintergrund des
Athena-Tempels steigen Griechen aus
dem Pferd, von dem nur die netzartig
geritzte Innenseite der geöffneten
Klappe erhalten ist. Die Haltung des
Kriegers mit Helm und prächtig
verziertem Panzer lässt an einen
Bogenschützen denken, vielleicht
Teukros; unter ihm die Schulter eines
weiteren Griechen auf der Leiter. –
B: Kassandra (nur durch Beischrift
gesichert) flüchtet vor Ajas (nicht
erhalten) zum Standbild der Athena.
Rechts kommt ihr ein junger
Trojaner in orientalischer Tracht
axtschwingend zu Hilfe. Fragmente
eines attisch-rotfigurigen Kraters aus
Tarent, um 400 v. Chr., Würzburg.

44. Trojas Untergang

In der Nacht steigen die Helden aus dem Pferd

Als die Trojaner das hölzerne Pferd schließlich in ihre Stadt gezogen haben, feiern sie den Abzug der Belagerer oder legen sich schlafen. Keiner achtet mehr auf das ›Danaergeschenk‹ (s. Kasten S. 308), welches unmittelbar vor dem Tempel der Stadtgöttin Athena (Abb. 44.1) steht. Details auf der Würzburger Scherbe lassen erahnen, wie prächtig die Szene hier gestaltet war: Der Maler hat große Sorgfalt auf die Ausrüstung der Krieger und auf den Tempel verwandt, der hier perspektivisch wiedergegeben ist. Man erkennt noch die Löwenkopfwasserspeier und Reste der Dachbekrönung (Akrotere) sowie die Schlachtdarstellung im Giebel mit Athena im Zentrum. Mitten in der Nacht verlassen die griechischen Helden ihr Versteck[1]. Aus einer Luke (Abb. 44.1a) steigen sie herab, über eine Leiter oder indem sie am Bein des Pferdes herabklettern und die Nachfolgenden auf die Schultern ihrer Vordermänner steigen (Abb. 44.2).

Auf dem Mykonos-Pithos findet sich eine einzige Darstellung eines gefallenen Kriegers (Abb. 44.3). Wegen seiner zentralen Position oben auf der Schulter des Gefäßes liegt es nahe, dass eine prominente Person gemeint ist. Gestützt auf eine erst relativ spät, bei Apollodor (*Epitome* 5, 20) literarisch belegte Version, wurde vermutet, dass hier der Grieche dargestellt ist, welcher sich zu Tode stürzte, als er als Erster das Pferd verließ – die nachfolgenden Griechen waren demnach so vernünftig, sich an einem Seil herabzulassen. Von jenem Echion findet sich sonst kei-

44.2 Auf den Schultern ihrer Gefährten steigen die Helden aus dem Pferd. Fragment eines attisch-schwarzfigurigen Kraters, 560–550 v. Chr., Berlin.

44.3 Ein Krieger ist vornüber gestürzt und blutet aus dem Hals. Fragment des kykladischen Reliefpithos (Abb. 43.1), das erst später eingefügt werden konnte, 670 v. Chr., Mykonos.

Das Trojanische Pferd – ein Geschenk der Danaer

»Quidquid id est, timeo Danaos et dona ferentis. – Was es auch sei, ich fürchte die Danaer, auch wenn sie Geschenke bringen.«

Laokoon bringt so in Vergils *Aeneis* (2. Buch, Vers 49) seinen nur zu berechtigten Argwohn zum Ausdruck, als er des Trojanischen Pferdes ansichtig wird. Diese Passage im römischen ›Nationalepos‹ ist der Ausgangspunkt der Redeweise vom »Danaergeschenk«; ihre eigentliche Geburtsstunde aber erlebte sie erst ein gutes Jahrhundert später. In einer Tragödie des Seneca – heute eher als stoischer Philosoph und Erzieher Neros in Erinnerung – bezeichnet Kassandra das Holzpferd als »Danaum fatale munus« – »verhängnisvolles Danaergeschenk«. Römische Autoren also, die sich mit der trojanischen Sache identifizierten, waren Urheber des Begriffs »Danaergeschenk«. Freilich ist der Ausdruck hier noch sehr herkunftsnah, und nicht in übertragenem Sinn verwendet: schließlich erzählt Seneca an dieser Stelle ja den Untergang Trojas nach.

Dieses »Geschenk« der Kriegsgegner aber war natürlich nur indirekt den Trojanern zugedacht; alles andere wäre ja auch gar zu verdächtig gewesen. Offiziell war das Pferd ein Weihgeschenk, wie eine entsprechende Inschrift auf seinem bauchigen Körper verkündete: sei es für die olympischen Götter in ihrer Gesamtheit (wie bei Homer), sei es für Athena (so die meisten anderen Quellen).

Im heutigen Bewusstsein hat sich jedoch ein etwas verkürztes Verständnis durchgesetzt, das die Trojaner selbst zu den Empfängern der verhängnisvollen Holzfigur macht: Ein Danaergeschenk wird, Büchmann zufolge, eine »verdächtige Gabe« genannt, die dem Beschenkten »Vorteil verspricht und Nachteil in sich birgt.«

Wohl deutlich älter als die stehende Wendung »Danaergeschenk« ist die vom »Trojanischen Pferd«. Wichtiges Indiz dafür: Bereits im 2. Jahrhundert v. Chr. ist eine Delikatesse unter dem Namen »trojanisches Schwein« geläufig. Es handelte sich dabei um ein raffiniert gefülltes Spanferkel; der Begriff eignete sich also schon für Wortspiele.

Besondere Bedeutung und bis in die Gegenwart anhaltenden Erfolg aber hat das Trojanische Pferd als – vornehmlich politische – Metapher. Die suggestive Kraft des Trojanischen Pferdes als Sinnbild unerkannter existentieller Bedrohung erkannte bereits Cicero. Er bediente sich dieser Metapher, als er die vom Aufrührer Catilina, Spross einer angesehenen Senatorenfamilie, drohende Gefahr beschwor – und zugleich sich selbst als Garanten dafür pries, dass den Römern nicht dasselbe widerfahren werde wie einst ihren trojanischen Vorfahren: »Hier drinnen, hier drinnen, sage ich, steht das Trojanische Pferd (*intus, intus est equus Trojanus*); solange ich Konsul bin, wird es euch niemals, während ihr schlaft, überwältigen.«

Das Trojanische Pferd wird hier schon in ähnlicher Weise gebraucht wie die aus dem 20. Jahrhundert stammende Redewendung »fünfte Kolonne« – als Synonym für eine Gruppe innerhalb der Gesellschaft, die dort unerkannt aktiv die Interessen eines äußeren Feindes verfolgt.

Das Trojanische Pferd als Chiffre für die fünfte Kolonne – diese Auffassung kann inhaltlich auch an zwei Werke der römischen Kaiserzeit anknüpfen. Für Dares und Diktys, Verfasser fiktiver »Augenzeugenberichte« des Trojanischen Krieges, ist nämlich ausgerechnet der vorbildliche Äneas eine ambivalente, ja zwielichtige Figur: ein tapferer Krieger zwar, aber zugleich ein Kollaborateur, der zum Verräter der trojanischen

Sache wird. Offiziell beauftragt, mit den Griechen über einen möglichen Frieden zu verhandeln, nutzt er diese Gelegenheit zum eigenen Vorteil und einem heimlichen Handel. Er verspricht den Griechen, sie in die Stadt hineinzulassen; im Gegenzug wird ihm, nach Einnahme der Stadt, freier Abzug zugesichert. Die Griechen benötigen somit kein Pferd mehr, um Troja zu erobern. Äneas und seine Mannen öffnen dem Feind das skäische Tor, über dem ein riesiger, stilisierter Pferdekopf prangt. Auf diese bescheidene Rolle ist das Trojanische Pferd hier reduziert.

Der Feind in den eigenen Mauern, das ist heute aktueller denn je – zumindest für PC-Besitzer mit IT-Anschluss (wenn auch kaum gleich existenzgefährdend). Denn findige Informatiker haben ein tückisches Verfahren entwickelt, mit dessen Hilfe man in einen fremden PC eindringen kann. Als Teil eines unverdächtigen Datenpakets gelangt dieses »selbstständige Programm mit einer verdeckten Schadensfunktion« – so die offizielle Definition des Bundesamtes für Sicherheit in der Informationstechnik – unbemerkt auf die Festplatte des arglosen Nutzers: Dort richtet es alsbald großen Schaden an, z. B. indem es dort Daten zerstört, und wichtige Dokumente oder geheime Passwörter nach außen weiterleitet. Ein Programm, das solch finsteren Zwecken dient, heißt im Fachjargon »Trojanisches Pferd« oder auch kurz »Trojaner« (!). Freunde der Tradition mag immerhin trösten, dass auf diese Weise ausgerechnet die aktuellste aller Technologien die Erinnerung an die uralte Kriegslist des Odysseus auch ins dritte Jahrtausend transportiert. *Ch.M.*

Christoph Müller, Ikarus fliegt weiter – Ursprung und Rezeption geflügelter Worte und Sprachbilder (2001)

44.4 *Griechen steigen durch verschiedene Luken aus dem Pferd und geraten sofort ins Handgemenge mit – auch zu Pferd – herbei eilenden Trojanern. Handelt es sich bei den in Schlachtreihe anrückenden Kriegern um das zurückgekehrte Griechenheer? Korinthischer Aryballos, um 560 v. Chr., Paris, Bibliothèque Nationale.*

ne einzige bildliche Darstellung. Auch diese Bildinterpretation ist bloße Spekulation, und die stark blutende Wunde am Hals rührt nicht von einem Sturz her. Andere haben in dem Gefallenen einen Trojaner, entweder Deïphobos oder – stellvertretend für seine Stadt – Trojas tapfersten Vorkämpfer, Hektor, sehen wollen. Man muss schlichtweg einräumen, dass wir diese Frage nicht beantworten können[2].

Im Halsbild des selben Reliefpithos in Mykonos (Abb. 43.1) legen einige der Helden, die schon dem Pferd entstiegen sind, noch ihre Waffen an. Bewaffnete Trojaner, die sich den Griechen entgegenstellten, lassen sich dort nicht ausmachen. Es fehlen Indizien, um einzelne Helden sicher zu identifizieren. Auf einem ein knappes Jahrhundert später entstandenen korinthischen Salbölgefäß (Abb. 44.4) geht der Ausstieg dagegen unmittelbar in Kampfhandlungen über. Hier wimmelt es nur so vor Kriegern. Selbst auf dem rechts anschließenden Panther, der eigentlich gar nicht mehr zum Bild vom Untergang Trojas, sondern zum rein dekorativen Tierfries gehört, setzt sich das Kampfgeschehen fort. Während die Griechen aber Helm, Schild und Lanze tragen, sind die Trojaner nackt und unbewaffnet.

Freilich ist die kleine im Pferd verborgene Schar trotz des Überraschungsmoments zu schwach, um den Trojanern allein den Garaus zu machen[3]. Der vermeintliche Überläufer Sinon signalisiert der vor Tenedos lauernden Flotte durch Feuerzeichen den passenden Zeitpunkt und das Ziel für die Rückkehr – dafür muss er Troja wohl wieder verlassen (Apollodor, *Epitome* 5, 19) –, und die ausgestiegenen Helden lassen das zurückgekehrte Heer in die unbewachte Stadt. Die erstmalig bei Lesches fassbare Erzählung, dass die Trojaner eine Bresche in die Mauer geschlagen hätten, um das Pferd hineinziehen zu können, kann kaum zur ursprünglichen Sagenversion gehört haben, denn warum sollten die Griechen ihre tapfersten und vornehmsten Helden dem Risiko der Entdeckung ausgesetzt haben, wenn die Stadtmauern Troja ohnehin nicht mehr schützten. Sinons List und das Eindringen des Griechenheeres werden in der griechischen Kunst fast nie und erst im Rahmen von Trojabildzyklen auf hellenistischen Reliefbechern sowie später in der römischen Bildkunst dargestellt. Lediglich eine schlecht erhaltene Metope an der Nordseite des Parthenon zeigte möglicherweise schon im mittleren 5. Jahrhundert v. Chr. die nächtliche Landung der griechischen Flotte an Trojas Gestaden[4].

Was folgt ist ein Massaker. Die beim Festgelage oder im Schlaf überraschten Trojaner werden – mit ganz wenigen Ausnahmen (siehe Kap. 45) – gnadenlos hingemetzelt: Selbst vor Knaben machen die Eroberer nicht Halt (Abb. 44.8–12), die Frauen werden vergewaltigt und versklavt, die Stadt in Schutt und Asche gelegt. Die Bewohner einer belagerten Stadt durften im Fall der Eroberung nicht auf Milde hoffen, und zwar umso weniger, je länger sie den Angreifern standhalten konnten. Das war in der Antike so und hat sich bis in die Neuzeit kaum geändert. Die Trojaner wussten, was sie erwartete[5]. Das Abschlachten der nun fast wehrlosen Verteidiger war wenig heroisch und wurde – vielleicht auch deshalb – kaum dargestellt. In seinem berühmten, aber nur durch die Beschreibung des Pausanias (10, 25–27) überlieferten Wandgemälde in der sog. Lesche (Versammlungshalle) der Knidier in Delphi hat – der ›Kleinen Ilias‹ folgend – Polygnot von Thasos vor der Mitte des 5. Jahrhunderts v. Chr. das wohl umfassendste Bild der ›Iliou Persis‹, des Untergangs von Troja, geschaffen und dabei auch viele dieser letzten Kämpfe verarbeitet, und dort zahlreiche namentlich benannte erschlagene Trojaner und verwundete Griechen am Morgen nach dem Gemetzel wiedergegeben.

Auf das dramatische Ende des zehn Jahre währenden Krieges finden sich in der *Ilias* keine und in der *Odyssee* nur knappe Hinweise. In der ›Kleinen Ilias‹ des Lesches und in Arktinos' *Iliu Persis* (Der Fall Trojas) wurde das Ende der Stadt und seiner Bewohner ausführlich behandelt. Doch diese Epen sind nur in Zusammenfassungen auf uns gekommen. Dem können wir aber entnehmen, dass bereits damals Einzelheiten unterschiedlich erzählt worden sind. Noch weniger wissen wir von anderen frühen Darstellungen des Stesichoros, des Ibykos und anderer. Nach Ausweis der erhaltenen Texte haben aber schon die antiken Autoren dem ungleichen Kampf wenig Aufmerksamkeit geschenkt, sondern lediglich einige Einzelschicksale herausgegriffen, die hohen Symbolwert besitzen bzw. für den Fortgang der Ereignisse von Bedeutung sind (Euripides, *Hekabe und Troerinnen*). Dasselbe gilt für die Bildkunst. Das hölzerne Pferd ist das älteste Thema aus dem trojanischen Sagenkreis. Es findet sich schon auf Bildwerken ›homerischer‹ Zeit, und es wurde – im Vergleich mit den im Folgenden behandelten Einzelschicksalen von Priamos, Kassandra, Helena und Äneas – nicht sehr häufig aber immer wieder dargestellt. Bisweilen stellten in klassischer Zeit Städte mit monumentalen Pferden an prominenter Stelle »ihren« Beitrag zur Einnahme Trojas heraus[6]. Aus verständlichen Gründen haben die Römer den Fall der Stadt ihrer ›Vorfahren‹ nur ungern dargestellt und lieber die besondere Frömmigkeit (*pietas*) einzelner Trojaner (Laokoon, Kassandra und Aneas) betont. Seit archaischer Zeit verbinden Bilder vom Untergang Trojas oft Mord und Frevel auf der einen mit Rettungen Einzelner auf der anderen Seite. Wir haben die schreckliche und die hoffnungsfrohe Seite der Eroberung – anders als die antiken Künstler – in zwei getrennten Kapiteln behandelt.

Nur durch List und Verrat gelingt den Griechen die Einnahme der Stadt. Bis in die Zeit Alexanders des Großen verfügten griechische Heere nicht über eine hocheffiziente Belagerungstechnologie, wie sie etwa das Waffenarsenal orientalischer Reiche (Assyrer, Babylonier, Perser) seit langem bereithielt. Der Untergang Trojas veranlasst auch die Götter, die bis dahin bedingungslos auf Seiten der Griechen gestanden haben, zu einer Kehrtwende. Singulär geblieben ist Phidias' Darstellung dieser Götterversammlung in den schlecht erhaltenen Nordmetopen des Parthenon[7]. Selbst Athena wendet sich nun gegen die Griechen. Doch nicht aus Mitleid mit den armen Trojanern, oder weil ein anfangs fairer Kampf in einem Massaker an Wehrlosen endet – schließlich schuf Epeios das hölzerne Pferd mithilfe der Tochter des Zeus –, sondern weil einzelne Griechen sich persönlich gegen die Götter vergehen, indem sie ihre Heiligtümer verletzen.

Neoptolemos tötet Priamos und Astyanax

Das Hauptbild einer Halsamphora in Würzburg (Abb. 44.5) zeigt den Tod des Priamos. Der greise König liegt rücklings auf einem blockartigen Altar. Er scheint sich gar nicht mehr gegen das drohende Unheil wehren zu wollen, die Geste mit seiner Rechten mag man zwar noch als Flehen verstehen, doch er bietet seinem von links

44.5 *Der schwer gerüstete Neoptolemos bedroht den wehrlosen und schon auf dem Altar liegenden Trojanerkönig, auch die flehentlich erhobenen Hände Polyxenas (?) können ihn nicht zurückhalten. Hekabe (?) scheint ihren Mann schon zu betrauern. Ein sinnender Alter und ein passiver Krieger rahmen die Szene. Attisch-schwarzfigurige Halsamphora, um 510 v. Chr., Würzburg.*

nahenden Mörder, dem grimmigen Neoptolemos, schon wie ein Opfertier den entblößten, zurückgebeugten Hals. Der Sohn des Achill wird ihn gleich mit der Lanze erstechen. Auch wenn die Namen nicht beigeschrieben sind, gibt es für den kundigen Betrachter keinen Zweifel, wer hier dargestellt ist. Das Besondere an dieser Szene, was uns die Identifizierung der Figuren ermöglicht, sind das Aufeinandertreffen ungleicher Gegner und der Tatort, am Altar. Dass ein schwer gerüsteter Krieger einen unbewaffneten Greis erschlägt, ist schon unehrenhaft. Weil er es zudem an einem Ort tut, der unter göttlichem Schutz steht, wird daraus ein schrecklicher Frevel. Aus der *Iliu Persis* des Arktinos erfahren wir, dass Neoptolemos den letzten Trojanerkönig am Altar des Zeus Herkeios, des Hausbeschützers, tötete. Die Frau im Zentrum des Bildes, die sich mit beschwörender Geste dem Angreifer entgegenstellt, könnte Polyxena, eine Tochter des Priamos sein, bei der zweiten Frau, die sich dem Opfer zugewandt hat, muss es sich um seine Frau Hekabe handeln. Sie fasst ihm ans Kinn und hat die Haare kurz geschoren, als beklage sie einen Verstorbenen. Hier wird also Kommendes vorweggenommen. Die Assoziationen einerseits an ein Opfer und andererseits an eine Totenklage sind sicher nicht zufällig. Ersteres verweist darauf, dass hier ein Sakrileg geschieht, Letzteres macht augenfällig, dass die Bedeutung des Geschehens weit über den Moment hinausgeht. Bei all dem Morden im Zuge der Eroberung der Stadt ist der Tod des Priamos das symbolträchtigste Ereignis und mehr als ein prominentes Einzelschicksal. Der letzte Herrscher Trojas ist der Vater zahlloser Kinder, von Paris, Hektor, Troilos, Kassandra, Polyxena und vielen mehr. Oft begegnet er auf Bildern vom Trojanischen Krieg als Zuschauer, doch nur zweimal als Hauptfigur: bei Hektors Lösung (Kap. 36) und bei Trojas Fall. In den *Troerinnen* des Euripides sind das Los ihres Mannes und das seiner Stadt für Hekabe eins: »Mit eigenen Augen sah ich selber, wie er hingeschlachtet lag am Hausaltar, und Troja fiel« (482–484). Priamos' Tod ist das Ende von Troja. Der Frevel des Neoptolemos aber erinnert den Betrachter daran, dass auch die Griechen sich nicht lange ihres Sieges werden erfreuen können.

Das hier gezeigte Vasenbild folgt einer älteren Tradition. Im frühen 6. Jahrhundert v. Chr. finden wir erstmals auf peloponnesischen Bronzereliefs Bilder vom Untergang Trojas, darunter auch die Ermordung des Priamos. Ein Schildband aus Olympia (Abb. 44.6) kommt noch mit den beiden Protagonisten aus. Mit Freude am Detail hat der Toreut die furchteinflößenden Waffen des Griechen gezeichnet, sein Gegenüber erscheint durch feines Gewand und Szepter als würdiger, aber hoffnungslos unterlegener Herrscher, sein Haar ist schütter, das große Auge verrät Entsetzen und er taumelt bereits. Was aber nicht fehlen darf, ist der Altar. Durch seine Verzierung ist er als kunstvoll und wichtig hervorgehoben. Denn nicht weil er einen wehrlosen Alten erschlägt, wird Neoptolemos zum Frevler und fordert göttliche Strafe heraus, sondern wegen seiner Hybris, weil er – so wie einst sein Vater Achill bei der Ermordung des Trojanerprinzen Troilos (Kap. 22) – den sakralen Bereich grob missachtet. Der Altar verweist aber auch auf Früheres: Denn genau dort hatte der Trojanerkönig einst seinen Sohn Paris wiedererkannt, der vor seinen Brüdern Hektor und Deïphobos Schutz suchte (siehe Kap. 12). Damals begann sich die verhängnisvolle Prophezeiung zu erfüllen.

44.6 *Neoptolemos bedroht Priamos, der auf einem Altar sitzt, mit der Lanze. Umzeichnung eines bronzenen Schildbandes, um 570–560 v. Chr., Olympia.*

In der Literatur gab es schon früh eine Alternativversion vom Tod des Priamos: In Lesches *Kleiner Ilias* zerrt Neoptolemos den an den Hausaltar geflüchteten König zur Tür des Palastes fort, um ihn dort zu erschlagen. Auf die Bildkunst in Griechenland hatte diese Variante freilich zunächst keinen Einfluss. Erst sehr viel später, auf unteritalischen Vasen des späten 4. Jahrhunderts v. Chr., in der hellenistischen und römischen Kunst (Abb. 44.7) sehen wir einen Neoptolemos, der einen nun orientalisch gewandeten Priamos am Schopf packt, vielleicht um ihn fortzuzerren, vielleicht aber auch nur, um sein Opfer für den tödlichen Streich zu fixieren. In Vergils *Aeneis* (2, 506 – 558) schließlich – der Römer schönt den Mythos an vielen Stellen zugunsten seiner trojanischen ›Vorfahren‹ – greift Priamos zu den Waffen, um seine Familie zu verteidigen und seinem bedrängten Sohn Polites beiseite zu stehen. Doch seine Lanze geht fehl, Neoptolemos tötet Polites vor den Eltern und schleift anschließend den alten Mann zum Altar, um ihn zu enthaupten. Der Leichnam bleibt unbeerdigt am Strand liegen.

44.7 *Neoptolemos zerrt den greisen König – mit ›phrygischer‹ Mütze – vom Altar, um ihn abzustechen; Priamos' Gattin Hekabe, die sich auch an den Altar geflüchtet hat, zeigt gestisch ihr Entsetzen. Marmorrelief, 50 v. Chr. – 50 n. Chr. (Inschrift später). Boston.*

Häufiger als solche Darstellungen vom Tod des Trojanerkönigs allein finden sich Bilder vom gemeinschaftlichen Ende des Priamos und seines Enkels Astyanax (Abb. 44.8 – 10). In den Schriftquellen wird beider Tod als zwei eigenständige Episoden bei der Eroberung der Stadt konsequent getrennt behandelt. Doch die bildenden Künstler haben früh ihre eigene Fassung des Mythos geschaffen und die beiden Freveltaten des Neoptolemos zusammengefasst. Schon bald wird dabei ein neues Bildmotiv erfunden, das bewusst schockiert und den Frevel ins

44.8a–b *Neoptolemos schwingt Astyanax am Fuß gegen Priamos. Hekabe hebt bittflehend die Arme. Links verfolgen Trojaner – ein vornehmer Alter und eine Frau – bestürzt das Geschehen, rechts zwei Krieger. Attisch-schwarzfigurige Dreifußpyxis, um 560/550 v. Chr., Berlin.*

44.9 NEOPTOLEMOS erschlägt mit Astyanax den PRIAMOS, links wird POLYXENA von AKAMAS als Beute abgeführt. Attisch-rotfigurige Schale des Brygos-Malers, um 490 v. Chr., Paris, Louvre.

Unerträgliche steigert: Neoptolemos packt den Knaben an den Fesseln und schleudert ihn gegen den greisen Priamos am Altar. Hier wird gegen jedes menschliche und göttliche Gesetz verstoßen. Ein jedem antiken Betrachter vertrautes Phänomen wird prominent vorgeführt, der Krieger verfällt in einen Blutrausch, der ihn vor nichts mehr Halt machen lässt. Die aggressive Wildheit des Griechen hat ein hocharchaischer Maler durch eine Schlange ins Bild gesetzt, die aus dem Schild des Helden nach vorn stößt (Abb. 44.8). Die großartige Idee dieses neuen Bildentwurfs besteht aber nicht in der schonungslosen Grausamkeit des Siegers, sondern weil hier auf einen Streich Großvater und Enkel, Vergangenheit und Zukunft der einst von den Göttern geliebten Stadt ausgelöscht werden.

Ganz ähnlich wurde bisweilen auch der Tod des Troilos dargestellt (Abb. 22.13). Eine Übernahme des Bildmotivs von der einen auf die andere Sage liegt nahe, denn im einen Fall ist Achill der Mörder, im anderen sein Sohn Neoptolemos, einmal ist ein Sohn, das andere Mal ein Enkel des Priamos das Opfer[8].

Auf der Berliner Dreifußbüchse (Abb. 44.8) liegt der König bereits tot auf dem Altar. In der Folgezeit hockt er meist dort und sucht vergeblich, den Angreifer mit flehentlich ausgestreckten Armen von seinem Vorhaben abzubringen. So auch auf einem wunderbaren Schalenbild des Brygos-Malers im Louvre (Abb. 44.9), wo die Szene in eine ausführliche Schilderung der ›Iliu Persis‹ eingebettet ist. Die rotfigurigen Vasenmaler stellen die Kriegsgräuel noch pathetischer als frühere Künstler dar[9]. Wohl nicht unbedacht trägt hier der Schild des Neoptolemos das Bild eines kauernden Löwen, also eines Tieres, das schon bei Homer für erbarmungslose Grausamkeit stehen kann. Das kostbare Gewand und die sorgsam frisierten Haare des Priamos machen anschaulich, wie tief der Fall des einst mächtigen Troja ist und wie sehr hier die Ordnung aus den Fugen geraten ist, wenn ein vornehmer Greis so abgeschlachtet wird. Die geschlossenen Augen des Astyanax deuten an, dass er diesmal schon tot ist. Der große Dreifuß hinter dem Altar – der mittlerweile volutenförmige Wangen besitzt – dient weniger dazu, die Heiligkeit des Ortes noch zu steigern, als vielmehr einen Blick in die Zukunft zu werfen. Er ist eng mit Apoll zu verbinden, also jenem Gott, der schon den Tod des Achill bewirkte und auch für die Ermordung von dessen Sohn in seinem Heiligtum in Delphi verantwortlich ist (siehe Kap. 46).

Auch auf einem weiteren Meisterwerk, der Hydria des Kleophrades-Malers in Neapel, steht die Ermordung von Priamos und Astyanax im Zentrum (Abb. 44.10). Doch hier dient der Knabe nicht als Waffe, sondern liegt aus zahlreichen Wunden blutend auf dem Schoß seines Großvaters, der ein Bild der Verzweiflung bietet. Das großartige Vasenbild ist in vieler Hinsicht singulär und ohne Nachfolger geblieben. Priamos erscheint resigniert. Wie bei der Totenklage hat er das Haar

44.10 *Die Griechen wüten unter den Trojanern: Im Zentrum hockt ein schon blutender Priamos auf dem Altar mit dem bereits erschlagenen Astyanax auf dem Schoß und erwartet Neoptolemos' tödlichen Streich; am Boden ein erschlagener Trojaner. Links davon vergeht sich der »kleine« Ajas an Kassandra, ganz links rettet Äneas sich und seine Familie. Rechts attackiert Andromache einen Griechen mit einer Mörserkeule, Akamas und Demophon retten ihre Großmutter Aithra. Umzeichnung einer attisch-rotfigurigen Hydria des Kleophrades-Malers, um 480 v. Chr., Neapel.*

kahl rasiert, trägt einen Stoppelbart und schlägt die Hände vor das Gesicht. Auch er ist bereits verwundet. Der jugendliche Neoptolemos schwingt hier kein Schwert, sondern eine ›machaira‹, ein einschneidiges Opfer- und Küchenmesser. Ein Wink mit dem Zaunpfahl, dass der Trojanerkönig nicht ein gewöhnliches Opfer von Kampfhandlungen ist, sondern wie ein Tier am Altar geschlachtet wird. Die Deutung der gebeugten Palme im Hintergrund bleibt strittig: Ist sie als in Griechenland nicht beheimatete Pflanze lediglich Verweis auf ein fremdes Land, eben Troja, steht sie symbolisch für dessen Fall oder ist sie mit Apoll zu verbinden, also wiederum ein Hinweis auf Neoptolemos' spätere Bestrafung? Der Tote vor Priamos ist nicht zu identifizieren, aber man könnte an Polites denken. Er mag einfach nur stellvertretend für die Verteidiger der Stadt stehen, die allesamt gefallen sind. Die mit einem Haushaltsgerät angreifende Andromache versinnbildlicht, mit welcher Erbitterung dieser Kampf geführt wird.

Nach Lesches' ›Kleiner Ilias‹ (Tzetzes, Scholion zu Lykophron 1268) ist Neoptolemos der Mörder des Skamandrios, des Sohnes von Hektor und Andromache. Geläufiger ist uns der programmatische Name Astyanax, »Herrscher der Stadt«, welchen die Trojaner bereits dem Säugling verleihen. An besagter Stelle finden wir erstmals die Notiz, dass der Grieche das Kind von der Brust seiner Amme reißt, am Fuß packt und von einem Turm der Stadtmauer hinabschleudert. Obwohl die Schriftquellen einheitlich vom Sturz des Knaben von der Mauer berichten, folgt nicht ein erhaltenes Bildwerk dieser Überlieferung. Das Motiv des durch die Luft Wirbelns aber hat sich durchgesetzt. Wir finden es schon auf dem berühmten kykladischen Reliefpithos im frühen 7. Jahrhundert v. Chr.. Die Bildfelder auf der Schulter dieses Gefäßes zeigen ausschließlich Gewalt gegen Kinder und Frauen. Mangels individueller Attribute können wir die Dargestellten in der Regel nicht benennen. Doch schon der antike Betrachter wird bei dem Knaben, der von einem Krieger gepackt und vor den Augen der Mutter mit dem Kopf auf den Boden geschmettert wird (Abb. 44.11), an den Sohn von Hektor und Andromache gedacht haben.

Die auf dem Reliefpithos in Mykonos ungeschminkt zur Schau gestellte Brutalität (Abb. 44.12) ist beispiellos in der griechischen Bildkunst. Selbst wenn man annehmen will, dass solche Gräuel in der Kriegsführung jener Zeit keine Ausnahmen gewesen sind, kann es sich doch nicht – wie gelegentlich behauptet[10] – einfach um »menschliche Grundsituationen im Krieg« handeln. Denn dazu hätte auch das Niedermachen der männlichen Verteidiger gehört, was hier konsequent ausgespart wird. Frauen und Kinder wurden gemäß der antiken Kriegspraxis – ein kodifiziertes ›Kriegsrecht‹ gab es selbstverständlich noch nicht – üblicherweise mit dem Leben verschont und lediglich versklavt. Auch wenn sich schon in der *Ilias* (4, 161 ff.; 6, 451 ff.; 24, 732–733) und später in den Dramen von Aischylos (*Agamemnon* 524–528) und Euripides (*Hekabe* 475–476; *Troerinnen* 723) gelegentlich Hinweise auf Kindermorde finden, so werden diese stets als Frevel gebrandmarkt, und nirgends lesen wir, dass gleichsam die gesamte männliche Nachkommenschaft einer Stadt ausgerottet wird. Die griechische Kunst hat zu keiner Zeit »realistische« Bilder des Krieges hervorgebracht, und das Abschlachten von wehrlosen Kindern, Frauen und Greisen sowie Massenvergewaltigungen wurden niemals als Normalität wahrgenommen, sondern als ungeheure Exzesse, die einerseits gleichnishaft für den gottgewollten Untergang der Stadt Troja stehen und andererseits die Begründung für das weitere Schicksal der Sieger liefern. Dass man darin zu allen Zeiten auch eine Mahnung gegen den Krieg an sich sehen konnte, ist trivial. Der Mykonos-Pithos diente als Grabgefäß. So stellt das Bildthema, gerade auch weil es primär die Opferperspektive einnimmt, einen sinnvollen Bezug zur Verwendung des Gefäßes dar. Auch wenn Astyanax die Hoffnungen der Trojaner im Namen trägt, ist er als Säugling doch noch keine eigenständige Persönlichkeit und kann daher auch nicht allein im Bild erscheinen, sondern wird von seinem Großvater oder einer Frau, seiner Mutter oder einer Amme, begleitet. Weil er uns wie dem antiken Betrachter aus der *Ilias* vertraut ist, berührt uns sein schrecklicher Tod jedoch mehr als der eines anonymen Kindes.

Warum Neoptolemos ein unschuldiges Kind brutal ermordet, darüber lassen uns die Bilder, aber auch die antiken Texte im Unklaren. Wie sein Vater hat auch Neoptolemos zwei Gesichter, mal ist er der ehrenwerte und strahlende Held, mal ist er von barbarischer Wildheit. Er bringt zu Ende, was Achill begonnen hat, und löscht die trojanische Königsfamilie aus. Tötet er Astyanax also in kriegerischer Raserei[11] oder aus Rache – wie es Andromache, der Mutter des Knaben, schwant (*Ilias* 24, 734–738) –, weil sein Vater Hektor so viele Griechen erschlagen hat? Nach einer zweiten, bei Euripides fassbaren Sagenversion, die wohl auf Stesichoros, vielleicht aber auch schon auf Arktinos' *Iliu Persis* zurückgeht, wird Astyanax nicht im Affekt getötet, sondern nach einem Beschluss des griechischen Heeres. In den *Troerinnen* des Euripides klagt die Großmutter Hekabe die Griechen an:

»… Furcht vor einem Kind hat euch
den neuen Mord gelehrt. Der Knabe lässt
kein Troja auferstehn! Wer seid ihr denn ?
Als Hektor stark war und sein großes Heer,
da habt ihr uns geschlagen, aber jetzt,
nach Trojas Fall und aller Troer Tod,
jagt euch dies Knäblein Angst ein …« [1159 – 1165; nach E. Buschor]

Dieser Erzähltradition folgend ist Odysseus der Mörder oder zumindest derjenige,
der im Rat auf den Tod des Kindes dringt. Die Gründe sind politisch, nur so ist jede
Revanche ausgeschlossen (Euripides, *Troerinnen* 701 – 705. 723). Später, bei Apollodor (*Epitome* 5, 23), erhält die Tat religiöse Beweggründe, als Sühneopfer an die
Götter. In der griechischen Bildkunst fehlt jeglicher Hinweis auf einen solchen vor-
sätzlichen Kindermord. Erst auf römischen Werken finden wir Odysseus oder den
griechischen Boten Talthybios, die Astyanax von der Mutter wegreißen
(Abb. 44.13).

44.13 *Andromache hat sich mit
Astyanax zum Grabmal des Hektor
geflüchtet, der Herold Talthybios tritt
mit der grausamen Forderung an sie
heran, den Knaben auszuliefern;
daneben die prophetischen
Geschwister Kassandra und Helenos;
ganz rechts Hekabe mit Polyxena.
Umzeichnung eines Bildausschnitts
einer ›Ilischen Tafel‹, um die
Zeitenwende.*

Der lokrische Ajas reißt Kassandra vom Kultbild

Besonders viele attische Vasenbilder halten das traurige Schicksal Kassandras fest.
Wie schon anderen Trojanern wird der Tochter von Priamos und Hekabe ihre
Schönheit zum Verhängnis. Weil sie sich dem Gott Apoll verweigert, der ihr die
Sehergabe verliehen hat, kehrt dieser die Tugend in einen Fluch: Sie soll nur dro-
hendes Unheil voraussagen, aber nirgends Glauben finden (Apollodor 3, 151;
Pindar, *Pythien* 11, 33; s. Kasten S. 318). So geschieht es. Als die Griechen über die
Trojaner herfallen, flüchtet sich das Mädchen zum ›Palladion‹, dem Kultbild der
Stadtgöttin Athena – das eigentlich gar nicht mehr in der Stadt ist, weil Diomedes
und Odysseus es geraubt haben (Kap. 42), aber mit derlei Widersprüchen hält sich
die Sage nicht auf. Obwohl Kassandra noch ein halbes Kind ist, stellt Ajas der
Lokrer ihr nach und schreckt nicht einmal davor zurück, als sie sich unter den
Schutz der Gottheit stellt. Diese Untat hat mehr als alle anderen Gräueltaten die
Götter, allen voran Athena, gegen die Sieger aufgebracht. Dafür wird nicht nur der
Frevler selbst, sondern dafür werden auch viele andere Griechen büßen müssen.

Ajas, Sohn des Oileus, stammt aus Opus in Lokris. Mit 40 Schiffen ist er einer
der wichtigsten griechischen Fürsten. In Abgrenzung vom ›großen‹ Telamonier
wird er als der ›kleine‹ Ajas bezeichnet. Er ist ein vorzüglicher Speerwerfer und
nach Achill der schnellste Läufer unter den Griechen – wenn er bei den Leichenspielen für Patroklos nicht siegt, dann nur, weil Athena zu Gunsten ihres Schützlings Odysseus eingreift. Oft agieren beide Ajas paarweise[12], etwa bei der Rettung
von Patroklos' Leichnam (Kap. 32). Der ›kleine‹ Ajas wird nur selten in den antiken
Texten erwähnt, Sophokles' Drama *Ajas der Lokrer* ist verloren. Arktinos hat in der
Iliu Persis wohl als Erster von seinem Frevel gegen Kassandra berichtet: Er zieht die
Königstochter fort und gleichzeitig – unbeabsichtigt – das altehrwürdige Holzbild-
nis Athenas, an das sich das Mädchen geflüchtet hat. Mit der Verletzung des Kultbildes und durch die Missachtung des heiligen Asylrechts hat er sich die mächtige
Göttin für immer zur Feindin gemacht. Der Steinigung durch seine griechischen
Mitstreiter, die wohl ahnen, dass diese Tat auch ihnen zum Schaden gereichen
wird, entkommt Ajas pikanterweise durch Flucht an den Altar Athenas. Vergeblich drängt Odysseus auf eine umgehende Bestrafung, um den Zorn der Göttin
von den Griechen abzuwenden. Auf der Heimfahrt zerschmettert Athena Ajas'
Schiff. Als er sich auf einen Felsen retten kann und triumphierend prahlt, lässt
Poseidon ihn untergehen (*Odyssee* 4, 499 – 509). Trotzdem hat man in seiner Heimat und im unteritalischen Lokris die Erinnerung an den ›kleinen‹ Ajas im Kult

44.14 *Ajas mit Helm, Schild und
Schwert in Angriffshaltung.
Silbermünze (Stater) von Opous in
Lokris, um 369/338 v. Chr., London.*

44.15a–b Ein Hoplit (Ajas) bedroht
ein kleines nacktes Mädchen
(Kassandra) mit ungewöhnlich
deutlichen Brüsten, ihm steht Athena
ruhig gegenüber, Lanzenträger
rahmen das Geschehen als passive
›Tatzeugen‹. Unter den Henkeln
rennen unbekleidete Knaben davon.
Attisch-schwarzfigurige Schale,
um 550 v. Chr. (Kat. 104).

wachgehalten (Pausanias 3, 19, 2): In Opus gab es Feste zu seinen Ehren, und lokrische Münzen tragen sein Bildnis (Abb. 44.14). Es wird allerdings auch glaubhaft
berichtet, dass seit dem späten 8. Jahrhundert v. Chr. als Sühne des Sakrilegs alljährlich zwei lokrische Jungfrauen aus vornehmen Familien als Tempelsklavinnen
in das Athena-Heiligtum von Ilion (Troja) gesandt wurden (Polybios 12, 5; Strabon
13, 1, 40)[13]. Bis ins 4. Jahrhundert v. Chr. oder sogar bis ins 1. Jahrhundert n. Chr.
hielt man an diesem Brauch fest.

Nach Pausanias (5, 19, 5) war die Schändung Kassandras schon in der ersten
Hälfte des 6. Jahrhunderts v. Chr. auf der heute verlorenen ›Kypseloslade‹ dargestellt, einer kostbar verzierten Truhe aus Wachholderholz, die im Hera-Tempel
von Olympia aufbewahrt wurde. Die ältesten erhaltenen Bilder dieser Tat finden
sich auf Schildbändern des beginnenden 6. Jahrhunderts v. Chr., auch in Olympia
(Abb. 44.17). Das hier anzutreffende Bildschema setzen jedenfalls auch die älteren

schwarzfigurigen Vasenbilder aus Athen (Abb. 44.15–16) fort: Ajas, als schwer bewaffneter Krieger charakterisiert, kommt in der Regel von links, hat Kassandra mit seiner Linken am Arm gepackt und bedroht sie mit dem Schwert in der rechten Hand. Der Waffe hätte es gegen das wehrlose Kind kaum bedurft; das Schwert soll vielmehr die Brutalität von Ajas' Handeln veranschaulichen. Das kauernde oder nach rechts fliehende Mädchen ist oft nackt, manchmal trägt es ein Mäntelchen, vor allem aber ist es wesentlich kleiner als der Grieche, ab und an wird sogar sein Haupt vom Schild der Athena verdeckt – womit auch der, in diesem Fall allerdings wirkungslose, göttliche Schutz sinnfällig gemacht werden kann. Die Göttin erscheint auf den frühen Vasen üblicherweise im ›Promachos‹-Typus, das heißt in kriegerischer Rüstung, mit drohend erhobener Lanze und in Schrittstellung. Auf dem Schildband ist ein wichtiges Detail deutlicher als auf den Vasenbildern festgehalten: Kassandra hält sich mit der Linken schutzsuchend an der Athena-Statue

Kassandraruf

Bis heute ist es üblich, missliebige Prognosen politischer Gegner als »Kassandrarufe« abzutun, und diese so zugleich der Hysterie zu zeihen. Zu Unrecht, natürlich. Denn die sprichwörtlichen Prophezeiungen der Kassandra stehen zwar synonym für »vergebliche Warnungen« (Büchmann, Geflügelte Worte 26. Aufl. 1919), weil niemand auf sie hört. Inhaltlich gesehen sind sie aber gerade nicht verfehlt, sondern nur allzu berechtigt.

Erst nachhomerisch ist Kassandra in der Literatur zu der mit Apollos Fluch beladenen Unglücks-Seherin ausgestaltet worden, erstmals fassbar bei Aischylos.

Lykophron, ein Dichter des 3. oder 2. Jahrhunderts v. Chr., machte Kassandra erstmals zur Titelheldin in einer der umfangreichsten hellenistischen Dichtungen überhaupt – als Figur eigenen Rechts bleibt sie aber eher blass; sie geht in ihrer Funktion auf, als ›Sprachrohr‹ einen Abriss künftiger Geschichte weit über den Trojanischen Krieg hinaus zu bieten.

Für die spätere Rezeption wichtiger wurden römische Autoren: Bei Cicero wurde Kassandra zum Synonym für einen Menschen mit seherischen Gaben; bei Vergil bereits mutiert Kassandra in gewissem Sinn auch zur Heilsprophetin – sagt sie doch nicht nur nahendes Verderben, sondern auch die künftige Größe Roms voraus, in dem ja Troja weiterlebt.

In dieser positiven Rolle ist sie im Mittelalter mitunter noch weiter aufgewertet worden. In Herbort von Fritzlars »Lied von Troja«, dem ersten deutschen Troja-Roman (um 1200), wird Kassandra mit der Zukunft kündenden Sibylle verschmolzen und in christlichem Sinne zur Verkünderin des Messias und des Gangs der Weltgeschichte bis zum jüngsten Gericht verfremdet. Eine außergewöhnliche Auffassung, die ohne Nachfolge blieb.

Interesse nicht bloß als göttliches Medium, sondern als selbstständige Figur vermochte Kassandra nachantik aber lange Zeit weder in Literatur noch Kunst zu wecken. Das änderte sich erst mit Friedrich Schiller, dessen Gedicht »Kassandra« von 1802 die Auffassung der Gestalt der Prophetin das 19. Jahrhundert hindurch bestimmte:

»Warum gabst du mir zu sehen
Was ich doch nicht wenden kann?
…
Frommt's den Schleier aufzuheben,
Wo das nahe Schrecknis droht?
Nur der Irrtum ist das Leben,
Und das Wissen ist der Tod.«

Schiller stellt die Seherin in die Spannung zwischen apollinischem und dionysischem Prinzip: Während die Troja-

ner zu einem Feste rüsten, steht die stille, ungesellige Kassandra freudlos abseits und hadert mit dem Gott, der sie einst liebte und dann mit der verfluchten Sehergabe schlug.

Im 20. Jahrhundert, dem Zeitalter der Weltkriege und Massenvernichtungswaffen, sind Bedrohungen des Friedens oder gar der Existenz der Erde oft unter Rekurs auf Kassandra diskutiert worden. Im Theaterstück von Giraudoux »Der trojanische Krieg findet nicht statt« (1935) erscheint sie als pazifistische Fatalistin, die – wie Giraudoux selbst einen zweiten Weltkrieg – die kriegerische Auseinandersetzung als unaufhaltbar ansieht.

Vollends ins Zentrum rückt sie in Christa Wolfs Erzählung »Kassandra« (1983), die nur wenige Jahre vor Ende des Kalten Kriegs erschien und ungeheure Resonanz erzielte. In manchem Giraudoux verpflichtet, erschließt Wolf der Figur ganz neue Dimensionen: Sie stilisiert Kassandra zur feministischen Intellektuellen, die sich vergebens dem kriegerischen Denken, der verdinglichten Rationalität und fatalen Eskalationslogik einer patriarchalisch geprägten Welt entgegenstellt – als eine ohnmächtige Außenseiterin, die die Hoffnung auf eine bessere, freilich vage bleibende Gegenwelt verkörpert. *Ch. M.*

Christoph Müller, Achilles auf den Fersen. Ursprung und Rezeption geflügelter Worte und Sprachbilder (2006)

44.16 *Ajas und Athena stehen sich
bedrohlich gegenüber; Kassandra, das
eigentliche Opfer, durch den Schild
der Göttin zum Teil verdeckt, ist kaum
mehr zu erkennen; außen unbeteiligte
»Zuschauer«. Attisch-schwarzfigurige
Amphora, um 540 v. Chr. (Kat. 105).*

fest. Zudem blickt der Frevler noch auf sein Opfer, während später auch die Blickwendung anzeigt, dass das eigentliche Duell zwischen Ajas und Athena ausgetra-
gen wird. Die Münchner Amphora (Abb. 44.16) hat die Dreifigurenkomposition
um eine Frau und einen nackten Bärtigen, die Münchner Schale (Abb. 44.15) gleich
um eine ganze Reihe von »Zuschauern« bereichert, die inhaltlich für die Szene
bedeutungslos sind[14]. Auf der Schale erscheint auch Athena eigenartig teilnahms-
los, nicht in der üblichen Angriffspose gegen Ajas, sondern ikonographisch den
übrigen »Zuschauern« angeglichen.

    Die Betonung der Nacktheit Kassandras ist – gerade auf Bildwerken so früher
Zeit – auffällig und wohl ein Hinweis auf das Tatmotiv des Ajas. Die bildenden
Künstler setzen damit schon früh das sexuelle Verlangen des rasenden Helden ins

Bild. Dagegen bleibt in den Schriftquellen eigentümlich unklar, was mit dem armen Mädchen geschieht. Zunächst wird nirgends erwähnt, dass sie vergewaltigt worden sei. Euripides' *Troerinnen* (253. 255 – 257) meint man sogar entnehmen zu können, dass sie ihre Unschuld bewahren kann. Es fragt sich, was denn der liebestolle Ajas anderes im Sinn gehabt haben soll, als er die Königstochter fortriss; wollte er sie nur als Beute in sein Zelt führen? Erst hellenistische Autoren sprechen offen von der Vergewaltigung (Lykophron, *Alexandra* 361 – 364. 1143; Strabon 6, 264; 13, 600). Aber nicht Schamhaftigkeit ließ die früheren Dichter schweigen, sondern Desinteresse. Für sie steht der Konflikt mit Athena im Zentrum, Vergewaltigungen im Zuge von Kampfhandlungen sind akzeptierte Praxis[15].

Seit dem späten 6. Jahrhundert v. Chr. und besonders in der attisch-rotfigurigen Vasenmalerei wandelt sich das Bild von Kassandras Schändung signifikant, obwohl an der traditionellen Dreifigurenkomposition festgehalten wird. Doch jetzt erscheint Kassandra nicht mehr als Kind, sondern als junge, erotisch attraktive Frau. In geradezu unerhörter Deutlichkeit präsentiert etwa der Kleophrades-Maler die gespreizten Beine und selbst das Schamhaar (Abb. 44.10). Kassandra nimmt nun genauso viel Raum ein wie Ajas und Athena, sie kann sich aufrichten, und mit zunehmender Größe gewinnt sie auch an Bedeutung. Gleichzeitig ist Athena nun eindeutig als Statue gekennzeichnet, die auf einer Basis steht und sich durch ihre altertümliche Steifheit von den übrigen Figuren unterscheidet. Die ältere Bildauffassung unterschied noch nicht zwischen Kultbild und Göttin[16]. Auf dem großartigsten Bild vom Untergang Trojas, auf der Schulter eines Wasserkruges in Neapel (Abb. 44.10), ist die Lanze des Athenastandbildes, an das sich Kassandra klammert, noch immer gegen den Frevler gerichtet. Der packt sein Opfer an den Haaren, ein Motiv, das sich in jener Zeit durchsetzt.

In der Folgezeit stellen die Vasenmaler das Mädchen oft auf der Flucht vor ihrem Verfolger dar. Das Kultbild bleibt zwar ihr Ziel, aber es ist nun oft kleiner und tritt nun nicht mehr Ajas entgegen, sondern ist frontal zum Betrachter ausgerichtet. Aufgrund seiner geringeren Größe – deshalb ließ es sich überhaupt umstoßen oder rauben – und der geschlossenen Fußstellung entspricht es dem Typus des ›Palladion‹, den wir bereits auf dem Schildbandrelief (Abb. 44.17) angetroffen hatten. Jetzt kann die Göttin sogar neben ihr eigenes Bildnis treten, aber sie greift nicht mehr ein, unterstützt die Königstochter allenfalls noch durch eine zurückhaltende Geste. Die offenkundige Machtlosigkeit Athenas wirft ein bezeichnendes Licht auf das veränderte Verhältnis der Griechen zu ihren Göttern in jener Zeit. Die späte Überlieferung (*Scholion* zu *Ilias* 13, 66; Strabon 6, 1, 14; Quintus Smyrnaeus 13, 422), dass die Statue ihre Augen schließt oder nach oben abwendet, als Ajas sich in ihrem heiligen Bezirk an der jungfräulichen Prophetin vergreift, ist in der Bildkunst nicht zweifelsfrei belegt[17].

Im 4. Jahrhundert v. Chr. steht dann endgültig das Schicksal Kassandras im Zentrum, und nicht mehr das Vergehen gegen die Gottheit. Auf einem apulischen Mischkrug in London (Abb. 45.12) ist sie wie Helena vor Menelaos an einen großen Altar geflohen. Doch während jene den auf Rache sinnenden Gatten mit ihren körperlichen Reizen entwaffnet, wird Kassandra gerade ihre Schönheit zum Verhängnis[18].

Eine Vielzahl von geschnittenen Edel- bzw. Halbedelsteinen oder von ebensolchen abgeformte Glaspasten – preiswerte Imitate aus Buntglas – zeigen Ajas und Kassandra (Abb. 44.18) oder auch die prophetische Königstochter allein mit dem ›Palladion‹ (Abb. 44.19a-b). Es handelt sich bei beiden Formen von Ringsteinen in der Regel um italische oder römische Arbeiten aus der Zeit der späten Republik oder der Kaiserzeit. Ajas, wie seit dem mittleren 5. Jahrhundert v. Chr. zunehmend üblich, in ›heroischer‹ Nacktheit, lediglich mit einem Mäntelchen bekleidet, reißt die kniende Kassandra vom jetzt sehr kleinen Kultbild fort. Oft klammert sich die

44.17 Ajas bedroht Kassandra, die sich an das Kultbild der Athena klammert. Schildbandrelief, um 590– 580 v. Chr. Olympia (Umzeichnung).

44.18 Ajas packt Kassandra am Palladion. Seine Waffen hat er weitgehend abgelegt, links lehnt sein Schild. Braune Glaspaste, 1. Jh. v. Chr./1. Jh. n. Chr., Staatliche Münzsammlung München.

44.19a–b Kassandra im hochgegürteten Chiton sitzt auf einem bekränzten Altar und umfasst das Athenabild. Italischer Ringstein (gelber Karneol), 2./1. Jh. v. Chr., Staatliche Münzsammlung München (a: Original und b: Abrollung).

junge Frau, deren Gewand nur ihren Unterkörper bedeckt, an die Athenastatue, auf der Münchner Glaspaste erscheint sie hinter ihr (Abb. 44.18).

Eine Gruppe von Steinen kommt ganz ohne den Angreifer aus (Abb. 44.19a–b). Auch das Kassandrabild hat sich dabei gewandelt. Ihr geht jeglicher erotischer Reiz ab, vielmehr betonen ihr hochgestecktes Haar, das züchtige Gewand und der Altar ihre vorbildliche Frömmigkeit. Spätestens seit Caesar etablierte sich in Rom die Vorstellung, dass die Ahnen der Römer einst aus Troja nach Italien geflüchtet waren. Diese Sicht haben dann Vergil und Livius literarisch untermauert[19]. Und so kann es nicht verwundern, dass für die Römer nicht mehr der frevelnde Ajas, sondern die gottesfürchtige Kassandra zur Hauptfigur wird, nicht mehr als Symbol von Trojas Untergang, sondern von Roms kommender Größe.

Auch in historischer Zeit haben sich Schutzflehende immer wieder mit unterschiedlichem Erfolg zu Götterbildern – seltener wie Priamos an Altäre – geflüchtet[20]. Nur dann, also in größter Not war es überhaupt statthaft, wie Kassandra das Bild der Athena zu umklammern. Der hellenistische Dichter und Gelehrte Lykophron (*Alexandra* 1135) berichtet, dass eine Bildnisstatue der Kassandra in Sparta letzte Zuflucht junger Mädchen war, die sich unerwünschter Heirat zu entziehen suchten.

Ein Hauptgrund für die große Beliebtheit dieses Bildthemas ist – ganz ähnlich wie bei der Ermordung des Priamos durch Neoptolemos –, dass es gleichnishaft für den Fall Trojas stehen kann, weil es sowohl auf den Untergang der Stadt als auch auf das weitere Schicksal der Griechen verweist. Die unentschuldbare Hybris der Griechen äußerte sich darin, dass sie Trojas Heiligtümer nicht achteten, Priamos am Zeusaltar erschlugen und mit seiner Tochter Kassandra das Bildnis Athenas fortrissen. Andere Bilder von Ajas oder Kassandra (Abb. 45.12) sind selten. Zwei berühmte, aber verlorene Wandgemälde des Polygnot aus der Mitte des 5. Jahrhunderts v. Chr. zeigten das Gericht der griechischen Fürsten über Ajas nach seiner Freveltat (Pausanias 1, 15, 2; 10, 26, 3).

›Gericht‹ über die Besiegten

Am Morgen nach dem Gemetzel bietet sich ein elendes Bild. Auf Seiten der Besiegten sowieso: Die Stadt ist niedergebrannt, die Männer sind tot, das Königsgeschlecht ist in männlicher Linie ausgerottet, Frauen und Kinder wandern in die Sklaverei. Aber auch die Sieger können sich ihres Erfolges nicht recht freuen. Ihre größten Helden sind erschlagen, so hat sich der Plan des Zeus (Kap. 7) erfüllt. Und den Übriggebliebenen bleibt nicht viel mehr als das nackte Leben, denn reiche Beute können sie aus der verheerten Stadt nicht mehr mitnehmen. So sind die Frauen aus der trojanischen Königsfamilie ihre kostbarste Beute. Die griechischen

Der Silberbecher von Manching

Im zentralen Hauptbild der Vorderseite eines Silberbechers in den Antikensammlungen (Abb. 1–4), von dem Fuß und Henkel fehlen, gibt ein Sitzender einem Soldaten das Zeichen zur Hinrichtung eines Gefangenen. Der Krieger hat dem gefesselt am Boden Knienden sein Knie in den Rücken gedrückt, zusätzlich hat er ihn mit der Linken am Schopf gepackt. Das Kurzschwert hält er stoßbereit in der rechten Hand, und erwartungsvoll blickt er auf seinen Führer. Im Hintergrund steht eine Frau mit Helm, offensichtlich Athena bzw. eine Statue der Göttin. Die Sieger sind sämtlich ›heroisch‹ nackt, tragen nur ihre Waffen und allenfalls ein Schultermäntelchen. So wird klar, dass die Szene in den mythischen Bereich einzuordnen ist. Hinter dem sitzenden Anführer bewachen weitere Sieger zwei Gefangene, ältere Männer mit auf den Rücken gebundenen Händen. Der Schild eines der Soldaten zeigt Achill, der die sterbende Amazonenkönigin Penthesileia hält. So können wir die Darstellung wohl mit der Trojasage in Verbindung bringen. Weil die Unterlegenen überwiegend Frauen und Kinder sind, muss es sich um das Gericht über die besiegten Trojaner handeln. Der thronende Grieche wäre dann Neoptolemos. Weitere Figuren lassen sich aber nicht überzeugend identifizieren. Die Trojaner entsprechen nicht der älteren griechischen Bildtradition, schon weil nach der Einnahme der Stadt keine wehrfähigen Männer mehr am Leben sein dürften. Die Gefangenen mit wilden Haaren und ungepflegten Bärten erinnern vielmehr an ›Barbaren‹, wie sie dem römischen Betrachter vertraut waren. Dieser fühlte sich an Darstellungen siegreicher römischer Feldherren auf historischen Reliefs erinnert und sah mitleidlos auf die Besiegten. Hier wird also nicht – wie häufig in der römischen Kunst anzutreffen – für die Trojaner Partei ergriffen. Im Gegenteil, das römische Auge erkannte hierin vielmehr eine gerechte Bestrafung – ohne die Verfehlung zu kennen. Der Becher wurde in Manching gefunden und gehörte vielleicht einstmals einem römischen Offizier. Dem konnte dieses Bildthema ebenso vorbildlich erscheinen wie das Beispiel herrscherlicher Gnade auf dem Silberbecher aus Hoby (Abb. 36.9). Wiederholungen einiger Motive des Manchinger Silberbechers auf einem Gipsabguss in Alexandria und einem Sarkophag im Thermenmuseum sprechen für eine gemeinsame Bildvorlage, die wohl in augusteischer Zeit entstanden sein wird. _F.K._

1   3

2   4

Edlen wählen sie aus oder bekommen sie von der Heeresversammlung zugesprochen. Doch selbst jetzt noch, nach dem Ende aller Kampfhandlungen, werden den
Unterlegenen weitere blutige Opfer abverlangt. Aus der Literatur sind uns zwei
prominente Fälle bekannt. Vom »Todesurteil« über Astyanax hatten wir oben
gehört, vom Schicksal der Polyxena wird im Folgenden noch zu reden sein. Nur
aus der Bildkunst erfahren wir vom Tode weiterer, anonymer Trojaner (siehe Kasten S. 322).

Zu guter Letzt: Polyxena wird am Grab Achills geopfert

Wir sahen auf der Schale des Brygos-Malers, wie Akamas Polyxena wegführt, die
noch den Tod ihres Vaters mit ansehen muss (Abb. 44.9). Vielleicht war das eine
Erfindung des Malers, jedenfalls lesen wir davon nichts in den erhaltenen Quellen.
Die antiken Texte liefern bereits sehr früh unterschiedliche und nicht miteinander
in Einklang zu bringende Überlieferungen. Homer und die erhaltene Zusammenfassung von Leschesʼ ›Kleiner Ilias‹ schweigen zu ihrem Ende. In den ›Kyprien‹ wird
sie bereits bei der Einnahme Trojas von Odysseus und Diomedes verwundet und
erliegt bald darauf diesen Verletzungen. Keine einzige bildliche Darstellung lässt
sich mit dieser Überlieferung verbinden. Dagegen heißt es am Ende in Arktinosʼ
Iliu Persis (nach Proklos) lapidar »Dann setzen sie [sc.: die Griechen] die Stadt in
Brand und schlachten Polyxena am Grab des Achill.«. Angaben zu den näheren
Umständen und vor allem Hinweise auf den Grund ihres Todes, die Arktinos wohl
schon detaillierter ausgeführt hatte, erhalten wir erst sehr viel später aus der
Hekabe und den *Troerinnen* des Euripides.

   In der Bildkunst hat man die Opferung Polyxenas selten wiedergegeben. Der
attische Timiades-Maler, den wir bereits im Zusammenhang der Ermordung des
Knaben Troilos als Freund blutrünstiger Bilder (Abb. 22.12) kennen gelernt haben,
hat die Szene im zweiten Viertel des 6. Jahrhunderts v. Chr. ausführlich und mit
Nennung aller Beteiligten geschildert (Abb. 44.20). Drei Griechen halten das Mädchen über dem brennenden Altar. Neoptolemos schächtet sie, das Blut tropft auf
einen Hügel, bei dem es sich nur um das Grabmal des Achill handeln kann. Dass
der alte Phoinix, Erzieher des Achill, sich von dem Geschehen abwendet, macht
deutlich, dass dieser brutale Mord auch von den Siegern als frevelhaft angesehen
wird.

   Wir wissen nicht, ob Euripides noch der Version des Arktinos folgte. Nach seiner Schilderung scheint die schöne Trojanerin zunächst wenigstens mit dem
Leben davonzukommen und lediglich als Kriegsbeute einem der Griechenfürsten
zugeteilt zu werden (vgl. Abb. 44.9). Agamemnon hat schon ein Auge auf sie

*44.20 Über einem lodernden
Altarfeuer schneidet
NEOPTOLEMOS der von
AMPHILOCHOS, ANTIPHATES
und AIAS gehaltenen POLYXENA
die Kehle durch. Links schauen
Diomedes und Nestor zu, ganz rechts
wendet sich Phoinix ab. Attisch-
schwarzfigurige (›tyrrhenische‹)
Amphora des Timiades-Malers,
um 570/560 v. Chr., London*

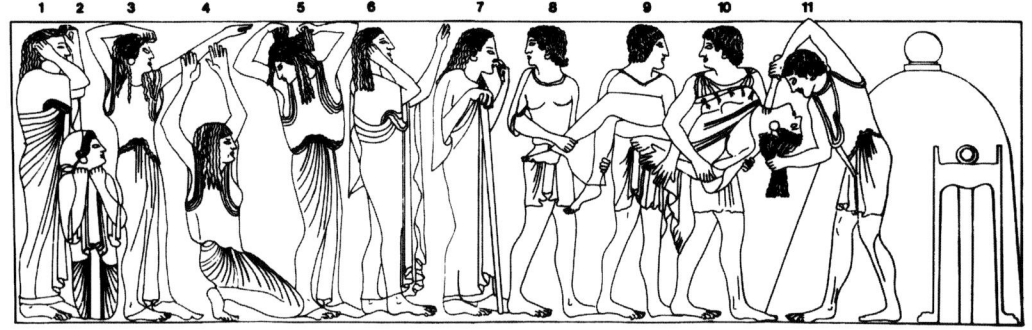

geworfen, und keiner könnte sie dem Anführer der Griechen streitig machen. Keiner außer einem Toten. Als sich alle zur Abfahrt bereit machen, fordert Achill seinen Anteil, damit die Schiffe auslaufen können. Sein Geist erscheint den Griechen über seinem Grabhügel (Euripides, *Hekabe* 35 – 44. 37 – 41. 107 – 115), nach einer anderen Version schon in der vorangehenden Nacht seinem Sohn, Neoptolemos, im Traum (Quintus Smyrnaeus 14, 304 – 323). Er fordert das Opfer der schönen Polyxena. Die Griechen sind uneins: Agamemnon ist dagegen, aus Sympathie oder einfach, weil sie sein Preis ist. Doch weder Argumente noch Mitleid mit dem blutjungen Mädchen halten die Griechen schließlich davon ab, Achill den postumen Wunsch zu erfüllen. Treibende Kraft hinter dem Beschluss ist wieder einmal – man denke an Astyanax' Ende – Odysseus. Wenn es darum geht, das Unternehmen zum Erfolg zu führen, damit er möglichst rasch wieder nach Hause kommt, macht dieser Held nicht viel Federlesens.

Ein vor wenigen Jahren in einem Grab-Tumulus bei Biga in der östliche Troas gefundener, außergewöhnlicher Sarkophag im Museum von Çanakkale (Abb. 44. 21) zeigt dieselbe Szene wie die ›tyrrhenische‹ Amphora mit nur geringfügigen Änderungen. Wieder halten drei Griechen das Mädchen, dem Neoptolemos mit einem Dolch die Halsschlagader durchstößt. Rechts bezeichnen ein Grabhügel und ein Dreifuß die Örtlichkeit bzw. den sakralen Kontext. Bei dem langhaarigen männlichen Zuschauer in der Bildmitte mit Stab und langem Gewand könnte es sich – in Analogie zum obigen Vasenbild – um Nestor oder Phoinix handeln. Vielleicht gehört er aber auch zur Trauergemeinde. Denn links von der Opferszene und auf der rechts anschließenden Schmalseite finden sich nicht sicher zu identifizierende Trojaner, wahrscheinlich Angehörige des Königshauses, die gestenreich den grausamen Tod der Prinzessin beklagen. Das wohl von einem ostgriechischen Bildhauer geschaffene Bild erhält hier noch eine andere Bedeutung, da es das Grab eines (oder einer) gräzisierten kleinasiatischen Aristokraten schmückte, der sich eher den Trojanern als den Griechen verbunden sah[21].

Die Darstellung auf einem etruskischen Skarabäus in München (Abb. 44.22) weicht von dem sonst üblichen Bildschema ab. Das Polyxena-Opfer gehört noch zu den Achill-Mythen, deren Beliebtheit in Etrurien wir noch immer nicht befriedigend erklären können. Erst mit dem Tod der Trojanerin von der Hand seines Sohnes schloss sich für den großen Helden das trojanische Abenteuer endgültig.

Die bildliche Überlieferung Polyxenas steht in auffälligem Gegensatz zur literarischen: Sehr viel häufiger – vor allem auf attischen Vasen – findet sie sich auf Bildern der Troilos-Episode (vgl. Abb. 22.1, 22.4, 22.6 – 7, 22.15), oft in zentraler Position; dagegen sind Bilder ihres Todes selten.

Die Expedition begann mit dem Opfer einer unschuldigen griechischen Jungfrau und endet mit dem Opfertod einer ebenfalls unschuldigen trojanischen Jungfrau. Es bleibt geheimnisvoll, wofür Polyxena, ein Mädchen, dessen Wert schlichtweg auf seiner Schönheit beruht, eigentlich sterben muss: Als Kriegsbeute oder Ehrengeschenk, das Achill mit in die Unterwelt nimmt, oder als »Brautopfer«

44.21 Troische Frauen und – zurückhaltender in ihrer Gestik – Männer bei der rituellen Totenklage. Die wohl älteren Männer tragen über dem langen Chiton noch einen Mantel. – Junge kurzhaarige Griechen schlachten Polyxena vor dem Grabhügel des Achill. Der setzt sich auf der Schmalseite fort, wo zwei weiter Troerinnen trauern. Die hockende Ältere könnte die Mutter Hekabe sein. Umzeichnung einer Lang- und der rechts anschließenden Schmalseite eines Marmor-Sarkophags, um 500 v. Chr., Çanakkale.

44.22a–b Ein nackter Jüngling
(Neoptolemos) steht vor einem
Räucherständer (Thymiaterion),
in der Rechten hält er ein Schwert,
und auf dem linken Arm trägt er
eine bekleidete weibliche Gestalt,
Polyxena, die er gleich opfern wird.
Etruskischer Skarabäus (Karneol),
350–300 v. Chr., München,
Staatliche Münzsammlung.

(Lykophron, *Alexandra* 323 – 324)? Wir hatten im Kontext des Troilos-Abenteuers (Kap. 22) bereits erfahren, dass hellenistische Autoren Achill eine fatale Liebesbeziehung zu Polyxena nachgesagt hatten[22]. Vielleicht sollte ihr Opfer auch das Gelingen der Heimfahrt der Griechen sicherstellen, so wie das Iphigenies vor der Abfahrt in Aulis (Kap. 16).

Priamos, Astyanax und Kassandra sind archetypische Opfer in einer eroberten Stadt, denn sie alle sind wehrlose Nicht-Kombattanten, alte Männer, kleine Kinder und Frauen, die ihr grausiges Schicksal passiv erdulden müssen. Polyxenas Tod ist die letzte Untat der Griechen beim Fall Trojas. Während aber die vorangegangenen Grausamkeiten und Frevel von Amok laufenden Kriegern begangen wurden, geschah dieser letzte Mord kaltblütig, wohlüberlegt.

Überließ es Herakles nach dem ersten Trojanischen Krieg noch König Laomedons Sohn Priamos, die Stadt wieder aufzubauen (Kap. 5), so ist die zweite Zerstörung endgültig. Das Herrschergeschlecht ist ausgerottet und Epeios, der Erbauer des hölzernen Pferdes, reißt die göttlichen Mauern ein. Polygnots großes Wandgemälde in Delphi hielt diesen Moment an zentraler Stelle fest (Pausanias, 10, 26, 2). Als die Griechen nach zehn Jahren endlich das Kriegsziel erreicht haben, wird der Sieg nicht gefeiert. Auf den Bildwerken dominieren Trauer und Schmerz, die Frevel der Sieger verweisen auf ihren eigenes düsteres Verhängnis. Als eindringliche Mahnung finden sich deshalb in hochklassischer Zeit auch monumentale Bilder der ›Iliu Persis‹ als Skulpturenschmuck prominenter Bauten: in den Nordmetopen des Parthenon sowie im Giebel des Heraion von Argos und des Asklepiostempels von Epidauros. Wohl nicht zufällig fallen viele und die bewegendsten attischen Vasenbilder zeitlich mit Ereignissen zusammen, die den Athenern das Leid der Bevölkerung bei der Eroberung einer Stadt eindringlich vor Augen führten: Die Zerstörung Milets im Jahr 494 v. Chr. und die ihrer eigenen Stadt 480 v. Chr. jeweils durch die Perser. Als Phrynichos 492 v. Chr. mit der dramatischen Behandlung der *Einnahme von Milet* die Athener im Theater zu Tränen rührte, wurde er mit einer Strafe belegt, und die Aufführung des Stückes fortan untersagt (Herodot 6, 21). F.K.

45. Rettung

Dem schweren Schicksal, das den meisten Einwohnern Trojas bei der Erstürmung durch die Griechen widerfuhr, konnten einige Wenige entkommen. Nach dem Gemetzel und Gemorde, dem tragischen Los der Frauen soll an dieser Stelle von den Rettungen aus dem untergehenden Troja berichtet werden. In den wenigen Darstellungen die den Untergang Trojas darstellten (s. Kap. 44) finden sich auch immer wieder solche, die den glücklichen Ausgang des Krieges für einzelne thematisieren. Sie kontrastieren somit wirkungsvoll mit den Darstellungen der Gräueltaten (Abb. 44.10, 45.12). Doch im Wesentlichen waren es die Einzelschicksale, die im Mittelpunkt des Künstlerinteresses standen: Das Treffen der Schönen Helena mit ihrem verlassenen Ehemann Menelaos, die Befreiung der greisen Aithra nach langer Gefangenschaft und natürlich das Schicksal des Trojaners Äneas, der seinen alten Vater Anchises aus der brennenden Stadt rettet.

Helena – Sieg der Schönheit

Über das Schicksal der Schönen Helena – Verursacherin des Krieges – erfahren wir von Homer lediglich, dass sie nach dem Tod des Paris seinen Bruder Deiphobos heiratete. Ein kurzes ›Glück‹ – gemeinsam mit Odysseus stürmt Menelaos bei der Eroberung Trojas dessen Haus und tötet ihn. Über das Schicksal der schönen Helena schweigt Homer an dieser Stelle – offenbar hat Menelaos sie jedoch dort gefunden und mit heimgenommen, denn in der Odyssee finden wir sie erneut an der Seite des Menelaos in Sparta, wo sie ihren Pflichten als Hausherrin und treusorgender Ehefrau nachkommt.[1] Die Ausgestaltung des spannenden Augenblicks, da die beiden im untergehenden Troja aufeinander treffen, blieb späteren Autoren und den Künstlern vorbehalten. In der knappen Zusammenfassung der *Iliu Persis* des Arktinos findet sich lediglich die Bemerkung, dass Menealos Helena zu den Schiffen geführt habe. Doch schon bald prägte sich die Fassung aus, dass Menelaos zwar den Vorsatz hat, seine Frau zu bestrafen oder sogar zu töten, aber – von ihrem Liebreiz überwältigt – von diesem Vorhaben ablässt.[2] Gelegentlich wird Helena auch äußerst ruppig behandelt, wie bei Euripides, der Menelaos Helena an den Haaren herbeischleppen lässt. Aber es ist nahezu allen Erzählvarianten gemeinsam, dass Menelaos von der Schönheit der Helena überwältigt – zuweilen unter tatkräftiger Mithilfe der Aphrodite – schließlich seiner ungetreuen Gattin verzeiht. Doch nicht immer ist es Menelaos, der an seiner Gattin Rache nehmen will. Bei Stesichoros beispielsweise sind es alle Griechen die Helena, von Menelaos zu den Schiffen geführt, für die im Trojanischen Krieg erlittenen Unbill strafen wollen. Zur beabsichtigten Steinigung kommt es aber nicht, da auch sie vom Anblick ihrer Schönheit so überwältigt sind, dass sie die Steine fortwerfen.[3]

45.1 Das Bild zeigt den spannenden Augenblick des ersten Treffens von Menelaos und Helena. Diese wird von Menelaos mit erhobenem Schwert bedroht. Doch sie steht würdevoll ruhig und hat ihren Schleier wie eine Braut zur Seite gezogen. So präsentiert sie sich in voller Schönheit dem Blick ihres Mannes, dessen Wut bei ihrem Anblick verrauchen wird. Rechts und links bezeugen zwei unbekleidete Jünglinge mit Speeren die Szene. Attisch-schwarzfigurige Bauchamphora vom Amasis-Maler, um 550 v. Chr. (Kat. 107)

45.2 *Menelaos greift mit der rechten Hand hinter sich. Doch die Hand fasst ins Leere, denn sie verschwindet hinter dem Mantel der Helena – offenbar ein Fehler des Malers. Doch das Motiv bleibt erkennbar: Der Krieger – Menelaos – führt seine Gattin aus dem Kampfgetümmel ins heimische Sparta zurück. Attisch-schwarzfigurige Halsamphora, um 510 v. Chr. (Kat. 39)*

Die Vasenmaler haben sich des Themas auf eigene Weise angenommen – gehört doch die Begegnung der lang getrennten Eheleute zu den beliebtesten Darstellungen aus dem Trojanischen Sagenkreis.[4] So finden sich auch in München gleich mehrere Vasen, die das schicksalhafte Treffen zeigen. Darunter auch eine Amphora des Amasis-Malers, der um 550 v. Chr. als einer der ersten Vasenmaler diese Geschichte aufgegriffen hat (Abb. 45.1): Menelaos wendet sich zur hinter ihm stehenden Helena um und hat drohend das Schwert gegen sie erhoben. Helena steht – scheinbar ungerührt – in ihrem schön gemustertem Gewand hinter im. Das Bild lebt von der Spannung zwischen der Drohgebärde des Kriegers und der ruhig stehenden Frau, von Aktion und Passivität: Der Ausgang des Treffens bleibt ungewiss. Doch gibt das Bild dem Betrachter einen Hinweis: Helena hat den Mantel, der wie ein Schleier über ihrem Kopf liegt, mit der rechten Hand zur Seite gezogen und blickt in die Augen des vor ihr stehenden Mannes. Mit diesem ›Entschleierungs‹-Gestus offenbart sie sich ihm als höchst tugendhafte Ehefrau. Die züchtige Kopfbedeckung wurde im antiken Griechenland außerhalb des Hauses von der verheirateten Frau erwartet. Nur gegenüber ihrem Ehemann und engsten

45.3 *Trotz des stark fragmentierten Zustands ist das Motiv gut zu erkennen: Gerahmt von Kriegern steht Helena in ihrem schön gemusterten, feinen Gewand im Zentrum. Ihren Mantel mit den rot aufgetragenen Borten hat sie, wie die Faltenführung verrät, über den heute verlorenen Kopf gelegt. Von Menelaos, der vor ihr stand, ist nur noch ein Teil des Helmes mit dem Helmbusch erhalten. Wie auf den anderen Darstellungen schritt er nach rechts aus und drehte den Kopf zu seiner Gattin zurück. Auf der Gegenseite dieses Gefäßes ist eine weitere Rettung dargestellt (Abb. 45.18). Attisch-schwarzfigurige Amphora, um 510 v. Chr. (Kat. 108)*

45.4 Statt eines Schwertes hält Menelaos zwei Speere in der Hand, die aber Helena nicht unmittelbar bedrohen. Wie eine Braut hält er die festlich Geschmückte am Handgelenk gepackt. Wassergefäß (Hydria), um 480 v. Chr., München (Kat. 109).

45.5 Menelaos hat Helena fest am Handgelenk gepackt und das Schwert bedrohlich gegen sie gezückt. Gekleidet wie eine Braut folgt sie ihm und nimmt somit den positiven Ausgang der Geschichte vorweg. Attisch-rotfigurige Schale, um 500 v. Chr., Boston.

45.6 Dieses Gefäß zeigt einen Hochzeitszug. Der Bräutigam, mit einem Kranz festlich geschmückt, hat seine Braut fest am Handgelenk gepackt – so wie Menelaos seine Helena (vgl. Abb. 45.4). Die Braut trägt ein Diadem mit Blattmotiv – eine Dienerin zupft ihr den über den Kopf gelegten Schleier zurecht. Fragment einer Loutrophoros, um 440–430 v. Chr.

Familienangehörigen durfte sie sich enthüllen. Die Geste der Entschleierung gegenüber dem eigenen Mann beinhaltet zugleich auch die Bereitschaft sich sofort wieder zu verschleiern, wenn es der sittliche Anstand verlangt. Diese Gebärde findet sich etwa zur Entstehungszeit unserer Amphora auch bei Darstellungen der Brautfahrt wieder (Abb. 10.25), wo sie sicher stärker situativ zu deuten ist – als der Augenblick, da sich die Braut zum ersten Mal den Blicken ihres Mannes preisgibt.[5] Somit war für den antiken Betrachter der Vase, der wahrscheinlich die Geschichte kannte, klar: Helena zeigt sich hier als wohlanständige Ehefrau und bietet sich damit, wie eine Braut, ihrem ehemaligen Ehemann auch zukünftig als Gattin an. Für die archaische Zeit lag ihre Schönheit wohl weniger in ihren körperlichen Reizen als vielmehr in ihrer Anmut und der hervorgehobenen Sittsamkeit, ja bräutlichen Scheu – der höchsten aller weiblichen Tugenden.

Neben diesem Motiv etablierte sich etwas später im 6. Jahrhundert v. Chr. ein weiteres mit weit größerem Erfolg: Der voll gerüstete Menelaos hat die hinter ihm schreitende Helena gepackt und führt sie weg (Abb. 45.2–4). Dabei greift er seine Gattin entweder fest ans Handgelenk (Abb. 45.4) oder ins Gewand. Bei einer der Münchner Vasen fasst die Hand des Menelaos kurioser Weise ins ›Leere‹ – sie verschwindet hinter dem Gewand der Helena (Abb. 45.2). Was hier passiert ist, können wir nur vermuten. Denkbar ist ein Versehen des Vasenmalers: Die Details der Figuren wurden nämlich bei der schwarzfigurigen Technik erst nach dem Brand durch Ritzung oder Bemalung hinzugefügt. Da die weiße Hand der Frau schon fertig gestellt war, ›vergaß‹ der Vasenmaler die Männerhand. Trotz des kleinen ›Schönheitsfehlers‹ blieb das ursprünglich beabsichtigte Bildmotiv deutlich erkennbar: Ein Krieger führt eine Frau davon. Es ist die in der frühen griechischen Vasenmalerei gebräuchliche Bildformel für Entführung oder Raub (vgl. Kap. 13).

Bei aller Einheitlichkeit dieses Motivs nahmen sich die Vasenmaler die Freiheit, einzelne Elemente im Bild zu verändern und dadurch ›Akzente‹ zu setzen. So kann die Bedrohung der Helena durch Menelaos mal mehr oder mal weniger ausgeprägt sein, wenn sie nicht sogar ganz entfällt. Auf dem Innenbild einer Schale in Boston (Abb. 45.5)[6] hat Menelaos sein Schwert gefährlich gegen Helena gerichtet. Der Maler der Münchner Hydria (Abb. 45.4) hingegen tauscht die Blankwaffe durch zwei Speere aus. Obgleich ihre Spitzen in Richtung Helena zeigen, und trotz der kriegerischen Rüstung des Helden wirken sie bei weitem weniger bedrohlich. Zudem ist Helena auf diesem Gefäß festlich geschmückt: Sie trägt auf dem Kopf eine Stephane, ein Diadem mit blattförmigem Ornament, und erscheint somit wie eine Braut in Darstellungen des Hochzeitszuges – auch hierfür besitzt die Münchner Antikensammlung ein schönes Vergleichsbeispiel (Abb. 45.6). Dort findet sich auch der feste Griff des Mannes um das Handgelenk der Frau wieder. Es ist die charakteristische Geste, mit der ein Bräutigam seine Braut in ihr zukünftiges Heim führt. Nicht ganz zufällig finden wir diesen Griff auch bei Darstellungen des Frauenraubes, beispielsweise der Entführungen der Helena durch Paris (Abb. 13.6, s. Kasten S. 124 f.). Ganz allgemein drückt sich dadurch die ›Inbesitznahme‹ der Frau durch den Mann aus, die sich ganz seinem Willen unterwirft. Menelaos nimmt sich sein ›Eigentum‹ – seine Frau – zurück. Die bräutliche Schmückung der Helena auf dem Münchner Wassergefäß suggeriert: Es ist die ›zweite‹ Hochzeit (Abb. 45.4).

Um 500 v. Chr. löst allmählich eine neue Darstellungsform die vormals so beliebten ›Wegführungs-Szenen‹ ab: Nun eilt Menelaos mit gezücktem Schwert hinter Helena her, die vor ihm zu fliehen versucht.[7] Helena erscheint hier nicht mehr verschleiert, sondern barhäuptig. Damit verzichtet dieses Bild auf das Brautmotiv, das in der schwarzfigurigen Vasenmalerei durchgehend zu beobachten war. Auf einer frühen Darstellung dieses Typs (Abb. 45.7) ist Helena hilflos ihrem Gegenüber ausgeliefert, dem sie flehend ihren rechten Arm entgegen streckt – es gibt keinen Hinweis auf das glückliche Ende.

Andere Bilder lassen dagegen ein versöhnliches Ende erkennen. Auf einem Trinkgefäß in Boston hat Menelaos zwar kampfeslustig wie der Stier auf seinem Schildzeichen den Kopf gesenkt und greift an sein Schwert. Doch Helena flieht vor ihrem Angreifer in die einladend ausgestreckten Arme der Aphrodite. Sie wird ihren Schützling vor der Wut des Menelaos bewahren. Darüber hinaus zeichnen sich die Körperformen der Helena unter ihrem hauchdünnen Gewand ab und geben dem Bild eine erotische Komponente. Es ist klar: Menelaos kann soviel wüten wie er will – gegen die Macht der Aphrodite ist er machtlos.

Dieser neue Bildentwurf, »Menelaos verfolgt Helena«, erfreut sich in der Vasenmalerei über fast 100 Jahre anhaltender Beliebtheit. Zumal sich die Szene

45.7 Menelaos verfolgt mit gezücktem Schwert Helena. Diese versucht nach rechts zu entkommen, doch ihr Verfolger hat sie bereits fest am Handgelenk gepackt. Die Benennung der beiden Figuren ist hier zweifelsfrei durch die Beischriften gesichert. Nikosthenische Amphora des Oltos, um 510/500 v. Chr., Paris, Louvre.

45.8 Kampfeslüstern verfolgt MENELAOS in voller Rüstung, die Hand am Schwertgriff, HELENE. Diese flieht vor dem Angreifer in die ausgestreckten Arme der APHRODITE. Die Zuschauer links hat der Maler CHRYSES und CHRYSEIS genannt, den Apollonpriester und seine Tochter. Vielleicht ein Hinweis auf die Variante, dass sich Helena in das Heiligtum des Apoll geflüchtet hat. Alle Namen sind in Beischrift angegeben. Skypos, bemalt von Makron, um 490 v. Chr., Boston (Umzeichnung von K. Reichhold).

45.9 HELENA hat sich an das Palladion geflüchtet. MENELAOS verfolgt sie im Laufschritt – doch sein Schwert ist ihm bereits entfallen. Seine Nacktheit unterstreicht, dass ihn nicht nur der Gedanke an ›Rache‹ zu Helena treibt. Eros fliegt ihm bereits entgegen, hinter ihm steht PEITHO: Beide verkörpern die unwiderstehlichen Mächte der sinnlichen Liebe und Verführung. Zwischen Helena und Menelaos steht völlig ruhig, ihres Sieges gewiss APHRODITE. Attisch-rotfigurige Oinochoe, um 430 v. Chr., Rom, Vatikan (Umzeichnung durch K. Reichhold).

45.10 Ein Jüngling mit Petasos und Chlamys verfolgt mit gezücktem Schwert ein fliehendes Mädchen. Trotz des gezückten Schwertes hat diese Verfolgungs-Szene einen eher spielerischen Charakter. Es ist eine der im 5. Jh. v. Chr. so populären Liebesverfolgungen. Attisch-rotfigurige Pelike, 460/450 v. Chr.

45.11 Menelaos will Helena an den Haaren vom Kultbild der Athena weg zerren. Zwei kleine Eroten wollen ihn daran hindern. Terrakotta-Applikation von einem Gefäß, 1. Jh. v. Chr., Alexandria.

detailreich – oft an der literarischen Vorlage orientiert – ausgestalten und durch weitere Motive erweitern ließ[8]: So kann Menelaos beim Anblick der Fliehenden das Schwert aus der Hand fallen – ein deutliches Zeichen seines Sinneswandels (Abb. 45.9).[9] Er ist im wahrsten Sinne des Wortes durch die Schönheit entwaffnet. Zudem greifen nun die Götter – vornehmlich Aphrodite oder ihr Sohn Eros – ein, um die Wehrlose vor ihrem rasenden Ehemann zu schützen (Abb. 45.8–9).

Gegenüber den älteren schwarzfigurigen Bildern zeichnen sich diese neuen rotfigurigen nicht nur durch ihre größere Dynamik aus. Helena wird nicht mehr über ihre Züchtigkeit und Passivität charakterisiert, sondern verwandelt sich zu einer begehrenswerten Gestalt, die es mitsamt ihren körperlichen Vorzügen und zu erobern gilt: Der Frauen-Raub wandelt sich zur Jagd nach der Frau. Von den häufig ganz ähnlich gestalteten, im 5. Jahrhundert v. Chr. so überaus populären Liebesverfolgungen (Abb. 45.10, vgl. Kap. 2, Kap. 6) sind die von Menelaos und Helena deutlich zu unterscheiden: Menelaos wird stets als Krieger charakterisiert. Auch wenn er zuweilen nackt (Abb. 45.9) oder zumindest teilweise nackt dargestellt ist, ist er immer bewaffnet. In den Darstellungen des 6. Jahrhunderts v. Chr. verdeckten die heruntergelassenen Wangenklappen in der Regel das Gesicht des Menelaos – ein deutliches Zeichen, dass die Kriegshandlungen noch im vollen Gange sind (Abb. 45.1–3). Den älteren ›Frauen-Raub‹-Bildern wohnt somit eine ›Brutalität‹ inne, die den meisten Verfolgungsszenen fehlt.

Späte Varianten des Themas zeigen Helena, die sich an einen Altar geflüchtet hat, dort aber von Menelaos weggerissen werden soll (Abb. 45.11–12). Besonders raffiniert ist dieses Thema auf einem unteritalischen Weinmischgefäß behandelt, der das schlimme Schicksal der Kassandra dem glücklichen der Helena gegenüberstellt (Abb. 45.12). Beide haben sich an das Kultbild der Athena geflüchtet, dass sie umklammern. Im Gegensatz zu Kassandra die flehentlich zur Göttin emporblickt, sitzt Helena die Beine kokett übereinander geschlagen auf dem Altar und schaut zu Menelaos herab. Ihr Gewand ist von der hektischen Flucht verrutscht und lässt ihre linke Brust frei. Menelaos ist ganz in die Betrachtung von ihr versunken und legt geistesabwesend den Schild nieder. Stärker als die schwarzfigurigen Vasen scheint sich dieses Stück auf die literarischen Vorbilder[10] zu beziehen: Dort ist es vor allem der Anblick ihrer nackten Brust, der in Menelaos ein starkes Verlangen weckt, so dass er sein eigentliches Vorhaben, die Bestrafung der Helena, völlig vergisst. Doch nur wenige Darstellungen zeigen diese erotische Komponente der Erzählung so explizit.

Trotz unterschiedlicher Ausgestaltung findet sich in allen Bildern jedoch ein verbindendes Element: Der Liebreiz und die Schönheit der Helena ist offenbar so groß, dass sie den wildesten Ehemann in die Knie zwingen. Wenn auch gelegentlich in späteren Darstellungen die Götter – vornehmlich Aphrodite oder ihr Sohn

Eros – eingreifen, schmälert dies die Ausstrahlung ihrer Schönheit nicht unbedingt, sondern unterstreicht geradezu die Aussage: Die Liebe besiegt alles.

Aithra – Befreiung aus langer Knechtschaft

Eine weitere glückliche Rettung aus dem brennenden Troja zeigt eine attisch weißgrundige Schale in München (Abb. 45.13): Ein jugendlicher nackter Krieger, die Lanze geschultert, den Helm in den Nacken zurückgeschoben, schreitet forsch voran. Mit seiner Rechten packt er eine Frau, die in einen dunklen Mantel gehüllt ist, am Handgelenk, um sie wegzuführen, ähnlich wie Menelaos seine Helena

45.13 Ein Krieger führt die greise Aithra aus Troja weg. Üblicherweise wurde die Greisin in Begleitung ihrer beiden Enkel Akamas und Demophon gezeigt, die hier wohl mit Rücksicht auf die Komposition im Schalenrund nur auf einen reduziert wurde. Attisch-weißgrundige Schale, um 460 v. Chr. (Kat. 110) und (Umzeichnung von K. Reichhold).

heimführt (Abb. 45.4). Doch das »Beutestück« unseres Kriegers ist keineswegs eine junge Schönheit: Die gekrümmte Haltung, der vorgestreckte, leicht gebeugte Kopf sowie der Stock, der ihr als Stütze dient, charakterisieren sie als alte Frau. Es ist die greise Aithra,[11] die Mutter des Theseus. Dieser hatte ihr Helena anvertraut, als er sie vor langer Zeit entführte (s. Kap. 9). Als die Dioskuren, Kastor und Polydeukes, ihre Schwester Helena bald darauf befreiten, geriet Aithra in Gefangenschaft und folgte ihr schließlich als Dienerin nach Troja. Doch erst als hochbetagte Greisin wird sie beim Fall von ihren Enkel Akamas und Demophon befreit und nach Athen zurück gebracht. So zeigt es dies das Schulterbild einer Hydria (Abb. 44.10). Gemeinhin wird Aithra in Begleitung beider Enkel gezeigt – einer von beiden musste auf der Münchner Schale wohl wegen der Einpassung ins das Schalenrund weichen.

Die Befreiung der Aithra ist die einzige Episode ihres Lebens, die sich in der Kunst einer gewissen Beliebtheit erfreute – vor allem in Attika. Dies zeigt die besondere Bedeutung, die diese Geschichte für Athen hatte, der Stadt, wo Theseus, der Sohn der Aithra, als ›Nationalheld‹ verehrt wurde. Sichere Darstellungen kennen wir allerdings erst aus der rotfigurigen Vasenmalerei des 5. Jahrhundert v. Chr. (Abb. 45.14). Erst seit dieser Zeit werden alte Frauen auch mit deutlichen Alterszügen dargestellt: weißes Haar, gekrümmte Haltung mit leicht vorgeschobenem Kopf und Krückstock. Dadurch wird Aithra im Bild erst erkennbar, denn für ihre ›Heimführung‹ benutzen die Vasenmaler das gleiche Motiv, den festen Griff ans Handgelenk, der auch für die Darstellungen von Frauenraub, Entführung und der bräutlichen Heimführung gebräuchlich ist. Ganz allgemein betrachtet bedeutet diese Bildformel wohl für Aithra, dass sie nach ihrer langen Gefangenschaft endlich »nach Hause« gebracht werden soll. Da die schwarzfigurige Vasenmalerei aber keine Altersdarstellungen von Frauen kennt, ist es im Einzelfall nicht zu entscheiden, ob die alte Aithra oder eine junge Frau »heimgeführt« werden soll.[12] Nur der deutliche Hinweis im Schildzeichen eines Kriegers auf die Stadt Athen ermöglicht bei einer schwarzfigurigen Amphora eine sichere Benennung (Abb. 45.15): Das Wegführen der Aithra durch ihre Enkel am Handgelenk, darf hier wohl nicht als nur Rettung, sondern vielmehr als »Heimführung« nach Athen verstanden werden.

Äneas – Gründerväter müssen überleben

Nicht alle Trojanerinnen und Trojaner werden bei der Eroberung Trojas getötet, gefangen genommen oder versklavt – einem von ihnen, Äneas, gelingt zusammen mit seinem alten Vater Anchises, die Flucht. Denn nach Homer war ihm die zukünftige Herrschaft über die Trojaner nach dem Untergang des Geschlechts des Priamos von den Göttern zugedacht worden.[13] Diesem göttlichen Plan verdankt Äneas sein Überleben. In der Ilias ist er der Anführer der Dardaner und stammt über seinen Vater aus einer Seitenlinie des trojanischen Königshauses (Kap. 1). Seine Mutter ist die Göttin Aphrodite (Kap. 3). Sie ist es auch, die ihn, obgleich ein tapferer Kämpfer ist, im Kampf gegen Diomedes schützt und schirmt (Abb. 26.1–2), damit er seine zukünftige Bestimmung erfüllen kann.[14]

Die meisten Vasen mit Bildern der Flucht sind im engen Zeitraum zwischen 520 und 500 v. Chr. entstanden. Die Darstellungen variieren das Thema nur wenig, wie auch die Münchner Stücke zeigen (Abb. 45.1–4)[15]: Im Zentrum steht immer Äneas – voll gerüstet mit Beinschienen, Brustpanzer und Helm mit heruntergelassenen Wangenklappen, die das Gesicht bedecken, dazu die üblichen Waffen eines griechischen Schwerbewaffneten (Hopliten), Schild, Schwert und zwei Lanzen. Als zusätzliches Gewicht zur Rüstung trägt er noch seinen Vater auf dem Rücken. Unter der schweren, aber kostbaren Last beugt sich Äneas – das Bild ähnelt dem des Ajas, der den toten Achill aus der Schlacht trägt (Kap. 39).[16] Anchises wird durch sein weißes Haar als alter Mann charakterisiert. In der Rechten einen Stab umklammert er mit dem linken Arm den Hals seines Sohnes.

Meist begleiten eine oder mehrere Personen die zentrale Fluchtgruppe. Gelegentlich erscheint eine Frau, manchmal mit einem Kind – vermutlich sind es Kreusa, die Ehefrau des Äneas, und sein Sohn Askanios. Erstaunlicherweise eilen aber auf der Münchner Halsamphora Abb. 45.16 gleich zwei Frauen mit einem Kind dahin. Ihre Flucht geht nicht in dieselbe Richtung: Eine von ihnen läuft von der Mittelgruppe weg. Ist es möglich, dass Kreusa hier zweimal dargestellt ist? Wohl kaum, beide Frauen erscheinen bis auf wenige kleine Details nahezu identisch –

45.16 Äneas flüchtet mit seinem greisen Vater Anchises aus Troja. Vor und hinter ihm eilen zwei Frauen dahin, die jeweils beschützend die Hand auf den Kopf eines kleinen Kindes gelegt haben. Attisch-schwarzfigurige Halsamphora, um 500 v. Chr. (Kat. 111)

45.17 Äneas flüchtet mit seinem greisen Vater aus Troja. Attisch-schwarzfigurige Kanne, um 520/10 v. Chr. (Kat 1775)

offenbar waren sie aus Gründen der Symmetrie als Pendants zueinander gestaltet, was eine Benennung unmöglich macht.[17]

Mal eskortiert ein Bogenschütze in skythischer Tracht (Abb. 47.18), mal ein Krieger (Abb. 45.17) die Fliehenden. Ungewöhnlich ist die hohe Anzahl von Personen auf dem Hauptbild einer Münchner Hydria (Abb. 45.19), die sich auf den ersten Blick wegen des fragmentarischen Zustands nur schwer erschließen lassen. Die zentrale Dreiergruppe besteht aus Äneas, Anchises und dem kleine Ascanius, der fast zwischen den zahlreichen Beinen verschwindet. Von rechts eilt in weit ausgreifendem Schritt ein Krieger herbei, hinter ihm eine Frau. Vor der Fluchtgruppe laufen ein Bogenschütze in skythischer Tracht und ein weiter Krieger. Von einer weiteren Frau am linken Bildrand ist nur noch die Hüfte erhalten. Die bewaffneten Krieger mit ihren geschlossenen Helmen tragen zum Eindruck bei, die Szene finde

45.18 Flucht des Aeneas – auf seiner Vorderseite zeigt dieses Gefäß noch eine andere Rettung: Helena (Abb. 45.3). Attisch-schwarzfigurige Halsamphora, um 510 v. Chr. (Kat. 108)

45.19 Die Farbe des weißen Haares ist hier abgeblättert, so dass der greise Anchises seltsam jugendlich, glatzköpfig wirkt. Er wirft einen Abschiedsblick zurück auf seine alte Heimatstadt Troja. Äneas wird auf dieser Vase von mehrern Kriegern begleitet. Attisch-schwarzfigurige Hydria um 510/500 v. Chr. (Kat. 113)

unmittelbar im brennenden Troja statt und die Gruppe eile nach links, um dem Inferno zu entfliehen. Der greise Anchises wirft noch mal einen Blick zurück in die untergehende Stadt.

Aber auch bei den weniger figurenreichen Darstellungen zeigt die Rüstung des Äneas an, dass die Kämpfe noch nicht zu Ende gegangen sind. Äneas wiegt sich noch nicht in Sicherheit, er bleibt kampfbereit. Somit wird das Geschehen in die Eroberung der Stadt eingebunden. Damit folgen die Darstellungen keineswegs der älteren literarischen Tradition: In der *Iliu Persis* des Arktinos zieht sich Äneas bereits nach dem Tod des Laokoon in das nahe gelegene Ida Gebirge zurück (vgl. Kap. 43).[18] Wann diese Tradition durch jene verdrängt wurde, dass Äneas die Stadt erst in der Nacht der Eroberung verließ, wissen wir nicht. Im 5. Jahrhundert v. Chr. macht ihn jedenfalls der Mythensammler Hellanikos in seiner Troïka (»*Der Trojanische Krieg*«) zum Haupthelden des Endkampfes. Dabei betont er Tapferkeit, Umsicht und Fürsorglichkeit des Äneas, die einem großen Teil der Bevölkerung das Leben rettet.[19] Die Vorstellung, dass Äneas als Nachfolger des Priamos die Troas beherrscht habe, blieb eine lokal begrenzte Sage. Schon im 7. Jahrhundert v. Chr. beginnt sich die Sagenversion vom Zug des Äneas nach Westen (Italien) durchzusetzen.[20] Auf dem langen Weg dorthin gründete er zahlreiche Städte (Abb. 45.20), bis er sich im italischen Latium niederließ. In Lavinium befand sich auch ein altes Heiligtum, indem das Grab des Äneas gezeigt und er selbst als Pater (Vater) Äneas verehrt wurde.[21] Unter dem römischen Kaiser Augustus wurde er sogar zum Gründungsheros des Römischen Imperiums erhoben (s. S. 338 f.). In Italien – vorwiegend in den Gräbern der Etrusker – wurden auch die meisten der bekannten Gefäße mit der Darstellung der Äneas-Flucht gefunden, wie auch die Münchner Vasen alle aus Vulci stammen. In einer einheimischen etruskischen Werkstatt, ist auch eine rotfigurige Amphora entstanden, die um 470 v. Chr. das Thema der Flucht wieder aufgreift und leicht verändert (Abb. 45.21): Voran schreitet eine Frau, vermutlich Kreusa. An der Hand führt sie ihren Sohn Ascanius, der sich besorgt zu der nachfolgenden Gruppe umwendet. Äneas, wiederum voll gerüstet, aber ohne Helm, stützt sich schwer auf zwei Speere – wohl um das Gewicht seines Vaters auszubalancieren, der auf seiner Schulter sitzt.

45.20 Die griechische Stadt Aineia führte ihren Namen auf die Gründung durch den herumziehenden Äneas zurück. Im 5. Jh. v. Chr. prägte sie deshalb Münzen, die das Bild des Flüchtlings mit seinem Vater auf der Schulter zeigt. Münze aus Aineia, um 490/80 v. Chr. (Umzeichnung)

45.21 An der Technik ist die Herkunft dieser Amphora mit der Flucht des Äneas zu erkennen: Während bei attischen Vasen die roten Figuren durch den Brand entstanden, wurden sie hier erst danach mit roter Farbe nachträglich aufgemalt. Äneas hat seinen Vater auf die Schulter gesetzt. Eine Frau mit einem Knaben an der Hand schreitet den Flüchtenden voran. Etruskische Amphora, um 470/60 v. Chr. (Kat. 115).

45.22 Äneas führt an der Hand seinen Sohn Askanius aus Troja. Auf der Schulter trägt er seinen Vater Anchises, der auf dem Schoß eine Kiste mit den Schutzgöttern hält. Römischer Ringstein aus Onyx, 1. Jh. v. Chr., München, Staatliche Münzsammlung.

Hatte dieser Mythos für die Etrusker etwa eine besondere Bedeutung? Einige Forscher haben dies aufgrund der besprochenen Vasen bzw. ihrer Fundorte vermutet.[22] Doch haben jüngere Untersuchungen gezeigt, dass unter den überaus zahlreichen attischen Vasen, die in Etrurien gefunden wurden, jene mit der Flucht des Äneas zwar zwischen 520 v. Chr. und 500 v. Chr. äußerst populär sind, aber im Gesamtspektrum nicht signifikant herausragen.[23] Es war wohl vor allem sein vorbildliches Verhalten, das ihn als Held für Griechen wie Etrusker gleichermaßen beliebt machte. So sprechen die meisten Überlieferungen ihre Bewunderung für die Selbstlosigkeit des Äneas aus, der seinen hilflosen, alten Vater vor dem Untergang rettet. Anchises hatte nämlich trotz des ausdrücklichen Verbots der Aphrodite (Kap. 2) über ihr Stelldichein geplaudert. Als Strafe wurde er vom Blitz des Zeus getroffen gelähmt.[24] Die Geschichte der Rettung konnte später sogar märchenhafte Züge annehmen: Den Trojanern wurde von den Griechen freier Abzug gewährt, sie durften aber nur das mitnehmen, was sie tragen konnten. Während die meisten Trojaner ihr Hab und Gut davon schleppten, trug Äneas seinen Vater zur Stadt heraus. Voll Erstaunen erlaubten die Griechen ihm daraufhin noch einmal zurückzukehren. Nun wählte er die Penaten, die Schutzgötter des Hauses. Von seiner Frömmigkeit verblüfft, durfte er nun so oft in die Stadt zurückkehren, bis er seinen ganzen Besitz in Sicherheit gebracht hatte.[25] So wird Äneas nicht nur zum Retter seines Vaters, sondern auch zum Retter der Heiligen Gegenstände (sacra) aus dem brennenden Troja. Mit diesen wird er auch in den römischen Darstellungen regelmäßig gezeigt (Abb. 45.22). Wie in der etruskischen Darstellung trägt Äneas seinen Vater auf der Schulter, der die Kiste mit den Penaten auf dem Schoß hält. Der kleine Askanios begleitet an der Hand seines Vaters die Flucht. Äneas wird somit für die Römer zum Inbegriff der Frömmigkeit (pietas) – sowohl gegenüber der Familie als auch gegenüber den Göttern (vgl. Kasten S. 338 f.).   S.L.

Äneas in Rom

»Die Stadt Rom gründeten und besaßen anfangs Trojaner, die als Flüchtlinge unter der Führung des Aeneas ohne feste Wohnsitze herumschweiften« (Sallust, Die Verschwörung des Catilina 6,1)

Noch im 1. Jahrhundert v. Chr. berichtet der römische Schriftsteller Sallust von der Gründung Roms durch Äneas selbst. Er bezieht seine Information auf die wohl 423 v. Chr. erschienene Chronographie des Hellanikos. Dort wird erzählt, dass Äneas nach der Flucht aus Troja nach Italien gelangt sei und Rom gegründet habe. Die neue Stadt habe ihren Namen nach der Trojanerin Rhome erhalten, die des langen Umherziehens müde, ihre Geschlechtsgenossinnen aufgewiegelt habe, die trojanischen Schiffe in Brand zu stecken.

Doch Äneas war nicht der einzige Kandidat: Seit dem 4. Jahrhundert v. Chr. hat sich eine andere Sage durchgesetzt, die allgemein akzeptiert war – »Der Gründer der Stadt war Romulus« (Florus 1, 1, 1). Er und sein Zwillingsbruder Remus galten als Söhne der Priesterin Rhea Silvia und des Kriegsgottes Mars. Als Kinder waren sie von ihrem Onkel auf dem Tiber ausgesetzt worden. Der Fluss spülte das Behältnis mit den Zwillingen jedoch an Land, wo eine Wölfin sie fand und in ihrer Höhle säugte. So fand sie der Hirte Faustulus, der sie an Kindesstatt großzog. Später errichteten sie an der Stelle, an der die Wölfin sie gefunden hatte, die neue Stadt.

In für das römische Denken sehr charakteristischer Weise konkurrierten diese beiden Mythen nicht miteinander, sondern wurden vielmehr miteinander verknüpft und aneinander angeglichen. Schließlich verschmolzen sie zu einer stringenten Gründungslegende. Dieser komplexe Prozess der Mythenbildung ist wegen der bruchstückhaften Überlieferung aber nur äußerst schwierig nachzuvollziehen.[1] Doch können wir seinen Endpunkt bestimmen: In augusteischer Zeit wird die so entstandene Gründungsgeschichte durch den Dichter Vergil und den Historiker Livius schriftlich fixiert und damit zum festen Bestandteil der historischen Erinnerung der Römer (Kap. 59). Livius beginnt sein Geschichtswerk »Von der Gründung der Stadt an« mit den Worten: »Zuallererst steht nun fest, dass man nach der Einnahme von Troja mit den übrigen Trojanern grausam verfuhr, bei zweien aber, bei Äneas und Antenor, machten die Achäer … vom Kriegsrecht überhaupt keinen Gebrauch.« Livius fährt mit der Geschichte des Äneas fort. Damit ist klar: Mit dem Untergang Trojas beginnt also die Geschichte der Römer.

Es folgt zunächst eine Irrfahrt des Äneas durch das Mittelmeer, bis er schließlich an der italischen Küste landet. Der erste Lagerplatz lag übrigens nicht am Ufer des Tiber, sondern in Latium an der Mündung des Numicus (jetzt Fosso di Practica). Diese erste kurzfristige Ansiedlung trug den Namen Troja, und konnte noch im 1. Jahrhundert v. Chr. besichtigt werden. Zwei Vorzeichen wiesen den Trojanern jedoch bald den vorherbestimmten Siedlungsplatz an. In Lavinium trafen sie auf die einheimische Bevölkerung – nach anfänglichen Kämpfen versöhnten sich die beiden Gruppen und verschmolzen zum Volk der Latiner. Hier, in der von ihm gegründeten Stadt Lavinium, wurde Äneas als Pater (Vater) verehrt. Die Gründungslegende Roms spinnt sich jedoch über Äneas und seinen trojanischen Sohn Askanios, der wiederum das latinische Alba Longa gründet, bis zur Gründung durch Romulus fort.

Nicht nur in der Entstehung dieser Mythen, sondern auch in ihnen selbst zeigt sich ein ganz charakteristischer Wesenszug römischen Denkens – nicht in der Abgrenzung zu anderen, sondern in der Verschmelzung liegt das Geheimnis ihres Erfolges. So wie die Trojaner mit den Latinern zu einer Bevölkerungsgruppe zusammenwachsen, wird auch Romulus dem zunächst einwohnerschwachen Rom zu Wachstum und Größe verhelfen. Die Römer rauben nämlich die Töchter der benachbarten Sabiner, die sie zu einem Fest in die junge Stadt geladen haben. Es folgen Kämpfe, die aber schließlich, vor allem durch das Eingreifen der Frauen, zur Versöhnung beider Völker führen und zur Schaffung des römisch-sabinischen Doppelstaates.

In ganz einzigartiger Weise hat Augustus die integrative Kraft der von Vergil und Livius neu formulierten Gründungslegende eingesetzt und zur Herrschaftslegitimation genutzt. Dabei verbindet er die Geschichte der Stadt mit der seiner Familie, um so seinen Herrschaftsanspruch über Rom zu rechtfertigen. Erst in der späten Republik hatten römische Adlige im Kampf um die Macht begonnen, ihre eigene, oftmals eher unbedeutende, Abstammung durch mythische Vorfahren aufzuwerten. So

1 Caeser führte die Abstammung seiner Familie auf den Trojaner Äneas und damit auf die Göttin Venus zurück. Beide ließ er als Diktator auf seinen Münzen verewigen: Venus auf der Vorderseite, Äneas, der mit seinem Vater Anchises und dem Palladion aus Troja flieht, auf der Rückseite. Römische Silbermünze (Denar), 49-47 v. Chr.

auch der aufstrebende Gaius Julius Caesar: Der Sohn des Äneas habe ursprünglich nicht Askanios, sondern Ilus oder Julus geheißen – ein Name, der auf die Abkunft aus Ilion/Troja verweist (Kap. 3) – und sei der Urahn der Familie der Julier gewesen. Auf diese Abkunft verweist Caesar als Diktator auf seinen Münzen (Abb. 1). Die Vorderseite zeigt den Kopf der Göttin Venus, gewissermaßen die Großmutter des Julus, und die Rückseite ihren Sohn Äneas, der mit seinem Vater Anchises auf der Schulter und dem Palladion aus Troja flüchtet. Diese Abkunft übernimmt Augustus nun von seinem Adoptivvater Caesar und wird somit zum legitimen Nachkommen des Äneas und damit fester Bestandteil der historischen Entwicklung Roms. Die Geschichte Roms beginnt mit der Flucht des Äneas und endet mit Augustus – er ist der ideale Ziel- und Endpunkt. In diesem Sinne wollte Augustus nach dem zerstörerischen Zeitalter der Bürgerkriege als Erneuerer und Wiederbegründer Roms gelten. Diese mythisch begründete Tradition macht aus dem Gründungsmythos einen ›Staatsmythos‹. Die neue historische Abfolge lautete nun: Troja – Äneas – Romulus – Augustus.

Im kaiserlichen Bauprogramm findet die neue Verwendung des Gründungsmythos als Staats- wie auch Familiengeschichte ihren bildlichen Ausdruck. Auf dem von Augustus geschaffenen Forum stand das Bild des fliehenden Äneas gegenüber jenem des Romulus. Neben dieser Statuengruppe der flüchtenden Trojaner standen nicht nur die Könige

von Alba, also die Nachkommen des Äneas und des Askanios, sondern auch die der Julier, womit Augustus auf seine Herkunft verwies. Eine ähnliche Gegenüberstellung beider Mythen mit direktem Bezug zum »Princeps« findet sich in den Reliefs des 9 v. Chr. von Augustus gestifteten Friedensaltar (Ara Pacis Augustae). Auf einer der Schmalseiten steht das Bild des opfernden Äneas dem der Auffindung der Zwillinge Romulus und Remus gegenüber (Abb. 2–3), während Augustus selbst im Kreise seiner Familie auf den Langseiten beim Opfer zu sehen ist.

Augustus nutzte in den Bildern geschickt den Vorbildcharakter der beiden Gründergestalten, denn nach Livius sollte Geschichte als Beispiel (exemplum) und Leitbild für das Handeln sowohl des Einzelnen als auch der ganzen Gemeinschaft dienen. Äneas rette auf seiner Flucht nicht nur den alternden Vater und den Sohn, sondern auch die sacra, die heiligen Gegenstände – seien es die Penaten, Schützgötter des Hauses, oder gar das Palladion (Kap. 42), wie in einigen Quellen behauptet wird. Somit konnte das Bild des fliehenden Äneas für die Römer zum Inbegriff der Frömmigkeit schlechthin werden. Das von Augustus nachdrücklich propagierte Bild des frommen (pius) Äneas verbreitete sich daher rasch auf nahezu allen Gegenständen, die mit Bildwerken geschmückt werden können: auf steinernen Grabmonumenten, dekorativen Reliefs, Geschirr, Tonlampen, Schmuck (Abb. 4) oder sogar auf einem Gladiatorenhelm.[2]

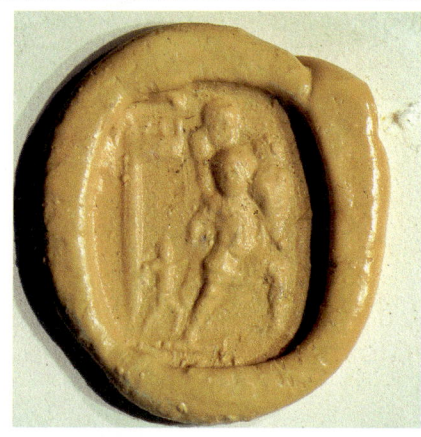

4 Die Darstellung der Flucht des Äneas mit Anchises und Julus/Askanios an der Hand galt den Römern als Symbol für Frömmigkeit. Römische Glaspaste, 1. Jh. v. Chr.–1. Jh. n. Chr., München, Staatliche Münzsammlung.

Doch trotz der intensiven Verbreitung durch Augustus hat sich der Stammvater Äneas in Rom offenbar nie der gleichen Popularität erfreuen können wie der eigentliche Stadtgründer Romulus. Dies ist besonders gut an den »Erinnerungsorten« abzulesen, von denen es für Romulus gleich mehrere im Stadtgebiet von Rom gab: z. B. die Stelle am Tiberufer, wo die beiden Säuglinge angespült wurden, die Grotte, in der sie von der Wölfin gesäugt wurden oder die Wohnhütte des Romulus. Bereits 296 v. Chr. markierte besagte Stelle am Tiberufer eine Bronzestatue der Wölfin, die Zwillinge Romulus und Remus säugt. Ihr Bild wird sich durchsetzen – die nährende Wölfin mit den Gründerzwillingen wird zum allgemein bekannten Symbol für die Größe und die Macht Roms werden. Und noch heute feiert Rom am 21. April, dem Tag seiner Gründung durch Romulus, Geburtstag.

Für Äneas hingegen gab es nichts derartiges in Rom – sein Ursprung liegt in Lavinium. Dort wurde er als Pater Äneas verehrt, wo ihm allerdings die höchsten römischen Beamten jeweils zu Beginn und zu Ende ihrer Amtszeit opferten. Erst in der Spätantike wurde nach dem Zeugnis des Prokop (Gotenkriege 4, 22) in der Stadt Rom Leichtgläubigen das Schiff des Aeneas gezeigt, obgleich der Mythos von seiner Verbrennung erzählt. S. L.

2–3 Auf der Ostseite des Friedensaltar standen sich die beiden Gründerheroen gegenüber: links des Eingangs Romulus, der zusammen mit seinem Bruder Remus von der Wölfin genährt wird (nur sehr fragmentarisch erhalten), rechts Äneas beim Opfer in Lavinium. Rom, Ara Pacis Augustae, 13–9 v. Chr.

HEIMKEHR

Heimkehr

46. Heimkehrergeschichten

Hatten die Trojaner ihren vermeintlichen Sieg über die Griechen noch mit einem rauschenden Fest gefeiert, so endet der Krieg für die Sieger ohne jeden Glanz. Das erklärte Kriegsziel, die Rückführung Helenas, ist erreicht. Aber zum einen ist nach zehn Jahren Krieg abgesehen von einigen trojanischen Prinzessinnen keine lohnende Beute geblieben, zum anderen bricht mit dem Ende der Kampfhandlungen erneut ein heftiger Streit zwischen den Griechenfürsten aus.

Aus göttlicher Sicht hat der Kampf um Troja freilich seinen Zweck erfüllt: Wie von Zeus geplant (siehe Kap. 7), haben sich die Heroen gegenseitig hingeschlachtet, und von den verbliebenen Helden werden viele auf dem Heimweg oder bei der Ankunft in der Heimat sterben.

Das Griechenheer zerstreut sich

In der *Odyssee* (3, 130 ff.) und in den *Nostoi*, einem weiteren frühen Epos, welches die Helden auf ihrem Heimweg begleitet, erfahren wir, dass Athena einen Streit zwischen den Brüdern Agamemnon und Menelaos initiiert. Der Grund für das Handeln der Göttin bleibt in den frühen Texten unklar – ist es die Strafe dafür, dass die Griechen den Frevler Ajas nicht bestraft haben, oder erzürnt sie, dass die Sieger sich ihr gegenüber nicht so dankbar gezeigt haben, wie es aufgrund ihrer Verdienste angemessen gewesen wäre? In einer eilends einberufenen Versammlung der noch betrunkenen Krieger drängen Menelaos und mit ihm Odysseus und Nestor auf eine schnellstmögliche Abfahrt, während Agamemnon darauf beharrt, zuvor noch Athena Opfer darzubringen, um ihren Zorn zu besänftigen[1]. Eine Einigung misslingt. Die einen segeln überstürzt fort, die anderen opfern der Göttin noch – vergeblich, wie wir aus der Nachbetrachtung wissen –, bevor auch sie sich auf den Heimweg machen. Bald trennen sie sich alle, und jeder Held ist allein mit seinen Gefolgsleuten. Die Heimkehrerschicksale, mit Ausnahme von Odysseus und Agamemnon (s. Kap. 47–52) seien hier kurz geschildert. Nur die wenigsten von ihnen wurden auch von der antiken Bildkunst als Thema gewählt[2].

Einzig dem alten Nestor gelingt die Rückkehr in die Heimat, nach Pylos (Karte 3) ohne Schwierigkeiten. Als gemütlicher Veteran kann er somit Telemach, dem Sohn des Odysseus, über die Geschehnisse um Troja berichten, als der sich auf die Suche nach seinem Vater macht (*Odyssee* 3, 103 – 200).

Ein glückliches Los hat auch Menelaos, der mit der zurückgewonnenen Helena schließlich nach Sparta zurückkehrt, wo Telemach bald nach seinem Besuch in Pylos das Paar in seinem Palast glücklich vorfindet (*Odyssee* 4, 1 ff.). Allerdings war es eine beschwerliche Heimfahrt. Menelaos verliert durch Apoll seinen Steuermann (*Odyssee* 3, 276 – 302), durch einen von Zeus entfachten Sturm zahlreiche

Schiffe und erst nach acht Jahren auf langen Umwegen über Kreta, Zypern, Sidon in Phönizien, Äthiopien, Libyen und Ägypten (Karte 3) gelangt er ans Ziel (*Odyssee* 4, 81–85. 351–569)[3].

Unwillkommene Spätheimkehrer

Andere Helden trifft es noch härter. Idomeneus, so weiß Nestor zu berichten (*Odyssee* 3, 191–192), kehrt zunächst unbehelligt nach Kreta (Karte 3) zurück und findet dort nach einer älteren Sagenversion ein ehrenvolles Ende (Diodor 5, 79). Doch nach verschiedenen, wenngleich sehr viel späteren Quellen wird er alsbald wieder von dort vertrieben – sei es, weil sein Statthalter Leukos die Herrschaft nicht wieder abzugeben bereit ist, oder sei es, weil er, einem Poseidon gegebenen Gelübde nachkommend, das Erste opfert, was er nach der Heimkehr sieht, seinen Sohn[4].

Ähnlich ergeht es Diomedes, der zunächst problemlos nach Argos zurückkehrt (*Odyssee* 3, 191–192). Doch als er dort nur knapp einem Mordanschlag der untreuen Gattin entgeht, fährt er mit den Seinen weiter ins südliche Italien, wo er als Lohn für militärischen Beistand vom König der Daunier dessen Tochter und ein Stück Land erhält. Er gründet die Stadt Arpi (Argyrippa; Karte 3). Später beanspruchen noch weitere unteritalische Städte Diomedes als Gründer für sich (Strabon 6, 3, 9), und vielerorts erhielt er göttliche Verehrung. Sein Ende wird unterschiedlich überliefert: Mal wird er vom daunischen König hinterhältig getötet, mal stirbt er friedlich in gesegnetem Alter (Lykophron, *Alexandra* 592–632; Antoninus Liberalis 37). Das Palladion, welches Diomedes zusammen mit Odysseus aus Troja geraubt hatte (siehe Kap. 42), blieb zunächst in Argos, wo es im Athena-Tempel aufbewahrt wurde (Pausanias 2, 23, 5). Aber auch andere Städte behaupteten, im Besitz des berühmten Kultbildes zu sein, darunter Athen (Polyainos 1, 5; IG II[2] 3177. 5055) und selbstverständlich auch Rom; dort soll es sich im Vesta-Tempel befunden haben (Livius 5, 52, 7; 26, 27, 14).

Von Philoktet weiß Nestor nicht mehr zu berichten, als dass auch er glücklich nach Meliboia in Thessalien (Karte 3) zurückkehrt (*Odyssee* 3, 190). Spätere (Apollodor, *Epitome* 6, 15) erzählen dagegen, dass es ihn wie Diomedes nach Italien verschlagen habe, wo er mehrere Städte gründete und schließlich im Kampf gefallen sei.

Zu den Städtegründern gehört auch Teukros von Salamis, der Halbbruder des ›großen‹ Ajas. Weil er dessen Tod nicht gerächt hat, ist ihm der Vater Telamon gram und weist den Heimkehrer aus dem Lande. An der Ostküste Zyperns gründet Teukros ein neues Salamis (Pindar, 4. *Nemeische Ode* 46–47; Karte 3).

Das traurige Ende des Neoptolemos

Wie sein Vater nahm Neoptolemos im Kampf den Platz des Tapfersten unter den Griechen ein. Bis auf ihn hatten alle Helden weiche Knie, als sie im hölzernen Pferd saßen (*Odyssee* 11, 527). Als Anerkennung seiner Verdienste erhält er deshalb aus der Kriegsbeute den mit Sehergabe ausgestatteten Priamos-Sohn Helenos und als Sklavin Hektors Witwe Andromache. Warnungen seiner Großmutter Thetis folgend führt er die Myrmidonen zu Lande zurück. Zwar gelangt er nie nach Phthia, doch findet er in Ephyra im Molosserland (Karte 3) eine Heimat und trifft den greisen Großvater Peleus. Sein Schicksal ist gleichwohl düster. Schon vor der Eroberung Trojas hatte ihm Menelaos seine schöne Tochter Hermione versprochen, aber die Ehe steht unter keinem guten Stern und bleibt kinderlos, ein schlechtes Vorzeichen. Als Andromache ihm Söhne gebiert, versucht die eifersüchtige Hermione zusammen mit ihrem Vater Menelaos, Andromache umzubringen. Als fatal erweist sich schließlich, dass Hermione schon vor dem Krieg mit Orest, dem Sohn Agamemnons, verlobt war, der nun nicht kampflos verzichtet. Die Gegnerschaft der Väter Achill und Agamemnon wiederholt sich. Wie jene um Briseïs streiten sich auch die Söhne wieder um ein Mädchen. Als sich Neoptolemos im Apollon-Tempel von Delphi für den Mord an Priamos am Zeus-Altar entsühnen will, wird er ermordet, wie schon sein Vater mit Zutun Apolls (Euripides, *Andromache* 1085 ff.)[5]. Sein Tod ist in der Kunst des griechischen Festlandes nicht dargestellt worden. Auf einem apulischen Krater in Mailand betont der Maler die Bedeutung des Sakrilegs durch die Tempelfassade, zwei Dreifüße, den Omphalos (Nabel), die heilige Palme und die Priesterin. Gleichzeitig wird so Delphi als Ort des Geschehens bezeichnet. Der Herr des Heiligtums, Apoll, schaut seelenruhig zu. Der heilige Bezirk des Neoptolemos liegt neben der Versammlungshalle der Knidier in Delphi, wo er ermordet wurde. Archäologische Funde belegen einen regelmäßigen Kult für den Heros seit früher Zeit. Neoptolemos ist über seinen Sohn Molossos Ahnherr der Könige von Epirus und über seinen Sohn Pergamos des Herrschergeschlechts der Attaliden von Pergamon. Auch Alexander der Große führte sich in mütterlicher Linie auf ihn zurück.

Tod auf der Heimreise

Der Seher Kalchas kommt zusammen mit Leonteus und Polypoites zu Fuß bis nach Kolophon (Karte 3). Dort aber unterliegt er in einem Rätselwettstreit dem Seher Mopsos und ärgert sich darüber buchstäblich zu Tode (Apollodor, *Epitome* 6, 2 – 4; Strabon 14, 1, 27). Mopsos, der die Begleiter des Kalchas weiter führt, scheint etwas vom Weg abgekommen zu sein, denn er gründet u. a. die Stadt Mopsuestia in Kilikien (Karte 3).

Ajas den Lokrer, dem die Griechen all diese Probleme »verdanken«, trifft schon vor der Ankunft in der Heimat die göttliche Strafe. Bei Gyrai (Karte 3) lässt Athena sein Schiff an einem Riff zerschellen. Der Frevler kann sich zunächst auf eine Klippe retten und verhöhnt darauf die Götter. Nun ist es genug. Poseidon spaltet den Felsen, und der Frevler ertrinkt in den Fluten (*Odyssee* 4, 499-511). Trotzdem hielt man in seiner Heimat Lokris (Karte 3) die Erinnerung an den Helden wach (siehe Kap. 44). *C.S./F.K.*

46.1 NEOPTOLEMOS, heroisch nackt, hat sich auf den Altar vor dem Apollontempel geflüchtet, an seiner linken Flanke blutet er bereits; ORESTAS mit gezücktem Schwert und ein Delpher mit Lanze bedrängen ihn. Die Frau links oben könnte die Pythia sein, die den Schlüssel zum Tempel hält. Der Gott selbst verfolgt die Bluttat rechts oben in völliger Ruhe. Apulischer Volutenkrater des Iliu-Persis-Malers, 380/370 v. Chr. Mailand (Umzeichnung).

Rom

Arpi

Apulien

Meliboia

Troja

Ephyra

Phthia

Ithaka

Delphi

Opous (Lokris)

Gyrai

Kolophon

Kilikien

Mospuestia

Argos

Pylos

Salamis

Sparta

Salamis

Zypern

Kreta

Sidon

Phönizien

Libyen

Ägypten

Äthiopien

F$K

Karte 3: Heimkehr

47.1 *Der vielgewandte Odysseus
vor seiner göttlichen Beschützerin
mit den strahlenden Augen Athena.
Attisch rotfigurige Amphora,
um 440 v. Chr.
(vgl. auch Abb. 50.3–5, Kat. 116)*

ODYSSEE

47. Die Irrfahrten des Odysseus

Im zehnten Jahr nach der Eroberung Trojas: Viele Helden sind vor Troja gefallen, andere auf dem Rückweg zu Tode gekommen oder bald nach der Ankunft in der Heimat wieder weiter gezogen, nur wenige sind glücklich zu Hause angelangt. Einzig Odysseus versucht vergeblich, die Heimat zu erreichen. Warum? Der zürnende Meergott Poseidon verhindert die Rückkehr. So kommt für Odysseus zu den zehn Jahren der Belagerung Trojas noch einmal fast die gleiche Zeitspanne für die Heimreise über das Meer hinzu.

Was wissen wir über Odysseus? Er ist der einzige Sohn von Laertes und Antikleia (Abb. 47.2), König von Ithaka und verheiratet mit Penelope, der Tochter des spartanischen Königs Ikarios. Zum Kriegszug gegen Troja musste Odysseus selbst erst durch List überredet werden, die er seinerseits wiederum einsetzt, um den größten griechischen Helden, Achill, ausfindig zu machen. Odysseus gilt als findiger Stratege, der schließlich auch – inspiriert von der ihn schützenden Göttin Athena – die Idee hat, die Stadt mithilfe des »Trojanischen Pferds« einzunehmen.

Berühmt bis heute ist Odysseus durch seine mühevolle Heimreise von Troja zurück nach Ithaka – die sprichwörtlich gewordene *Odyssee*. Diese Irrfahrt führt ihn über das Meer zu seltsamen und gefährlichen Völkern am Rande der damals bekannten Welt wie den Kikonen, den Lotophagen und den Lästrigonen, zu schönen Göttinnen und Nymphen wie Kirke und Kalypso, welche ihn mit Zauberkunst und Versprechungen halten wollen, vorbei an den Gefahren des Meeres wie den Sirenen, Skylla und Charybdis und von Göttern gesendeten Stürmen. Als letzter Überlebender des griechischen Heeres wird er vom Trojanischen Feldzug in die Heimat kommen und sich Gattin und Reich zurück erobern.

Literarische Überlieferung

> Nenne mir, Muse, den Mann, den vielgewandten, der vielfach
> Wurde verschlagen, seit Trojas heilige Burg er zerstörte.
> Vieler Menschen Siedlungen sah er und lernte ihr Wesen
> Kennen und litt auf dem Meer viel Schmerzen in seinem Gemüte,
> Um sein Leben bemüht und die Heimkehr seiner Gefährten.
> (*Odyssee* I, 1ff.)[1]

Älteste und ausführlichste Textgrundlage dieser Heroengeschichte ist die im 8. oder 7. Jahrhundert v. Chr. entstandene *Odyssee*. Wie die *Ilias* wurde sie schon in der Antike dem Dichter Homer zugeschrieben. Die beiden Epen unterscheiden sich jedoch im Charakter: Die *Ilias* behandelt grundlegende Themen wie Krieg, Tod und Heldentum. Sie schildert in epischer Breite einen Ausschnitt der grie-

chischen Belagerung Trojas und lässt dabei ausführlich die verschiedenen griechischen und trojanischen Helden auftreten. Die *Odyssee* konzentriert sich auf einen Protagonisten, Odysseus und für einige Gesänge als dessen Gegenpart auf seinen Sohn Telemach. Der literarische Kniff, die märchenhaften Erlebnisse der Reise aus der Perspektive des Odysseus selbst zu erzählen, und die damit verbundene ironische Distanzierung zum Geschilderten könnten neben Anderem ein Hinweis sein, dass die *Odyssee* jünger als die *Ilias* ist.

Neben *Ilias* und *Odyssee* gab es Ergänzungen und Umdeutungen der Geschichten rund um Odysseus. Diese als *Kyklos* überlieferten Epen sind zum größten Teil verloren und nur durch Notizen römisch-kaiserzeitlicher Autoren in kurzen Inhaltsangaben bekannt. In den *Kyprien* wurde nach Angaben des Proklos[2] und des Hygin[3] die Tötung des Palamedes durch Odysseus und Diomedes geschildert – Palamedes hatte durch einen Trick Odysseus zur Teilnahme am Trojanischen

47.2 Familienplanung: Laertes wird vom Vater seiner Braut Antikleia auf die guten gastfreundlichen Beziehungen zu Sisyphos hingewiesen – dargestellt mit Hilfe des »symbolon«, der Visitenkarte mit dem Schriftzug des Sisyphos (rechts im Bild). Die Pointe liegt für den Betrachter im Wissen, dass Sisyphos als Gastfreund Antikleia geschwängert hat; Laertes nimmt trotzdem Antikleia zur Frau (Bildmitte), welche ihm wenige Monate später den Odysseus gebären wird – diese pikante Episode ist nachhomerisch. Krater, um 420 v. Chr. (Kat. 117)

Der Charakter des Odysseus

Sein Mut, seine Neugier, seine Duldsamkeit, seine Fürsorge für die Gefährten, seine Frömmigkeit, seine Milde und sein Ideenreichtum, all diese Eigenschaften machen Odysseus als Helden attraktiv. Aber wie jeder griechische Heros vereint er nicht nur edle Eigenschaften. Er ist durchaus auch auf seinen Vorteil bedacht, nachtragend und rachsüchtig bis in den Tod, wie bei Palamedes, geradezu gnadenlos pragmatisch als es um die Opferung der Polyxena geht (Kap. 44), ruhmsüchtig und hinterlistig gegenüber seinem Freund Diomedes beim Raub des Palladion (Kap. 42).

Was sind die jeweiligen homerischen Beiwörter zu Odysseus? Er ist der Göt-

tergleiche und der Städtezerstörende, der Hehre und der Duldende – diese Beiwörter stellen in den jeweiligen Situationen die angemessenen Charaktereigenschaften des Helden in den Vordergrund.

Odysseus sei »polytropos« heißt es gleich zu Anfang der *Odyssee*, der »vielgewandte« könnte man wörtlich übersetzen, aber auch der »lügende« – ein ambivalentes Wort also. Als Odysseus seine Gattin Penelope wieder trifft, die noch nicht um seine Identität weiß, heißt es, da »erzählte er ihr viele der Wahrheit ähnliche Lügen«[12]. Das bedeutet: Er hat einen Sinn für die Wahrheit, aber die äußeren Umstände und seine

Vorsicht zwingen ihn, diese Wahrheit abzuwandeln. Diese Abwandlungen betreffen immer eines: seine Identität. Gelohnt hat es sich schon bei Polyphem, wo er sich als »Niemand« vorstellt (was im Verlauf der Geschehnisse zu der burlesken Aussage des Kyklopen »Niemand sucht mich mit List und Gewalt zu ermorden« führt). Dann wird es ihm eine lieb gewordene Angewohnheit, wie es scheint, auch als es nichts mehr zu verlieren gibt: heimgekehrt, die liebe Ehefrau zurück gewonnen, die dreisten Freier ermordet, belügt er doch zuerst, was seine Identität betrifft, seinen alten Vater.

47.3 *Als einer der prominenten Büßer in der Unterwelt muss Sisyphos, in manchen Überlieferungen Vater des Odysseus, einen Felsen einen Berg hinaufrollen, bevor dieser immer wieder ins Hinunterrollen gerät. Krater, um 340–330 v. Chr.*

Krieg gebracht, was ihm Odysseus nicht verzieh; aus Rache stellte er Palamedes als Verräter dar und verursachte so seinen Tod. In der *Aithiopis* und der »*Kleinen Ilias*« war nach Angaben bei Proklos[4] der Streit zwischen Odysseus und Ajas um die Waffen des verstorbenen Achill geschildert, welchen Odysseus gewinnt – Ajas wird daraufhin wahnsinnig und begeht schließlich Selbstmord (Kap. 40). In der *Thesprotis* gründet Odysseus auf der Heimreise nach Ithaka bei den Thesprotern noch einen Kult des Poseidon, um diesen milde zu stimmen; und er reist erst weiter, als seine dortige Geliebte Kallidike, die Königin der Thesproter, verstirbt, wie Apollodor[5] und Proklos[6] berichten. Auch über seine Heimkehr hinaus wurden Geschichten gesponnen wie etwa in der Telegonie, welche wir nach Hygin[7], Apollodor[8] und Proklos[9] überliefert haben: In diesen Versionen hat Odysseus mit Kirke einen Sohn namens Telegonos. Dieser tötet auf der Suche nach seinem Vater versehentlich eben diesen. Telegonos heiratet danach Penelope – also die Frau seines Vaters. Telemach, der Sohn der Penelope und des Odysseus, wiederum Kirke, die Mutter des Telegonos und frühere Geliebte seines Vaters. Alle vier gehen auf die Insel Aiaia und werden unsterblich.

In der griechischen Tragödie ist immer wieder nicht Laertes, sondern der trickreiche Sisyphos als Vater des Odysseus genannt (Abb. 47.2 – 3). Auch in mehreren Komödien werden Ereignisse der *Odyssee* aufgenommen; diese wiederum mögen zu den überlieferten komödiantischen Terrakotta-Darstellungen von Schauspielern angeregt haben, die Odysseus darstellen (Abb. 47.4).

47.4 *Das Aussehen des Odysseus hat sich bis ins 5. Jahrhundert v. Chr. kanonisiert: Odysseus ist ein bärtiger Mann mittleren Alters, häufig mit leidendem Gesichtsausdruck. Gut erkennbar ist er an dem breitkrempigen Hut der Reisenden (»pétasos«) oder, wie hier, an der gefilzten, eng anliegenden konischen Kappe (»pîlos«) als Kopfbedeckung. Schauspielerterrakotten, Odysseus darstellend, um 360 v. Chr. (links: Kat. 118, rechts: Kat. 119)*

Aufbau der Odyssee

Der Inhalt der *Odyssee* ist nach Aristoteles kurz erzählt: Ein Mann weilt seit Jahren fern der Heimat, während dort sein Eigentum durch die Freier seiner vermeintlichen Witwe verzehrt wird; endlich kommt er zurück und vernichtet seine Feinde – alles andere sind Episoden[10]. Aber gerade einige dieser Episoden gehören zu den am frühesten, am längsten und am häufigsten dargestellten Szenen griechischer Mythen in der Bildkunst überhaupt. Wie sind diese Episoden nun aufgebaut? Das Werk mit seinen 24 Gesängen lässt sich in zwei gleiche Teile gliedern: 12 Gesänge schildern die Heimreise, die anderen 12 sind den ersten Tagen nach der Rückkehr gewidmet.

Vom 1. bis zum 12. Gesang ist Odysseus unterwegs. Einstieg in das Epos bildet die Götterversammlung (1. Gesang): Die Abwesenheit des dem Odysseus zürnenden Meergottes Poseidon ermöglicht Odysseus' Fürsprecherin Athena, einen Beschluss zu forcieren, der die Rückkehr des griechischen Helden in seine Heimat ermöglichen soll; Telemach, Sohn des verschollenen Odysseus und der von Freiern umlagerten Mutter Penelope, begibt sich seinerseits auf Reise, um eigenständig nach seinem Vater zu suchen (2.–4. Gesang). Die Situation des Protagonisten Odysseus wird erst im 5. Gesang geschildert, nämlich das Ende seiner Zeit auf der Insel Ogygia bei der Nymphe Kalypso. Das, was Odysseus nach der Eroberung von Troja bis hin diesem Aufenthalt widerfahren ist, wird in einer Rückschau erzählt als Geschichte des Odysseus während des Aufenthaltes bei den Phäaken, wohin es ihn nach der Abfahrt von Kalypso als erstes verschlug (6.–12. Gesang): die feindlichen Kikonen, die friedlichen Lotophagen, der Kyklop Polyphem (9. Gesang), Aiolos, Lästrigonen, die Göttin Kirke (10. Gesang), schließlich der Besuch im Totenreich (11. Gesang), sowie die Sirenen, Skylla und Charybdis und der folgenschwere Aufenthalt auf Thrinakia, schließlich der Sturm durch Zeus und der Verlust der ganzen Mannschaft (12. Gesang). All dies berichtet Odysseus der beim abendlichen Symposion versammelten Runde um den Phäaken-König Alkinoos.

Im 13. bis zum 24. Gesang folgen dann die Vorkommnisse seit der Rückkehr nach Ithaka: Odysseus kommt bei dem loyalen Schweinehirten Eumaios unter (13. Gesang) und trifft dort seinen Sohn Telemach wieder, der von seiner Suchfahrt nach dem Vater zurückgekehrt ist (15.–16. Gesang). Vereinzelt wird Odysseus, der sich auf Rat des ermordeten Agamemnon verkleidet hat (s. Kap. 52), nun auch von anderen wiedererkannt, seinem alten Hund Argos, seiner Amme Erykleia (19. Gesang). Schließlich plant er mithilfe von Telemach den Mord an den Freiern (20.–22. Gesang). Erst danach offenbart er sich Penelope und beweist ihr, dass es sich bei seiner Person tatsächlich um den verlorenen Gatten handelt (23. Gesang). Er gibt sich auch seinem zurückgezogen lebenden Vater Laertes zu erkennen und führt die abschließenden Opfer durch (24. Gesang).

So spielt die *Odyssee* eigentlich nur an drei Orten: Ogygia, wo Odysseus die letzten Tage bei Kalypso verbringt, mehrere Tage bei den gastfreundlichen Phäaken und – gewissermaßen in der literarischen Gegenwart – sechs Tage in Ithaka. Von allen anderen Stationen der Irrfahrt zwischen Aufbruch aus Troja und der Zeit bei Kalypso erfahren wir lediglich durch die Schilderung des Odysseus bei den Phäaken. In vier, statt drei, Kapiteln hingegen werden wir den zwölf Stationen der Heimreise des Odysseus und seiner Zeit in Ithaka folgen und dabei diese in der Reihenfolge ihres Geschehens, nicht der ihrer Schilderung in der *Odyssee* besprechen[11]. *C.S.*

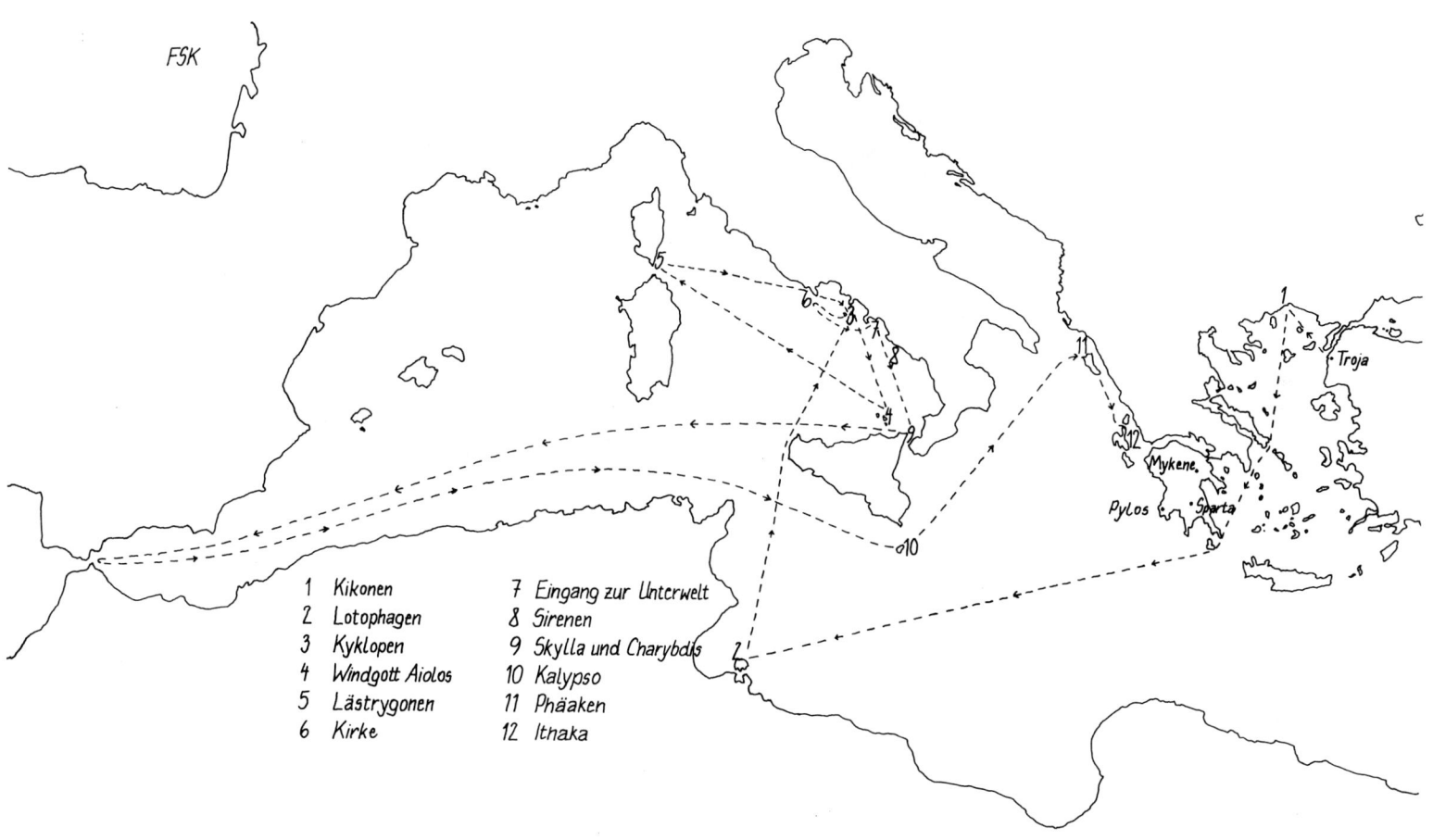

FSK

1 Kikonen 7 Eingang zur Unterwelt
2 Lotophagen 8 Sirenen
3 Kyklopen 9 Skylla und Charybdis
4 Windgott Aiolos 10 Kalypso
5 Lästrygonen 11 Phäaken
6 Kirke 12 Ithaka

Die Route des Odysseus - schon in der Antike versuchte man sich an einer Lokalisierung der einzelnen Stationen der Odyssee. Dagegen spottete im 3. Jahrhundert v. Chr. der Geograph Eratosthenes, es sei ebenso wahrscheinlich, die realen Orte der Odyssee zu finden wie den Schuster, der den Sack für die Winde des Aiolos hergestellt habe.

48.1 Das Kabiren-Heiligtum bei
Theben ist Fundort zahlreicher
solcher überzeichnenden Tonfiguren,
die dort geweiht wurden: Hier sind es
der Wanst, ein lächerlich hängendes
Genital und der übertrieben große
Kopf, die die Gestalt zur Karikatur
machen. Das Trinkgefäß in der linken
Hand des hockenden Polyphem spielt
auf die unkultivierte Art des Kyklopen
an, den Wein ungemischt zu trinken.
Farbreste verweisen auf die einst
kräftige Bemalung, welche auch das
Stirn-Auge stärker betont haben
dürfte. Terrakotta-Statuette,
5. Jh. v. Chr. (Kat. 120).

48. Aufbruch aus Troja und erste Umwege

Kikonen und Lotophagen

Nach dem Aufbruch von Odysseus und seinen Gefährten aus Troja kehrt man alsbald dorthin wieder zurück, um doch noch die von Agamemnon angeratenen Opfer durchzuführen, gegen welche sich Odysseus zunächst vehement gewehrt hatte (s. Kap. 46). Nach der zweiten Abfahrt aus Troja landen dann die Heimfahrer zunächst im Land der Kikonen, welche den Trojanern im gerade verlorenen Krieg beigestanden hatten. Odysseus will nur kurz Beute machen, allein die raffgierigen Gefährten können sich nicht losreißen. Den Kikonen gelingt es, Hilfe zu holen, und so verlässt man den Ort nur unter Verlusten, nämlich mit je sechs Gefährten weniger pro Schiff der Flotte.

Nach Sturm und ungünstigen Strömungen ins Land der Lotophagen, der »Lotos-Esser« verschlagen, handelt man vorsichtiger, entsendet nur einige Männer auf Kundschaft. Diese werden von den friedlichen Pflanzenessern freundlich empfangen und mit Lotos bewirtet. Dessen Genuss läßt sie die Heimat vergessen; Odysseus muss sie mit Gewalt auf das Schiff zurückholen.

Weder eine bildliche Umsetzung des Kampfs gegen die Kikonen, noch eine des Aufenthaltes bei den Lotos-Essern ist erhalten; einzig auf einem rotfigurigen Kelchkrater ist dargestellt, wie der Kikone Maron an Odysseus einen gefüllten Weinschlauch überreicht als Dank, verschont worden zu sein[1] – Odysseus wird dieses Weines bei der nächsten Station seiner Irrfahrt bedürfen.

Beim ungastlichen Kyklopen Polyphem

> »Als wir dann zu dem Ort hinkamen, dem nahe gelegnen,
> Sahn wir am äußersten Rand eine Höhle nahe dem Meere,
> Hoch und von Lorbeer ganz überdacht; (...)
> Dort übernachtete auch ein riesiger Mann, der alleine
> Seine Herde zur Weide trieb, fernab, denn mit andern
> Pflegte er nicht zu verkehren in frevelhafter Gesinnung.«
> (*Odyssee* IX, 181ff. und 187ff.)

Odysseus und seine Gefährten nähern sich der Insel der Kyklopen. Auf dieses Abenteuer lässt sich Odysseus bewusst ein, um im Gegensatz etwa zu anderen unumgänglichen Meerabenteuern, »zu erkunden, von welcher Art diese Männer sind, ob frevelhafte oder wilde und gar nicht gerechte oder ob fremdenfreundliche, gottesfürchtige Leute«[2].

48.2 *Der Kyklop trägt einen Überwurf aus Fell, dessen Tatzen vor der Brust verknotet sind – ein Verweis auf Herakles. Diese scheinbar ›heroische‹ Komponente aber wird konterkariert durch den dicken Bauch, die klobigen Gelenke, einen kahlen Kopf mit abstehenden Ohren und einen affenartig großen Mund. Terrakotte, am Südabhang der Akropolis von Athen gefunden, 5. Jh. v. Chr. (Kat. 121).*

Odysseus lässt die anderen Schiffe seiner Flotte in der Bucht der vorgelagerten Ziegen-Insel ankern und zieht mit den Gefährten seines Schiffes auf die Insel der Kyklopen. Dort finden sie die Höhle des Polyphem und warten auf seine Heimkehr. Der kommt mit seinen Schafen des Abends in die Höhle zurück und versperrt sie hinter sich mit einem großen Stein. Und statt des im Griechischen zu erwartenden Geschenks an die Gäste nimmt er zwei der Gefährten des Odysseus als Abendmahl: »....und griff sich zwei der Gefährten, und zerschmetterte sie, als wären es junge Hunde, auf dem Boden. Da entspritzt ihr Gehirn und netzte den Boden. Und nachdem er sie Glied für Glied zerschnitten, bereitete er sie sich zum Nachtmahl und verzehrte sie, als sei er ein Löwe im Gebirge und verschmähte weder Eingeweide, noch Fleisch, noch die markigen Knochen« (*Odyssee* 289 – 293). Da hat Odysseus seine Antwort auf die Frage nach der Art der Kyklopen: Sie sind ungastlich und unzivilisiert, indem sie ihr Fleisch roh wie die Tiere verzehren.

Zwei weitere müssen zum Frühstück am nächsten Morgen dran glauben. Die Gefährten sind ratlos: Selbst wenn es gelänge, Polyphem zu töten, bevor dieser alle Griechen verspeist hätte, so versperrte immer noch der riesige Stein den Ausgang der Höhle. Was tun? Die Lösung des Odysseus: Mit dem starken ungeschmischten Wein des Kikonen Maron wird der sonst nur Milch trinkende Polyphem trunken gemacht. Sein barbarisches Wesen kehrt sich in dieser List gegen ihn, weiß er doch nicht von der griechischen Sitte Wein mit Wasser zu vermischen. Vom ungewohnten Weingenuß trunken wird der einäugige Kyklop mit einem im Feuer erhitzten und angespitzten Pfahl geblendet.

Als dieser am nächsten Morgen seine Schafe aus der Höhle zum Weiden entlässt, gelingt den Griechen die Flucht: Da Polyphem die Schafe in Dreiergruppen nach draußen treibt, hat Odysseus jeweils unter das mittlere einen Gefährten

48.3 Die Matrize mit einer Darstellung des Polyphem (daneben die moderne Ausformung) ist zu schräg ausgeschnitten, um der eine Teil einer zweiteiligen Form zu sein; denkbar wäre die Nutzung der Form für Applikationen. Terrakotta-Matrize (l.) und moderne Ausformung (r.), 1. Jh. v. Chr. (Kat. 122).

48.4 Die Hand, welche einen viel kleineren Arm packt, reicht aus, um die ursprüngliche Szene zu rekonstruieren: Polyphem und ein getöteter Gefährte des Odysseus. Fragment einer Bronzestatuette, 1./2. Jh. n. Chr. (Kat. 123).

angebunden, um dessen Entdeckung zu verhindern. Odysseus selbst krallt sich am Fell des Leittiers fest und verlässt als letzter die Höhle. Erst vom Schiff aus, in vermeintlich sicherer Entfernung, verhöhnt Odysseus dann den überlisteten Polyphem, der mit dem Wurf eines großen Felsbrockens das Schiff des Helden noch fast zum Kentern bringt und ihn bei seinem Vater, dem Meergott Poseidon, verflucht. Poseidon wird es sein, der die Rückkehr des Odysseus fast zehn Jahre lang zu verhindern weiß.

In welchem Verhältnis stehen nun die Bilder gerade zur Polyphem-Geschichte? Sie sind die frühesten Darstellungen der Odyssee, sie werden am häufigsten von allen Themen und über den längsten Zeitraum hinweg ins Bild gesetzt[3]. Dementsprechend zahlreich sind sie auch in den Antikensammlungen vorhanden. Die Episode war so berühmt, dass sie auch ohne szenische Zusammenhänge verstanden würde, wie verschiedene Terrakotten einäugiger Polypheme zeigen[4]. Es ist interessant, zu beobachten, welche Lösung jeweils für die Augenpartie des einäugigen Kyklopen gewählt wurde: Das Panorama reicht von geschlossenen Augenhöhlen und dem auf die Stirn gesetzten, großen, durch kräftige Bemalung

hervorgehobenen Auge (Abb. 48.1) über medaillonartige »dritte Augen« (Abb. 48.2) bis hin zu anatomisch ›plausibel‹ erscheinenden Lösungen (Abb. 48.3): das Auge sitzt mit Augenhöhle direkt über der flachen Nase.

Als Darstellungen der Polyphem-Episode finden sich hauptsächlich drei Szenen: erstens das Trunkenmachen des Kyklopen, zweitens das Blenden mit langem, im Feuer erhitzten Pfahl und drittens die Flucht aus der Höhle. Eine vierte Szene, Odysseus verhöhnt Polyphem von den Schiffen aus, der mit einem Steinwurf fast das Schiff der Fliehenden noch zum Kentern bringt, ist erst später und deutlich seltener dargestellt[5].

Das Fragment einer Bronze (Abb. 48.4) ist als Darstellung des Polyphem mit einem Gefährten des Odysseus allein durch die Größenverhältnisse eindeutig, das Gleiche gilt für das Fragment einer Tonlampe (Abb. 48.5) und ein fragmentiertes Marmorrelief (Abb. 48.6). Spannend ist in allen drei Fällen die Frage der Rekonstruktion: Denn isolierte Bilder von Polyphem und totem Gefährten gibt es eher selten – kommen aber vor, wie die Oberfläche der Tonlampe zeigt, auf der kein Platz für eine weitere, den Kontext erläuternde Figur bleibt. Allerdings dürfen wir uns die anderen Fragmente wohl nicht als isolierte Figurengruppe aus Polyphem und einem bemitleidenswertem Griechen vorstellen, wie dies bei der ehemaligen Ergänzung des Marmorreliefs versucht wurde (Abb. 48.7), sondern vielmehr, wie auf einer Gemme (Abb. 48.8), als Teil einer Wein-Reichungs-Szene, wobei Dramatik und Risiko der Situation durch den ermordeten Gefährten noch unterstrichen

48.5 Weggebrochen ist die linke Hälfte des Innenbildes der Tonlampe; vermutlich hielt Polyphem in der rechten Hand das Weingefäß. Tonlampe, 1. Jh. n. Chr. (Kat. 124).

48.7 Das Relief in alter Ergänzung: rekonstruiert wurde der rechte Arm des Polyphem mit erhobener Keule. Wahrscheinlicher ist aber die Rekonstruktion als kombinierte Szene mit Odysseus, der von links nahend gerade Polyphem den Wein reicht.

48.6 Ein römisches Relief zeigt Polyphem mit einem ermordeten Gefährten des Odysseus. Relief, um 50 n. Chr. (Kat. 125).

48.8 Odysseus nähert sich in unterwürfiger Haltung dem Kyklopen, im Gefäß der unvermischte Wein des Kikonen Maron. Gemme, 1. Jh. v. Chr. – 1. Jh. n. Chr., München, Staatliche Münzsammlung

48.9 Der im Feuer erhitzte Pfahl wird horizontal gegen den riesenhaften, aber in Gestalt und Haartracht sonst nicht von den Angreifern unterschiedenen Kyklopen geführt. Fragment eines Kraters, Argos, 1. Hälfte 7. Jh. v. Chr.

48.10 Weinreichung und Blendung sind zusammengezogen, der Protagonist der Geschichte ist farblich herausgehoben. Halsbild einer Amphora, Eleusis, 1. Hälfte 7. Jh. v. Chr.

48.11a–b Zweimal ist das Motiv auf diesem weißgrundigen Salbgefäß wiederholt: vor einem Baum ein Widder, an den unten ein Mann mit Schwert und breitkrempigem Reisehut gebunden ist. Lekythos, um 500 v. Chr. (Kat. 126).

wurde. Polyphem nimmt die Gefährten als Speise, den ungemischten Wein als Trank – dies ist gleichermaßen eine Beschreibung seines Charakters wie auch ein Hinweis auf seine Unzivilisiertheit: Beides wird ihn ins Verderben führen.

Einen anderen Schwerpunkt setzt gerade die frühe Vasenmalerei: Hier wird entweder die Blendung gezeigt (Abb. 48.9), oder aber diese mit der Weinreichung zusammengeführt (Abb. 48.10): Die geniale Strategie des Odysseus wird dargestellt, indem zwei zeitlich aufeinanderfolgende Ereignisse zu einem Bild verdichtet werden.

Bei der Darstellung der Flucht ist grundsätzlich das szenische Umfeld, der Kontext, gar nicht dargestellt, wie auch die Münchner Stücke zeigen: Es fehlen Polyphem und die Höhle. Einzig im Fall einer weißgrundigen Lekythos (Abb. 48.11) ist durch die Darstellung von Bäumen zumindest eine urwüchsige Umgebung angedeutet. Weitere Freiheiten gegenüber dem Text finden sich hier und auch bei anderen Gefäßen wie einer so genannten Kleinmeisterschale (Abb. 48.12): Die Dargestellten sind beide angebunden, die Widder gleich dargestellt. Offenbar findet keine Heraushebung des Odysseus und des Lieblingstiers des Polyphem statt. Auch treten die Tiere nicht in den bei Homer beschriebenen Dreiergruppen auf – weder bei den bereits vorgestellten Beispielen, noch bei einer etruskisch schwarzfigurigen Amphora (Abb. 48.13) oder einer römischen Tonlampe (Abb. 48.14). Vielmehr wird das Motiv vignettenhaft reduziert und ist damit den häufigen einfachen Tierdarstellungen auf Gefäßen fast gleichzusetzen[6]. Diese Bildformel »Mann an der Unterseite eines Widders« kann durch die Vergegenwärtigung der Geschichte in einem einzigen Motiv auch ganz generell als Kürzel für Gewandtheit und Cleverness des Odysseus verstanden werden.

48.12a–c In flüchtiger Zeichnung jeweils auf beiden Schalenaußenseiten ein Widder und unter ihm ein Mann, der das eine Mal seinen Kopf ganz ins Fell drückt, im anderen Fall daraus hervorschaut. Des Weiteren sinnfreie Buchstabenfolgen – gerade bei den so genannten Kleinmeisterschalen gibt es außer Trinksprüchen und stolzen Herstellerangaben immer wieder dekorative Schriftzeichen oder gar einfache Punktreihen, welche den Anschein einer Schrift geben. Attisch schwarzfigurige Trinkschale, 550–525 v. Chr. (Kat. 127).

48.13 Ein Mann angebunden an einem Widder. Etruskisch schwarzfigurige Amphora, verschollen, 6. Jh. v. Chr. (Kat. 128).

48.14 Hier wurde eine vergleichsweise realistische Umsetzung gefunden, wie sich ein Mensch unter einem Widder verstecken kann: weiter nach vorne gerückt, den Rücken gebogen, sich an den Schnüren seitlich mit den Armen festhaltend. Tonlampe, 1.Jh. n. Chr. (Kat. 129).

48.15 Kundschafter treffen auf die Tochter des Lästrigonen-Königs Antiphates. Dass die Lästrigonen-Prinzessin – mit einer Hydria in der rechten Hand – gerade auf dem Weg zum Wasserholen ist, entspricht der homerischen Überlieferung, nicht aber die drei Namensbeischriften bei der griechischen Vorhut; in der Odyssee heißt es nur, dass drei Kundschafter ausgesendet wurden. Wandmalerei aus einem Haus am Esquilin, Rom, spätes 1. Jh. n. Chr.

Aiolos und Lästrigonen

Seinen Vorstellungen von Gastfreundschaft dürfte der nächste Aufenthalt des Odysseus und seiner Gefährten sehr viel eher entsprochen haben: der auf der Insel des Aiolos. Für einen Monat ist man dort zu Gast; und dass Aiolos von Zeus als Verwalter für die Winde eingesetzt wurde, lässt die Gruppe um Odysseus für die Rückkehr Mut schöpfen. Allein: Auf der Weiterfahrt, die Heimat Ithaka ist schon in Sicht, nickt Odysseus kurz ein, seine Gefährten öffnen aus Misstrauen und Neid die ledernen Schläuche des Aiolos, in welchen die für die Rückfahrt ungünstigen Winde festgehalten sind. Sie erfassen nun die Flotte und blasen sie zurück an die Insel des Aiolos. Darstellungen dieser Geschichte finden sich nur wenige, und keine von ihnen ist vor dem 4. Jahrhundert v. Chr. entstanden[7].

Nachdem Odysseus von Aiolos vertrieben wurde, da der ihn nach seinem Missgeschick nicht zu Unrecht als von den Göttern gehasst betrachtete, gelangt die Flotte eine Woche später nach Telepylos, der Hauptstadt der riesengroßen Lästrigonen. Drei Kundschafter werden ausgesendet, welche zufällig auf die Wasser holende Tochter des Lästrigonen-Königs Antiphates treffen. Doch die Riesen nehmen die Fremden wiederum wenig gastlich auf: Einer der Boten wird von Antiphates gleich getötet, und die Lästrigonen kommen zu Tausenden an den Hafen und zerschmettern mit Steinen alle Schiffe bis auf das des Odysseus, welcher außerhalb des Hafens ankern hatte lassen. Auch dieses Abenteuer wurde kaum dargestellt. Eine Ausnahme bilden die Wandmalereien eines Hauses am Esquilin in Rom, wo sich gleich mehrere Bilder auf diese Episode beziehen (Abb. 48.15)[8].   *C.S.*

49.1 *Odysseus bei Kirke.*
Erschrocken lässt die Zauberin
Rührstab und Gefäß fallen. Attisch
rotfigurige Lekythos, um 470 v. Chr.,
Erlangen.

49. Verlust der Flotte – Odysseus rettet sein Leben

Kirke

49.2 Ein verzauberter Gefährte des Odysseus. Terrakotte, 6. Jh. v. Chr. (Kat. 130).

Man erreicht die Insel Aiaia. Ein Spähtrupp wird von der Zauberin Kirke zunächst freundlich empfangen, dann aber in Schweine verwandelt. Doch einer der Gefährten kann entfliehen und Odysseus über das Vorgefallene informieren. Dieser begibt sich darauf selbst zu Kirkes Palast und trifft auf dem Weg Hermes, der ihn bezüglich des nötigen weiteren Vorgehens instruiert und mit einem Zauberkraut namens Moly ausstattet. Als Kirke nun auch Odysseus verzaubern möchte, wehrt sich dieser erfolgreich mittels Moly-Kraut und Schwert. Nach der Rückverwandlung der Gefährten ist man daraufhin ein Jahr bei der Zauberin zu Gast, die sich nun von ihrer besten Seite zeigt. Kirke rät Odysseus vor seinem Abschied zu einem Umweg in die Unterwelt, um dort den verstorbenen Seher Teiresias zu befragen.

Einen der verzauberten Gefährten des Odysseus erkennen wir in einer Terrakotta (Abb. 49.2). Höchst originell ist hier die in der *Odyssee* geschilderte Verwandlung des Gefährten ins Bild gesetzt: Woran kann man aber erkennen, dass es sich um einen verzauberten Menschen und nicht einfach um die tönerne Nachbildung eines Schweins handelt? Die Gliedmaßen sind noch menschlich, und ein Schwein würde nie im ›Schneidersitz‹ auf dem Boden hocken.

Etwas komplizierter erweist sich die Frage nach dem Verhältnisses vom Bild zum Text bei der Darstellung der Begegnung zwischen Odysseus und Kirke auf einer rotfigurigen Lekythos (Abb. 49.1): Odysseus schreitet mit gezücktem Schwert nach rechts auf Kirke zu, diese lässt erschrocken Rührstab und Becher fallen, in dem sie den Trank für die Verwandlung zubereiten wollte. In welchem Verhältnis steht nun diese bildliche Umsetzung zur literarischen Schilderung des Ereignisses? In keinem direkten – denn dieser Moment kommt in der *Odyssee* gar nicht vor. Wir haben es also nicht etwa mit einer Zusammenführung zweier verschiedener Momente der Handlung zu tun, wie sich dies bei der zusammengezogenen Wein-Reichung und Blendung Polyphems auf einem frühgriechischen Gefäß beobachten ließ (Abb. 48.10). Vielmehr ging es dem Vasenmaler hier wohl um die Konstruktion eines höchst emotionalen Höhepunkts: Das Fallenlassen der Gerätschaften verdeutlicht das plötzliche Erschrecken von Kirke, das sie angesichts des überraschenden Angriffs von Odysseus empfunden haben muss – wähnte sie ihn doch durch ihren Zaubertrank außer Gefecht gesetzt[1].

Auch eine Lampe (Abb. 49.3) stellt die Begegnung zwischen Odysseus und Kirke dar[2] – offensichtlich noch vor dem Moment, an dem sich alle an der Gastfreundschaft der Göttin freuen dürfen: Odysseus scheint noch mit Kirke zu verhandeln, während im Hintergrund die noch verzauberten Gefährten in einem Gatter auf ihre Rückverwandlung warten.

49.3 *Odysseus mit Umhang und Pilos steht vor der sitzenden Kirke mit Szepter. Die Strahlenkrone weist sie als Tochter des Sonnengottes Helios aus. Beide heben ihre Arme gestikulierend in die Luft. Im Hintergrund die verzauberten Gefährten. Tonlampe, 1. Hälfte 1. Jh. n. Chr. (Kat. 131).*

Totenreich

Kirke empfiehlt ihrem Gast nachdrücklich, einen ›Abstecher‹ ins Reich der Toten zu machen, um dort etwas über die Zukunftsaussichten seiner Reise zu erfahren: So segelt Odysseus, ohne zu steuern, und ein satter Wind treibt das Schiff, wie es Kirke vorhergesagt hat, innerhalb eines Tages an den Rand des Okeanos-Stroms. Dort, an von Kirke bezeichneter Stelle, führt der Held Opfer durch, um mit dem Blut des Opfertieres die Seelen der Toten anzulocken. Zuerst erscheint Elpenor, ein bei Kirke unglücklich vom Dach gestürzter Gefährte, welchen man zu bestatten versäumt hatte (Abb. 49.4). Odysseus verspricht, dies bei seiner Rückkehr nach Aiaia nachzuholen. Dann aber trifft Odysseus den Grund seiner Fahrt in die Unterwelt, den Seher Teiresias (Abb. 49.5), der der einzige der Bewohner des Totenreiches ist, welcher sich die Klarheit des Geistes über den Tod hinaus hat erhalten können. Dieser sagt ihm seine nahe und ferne Zukunft voraus. Doch nehmen diese Vorhersagen dem weiteren Text die Spannung? Nein. Dass Odysseus erst nach zehn Jahren zurück nach Ithaka kommen wird, weiß der Leser schon vom Anfang der *Odyssee* an[3]. Die Spannung konzentriert sich somit auf die Frage, wie ihm das wohl gelingt. Die Weissagungen des Teiresias aber sind vielmehr Warnungen. Man fragt sich gespannt: Wird er die Vorgaben umsetzen? Und wie geht die Geschichte weiter, wenn es nicht gelingt? Am Rand der Unterwelt trifft Odysseus auch seine Mutter Antikleia, die Helden Agamemnon (s. auch Kap. 52), Achill, Patroklos, Ajas und viele weitere, bevor er zu Kirke zurückkehrt, um Elpenor zu bestatten, und von dort wieder Richtung Heimat aufzubrechen.

49.4 *Der jugendliche Elpenor, mit den Füßen in der Unterwelt, bespricht sich mit Odysseus in Anwesenheit von Hermes. Attisch rotfigurige Pelike, um 450 v. Chr., Boston.*

49.5 *Odysseus und Teiresias: Der Kopf des Sehers Teiresias schaut kaum über die Erdoberfläche, während er Odysseus über die Zukunft berichtet. Kelchkrater, spätes 5. Jh. v. Chr., Paris.*

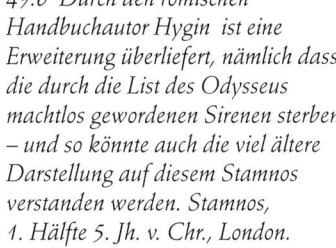

49.6 *Durch den römischen Handbuchautor Hygin ist eine Erweiterung überliefert, nämlich dass die durch die List des Odysseus machtlos gewordenen Sirenen sterben – und so könnte auch die viel ältere Darstellung auf diesem Stamnos verstanden werden. Stamnos, 1. Hälfte 5. Jh. v. Chr., London.*

49.7 *Die Sirenen musizieren für Odysseus mit Tympanon und Kithara. Glockenkrater, 2. Hälfte 4. Jh. v. Chr., Berlin.*

Sirenen

Wer sich den Sirenen unwissend naht, der kehrt nicht heim zu Frau und Kindern, warnt Kirke noch Odysseus[4] und rät, den Gefährten die Ohren mit Wachs zu verstopfen, sich selbst aber an den Mast binden zu lassen, um ihrem betörenden Gesang mit Freuden, aber ohne Gefahr zuhören zu können. Und so gelingt es, ohne Verluste an den Sirenen vorbeizusegeln.

Das Aussehen der Sirenen, der »Bestrickenden«, wird bei Homer nicht näher geschildert. In der bildlichen Tradition hat sich aber schnell ein Typus gefestigt, der das Zwiespältige ihres Wesens bestens charakterisiert: Es ist ein dämonisches Mischwesen – ein lieblicher schöner Mädchenkopf sitzt auf dem Körper eines Vogels auf. In dieser Form finden sie sich auf den meisten Vasenbildern mit Odysseus, der an den gefährlichen Felsen vorübersegelt (Abb. 49.6 – 7). Manchmal unterstreichen Musikinstrumente ihre außergewöhnlichen gesanglichen Qualitäten (Abb. 49.7).

Das Vorkommen der Sirenen ist aber keineswegs auf die *Odyssee* beschränkt: Im Gegensatz etwa zu den schon besprochenen Terrakotten des Polyphem (Abb. 48.1 – 2) sind viele Sirenenbilder (Abb. 49.8 – 10) nicht von der odysseeischen Episode abhängig. So sind auch die Sirene auf einer rotfigurigen Lekythos (Abb. 49.8) und die Sirenen mit Musikinstrumenten auf einem Golddiadem (Abb. 49.10) allgemeine Darstellungen dieser Wesen, von denen man mehr als eine schreckliche Begebenheit zu erzählen weiß, die aber zugleich für ihren wunderbaren Gesang bekannt sind.

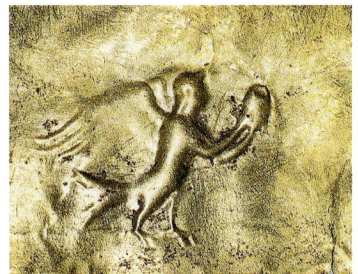   

49.10a–c Musizierende Sirenen auf einem Golddiadem, 2. Jh. v. Chr.

Skylla und Charybdis

Seufzend fuhren wir so hinein in die Enge des Meeres.
Hier die Skylla, und drüben schlürfte die hehre Charybdis
Fürchterlich gurgelnd ein das salzige Wasser des Meeres.
Spie sie es wieder heraus, wie ein Kessel auf heftigem Feuer
Brauste es dann empor in brodelnden Strudeln, und hochauf
Spritzte der Schaum und bedeckte auf beiden Felsen die Spitzen.
(*Odyssee* XII, 234ff)

»Zwischen Skylla und Charybdis« als »sich zwischen zwei Gefahren befinden«
war schon in der Antike ein geläufiges Sprichwort, ebenso wie die Lokalisierung
dieser Fabelwesen an der Meerenge von Messina. Während Charybdis dreimal
täglich die Fluten einschlürft und wieder ausspeit (und dabei ganze Schiffe ver-
schlingen kann), haust das Ungeheuer mit der Stimme eines jungen Hundes, Skylla, in einer Felshöhle gegenüber und schnappt sich schnell mit jedem ihrer sechs
Köpfe an den überlangen Hälsen aus vorüber fahrenden Schiffen die Seeleute
heraus. Und so widerfährt es auch Odysseus und seinen Mannen – wenngleich
durch die Anrufung der Mutter der Skylla die Verluste auf insgesamt sechs Gefährten begrenzt werden können.

49.8 Sirene vor einem aus dem Boden wachsenden Thyrsos-Stab. Dieser muss also nicht aus Stengel und Pinienzapfen für den Kult erst hergestellt werden, sondern wir befinden uns in einem Märchenland, wo die Natur selbst Thyrsos-Stäbe wachsen lässt. Rotfigurige Lekythos, frühes 5. Jh. v. Chr.

49.9 Darstellungen von Sirenen beziehen sich nicht zwingend auf die Odyssee, sondern stellen als große Vögel mit Frauengesichtern eine grundsätzliche Bedrohung für Schiffsreisende dar. Terrakotten, 5.–2. Jh. v. Chr.

Unsere Terrakotta (Abb. 49.11) hat ein anderes Aussehen, als das Homer für das Ungeheuer in der *Odyssee* schildert. Dort hat es zwölf unförmige Füße, sechs lange Hälse mit grausigen Köpfen und Mäuler mit drei Zahnreihen. Ihr Name ist vermutlich das Ergebnis eines Wortspiels: Denn die Skylla hat nicht nur die Stimme eines jungen Hundes, das Wort »Skylla« erinnert auch an das altgriechische »skylax«, Hündchen. Darüber hinaus etablierte sich die Darstellung der weiblichen Gestalt mit nacktem Oberkörper und in Schlangen oder Fischflossen endendem Unterkörper. Freilich ist eher unwahrscheinlich, dass sich unsere Skylla direkt auf die *Odyssee* bezieht – Skylla ist, vergleichbar zu den Sirenen, einfach ein Ungeheuer, welches in den Weiten der Meere zu finden ist, und über das mehr als eine Geschichte erzählt werden kann.

Thrinakia und Sturm des Zeus

Gegen den Willen des Odysseus landet man für eine Nacht auf der Insel Thrinakia – und muss einen Monat bleiben, da ungünstige Winde wehen. Die Vorräte werden knapp. Schließlich vergreifen sich die Gefährten doch an den Rindern des Helios, trotz der Warnung des Sehers Teiresias in der Unterwelt und dem Schwur, welchen die Gefährten dem Odysseus geleistet hatten. Wieder unterwegs kommt ein Sturm auf, ein Blitz schlägt auf dem Schiff ein, das Schiff sinkt und alle Gefährten kommen ums Leben: Zeus rächt den Frevel gegen seinem Sohn Helios. Als einziger kann sich Odysseus retten, der sich an den Schiffsplanken festklammert, er passiert Charybdis, die er diesmal der Skylla vorzieht, und überlebt. Für mehrere Tage und Nächte treibt er umher, dann wird er an die Ufer der Insel Ogygia gespült wird. Darstellungen dieser Episoden haben sich nicht erhalten[5]. *C.S.*

Die Münchner Schiffbruchkanne

An einer Kanne in den Münchner Antikensammlungen (Abb. 1–2) lässt sich beispielhaft die Schwierigkeit aufzeigen, frühe griechische Vasenbilder zu verstehen. Denn am Hals des spätgeometrischen Gefäßes – sonst geschmückt mit geometrischen Mustern und Tierfriesen – erscheint die Darstellung eines Schiffbruchs. Auf dem Kiel des gekenterten Schiffs sitzt rittlings eine männliche Gestalt, seine zehn Gefährten schwimmen um das Schiff herum. Alle elf Männer sind nackt, aber behelmt, und greifen mit den Händen einander oder nach dem Schiff. Zwischen ihnen schwimmen – sei es als Verdeutlichung des Ortes, sei es zur Steigerung der Dramatik – elf bis zu halbmannsgroße Fische. Bis auf einen nähern sie sich von außen der Kette der Männer, einer scheint gar einen der Seeleute anzuknabbern; dies kann aber auch eine Ungenauigkeit der Darstellung sein – auch zwei weitere Fischmotive überschneiden sich leicht mit den Männern, dort jedoch mit den Schwanzflossen. Im Gegensatz zum skizzenhaften Charakter im Detail ist das Bild im Ganzen aber sorgfältig aufgebaut: im Mittelpunkt, wohl auch als erstes gemalt, findet sich das gekenterte Schiff, die Horizontale betonend; auf ihm sitzt mittig, direkt unter der Mündung des Gefäßes, der eine Seemann, die Bildfläche vertikal in zwei Hälften schneidend; über die durch diese Bildaufteilung entstehenden vier Segmente gruppieren sich nun gleichgewichtig, aber nicht nach Zahl oder Regel verteilt, die weiteren Seeleute und die Fische. Dabei ist die Nacktheit der Männer Darstellungskonvention der frühen griechischen Vasenmalerei[1], ebenso der wechselperspektivische Aufbau: gekentertes Schiff und der rittlings auf ihm Sitzende, sowie die Fische sind von der Seite dargestellt, die vom Schiff Gestürzten sieht man von oben. Und wiederum auch die Körper-

1 Die so genannte »Schiffbruchkanne« hat ihren Namen nach der dargestellten Szene erhalten. Dass es sich um eine frühe Darstellung aus der Odyssee handelt, ist unwahrscheinlich. Geometrische Kanne, um 750 v. Chr.

teile der menschlichen Gestalten sind wie aus verschiedenen Blickpunkten zusammengesetzt, jeweils so, wie sie im Umriss prägnant werden: Beine und Köpfe sind im Profil skizziert, die Oberkörper als schraffierte Dreiecke von vorne.

Was hat der antike Betrachter in diesem Bild gesehen? Das Herausheben des Einen mit den höchsten Überlebenschancen wurde mit der Schilderung des Schiffbruchs in der *Odyssee* verbunden, bei dem Odysseus alle seine ihm noch verbliebenen Gefährten verliert[2]. Dieser Interpretation aber widerspricht, dass gerade entgegen der Schilderung in der *Odyssee* der auf dem Schiff Sitzende nicht genügend herausgehoben ist – ein Zweiter kann sich ebenfalls am Kiel halten; und auch sonst ist die Szene ohne Erkennungsmerkmale, die eine Verbindung zum mythischen Schiffbruch des

Odysseus nahe legen[3]. Darüber hinaus sind uns weitere zeitgenössische Darstellungen von Schiffbrüchen erhalten, darunter der auf einem Krater aus Pithekussai (Abb. 3). Im Vergleich zeigt sich, dass bei allen Unterschieden der Darstellung – den unterschiedlich großen Fischen, der unterschiedlichen Gefährdung der Seemänner, der unterschiedlich starken Heraushebung Einzelner – doch in beiden Fällen eben jeweils keine Angaben gemacht werden, die eine Lesart auf einen bestimmten Mythos, eine Sage oder eine unverwechselbare Begebenheit hin erlauben. Wir müssen die Darstellungen der Schiffbrüche also in den Kontext der sonstigen Bildthemen auf gleichzeitigen Vasen stellen, um den Bildgehalt zu verstehen.

Was gibt es noch für Bilder auf Gefäßen in geometrischer Zeit? Es gibt Aufbahrungs- und Leichenzug-Darstellungen, welche sich auf die Situation des Begräbnisses beziehen und damit auf den Kontext der Verwendung des Gefäßes im Grabkult verweisen. Des Weiteren Kämpfe, Wagenrennen, Tanz, Jagdszenen, dazu Schiffskämpfe und Schiffsfahrten: All diese Darstellungen sind also, in der Summe betrachtet, keine mythischen Szenen, aber auch keine alltäglichen Ereignisse; vielmehr sind sie besondere Ausschnitte der Lebenswirklichkeit des gehobenen Standes. Bedeutet dies, dass es dennoch jeweils vom Betrachter abhängig war, ob auf ihn die Darstellungen irgendwie mythisch wirkten[4]? Nein, denn nicht Beliebigkeit, sondern Absprache und damit die Erwartung des Betrachters an das Bild ist das, was den Bildgehalt entscheidet[5]. Und ab wann erkennen wir in den Bildern, dass eine Absprache bestand, Mythos darzustellen? Ab dem Zeitpunkt, wenn im Bild dem Betrachter etwas erzählt wird, das sich nur durch mythisches Vorwissen des Betrachters erschließt[6]. Dann haben wir den spätes-

2 Die sogenannte »Schiffbruchkanne«: horizontale Linien, Zierbänder, ein Fries mit Wasservögeln, ein Fries mit Hunden, die einen Hasen jagen, als Halsbild dann die frühe Darstellung eines Schiffbruchs als idealisierte Darstellung aristokratischen Verhaltens bei einem Schiffsunglück. Wenn wir uns die Verwendung des Gefäßes überlegen, erkennen wir ein Spiel: im Ausgießen erscheinen Schiff und Krieger wie unter Wasser. Geometrische Kanne, um 730 v. Chr.

ten Zeitpunkt, an welchem wir ein Bild als sicher einen Mythos erzählend benennen können[7] – und solche Zeichen sind für unsere Schiffbruchdarstellung genauso wenig gegeben wie für die gleichzeitigen Darstellungen auf anderen Gefäßen. Das Halsbild unserer geometrischen Kanne lässt sich also folgendermaßen interpretieren: Zusammenhalten, auch wenn es eng wird – die idealisierte Darstellung aristokratischen Verhaltens bei einem Schiffsunglück.

Auch die Szene auf dem Henkelfragment einer Kanne, ebenfalls aus der zweiten Hälfte des 8. Jahrhunderts v. Chr. (Abb. 4) wurde auf die *Odyssee* bezogen und sei hier deshalb kurz erwähnt. Der Fundort Ithaka mag seinen Teil dazu beigetragen haben, dass die zwei voreinander stehenden Gestalten als Odysseus und Kirke interpretiert wurden[8]. Aber ist es wirklich Zauberkraut gegen Zauberin? Denn nach homerischer Überlieferung überreicht Odysseus der Kirke nicht das Moly-Kraut, sondern präsentiert sein Schwert; auch sonst lässt sich eine aggressive Stimmung, wie sie mehrfach in der Gestik der beiden Figuren gesehen und als Begründung für die mythische Deutung herangezogen wurde, nicht erkennen[9]. Aber es handelt sich auch nicht um eine Alltagsszene, die Übergabe einer Schnittblume an die Liebste: Wie gesehen, funktioniert Alltag nicht als Kategorie für frühgriechische Bilder, vielmehr werden gesellschaftliche oder situative Ausschnitte der antiken Lebenswirklichkeit ins Bild gesetzt. Man könnte die zweifigurige Szene einer Zweigübergabe somit vielleicht als verkürzte Darstellung eines Reigentanzes verstehen. *C.S.*

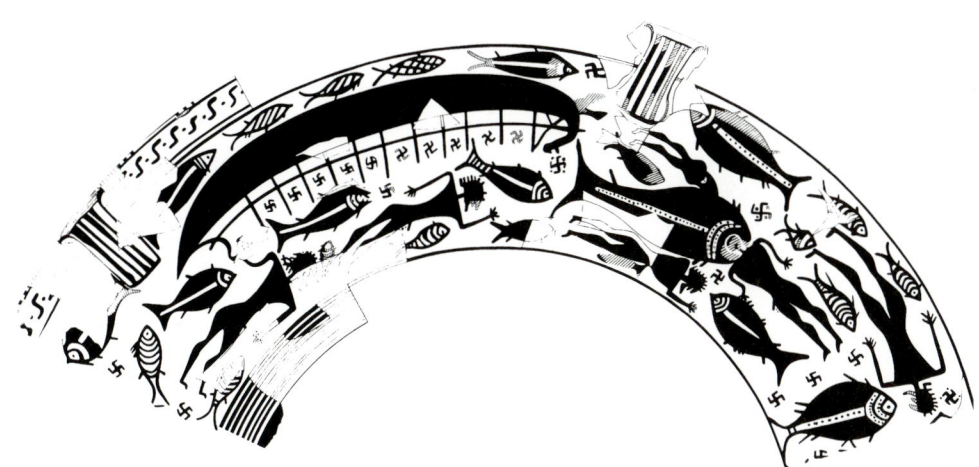

3 Kein Grund für Optimismus – eine zu unserer Kanne gleichzeitige Darstellung eines Schiffbruchs mit deutlich geringeren Überlebenschancen für die Besatzung, gefährlicheren Fischen und ohne Heraushebung eines Einzelnen. Umzeichnung eines Krater, 730 v. Chr. aus Pithekussai.

4 Odysseus bedroht Kirke mit dem Moly-Kraut? Nein. Ein Sträußchen für die Liebste? Auch nein. Vielleicht: verkürzte Darstellung eines Reigentanzes. Umzeichnung eines Kannen-Fragments des 8. Jh. v. Chr. aus Ithaka.

50. Nach dem Verlust aller Gefährten – allein, doch nicht am Ende

Sieben Jahre bei Kalypso

Auf Ogygia wird Odysseus von der Nymphe Kalypso mehr als freundlich aufgenommen. Bald teilt die Schöne mit ihm Tisch und Bett. Sieben Jahre vergehen, doch den Held zieht es in die Heimat: Von dem langen Aufenthalt des Odysseus auf Ogygia sind fast keine Darstellungen erhalten. Zwar soll nach Aussage des römischen Autors Plinius der Maler Nikias zweimal eine Kalypso gemalt haben[1], aber diese Gemälde sind uns nicht überliefert. Und auch eine römische Tonlampe in München (Abb. 50.1) lässt sich nicht zwingend auf den sehnsüchtigen Odysseus am Strand von Ogygia beziehen[2].

In Homers *Odyssee* befinden wir uns mit dieser Geschichte ganz am Anfang der Erzählung. Athena bringt ihren Schützling bei der Götterversammlung wieder in Erinnerung – dargestellt wurde dieses Zusammensein der Götter ohne den zürnenden Poseidon auf einem römischen Kameo (Abb. 50.2). Hermes informiert hierauf Kalypso über den göttlichen Auftrag, Odysseus seine Heimfahrt zu ermöglichen. Odysseus baut sich ein Floß und bricht frohgemut gen Heimat auf.

50.2 Athena eilt aus der Götterversammlung, um die für ihren Schützling Odysseus frohe Botschaft weiterzuleiten. Kameo, 2. Jh. n. Chr., Paris.

50.1 In die Knie gegangen, den rechten Arm sehnsuchtsvoll erhoben, könnte hier Odysseus am Strand von Ogygia gemeint sein. Römische Tonlampe, 1. Jh. n. Chr. (Kat. 133)

Sturm des Poseidon und Rettung

Kurz vor Erreichen des Landes der Phäaken kommt ein Sturm auf, diesmal von Poseidon gesendet, der Odysseus immer noch wegen der Blendung seines Sohnes Polyphem rachsüchtig verfolgt. Aber die Nymphe Leukothea rettet Odysseus im Schutze ihres Schleiers, das Floß wird von den Wellen zerschmettert. Odysseus lässt sich, nachdem die Steilküsten des Phäakenlandes erst keine Landung erlauben, schließlich an die Mündung eines Flusses spülen. Auch von dieser Episode finden sich keine Darstellungen in der antiken Kunst[3].

Nausikaa – bei den Phäaken

Die Ankunft des Odysseus im Land der Phäaken wird im sechsten Gesang der *Odyssee* geschildert. Ans rettende Ufer angespült schläft er nackt, abgekämpft und müde auf dem zur Lagerstätte angehäuften Laub am Flussufer ein. Immer wieder wurde Odysseus Fahrt umgelenkt, unterbrochen – bei jeder Station verliert er mehr: Schiffe, Gefährten, bis er schließlich nackt und alleine an den Gestaden der Phäaken landet. Nun ist er tatsächlich der ›Niemand‹, zu dem er sich bei Polyphem wortspielhalber gemacht hatte. Aber er hat die Unterstützung der Göttin Athena, die derweilen unverdrossen die Fäden für eine geglückte Rückkehr ihres Schützlings weiterspinnt: Am phäakischen Königshof setzt sie der schönen Königstochter Nausikaa in den Sinn, just an diesem Morgen mit ihren Dienerin-

50.3 Odysseus versucht, mit einem Zweig seine Blöße zu bedecken, rechts eilen Nausikaa und eine Gefährtin nach rechts weg. Doch Nausikaa blickt sich noch einmal zu dem Fremden um. Athena, die Schutzgöttin des Odysseus, lenkt das Geschehen im Hintergrund. Attisch rotfigurige Amphora, um 440 v. Chr. (Kat. 116)

nen Wäsche waschen zu gehen[4]. Nausikaa trift am Strand auf Odysseus, findet ihn – mit Athenas Hilfe – trotz seiner heruntergekommen Erscheinung attraktiv und schleust ihn in den Palast ihres Vaters Alkinoos ein. Dort erzählt Odysseus dann die folgenden Abende seine bisherigen Erlebnisse der nun schon neunjährigen Irrfahrt.

Eine rotfigurige Amphora (Abb. 47.1, 50.3 – 5) zeigt nun eine der sehr seltenen Darstellungen dieser Situation:

„Also trieb es Odysseus nun, zu den lockigen Mädchen
Hinzutreten, nackt wie er war; denn es kam ihm die Not an.
Grässlich erschien er denen, entstellt vom Salz des Meeres.
Auf die Klippen am Ufer stoben sie hierhin und dorthin.
Nur des Alkinoos Tochter blieb; ihr legte Athene
Kühnen Mut in den Sinn und nahm ihr die Furcht aus den Gliedern."
 (*Odyssee* VI, 135ff.)

Auch im Bild ist Odysseus unbekleidet. In unterwürfig gebeugter Haltung steht er vor Nausikaa, seine Scham mit einem Zweig bedeckend (der heute ein wenig dürftig aussieht, weil das ursprüngliche Rot abgeplatzt ist)[5]. Da er zu Recht fürchten muss, das Mädchen zu erschrecken, wenn er Nausikaa im Bittgestus die Beine umschlingt, versucht er es mit schmeichelnden Worten.

50.4 *Die Dienerinnen der Königstochter Nausikaa beim Wäschewaschen. Rückseite der Strickhenkelamphora von Abb. 47.1, 50.3 (Kat. 116).*

50.5 Beide Seiten der Amphora Abb. 50.3 und 50.4 in einer Umzeichnung. Die Abstände zwischen den Seiten sind hier etwas zu kurz wiedergegeben, sodass hier stärker als bei dem tatsächlichen Gefäß das Gefühl einer gemeinsamen Szene entsteht. (Umzeichnung von K. Reichhold).

Wörtlich bis ins Detail wurde hier der homerische Text als Vorlage für das Bild genutzt: So hängen zum Trocknen an den Bäumen tatsächlich die in der *Odyssee* erwähnten Einschlagtücher, rechteckige Stoffe mit kleinen Steinchen an den Rändern beschwert[6]. Doch zeigen sich genau in dieser getreuen Umsetzung des Textes ins Bild auch Schwächen. Als ein wenig sinnwidrig könnte es erscheinen, dass die Wäschestücke nicht vor, sondern hinter Odysseus am Baum hängen. Ein wenig gewollt wirkt auch, dass jede der Figuren, auch die waschenden Mädchen auf der Rückseite, eine andere Frisur trägt. Es irritiert zudem, dass gleich zwei Mädchen durch ihr Diadem hervorgehoben werden. Dabei erscheint Nausikaa neben ihrer Gefährtin, die nach rechts davon eilt, fast etwas klein geraten. Ihre Benennung ist auch nur dadurch zu sichern, dass sie es ist, die sich zu Odysseus zurückwendet. Ihr Fuß überschneidet die Gestalt der Athena, die wiederum ihren Kopf Odysseus zugewendet hat. Ihr Körper ist frontal zum Betrachter ausgerichtet – Athena agiert hier gewissermaßen im ›Hintergrund‹ als Schützerin und Vermittlerin. Ihre Gegenwart wird für den Betrachter wie auf einer zweiten Ebene visualisiert, ist aber für das Paar Odysseus und Nausikaa wohl unsichtbar gedacht.

Am Hof des Phäaken-Königs Alkinoos nun erzählt Odysseus von seinen bisherigen Irrfahrten – durch diesen erzählerischen Kniff bleibt, wie schon erwähnt, für den Hörer die Frage nach Phantasie oder Wirklichkeit des Vorgetragenen in der Schwebe. Hier berichtet Odysseus rückblickend von seinen Erlebnissen bei den Kikonen und den Lotophagen, dem Aufenthalt bei Polyphem, von den Winden des Aiolos, den Lästrigonen und Kirke, dem Besuch im Totenreich, den Sirenen, Skylla und Charybdis, den Rindern des Helios und seinen frevelnden Mitfahrern. Bildlich umgesetzt wurden diese Gelage, bei denen Odysseus seine Erlebnisse zum Besten gibt, nicht[7]. Aber vielleicht fühlte sich der eine oder andere Teilnehmer eines antiken Symposions auch an diese bei Homer geschilderte Situation erinnert, wenn er auf eines der zahlreichen Gefäße blickte, die mit Darstellungen aus der *Odyssee* geschmückt waren.

Die Phäaken beschenken Odysseus reich und begleiten ihn in seine Heimat. In Ithaka angekommen, tragen sie den schlafenden Odysseus an Land. Für diese Tat müssen sie jedoch bitter büßen: Der immer noch zornige Poseidon verzeiht ihnen ihre Hilfe nicht und lässt das Schiff versteinern – ebenfalls eine kaum dargestellte Szene.[8]

C.S.

51. Heimkehr nach Ithaka

Hirte Eumaios, Sohn Telemach, Hund Argos und Amme Erykleia

Auch mit der Heimkehr nach Ithaka enden die Schwierigkeiten von Odysseus nicht: Es gilt, die Rückkehr zu Gattin und Königsherrschaft vorzubereiten. Als Odysseus, von den Phäaken schlafend am Strand abgelegt, am nächsten Morgen erwacht, erkennt er die Heimat zunächst nicht. Athene – in Gestalt eines Jünglings – hilft ihm, man birgt die Gastgeschenke der Phäaken und versteckt sie in einer Höhle; Odysseus wird von ihr in einen Bettler verwandelt, um unerkannt und unbeachtet die Lage im eigenen Hause auskundschaften zu können. Dieses Erscheinen von Athena – wir erinnern uns auch an ihren Auftritt bei Nausikaa oder an die Stürme durch Poseidon und Zeus – ist insofern spannend, da die *Odyssee* zwar voll ist von göttlichem Eingreifen, die Götter aber nie den Menschen in ihrer wahren Gestalt gegenübertreten. Die homerische Weltwahrnehmung ist voll des Wissens um die göttliche Präsenz, aber nie naiv.

Von Athena kommt die Empfehlung, zuerst den Schweinehirten Eumaios aufzusuchen. Dort trifft Odysseus seinen Sohn Telemach wieder, gibt sich ihm zu erkennen und erörtert mit ihm das weitere Vorgehen gegenüber den dreisten Freiern. Als er am folgenden Tag nach zwanzig Jahren Abwesenheit im Erscheinungsbild eines Bettlers nach Hause kommt, liegt dort im Hof seines Anwesens sein alt gewordener Hund Argos: Dieser wedelt noch mit dem Schwanz, bewegt die Ohren, erkennt seinen Besitzer, hat aber keine Kraft mehr, sich aufzurichten, und stirbt (Abb. 51.2–3). Odysseus verschafft sich, immer noch als Bettler verkleidet, Zugang ins Haus und zu Penelope mit der Aussage, Nachrichten über Verbleib und baldige Rückkehr des Odysseus zu haben. Aber auch die Amme Erykleia, welche Odysseus großgezogen hat, erkennt, während sie dem Gast die Füße wäscht,

51.1 Odysseus nähert sich seiner in Trauer versunkenen Gattin Penelope. Melisches Tonrelief, 470–450 v. Chr. (Kat. 134).

51.2 Odysseus wird von seinem Hund Argos wiedererkannt. Abdruck einer Gemme, spätes 1. Jh. v. Chr., München, Staatliche Münzsammlung.

51.3 Vor einer durch einen zweitürigen Eingang angedeuteten Architektur sitzend Odysseus, ihm nähert sich sein alter treuer Hund Argos. Relief auf der Nebenseite eines Sarkophags, 2. Jh. n. Chr., Neapel.

ihren Herrn an einer Narbe, die ihm ein Eber in seiner Jugend zugefügt hatte[1] (Abb. 51.4) – und lässt erschrocken sein Bein in die Wasserwanne fallen. Odysseus greift ihr an den Hals und gebietet ihr, zu schweigen (Abb. 51.5). Penelope merkt davon nichts und erfährt von dem vermeintlich Fremden eine Mischung aus Wahrheit und Lüge.

51.4 Der jugendliche Odysseus ist mit seinem Großvater auf der Jagd, als ihn ein Eber verwundet, ehe er diesen töten kann. An der Narbe wird ihn Jahrzehnte später bei seiner Heimkehr nach Ithaka die Amme Erykleia erkennen. Tonrelief, 5. Jh. v. Chr.

Mord an den Freiern

Noch bevor Odysseus Gattin und Reich zurückgewinnen kann, kommt es zu einem Faustkampf zwischen ihm und dem Bettler Iros – zur allgemeinen Belustigung der Freier:

> » Da holten sie beide aus, und jener, der Iros schlug ihm [Odysseus] gegen die rechte Schulter. Er aber schlug ihn an den Hals unter dem Ohre und zerbrach ihm die Knochen darinnen, und sogleich kam ihm das rote Blut aus dem Munde und der fiel plärrend nieder in den Staub und schlug die Zähne aufeinander und stieß die Erde mit den Füßen. Die erlauchten Freier aber erhoben ihre Hände und starben gar vor lachen.« (*Odyssee* 18, 95ff. Übersetzung W. Schadewaldt)

Als Siegespreis für diesen Boxkampf erhält Odysseus eine Blutwurst. Es folgt ein ungleicher Bogenwettbewerb. Denn unter den Lebenden war und ist nur Odysseus fähig, die Sehne in das Bogenholz zu spannen. Der folgende Mord an den Freiern füllt in der *Odyssee* drei Gesänge. Im Ergebnis: Odysseus tötet mit Hilfe seines Sohnes und des Schweinehirten Eumaios die Freier. Darstellungen dieses Gemetzels sind seit der Klassik gelegentlich zu finden (Abb. 51.6).

51.5 Die Amme Erykleia wäscht Odysseus die Füße und erkennt ihn an der alten Narbe; rechts mit der Spindel in der erhobenen Hand vor ihrem Webstuhl nichts ahnend Penelope. Votivrelief, 4. Jh. v. Chr., Athen.

Penelope

> „Liebes Kind, wach auf, Penelope, dass du mit deinen
> Eigenen Augen siehst, was du alle Tage ersehnt hast.
> Es ist Odysseus da im Haus, so spät er auch heimkam;
> Er hat die trotzigen Freier getötet, die immer das Haus ihm
> Schädigten und seine Güter verprassten, den Sohn ihm bedrängten.“
> (*Odyssee* XXIII, 5ff.)

Zwanzig Jahre wartet die treue Penelope geduldig auf die Heimkehr ihres verloren geglaubten Ehemanns. Diese unbedingte Treue unterscheidet sie von anderen Ehefrauen der homerischen Helden, wie beispielsweise Klytämnestra (Kap. 52), und macht sie zu einem leuchtenden Beispiel. Klug umgeht sie damit das nach griechischer Auffassung durchaus berechtigte Drängen der Freier. Penelope ersinnt eine List, die ihrem Manne ebenbürtig ist. Sie gibt vor, sie müsse erst das Leichentuch für ihren noch lebenden Schwiegervater weben. Des Nachts trennt sie wieder

51.6 Der Mord an den Freiern über beide Seiten eines Weinbechers als eines der frühesten Beispiele der Darstellung dieser Szene. Skyphos, um 450 v. Chr., Berlin (Umzeichnung von K. Reichhold).

51.7 Penelope trauernd auf einem Stuhl, ihrem Sohn Telemach gegenüber. Den gesamten Hintergrund nimmt ein großer Webstuhl mit reich dekoriertem Tuch ein. Um den aufdringlichen Freiern zu entgehen, griff Penelope zu einer List: Sie müsse erst das Leichentuch für ihren Schwiegervater zu Ende weben, dass sie nachts immer wieder auftrennte. Attisch-rotfiguriger Skyphos, um 440 v. Chr., Chiusi (Umzeichnung von K. Reichhold).

auf, was sie am Tag gewebt hat. Diese Täuschung geht drei Jahre lang gut, dann verrät sie eine Dienerin, und die Freier überraschen sie bei ihrem nächtlichen Treiben. Eine berühmt gewordene Darstellung auf einem Trinkgefäß verweist auf diese Episode (Abb. 51.7). Dort sitzt die wegen des vermeintlichen Verlustes zutiefst betrübte Penelope auf einem Schemel. Ihre Trauer verrät auch ihre Haltung: Sie hat sich ganz in ihren Mantel eingehüllt und kapselt sich so von der Außenwelt ab. Ihr Sohn Telemach, der sich auf die vergebliche Suche nach seinem Vater begeben hat, steht vor ihr, kann aber keinen Blickkontakt zu ihr aufnehmen. Der Hintergrund wird ganz von einem großen Webstuhl eingenommen, der sogar eingewebte szenische Motive zeigt – ein deutlicher Hinweis auf die List der Penelope.

Auf das Wiedertreffen von Odysseus und Penelope hat das Publikum das ganze Epos über hingefiebert. Geradezu rührend erscheint die vorsichtige Annäherung des Odysseus: Erst nach dem Mord an den Freiern gibt er sich seiner Gemahlin zu erkennen und beweist seine Identität durch das intime Wissen, das nur er und die geliebte Gattin teilen: Es möge die Amme Erykleia doch gerade das Ehebett umstellen und als Nachtlager richten, bittet die Gattin. Wie geht das an, fragt der Gatte, ist das Bett doch von ihm selbst unverrückbar mit dem Stamm eines dort gewachsenen Ölbaums erbaut. »Da lösten sich ihr auf die Stelle das Herz und die Knie, als sie die Zeichen erkannte, die sicher ihr nannte Odysseus. Weinend eilte sie hin zu ihm und schlang ihre Hände um seinen Hals und küsste sein Haupt.«[2]

Wie findet sich dieses Wiedersehen in den Bildern? Überliefert ist es in mehreren, einander sehr ähnlichen »Melischen Reliefs«, also flachen, etwas mehr als handgroßen Tonreliefs. Die Gattung wurde nach ihrem ersten Fundort, der Insel Melos, benannt, dort vermutete man auch ihre Herstellung. Natürlich müssen wir uns diese Reliefs bemalt vorstellen, wie Farbreste auch an dem Stück in den Antikensammlungen zeigen (Abb. 51.1). Eine weibliche Gestalt sitzt mit überschlagenen Beinen, den linken Arm auf den Knien abgestützt, den Kopf leicht geneigt auf der Hand des abgestützten linken Armes ruhend: Penelope. Die vor ihr stehende männliche Gestalt greift, leicht gebeugt, die Sitzende mit der rechten Hand am Arm. Auf keine Szene der homerischen *Odyssee* bezieht sich dieses Stück, vielmehr finden wir hier das gleiche klassische Prinzip der Verdichtung wie schon bei der Darstellung von Odysseus und Kirke auf der Lekythos in Erlangen (Abb. 49.1). Penelope trauert und erkennt ihren Gatten nicht, doch der fasst sie – noch in der Gestalt des Bettlers – am Arm wie es sich nur für den rechtmäßigen Gatten gehört.

51.8a–b Erkennbar in der Vergrößerung des Tonreliefs: des Odysseus Trinkbecher, Wasserbeutel und Salbgefäß. Melisches Relief, 5. Jh. v. Chr., Paris.

Penelope ist in einer Körperhaltung gezeigt, welche sich – unter völlig anderen Bedingungen und Jahrhunderte später – als Typus der ›Melancholia‹ wiederfindet, wie Walter von der Vogelweide im frühen 13. Jahrhundert formulieren wird (hier neuhochdeutsch übertragenen) »Ich saß auf einem Stein mit überschlagenen Beinen; darauf stützte ich den Ellenbogen, das Kinn und meine Wange hatte ich in meine Hand geschmiegt (…).« und wie Albrecht Dürer sie in seinem berühmten Kupferstich aus dem Jahr 1514 darstellen wird. Über die gleiche Körpersprache wird also bei Penelope wie bei der personifizierten Melancholia eine dauerhafte Schwermut ausgedrückt.

Es gibt noch einige ganz ähnliche ›Melische Reliefs‹, wenngleich nicht aus der gleichen Form. Sie helfen uns, die Details genauer zu sehen: Auf einem Relief im Louvre (Abb. 51.8) trägt Odysseus seine typische Kopfbedeckung, den Pilos; die Gegenstände in seiner Hand sind ein Trinkbecher mit vertikaler Reliefierung (kothon), ein Wasserbeutel und ein Salbgefäßchen (aryballos), sowie der Bettlerstab, Gegenstände also, die wir nun auch bei unserem schlechter erhaltenen Stück erkennen können. Unter dem Stuhl der Penelope – bei dem Münchner Stück ist hier eine Fehlstelle – der Wollkorb, Zeichen der Häuslichkeit der Penelope, aber auch eine Anspielung auf den Trick der von Freiern bedrängten Gattin, jeweils des Nachts das Leichentuch wieder aufzutrennen, welches sie des Tages gewebt hat, um damit die bevorstehende Zwangsverheiratung aufzuschieben.

Bei einem weiteren Stück in New York sind der trauernden Penelope noch Personen zur Seite gestellt[3] (Abb. 51.9). Wer sind die Hinzugefügten? Es könnte sich um Odysseus' Sohn Telemach und Odysseus' Vater Laertes handeln, die beide stehen. Am Boden hockt der loyale Hirte Eumaios, bei dem Odysseus bei seiner Ankunft Unterschlupf fand. Hier ist also das Prinzip der Verdichtung noch weiter geführt: Alle wesentlich an dem glücklichen Ende in Ithaka beteiligten Personen werden in ein gemeinsames Bild der Vertrautheit gesetzt.

51.9 Die intime Szene zwischen Odysseus und Penelope um die Familie und den vertrauten Wegbereiter vermehrt: der Hirte Eumaios hockend, Sohn Telemach und Vater Laertes stehend. Tonrelief, 5. Jh. v. Chr., New York.

Vater Laertes, abschließende Opfer

Letzter in der Reihe derer, denen sich Odysseus zu erkennen gibt, ist sein Vater Laertes – und auch diesem eröffnet er sich nicht gleich. Aber dann erkennt Laertes seinen Sohn, wie es schon die Amme Erykleia getan hat, an der Narbe, welche ihm ein Eber in der Jugend zugefügt hatte; und Odysseus zeigt dem Vater die Obstbäume, welche ihm dieser einmal geschenkt hatte. An diesem Punkt könnte die Geschichte um die Heimreise des Odysseus ein Ende gefunden haben, aber aus zweierlei Richtung hegt man noch Zorn gegen den Zurückgekehrten: In der Stadt regt sich Unmut über den Mord an den Freiern, und auch Poseidon hält noch an seiner Rache fest. Beides aber lässt sich mit göttlicher Hilfe bereinigen: Die Stadtbewohner geben auf, nachdem ihr Anführer von Odysseus getötet wird, und Poseidons Zorn wird mit einem Opfer weit vom Meer entfernt befriedigt. Die Weissagung des Teiresias lässt für die weitere Zukunft Glück, Gesundheit, Wohlstand und Frieden erhoffen[4]. All diese Ereignisse sind kaum dargestellt worden[5].

C.S.

Konstantinos Kavafis
Ithaka

Der griechische Dichter Konstantinos Kavafis (1863 – 1933) formuliert Ratschläge einer Reise nach Ithaka und deutet hierbei die Irrfahrt des Odysseus psychologisch um: Bei einer Reise geht es nicht um den drängenden Wunsch, nach Hause zu kommen, sondern mit einem Ziel vor Augen den Weg genießend zu beschreiten. Die scheinbar äußeren Erlebnisse und Einflüsse werden dabei zu einem Spiegel der Seele und die Reise damit zur Parabel einer Lebenseinstellung.

Ithaka

Brichst du auf gen Ithaka,
wünsch dir eine lange Fahrt,
voller Abenteuer und Erkenntnisse.
Die Lästrygonen und Zyklopen,
den zornigen Poseidon fürchte nicht,
solcherlei wirst du auf deiner Fahrt nie finden,
wenn dein Denken hochgespannt, wenn edle
Regung deinen Geist und Körper anrührt.
Den Lästrygonen und Zyklopen,
dem wütenden Poseidon wirst du nicht begegnen,
falls du sie nicht in deiner Seele mit dir trägst,
falls deine Seele sie nicht vor dir aufbaut.
Wünsch dir eine lange Fahrt.
Der Sommermorgen möchten viele sein,

da du, mit welcher Freude und Zufriedenheit!
In nie zuvor gesehene Häfen einfährst;
Halte ein bei Handelsplätzen der Phönizier
Und erwirb die schönen Waren,
Perlmutter und Korallen, Bernstein, Ebenholz
Und erregende Essenzen aller Art,
so reichlich du vermagst, erregende Essenzen,
besuche viele Städte in Ägypten,
damit du von den Eingeweihten lernst und wieder lernst.
Immer halte Ithaka im Sinn.
Dort anzukommen ist dir vorbestimmt.
Doch beeile nur nicht deine Reise.
Besser ist, sie dauere viele Jahre;
Und alt geworden lege auf der Insel an,
reich an dem, was du auf deiner Fahrt gewannst,
und hoffe nicht, dass Ithaka dir Reichtum gäbe.
Ithaka gab dir die schöne Reise.
Du wärest ohne es nicht auf die Fahrt gegangen.
Nun hat es dir nicht mehr zu geben.
Auch wenn es sich dir ärmlich zeigt, Ithaka betrog dich nicht.
So weise, wie du wurdest, in solchem Maße erfahren,
wirst du ohnedies verstanden haben, was die Ithakas
bedeuten.

Übertragung Helmut von den Steinen

DER FLUCH DER ATRIDEN – MORD AN AGAMEMNON UND RACHE DES OREST

52. Tödliche Heimkehr – Agamemnon

Während Odysseus – wenn auch nach langer Irrfahrt – letztlich glücklich heimkehrte, stand dem griechischen Heerführer Agamemnon ein anderes Schicksal bevor. Von diesem erzählt Homer jedoch eher beiläufig in der *Odyssee*.[1] Demnach war es Agamemnon nicht vergönnt, nach Mykene zurückzukehren, sondern er wird, sobald er nach stürmischer Überfahrt das Land betritt, von Ägisth, dem Liebhaber seiner Frau, abgefangen, zum Gastmahl geladen und heimtückisch mitsamt seinen Gefährten ermordet. Bei Homer erscheint Ägisth als der Hauptschuldige; Klytämnestra sträubt sich zunächst – wie jede anständige Ehefrau – gegen die Verführung durch Ägisth (*Odyssee* 3, 265ff.). Erst nachdem Ägisth sie ihres männlichen Schutzes beraubt und in sein Heim geführt hat, gibt sie schließlich seinem Werben nach und wird als seine Geliebte in das Mordkomplott verstrickt. Eine genauere Schilderung ihres Anteils gibt Agamemnon's Geist, als Odysseus ihn im Totenreich aufsucht: Dort wird Klytämnestra zur »grausigen Gattin« (*Odyssee* 11, 409), die mit ihrem Geliebten gemeinsame Sache macht und darüber hinaus selbst zur Mörderin wird, als sie Kassandra, die mitgebrachte Kriegsbeute ihres Mannes, erschlägt: »Priamos' Tochter Kassandra hörte ich jämmerlichst schreien;/Über mir erschlug sie die hinterlistige Klytämnestra/tot. Und ich: wohl hob ich die Hände, mein Schwert noch zu fassen –/sank aber sterbend zu Boden.... « (*Odyssee* 11, 422 – 424). An anderer Stelle beschuldigt der tote Agamemnon Klytämnestra nicht nur der gemeinsamen Komplizenschaft mit Ägisthos, sondern macht sie sogar zur alleinigen Täterin.[2]

Diese kleinen Unstimmigkeiten im Text dürfen freilich nicht verwundern, erfüllt doch die Schilderung des Mordes an dieser Stelle eine wichtige Funktion: Zum einen für den Fortgang der Geschichte – so warnt Agamemnon durch sein negatives Beispiel Odysseus, allzu »unbedarft« zu Hause an Land zu gehen (s. auch Kap. 51). Zum anderen dient hier die negative Charakterisierung der Klytämnestra als Kontrast, um das leuchtende Vorbild, das Penelope für die Frauen bietet, stärker hervorzuheben: Hier die Gattin, die den Versuchungen der Freier nicht erliegt, sondern treu und geduldig gemeinsam mit dem Sohn auf die Rückkehr des Helden wartet – dort die untreue Gattin, verführt vom Cousin des Gatten (zu den Verwandtschaftsverhältnissen s. S. 386), die sich an einem Mordkomplott gegen den eigenen Ehemann beteiligt und ihm das Zusammentreffen mit dem eignen Sohn verwehrt, den sie zudem offenbar in Mykene zurückließ, als Ägisth sie von dort entführte.

Jedoch erst die nachhomerische Dichter-Tradition weist Klytämnestra die alleinige Schuld zu.[3] Sie gilt nun als Einzeltäterin, als Mörderin ihres heimgekehrten Mannes, den sie im Bade erschlägt. Nicht nur die Tatsache, dass sie sich in der Abwesenheit des Gatten einen Liebhaber zugelegt hat, sondern auch dessen unwürdige Person selbst, charakterisiert sie als skrupellos. Zum einen hatte Ägisth

52.1 *Klytämnestra hat ihre Rivalin, die Trojanerin Kassandra, an einer Stirnlocke gepackt und stößt ihr das Schwert in den Rücken. Bronzenes Schildband, aus Olympia, um 600 v. Chr., Olympia.*

52.2 *Klytämnestra tötet Kassandra mit der Doppelaxt. Kassandra streckt um Hilfe flehend den Arm zu ihrer Mörderin aus, sie hat sich an einen Altar geflüchtet. Schon einmal suchte die Trojanerin Schutz an einem Kultbild (Abb. 44.17), auch diesmal wird ihr die Gottheit, diesmal Apoll, nicht helfen. Umzeichnung des Innenbildes einer attisch-rotfigurigen Trinkschale, um 430 v. Chr., Ferrara.*

52.3 *Der Mord als gemeinschaftlich begangene Tat: Während Ägisth von vorne Agamemnon im Würgegriff hält, sticht Klytämnestra ihrem Ehemann hinterrücks das Schwert in den Rücken. Die zur Seite gestellte Lanze betont Agamemnons Wehrlosigkeit. Umzeichnung einer bronzenen Schildbandverzierung, um 580 v. Chr., Olympia.*

52.4–5 *Das mörderische Paar hält Agamemnon auf seinem Thron sitzend fest. Auch hier führt wieder Klytämnestra die Waffe in ihrer Rechten. Von hinten hat Ägisth die Lanze des sitzenden Agamemnon ergriffen, um sie ihm zu entwinden. Die Tonreliefs stammen wohl beide aus einer Werkstatt auf Kreta (Gortyn). Tonplakette aus Gortyn, um 620 v. Chr., Würzburg (links) und Hieraklion (rechts).*

nicht die Griechenehre vor den Mauern Trojas verteidigt, sondern war feige zu Hause geblieben und hat die Ehefrau eines anderen verführt. Zum anderen verbanden ihn mit Agamemnon nicht nur verwandtschaftliche Bande (s. S. 386), sondern auch eine alte Fehde (s. Kasten S. 387).

Zugleich wird die Geschichte um ein Motiv für die Tat erweitert: Rache. Klytämnestra hat ihrem Mann nicht verziehen, dass er ihre geliebte Tochter Iphigenie aus politischen Gründen den Göttern geopfert hat (s. Kap. 16).[4] Zu allem Überfluss bringt Agamemnon ihr nach zehnjähriger Abwesenheit noch die Seherin Kassandra als Kriegsbeute und Geliebte mit ins Haus. Grund genug für Klytämnestra auch diese zu töten.[5] Die unterschiedliche Art und Weise, wie Kassandra bei den verschiedenen Autoren ermordet wird, lässt auch den Künstlern eine gewisse Freiheit in der Auswahl der Waffen der Klytämnestra. Entweder ersticht sie ihre Rivalin mit dem Schwert (Abb. 52.1) oder erschlägt sie mit der Doppelaxt, wodurch der Mord den Charakter eines Opfers erhält (Abb. 52.2).[6]

Die seltenen Bilder, die die Ermordung des Heimkehrers zeigen, folgen der textlichen Überlieferung nicht immer wortgetreu. Doch keine der frühen Darstellungen (Abb. 52.3–5)[7] zeigt Ägisth als Einzeltäter, wie bei Homer geschildert, sondern er begeht gemeinsam mit Klytämnestra die Tat – offenbar hatte sich diese Vorstellung schon früh durchgesetzt. Dabei führt zumeist Klytämnestra den tödlichen Streich mit dem Schwert aus, der somit der aktive Part der Beziehung zufällt. Sie, die Frau, ist es, die hier gegen die herrschende gesellschaftliche Ordnung verstößt, und damit als Mörderin und Ehebrecherin gebrandmarkt wird.

Anders wiederum auf der einzig bekannten attischen Darstellung dieses Themas aus dem 5. Jahrhundert v. Chr., einem Krater in Boston (Abb. 52.6): Im Zentrum der Darstellung hat nicht Klytämnestra ihrem hilflos in seinem Hemd verfangenen Mann die tödliche Verwundung zugefügt hat, sondern Ägisth. Somit scheint sich das Bild auf die älteste bei Homer überlieferte Tradition zu beziehen. Dennoch wird die Verwicklung der Klytämnestra in das Mordkomplott in verschiedener Hinsicht deutlich gemacht: Klytämnestra ist als einzige Frau bewaffnet. Während die anderen Frauen fliehen und mit Gesten des Entsetzens die Handlung kommentieren, eilt Klytämnestra von links auf das zentrale Geschehen zu – ihre Rechte umschließt fest eine Doppelaxt. Ob diese Waffe gegen ihren Ehemann zum Einsatz kommt, oder ob sie damit seine Sklavin Kassandra – die in der rechten Bildhälfte zu entkommen versucht – erschlagen wird, geht aus ihrer Aktion

52.6 *Der König Agamemnon ist hilflos in seinem Gewand gefangen. Deutlich ist zu erkennen, dass seine Hände und der Kopf keinen Durchschlupf finden, da seine Frau die Öffnungen zugenäht hat. Er blutet heftig aus einer Wunde, die ihm der Liebhaber seiner Frau, Ägisth, mit dem Schwert zugefügt hat. Dieser scheint bereit, auch ein zweites Mal zuzustechen. Von links eilt, unmittelbar hinter ihm, Klytämnestra herbei. Die hält in ihrer Hand eine Doppelaxt. Mit ihr wird sie aber wohl nicht ihren Mann töten, sondern Kassandra, die am rechten Bildrand zu entkommen versucht. Weitere Frauen, vielleicht Elektra und ihre Schwester, kommentieren das Geschehen mit aufgeregt erschreckten Gesten. Attisch-rotfiguriger Krater des Dokimasia-Malers, um 460 v. Chr., Boston.*

nicht hervor. Da das Blut bereits aus der Wunde ihres getroffenen Ehemannes herausspritzt, erscheint es wahrscheinlicher, dass sie die Axt gegen Kassandra erheben wird (vgl. Abb. 52.2). Ihre Beteiligung ist jedoch noch in anderer Weise ins Bild gesetzt. Die Gestalt des Agamemnon umschließt ein hauchdünnes, reich verziertes Gewand, das ihn gleichsam nackt erscheinen läßt – wohl ein Hinweis darauf, dass er gerade dem Bad entstiegen ist. Doch Agamemnon hat sich in diesem verfangen, wie in einem Netz, da Klytämnestra die Arm- und Kopföffnungen zugenäht hat. Das Gewand kann hier geradezu paradigmatisch für die weibliche Heimtücke stehen: Es ist das Produkt weiblicher Handarbeit par excellence, das Agamemnon wehrlos macht und ihn seinem Gegner hilflos ausliefert.

Doch die ruchlose Tat des Ägisthos und der Klytämnestra soll nicht ungesühnt bleiben, und damit spinnt sich die Geschichte weit über den Trojanischen Krieg hinaus fort. So zeigt auch die Rückseite dieses Kraters die Folgen des Mordes: Orest rächt seinen Vater und bringt seinen Mörder Ägisth um (s. Kap. 53, Abb. 53.3).   S.L.

53. Die Rache der Kinder – Orest und Elektra

Der hinterhältige Mord an Agamemnon forderte die Blutrache heraus. Nach frühem Rechtsempfinden war es nicht nur Aufgabe, sondern geradezu eine heilige Verpflichtung, den Mord an einem Verwandten durch Blut, also durch den Tod des Täters, zu rächen. Diese Aufgabe fällt Orest, dem Sohn und legitimen Nachfolger des Agamemnon zu. Bei Homer wird Orests Vergeltung noch als ehrenvoll und ruhmreich geschildert. Allerdings erzählt Homer nur von der Ermordung des Ägisthos, jene der Klytämnestra erwähnt er nicht explizit.[1] Ein Konflikt für Orest ergibt sich daher erst als die Täterschaft – wie bei den späteren Autoren – allein auf seine Mutter abgewälzt wird: Bringt er sie um, verstößt er gegen die guten Sitten, die Achtung gegenüber der eigenen Mutter gebieten. Läßt er sie am Leben, verstößt er ebenfalls gegen die religiöse und gesellschaftliche Ordnung, die ihm die Rache am Mord seines Vaters auferlegt. Orest kann nur verlieren – ein idealer Stoff für antike Tragödien! Doch damit nicht genug: Ein unheilvolles Gespinst aus Mord und Totschlag, Rache und Gegenrache, Verführung und Betrug lastet von Alters her auf dieser Familie wie ein Fluch (s. Kasten S. 387), dem sich auch Orest nicht entziehen kann. Kein Wunder, dass dieser Stoff die Dichter beflügelte. Schon um 600 v. Chr. schrieb der auf Sizilien lebende, griechische Dichter Stesichoros eine *Oresteia,* eine Geschichte des Orest. Hier ist auch der Muttermord zum ersten Mal literarisch belegt, der auch in der Bildkunst schon früh dargestellt wird (Abb. 53.1). Dort ist vielleicht auch schon Orests Schwester Elektra dargestellt, die in den späteren Tragödien eine wichtige Rolle bei der Ausführung der Rache spielt, die aber Homer noch gänzlich unbekannt ist.[2]

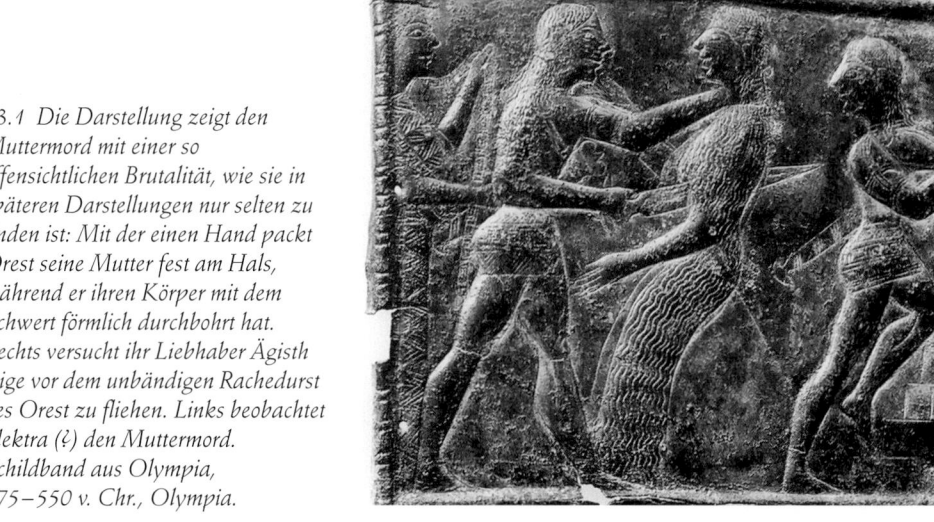

53.1 *Die Darstellung zeigt den Muttermord mit einer so offensichtlichen Brutalität, wie sie in späteren Darstellungen nur selten zu finden ist: Mit der einen Hand packt Orest seine Mutter fest am Hals, während er ihren Körper mit dem Schwert förmlich durchbohrt hat. Rechts versucht ihr Liebhaber Ägisth feige vor dem unbändigen Rachedurst des Orest zu fliehen. Links beobachtet Elektra (?) den Muttermord. Schildband aus Olympia, 575–550 v. Chr., Olympia.*

53.2a–b Der jugendliche Orest hat bereits mehrfach auf sein Opfer Agisthos eingestochen, so dass das Blut aus den Wunden spritzt. Die Ursache für diese Bluttat ist hier ebenfalls ins Bild gesetzt: Ägisth sitzt auf dem kunstvoll geschnitzten Thron, den er dem Agamemnon geraubt hat. Auf der Gegenseite des Gefäßes (a) versucht KLYTAIMNESTRA – mit beiden Händen fest den Stiel ihrer Doppelaxt umfassend – erfolglos ihrem Geliebten zu Hilfe zu eilen: Ein junger Mann, wahrscheinlich Pylades, hat sie und die Axt gepackt, um sie aufzuhalten. Attisch-rotfigurige Pelike, aus Cerveteri, um 500 v. Chr., Wien, Kunsthistorisches Museum (Umzeichnung von K. Reichhold).

Die ausführlichste Fassung der *Orestia* ist uns vom attischen Tragödiendichter Aischylos überliefert. Der erste Teil seiner Dramen-Trilogie, *Agamemnon*, handelt von dessen Heimkehr und seiner Ermordung. Im zweiten Teil, *Choephoren*, nimmt Orest, unterstützt von seiner Schwester Elektra, blutige Rache und tötet seine Mutter sowie ihren Liebhaber Ägisth. Als Abschluss berichten die Eumeniden (»Die Wohlgesinnten«) von der Entsühnung des Orest für die frevlerische Tat – dem Muttermord. Die homerische Überlieferung bot gewissermaßen die Eckpunkte der Geschichte, die den späteren Autoren gestattete, sie unterschiedlich auszugestalten. Nachhaltig auf die Bildkunst hat vor allem die *Orestie* des Aischylos gewirkt, während beispielsweise die Dramen des Sophokles (*Elektra*, 403 v. Chr. aufgeführt) und des Euripides (*Elektra*, aufgeführt um 417 v. Chr., sowie *Orestes*, aufgeführt 408 v. Chr.) kaum rezipiert wurden.[3]

Doch die Wahl der Bildthemen muss nicht zwangsläufig mit dem Erscheinen einer Tragödie einhergehen. Ab 500 v. Chr. sind in Athen Vasen mit der Ermordung des Ägisth geradezu en vogue (Abb. 53.2a-b).[4] Auch die Rückseite eines Kraters in Boston (Abb. 53.3) stellt dieses Thema dar, während er auf der Vorderseite den Grund für den Sturz des Usurpators schildert: den Mord an Agamemnon (Abb. 52.6).[5]

53.3 Der wohlgerüstete Orest hat den hilflos auf seinem Stuhl sitzenden Ägisth am Kopf gepackt und offensichtlich schon einmal auf ihn eingestochen: Ägisth blutet heftig aus einer Wunde in der Brust, während ihm seine Leier in der linken Hand zu entgleiten droht. Mit der ausgestreckten rechten Hand fleht er noch seinen Peiniger um Gnade an. Links eilt Klytämnestra mit der schlagbereiten Doppelaxt herbei. Doch die von rechts kommende Elektra weist mit ihren Gesten den Bruder auf die Gefahr im Rücken hin. Attisch-rotfiguriger Krater, Dokimasia-Maler, um 460 v. Chr., Boston

Beide Darstellungen zeigen für den Vollzug der Rache das üblich gewordene Schema: Ägisth sitzt in ausweglooser Position auf einem Thron oder kunstvoll geschwungenen Stuhl. Der Rächer Orest greift in Hoplitenrüstung mit mächtigem Schritt vorwärts stürmend sein Opfer an, das von der Wucht des Hiebes getroffen fast nach hinten überkippt. Er ist dem Tode geweiht und blutet aus einer tiefen Wunde. Die Gegensätzlichkeit der beiden Kontrahenten wird dem Betrachter deutlich vor Augen geführt. Orest auf der einen Seite wirkt jung, voller Dynamik, voll gerüstet wie zum Kampf. Auf der anderen Seite Ägisth: Sein Bart weist ihn als deutlich älteren Mann aus. Seine Haltung ist hilflos und passiv. Auf dem Krater (Abb. 53.3) streckt er sogar Orest flehend die ausgestreckte Hand entgegen, statt sich mannhaft zu wehren. Das Musikinstrument weist ihn als Verführer der Frauen aus. Das wohlfrisierte Haar sowie sein kostbares Gewand als Liebhaber des Luxus.

Um 460 v. Chr. verschwinden diese Bilder jedoch wieder.[6] Diese auffällige, relativ kurzzeitige Popularität könnte mit dem politischen Klima und der gesellschaftlichen Situation in dieser Zeit zusammenhängen. 514 v. Chr. war der in Athen herrschende Tyrann Hipparchos ermordet worden. Einer der Täter, der bildschöne Jüngling Harmodios, war von der Leibwache an Ort und Stelle getötet worden, während Aristogeiton, der ältere der beiden, in Gefangenschaft hingerichtet wurde. Nach der Vertreibung des Tyrannen Hippias 510 v. Chr. wurden die Tyrannenmörder als Helden besungen und ihnen Ehrenstatuen auf der Athener Akropolis errichtet. Nachdem jedoch eine ältere Gruppe von den Persern 480 v. Chr. weggeschafft worden war, nahm 477/76 v. Chr. eine neue Gruppe der Bildhauer Kritios und Nesiotes ihren Platz ein (Abb. 53.4). Die Tyrannenmörder wurden zu vielgerühmten Vorbildern und Identifikationsfiguren der jungen Demokratie, deren Taten beim abendlichen Männergelage, dem Symposion, besungen wurden. So wie die Tyrannenmörder finden sich in jener Zeit auch die Darstellungen des Orest auf dem beim Symposion verwendeten Trinkgeschirr. So konnte der mythische Königsmörder mit den Tyrannenmördern verglichen und gleichgesetzt werden – findet doch die Kampfhaltung des jugendlichen Orest (Abb. 53.3) ihre Entsprechung im Aristogeiton der Tyrannenmördergruppe (Abb. 53.4), die ebenfalls auf Trinkgeschirr dieser Zeit abgebildet wurde. Darüber hinaus entspricht der den Tod seines Vaters rächende Königssohn ganz den herrschenden aristokratischen Verhaltensnormen der adligen Oberschicht.[7]

Nach 460 v. Chr. jedoch verdrängt eine andere Szene allmählich die Bilder vom Vollzug der Rache[8]: die Wiedererkennung der Geschwister Elektra und Orest am Grab ihres Vaters. Bei der Ermordung seines Vaters muss Orest nach den literarischen Zeugnissen noch ein Knabe von etwa 11–13 Jahren gewesen sein.[9] Damit war er gewissermaßen noch nicht ›satisfaktionsfähig‹ – also zu jung, um die Aufgabe als Rächer zu übernehmen.[10] Über den Verbleib des Knaben, während der Heimkehr seines Vaters, herrscht bei den späteren Autoren eine gewisse Uneinigkeit: Die einen erzählen, dass Orest vor den mordlüsternen Händen seiner Mutter in Sicherheit gebracht werden musste, die anderen, dass Klytämnestra selbst den Knaben schon vor dem Mord zu Strophios hatte bringen lassen.[11] Strophios war mit einer Schwester des Agamemnon – Anaxibia – verheiratet (s. S. 386) und lebte am Fuße des Parnassos. Dort wächst Orest auf und schließt Freundschaft mit dem Sohn seines Ziehvaters und Onkels – Pylades. Von ihrer vielgerühmten Eintracht soll jedoch erst an späterer Stelle die Rede sein (s. Kap. 55). In den Choephoren wird jedenfalls berichtet, dass Orest nach Hause zurückkehrt, um im Auftrag des Apoll den Mord an seinem Vater zu rächen. Sein erster Weg führt ihn gemeinsam mit seinem Freund Pylades an das Grab seines Vaters, an dem er sich eine Locke abschneidet, um sie Agamemnon zu opfern. Dorthin kommt auch Elektra, die für den Vater regelmäßige Totenopfer ausführt und seinen Tod beklagt. Sie betet

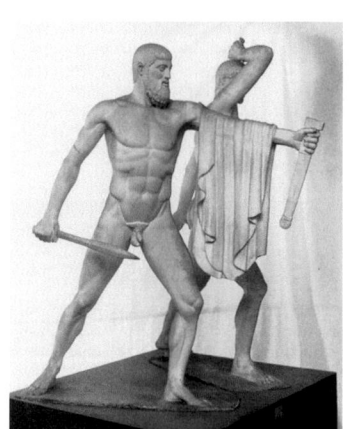

53.4 Die Gipsrekonstruktion zeigt die Statuen der »Tyrannenmörder« Harmodios und Aristogeiton. In seiner kraftvoll ausschreitenden Haltung, mit dem zum Stoß bereiten Schwert in der Hand erinnert die Figur des älteren Aristogeiton an die Haltung des Orest bei der Ermordung des Ägisth (vgl. v. a. Abb. 53.3). Gipsrekonstruktion einer Statuengruppe des Kritios und Nesiotes, 477/6 v. Chr., Rom, Museo dei Gessi.

zugleich um die Heimkehr ihres Bruders und den Vollzug der Rache. Da findet sie die Locke, das ihrem Haar so ähnelt, und so erkennen sich die lang getrennten Geschwister wieder. In einem gemeinsamen Gebet bekräftigen sie den Rache-schwur des Orest.

Auf reliefierten Terrakottaplatten (Abb. 53.5)[12] findet sich dieses bedeutsame Zusammentreffen sogar schon vor 458 v. Chr., dem Aufführungsdatum der Ores-tie – offenbar basierte die von Aischylos ausgestaltete Szene bereits auf einer älte-ren Überlieferung. Während aber in Athen diese Thematik nur wenig Anklang gefunden zu haben scheint, da nur wenige Beispiele bekannt sind (Abb. 53.6)[13], findet sich die Darstellung dagegen häufig auf unteritalischen Vasen. Obgleich die Darstellungen des Zusammentreffens eine gewisse Variationsbreite aufweisen, ergeben sich dennoch vor allem bei den in Unteritalien gefertigten Gefäßen zahl-reiche ikonographische Gemeinsamkeiten: Die Szene spielt in der Regel am Grab Agamemnons, das gewöhnlich durch eine Ionische Säule oder eine Stele, oft auf einer getreppten Basis, markiert wird. Orest und Pylades, als Reisende gekleidet, stehen, während Elektra zumeist in Trauerhaltung am Grab sitzt.[14] Sie hat den Kopf nachdenklich in die Hand gestützt – in dieser Haltung ähnelt sie der sehn-süchtig auf ihren Mann wartenden Penelope (Abb. 51.1, 51.8–9). Wenn Elektra jedoch einmal stehend gezeigt wird, ist sie dabei, das Grab mit Binden zu schmü-cken. Wichtig ist diesen Vasen offenbar, die Riten der Totenpflege zu zeigen: die Schmückung des Grabes mit Bändern, der Vollzug eines Spendeopfers sowie die Darstellung der Trauer, die – wie im griechischen Bereich üblich – der Frau, hier Elektra, zukommt.[15] Darin liegt wohl auch der Grund für die besondere Beliebt-heit dieses Themas auf unteritalischen Vasen wie auf der Münchner Hydria (Abb. 53.8–9). Derartige Gefäße wurden häufig in Gräbern gefunden und waren offen-bar speziell dafür hergestellt worden. Dies erklärt wohl auch, warum diese Dar-stellung außerhalb der Vasenmalerei nur vereinzelt anzutreffen ist, wie zum Bei-spiel auf einem etruskischen Ringstein in München (Abb. 53.7).[16]

Der Muttermord ist hingegen äußerst selten dargestellt. Dies bedeutet jedoch nicht, dass die Figur der Klytämnestra für die Bildkunst nicht von Interesse gewe-sen ist. Im Gegenteil: In den Bildern des Mordes an Ägisth erscheint sie als vehe-mente Verteidigerin ihres Geliebten. So stürmt sie in der Regel mit der schlagbe-reiten Doppelaxt heran, um ihren Sohn zu töten (Abb. 53.2a; 53.3).[17] Ihre Bewaffnung unterscheidet sie deutlich von den anderen dargestellten Frauen. Frauen sind allenfalls in Notsituationen, wie der Eroberung Trojas (vgl. Abb.

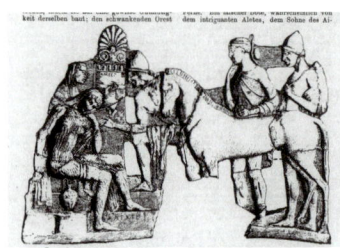

53.5 *Pylades und Orest finden die trauernde Elektra am Grab des Vaters. Terrakotta-Reliefplatte, aus Melos, um 470 v. Chr.*

53.7 *Aufgrund ihrer Haltung sind Orest und Elektra am Grab ihres Vaters gut zu erkennen, obgleich die Darstellung auf die zwei Protagonisten beschränkt ist. Sardonyx, 3. Jh. v. Chr., München, Staatliche Münz-sammlung.*

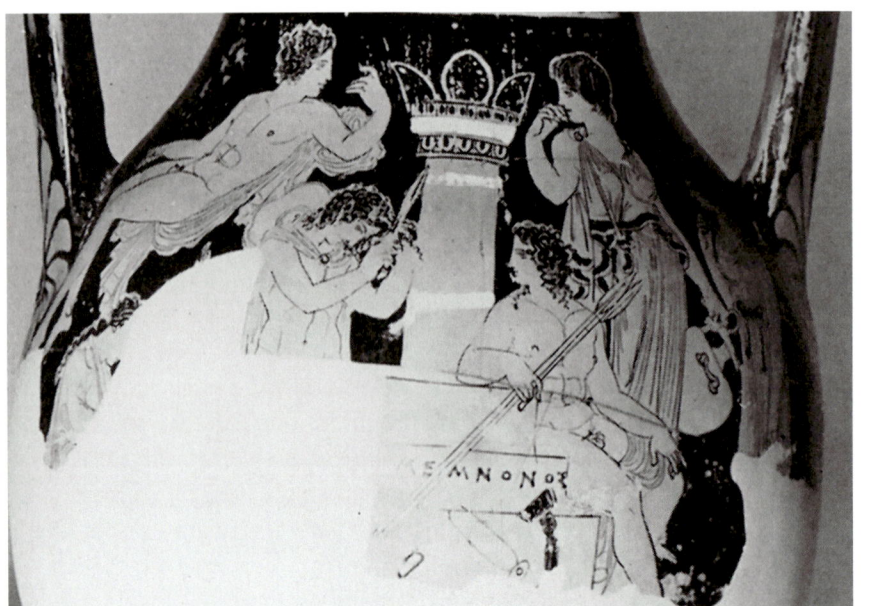

53.6 *Orest ist im Begriff, sich eine Locke abzuschneiden, während sein Gefährte Pylades auf den Stufen eines Grabmals sitzt. Die Inschrift bezeichnet AGAMEMNON als den Inhaber dieses Grabes. Rechts verfolgen zwei Mädchen, von denen eine wohl Elektra ist, staunend das Geschehen. Die leere Hydria zeugt vom bereits vollzogenen Totenopfer. Attisch rotfigurige Pelike, um 380 v. Chr., Exeter, Universität.*

53.8 Elektra sitzt trauernd, den Kopf
in die Hand gestützt, am Grab und
hüllt den Kopf in ihren Mantel. Sie ist
so in ihre Trauer versunken, dass sie
scheinbar noch nicht den vor ihr
stehenden jungen Mann mit Speer in
der Hand bemerkt hat. Sein kurzes
Mäntelchen und die kegelförmige
Kappe (Pilos) kennzeichnen Orest als
Reisenden. Auf dieser Darstellung
vollzieht er, nicht Elektra, aus einem
Becher ein Trankopfer für ihren
ermordeten Vater. Das durch eine
Säule auf einer mehrstufigen Basis
markierte Grab des Agamemnon ist
prächtig mit Bändern und
verschiedenen Gefäßen geschmückt.
Lukanische Hydria, um 340 v. Chr.
(Kat. 135)

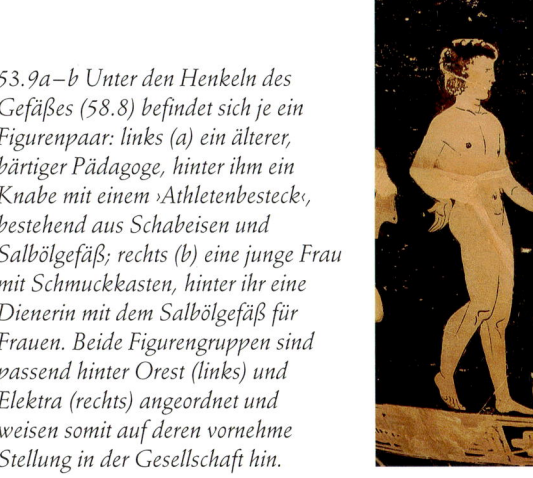

53.9a–b Unter den Henkeln des
Gefäßes (58.8) befindet sich je ein
Figurenpaar: links (a) ein älterer,
bärtiger Pädagoge, hinter ihm ein
Knabe mit einem ›Athletenbesteck‹,
bestehend aus Schabeisen und
Salbölgefäß; rechts (b) eine junge Frau
mit Schmuckkasten, hinter ihr eine
Dienerin mit dem Salbölgefäß für
Frauen. Beide Figurengruppen sind
passend hinter Orest (links) und
Elektra (rechts) angeordnet und
weisen somit auf deren vornehme
Stellung in der Gesellschaft hin.

44.10), bewaffnet, wo sie Haushaltsgeräte wie die Mörserkeule zu ihrer bloßen Verteidigung nutzen. Zugleich wird das Verhältnis zwischen ihr und Ägisth charakterisiert. Während er passiv seinen Tod erleidet, scheint sie bereit, die männliche Rolle zu übernehmen und aktiv für ihre und seine Herrschaft zu kämpfen – selbst wenn sie dafür den eigenen Sohn töten müsste. Wenn auch der Muttermord in diesen Bildern nicht dargestellt ist, wird er in diesen Bildern sozusagen gerechtfertigt: Handelt Orest doch nicht nur aufgrund des mütterlichen Angriffs aus Notwehr, sondern stellt zugleich durch ihren Tod auch die gesellschaftliche Ordnung wieder her.

Dennoch blieb die Tötung der Klytämnestra prekär, weshalb wir nur sehr wenige Darstellungen dieses Themas aus der griechischen Kunst kennen (vgl. Abb. 53.1). Auch wenn Orest vom Gott Apoll den Auftrag erhalten hat, und auch die Gesellschaft ihn zum Vollzug der Blutrache wegen der Ermordung des Agamemnon verpflichtet, so bleibt Klytämnestra dennoch seine Mutter. Eine unteritalische Amphore zeigt eindrücklich dieses moralische Dilemma (Abb. 53.10).[18] Orest hat seine Mutter am Haarschopf gepackt und bedroht sie mit dem Schwert. Klytämnestra hat flehend einen Arm erhoben, während sie sich mit der linken Hand an die entblößte Brust fasst. Offenbar eine Geste, die den Zorn des Sohnes mildern soll, indem sie damit darauf hinweist, dass sie ihn einst geboren und gesäugt hat. Oder sie scheint wie bei Aischylos zu rufen: »Mein Sohn! Halt inne! Scheue diese Brust, mein Kind, / Aus der du oft mit deinen Lippen, halb im Schlaf, / Die Muttermilch gesogen, die dich wohl genährt« (*Choephoren* 896 – 898). Doch dieses Flehen wird ungehört verhallen: Sie wird durch die Hand des eigenen Sohnes sterben, was der Betrachter dieses Bildes wußte. In der rechten oberen Ecke kündigt eine der Rachegöttinnen bereits sein Schicksal an. Sie hat drohend ihre Schlange erhoben und wird ihn mit ihrer schrecklichen Rache bis in den Wahnsinn verfolgen. Denn natürlich kann eine so schreckliche Tat nicht ungesühnt bleiben, und so enden auch Aischylos *Choephoren* – Orest flieht von den Rachegöttinen verfolgt aus der Stadt. *S.L.*

53.10 Orest hat seine Mutter am Haarschopf gepackt, um sie zu erstechen. Flehentlich verweist sie auf ihre nackte Brust, mit der sie ihn einst gesäugt hat, um seinen Zorn zu besänftigen. Doch vergebens: Von rechts droht eine Rachegöttin mit ihren Schlangen und verweist auf die Strafe für das folgende Verbrechen. Fragment einer kampanisch-rotfigurigen Amphora, um 340 v. Chr., Malibu.

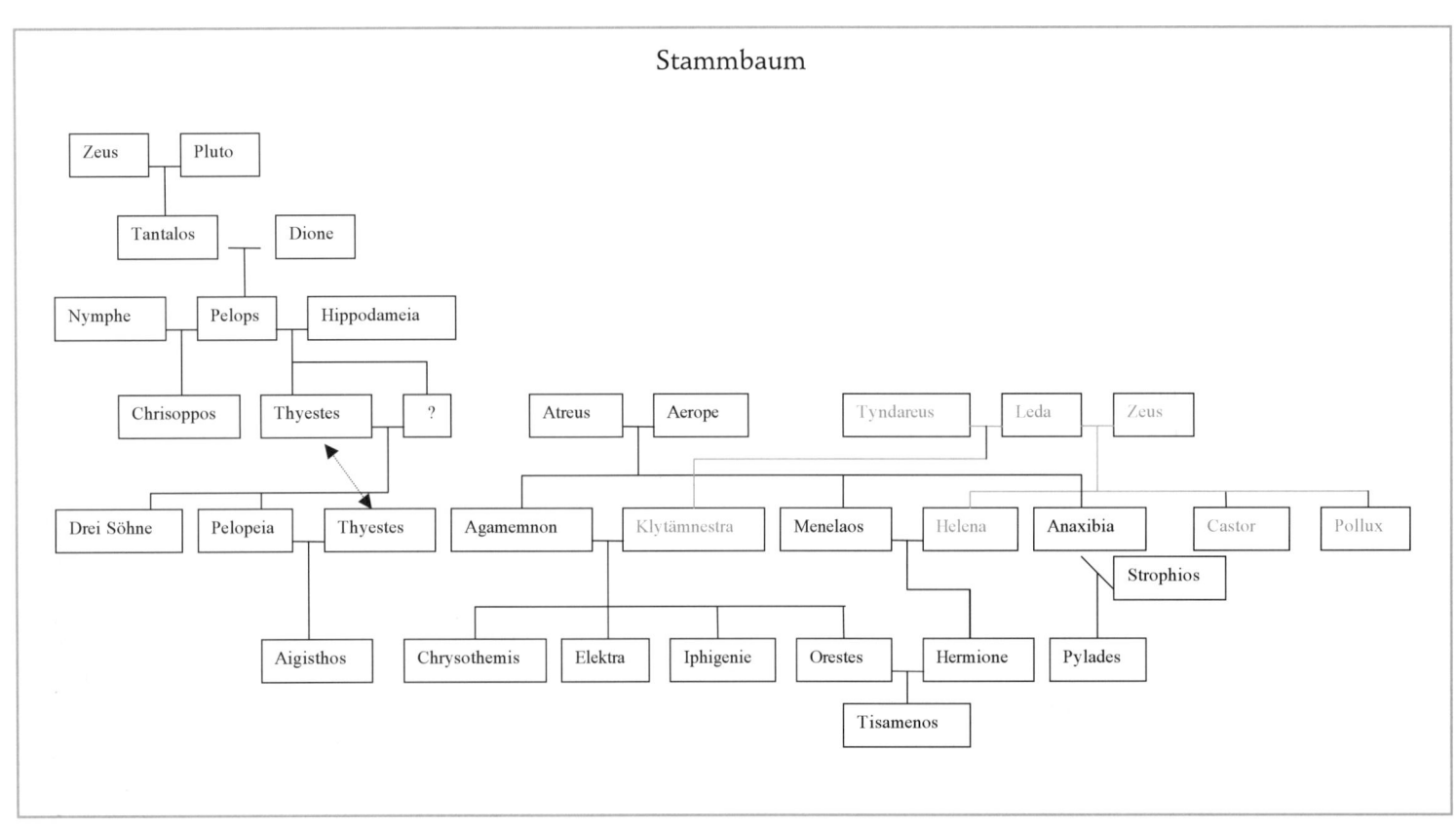

Mörderische Sippschaft – oder: Fluch der Familie

Homer kennt noch keinen Fluch, der auf der Familie des Agamemnon lastet, doch nach der späteren Überlieferung sind Mord und Intrigen in dieser Dynastie nichts Ungewöhnliches. Bereits deren Begründer Tantalos hatte große Schuld auf sich geladen, wovon der griechische Dichter Pindar *(Olympische Oden* 1, 37ff.) berichtet. Als Sohn des Zeus und der Pluto regierte Tantalos, ein Liebling der Götter, das kleinasiatische Lydien. Er forderte seine Gönner in besonderer Weise heraus: Um ihre Allwissenheit zu testen, soll er seinen Sohn Pelops geschlachtet und ihnen zum Mahl vorgesetzt haben. Die Götter durchschauten die grausige Beschaffenheit des Essens und erweckten Pelops wieder zum Leben. Da Demeter – geistesabwesend ob des Verlustes ihrer Tochter Persephone – jedoch eine Schulter des Knaben verspeist hatte, wurde diese aus Elfenbein ersetzt. Für seine Freveltaten musste Tantalos in der Unterwelt büßen (Abb. 9.2).

Pelops zog ins griechische Elis, wo er am Wettstreit um Hippodameia, die Tochter des Königs Oinomaos, teilnahm. Durch Bestechung des königlichen Wagenlenkers Myrtilos konnte Pelops das Wagenrennen und damit die Hand der Schönen gewinnen. Seines Mitverschwörers entledigte sich Pelops später, indem er ihn während einer Fahrt von seinem Zauberwagen ins Meer stieß. Im Ertrinken verfluchte Myrtilos den Verräter, dem er geholfen hatte, und auch die Nachkommen des Pelops.

Pelops wurde zwar Herrscher über den größten Teil der Halbinsel, die ihm zu Ehren den Namen Peloponnes – »Insel des Pelops« – trägt, doch zwei seiner Söhne traf der Fluch besonders: Atreus und Thyest. Um die beiden entspinnt sich eine wahrhaft mörderische Tragödie. Auf Betreiben ihrer eifersüchtigen Mutter Hippodameia ermordeten sie ihren Halbbruder Chrysippos, den illegitimen Lieblingssohn des Pelops' *(Hygin,* Fabeln 85). Vom Vater verwünscht flohen die Brüder nach Myke-

ne, wo sie schließlich die Herrschaft von Eurystheus erben sollten (Strabon 8, 6, 19; Apollodor 2, 56). Atreus heiratete Aerope, eine Königstochter aus Kreta. Diese verliebte sich wiederum in ihren Schwager Thyest und half ihm das Goldene Vlies zu stehlen, das Atreus zum Herrscher über Mykene bestimmen sollte (Euripides, *Elektra* 699 ff., Apollodor 2, 10 ff.). Durch diesen Betrug erlangte Thyest die Herrschaft. Atreus bewirkt jedoch mit Hilfe des Zeus ein größeres Wunder – die Sterne ändern ihren Lauf (Euripides, *Elektra* 726 ff.). Somit konnte er die Macht in Mykene zurück gewinnen. Die untreue Gattin ließ Atreus ins Meer werfen, den ehebrecherischen Bruder verbannen. Der vertriebene Thyest jedoch ersann einen perfiden Racheplan: Als gedungenen Mörder schickte er seinen Ziehsohn Pleisthenes – eigentlich ein illegitimer Sproß des Atreus' (Hygin, *Fabeln* 86). Das Mordkomplott flog auf und Atreus tötete unwissentlich den eigenen Sohn.

Nach einiger Zeit kehrt Thyest jedoch an den Hof von Mykene zurück – entweder aus eigenem Antrieb (Aischylos, *Agamemnon* 1587) oder auf Einladung des rachsüchtigen Atreus (Seneca, *Thyestes* 297ff. 404ff. Hygin, *Fabeln* 88). Zum Empfang bereitete Atreus seinem Bruder ein makabres Festmahl. Ähnlich seinem Großvater ließ er die Söhne seines Bruders Thyest schlachten und zum Essen zubereiten. Als dieser nach dem genossenen Mahl die Überreste seiner Kinder erkennt, verflucht er das Geschlecht des Atreus (Aischylos, *Agamemnon* 1593ff.; 1219ff.). Während bei Sophokles daraufhin Atreus seinen Bruder Thyest tötet, spinnen andere Tragödien, wie z. B. Senecas' »Thyestes«, die Geschichte weiter: So befragt Thyest das Delphische Orakel, wie er sich an Atreus rächen könne. Die Antwort lautete, dass er ein Kind mit seiner eigenen

Tochter Pelopeia zeugen müsse. Er nähert sich ihr unerkannt und schwängert sie. Pelopeia entwendete ihm jedoch sein Schwert und versteckte es. Thyest verlässt seine schwangere Tochter, die kurz darauf Atreus ehelicht, ohne zu wissen, dass es sich um ihren Onkel handelt. Den Knaben, den sie von Thyest empfangen hat, setzt sie aus. Dieser, Ägisth, wird von Atreus gerettet und an Sohnes statt erzogen. Später schickt Atreus seine leiblichen Söhne Agamemnon und Menelaos aus, Thyest zu suchen. Nachdem er gefunden ist, wird er in Mykene eingekerkert. Dort soll er im Auftrag des Atreus' von Ägisth ermordet werden. An dem Schwert, das ihm einst seine Tochter, die Mutter des Agisthos, entrissen hat, erkennt Thyest seinen Sohn, der darauf von der Mordtat ablässt. Seine Mutter Pelopeia gleichwohl tötet sich vor Scham, als sie den Inzest mit ihrem Vater erkennt. Ägisth hingegen bringt seinen Ziehvater Atreus um, rächt somit das Unrecht an seinem leiblichen Vater, Thyest, dem er die Herrschaft über Mykene überlässt.

Doch die beiden leiblichen Söhne des Atreus, Agamemnon und Menelaos, suchen Hilfe bei Tyndareos, König von Sparta, und verjagen die Mörder vom Thron. Die Beziehungen werden durch die Heirat beider Brüder mit den Töchtern des Tyndareus gestärkt: Menelaos bekommt die schöne Helena (s. Kap. 9) und Agamemnon ihre ältere Schwester Klytämnestra. Doch der Fluch, der sowohl auf dem Großvaters Pelops als auch dem Vater Atreus lastet, behält seine unheilvolle Wirkung auch in dieser Generation der Atriden: Agamemnon wird selbst zum Mörder, als er die eigene Tochter Iphigenie opfert (s. Kap. 16). Die Folgen dieser Tat sind bereits ausführlich geschildert worden (Kap. 52 – 54): Klytämnestra verbindet sich mit dem alten Widersacher Ägisth und erschlägt ihren Ehemann. So zwingt sie wiederum ihrem Sohn Orest die Rolle des Rächers auf, von dem Apoll verlangt, seine Mutter zu töten. *S.L.*

54. Schuld und Sühne – Gericht über Orest

Von den Folgen der schrecklichen Tat erzählt Aischylos im dritten Teil seiner Tragödie – den *Eumeniden* (den »Wohlgesinnten«). Sie beginnen in Delphi, wohin sich Orest von den Erinnyen gehetzt geflüchtet hat. Dort findet er zwar Entsühnung durch den Gott Apoll, aber endgültige Erlösung erst in Athen. Dort muss er sich einem Gerichtsentscheid stellen. Diese Erweiterung der Erzählung geht allein auf Aischylos zurück.

Ein alternatives Ende hingegen gestaltete der Dramendichter Euripides in seinem Stück *Orestes* (408 v. Chr.): Orest und Elektra, die an der Tat beteiligt ist, werden beinahe Opfer des Volkszorns, der sie steinigen will. In dieser Bedrängnis will Orest Helena, die gemeinsam mit ihrem Gemahl Menelaos in Mykene weilt, töten. Doch die Götter erretten Helena und versetzen sie unter die Sterne. Darauf nimmt er ihre Tochter Hermione als Geisel und droht sich mit ihr gemeinsam umzubringen – bis Apollon erscheint und gebietet, er solle das Mädchen nach einem Jahr im Exil lieber heiraten. Danach sei er von aller Schuld frei.

54.1 *Orest hat sich an den aus Steinen aufgeschichteten Altar im Heiligtum des Apoll geflüchtet. In einer Geste der Hilflosigkeit hebt er mit der linken Hand die Schwertscheide gegen die von rechts herbei eilende Erinnye, die nicht nur Schlangen in beiden Händen hält, sondern auch in ihren Haaren schlängeln sich diese Tiere. Ihre Flügel signalisieren ihre Schnelligkeit. Allein die Anwesenheit des Gottes Apoll, der mit einer beschwichtigenden Geste vor seinen Schützling getreten ist, hält die Rachegöttin von einem Angriff ab. Links steht Athena als Hinweis auf das Gerichtsurteil, das den Flüchtling von der Schuld freisprechen wird. Attisch-rotfiguriger Krater, um 440/30 v. Chr., Paris, Louvre.*

54.2 An seiner typischen Haltung, im Kniefall mit gezücktem Schwert am Altar, ist hier Orest zu erkennen, obgleich aus Platzgründen keine seiner Verfolgerinnen dargestellt ist. Ovaler Ringstein aus Sardonyx, 3. Jh. v. Chr., München, Staatliche Münzsammlung.

54.3 Orest ist erschöpft von der Verfolgung durch die Erinnyen am Altar des Apoll zusammengesunken. Schwert und Schwertscheide entgleiten der kraftlosen Linken. Ringstein aus Karneol, 3. Jh. v. Chr., München, Staatliche Münzsammlung.

Doch wie schon die *Elektra* dieses Dichters entfaltete diese Fassung keinerlei nachhaltige Wirkung auf die antike Bildkunst. Die Mehrheit der Bilder rezipiert das Drama des Aischylos. In der Regel wird jedoch selten ein konkreter Augenblick des Dramas gezeigt. Die meisten Darstellungen konzentrieren sich auf die Verfolgung des Orest durch die Rachegöttinen – die Erinnyen (Abb. 54.1). Orest flüchtet sich in das Heiligtum des Apoll, das durch einen Altar, den Omphalos, den delphischen Dreifuß oder gar die Anwesenheit des Gottes selbst ins Bild gesetzt wird.[1] In der Regel hält Orest seine Zufluchtstätte umklammert. Während das ausgestreckte hintere Bein noch von der hastigen Flucht kündet, ist er mit dem vorderen Bein ins Knie gesunken, als ob er seinen schnellen Lauf abrupt abbremsen musste. Das gezückte Schwert ist jedoch gegen seine Peinigerinnen nutzlos – es bleibt eine fruchtlose Drohgebärde. Zuweilen sucht Orest Schutz hinter seinem Mantel, oder Apoll beschirmt ihn, indem er den schrecklichen Rächerinnen Einhalt gebietet. So können wir in der Präsentation der Waffe auch einen Hinweis auf

54.4 Orest lehnt am Omphalos (»Nabel«), einem eiförmigen Steinmal, das den Mittelpunkt der Welt anzeigt. Apoll vollzieht das Sühneopfer, nachdem eine Bluttat nur mit Blut vergolten werden kann. Dazu hält er ein weißes Ferkel über den Kopf des Orest, um ihn mit seinem Blut rein zu »waschen«. Links sind zwei der drei Erinnyen in tiefen Schlaf gesunken. Tief in ihren Mantel gehüllt versucht eine Frau sie zu wecken – es ist Klytämnestra, deren Geist die Rächerinnen an ihre Pflicht gemahnt. Apulisch-rotfiguriger Glockenkrater, aus Armento, um 390/80 v. Chr., Paris, Louvre.

das begangene Verbrechen sehen, gegen das sich die unerbittliche Wut der Rachegöttinnen richtet. Das Kniefallschema des Orest mit Schwert in der Hand wurde so charakteristisch für seine Person, dass er trotz fehlender Erinnyen auf einer Münchner Gemme erkennbar ist (Abb. 54.2).

Eine andere Gemme (Abb. 54.3) hingegen zeigt Orest ermattet am Altar des Apollon zusammengesunken. Das Schwert entgleitet der linken Hand des unglückseligen Helden. Nur wenige Bilder zeigen andere Momente des Dramas als die Verfolgung. Selten ist auch die Entsühnung des Muttermörders durch den Gott Apoll dargestellt (Abb. 54.4). Bei diesen Wiedergaben musste sich der Maler rein vom Text des Dramas inspirieren lassen.[2] Denn allein dieser Akt kam im Drama nicht zur Aufführung, sondern wird dort nur erzählt.

Im Drama des Aischylos reicht die Entsühnung durch den Gott Apoll den Rachegöttinnen nicht. Orest muss noch nach Athen gehen und sich dort einem Gerichtsurteil unterwerfen. Die Abstimmung der eingesetzten Richter geht denkbar knapp für Orest aus: Nur durch das Eingreifen der Göttin Athena selbst, die als letzte ihren Stimmstein in die Wahlurne wirft, ist auf beiden Seiten – schuldig wie nichtschuldig – gleiche Stimmzahl erreicht. »Im Zweifel für den Angeklagten« damit ist Orest, dank göttlicher Sanktion, freigesprochen. Dieser Prozess ist eine Erfindung des Aischylos. So preist er seine Heimatstadt als Hort der Rechtsstaatlichkeit, in dem nicht mehr die alten Prinzipien der Blutrache und Sühne herrschen, sondern das Gericht als höchste Instanz gilt.

Die vollständigste Darstellung des Gerichts über Orest zeigt wohl die »Coppa Corsini«, ein Silberbecher, der nach seinem Standort in der Villa Corsini (Rom) benannt ist (Abb. 54.5). Hier wird der entscheidende Moment der Abstimmung gezeigt. Athena lässt ihren Stimmstein in die Urne fallen. Vor ihr am Zähltisch steht eine Erinnye und überwacht den Vorgang. Dahinter sitzt abwartend eine zweite Rachegöttin, den Kopf versonnen auf ihre Hand gestützt. Auch sie wird

54.5a–d Die behelmte Athena wirft den entscheidenden Stimmstein für das Gerichtsurteil in die Urne. Die ihr gegenüberstehende Erinnye wacht über das Geschehen (a), während eine zweite versonnen auf einem Stein sitzend das Urteil abwartet (b). Auf der Gegenseite des Gefäßes erwartet ein Paar, wahrscheinlich Pylades und Elektra, aufgeregt das Ergebnis (c). Pylades streckt sich neugierig in Richtung der Stimmabgabe vor, während Elektra bang die Hände ineinander verschränkt. Durch eine Säule und den Henkel isoliert von den anderen steht ein junger Mann, der sinnend die Hand an die Stirn legt. Es ist Orest, der einsam sein Urteil erwartet. Silberbecher, um 30 v. Chr., Rom, Palazzo Corsini.

54.6 *Athena bei der Stimmabgabe, durch ihr Uteil wird Orest freigesprochen. Diese Szene war offenbar so bekannt, dass die Darstellung der Göttin bei der Stimmabgabe ausreichte, um den Betrachter darauf hinzuweisen, dass es sich um das Gericht über Orest handelte. Römische Tonlampe, um 50 n. Chr. (Kat. 136).*

sich dem gefällten Urteil unterwerfen müssen. Die Rückseite des Bechers zeigt einen Jüngling und eine Frau, die in großer Erregung am Vorgang Anteil nehmen – eine weitere Jünglingsgestalt steht, ruhig der Szene abgewandt, und hat mit der Hand ihre Augen verdeckt. Die Benennung der Figuren ist nicht mit letzter Sicherheit zu klären. Das aufgeregte Paar könnte Pylades und Elektra sein, die aufgeregt dem kommenden Gerichtsurteil entgegenfiebern. Etwas abseits und durch eine Säule von den beiden Zuschauenden getrennt stünde – beinahe wie auf der Anklagebank – Orest, der sich geduldig in sein Schicksal fügt und machtlos das Urteil abwarten muss.[3]

Erstaunlicherweise ist die erste Bildfassung dieses Themas erst in römischer Zeit entstanden. Aber offenbar hat die Darstellung so rasch an Beliebtheit gewonnen[4], dass sie auch in stark verkürzter Form verstanden wurde. So zeigt eine römische Lampe (Abb. 54.6) allein die Göttin Athena bei der Stimmabgabe. Doch warum das besondere Interesse erst der Römer am »Iudicium Orestis« – des Gerichts über Orest? Offenbar entwickelten sie ein anderes Verhältnis als die Griechen zu diesem zwiespältigen Heros. Nach römischer Auffassung gehörte die Verpflichtung zur Blutrache bei Verwandtenmord zur familiären *pietas* – einer der Kardinaltugenden der Römer, die nicht nur die bloße Frömmigkeit gegenüber den Göttern bezeichnete, sondern auch die Wahrung der Familie und ihrer Angelegenheiten als heilige Pflicht umfasste. So konnte sogar Octavian, der später zum Kaiser Augustus werden sollte, den Vergleich mit dem mythischen Vorbild Orest suchen: So wie Orest einst die Ermordung seines Vaters rächte, strebte der junge Octavian nach blutiger Rache für die Mörder seines (Adoptiv-)Vaters Caesar. Der Reiseschriftsteller Pausanias berichtet uns von einer Statue im Heraion von Argos, die Orest darstellte, dessen Inschrift sich auf Augustus bezog. Doch auch die römischen Schriftsteller haben immer die besondere Problematik dieses Falles gesehen und für die Lehrer der Rhetorik galt die Verteidigung des Orest lange Zeit als das Standardbeispiel für eine Gerichtsrede.[5] Noch für den Juristen Dracontius, der am Ende des 5. Jahrhunderts n. Chr. schrieb, war der Fall des Orest ein Widerspruch in sich: Jemand der schuldig und zugleich unschuldig ist, und für den, nach Prüfung aller Umstände, der auch heute noch gültige Rechtssatz anzuwenden sei: in dubio pro reo – im Zweifel für den Angeklagten.   *S.L.*

55. Doch eine glückliche Heimkehr –
Orest und Iphigenie

Kein glückliches Ende gewährt Euripides dem Orest in seinem Drama *Elektra*. Hier muss Orest die Schuld auf sich nehmen – weder das Gesetz der Blutrache noch der Auftrag Apolls kann ihn davon befreien. Doch dieser Kunstgriff ermöglicht es dem Dichter, die Geschichte des Orest in einzigartiger Weise fortzusetzen. In seinem Drama »*Iphigenie bei den Taurern*« (412 v. Chr.) verknüpft er das Schicksal des Helden mit jenem seiner verloren geglaubten Schwester Iphigenie. Sie war in Aulis der Artemis geopfert worden, die aber das unschuldige Mädchen rettete (vgl. Kap. 16). Die von der Göttin Entrückte lebte nun als Priesterin der Artemis bei den Taurern, eines am Schwarzen Meer ansässigen Stammes. Nach einem grausigen Kultbrauch opferten die Taurer unter ihrem König Thoas alle dort landenden Fremden der Göttin. Ein Orakelspruch des Apoll versprach dem von den Erinnyen gejagten Orest die Entsühnung, wenn er das Götterbild der Artemis nach Griechenland zurückführe. So finden sich die Geschwister im fernen Lande wieder und versuchen mit einer List zu entfliehen: Orest müsse als Muttermörder auf hoher See entsühnt werden, ehe er der Artemis geopfert werden könne. So besteigen die drei Griechen ein Schiff, um zu fliehen.

Eine recht ausführliche Fassung der Geschichte bietet ein Sarkophag in der Münchner Glyptothek (Abb. 55.1).[1] Allerdings ist die Leserichtung der Bilder für den modernen Betrachter ungewöhnlich. Den Anfang nimmt die Geschichte nämlich im Zentrum der Sarkophagvorderseite (Abb. 55.2): Ein junger Mann, Pylades, greift dem völlig erschöpft in sich zusammengesunkenem Orest unter die Arme, um ihm aufzuhelfen. Dieser hält mit seiner linken Hand die leere Schwertscheide, in der Rechten sein gezücktes Schwert. Durch einen Felsen wie durch eine Barriere von dem Freundespaar getrennt, ist der Grund für den Zusammenbruch des Orest zu sehen – eine der Furien mit Fackel und Schlange sowie einer Geißel in der Hand. Das Bildmotiv, wie Pylades versucht Orest wegzutragen, wird auch in Schlachtdarstellungen auf römischen Sarkophagen für die Bergung verwundeter

55.1 In drei Szenen werden auf der Vorderseite dieses Sarkophages Teile des Dramas »Iphigenie bei den Taurern« wiedergegeben. In der Mitte ist Orest von den Rachegöttinen verfolgt erschöpft zusammengebrochen. Links wird das gefangengenommene Freundespaar Orest und Pylades ins Heiligtum der Göttin Artemis geführt, wo sie geopfert werden sollen. Iphigenie, die Artemispriesterin, führt den Zug an. Rechts kämpfen sich Orest und Pylades den Weg frei, um mit dem Schiff zu fliehen, das Iphigenie bereits betreten hat. Sarkophag, aus Rom, 140–150 n. Chr. (Kat. 137).

55.2 *Pylades versucht seinem Freund Orest aufzuhelfen. Er ist erschöpft zusammengebrochen, nachdem die Furien, von denen noch eine auf das Freundespaar schaut, ihn mit Wahnsinn geschlagen hat. Durch Halluzinationen angetrieben hatte Orest die Rinderherde des Taurerkönigs Thoas getötet. Detail Abb. 55.1.*

oder gefallener Soldaten verwendet. Das Bild verweist damit auf die vorangegangenen Ereignisse. Im Drama hatte sich Orest nämlich, von Halluzinationen der Rachegöttinnen gequält, bei seiner Ankunft blindlings auf die Rinderherde des Taurerkönigs gestürzt und ein Massaker angerichtet, da er ihr Brüllen für das seiner Peinigerinnen hielt.

In der linken Hälfte der Vorderseite setzt sich die Geschichte fort: Orest und Pylades werden mit auf den Rücken gefesselten Händen zum Heiligtum der Göttin Artemis geführt. Beide werden bewacht von einem bärtigen Taurer in Barbarentracht: lange Hosen, ein langärmliges Obergewand und phrygische Mütze. An der Spitze des Zuges dreht sich Iphigenie zu den Gefangenen um. Sie scheint dem vorderen, vermutlich Orest, direkt in die Augen zu blicken, als ahne sie dessen Identität. Das kleine ländliche Heiligtum in dem das Kultbild der Artemis auf einem Sockel steht, wirkt auf den ersten Blick sehr idyllisch. Erst beim näheren Hinschauen offenbart sich der blutrünstige Kult: abgeschlagene Menschenköpfe hängen am Tempelgebäude (Abb. 55.3).

Auf der rechten Seite wird die Flucht der drei Griechen gezeigt (Abb. 55.4). Das Zentrum bildet eine Kampfgruppe: Ein nackter Jüngling versucht im weiten

55.3 *Trotz des idyllischen Äußeren zeugt der Tempelbezirk der Artemis von den dort vollzogenen grausigen Opfern. Am Tempel hängen abgeschlagene Menschenköpfe. Selbst das Kultbild der Artemis hält in der Linken eine leere Schwertscheide und vermutlich in der heute verlorenen Rechten ein Schwert. Auch ihre Priesterin Iphigenie hält unter ihrem linken Arm ein Schwert verborgen, mit dem die gelandeten Fremden der Göttin geopfert werden sollen. Detail des Sarkophages Abb. 55.1.*

Ausfallschritt nach links die heranstürmenden Taurer abzuwehren, während der andere mit einem Fuß schon die Schiffsplanke betreten hat. Das Bild vereinigt zwei zeitlich aufeinander folgende Momente: Links steht Iphigenie noch hinter den Taurern, muss also noch befreit werden. Rechts betritt sie bereits in einen Mantel gehüllt das rettende Schiff, auf das sie ein junger Mann führt. Ihr Blick geht zurück auf die beiden Kämpfenden, als wolle sie sich von deren Sieg überzeugen.

Eine für das Drama zentrale Szene ist jedoch auf dem Sarkophag auf eine der Nebenseiten verbannt und zudem nicht einmal vollständig ausgeführt worden: Die Wiedererkennung der Geschwister (Abb. 55.5). Aus Mitleid will Iphigenie dem gefangenen Orest, dessen Name sie nicht kennt, die Flucht ermöglichen, um ihn mit einem Brief in ihre Heimat senden. Orest lehnt zugunsten seines Freundes Pylades ab, den er so zu retten hofft. Um seinen Auftrag auch bei Verlust des Briefes ausführen zu können, lässt sich Pylades den Inhalt und den Adressaten vorlesen. So kann es zum gegenseitigen Erkennen der lang getrennten Geschwister kommen: Denn der Brief war an den Bruder gerichtet, den sie im fernen Mykene wähnt.

Es wird deutlich, dass der Sarkophag nicht eine fortlaufende Erzählung des Dramas anstrebte. Vielmehr werden in den drei zentralen Szenen auf der Vorderseite bestimmte Bildmotive hervorgehoben: das Opfer links, die Bergung in der Mitte und rechts als dominierendes Motiv der Kampf. Darstellungen des Opfers, der »Gefallenen«-Bergung und des Kampfes werden auf den Sarkophagen im Allgemeinen als Chiffren für die römischen Kardinaltugenden *pietas* (»Frömmigkeit«) und *virtus* (»Tüchtigkeit, Tugend«) verwendet, womit auf die charakterlichen Qualitäten des Verstorbenen angespielt werden sollte.

Doch es gab andere Mythen, mittels derer diese Tugenden eingängiger hätten vermittelt werden können als durch die Orestgeschichte – warum also ausgerechnet diese Sage? Der Grund hierfür liegt möglicherweise in einer andern, von den Römern ebenfalls hochgeschätzten Tugend – der Freundschaft (lat. *amicitia*). Orest und Pylades wurden in der lateinischen Literatur als Inbegriff des Freundespaares schlechthin gepriesen. In einem Theaterstück des Dichters Pacuvius wurde geschildert, dass sie darum stritten, wer für wen sterben dürfe. Cicero berichtet, dass diese Szene die Zuschauer regelmäßig zu frenetischen Beifallsstürmen hin-

55.4 Orest und Pylades, beide sind voneinander kaum zu unterscheiden, versuchen gemeinsam mit Iphigenie von Tauris zu fliehen. Die Überlegenheit der Griechen gegenüber den Taurern wird dadurch deutlich, dass es der vordere Kämpfer, Pylades (?), gleich mit zwei Taurern gleichzeitig aufnimmt. Das Bild vereinigt zwei Momente der Geschichte: Links steht Iphigenie mit dem Kultbild und wartet auf ihre Befreiung, rechts hat sie das Schiff schon betreten. Derartige Schiffsszenen finden sich öfters auf Sarkophagen – vielleicht sollen sie an die Jenseitsfahrt des Verstorbenen gemahnen. Detail von Sarkophag 55.1.

55.5a–b Die beiden Nebenseiten des Sarkophages (Abb. 55.1) sind nicht vollständig ausgearbeitet. Auf der linken Nebenseite (a) eilt das Freundespaar Orest und Pylades nach rechts. Beide ähneln einander wie Zwillingsbrüder. Die rechte Nebenseite (b) zeigt den Augenblick als die Geschwister sich erkennen: Iphigenie liest den an ihren Bruder gerichteten Brief vor. Am Bildrand hat ein Taurer der Szene den Rücken zugewandt und befestigt die Waffen der Fremden an der Wand. So entgeht ihm das Wiedersehen der Geschwister. Im Drama hat Iphigenie den Wächter jedoch weggeschickt.

riss.[2] Dieses Zeugnis der unverbrüchlichen Freundestreue genoss offensichtlich allerhöchste Bewunderung.

Orest und Pylades werden in der römischen Literatur wegen der Übereinstimmung ihrer Gesinnung und Tugend oft mit den Dioskuren, dem Brüderpaar Kastor und Pollux, verglichen. Auch auf dem Sarkophag erscheinen die beiden Protagonisten fast wie Zwillingsbrüder und sind kaum voneinander zu unterscheiden (Abb. 55.1, 55.5).

In der Sarkophagkunst ist diese Hervorhebung einer Männerfreundschaft im Bild einzigartig. Die Eintracht von Orestes und Pylades in ihrer gegenseitigen Fürsorge und dem gemeinsamem Kampf ist hier wohl als besonderer Ausdruck familiärer Eintracht zu verstehen. Vielleicht war dieser Sarkophag ja auch einst für ein Brüderpaar gedacht gewesen.

Während der Sarkophag die Geschichte gewissermaßen nur bis zur Flucht erzählt, geht das Drama des Euripides noch weiter. Dort misslingt die Flucht zunächst. Da erscheint die Göttin Athena und führt die Geschichte doch noch zu einem glücklichen Ende: Poseidon soll die Geschwister mit Pylades nach Hause zurückbringen. Orest, vom Wahnsinn befreit, wird beauftragt, der Artemis Tauropolos einen Tempel zu bauen. Und Iphigenie soll fortan als Priesterin der Artemis in Brauron wirken.

Somit kehrt schließlich auch Iphigenie nach Griechenland zurück. Der Fluch der Atriden ist gebrochen. Orest herrschte – so der lateinische Schriftsteller Velleius Paterculus (1, 1, 3) – noch 70 Jahre über Mykene und die Argolis.[3] Nach dem Tode des Menelaos soll er auf Bitten der Spartaner auch die Herrschaft in Sparta übernommen haben, da er mit Hermione, der einzigen Tochter von Helena und Menelaos verheiratet war. Diese Ehe musste er jedoch gegen die Ansprüche des Neoptolemos, des Sohn des Achills, gewaltsam verteidigen (Kap. 46).   S.L.

FUNDE UND FRAGEN

56. Die frühbronzezeitlichen Funde aus Troja

Untrennbar mit dem Namen Troja ist die Person Heinrich Schliemann (1822 – 1890) verbunden. Schliemann wurde als fünftes Kind eines armen Pastors geboren und kam als Kaufmann zu Geld. Bereits seit früher Kindheit soll er den Wunsch gehegt haben, die bei Homer genannte Stadt Troja (Ilios, Ilion) aufzuspüren. Deshalb löste er 1864 endgültige seine Firma auf, um sich voll und ganz der Wissenschaft hinwenden zu können. Breits nach der ersten Grabung auf dem Hügel Hisarlik in der Ebene Troas (Nordwestanatolien) glaubte Schliemann, in den Siedlungsschichten das antike Ilion (Troja) gefunden zu haben. Bereits in der Antike genoss die Stadt Ilion hohes Ansehen, da sie immer mit den Homerischen Epen in Verbindung gebracht wurde. So verwundert es nicht, dass auch der Perserkönig Xerxes (480 v. Chr.) oder Alexander der Große (334 v. Chr.) der Burg des Priamos (Troja) einen Besuch abstatteten und im Andenken an die heroischen Taten der griechischen Helden Opfer darbrachten. Erst mit der Eroberung der Troas bis zu den Dardanellen im 14. Jahrhundert n. Chr. durch die Osmanen gerät die Identifizierung des Siedlungshügels Hisarlik mit dem antiken Troja in Vergessenheit, wenngleich sich das Epos Ilias weiterhin europaweiter Beliebtheit erfreut.

Der von Schliemann ab 1870 in mehreren Kampagnen untersuchte, heute noch 40 m hohe Hügel birgt neun Siedlungsphasen (»Städte«), die jeweils bis zu zehn Bauphasen aufweisen können. Die erste größere Siedlung des Platzes wird am Ende der Kupferzeit (um 2950 v. Chr.) angelegt, eine dichte, stadtartige Besiedlung dauert bis in die Spätantike (5. Jahrhundert n. Chr.) mit einigen wenigen Unterbrechungen fort. Schliemann war davon überzeugt, die Siedlungsreste mit den berühmten Goldschatzfunden und massiven Befestigungsmauern in Schicht II mit dem homerischen Troja in Verbindung bringen zu können. Heute wissen wir, dass diese Phase der Frühen Bronzezeit (2500 – 2300 v. Chr.) angehört und dass es sehr viel spätere Schichten (VIh und VIIa) sind, die in den Zeitraum fallen, in dem die Antike Homers Trojanischen Krieg ansetzte (13. Jahrhundert v. Chr.). Schicht VIIa bietet hinsichtlich Bebauung und aufgefundenem Inventar das Bild einer überbevölkerten Stadt, die in einer verheerenden Brandkatastrophe untergegangen ist.

Die hier gezeigten Funde (Abb. 56.1) repräsentieren die frühbronzezeitlichen Siedlungsphasen (2950 – 1700 v. Chr.) von Troja (Schichten I bis V). Sie stammen aus den Ausgrabungen Schliemanns und gelangten 1881 als Geschenk für das deutsche Volk »zu ewigem Besitz und ungetrennter Aufbewahrung« in die Königlichen Museen zu Berlin (heute Staatliche Museen Preußischer Kulturbesitz). Im Jahre 1902 wurden einige Objekte an das Antikenmuseum in München (wie auch an andere deutsche Museen und Sammlungen, insgesamt 35 Einrichtungen) abgegeben, wobei es sich aber überwiegend um mehrfach vorhandene Gegenstände des Alltagslebens handelt.

56.1 Die bronzezeitlichen Tongefäße aus Troja sind auf der Töpferscheibe gearbeitet. Sie zeichnen sich durch die glatt-glänzende Oberfläche der Gefäße aus. Die Funde stammen aus den Grabungen Heinrich Schliemanns. Zusammenstellung bronzezeitlicher Keramik aus Troja, um 2950–1700 v. Chr.

Troja ist während der Frühbronzezeit durch seine Lage an der Kreuzung von See- und Landhandelswegen, sowie durch reiche Kupfervorkommen als lokales Zentrum in Nordwestanatolien zu interpretieren. Zu dieser Zeit (2950–1700 v. Chr.) verlief die Küstenlinien noch in einer Bucht, unmittelbar westlich vor Troja, die heute verlandet ist. Der zur Stadt gehörige Hafen lag also direkt vor der Haustüre. Die lokale Bedeutung wird durch die massiven Befestigungsmauern sowie durch eine zugehörige Unterstadt in der Ebene unterstrichen.

Besondere Fundstücke sind die aus Marmor geschliffenen Idole (Abb. 56.2). Die Fundstätte Troja ist namengebend für diesen Typus von Idolen mit achtförmiger Gestalt (Typus Troja) geworden. Charakterstisch ist ein halbkreis-, beutel- oder trapezförmiger Körper, der durch seitliche Kerben (›Hals‹) vom Kopf getrennt ist. Diese Marmor-Idole wurden in den Schichten Troja I bis IV (2950–1900 v. Chr.) gefunden und stehen in Tradition marmorner Idole, die seit dem Frühneolithikum im östlichen Mittelmeerraum bekannt sind. Derartige abstrahiert menschengestaltige Steinfiguren werden von der Forschung überwiegend als weiblich angesprochen und in Verbindung mit der Verehrung einer Göttin gesehen.

Zum Fundmaterial gehört weiterhin ein Polierstein (Abb. 56.3), mit dem die Oberfläche der Keramikgefäße vor dem Brennen glatt gerieben wurde. Steinbeile und Klingen aus Feuerstein sind während der Frühbronzezeit immer noch täglich verwendete Gerätschaften. Mit dem in einem hözernen Schaft befestigten Steinbeil wurden Bäume gefällt (Abb. 56.4), Feuersteinklingen dienten als Einsätze in hölzernen Sicheln, mit denen Getreide geschnitten wurde. Der an der einen Klinge sichtbare Glanz, der beim Schneiden von kieselsäurehaltigen Gräsern (Getreide, Schilf) entsteht, legt hier beredtes Zeugnis ab. Längliche, an einem Ende durchbohrte oder mit einer eingeschliffenen Rille versehene Steinobjekte (Abb. 56.5) werden als Gewichtssteine interpretiert, die zur Beschwerung an Fischernetzen befestigt waren, oder die zum Spannen von Kettfäden an aufrecht stehenden Webstühlen dienten.

Die Keramik wurde seit der Phase Troja II (ab 2500 v. Chr.) bereits zu einem Großteil auf der Töpferscheibe gefertigt und repräsentiert Keramik des täglichen Bedarfs. Verschiedene Gegenstände aus Ton belegen Kontakte ins anatolische Hochland sowie bis nach Syrien und Mesopotamien. Insbesondere die rot oder braun überfangene und glänzend polierte Keramik geht auf Einflüsse aus Anatolien zurück. Die Form des engen tulpenartigen Bechers mit zwei Schlaufenhenkeln ist typisch für die Frühbronzezeit in Troja; diesen Gefäßen gab Schliemann den homerischen Namen »depas amphikypellon« (Ilias 23, 219–221; »doppelt gebuchteter Becher«, Abb. 56.3). Diese Gefäße sowie hohe Kannen mit langem schnabelartigen Ausguß (Schnabelkannen) weisen auf die engen Verbindungen der trojanischen Sachkultur mit Anatolien während der Frühbronzezeit hin und binden die Ansiedlung von Troja in die kleinasiatische Kulturlandschaft ein. C.N.

57. Funde aus Mykene und die Frage nach den Homerischen Helden

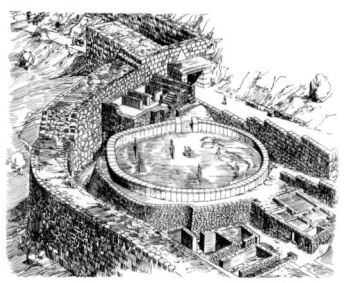

57.1a–b »Gräberrund A« von Mykene im Luftbild und einer zeichnerischen Rekonstruktion.

»…. In den Trümmern von Mykenai befindet sich die Perseia genannte Quelle und die unterirdischen Gebäude des Atreus und seiner Söhne, in denen sich ihre Geldschätze befanden. Und das Grab des Atreus ist da und auch derer, die, mit Agamemnon aus Ilion zurückgekehrt, Aigisthos bewirtete und tötete. Das Grabmal der Kassandra beanspruchen aber auch die Bewohner von Amyklai in Lakonien zu besitzen. Und ein anderes Grab ist das des Agamemnon und eins für seinen Wagenlenker Eurymedon und das gleiche für Teledamos und Pelops; denn diese habe Kassandra als Zwillinge geboren, sagt man, und Aigisthos tötete sie noch als kleine Kinder mit ihren Eltern. Und von Elektra…, denn sie heiratete auf Veranlassung des Orestes den Pylades. … Klytaimnestra und Aigisthos wurden etwas entfernt von der Mauer begraben, innerhalb verwehrte man es ihnen, wo Agamemnon selbst lag und die mit ihm Ermordeten.« (Pausanias 2, 16, 5ff.)

Diesen Bericht überliefert uns der griechische Reiseschriftsteller Pausanias als er im 2. Jahrhundert nach Chr. das damals schon »antike« Mykene besuchte – er war auch der letzte Autor seiner Zeit, der von dieser Stätte berichtete. Pausanias fand nur noch eine Kleinstadt mit wenigen Bewohnern und viele Ruinen vor. Diese wurden ihm bereits als »historische Sehenswürdigkeiten« gezeigt und mit den großen Namen des griechischen Mythos verbunden. Von seiner Überlieferung Mykenes wie auch von Homers *Ilias* ließ sich Heinrich Schliemann leiten, als er im Jahre 1876 seine Ausgrabungen in Mykene begann – auf der Suche nach der Heimstatt des Agamemnon, des griechischen Heerführers.

Betritt man heute durch das berühmte Löwentor (Abb. 3.2) die Akropolis, den Burgberg von Mykene, liegt innerhalb der Ummauerung gleich rechter Hand das so genannte »Gräberrund A«, der von Heinrich Schliemann 1876 erforschte Friedhof (Abb. 57.1). In dem kreisförmigen, von Sandsteinplatten umfassten Bezirk fand Schliemann fünf Gräber mit überaus reichen Beigaben, die sich heute im Athener Nationalmuseum befinden: prächtige Gold- und Silbergefäße, kunstvoll gearbeitete Bronzedolche mit Gold- und Silbereinlegearbeiten, über 850 runde Scheiben aus Goldblech von etwa 6 cm Durchmesser, die als Gewandschmuck dienten, Diademe und Armbänder aus Gold mit zart ausgeführten Treibarbeiten, Ringe, Gemmen, Halsketten und Bernsteinperlen. Schliemann berichtet, dass die von ihm gefundenen Goldgegenstände 14 kg wogen – wahrhaftig »reich an Gold« wie Homers Beiname für die Stadt Mykene lautete.[1] Auf den Gesichtern einiger männlicher Toter lagen Goldmasken und zeichneten diese damit aus (Abb. 57.2 – 3). Eine davon faszinierte Schliemann besonders – so telegrafierte er begeistert an den griechischen König, er habe »in das Antlitz des Agamemnon geschaut«, und unter diesem Namen ist die Maske heute noch bekannt (Abb. 57.3).

Die Lage innerhalb der Burgmauern, die Anzahl der Gräber, ihr Reichtum –
alles schien für Schliemann dafür zu sprechen, dass er die Gräber des ermordeten
Agamemnon und seiner Gefährten gefunden hatte. Auch für die Tatsache, dass
unter den Bestatteten zwei Kinder und drei Frauen waren, fand Schliemann eine
einleuchtende Erklärung: Es handelte sich um die Trojanerin Kassandra, die inzwischen dem Agamemnon ein Zwillingspaar geboren hatte. Dies überliefere Pausanias, zu dem Schliemann nach eigener Aussage »festes Vertrauen« hatte.[2]

Die Schliemannsche Bezeichnung »Goldmaske des Agamemnon« ist bis heute
weit verbreitet, obwohl diese Zuschreibung in der Fachwelt allgemein abgelehnt
wird[3]: Die Maske wird zwischen 1580 und 1510 v. Chr. datiert – also gut 300 Jahre vor der Zeit des Untergangs von Troja und des Agamemnon – wenn es denn je
einen solchen Herrscher von Mykene gegeben hat. Der Heerführer der Griechen
vor Troja kann also keinesfalls der Besitzer dieser Totenmaske oder einer der Verstorbenen gewesen sein. Auch in Bezug auf die Anzahl der Gräber und die Bestatteten ergaben sich später Korrekturen: In sechs Gräbern waren acht Männer, neun
Frauen und zwei Kinder bestattet. Wer sie waren, wissen wir nicht und können es
nicht einmal ansatzweise vermuten.[4] Aufgrund des Reichtums der Gräber haben
sie sicherlich zur Herrscherfamilie gehört, deren Oberhaupt sich nach mykenischen Schriftzeugnissen »wanax« nannte.

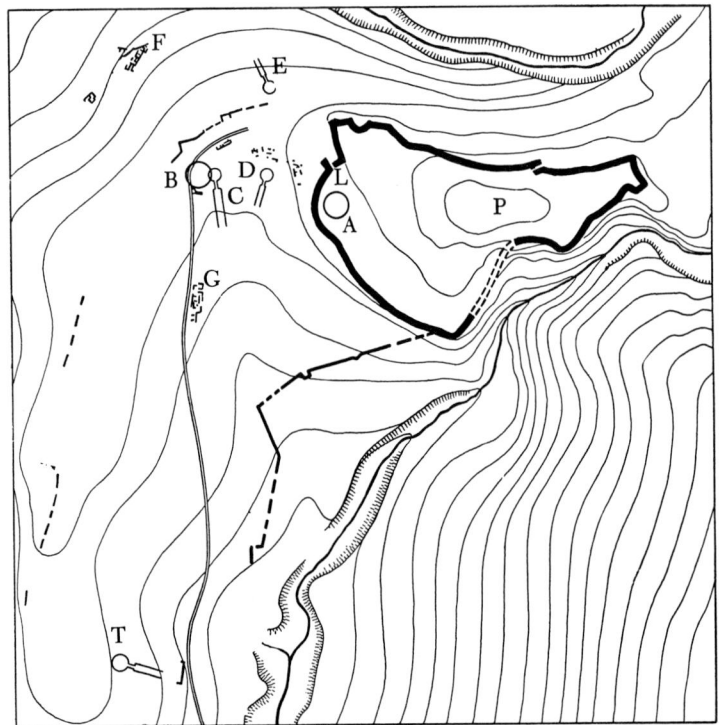

*57.5 Das »Schatzhaus des Atreus«
von Mykene in seinem heutigen
Zustand. Beeindruckend der in den
Felsen gehauene lange Zugang
(»dromos«) zum Grab. Es ist seines
einstigen Fassadenschmucks gänzlich
beraubt. Dieser verdeckte auch das
gut zu erkennende Entlastungsdreieck,
das den enormen Druck, der auf dem
Türsturz lastete, mildern sollte.*

*57.6 Querschnitt durch das
»Schatzhaus des Atreus«: Zugang
war der fast 40 m lange Gang (A–B).
Ein massiver Türsturz deckte den Eingangsbereich (B–C), durch den man
in den runden Hauptraum gelangte.
Im Querschnitt wird der bienenkorb-
förmige Aufbau des Grabes besonders
deutlich. Eine kleine Tür (D) ermöglichte den Zugang zu einer Seiten-
kammer.*

An der Zufahrtsstraße zur Akropolis von Mykene findet sich ein weiteres beeindruckendes Monument, das mit dem Vater des legendären Agamemnon verbunden wird – das »Schatzhaus des Atreus«.[5] Es ist ein Tholos-Grab, was soviel wie »Rund«-Grab bedeutet (Abb. 57.5 – 6). Ein langer Gang von 6 m Breite und 36 m Länge ist in den Felsen gehauen und führt auf den Eingang zu, dessen Tor mit 5,40 m Höhe und annähernd 3 m Breite monumentale Abmessungen besitzt. Den Türsturz bildet ein einziger großer Steinblock von 4 m Breite, 1,60 m Höhe und 8 m Länge, der zugleich den Eingangsbereich zur Grabkammer deckt. Imponierend auch sein Gewicht von fast 120 Tonnen – also 120.000 kg. Im Inneren wölbt sich über dem runden Raum von 14,50 m Durchmesser eine beeindruckende Schein-Kuppel, die einem Bienenkorb ähnelt. Sie ist aus 33 perfekt übereinander geschichteten Lagen von großen Steinblöcken zusammengefügt und erreicht an ihrem Scheitelpunkt eine Höhe von mehr als 13 m. Das »Schatzhaus des Atreus« ist das größte der bekannten Tholos-Gräber. Dies spricht dafür, dass es sich um ein Grab für einen bedeutenden Herrscher gehandelt haben muss. Leider ist es heute seiner vormaligen Pracht gänzlich beraubt – vermutlich wurde es bereits in der Antike geplündert. So fanden sich nur wenige Überreste der einst aufwändigen Ausgestaltung: Wände und Decken im Inneren waren mit zum Teil reliefertem Stuck versehen, die Kuppel mit bronzenen Rosetten verziert. Dem Schmuck im Inneren des Gebäudes entsprach die prunkvolle Fassadengestaltung mit ihren Säulen und Reliefs aus farbigem Marmor (Abb. 57.7–9).[6] Dieser stammte aus einem Steinbruch bei Kyprianon in der Nähe von Sparta, während der Zugang und das Gebäude selbst aus lokal anstehendem Konglomeratgestein errichtet worden war. Teile der Fassade sind heute in Museen in aller Welt verstreut. Auch die Münchner Antikensammlung besitzt drei kleine Fragmente: Eine rote Platte mit zwei Reihen eines Spiralmusters gehörte sicher zur Dekoration im oberen Teil der Fassade (Abb. 57.7), wie auch das kleine hellgraue Fragment mit Spiralmuster. Dort verdeckten sie einst das Entlastungsdreieck, das den hohen Druck auf den Türsturz abfangen sollte. Das Fragment aus einem grünlichem Kalkstein weist im Querschnitt eine deutliche Wölbung auf und gehörte nach seiner Ornamentik zu den Halbsäulen, die den Eingang rahmten. Die Kalksteinfragmente kamen aus der Sammlung des britischen Altertumsforschers Edward Dodwell nach München, der am Beginn des 19. Jahrhunderts Griechenland bereist hatte. Bei einem Besuch der Ruinen von Mykene hat er die Steine wohl dort erworben.

Dodwell war auch einer der ersten, der das in den Hügel hinein gebaute Grab auf die bei Pausanias erwähnten »unterirdischen Schatzhäuser« des Atreus bezog. Gerüchte von Goldfunden, die Veli Pascha 1808 bei der Öffnung des Grabes gemacht haben soll, taten wohl ihr übriges, diese Benennung zu rechtfertigen. Vielleicht waren es ähnliche Legenden von sagenhaften Reichtümern und Goldfunden, die schon Pausanias oder seine Reiseführer, die die ursprüngliche Funktion dieses Gebäudes nicht mehr kannten, zur selben Annahme verleiteten. Doch ist

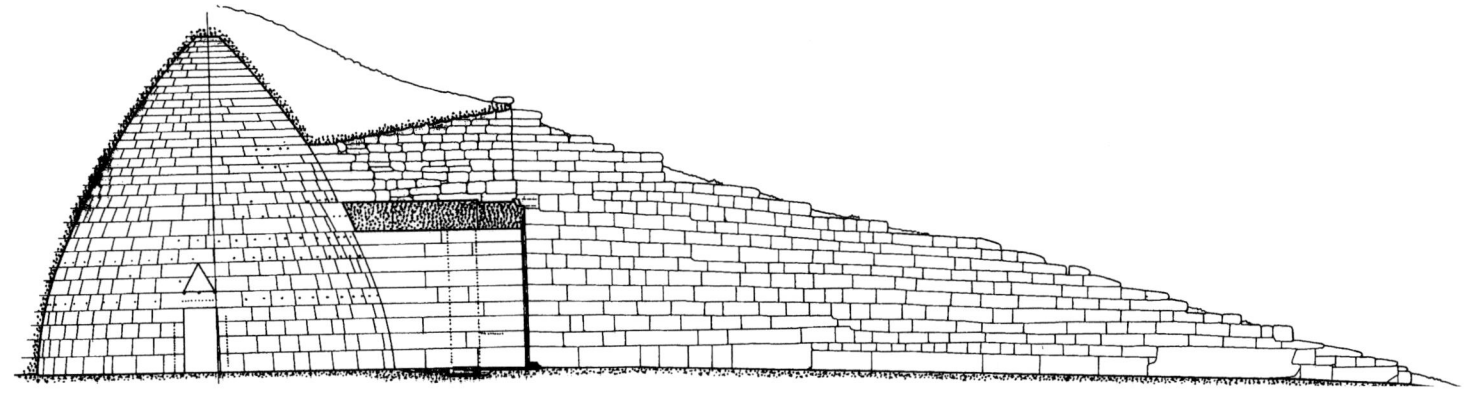

57. Funde aus Mykene und die Frage nach den Homerischen Helden · 401

57.7 Das Fragment aus rötlichem Kalkstein zeigt zwei übereinander liegende Spiralreihen. Es stammt von dem Teil der Fassade, der wahrscheinlich einst das Entlastungsdreieck verblendet war (Abb. 57.10). Fragment vom »Schatzhaus des Atreus«, um 1250 v. Chr.

57.8 Das hellgraue Fragment gehörte vielleicht zu einem Spiralband, das sich im oberen Teil der Fassade unmittelbar über dem Türsturz befand (Abb. 57.10). Fragment vom »Schatzhaus des Atreus«, um 1250 v. Chr.

57.9 Das grünlich schimmernde Fragment weist im Querschnitt eine Wölbung auf. Es kann somit nicht nur aufgrund seiner Farbe und des Ornaments den rahmenden Eingangs-Säulen der Fassade zugewiesen werden (Abb. 57.10). Die glatte Schnittkante an der rechten Seite des Fragments ist nicht antik – vielleicht wurden die vorgefundenen Stücke so für die Reisenden des 19. Jahrhunderts ›zurechtgeschnitten‹. Fragment vom »Schatzhaus des Atreus«, um 1250 v. Chr.

57.10 »Schatzhaus des Atreus«: Zeichnerische und farbige Rekonstruktionen der Fassade. Die Abweichungen in der Gestaltung ergeben sich aus dem fragmentarischen Zustand. Die Münchner Stücke können aufgrund ihrer Farbe, ihres Ornaments und ihres Querschitts den rahmenden Säulen im unteren Eingangsbereich einerseits, andererseits dem Fassadenschmuck im oberen Teil zugeordnet werden.

dies nicht die einzige Bezeichnung für dieses Grabmal. Bei der griechischen Dorf-bevölkerung trug das Bauwerk – in der Neuzeit, wohl von gelehrten Touristen auf-gebracht – den Namen »Grab des Agamemnon«.[7] Mit seiner Entstehung um 1250 v. Chr. fällt es zwar in die Zeit, in welcher Homers Trojanischer Krieg stattgefun-den haben könnte, doch ist die Benennung der Gräber wohl eher dem – sehr menschlichen – Bedürfnis entsprungen, derartige Überreste mit »historischen« Persönlichkeiten zu verbinden, ihnen damit »Gestalt« zu verleihen und letztlich die Bedeutung der Hinterlassenschaften zu steigern. Die Namen wurden von den Wissenschaftlern zur Identifizierung übernommen – gewissermaßen als durch Konvention festgeschriebene ›Spitznamen‹–, obwohl wir wissen, dass sie nicht die Gräber der Personen waren, deren Namen sie heute tragen.[8] Ein Begriff wie »Grab der Klytämnestra« prägt sich besser ein, als beispielsweise das prosaische »Tholos-Grab 1, Sektion 9«. Das eine ist zwar wissenschaftlich gesehen unkor-rekt, verknüpft sich aber mit romantischen Bildern und Vorstellungen, das andere ist wissenschaftlich korrekt, hat aber den Charme einer Hausnummer. *S.L.*

58. Alexander oder Achill

Die Benennung dieser Figur, einst im Besitz der römischen Adelsfamilie Rondanini, geht auf J. J. Winckelmann, den Gründungsvater der Archäologie zurück. Er bezeichnete sie als »das einzig wahre Bildnis« Alexanders.[1] Die Benennung blieb lange Zeit unbestritten. Man kann es verstehen. Der muskulöse Körper eines jungen Mannes mit in die Ferne schweifendem Blick, üppig wallendem lockigen Haupthaar passt auch heute noch gut zu unserer Vorstellung von Alexander (Abb. 58.1). Und zudem zeigt der Kopf diese eigentümliche Gestaltung der Stirnhaarfrisur, die in antiken Quellen als besonderes Merkmal Alexanders erwähnt wird: Über der Stirnmitte strebt eine Gruppe von Haarbüscheln fontänenartig nach oben und fällt dann beidseitig gleichmäßig herab (Abb. 58.2 a–b).

Die 1,70 m hohe Figur ist gut erhalten, der Kopf vom Körper ungebrochen.[2] Es fehlen nur das rechte Bein ab der Weiche (jetzt in Gips ergänzt) und die beiden Arme ab dem Bizeps. Mit dem linken Bein steht die Figur auf dem Boden auf, knickt dabei im Knie leicht federnd ein. Das rechte Bein war, wie der erhaltene Ansatz des Oberschenkels zeigt, leicht angehoben und muss auf einer Erhöhung (welcher Art auch immer) aufgestützt gewesen sein. Der Oberkörper ist etwas nach vorne gebeugt, der leicht gekrümmte Rücken stark angespannt. Durch die beiden im Ansatz erhaltenen Oberarme ist auch die ungefähre Richtung der Armhaltung festgelegt. Wie aber die Arme ab dem Ellenbogen bewegt waren, was die Hände hielten, ist ungewiss.

An der Frage der richtigen Ergänzung der Unterarme haben sich Bildhauer und Gelehrte seit dem 18. Jahrhundert bis heute die Zähne ausgebissen. Winckelmann, der die Figur noch im unergänzten Zustand sah, meinte, der rechte Ellenbogen könnte sich auf das rechte Bein aufgestützt haben. Das Motiv ist der antiken Kunst geläufig, passt aber nicht zu der Figur, denn der Abstand von Oberarm zu Oberschenkel ist zu groß. Nur von einem Stich (Abb. 58.4) und durch Beschreibungen kennen wir die erste, in Marmor ausgeführte Ergänzung, die von einem uns unbekannten Bildhauer für die Aufstellung der Figur im Palazzo Rondanini durchgeführt wurde. Er hat das von ihm ergänzte rechte Bein auf einen Helm, den er als Stütze hinzufügte, aufsitzen lassen, während der rechte Arm im Redegestus erhoben war und die Linke einen Stab hielt – also Alexander als Redner.[3] Diese Deutung der Figur ist nicht abwegig. Antike Quellen berichten mehrfach, dass Alexander vor seinen Schlachten eine Rede an das Heer hielt. Bei dieser Interpretation der Figur hat auch der als Stütze dem linken Bein zugefügte Panzer, der den Dargestellten als Krieger charakterisiert, seinen Sinn. Allerdings ist die Haltung für einen Redner, nach antiker Vorstellung, gänzlich unpassend.

Vielleicht deshalb beauftragte Kronprinz Ludwig von Bayern – kaum war die Statue in seinem Besitz – den ›nordischen Phidias‹, B. Thorvaldsen, eine bessere

58.1 Sog. Alexander Rondanini, Kopie römischer Zeit nach griechischem Vorbild des 4. Jh. v. Chr. (Kat. 138).

58.2a–b Kopf des sog. Alexander Rondanini.

Ergänzung zu finden. Thorvaldsen fiel die kräftige, athletisch durchgeformte Brust der Figur auf und so dachte er, trotz des Panzers, an ein Thema aus dem griechischen Sport: Er gab Alexander in die Linke ein Ölfläschchen; den rechten Arm führte er soweit herab, dass die Finger an Knie und Schienbein griffen – also, der sich vor einem sportlichen Wettkampf salbende Alexander (Abb. 58.5). Diese Ergänzung hat man recht bald als sehr unglücklich empfunden.[4]

Im ersten Führer zur Glyptothek, der 1830 zur Eröffnung des Museums herauskam, brachte L. Schorn den Vorschlag, dass die Figur Alexander darstelle, wie er sich die Beinschienen anlegt.[5] Diese Idee nahm später K. Lange wieder auf und stellte sie auch zeichnerisch dar. In jüngster Zeit wurde sie erneut breit diskutiert.[6] 1868 erwog H. Brunn in dem von ihm verfassten neuen Museumsführer, ob Alexander in den Händen nicht Wurfspeere gehalten hätte. Diese Lösung fand viele Befürworter. In der neuen »Beschreibung der Glyptothek« von 1900 meinte A. Furtwängler: »Wahrscheinlich ruhten die Arme auf dem rechten Oberschenkel, sich kreuzend, und hielten Schwert oder Speer.«[7] Nach »umständlichen Versuchen« kam er dann 1905 zu dem Ergebnis, dass »beide Arme eine gemeinsame Tätigkeit gehabt haben, da sonst beide Oberarme nicht so parallel laufen würden. Als wahrscheinliches Ergebnis der verschiedenen Versuche blieb der Vorschlag, der Figur ein Schwert so in die Hände zu geben, dass es quer auf dem rechten Oberschenkel liegt, und die Rechte den Schwertgriff, die Linke die Scheide fasst.[8]

Diese »umständlichen Versuche« Furtwänglers können wohl nichts anderes gewesen sein, als dass er anhand eines Gipsabgusses die bisher geäußerten Ergänzungsvorschläge erproben ließ, was aber offensichtlich zu keinem befriedigenden Ergebnis geführt hatte. Das allein hätte spätere Forscher schon davor warnen müssen, sie ungeprüft wiederaufzunehmen.

58.3 Sogenannter Alexander Rondanini. Sein rechtes Bein ist eine Gipsergänzung

Die unmittelbar darauffolgende Archäologengeneration war weniger an der Erarbeitung einer überzeugenden Rekonstruktion, sondern mehr an Stilfragen, vor allem an der Bestimmung des entwerfenden Meisters dieser Figur interessiert. K. Gebauer brachte die Figur in Verbindung mit einer Stelle bei Plinius (Naturgeschichte 34, 98), wo von Bronzestatuen Philipps II. und seines Sohnes Alexander auf einer Quadriga gesprochen wird, ein Werk des Bildhauers Euphranor.[9] Nach ihm wäre der Alexander Rondanini als römische Kopie ein Teil einer mehrfigurigen Gruppe gewesen, die Philipp schon auf dem Wagen stehend zeigte, während der nackte Alexander erst im Hinaufsteigen begriffen, mit den ausgestreckten Armen die Zügel oder die Henkel des Wagenkorbes ergriff. Diese Rekonstruktionsidee, die sich auf eine literarische Quelle stützen konnte, hat viele Anhänger

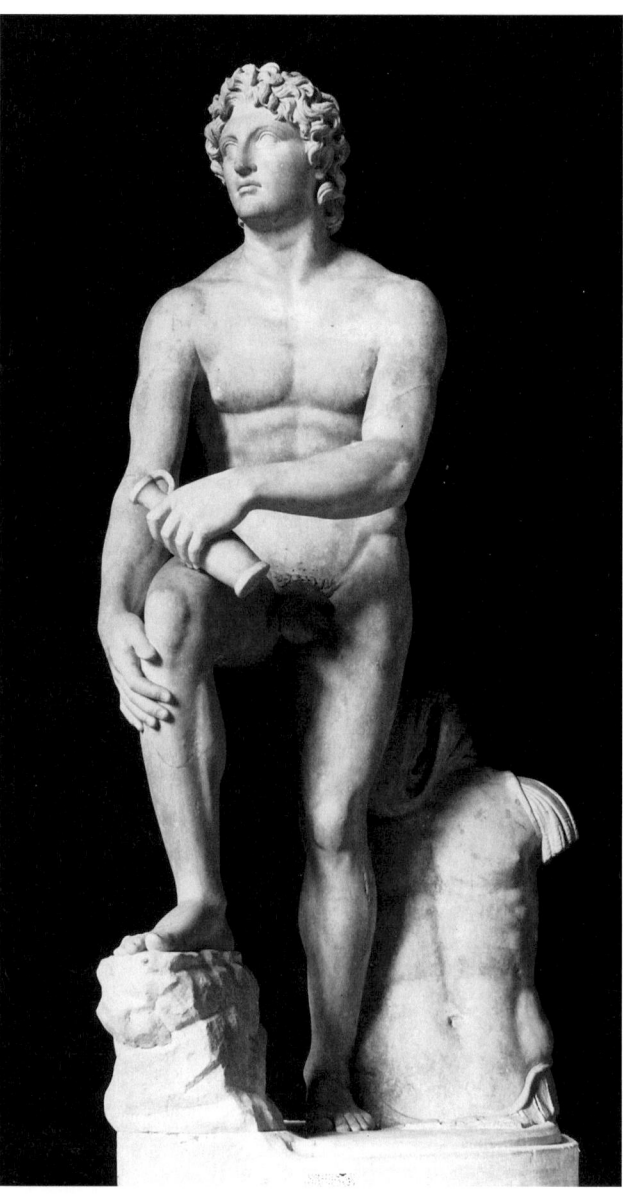

gefunden und wurde bis in jüngste Zeit als »zweifellos überzeugendste« bezeichnet.[10] Eigenartigerweise hat aber niemand versucht, sie zeichnerisch zu erproben. Sonst wäre ihm sofort aufgefallen, dass sie nicht möglich ist. Denn nicht nur die Bewegungsrichtung des rechten Beines ist durch den erhaltenen Oberschenkelansatz festgelegt, sondern auch die Höhe, wieweit der Fuß angehoben gewesen sein kann. Sie liegt bei etwa 25 bis maximal 30 cm und somit weit unter der Achshöhe eines hochrädrigen antiken Kampfwagens. Allein dadurch – es ließen sich aber noch viele andere Argumente aufzählen – ist dieser Rekonstruktionsvorschlag ausgeschlossen.

Einen neuen Weg zur Interpretation der Statue erschloss E. v. Schwarzenberg, der nachzuweisen versuchte, dass in der Figur nicht Alexander sondern Achill dargestellt sei, der sich die Beinschienen anlegt.[11] Im Bewegungsmotiv nahm also Schwarzenberg den alten, schon oft diskutierten Vorschlag von L. Schorn auf. Für die Umbenennung der Figur konnte er einige überlegenswerte Argumente anführen. Die von ihm angeführten Vergleichsbeispiele, u. a. eine mit dem Namen Achill bezeichnete Gemme, zeigen jedoch, dass bei der Bewegung des Beinschienen-Anlegens der Oberkörper weit stärker gebeugt bzw. das Bein höher angehoben sein muss, als es bei der Münchner Figur der Fall ist. Trotzdem hat 1997 R. von den Hoff diesen Vorschlag von Schwarzenberg noch einmal aufgegriffen und mit

58.4 Alexander als Redner, Ergänzung des 18. Jahrhunderts. Stich aus Guattani.

58.5 Alexander als Athlet, mit Salbölfläschen. Ergänzung von B. Thorvaldsen.

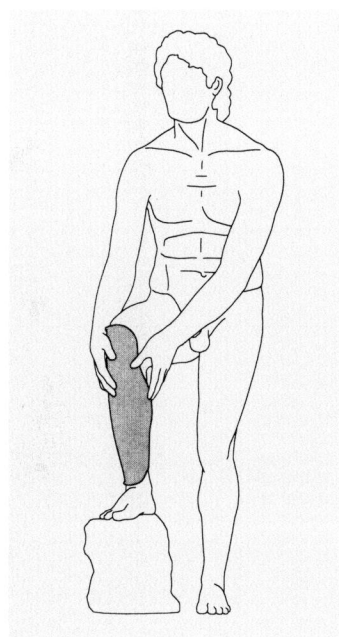

58.6 Die Statue als Achill, der sich die Beinschiene zurechtrückt, gedeutet. Ergänzungsvorschlag von R. von den Hoff.

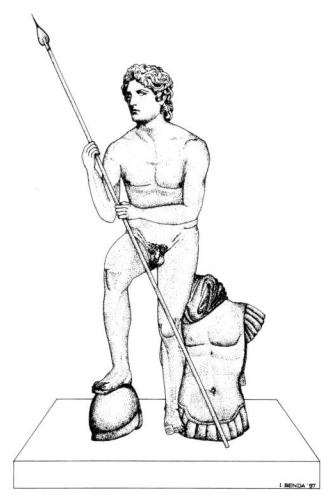

58.7 Die Statue als Achill mit Lanze gedeutet. Ergänzungsvorschlag von G. Hafner.

weiteren Vergleichsbeispielen, vor allem aus der Vasenmalerei, zu untermauern versucht.[12] Aber auch er konnte keine Darstellung finden, die Achill oder irgendeinen anderen Krieger beim Anlegen der Beinschienen in einer Körperhaltung zeigt, die mit der Münchner Statue gut vergleichbar wäre. Deshalb wandelte er in seiner zeichnerischen Rekonstruktion (Abb. 58.6) das Thema dahin ab, dass Achill nicht die Beinschiene anlegt, sondern die schon angelegte Beinschiene in ihrem Sitz zurechtrückt: Ein merkwürdiges, unheroisches Motiv, für das es auch keine vergleichbare antike Darstellung gibt. Aber selbst bei dieser Variante des Beinschienen-Anlegens muss der linke Unterarm der Figur übermäßig gelängt werden, damit die Finger die rechte Beinschiene erreichen.

Folgendes steht fest: Allein die Bildung des Oberkörpers, der bei dieser Figur, wie schon Thorvaldsen richtig gesehen hat, breit entfaltet dargestellt ist und nicht durch starkes Vorbeugen oder Zusammenführen der Arme gepresst wird, schließt das Bewegungsmotiv des Anlegens einer Beinschiene aus. Gut zum somatischen Befund der Figur passt hingegen ein neuer Vorschlag Schwarzenbergs, der jetzt in der Figur Achill sieht, der die von seiner Mutter Thetis überbrachten Waffen entgegennimmt (vgl. Kap. 33).[13] Dieses Motiv erlaubt natürlich zahlreiche Bewegungsmöglichkeiten der Arme: So kann z. B. Achill in der Rechten den Helm, in der Linken das Schwert oder eine Lanze gehalten haben; vielleicht lehnte auch an dem vorgesetzten Bein ein Schild. In diesem oder ähnlichen Bewegungsmotiven sind auf unteritalischen Vasen zahlreiche Grabstatuen dargestellt.[14] Falls nun diese Vorstellung Schwarzenbergs vom ursprünglichen Aussehen der Münchner Figur zuträfe, wäre ihre Deutung als Achill gesichert, denn dieses Motiv passt nicht gut zu Alexander.

In gleichem Sinne hat jüngst G. Hafner der Figur eine Lanze in die Hände gegeben (Abb. 58.7), und schreibt dazu: »Es ist die Esche vom Pelion, die der zürnende Achilleus...nicht aus der Hand gegeben hat.«[15] So steht es zwar in der *Ilias*, aber der beidhändige Griff der Lanze wirkt schon auf der Zeichnung sehr unheroisch und künstlerisch unbefriedigend. Dagegen scheint mir Furtwänglers Vorschlag, die Figur würde sich mit beiden Händen auf das über den Oberschenkel liegende Schwert stützen, künstlerisch überzeugender zu sein. Diese Pose würde aber ebenso gut zu Achill wie zu Alexander passen.

Warum sich die Darstellung von Achill, einem Helden der Sage, so schwer von dem Bildnis Alexanders scheiden lässt, ist leicht erklärt: Alexander führte seine Ahnen väterlicherseits auf den Zeussohn Herakles, mütterlicherseits auf Achill zurück. Er nahm sich, neben Herakles, auch Achill zum Vorbild. Der antike Schriftsteller Arrian berichtet, dass Alexander, bevor er zu seinem Asienfeldzug aufbrach, Achills Grab vor Troja besonders geehrt hat. Der Vergleich dieser beiden Helden, Alexander-Achill, war ein geläufiger Topos in der Antike. Und so ist es naheliegend, dass nicht nur Alexanderporträts dem Achillbild angeglichen wurden, sondern auch Darstellungen dieses homerischen Helden, die zur und nach der Zeit Alexanders geschaffen wurden, sich an dem Porträt Alexanders, des »neuen Achill« orientierten. Dazu passt der Hinweis des Schriftstellers Heliodoros (4. Jahrhundert n. Chr.), dass noch zu dieser Zeit es zum Erscheinungsbild eines Jünglings, dessen Äußeres an Achill erinnern sollte, gehörte, sein Stirnhaar nach der Art Alexanders zur Anastole zu frisieren.

Bei dieser bewussten Angleichung des Achillbildes an das Alexanderporträt und andererseits bei der starken Identifikation Alexanders mit Achill, muss es für uns heute schwierig sein, zwischen Achill- und Alexanderbildern zu unterscheiden. Und so wird man selbst bei der gut erhaltenen Statue des ›Alexander Rondanini‹ erst dann entscheiden können, ob Alexander oder Achill dargestellt ist, wenn das Bewegungsmotiv und die Attribute der Figur eindeutig geklärt sind. *R.W.*

59. »Ilion ist der Ursprung allen Ruhms« – Der Mythos als politisches Monument

Heinrich Schliemann hat nicht die Stadt ausgegraben, in der Hektor und Paris gelebt haben. Er hat vielmehr einen Ort erforscht, den die späteren Griechen (seit dem 8. Jh. v. Chr.?) als Schauplatz und Bühne einer Sage ausgewählt hatten (Abb. 59.1).

Selbstverständlich ist es nicht auszuschließen, dass im Hintergrund der Sagenerfindung Ereignisse stehen, die in einer früheren Zeit tatsächlich statt gefunden haben. Die neuesten Ergebnisse der Trojaforschung stützen die These, dass die Stadt in der zweiten Hälfte des 2. Jahrtausends v. Chr. überregionale Bedeutung besaß. Der Name der Stadt

59.1 Die Nordbastion der Stadtmauer von Ilion. Dieser am Ende des 2. Jt. v. Chr. zerstörte Mauerabschnitt war über Jahrhunderte als Ruine sichtbar geblieben.

taucht in den Texten des machtvollen hethitischen Nachbarreichs auf. Auch lassen sich Zerstörungen der Stadt durch kriegerische Ereignisse nachweisen. Es ist ebenfalls erwiesen, dass einzelne Namen der trojanischen Helden, wie sie uns in den späteren Sagen begegnen, schon im 2. Jahrtausends v. Chr. gebräuchlich waren.

Zu der Annahme eines »historischen Kerns« der Trojalegende haben sich in den letzten Jahren jedoch erbitterte Kritiker gemeldet, die die Wertung dieser Aspekte im Sinne einer Beweisführung für überzogen halten. Dieser Diskurs soll und kann uns in diesem Zusammenhang nicht beschäftigen.[1]

In der Ausstellung geht es um die Erfindung eines Sagenthemas und der Entwicklung der Bilder als schöpferischer und intellektueller Vorgang. Natürlich lehrt die Erfahrung, dass der Entwurf einer Geschichte von tatsächlich Erlebtem, konkreten Anregungen und einem an der Wirklichkeit entlang gestalteten lokalen und überregionalen Handlungsraums begleitet wird. Andererseits ist aufgrund der großen historischen Distanz eine Bewertung der Abhängigkeit äußerst schwierig.

Ganz deutlich vor Augen stehen uns jedoch alle historischen Persönlichkeiten, von denen wir wissen, dass sie sich selbst oder ihre Politik auf der Bühne des Mythos inszeniert haben.

Die antike Stadt Ilion auf dem Hügel, der im osmanischen Reich den Namen Hisarlik trug, hat diese Aufgabe übernommen. Sie wird zum realen Ort einer virtuellen Geschichte.[2]

Xerxes' protrojanische Inszenierung

Der persische Großkönig Xerxes zog 480 v. Chr. mit einem gewaltigen Heer nach Griechenland. Es galt die Verbündeten eines Aufstands zu rächen. Denn jede Form von Infragestellung der Machtverhältnisse durfte – so das politische Kalkül in Persepolis – auf keinen Fall ungesühnt bleiben. Die Pontonbrücke über den Hellespont, der Schiffskanal bei Athos waren fertig gestellt, da machte sich Xerxes von Sardes in Richtung Ägäis auf den Weg, der ihn durch die Troas führte. Wenn die griechischen Geschichtsquellen nicht allzu gefärbt sind, dann stimmt es wohl, dass er es ist, der sich zum ersten Mal auf dieser Bühne eines Mythos inszeniert. Den legendären Kampf zwischen Griechen und Trojaner benutzt er als eine pathetische Metapher des aktuellen politischen Konflikts. Er plünderte und zerstörte das Grab des griechischen Helden Protesilaos, der – in mythischer Vorzeit – als erster den Boden der Troas mit Füßen berührt hatte und auch als erster im Kampf starb (vgl. Kap. 19) (Herodot 7, 33). Andererseits opferte der mächtigste Mann der Welt der Athena von Ilion in ihrem Heiligtum nicht ein, nicht zwei, sondern eintausend Rinder und befahl seinen Geistlichen den Heroen durch ein Opfer zu gedenken. Es kann

59.2 *Porträt Alexander des Großen (so genannter ›Alexander Schwarzenberg‹), antike Kopie nach einem griechischen Original, das der makedonische Hofbildhauer um 330 v. Chr. angefertigt hat, München, Glyptothek.*

sich nur um die gefallenen Helden auf trojanischer Seite handeln, also Hektor allen voran.

Ob sich dies wirklich so ereignet hat, oder ob es sich um ein Konstrukt des griechischen Geschichtsschreibers Herodot (der ja wohl – natürlich im Konzert mit griechischen Machtpolitikern – als Erfinder des Ost-Westkonflikts zu gelten hat) handelt, spielt letztendlich keine Rolle.

Alexander der Große reagiert

Denn als Alexander der Große (Abb. 59.2) 150 Jahre später seinerseits vorgab, den Kriegszug des Xerxes zu rächen, marschierte er mit seinen Makedonen nach Asien und besuchte den Schauplatz der Legende: Er setzte eine Inszenierung mit umgekehrten Vorzeichen gegen das, was er selbstverständlich nur auf Vermittlung der griechischen Intellektuellen gelernt hatte. Plutarch teilt uns mit, dass er sich mit Nachdruck weigerte, seinem Namenvetter (Paris-Alexandros) zu gedenken: »Als ihm beim Umhergehen und Betrachten der Sehenswürdigkeiten der Stadt jemand fragte, ob er auch die

Lyra des Alexander sehen wolle, erklärte er, auf sie lege er nicht den geringsten Wert.«. Vielmehr warf er mit seinen Gefährten alle Kleider ab, um – wie es der Brauch der Vorzeit war – zum Grabmal des Achill hinaufzulaufen: »[Alexander] zog nach Ilion hinauf, opferte der Athena und spendete an den Gräbern der Heroen. Das Grabmal des Achilleus salbte er mit Öl, rannte, wie es der Brauch ist, mit den Gefährten nackt hinauf, bekränzte es und pries ihn glücklich, dass er im Leben einen treuen Freund [Patroklos] und nach seinem Tode einen mächtigen Herold seiner Taten [Homer] gefunden habe.« (Plutarch, Alexander 15). Die Waffen des Helden wurden aus dem Heroon genommen und mussten nun den triumphalen Kriegszug des Makedonenkönigs begleiten: Eine pathetische Selbstinszenierung im Gewand der legendären Helden der Vorzeit, die ihre beabsichtigte Wirkung nicht verfehlte.

Der Athenatempel in Ilion

Später hat Alexander – in Form schriftlicher Anweisungen (Hypomnemata)[3] an Krateros – die Errichtung eines Athenatempels in Ilion in Auftrag gegeben, »der niemals von einem anderen übertroffen werden könnte«. Und womöglich geht der prachtvolle Neubau des Athenatempels, den die Archäologen wieder entdeckt haben und von dessen Bauschmuck sich einige Platten in Berlin befinden (Abb. 59.3),[4] auf diese Initiative

zurück, auch wenn die Ausführung erst nach Alexanders Tod in Angriff genommen und zumindest vom römischen Kaiser Augustus renoviert worden ist. Leider ist sehr wenig von diesem Bau erhalten, die Metopen aber, die einst den Außenbau zierten, belegen, dass hier – ganz gezielt – das ehrgeizigste Projekt der kulturellen Hauptstadt der Griechen, der Parthenon auf der Athener Akropolis – zitiert wurde. Für die vier Gebäudeseiten des Parthenon wurden folgende Themen gewählt: Kentauromachie, Amazonomachie, Ilioupersis und Gigantomachie. Der Athener Machtpolitiker Perikles hatte zusammen mit seinem Beraterstab und Künstlergremien die bis dato für einen Großbau einzigartige Darstellung der Ilioupersis im Verbund mit der Amazonomachie konzipiert. Damit hatte er Themen gewählt, um das durch die Perserkriege zwischen 490 und 479 v. Chr. errungene Selbstbewusstsein, aber auch die Überschärfe eines neuen Feindbildes – der Entdeckung des Ost-Westkonflikts – in der Bilderwelt des ehrgeizigsten Neubauprojektes des Jahrhunderts zu implementieren.[5]

Der Bau des Tempels in Ilion kopiert nun offensichtlich ganz bewusst dieses Verzierungsschema des großen Vorbilds.

Der Tyrann und das Epos

Noch vor der Mitte des 6. Jh. v. Chr. putschte sich Peisistratos in Athen an die Macht. Er besetzte die Akropolis und

59.3 *Heliosmetope vom Athenatempel in Ilion, Berlin Pergamonmuseum.*

führte von diesem heiligen Ort seine Gewaltherrschaft. Peisistratos und seine Söhne verfolgten eine totalitäre Politik, förderten aber auch die Kultur.[6] In diesen Jahrzehnten wurden die größten Bauprojekte angestoßen, die Athen jemals gesehen hatte. Auf die Initiative der Tyrannis ging der Großbau des Zeustempels zurück, der erst 600 Jahre später unter dem Philhellenen Kaiser Hadrian fertig gestellt wurde. Die Peisistratiden planten auch die Neugestaltung des Burgbergs. Sie trafen womöglich die Entscheidung, neben dem alten Kultbau einen zweiten Tempel, den später so genannten Parthenon, als Ersatz einer Schatzhausterrasse zu errichten. Dieser Ur-Parthenon wurde später zerstört und erhielt unter Perikles ab 450 v. Chr. den letzten Nachfolger.

Peisistratos wird ebenso die Reform – und das noch vor seiner eigentlichen Machtergreifung – des attischen Festkalenders zugeschrieben. Vielleicht durch sein Eingreifen wurden 566 v. Chr. die Panathenäen – also die Hauptfeste für die Stadtgöttin – neu organisiert und in ein großes kulturpolitisches Event umgestaltet. Der Tyrann war Eigentümer berühmter Bücher in einer Zeit als Handschriften nicht in größerer Zahl vervielfältigt werden konnten. So berichtet Herodot, dass Peisistratos Orakeldichtungen als Handschriften »besaß« (Herodot 5, 90, 2). Dieser physische Besitz der Weltliteratur hatte einen – für den heutigen Menschen kaum nachzuvollziehen – Stellenwert, bedeutete eine ungeheure Exklusivität und untermauerte den Anspruch auf Vorherrschaft.

Auch wenn die Quellenlage zu einem bisher ungelösten Disput in der Wissenschaft führt, dürfen wir offensichtlich eines festhalten: Die führenden Politiker Athens und vielleicht auch Spartas haben sich im 6. Jahrhundert v. Chr. bemüht, den homerischen Stoff, damit kulturellen Glanz und Vormachtstellung in ihre Stadt zu transferieren. Es bleibt schwierig, diese Vorgänge einzelnen politischen Persönlichkeiten zuzuordnen. Auffällig ist jedoch der Sachverhalt einer machtorientierten Kulturpolitik zweier Städte, die sich beide um die Vorherrschaft im griechischen Kulturraum bemühten. Natürlich sieht eine dekonstruierende Geschichtswissenschaft in all diesen Nachrichten die Beliebigkeit der topischen Konstruktion: Nachträglich wurden einzelnen Persönlichkeiten Leistungen zu- oder wieder abgesprochen – je nach deren Stellenwert innerhalb einer gesteuerten »Erinnerungskultur«. Es wird sich in den nächsten Jahrzehnten zeigen, inwieweit diese (häufig totale) Demontage des historischen Werts der Schriftquellen zurückgenommen werden muss.

Peisistratos soll jedoch – davon berichten zahlreiche antike Autoren[7] - eine »Redaktion« bzw. »Rezension« der Ilias und der Odyssee in Auftrag gegeben haben. Nach Auskunft dieser und anderer (trotz ihrer Aussagekraft in der Wissenschaft häufig angegriffenen) Quellen wurden die alten Texte, in denen der trojanische Krieg als Sage entwickelt worden war, in einer neuen überarbeiteten Fassung zusammengestellt:

»Von wem ist überliefert, dass er weiser zu jener Zeit war, oder mit einer größeren Eloquenz, die durch Bildung geformt war, ausgestattet als Peisistratos? Denn dieser soll als erster die Bücher Homers, die zuvor durcheinander [wirr, ungeordnet] gewesen waren, so eingerichtet [geordnet] haben, wie wir sie jetzt haben.«[8] (Cicero, De Oratore 13, 137, Übers. Verf.)

Auch soll von Hipparch, Sohn des Peisistratos, – andere schreiben diesen Vorgang dem Peisistratosvorgänger Solon zu – ein Gesetz zur Rezitation der homerischen Epen anlässlich der Panathenäen, der größten Feiern Athens, erlassen worden sein.[9]

»... Hipparch, der älteste und weiseste Sohn des Peisistratos, der neben vielen anderen bedeutenden Taten seiner Weisheit auch als erster die Epen des Homers in dieses Land [=Athen] gebracht und die Rhapsoden veranlasst, diese anlässlich der Panathenäen als Staffel, also einer nach dem anderen – so wies ja noch heute der Brauch ist – vorzutragen.« (Platon (?), Hipparch 228B, Übers. Verf.)

Perikles schließlich, autokratischer Macht- und Kulturpolitiker der Mitte des 5. Jh. v. Chr., erwirkte einen weiteren Erlass, der die Homerrezitation zu einem Pflichtteil der gerade etablierten musischen Agone der Panathenäen macht.[10]

Ein triumphales Monument der (sieg)-reichen Ägineten?

Wir alle lernen in der Schule die Machtzentren der klassischen Kulturen kennen. So ist uns selbstverständlich die Stadt Athen ein Begriff, die aber nie mehr war als ein Stadtstaat – also nie so etwas wie eine Hauptstadt. Athen hat mit enormer Anstrengung um diese Anerkennung in den Geschichtsbüchern gerungen und sie schließlich auch erhalten. Der Weg dorthin war jedoch über viele Jahrzehnte durch einen starken Rivalen in unmittelbarer Nachbarschaft gestört: Die Bevölkerung der Insel Ägina, die sich neben Salamis im saronischen Golf befindet, hatten sich als erste »Europäer« vorgewagt und eine »östliche« Errungenschaft von überregionaler Bedeutung übernommen: die Überwindung älterer Handelsformen durch die Prägung einer international konvertierbaren Leitwährung in Form der berühmten äginetischen Silbermünze. In Verbindung mit einer sehr hohen Tonnage ihrer Handelsflotte bescherte das der kleinen Insel eine über Generationen beständige Wirtschaftskraft auf ungewöhnlich hohem Niveau. Das ambitionierte Athen vermochte lange nicht, diesem Wettbewerb stand zu halten. Vielmehr musste es sich vom Nachbar mehrfach düpieren, degradieren und erniedrigen lassen.[11] Als dann das persische Heer 480 v. Chr. die griechischen Städte bedrohte, waren die Rivalen Athen und Ägina plötzlich gezwungen, im Kampf Seite an Seite zu stehen. Unsere Lehrbücher lassen uns glauben, es wären die Athener gewesen, die die entscheidende Schlacht bei Salamis zum Siege geführt hätten. Lesen wir jedoch den Hauptgewährsmann Herodot aufmerksam, so erfahren wir, dass den Kriegern aus Ägina die größte Leistung zugewiesen wurde: »In dieser Seeschlacht erwarben die Ägineten den größten Ruhm unter den Griechen, noch vor den Athenern.« (Herodot 8, 93).

Ägina war es – auch durch den übernatürlichen Beistand der Aiakiden (also der heroischen Ahnen von Ägina und Salamis) –, das sich durch besondere Tapferkeit und Durchschlagkraft auszeichnete. Die Gegenwart der »Eidola« (Kultstatuetten mit numinosen Kräften?) der äginetischen Helden haben die entscheidende Wendung gebracht und damit die »Befreiung« Griechenlands von der persischen Gefahr. Ungewöhnliche Naturerscheinungen am Morgen des Kampftages wurden ängstlich aufgenommen und man entschied sich, gegen dieses übernatürliche Zeichen ein anderes zu setzen: »Nach solchen Wortgefechten bei Salamis rüstete man (…) zur Seeschlacht an diesem Platze. Es wurde Tag, und bei Sonnenaufgang entstand ein Erd- und Seebeben. So beschloss man, zu den Göttern zu beten und die Aiakiden als Helfer herbeizurufen. (…) Nachdem sie zu allen Göttern gefleht hatten, riefen sie an Ort und Stelle von Salamis Aias und Telamon herbei. Um Aiakos aber und die anderen Aiakiden herbeizuholen, sandten sie ein Schiff nach Aigina ab.« (Herodot 8, 64)

Auch die rettende Gegenwart der »Schutzheiligen« wurde aus den Naturereignissen herausgelesen: »Dann schien es, als schwebe aus der rufenden Menge langsam eine Wolke in die Höhe, die sich nach dem Meere hinzog und auf die Trieren absenkte. Andere glaubten, geisterhafte Erscheinungen bewaffneter Männer zu sehen, welche von Aigina her ihre Hände empor hielten, um die griechische Flotte zu schirmen. Man vermutete, es seien die Aiakiden, denn vor der Schlacht hatten die Griechen zu ihnen gebetet und ihre Hilfe erfleht.« (Plutarch, Themistokles 15).

Vielleicht genau in diesem Augenblick eines weltgeschichtlichen Wendepunkts waren die Bewohner von der Insel damit beschäftigt, einen neuen Tempel für ihre Lokalgottheit Aphaia zu errichten; der Vorgängerbau war durch einen Brand des Dachstuhls stark in Mitleidenschaft gezogen worden.

Als die Giebelskulpturen dieses Tempels im 19. Jahrhundert wieder entdeckt wurden, war man begeistert, aber auch irritiert und dass nicht nur wegen ihres frühen Stils, sondern wegen der Überzahl der Figuren.[12] Erst durch die genauen Untersuchungen in den 60er Jahren des 20. Jahrhundert wurde deutlich, dass aus den erhaltenen Skulpturenfragmenten vier Figurengruppen zu rekonstruieren sind.[13] Die (sehr ernst zu nehmende) Forschung des 19. Jahrhundert hatte nun in der Mehrheit den Neubau des Aphaia-Tempels als Siegesmonument verstanden, das als ewige Erinnerung an den glorreichen Sieg über die Perser dienen sollte.[14] Erst das 20. Jh. – und jetzt insbesondere die Zeit nach dem zweiten Weltkrieg – hat in der nun dominanten Stimmung einer »Bußästhetik« (E. Beau-camp)[15] sich dem Gedanken widersetzt, die großartige, anmutige und hochgeistige Kunst der Alten Griechen mit einem politischen Kalkül zu verweben. Diese häufig anzutreffende »innere« Haltung der deutschen Nachkriegswissenschaftler wurde – m. E. nicht zwingend – durch eine zeitliche Einordnung der Skulpturen auf der Basis des Stilvergleichs mit anderen Kunstgattungen untermauert. Auf diese Weise wurde eine Datierung der beiden Giebel in die Jahre zwischen 500 und 485 v. Chr., gegen die die historischen Quellen[16] und die Scherbenfunde in der Tempelterrasse des Aphaia-Tempels[17] selbst sprechen, konstruiert.

Vielleicht sind wir heute – zu Beginn des 21. Jahrhunderts – bereit zu akzeptieren, dass gerade die ambitionierten Großbauprojekte gar nicht ohne den Kontext der politischen Ereignisse zu verstehen sind. Das Heiligtum der Aphaia liegt auf einem Hügelrücken, der dem

59.4 Ansicht des Aphaia-Tempels von Westen (im Hintergrund das attische Festland), Öl auf Leinwand, um 1845, Carl Rottmann (1797–1850), München Glyptothek.

59.5 Farbrekonstruktion II des Bogenschützen aus dem Westgiebel des Aphaia-Tempels, Naturpigment auf Kunstmarmor, Brinkmann & Brinkmann 2006, Universität Heidelberg und Stiftung Archäologie.

59.6 Statue des so genannten ›Perserreiters‹, um 510 v. Chr, Athen Akropolismuseum

59.7 Nachbau eines Abschnitts des Westgiebels des Aphaia-Tempels im Maßstab 1:1 mit Wiedergabe der Farbigkeit, Brinkmann & Brinkmann, S. Kellner u. a., 2005, Glyptothek und Stiftung Archäologie.

Meer, aber vor allem der Rivalin Athen zugewandt ist (vgl. Abb. 59.4). Der Tempel selbst ist bei klarem Wetter von weitem sichtbar und ist den (ja zumeist auf dem Meer) reisenden Bürgern von Athen so nicht verborgen geblieben. Die ungewöhnlich begüterten Ägineten hatten sich offensichtlich durch nicht ganz legalen Handel mit den Edelmetallen aus der Perserbeute zusätzlich bereichert. »Die Heloten streiften durch das persische Lager und fanden Zelte, die mit Gold und Silber gewirkt waren, gold- und silberverzierte Betten, goldene Becher und Schalen und andere Trinkgefäße. Sie fanden auf dem Wagen auch Säcke, offenbar mit goldenen und silbernen Kesseln. Sie nahmen den Toten die Armbänder, Halsketten und Säbel ab, die aus Gold bestanden. Dabei brachten die Heloten vieles beiseite und verkauften es den Ägineten. (…) Daher stammt also der große Reichtum der Ägineten, die das Gold von den Heloten kauften, geradezu als wäre es Erz.« (Herodot 9, 80). Es war ihnen – umso mehr kurz nach Beendigung der Perserkriege – offensichtlich ein Leichtes, ein horrendes Geld für die Ausfertigung des Tempelschmucks zu investieren. Die Figuren des Giebels wurden aus dem teuersten, schönsten und verlässlichsten Bildhauermaterial, dem Marmor der Kykladeninsel Paros, gefertigt. Die Ausarbeitung ist ungewöhnlich detailliert und aufwendig, tausende von Elementen wie Locken, Schmuck, Waffen wurden in Blei und Bronze angefügt (Abb. 59.7). Die farbige Fassung übertrifft alles bisher Dagewesene und wird wohl in ihrem Reichtum nie wiederholt werden! Die direkte Gegenüberstellung mit gleichzeitigen Arbeiten aus den Werkstätten Athens zeigt (Abb. 59.5 – 6), dass Ägina auch in dieser Konkurrenz seine Rivalin ausgestochen hat: Die kleine Insel mit den – vor allem in Troja überlegenen und berühmteren Vorfahren – erringt den Preis für den Sieg gegen die östliche Übermacht und stellt sich durch den Bildschmuck des Tempelneubaus in ein helles, feierliches Licht. Die Wahl des Themas erscheint naheliegend: Der Sieg der lebenden Männer von Ägina über die

Perser wird im Mythos gespiegelt. So wie die heroischen Vorfahren (die Aiakiden Peleus und Telamon, dann Achilleus, Aias und Teukros) die Siege der Griechen gegen die Trojaner in wesentlichen Teilen herbeigeführt hatten, so haben jetzt die äginetischen Flottenkontingente die persischen Kriegsschiffe zerstört oder in die Flucht geschlagen. Und tatsächlich war diese Art von mythischer Paraphrase historischer Begebenheiten – auch ganz speziell auf diesen Fall bezogen – für die Besucher der Heiligtümer im 5. Jahrhundert v. Chr. selbstverständlich und jederzeit nachvollziehbar. Auch berichtet ja Herodot von Erklärungsmodellen, die die Feindschaft der Völker auf die Ereignisse der sagenhaften Vorzeit zurückführen: »In dieser Weise schildern also die Perser das Geschehen: sie finden heraus, wegen der Einnahme von Ilion habe die Feindschaft mit den Griechen begonnen.« (Herodot 1, 5)

Bis zu diesem Punkt haben wir die Argumentation des 19. Jahrhunderts wieder belebt und mit neuen Aspekten hinterfüttert.[18] Die meisten amerikanischen oder französischen Archäologen würden sich über diese Ausführungen kaum empören, ein Wissenschaftler, der sich jedoch der Schule der deutschen Archäologie verpflichtet fühlt, wird ein wenig konsterniert sein, mit welcher Nonchalance hier durch die Datierung der »Ägineten« in die Zeit unmittelbar nach den Perserkriegen Errungenschaft wissenschaftlicher Arbeit übergangen werden: Selbst in diesem Katalog werden ja zwei unterschiedliche Ansätze vertreten, wenn im Kapitel 18 die Überzeugung übernommen wird, die beiden im Gebäude versetzten Figurengruppen seien in einem Abstand von 10 bis 15 Jahren gefertigt und beide noch lange vor der Schlacht von Salamis vollendet worden. Die Vertreter einer frühen Datierung verfügen jedoch nicht über zwingende Argumente. Eigentlich ist es im Grunde genommen nur die archaische Form der Gesichter und Haare der Westgiebelkrieger, die zu einem Ansatz um 500 v. Chr. verleitet. Eigentlich hat sich die Situation seit 1906 nicht verändert, als der damalige Direktor der Glyptothek und Ausgräber in Ägina Adolf Furtwängler schrieb: »(…) es liegt dem indes nur die oberflächliche Meinung zu Grunde, alles was noch ›archaisch‹ aussehe, gehöre ins ›sechste‹ Jahrhundert.«

Nun hatten aber bereits die ersten akademischen Publikationen der Ägineten – ganz zu Recht – auf eine Eigenwilligkeit des Stils der Ägineten hingewiesen: Tatsächlich mischen sich Formelemente, die das streng ordnende Auge des Wissenschaftlers gerne auf zwei unterschiedliche Phasen verteilen würde. Aloys Hirt hat diesen Stilmix bereits zu Beginn des 19. Jahrhundert mit dem Hinweis in der antiken Kunstliteratur verbunden, dass die Werkstätten in Ägina sich durch ein Verschleppen altertümlicher Formen auszeichnen würden. Übertragen wir die brillanten Beobachtungen, die Adolf Borbein 1988 zur thronenden Göttin aus Tarent ausgeführt hat,[19] auf die Figur der Athena im Zentrum des äginetischen Westgiebels, dann gewinnen wir sogar einen prominenten Vertreter der deutschen Stilarchäologie für unsere Beweisführung. Die Figur der thronenden Göttin ist der Athena in jeder Weise zur Seite zu stellen. Eigentlich ist die äginetische Göttin nichts anderes als die »Thronende« aus Tarent, die sich aus ihrem Sitz erhoben hat. Borbein hat nun auf ein wesentliches Charakteristikum der Thronenden verwiesen: Die als altertümlich-archaisch empfundenen Formen sind Zitate, die von Künstlern einer veränderten »Stilstufe« in modernem Geiste aufgesetzt wurde. Mit Borbein wird hier die Beobachtung gefördert, dass die Thronende, aber auch die ›frühen‹ Figuren des Westgiebels nach 480 v. Chr. entstanden sind.

In diesem Katalog werden die Figuren der Giebel neu gedeutet. Durch die im Kap. 18 ausgeführten Überlegungen gewinnen wir zusätzliche Evidenz für die Interpretation der Tempelskulpturen als Metapher des Sieges über die Perser. Raimund Wünsche rückt jetzt die Aiakiden deutlich in den Fokus der Giebelbilder. Diese Hervorhebung der lokalen heroischen Vorfahren und deren numi-

noser Kräfte, die auch noch vor Salamis zum Sieg verholfen haben, bestärkt die Argumentation für einen unmittelbaren Konnex von Mythos und Geschichte.

Die delphische Götterversammlung – ein trojanisches Bild als kultpolitische Paraphrase

Der Reisende, Pilger oder Orakelbefrager, betrat das Heiligtum des delphischen Apolls von Osten. Seit dem 5. Jahrhundert v. Chr. erhielt der heilige Weg, der sich in zwei Kehren zum Altar und Tempel des Apoll hinaufschlängelt, eine überbordende Ausstattung: Statuengruppen wurden auf geraden oder gebogenen Basen aufgestellt, kleine Bauten und Hallen wurden errichtet. Wer jedoch das internationale Heiligtum um 520 v. Chr. besuchte, fand sich vielmehr in einer Großbaustelle wieder. Der Tempel war abgebrannt, ein ehrgeiziger Neubau war konzipiert worden, der den Vorgängerbau an Größe und Schönheit weit übertreffen sollte. Um die Tempelterrasse zu erweitern, wurden viele kleine Nebenge-

bäude und Schatzhäuser planiert, und der heilige Weg wurde erweitert. In dieser Phase der völligen Umgestaltung wurden an der ersten Kehre zwei Schatzhäuser errichtet. Sie stellen über Jahre die einzigen Schmuckstücke, damit rituelle und emotionale Bezugspunkte und Bildträger in diesem hochpolitischen Heiligtum dar: Das Schatzhaus, das mit Mitteln der reichen Silberbergwerksinsel Siphnos finanziert wurde, war ganz und gar aus dem kostbarsten Marmor gefertigt. Die Mauern, der Fries und das Dach waren ungemein lebendig und aufwendig verziert worden (Abb. 59.8). Beide Giebel und die vier Gebäudeseiten wurden mit figurenreichen Reliefs ausgestattet. Der Besucher näherte sich zunächst der Ostseite und war er ein wenig aufmerksam, so wurde er durch die zwei Bilder in das Wesen des delphischen Heiligtums eingewiesen. Im Giebel wird die ganz große – im Mythos gefasste – Infragestellung der Existenz des Heiligtums in Szene gesetzt (Abb. 59.9): Herakles, der von seinem Halbbruder nicht für seine blutigen Taten entsühnt wurde, ergreift

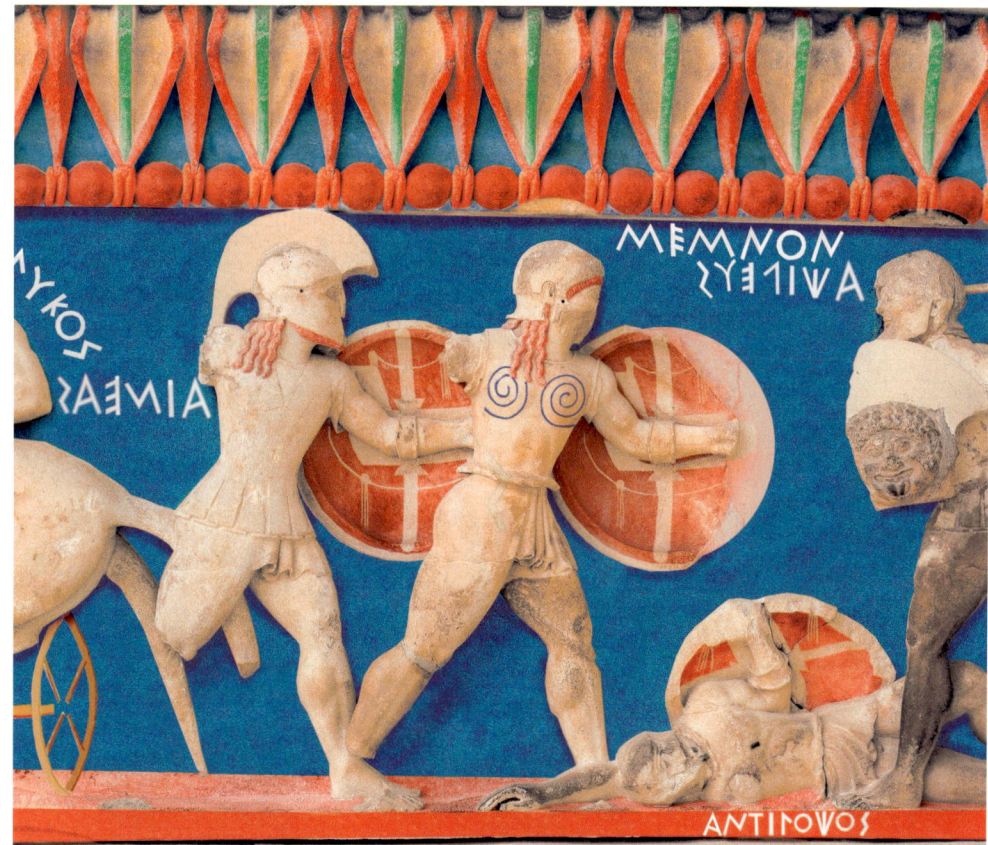

59.8 Teilrekonstruktion des Ostfrieses vom Schatzhaus der Siphnier in Delphi, 2006.

59.9 Westseite des Schatzhauses der Insel Siphnos am heiligen Weg des Apolloheiligtums von Delphi, um 525 v. Chr. Zeichnung E. Hansen (vgl. Abb. 38.4).

in blindem Zorn den Dreifuß der Pythia, der über dem Erdspalt im Adyton des Tempels stand, und entwickelt den Plan, mit Hilfe der Beute ein eigenes Orakel einzurichten. Es kann nicht sein, was nicht sein darf und so greift kein geringerer ein als der Göttervater Zeus selbst. Es gelingt Zeus, den Streit zu schlichten, um auf diese Weise den Fortbestand des Orakels zu sichern. Die Sache hat eine rituelle, vor allem aber unübersehbare politische Relevanz: Der Spruch der Pythia wurde ja gewöhnlich von einem Priesterkollegium interpretiert und dann an den Ratsuchenden weitergegeben. Dieser Rat hatte zumeist weltpolitische Bedeutung. Das delphische Kollegium steuerte auf diese Weise (vielleicht mächtiger als der UN-Sicherheitsrat) die großen Entwicklungslinien der internationalen Politik.

Im sechs Meter langen Friesband unterhalb dieser Giebelgruppe wird der Mythos Troja als Paraphrase dieses in den mantischen Ritus implementierten weltpolitischen Steuerungsmechanismus aufgenommen (Abb. 34.4): Die Bühne ist in zwei Bilder geteilt. Auf der linken Seite tagt das Gremium der olympischen Götter, rechts kämpfen zwei Helden über einem Gefallenen. Seit der Wiederentdeckung der beigeschriebenen Namen kennen wir die Handlung und verstehen die raffinierte Anspielung.[20] Achill fordert Memnon zum Kampf heraus, um den Tod seines Freundes zu

rächen. Die Situation ist verfahren, denn beide haben als Mutter eine Göttin. So haben beide Mütter, Thetis und Eos, Zugang zur Götterversammlung. Hier betreiben sie Lobbypolitik und halten ihre jeweilige Fraktion an, das Leben des eigenen Sohnes zu schützen. Zeus, Vorsitzender der Versammlung, vermeidet eine Polarisierung und lässt eine äußere Kraft entscheiden. Der Götterbote wird geschickt und er bringt die »Schicksalswaage«, in deren Schalen die Lebenslose (Keren oder Psychen) der beiden Kombattanten gelegt werden. Nun senkt sich das Los des Memnon zu Boden – gesteuert durch die externe und übergeordnete Kraft des Schicksals (Moira) – der stattliche Sohn der Göttin der Morgenröte wird von Achill getötet. Der Ostfries des formenreichen Schatzhauses visualisiert das Grundschema der Erzählstruktur des trojanischen Kriegers, indem er die beiden Handlungsebenen direkt nebeneinander stellt: Die Heroen leiden, kämpfen und sterben. Sie setzen ihre ganze Kraft, ihr Leben für eine Handlung ein, die dann doch fremdbestimmt ist durch eine höhere Gewalt: das Gremium der olympischen Götter, das die Entscheidung aber immer wieder – und hier sind wir am »delphischen Punkt« – nach außen, ins Numinose transferiert. Nun hätte man kein treffenderes mythisches Paradigma für die delphische Politik wählen können als eben diese Episode

aus dem trojanischen Krieg: Im Kontext der Orakelstätte liest sich der Mythos in zwei parallelen Schichten: So wie die Götter in zwei gleichgroße Lager gespalten waren, als sie eine Entscheidung von großer Tragweite zu fällen hatten (stirbt der große griechische Held oder der König der Äthiopier?), stellt sich der noch offene Entscheidungsprozess der aktuellen Weltpolitik am Ende des 6. Jahrhunderts v. Chr. dar.

Der Kaiser und sein Dichter

Wie keiner seiner Vorgänger hatte es der römische Kaiser Augustus (Abb. 59.10) verstanden, seine Handlungsweise und Erscheinung in den Glanz der Vergangenheit einzubetten. Er hatte seine Hauptstadt in eine marmorne Metropole östlichen Zuschnitts gewandelt.

Die Stadt Ilion – längst zu einer polittouristischen Stätte der Selbstdarstellung mutiert, dann aber in den so genannten mithridatischen Kriegen in Mitleidenschaft gezogen – wurde durch die Planungen des Augustus in ihrer Erscheinung deutlich aufgewertet.[21] Er veranlasste die Wiederherstellung des Athenatempels und ließ offensichtlich das Odeion neu errichten. Hier – so wird behauptet – erwartete er 20 v. Chr. höchstpersönlich und vergebens seinen Dichter, der in Athen erkrankte und nach Rom zurückgekehrt starb. Bei diesem Künstler hatte der mächtigste Mann der Welt ein Epos in Auftrag gegeben, das neben die Werke Homers gestellt wurde, vor allem weil es die römische Weltmacht in das geheimnisvolle, tiefe Wahrheit in sich tragende Licht des Mythos taucht: Die Aeneis des Vergil. Die großartige Dichtung verfestigte den – noch jungen – Mythos der Gründung Roms durch den einzigen männlichen Überlebenden des Geschlechts der Trojaner in noch kraftvollem Mannesalter (vgl. Kasten S. 338 f.). Nach der gängigen Legendenversion war Äneas entkommen, da er als einziger die List des hölzernen Pferdes rechtzeitig erkannte und noch vor der todbringenden Nacht zusammen mit seinem kleinen Sohn und seinem alten Vater

59.10 Marmorporträt des Kaiser Augustus (reg. 27 v. Chr.–14 n. Chr.), Glyptothek, München.

die zum Untergang geweihte Stadt verließ. Das römische Epos berichtet von seiner Aufnahme bei der karthagischen Königin Dido (dies ist eine freche Klitterung zweier historischer Phasen, die mehrere Jahrhunderte auseinander liegen). Ihr berichtete er (natürlich in enger poetologischer Anlehnung an Odysseus beim Phaiakenkönig) vom 10-jährigen Krieg. Hier am Königshof von Karthago – welch sonderbare Form einer ins Kunstwerk eingebetteten Vision – bekam er ein Gemälde zu Gesicht, das ihm den blutigen Untergang seiner Heimat – dem er ja nur knapp entkommen war – vor seine (tränenden) Augen führte.

Vergil instrumentalisiert – in sehr freier Manier, die dem heutigen Leser zuweilen aufdringlich erscheinen mag – das Medium der Vision bzw. der Prophetie – noch in zwei weiteren, berühmten Passagen seines Werkes. Zum einen lässt er seine Helden die mit seherischen Kräften ausgestattete Sybille besuchen, deren Sicht weit in die Zukunft hineinreicht

und als den strahlenden End- und Kulminationspunkt natürlich den Auftraggeber des Epos selbst erspäht (also quasi 1200 Jahre später). Alle Begebenheiten führen geradlinig auf dieses goldene Zeitalter des Augustus zu. Der eigentliche Subtext des Gesamtwerkes kann nicht mehr verborgen bleiben: die pathetische Überhöhung der göttlichen Abstammung des Kaisers und die Gründung der Stadt Rom durch einen Spross der Liebesgöttin Aphrodite.

Nachdem die Sibylle zügig die ersten Nachkömmlinge des Äneas als Könige in Latium und Gründungsheroen der Stadt Rom auflistet, macht sie einen großen zeitlichen Sprung zum Lobpreis des größten Nachfahren des trojanischen Geschlechts der Iulier: Kaiser Augustus göttlicher Herrscher einer goldenen Zeit:

»Der aber hier ist der Held, der oft und oft dir verheißen,
Ceasar Augustus, der Sproß des Göttlichen. Goldene Weltzeit
Bringt er wieder für Latiums Flur, wo einstens Saturnus
Herrschte, er dehnt sein Reich, wo fern Garmanten und Inder
Wohnen, und weiter – dies Land liegt außerhalb unserer Sterne,
Außer der Sonne jährlicher Bahn, wo Atlas, des Himmels
Träger, die Wölbung dreht, die strahlt von funkenden Sternen.«
(Vergil, Äneis 6, 791 ff., Übertr. J. Götte)

Aufregend – zugleich am Rande des guten Geschmacks – ist andererseits die Vergilsche Version der berühmten Schildbeschreibungen, die 700 Jahre zuvor durch Hesiod und Homer glanzvoll gestaltet wurden. Haben die »Heroen« der antiken Dichtkunst noch ein intellektuelles Abstraktum komponiert – Homer schildert auf dem Schild des Achilleus die Ordnung der menschlichen Gemeinschaft – so »pervertiert« der Auftragskünstler diesen altehrwürdigen Topos zu einer aufdringlichen Inszenierung des Kriegsglücks des Augustus. Danach kulminieren die Darstellungen auf dem Schild des Äneas in der (den Lauf der wei-

teren Geschichte bestimmenden) Schlacht bei Aktium, in der der spätere Kaiser seinen Widersacher Mark Anton und dessen Mitspielerin Kleopatra vernichtend schlug. Als wäre das Schildrund die Kugel einer Wahrsagerin, wird von Ereignissen berichtet, die 1200 Jahre später eintreten werden:

»Silbergeformt im Kreise ringsum die hellen Delphine
fegten mit ihren Schwänzen die Fläche und schnitten die Wogen.
Mitten im Bild waren eherne Flotten, Aktiums Seeschlacht,
dort zu schaun, und ganz Leukate konntest du wogen
sehen im Reigen des Mars, von Gold aufblitzen die Fluten.
Hier der Kaiser Augustus, die Italer führend im Kampfe,
mit den Vätern, dem Volk, den Penaten, den mächtigen Göttern,
ragend auf hohem Heck; ihm sprühen von doppelter Flamme
strahlend die Schläfen, aufgeht aber ihm der Stern seines Vaters.
Begleitet wird der Kaiser von den Göttern, aber auch vom
›Kometenschweif‹ seines vergöttlichten Adoptivvaters Ceasar.
Apoll jedoch greift selbst zur Waffe und kämpft zu Seiten des Kaisers:
„Aktiums Schutzgott sieht es und spannt seinen Bogen, Apollo,
hochher: jäh entsetzt flieht der Ägypter und Inder. (…)
Auch sie selbst, die Königin (=Kleopatra), sah man (…)
Mitten durchs Blutbad, bleich vor drohendem Tode …«
(Vergil 8, 675 ff. Übertr. J. Götte)

V.B.

Anmerkungen

Die Auflösung der Abkürzungen finden sich im Archäologischen Anzeiger von 1997, S. 611 ff. des Deutschen Archäologischen Instituts.

Bildnis des Homer

1 Lukian, Demosth. Enkomion, 9.
2 Homer, Odysee 8, 62
3 Zum Homerporträt: G.M.A. Richter, The portraits of the Greeks, (1965) 45 ff.
4 Anth. Gr. 2 , 311 – 349.
5 Dante, Göttliche Komödie: Die Gruppe der Dichter : Hölle, IV. Gesang, v. 88
6 J. W. Goethe, Physiognomische Fragmente 1, 37, 339 f.

Texte und Bilder

1 S. Muth, Bilder des Troia-Mythos in der griechischen Kunst, in: Der Traum von Troia, Hrsg. M. Zimmermann, 2006, 71 ff. – L. Giuliani, Bild und Mythos. Geschichte der Bilderzählung in der griechischen Kunst, 2003. – Ders., Bilder nach Homer. Vom Nutzen und Nachteil der Lektüre für die Malerei, 1998.
2 Das waren natürlich keine Notate nach Vortrag, die Schrift ermöglichte (und erzwang wohl) auch eine neue Gestaltung.
3 Zum Folgenden W. Kullmann, Die Quellen der Ilias, 1960. Ders., Homerische Motive, 1992. Ders., Realität, Imagination und Theorie, 2002.
4 Am deutlichsten ist letzteres allerdings in der eingeschobenen Dolonie, die von einem anderen Dichter stammt. Sie gibt nicht nur dem Helden der Odyssee eine Odyssee-gemäße Aristie, sondern polemisiert in ihrem Subtext offenbar gegen eine Lied vom Palladion-Raub, in dem das Verhältnis Diomedes – Odysseus sehr zu Ungunsten des Odysseus dargestellt worden war.
5 Siehe z.B. J. D. Beazley, The Development of Attic Black-Figure, 1951, 10 f.
6 Das einzige Substanzielle ist, dass Stesichoros den Hektor zum Sohn Apolls macht; das kann aus Ilias 16, 787 ff. und 22, 213 herausgesponnen sein.
7 Sobald solche Kerne da sind, werden sie natürlich von den Späteren immer wieder variiert, ausgestaltet oder durch 'bessere' Motive ersetzt. Insofern können die uns erhaltenen Motive später sein, auch wenn sie einen frühen Ausgangspunkt haben.
8 Die wichtige Arbeit von Muth (Anm.1) reduziert bezeichnenderweise ›Troia-Mythos‹ und ›trojanischer Sagenkreis‹ ohne Diskussion auf das eigentliche Kriegsgeschehen. Damit wird aber der Sinn der großen Erzählung – um den es Muth in dieser Arbeit allerdings erklärtermaßen auch gar nicht geht – vollkommen entstellt.
9 Die Eroberung einer lang umkämpften Stadt durch List (oder Verrat) ist natürlich ein Topos. Und bei einem Topos kommt es genau darauf an, wie er eingesetzt wird, erst da macht sein die Aussage.
10 Dass es eine lange Tradition der fachmännischen Kampfschilderung in der Epik gegeben hat, ist natürlich unbestritten.
11 Dazu besonders Muth (Anm. 1)
12 Ein Sonderfall ist der Metopenfries am Tempel, der zuweilen seit der Spätarchaik zu Episoden-Serien angeregt hat (vgl. die ›Iliu persis‹ am Parthenon).
13 Siehe R. Wünsche, Der ›Mythos Troja‹ als Ausstellungskonzept, in: Der Traum von Troia, Hrsg. M. Zimmermann, 2006, 202 ff.

1. Am Anfang steht Zeus

1 Wie der Name des Hesione-Sohnes Teukros wohl schon für die Zeitgenossen Homers auf den des einheimischen Urkönigs zurückverwies, so scheint der eigentliche Name des Astyanax ›Skamandrios‹ (Ilias 6, 403) auf die (gleichfalls nicht bei Homer angesprochene) Verwandtschaft des Geschlechts mit dem Flussgott Skamandros (z.B. als Vater des älteren Teukros) anzuspielen.

---

2 Der Odyssee- und der Dolonie-Dichter kannten wohl den Palladionraub durch Diomedes und Odysseus. Denn die Spionage des Odysseus in Troia (Odysee 4, 240 ff.) ist doch nur als Wegerkundung für den nächtlichen Diebeszug plausibel. Dass vom Palladionraub selbst nicht die Rede ist, heißt wohl, dass die Version mit dem schmählichen Verhalten des Odysseus schon allzu gut bekannt war. – Die später in die Ilias eingeschobene Dolonie scheint eine korrigierende Reaktion auf dasselbe diffamierende Lied vom Palladionraub zu sein. Diomedes und Odysseus treten in der Dolonie in penetranter Harmonie auf, und Odysseus, an dessen Planung dann doch alles hängt, trieft allzu auffällig vor Bescheidenheit, als er Diomedes den Ruhm des Unternehmens zuspricht.

2. Zeus entführt Ganymed

1 Im dorischen Bereich gab es allerding die Sitte der (scheinbar gewaltsamen) Knabenentführung durch den Liebhaber. Für die Bilder spielt das keine Rolle.
2 Der Treibstab könnte der Form nach Pfeil, kurzes Reiterkentron oder zur Not ein Kerykeion sein. – Eros in kurzem Chiton und Wanderstiefeln ist ungewöhnlich. Die Figur ähnelt sehr der Iris: LIMC s.v. Iris I 70. Weiße Deckfarbe für die Frauenhaut wäre auf einem weißgrundigen Gefäßen wie dem Berliner Alabastron in dieser Zeit nicht mehr obligatorisch. – Eine womöglich von Hera angestiftete Iris, die Zeus auf diese Weise von seinen Weibergeschichten abbringen soll, scheint mir in der zuweilen unorthodoxen Ikonographie dieser Maler-Gruppe nicht ganz unmöglich.
3 Hebe ist seit 580 v. Chr. auf den Vasen nachweisbar, Athanasia allerdings erst seit dem 2. Viertel des 5. Jh.s und nur bei Tydeus' Tod. – Laurens (LIMC s.v. Hebe Nr. 32) nennt die Bekränzende Hebe, Sichermann (Ganymed 1949, 22) Aphrodite.
4 Deutlich päderastischer ist das Verhältnis von Zeus und Ganymed im Faliskisch-Etruskischen: Sichermann in LIMC IV, 1 170.
5 Das homoerotische Thema stört offenbar nicht auf einem Frauenspiegel (s. aber Züchner, Klappspiegel 62: das Relief stammt vielleicht von einer Hydria), es ist auf jeden Fall ein berühmtes Exempel für die Macht des Eros. Auch ein Alabastron (wie Abb. 2.2 mit Ganymeds Verfolgung) gehört in der Regel zum Frauengerät; aber man konnte es wohl auch Knaben schenken.
6 Auch bei den päderastischen Alltagsszenen ist der Knabe nur selten so liebevoll. Zu Ganymeds Zärtlichkeit vgl. immerhin die faliskischen Vasenbilder Anm.4. – Für die spätere Antike gab es vielleicht eine, vom Betrachter zu verantwortende, Möglichkeit, dem Liebesverhältnis einen Kick zu geben. Bei dem Leda-Motiv wie Abb. 8.8 hilft Leda dem Schwan, wie sonst nur Hetären einem Kunden. Der Betrachter durfte also offenbar bei solcher Tiercamouflage auch Götter und Heroen pornographisch einphantasieren. So mag man sich auch beim Adler mit Ganymed bei einer Gruppierung wie Abb. 2.5 vorgestellt haben, dass der Adler Ganymed penetriert. – Das Emporwenden des Kopfes zum Adler wird für Ganymed typisch; die Deutung der Marmorfigur in den Staatlichen Sammmlung Ägyptischer Kunst München durch H. W. Müller (in Wandlungen, Ernst Homann-Wedeking gewidmet, 1975, 235 ff.) ist plausibel. Aber was hat Müller bewogen, auch den Flügel-Eros ebd. Taf. 53c Ganymed zu nennen? Wesentlich für Ganymed ist doch, dass er ganz Mensch ist, und kein Gott oder Dämon: Darum ist seine Schönheit für die Götter so wunderbar.

3. Ilos gründet Ilios, die Götter bauen die Mauern

1 ›Ilios‹ meint immer die gebaute Stadt, ›Troie‹ manchmal auch das weitere Territorium (dann ist wohl ›ge-Land‹ zu ergänzen), z.B. Ilias 24, 345.
2 Diese Veränderung gegenüber der ersten Formulierung Ilias 7, 452 ist wohl ad hoc gemacht, um die Argumentation Poseidons nicht ganz durch die gegenteilige Position Apolls zu Troia zu desavouieren: Poseidon hat sich durch den Mauerbau um die Wehrhaftigkeit der Stadt verdient gemacht, und darf jetzt im Krieg besonders zornig über die Undankbarkeit sein. – Wenn in Theben Amphion die Steine allein durch sein Saitenspiel zusammenfügt, wird

---

das Apoll noch besser tun können. Der Angabe 7, 452 entspricht übrigens die Zusammenarbeit beider Götter bei der Vernichtung des Schiffsmauer 12,3 ff., die Poseidon ja als unfromme Konkurrenz zur Stadtmauer versteht.
3 So muss Apoll auch Admet ein Jahr dienen. Als Gott, der für Entsühnung zuständig ist, erfährt er Frevel und Sühne am eigenen Leib. Apoll verordnet seinerseits z.B. dem Herakles den Dienst bei Omphale: Als Mann einer Frau dienen zu müssen, ist fast so krass wie als Gott einem Menschen [s. R. Wünsche (Hrsg.), Herakles / Herkules (2003) 240 f.]
4 Nach der Version der Kyprien (aber nicht der Ilias) war Ganymed ein Bruder des Laomedon, und Zeus zahlt Laomedon Buße in Form eines goldenen Weinstocks. Damit hat dann (nach der Kleinen Ilias) Priamos den Sohn des Telephos Eurypylos bestochen, für Troia zu kämpfen. Nach der dieser wichtige Griechen getötet hat, wird er von Neoptolemos erschlagen. Auch hier also ein Unheilszusammenhang, wenn auch auf niedrigerem Niveau.
5 Der Hörer / Leser könnte verstehen, was er wollte; entweder ist die Mauer hier leichter ersteigbar als anderswo, oder, wenn er die übrige Mauer für unersteigbar hielt, hier dagegen »aufs leichteste«. – Nehmen wir das Problem zu ernst? Die Mauern spielten vielleicht gar keine geheimnisvolle Rolle, und der Dichter lässt Andromache die Schwachstelle einfach ad hoc auffführen, weil Einer wie Hektor allenfalls auf ein militärisches Argument hört. – Ilias 21, 515 ist ebenfalls nicht eindeutig. Apoll gerät angesichts des Furors Achills in Sorge, die Griechen könnten die Mauer jetzt »hypérmoron« – »entgegen dem Schicksal« zerstören. Je nach Vorwissen konnte man verstehen: »Apoll befürchtet, die Griechen könnten die Göttersperre überwinden, obwohl das eigentlich gar nicht möglich war«. Oder: »Wie wir wissen, wird Troja schicksalsgemäß später und durch List fallen; aber beinahe hätte es jetzt schon passieren können und zwar durch die Zerstörung der Mauer, was technisch möglich gewesen wäre«. Spannungstricks dieser Art setzt Homer tatsächlich mehrmals ein. – Es ist wohl kalkulierte Absicht, wenn der Dichter ganz offen lässt, wie Troja fallen wird.
6 Pindar sagt wenige Verse zuvor, dass die Ägineten unter den Menschen die eifrigsten Verehrer der zeusgezeugten Themis, der Göttin der Gerechtigkeit und besonders des Gastrechts, seien (Ol. 8, 21 ff.). Der Verletzung des Rechts, macht sich Laomedon schuldig, als er Herakles um den Lohn betrügt, und Paris verletzt das Gastrecht, als er Helena entführt. Zeus hat dies vorausgesehen, so kann man sagen, wenn man im Kleinen Begründung sucht. Zum großen Plan s. jedoch Kap. 7. – Unverletzbarkeit mit einer kleinen entscheidenden Schwachstelle ist mythentypisch; für den Frommen kann es im Irdischen nichts Vollkommenes geben. Man vergleiche die analoge Art fehlerhafter ›Unverwundbarkeit‹ bei Achill, Ajas und dem erzenen Roboter Talos.
7 Merkwürdigerweise spricht Pindar von der 1. und der 4. Generation der Nachkommen; es ist aber die 3. Generation, die bei Trojas endgültigem Fall mitwirkt. E. Dönt (Pindar, Oden, 1986, 287) schlägt vor, dass Pindar mit der 1. Generation Aiakos selbst meint; das hieße, dass die erste Eroberung des Telamon unter Herakles ignoriert würde; dem widerspricht der Wortlaut, aber auch der äginetische Ost-Giebel.
8 Die Bezeichnung ›kyklopisch‹, vor allem für den Mauerring von Mykene, wird im 5. Jh. v. Chr. üblich. Das zunächst nur poetisch gebrauchte Wort könnte allerdings auch meinen: »gleichsam im Kyklopen-Stil«. Jedenfalls erschienen diese Mauern fremd und wunderbar. Der Skyphos (LIMC Athena Nr. 50) belegt die Vorstellung, dass Riesen solche Mauern gebaut haben.
9 Zur Parallelität der Mauerbausagen z.B. Stoll in: Roscher, Lexikon I,1 (1884 – 86) 314.
10 Wenn der profunde Quellenkenner K. Kerényi (Die Mythologie der Griechen, Die Heroengeschichten, 1960/2002, 131) schreibt: »Was er als Lohn versprach ... waren sicher die berühmten Pferde«, dann heißt das im Klartext, dass die Texte dazu schweigen.

4. Poseidon schickt ein Ungeheuer, Herakles rettet Hesione

1 Dass Apoll nach einigen Texten die Pest schickt, spielt keine weitere Rolle.

2 Siehe auch: R. Wünsche (Hrsg.), Herakles – Herkules (2003); zum Hesione- und Trojaabenteuer 206 ff., zum Amazonenabenteuer 137 ff. (Brinkmann), zum Motiv der Lohnlosigkeit 63 f., 118 f., 245 (Kaeser).

3 Das klingt so, als habe es zu Homers Zeiten vor Troja tatsächlich ein altes Erdwerk gegeben, das man so gedeutet hat (D. Hertel, Die Mauern von Troja (2003) 196 f.). Andererseits gehört Authentizitäts-Simulation offenbar zu den typischen Tricks des epischen Stils.

4 Diese Kopfform ist für den Seedrachen schon im 7. Jh. v. Chr. entwickelt und sie zeigt immer wieder, wenn man von den Zähnen absieht, Affinität zum Eberrüssel und zur Rammsporngestaltung der Schiffe.

5 Sanct Georg, Der Ritter mit dem Drachen, Ausstellungskatalog Diözesanmuseum Freising (2001).

6 Die konkrete Interpretation des Bildes hängt davon ab, was Maler und Betrachter wussten. War die Geschichte so wie bei Diodor 4, 42 bekannt, so ist Hesione bereits gerettet und ihr bräutliches und zugleich nachdenkliches Auftreten hat einen besonderen Grund: Sie darf nach der Rettung entscheiden, ob sie später mit Herakles mitgehen wird, und sie entscheidet sich dafür, weil sie fürchtet, Ungeheuer und Aussetzung könnten sich wiederholen. Zweifellos als Hinweis auf die zweite Hälfte der Geschichte im Sinne Diodor 4, 49 ist die Anwesenheit des jungen Primaos zu erklären. Diodor erzählt hier die Argonauten-Variante. – 4, 32 hat allerdings Herakles eben wegen des Argonauten-unternehmens keine Zeit, sich zu rächen und tuts später mit Genossen von der Peloponnes aus.

7 Oder die Aufgaben sind so gestellt, dass er sie nicht allein mit Gewalt lösen darf wie etwa bei Eber und Hirschkuh. Mir fällt (außer dem Kyknos- und dem Amazonenabenteuer) keine Herakles-Tat ein, bei der er nicht zumindest in einer der Sagenversionen zugleich einen Trick anwendet.

5. Der erste Trojanische Krieg: Herakles erobert die Stadt

1 Die Ilias-Stelle 5, 640 – 651 könnte besagen, dass Herakles mit seiner Mannschaft zunächst nur in der Absicht kam, die Pferde für die frühere Tat einzufordern, dann aber, zurückgewiesen, gleich Troja erobert. Es wäre dann eine frühere Abmachung vorauszusetzen wie bei Diodor IV, 42. Wahrscheinlich ist aber gemeint, dass der Lohn früher verweigert worden war und Herakles eigens die Fahrt unternimmt, um sich zu rächen. Jedenfalls sind auch hier die Tat für Lohn und die Eroberung Trojas zwei zeitlich weit auseinander liegende Aktionen.

2 Laomedon-Abenteuer und Augias-Abenteuer sind offensichtlich analog konstruiert. Beidesmal zunächst die typische Einzeltäter-Tat um Lohn, der verweigert wird. Obwohl Herakles auf Privatrechnung arbeitet, kann die Tat jeweils in die Zeit seines Knechtsdienstes eingeordnet werden. Der Rachekrieg für die Lohnverweigerung findet jeweils später, in der Zeit von Herakles' Freiheit statt und natürlich mit Hilfe vieler Genossen. Auch Augias hat einen Sohn, der gegen die Ungerechtigkeit des Vaters oponiert hat und von Herakles dann als neuer König von Elis eingesetzt wird.

3 Es ist interessant, dass Herakles in der Rolle des Opfernden ganz zum Bürger normalisiert wird. – Zur Chryse-Episode im folgenden H. Froning in: LIMC III (1986) 279 ff. – Der kleine Philoktet beim Heraklesopfer: ebd. 200 Nr. 1.

4 Dazu H. Froning ebd. (Anm. 3) 279. Wie attisch diese Version der Geschichte ist, erhellt daraus, dass die Texte häufiger von Tenedos sprechen, wo Philoktet von der Schlange gebissen wird. Nicht unplausibel: Von Tenedos wird Apoll auch die Schlangen schicken, die Laokoon töten; der erste Schlangenangriff verzögerte die Eroberung Trojas, der zweite besiegelt sie. –
Die athenische Eroberung von Lemnos wurde bezeichnenderweise religiös flankiert durch die Berufung auf einen alten Orakelspruch: Herodot VI, 137 ff.

5 So interpretiere ich den letzten Satz von Diodor 4.32.

6 Apollodor 2,135, geht fast wörtlich auf Hellanikos, also auf das 5. Jahrhundert v. Chr. zurück.

7 Diese kleine Geschichte erklärt sozusagen juristisch den freien Stand des neuen Königs von Troja; obwohl ›speergewonnen‹ ist er kein Freigelassener der Eroberer. – Zum Schema von Herakles' großzügigem Verhalten s. die Parallele beim Augias-Abenteuer, oben Anm. 2.

8 Dazu Verf. in: R. Wünsche (Hrsg.) Herakles – Herkules (2003), 64 ff.

6. Göttinnen lieben trojanische Prinzen

1 Das Tabu gilt nur für höhere Göttinnen. Unproblematischer sind vorübergehende Beziehungen zu Nymphen; Flussgotttöchter haben es sogar gut als Ehefrauen für Menschenmänner bewährt.

2 Die pädophile Nymphomanie der Eos verdankt sich natürlich einer Männerphantasie, beflügelt von Erfahrung: Pollutionen in der Morgenfrühe, vor allem in der Pubertät.

3 Die menschlichen Seelen im Hades sind zwar unsterblich, aber das ist kein Leben, weil ohne Körper. Die Unsterblichkeit der Götter besteht in ihrer ewigen Leiblichkeit und dies gilt auch für die wenigen vergöttlichten Menschen: Ganymed, Herakles, Semele, Ariadne, Alkmene und den unglücklichen Tithonos.

4 LIMC sv Eos Nr. 269 und 331. Während die attischen Vasen eher den Kontrast der beiden Körper betonen, zeigen etruskische Spiegel die traurige Analogie, vgl. LIMC Eos/Thesan Nr. 25 mit Nr. 39.

5 Hier bei Euripides (und schon in den Kyprien) ist Ganymed ein Sohn Laomedons, also wie Tithonos ein Bruder des Priamos; damit wird der Kontrast zum Untergang Trojas besonders virulent.

6 Vielleicht prägnant zu deuten: Nach einer Sagenversion war Anchises seit der Begegnung mit Aphrodite (bzw. nachdem er Ihrer identität preisgegeben hat) ›lendenlahm‹. Äneas bleibt ja tatsächlich sein einziger Sohn.

7. Der Unheilsplan des Zeus

1 Ich folge hier W. Kullmann [Die Quellen der Ilias, 1960. Vgl. ferner seine einschlägigen Schriften, die abgedruckt sind in: Homerische Motive (1992) und: Realität, Imagination und Theorie (2002)]. Ich schreibe hier freilich als philologischer Laie und für Laien.

2 Alle Quellen bei M.L. West, Greek Epic Fragments (2003) griechisch und gemeint.

3 Vgl. Anaximander Frgt.1, wo ein allgemeines kosmologisches Prinzip formuliert wird: Die Schuld der Dinge besteht im Werden zu einer Existenz. Dafür muss Buße gezahlt werden durch Vergehen, das anderem Werden Platz schafft.

4 Es folgt dann knapp die Erzählung, wie auf der Hochzeit der Thetis indirekt durch Zeus der Schönheitsstreit ausgelöst wird. West 81 (1), kein originaler Text, sondern offenbar ein Resumée.

5 Hesiods fast pauschale Entrückung der Troja-Heroen bleibt singulär. Die Odyssee weiß nur, dass Zeus dereinst Helena und Menelaos entrücken wird. Selbst Achill ist hier ihm im Hades.

6 Was Poseidon argumentierend auseinanderlegt, ist einziger Sachverhalt: Der Wallbau wird erst dadurch zur Hybris gegen die Göttermauer, weil er nicht durch Opfer zuvor entschuldigt wurde.

7 R. Scodel, The Achaean Wall and the Myth of Destruction (Harvard Studies in Classical Philology, 86 (1982), 33 ff.

8 »Halbgötter« ist noch bei Apollodor ein Stichwort, das mit Zeus' Willen zum Trojanischen Krieg verbunden ist: »Paris raubte Helena, weil Zeus es so wollte, damit in einem Krieg zwischen Europa und Asien seine Tochter Helena berühmt gemacht oder, wie andere sagen, das Geschlecht der Halbgötter vernichtet, würde.«(Epitome 3,1).

9 Die Dezenz der Ilias ist wohl keine Sache der Zeitstellung: Homer kultiviert den hohen Ton für ein kultiviertes Publikum. Zu seinem vornehmen Stil gehört auch die bemerkenswerte Abwesenheit von Misogynie. Insofern erscheint Homer ›höfisch‹, oder eher noch ›städtisch‹. Man kontrastiere mit Hesiod, dem man immer wieder den abstiegsbedrohten Mittelbauern anmerkt.

10 Helena erinnert uns Mythenkundige an Pandora. Die war ähnlich ein Geschöpf der Götter und gleichfalls als schöne Frau konzipiert, um die männliche Menschheit zu verführen und Unheil zu bringen, und zwar als Unschuldige. Die Antike hat diesen Vergleich allerdings, soweit ich sehe, nicht gezogen.

11 Kalypso und Kirke, mit denen sich Odysseus vereint, sind, obwohl unsterblich, eher im Rang von Nymphen, jedenfalls keine Olympier.

12 Das heißt: den Tod. – Ich habe von zwei Übersetzungen profitiert: H.G. Evelyn-White, Hesiod (1914), 199 f; L. u. K. Hallof, Hesiod (1994), 136 f.

13 Die biblische Sintflutgeschichte bietet, wie längst bemerkt, die nächste Parallele zur Heroenvernichtung und zwar besonders zu dieser frevlen Version (dazu kommt noch das Motiv der Unfrömmigkeit wie im Ilias-Scholion): Die Söhne Gottes vermischen sich mit den Töchtern der Menschen und es entsteht ein mächtiges namensberühmtes Geschlecht von wachsendem Frevelmut, das Jahwe schließlich durch die Flut austilgt (Altes Testament, 1. Mose 6,1 ff).

14 Die theologischen Skrupel, die der Dichter dem Zeus zuschreibt, speißen sich aus einer ähnlichen Logik, wie der Schock des Christen über die Grundfabel des »Da-Vinci-Codes« von D. Brown. Dass Gott einen menschlichen Sohn hat, ist akzeptiert; wenn der Gottessohn aber seinerseits wieder Kinder hat usw., was ist dann mit der Substanz seiner Gottleiblichkeit? Es ist dieses ontologische Skandalon, das rückwirkend jeden sexuellen Kontakt des Gottessohns verbietet – nicht die Sexualfeindlichkeit der Kirche.

15 In einer zweiten Ebene spielt hier noch das geläufige mythisch-märchenhafte Motiv herein, dass der Vater seine einzige Tochter den Bewerbern nicht gönnt (und diese zu einem Zweikampf auf Leben und Tod herausfordert).

16 Die Denkweise ist den Griechen (wie anderen Religionen auch) ganz selbstverständlich. So geht Zeus bei Hesiod, Theogonie 543, absichtlich auf den Betrugsversuch des Prometheus ein, um in Zorn geraten zu können und der Menscheit die Übel anzutun, die er im Voraus geplant hatte.

17 Zumindest ist hier Hesiod, Werke und Tage 144 ff. vorausgesetzt: Das ›bronzene‹ Vorgängergeschlecht war götterfern.

18 Das heißt: der Sage in dem Zustand, wie wir sie aus den Quellen kennen. Im Folgenden wird nicht behauptet, dass die genannten Motive die enstehungsgeschichtlich ältesten Bestandteile der Sage sind, aber sollte es eine Zustand ohne diese Motive gegeben haben, ist das nicht mehr unsere Troja-Sage.

19 Als sich Achill – in der Ilias-Episode – vorübergehend vom Kampf zurückzieht, muss Zeus persönlich für die Erneuerung dieser Illusion sorgen, indem er sie dem Agamemnon durch einen falschen Traum einimpft.

20 Achill erweist sich hier, wie man erkannt hat, als der ›Laufstarke‹ seines stehenden Beiworts. Troilos als Reiter kann durchaus ein altes Motiv sein. Zwar kennt erst das späte 8. Jh. v. Chr. den Reiter als gesellschaftlich anerkannte Form des Pferdegebrauchs. Doch darf das Reiten z.B. als Behelf oder bei der Flucht schon relativ früh vorkommen, dazu J. Wiesner, Fahren und Reiten (AH) F 111 f. Gerade das Reiten könnte Troilos in der alten Sage als noch nicht kriegsreifen Jungen charakterisiert haben.

21 Dazu natürlich W. Kullmann s. Anm. 1.

22 Und macht so den ganzen Krieg in neuer Weise spannend. Der Kampf um Troja hätte, so simuliert die Ilias, auch ganz anders ausgehen können: Der Krieg hätte durch den Zweikampf Menelaos-Paris geschlichtet werden können, oder die Trojaner, hätten dank der Enthaltung Achills, die Griechen zur Abfahrt zwingen können. Aber die Götter haben es nicht gewollt. In einem sozusagen verborgenen Text räsonniert die Ilias ständig über den nicht ausgesprochenen Master-Unheilsplan.

23 Ein prominenter Toter ist allerdings noch der Zeussohn Sarpedon, König der Lyder. Doch den setzt die Sage sonst Generationen früher an, er kam also wohl in der vorhomerischen Trojasage gar nicht vor. Dazu Kullmann s. Anm. 1.

24 Vgl. zur Stelle den Kommentar von J. Latacz.

25 Der Frevel Agamemnons gegen den Apollonpriester Chryses war vollständig gesühnt worden, und spielt keine Rolle mehr.

26 Definiert man den in der Wirklichkeit gesuchten Trojanischen Krieg nicht nach dem Gesichtspunkt des Gmeinschaftsunternehmens, das für die Trojasage, vor allem allerdings für die Ilias, an jeder Stelle wichtig ist, dann hat der Historiker kaum mehr das Recht zu sagen, er meine ›denselben‹ Krieg wir die Sage. – Die Historizitäts-Vertreter zeigen jüngst eine verdächtige Scheu, der Sage ins Gesicht zu sehen. Das Buch zur Stuttgarter Ausstellung »Troia, Traum und Wirklichkeit« tut an mehreren Stellen so, als ob es die selbstverständlichste Sache sei, dass der Trojanische Krieg um 1190 v. Chr. stattgefunden habe. Es fehlt nur leider das entscheidende Kapitel: Wie man sich das historische Szenario dieses Ereignis vorzustellen habe und wie es zur Sage passt. Gerade der Schiffskatalog der Ilias, der die Qualität des Gemeinschaftsunternehmen auch noch quantifiziert, wird von den Historizitäts-Vertretern für besonder authentisch gehalten. – Anscheinends nehmen aber doch die neueren Vertreter der Historizität klammheimlich Abstand von der ›klassischen‹ Vorstellung einer Identifizierbarkeit von Sagenangaben und Geschehen. J. Latacz, Troja und Homer, 2001, 341 will zu konkreten Fragen gar nicht mehr Stellung nehmen: ob um 1250 oder 1180 v. Chr., und wie der Krieg mit dem Zusammenbruch der Palastkultur zu vereinbaren wäre.
27 Auf diesen Inksonsequenz der Historizitäts-Vertreter hat Kullmann immer wieder hingewisen.
28 Man könnte allerdings in einigen der Heimkehrergeschichten Reflexe vom Kampf um die Paläste sehen: Agamemnon wird von seinem Cousin Ägisth erschlagen, Odysseus muss Frau und Besitz zurückerobern, Teukros und Diomedes werden von zu Hause vetrieben und gründen anderswo neue Städte. – Anhänger der Historizität des Trojanischen Kriegs könnten argumentieren: Eben weil die Herren und ihre besten Krieger so lange vor Troja lagen, waren ihre Burgen ungeschützt, eine Beute für fremde Angreifer, Usurpatoren oder die eigenen bisher unterdrückten Untertanen. – Aber warum hat sich dann die Nachwelt für die fernen Erfolge der gestürzten Herren interessiert?
29 Die bisher 7-saitige Leier ist in dieser Zeit zur 4-saitigen ›geschrumpft‹, bis sie um 700 v. Chr. wieder 7 Saiten bekam. – Der Hexameter-Gesang wurde vom 4-tönigen Instrument begleitet.
30 Man sollte sich bei der Gelegenheit daran erinnern, dass der gründliche Untergang des mykenischen Herrschaftssystems und seiner Ideologie, eine der Voraussetzungen für den späteren Aufstieg der griechischen Poliskultur ist (die mir seinerseits die Voraussetzung für ein Groß-Epos wie die Ilias zu sein scheint).
31 Die ja eine Art doppelten Patriotismus entwickelt hatte: als Griechen und als Nachfolger der Troer, wie man z. B. an dem Empfang des lokrischen Mädchentributs für den Frevel des Ajas ablesen kann. Diesen ›doppelten Patriotismus‹ findet man, wenn auch nicht ganz halbe halbe in der Trojasage und der Ilias wieder, wo er sich mit der episch-aristokratischen Fairniss vereint. – Ich muss am Ende zugeben, dass die These, die Trojasage verarbeite den Untergang der festländischen Plastherren (oder erkläre die Ruinen der mykenischen Herrschaft), kaum heuristischen Gewinn bringt. Denn der Tod der Helden ist aller Heldensagen Inhalt, und das Publikum vieler Zeiten fand daran Genuss.

8. Zeus zeugt Helena

1 Das Kuss-Motiv allein zeigt noch nicht, dass der Schwan keiner ist; vgl. schnäbelnder Schwan und Eros: Die Lebenden und die Seligen (Skulpturensammlung. Staatliche Kunstsammlungen Dresden, 2003), 101. – Die apulische Vasenmalerei hat zu manch haltloser Leda-Benennung verführt.
2 LIMC s.v. Leda Nr. 17. Hypnos hat einen Reifen bei sich. Tritt auch er getarnt auf, als Knabe, der mit seiner (Zauber-)Gerte den Reifen treibt? Vielleicht charakterisiert das Spielgerät auch nur die Jugendlichkeit des Gottes.
3 Zu solchen Nebenfiguren, die die (nicht für alle offenbare) Anwesenheit des Göttlichen durch Erschrecken anzeigen: N. Himmelmann, Alltag der Götter (2003) 96 f. – Das Prinzip ist älter und kann auch mit modifizierter Absicht eingesetzt werden: Der wegstürzende und sich umblickende Krieger auf der Penthesilea-Schale (hier Abb. 37.5) erklärt sich nicht restlos aus dem Kampfgeschehen: Er blickt nicht auf die Handlung zurück, sondern ungewöhnlicherweise ins Gesicht der Hauptfigur. Seine Panik reflektiert das schreckliche seelische Ereignis, das für ihn in Achills Antlitz aufscheint.
4 Als erhöhendes Zeichen kann die Fußbank bei ›Heroinen‹ in der Terrakottakunst mit dem Kapitell wechseln vgl. F. Winter, Die Typen der figürlichen Terrakotten I (1903), 69,1 und 2, mit Text. – Die Fußbank gehört hier zugleich zum typisch weiblichen Luxus der Bequemlichkeit. So erscheint sie als einziges und typisches Möbelstück im Brautschatz der ausgesetzten Andromeda hier Abb. 4.3; es ist da nichteinmal nötig, ans Brautbett zu denken.
5 Die Kleinheit ist freilich kein echtes Gegenargument, vgl. hier Abb. 8.3. Gerade der attributive Charakter könnte bedeutsam sein.
6 Auch Kore-Persephone könnte dazu assoziiert werden, wird aber interessanterweise hier auch nicht angezeigt (etwa durch einen Blumenkorb). – Unser Typus der ›bewegten Heroine‹ ist zweifellos früher als das Leda-Motiv (vgl. z. B. Winter, Typen 69,6, um 450/40 v. Chr.), hat sich aber im 4. Jh. v. Chr. in Modifikationen wie Abb. 8.6 daran neu mit Charisma aufgeladen.
7 Das Fragment im Lenbachhaus Abb. 8.9: Franz von Lenbach 1836–1904, 14. Dezember 1986 – 3. Mai 1987, Lenbachhaus, München, 390 Nr. 235. Erwähnt: W. Roscher, Lexikon der griechischen und römischen Mythologie II,2 (1894–97), Sp. 1929,44 ff: »aus Sammlung Joseph Kopf«. Gedankt wird B. Eschenburg. Fotografie: Adler.
8 Das ist hier und bei anderen Beispielen so eindeutig, dass sich die Bedenken von Wiegartz, Boreas 6, 1983, 170 ff zu seinen Abb. 3 und 4 erledigen.
9 Auch die unverdächtige Schwanzhaltung ist belegt: LIMC s.v. Leda Nr. 16.
10 Wiegartz a.a.O. Taf. 24. Er sagt mit Recht, dass hier die »Brutalität« des ursprünglichen Typus zurückgenommen ist.
11 Allerdings so, als ob die Partnerinnen Ebenbürtige seien: Eben dies simuliert auch der griechische Begriff ›Hetären‹–›Gefährtinnen‹.
12 Die früheren Bilder zeigen an der Götterliebe vor allem die handgreifliche Gewalt der Gottheit und den Schrecken des menschlichen Partners, s. Kap. 2 und 6.
13 Bei der Nemesis-Version ist die Ei-Geburt also plausibler begründet, und zum Märchenmotiv der Ei-Geburt kommt gleich noch ein zweites hinzu, nämlich das des Verwandlungswettkampfes.
14 Und zwar zusammen mit Themis, der Göttin des Rechts, die als Tochter der Gaia / Erde galt (die sich über die Belastung durch die Menschheit beschwert hatte!).

9. Helena heiratet

1 Offenbar sehen nur wir Modernen hier die bedenkliche Parallelisierung von Helena und Hadesherrin.
2 Da die Ilias Aithra als Sklavin der Helena kennt, muss die Theseus-Episode schon vorhomerisch sein.
3 Im ungefähr gleichzeitigen Bild LIMC Helene Nr.30 packt die Verfolgerin die Geraubte wie hier am Arm, aber die hat eben auch beide Arme nach ihr ausgestreckt. Tapfere Gefährtinnen, die von Peirithoos abgewehrt werden müssen, auch bei Nr. 42.
4 Nicht zu denken ist hier an die zynisch-banale Sentenz, die Herodot I, 4 den Persern zum Thema Helena und Frauenraub abschließend in den Mund legt: »Es ist doch klar, wenn sie es nicht wollten, würden sie auch nicht geraubt«.
5 A. Shapiro, The Marriage of Theseus and Helen, in: Kotinos, Festschrift für Erika Simon (1992) 232 ff. Ein dort besprochenes Vasenbild um 400 v. Chr. zeigt die Ehezeremonie, dabei, inschriftlich, Leda; weitere Figuren sind wohl als Dioskuren und Tymdareos zu benennen. Helenas Familie stimmte also der Heirat zu.
6 Kommen Namensvertauschungen im Rotfigurigen auf Grund des anderen Bemalungsvorgangs häufiger vor als im Schwarzfigurigen?
7 So hier Kap. 13. Immerhin gibt es in dieser Malergruppe tatsächlich eine Insider-Kommunkation mit Hilfe reziproker und zweifellos auch anzüglicher Beischriften: A. Linfert, Rivista di Archeologia, 1977, 19 ff. Die Inschrift beim Komasten der Münchner Euthymides-Amphora verstehe ich nach einem Vorschlag von P. Kranz (aus den 60iger Jahren) etwas anders und natürlich ironisch: »So beschwipst wie Euphronios nie«. Zur Phintias-Hydria (Linfert 21): Oben rufen die Hetären dem Euthymides zu, unten macht ihn die Beischrift zum Jungen, der die Künste des Symposion erst noch lernen muss; der Witz besteht im Irrealis. – Ich kann nirgends sehen, dass ein Bild auf solche Verbalspäße hin konzipiert wäre: Es handelt sich immer um ›Afterthoughts‹. Auch die Interpreten, die Korone für eine zeitgenössische Hetäre halten, und die Heroinen Helena und Antiope eifersüchtig sehen, können dies ja nicht erzählerisch ernst nehmen, sondern nur als irreales Als-Ob, das bezeichnenderweise nur in Sprache ausgedrückt werden kann (bzw. durch die bereits ›literarischen‹ Beischriften, die wiederum beredet werden müssen): »Wenn Theseus heute leben würde, dann würde er für Korone sogar eine Helena stehen lassen ...« (so ähnliche Linfert). Der Witz bestünde gerade darin, dass man die Szene vom Bild her für eine Entführung der Helena hält, und dann erst die Namensbeischriften bemerkt und ernst nimmt.

10. Ein Mensch erringt eine Göttin: Peleus und Thetis, die Eltern Achills

1 In der Nemesis-Variante (Kap. 8) konstruiert der Mythos die letzten Vereinigungen beziehungsreich parallel: Thetis und Nemesis sind Göttinnen aus der Tiefe, die Vereinigung ist erzwungen, beide suchen sich durch Verwandlungen zu entziehen. Auch mit der Leda-Version gibt es eine merkwürdig inverse Symmetrie: Zeus steigt vom Olymp zu einer Menschenfrau herab und zeugt Helena. Thetis steigt aus der Tiefe auf zu einem Menschenmann und gebiert ihm Achill. Göttliches Oben und Unten bestimmen das Geschick auf der Erde. – Helena und Achill entsprechen einander als göttliche Werkzeuge zur Vernichtung der Heroen. Nach einer Sagenversion finden sie sich nach ihrem irdischen Leben als seliges Paar auf der Weißen Insel im Schwarzen Meer.
2 Aber für Homer war sie immer noch zu krass, so verschweigt er die prekäre Verstrickung des Zeus (Ilias 18, 429 ff.; 24,55 ff.). Wahrscheinlich kannte er sogar die Abwälzungs-Version. Denn Thetis beruft sich Ilias 1,396 ff. bei Zeus eben darauf, dass sie seine Herrschaft gerettet habe. Natürlich ist eine andere Situation konstruiert, nämlich ein Putschversuch der anderen Götter, aber ein Götteraufstand hätte nach der Prophezeiung Zeus ja auch gedroht!
3 Ungefähr ebenso häufig ist auch das Motiv der Kämpfenden zwischen Frauen. Mythisch deutbar, als Kampf von Achill und Memnon zwischen ihre Müttern, changiert es doch zum unspezifizierten ›heroischen Alltag‹. Noch mehr gilt dies für das Motiv der von Göttern begleiteten Hochzeitsfahrt.
4 Zwangsheirat auf Befehl des Zeus und Erzwingung durch Peleus scheinen von den Dichtern meist als einander sich ausschließende Alternativen verstanden worden zu sein (B.Graf, JdI 1, 1886, 197 ff). Andererseits gehört es zum Konzept großer Geschichten, dass sie doppelt begründet sind: von Gott und Schicksal einerseits, aus dem Willen der Menschen und interner Kausalität andererseits. Die Protagonisten der Handlung dürfen in der Regel nichts von der anderen Ebene wissen, aber das Publikum weiß es.
5 Die beiden Griffarten entsprechen ziemlich genau den beiden Haltungen des Herakles beim Liegekampf mit dem Löwen. Siehe Kaeser in: R. Wünsche (Hrsg.), Herakles–Herkules (2003) 78 ff.
6 Oder ihn zur Aufgabe zu zwingen. Vielleicht war der Griff nur im Pankration üblich.
7 Wenn im Bild zugleich ein Altarfeuer brennt (oder eine Fackel) wird das Verwandlungsfeuer malerisch gleichgemacht: LIMC VII Peleus Nr. 87; 167. Vgl. Pindar, Nemeen 4, 62 ff
8 Man könnte meinen, das wäre eine Folge der bildlichen Darstellungsweise, aber auch im Text muss Peleus die Löwenzähne und -Klauen aushalten: Pindar ebd.
9 Soweit ich sehe nur bei diesem Abenteuer und nur schwarzfigurig, 510 – 480 v. Chr. Weitere Beispiele: LIMC VII Peleus Nr. 83, 111, 112, 114. Bisher nicht bemerkt? – Eine Scheide zur Machaira bei den Amazonen habe ich in der Eile nicht gefunden.

10 Ketos als Verwandlungstier schon schwarzfigurig: LIMC s.v. Peleus Nr. 64 (kein Löwe!) und LIMC VIII 732.

11 Es fehlt hier das Stück: H. Walter, Eine neue Pelike in München, MüJb 11, 1960, 7 ff. Die nächste Parallele: CVA Kiel 1 (Freyer-Schauenburg) Taf. 31,3. Für die Deutung auf Peleus und Thetis spricht außer dem von Walter herangezogenen tönernen Jojo: Schefold, Sagenbilder V 98 Abb. 79. Ferner JdI 1, 1886, Taf. 10 und der etruskische Spiegel LIMC s.v. Peleus Nr. 191.

12 LIMC s.v. Peleus Nr. 207; 208. Beide sind besonders charakteristisch: Beim ersten sind auch Poseidon und Amphitrite anwesend, beim zweiten ist die Position des Mannes (ohne Götterattribut) dem Paar gegenüber auffällig, die Beischrift »Nereus« ist also kein nachträglicher Einfall.

11. Muss Achill ein Held werden?

1 Zur inneren Todesdrift Achills auch in der nichthomerischen Sage gehört, dass er, wie um sich einen point of no return zu schaffen, ohne Notwendigkeit den Knaben Troilos am Altar Apolls schlachtet. Damit legt er den Grundstein zu seinem Tod (Kap. 22 und 39).

2 Nur bei den Philosophen scheint es diese Freiheit zu geben: So wie sich in der braven Pädagogenfabel des Prodikos (5. Jh. v. Chr.) Herakles zwischen dem mühsamen Weg der Tugend und dem bequemen Leben im Luxus entscheiden darf. Doch der alte Mythos, ja nicht einmal Prodikos, gönnen Herakles eine freie Entscheidung, allenfalls Einsicht in die Notwendigkeit [Kaeser in: R. Wünsche (Hrsg.), Herakles–Herkules (2003) 61 f.].

3 Der Film »Troja« von W. Petersen (2004) entwickelt die Tragödie Achills von dieser Alternative aus: Achill wählt zunächst das kurze Leben des Kriegerruhms, dann, als er die Liebe kennenlernt, das ruhmlose Leben im Glück, aber auch diese Entscheidung führt ihn in den Krieg zurück und in den Tod. Der Plott des Films ist sicher der bestkonstruierte in der Geschichte der Antiken-Films. – Der Odyssee-Dichter nimmt die Idee, dass das Leben kostbarer sei als alles, wieder auf und lässt die Totenseele Achills geradezu dem Ruhm abschwören: »Sag mir ja kein verschönendes Wort für den Tod, mein Odysseus! / Lieber wäre ich Knecht auf den Feldern und fronte / dort einem anderen Mann ohne Land und mit wenig Vermögen; / lieber tät ichs als herrschen bei allen verstorbenen Toten. (Odyssee 11, 288 ff).

4 Herakles ist eine Ausnahme, er bekommt keinen Lohn auf Erden, weil er am Ende Frau und Haus im Olymp bekommt. – Auch Achill bekommt nichthomerisch Kompensation für sein Unglück: Er lebt auf seiner privaten Insel der Seligen zusammen mit Helena!

5 Vgl. L. Balensiefen, Achills verwundbare Ferse, JdI 111, 1996, 75 ff. – Durch den Sehnenriss stirbt man nicht. Dennoch könnte bei der Version vom gefeiten Achill gemeint gewesen sein, dass an dieser einzigen Stelle Achills ›Lebensnerv‹ zu treffen war. Dafür könnte die Parallele zu dem belebten Bronze-Roboter Talos sprechen, einem Renner wie Achill übrigens: Dessen einzige verwundbare Stelle ist die Ferse; es gelingt, hier ein Loch zu öffnen, sodass er stirbt, weil sein Ichor ausläuft.

6 Im alten Epos (des »Aigimios«) hält Thetis ihre Neugeborenen in siedendes Wasser, um ihre Göttlichkeit zu testen. Alle sterben; erst beim 7. Kind, Achill, dem das gleiche Schicksal gedroht hätte, tritt Peleus rechtzeitig dazwischen. Obwohl sachlich etwas ganz anderes, klingt mythensprachlich die fehlerhafte (›unterbrochene‹) Feiung so verwandt, dass sie eine alte Variante des fatalen Göttlichkeitstest sein könnte - wenn sie nicht davon abgeleitet ist.

7 Die Rosettenpunze, die sonst dekorativ angewandt ist, ist hier, wie schon bei der 3. Episode (Ball?), zur Hand Achills kombiniert.

8 Menschen töten darf erst der Erwachsene und schon das Üben dafür ist tabuumgrenzt.

9 Und verleiht ihm Homer nicht auch Züge eines Muttersöhnchens? Kein anderer Held weint und klagt so gern, ist so anspruchsvoll und verletzlich, manisch, sich selbsthassend, grausam und sentimental.

12. Ein Mensch muss über Göttinnen richten: Das Urteil des Paris

1 Die bekannte Aussage Ilias 5, 339 genügte für lange Zeit.

2 Größenunterscheidung von Göttern und Menschen wird nur in Votivbildern regelmäßig angewandt.

3 In dieser Reihen- und zugleich Rangfolge nannte sie auch der Vers bei der Urteilsszene auf der Kypseloslade, s. Anm. 6; ebenso bei Apollodor.

4 Jedenfalls nicht in dieser Zeit. Später vgl. menschliche Reaktion bei den göttlichen Liebesverfolgungen (Kap.2 und 6); das Erschrecken von Nebenfiguren, die auf eine göttliche Erscheinung im Zentrum hinweisen, Anm. 8.2.

5 Im Vasenbild AZ 1882, Taf. 11, hält Hermes den fliehenden Paris mit dem Klammer-Ringergriff fest, er will also wie Peleus von Thetis seine Zustimmung erzwingen.

6 Auf der Kypselsolade stand beim Hermes des Parisurteils der Vers: »Hermes hier unterwegs/ Alexandros (= Paris), Richter zu sein / über die Schönheit zwischen Hera, Athena und Aphrodite« (Pausanias 5, 19, 5).

7 Zur Zeit Alexanders des Großen, wagte man in Ilion / Troja den Touristen sogar die Leier des Paris zu zeigen (Plutarch, Alexander 5)! – Zumindest Ägisth wird durch die Leier negativ als Weichling und Frauenverführer charakterisiert: Abb. 53.3.

8 Deutlicher ist diese Rolle des Dionysos: LIMC s.v. Paridis iudicium Nr.33. – Zur dionysischen Rankenwelt in dieser Zeit s. Kaeser in: K. Vierneisel, B. Kaeser (Hrsg.), Kunst der Schale, Kultur des Trinkens (1990) 334 f.

9 Das Beispiel Abb. 12.15 hat mir K. Zeitler, Staatliche Graphische Sammmlung, München, herausgesucht. Ich danke ihm für prompte Hilfe. Foto Graphische Sammlung.

10 Dass die Wahl der Aphrodite Zeus' Wille ist, versucht der Sosias-Maler auszudrücken (LIMC s.v. Paridis iudicium, Nr. 20): Hier ist Iris, Zeus' Botin, anwesend und richtet den Schleier Aphrodites.

11 Dass der Hass der beiden Göttinnen wegen des Urteils selbst in der Ilias, dem Lied vom Zorn Achills, eine entscheidende Grundlage ist, hat K. Reinhardt gezeigt (Von Werken und Formen, 1948, 11 ff.). – Das gilt, auch wenn man die berühmte Stelle für interpoliert hielte, Ilias 24,45 ff: »... Es war ihnen auf ewig verhasst das heilige Troja / und Priamos sein Volk, und zwar wegen der verblendeten Tat des Paris / der damals, als die Göttinnen zum ihm ins Gehöft kamen, die ihn kränkte / aber die (= Aphrodite) pries, die ihm jene verderbenbringende Brunst auf den Weg der Erfüllung brachte.«

12 In der bekannten Szene auf dem Schild Ilias 18, 507 f. liegt Gold bereit für den, »der das Recht am geradesten spricht«.

13 Hektor beschimpft seinen Bruder als »weibstoll« und »Mädchenbegaffer« (parthenopípa, voc.). Beides konnte man prägnant beziehen: das erstere auf den Raub der Helena, das zweite als bösartig verfremdete und verallgemeinerte Anspielung auf die Krisis (auch Hera und Aphrodite konnten übrigens als ›parthenos‹ bezeichnet werden).

14 Erst der frühbyzantinische Malalas, der das Parisurteil allerdings für ein Missverständnis der Sagenerzähler hält, beurteilt Paris positiv. Er lässt Paris ein Gedicht schreiben, worin er Aphrodite über Hera und Athena stellt, weil Begierde alles hervorbringe: Kinder, Kunst, Weisheit usw.!

15 Der Betrachter konnte in der Architkturangabe den angemessenen Rahmen für Paris' prinzlichen Status sehen (unabhängig von seiner Situation), oder konkreter das Gehöft, von dem in der Ilias 24, 29 die Rede ist (genauso wie im homerischen Hymnos an Aphrodite, wo die Göttin den Anchises im Gehöft auf dem Ida besucht.

16 Zur Interpretation zuletzt: B. Borg, Der Logos des Mythos (2002) 101 f. – Schon auf dem früheren Elfenbeinkamm (LIMC s.v. Paridis iudicium Nr. 40) reden die Göttinnen gestikulierend auf Paris ein.

17 Die überzeugende Deutung von E. Simon, zuletzt im LIMC s.v. Momos. – Der Stab an seiner Rechten könnte ein Kentron meinen, wie wohl auch bei dem Dämon Abb. 2.2, der den Zeus zur Liebe zu Ganymed anstachelt.

18 In diesem Zusammenhang steht offenbar auch die Gegenseite des Parisurteils LIMC s.v. Paridis iudicium Nr. 51, wo Aphrodite, umgeben von zwei weiteren Göttinnen, im Heiligtum von Artemis und Apoll auftritt. Dieses Treffen der Aphrodite mit den keuschen Letokindern ist so auffällig, dass man eine konkrete Geschichte voraussetzen muss: etwa eine Abmachung zu Gunsten des gemeinsamen Lieblings Paris, z.B. (was durchaus im Sinne von Zeus' Unheilsplan läge) ein zehn- (bzw. zwanzig-) jähriges Moratorium des Glücks für Paris innerhalb des Unheilsgeschehen. Es gibt keinen Grund, das Heiligtum in Delos oder Delphi zu lokalisieren, es kann die Ida gemeint sein. – Apoll und Artemis als Zuschauer beim Parisurteil (ferner Ganymed und Zeus) auf der Hydria des Kadmos-Malers in Berlin ARV 1187,32.

13. Paris entführt Helena

1 Der Schiffsbaumeister, Phereklos, wird später erschlagen (Ilias 5, 59 – 65).

2 Auch die Darstellung auf einer schwarzfigurigen Bauchamphora 1383 – hier als Rückführung Helenas durch Menelaos gedeutet (s. Kap.45 Abb. 45.1) – wird etwa von L. Kahil (Les enlévements et le retour d' Hélène [1955] 51; LIMC IV s.v. Hélène 498 ff. Nr. 157) als Entführung durch Paris interpretiert.

3 Anders K. Schefold, SB V, 118, der an seinen Augen einen verliebten Paris erkennen will, der Helena am Handgelenk ohne Kraft zu gebrauchen führt; Helena's offene Rechte signalisiere ihr Nachgeben.

4 Bei Euripides in den ›Troerinnen‹ verteidigt sie sich mit sophistischen Argumenten, doch Hekabe entlarvt sie in ihrer Antwort (981 – 997). Dagegen gilt Paris schon Homer, Ilias 3, 100; 6, 328, als Verursacher des Krieges.

5 Sog. Palinode des Stesichoros (192 PMG); nach Lykophron soll sie dagegen auf Hesiod zurückgehen (Hes fr 358 MW [dubium]). Auch in Euripides' Helena ist sie unschuldig, weil sie Paris nicht gefolgt ist. Der blutige Krieg wird nur um eine Illusion (›eidolon‹) ausgefochten. Helena behält ihre Tugend.

6 z.B. Proklos und Diktys aus Kreta 1, 5; vgl. auch Homer, Ilias 6, 289 – 292; Apollodor, Epitome 3, 3 ff.

Kasten: Frauenraub

1 Dass der Alte, der auf der Euthymides-Amphora, den Raub gutheißt, nicht der Vater einer Hetäre sein kann, liefert m. E. kein hinreichendes Argument, dass die Namen irrtümlich beigeschrieben worden sind. Die Szenerie, ein derartiger Raub einer Frau – ob Dirne oder bürgerlich – ist im Athen des ausgehenden 6. Jhs. v. Chr. ohnehin völlig irreal. Daher ist der Maler auch nicht an eine solche Logik der Erzählung gebunden. – Großzügige Einsicht in das Manuskript seiner Habilitationsschrift »Der Heros und die Polis. Wandlungen des Theseusbildes im Athen des 6. und 5. Jhs. v. Chr.« gewährte mir R. von den Hoff (Freiburg).

14. Die Kriegsmaschine läuft an

1 Zum ›Schiffskatalog‹ zuletzt J. Latacz, Troja und Homer (2003) 262 ff.

2 Euphranor soll im späten 5. Jahrhundert v. Chr. das Thema in einem Gemälde behandelt haben, von dem sich keine Repliken gefunden haben; H. Brunn, Geschichte der griechischen Künstler 2 (1859) 99 f. 112. 184.

3 Nach einer anderen Version (Homer, Ilias 9, 666 – 668) später, auf der Rückfahrt vom ›Teuthranischen Krieg‹.

4 In den Quellen begegnet diese Version seit dem 5. Jahrhundert v. Chr. doch lediglich literarisch (Pausanias 1, 22, 6; Plinius, Naturgeschichte 35, 134; Aelian, Bunte Geschichten 2, 44) sind drei Gemälde klassischer und frühhellenistischer Zeit überliefert, die Achill unter den Töchtern des Lykomedes gezeigt haben.

5 So auf einem Teller des Lydos in Athen (Nationalmuseum 507; D. Callipolitis-Feytmans, Les plats attiques à figures noires [1974] Taf. 26, 30). Ob weitere Bilder (s. u. Kap. 33 mit Abb. 33.5), die Thetis bei der Übergabe der Waffen an Achill zeigen, auf den Abschied oder die spätere Übergabe nach dem Tod des Patroklos zu beziehen sind, bleibt umstritten. Der Athener Teller ebenso wie der Berliner Kantharos (hier Abb. 14.5), welche

aufgrund der beteiligten Personen (Peleus bzw. Patroklos, Odysseus und Menelaos) nur mit Phthia verbunden werden können, widerlegen jedoch L. Giuliani's kategorische Behauptung (Bild und Mythos [2003] bes. 345 Anm. 75), dass entsprechende Bilder ausschließlich die Übergabe der »neuen« Waffen zeigten.

15. Erster Versuch: Landung im falschen Land

1 Aulis liegt gegenüber von Chalkis. Nach Strabo 9, 2, 8 bot der Hafen gerade einmal Platz für 50 Schiffe. Seit dem 8. Jahrhundert v. Chr. ist dort auch ein Artemis-Heiligtum nachgewiesen.
2 In der Bildkunst kaum belegt ist die Geschichte von einem weiteren Seher, dem delphischen König Anios, und seinen Töchtern, der den Griechen riet, in Delos zu bleiben und erst im zehnten Jahr Troja zu belagern;
   S. Woodford, The Trojan War in Ancient Art (1993) Abb. 47: Kelchkrater des Dareiosmalers, um 340/330 v. Chr.
3 Nach den »Kyprien« verschlägt er Achill nach Skyros, wo dieser Deidameia heiratet und Neoptolemos zeugt. Für die Geschichte ist es zwingend nötig, dass Achill nach Skyros gelangt, um dort Neoptolemos zu zeugen, doch bleibt offen, welche Version die ältere ist, bei Homer findet sich kein Hinweis auf die Skyros-Episode.
4 Freilich sind die hier interessierenden Passagen der Telephos-Sage am Altar nur sehr fragmentarisch erhalten.
5 Vgl. Hygin, Geschichten 101. Doch erst nach 8 bzw. 10 Jahren begibt er sich in das Lager der Griechen.
6 Auf einer rotfigurigen Schale in Boston (MFA 1898.931) sitzt Telephos allein auf dem Altar; auch am Pergamon-Altar erscheint Telephos nicht als Bettler. Verkleidung, List und Geiselnahme – wie in der »späten«, euripideischen Sagenversion – passen nicht zum vorbildlichen Helden und Ahnherrn der pergamenischen Dynastie.
7 Chr. Bauchhenss-Thürriedel, Der Mythos von Telephos in der antiken Bildkunst (1971) 32; J. Gould, JHS 93, 1973, 101–103.

16. Zweiter Versuch: Flaute in Aulis

1 Auf den Bildern ist nicht immer sicher, ob Iphigenie am Ende gerettet wird, doch in vielen literarischen Fassungen wird sie tatsächlich getötet; wahrscheinlich schon in der ursprünglichen Form der »Ehoiai«, mit Gewissheit dann im 5. Jahrhundert v. Chr. bei Pindar (11. Pythische Ode 17–25) und Aischylos (Agamemnon 228–249).

17. Philoktet

1 Dagegen sind berühmte großformatige Behandlungen des Themas, eine Statue von der Hand des Pythagoras in Syrakus sowie zwei Gemälde, sämtlich verloren. Dass die meisten dieser Gemmen nicht aus griechischen, sondern aus etruskischen, italischen oder römisch-republikanischen Werkstätten stammen, erklärt sich dadurch, dass der Held nach glücklicher Heimkehr aus Troja in Italien eine Reihe von Städten gründet und nach seinem Tod als Heros verehrt wird (Strabo 6, 1, 3; Apollodor, Epitome 6, 15; siehe auch Kap. 46). Bis zum 5. Jahrhundert v. Chr. bleibt er eine Randfigur auch in der schriftlichen Überlieferung.
2 T. Gantz, Early Greek Myth (1993) 590, führt verschiedene (relativ späte) antike Erklärungsversuche an.
3 Vgl. den attisch-rotfigurigen Glockenkrater E 494 im British Museum; S. Woodford, The Trojan War in Ancient Art (1993) Abb. 40.

18. Zwei Kriege um Troja – Die Giebel von Ägina

1 Zum Ostgiebel grundlegend: D. Ohly, Die Aegineten I: Die Ostgiebelgruppe (1976):
2 Anders: U. Sinn, AM 102, 133 ff., der in diesem Giebel nicht die erste Eroberung Trojas, sondern den »Einzug des Dorertums in Ägina« sehen möchte.
3 A. Furtwängler, E. R. Fiechter, H. Thiersch, Das Heiligtum der Aphaia (1906), 310.
4 Ohly a. O. 63 (dort auch das folgende Zitat).

5 Ohly, a. O. 29.
6 Ohly stellte sich die Frage: War Athena »die Sieg gewährende Schutzherrin des rechten Vorkämpfers« (Ohly a. O. 29). Genauso würde ich die Haltung der Athena interpretieren. Gut vergleichbar: Krater Boston (Ohly a. O. Abb. 28) Zweikampf Achill – Memnon; Athena in ganz ähnlichem Gestus hinter Achill; vgl. auch Schale des Erzgießerei-Malers (abgeb. in Kap. 43). Diese Geste der Athena schon richtig gedeutet und ausführlich belegt: E. Walter-Karydi, Alt-Ägina II, 2 (1987) 133 ff.
7 Diese Deutung ergibt nicht eine so eindeutige Trennung der Kampfgruppen, wie von Ohly vorgeschlagen: ein Vorkämpfer dringt allein gegen die in der jeweiligen Giebelecke gruppierten Gegner ein. Diese von Ohly vorgeschlagene klare Lösung hätte aber der antike Bildhauer auch mit der Gruppierung, Telamon zur Rechten und Priamos zur Linken Athenas, erreichen können, wenn er nur Herakles und Laomedon in die jeweils gegenüberliegenden Giebelecken versetzt hätte. Dann wäre die vollkommener Gleichgewichtigkeit der Komposition, Telamon als der prominente Sieger in Erscheinung getreten, wie m. E. der Mythos und die politische Aufgabe dieses Bildprogramms zwingend erforderte. Da diese so naheliegende Lösung der antike Bildhauer nicht wählte, muss man davon ausgehen, dass solch eine klare Trennung von Freund und Feind nicht seinen Intentionen entsprach.
8 Pindar, frg. 172; Euripides, Andr. 796 ff. Zenodot, Schol. Hom. XXIV, 487
9 Ohly, a. O. 49.
10 R. Wünsche, in: Glyptothek München, 1830–1980, Ausstellungskatalog Glyptothek (1980) 70.
11 D. Ohly, Glyptothek München. Ein Führer (1986) 62.
12 Anders: E. Simon, Aias von Salamis als mythische Persönlichkeit, Sitz. Ber. d. Wiss. Ges. Uni. Frankfurt, XLI, 1, 21: Sie hält diese Figur mit dem Adler-Schildzeichen für Hektor und glaubt, dass sich die Kampfdarstellung auf die Gesänge 11 und 12 der Ilias bezieht.
13 Ohly (Anm. 11) 62.
14 Die Benennung der Vorkämpfer als Aias und Achill wird schon erwogen von: K. Schefold, Götter und Heldensagen der Griechen (1978) 210.
15 Ohly, (Anm.11) 68 f.

19. Landung vor Troja: Protesilaos

1 Zum ›agonalen Prinzip‹ E. Curtius, in: Altertum und Gegenwart. Gesammelte Reden und Vorträge ≈(1877) 132 ff; J. Burckhardt, Griechische Kulturgeschichte I–IV (1898–1902); vgl. zuletzt R. Wünsche/F. Knauß (Hrsg.), Lockender Lorbeer. Ausstellungskatalog München (2004) 22 f. 24 ff. Der Name »Protesilaos« (»Erster im Volke«) ist schon seit der Antike (Hygin, Geschichten 103) oft mit seinem Tod in Verbindung gebracht worden; vgl. RE XXIII 1 (1957) 932–940 s.v. Protesilaos [G. Radke].
2 Vgl. zuletzt Th. Stathakopoulou-Karagiorga, Der verkannte Protesilaos, AM 110, 1995, 207–233.
3 Eine singuläre spätkorinthische Pyxis in Paris (Louvre E 609) zeigt Protesilaos vor Troja.
4 Eine berühmtes Wandgemälde, die Nekyia des Polygnot in der Lesche der Knidier in Delphi (Pausanias 10, 30, 3) zeigte Protesilaos neben Achill.

20. Findet der trojanische Krieg nicht statt?

1 Nach einer alternativen Version schicken sie bereits vor der Landung von Lemnos aus Emissäre nach Troja.
2 M.I. Davies, The Reclamation of Helen, AntK 20, 1977, 73–85 (bes. 80–82), hat wahrscheinlich machen können, dass die Griechen wohl von Athena unerkannt in die Stadt gebracht worden sind.
3 Zur Bedeutung der Frontalansichtigkeit vgl. La Cité des Images (1984) 156–161.
4 Polygnots berühmtes Wandgemälde von der Eroberung Troja's in der Lesche der Knidier in Delphi, das uns nur durch die ausführliche Beschreibung des Pausanias (10, 27, 3 ff.) bekannt ist, hielt auch diese Begebenheit fest. Auch dass Odysseus und Menelaos die Antenorsöhne Helikaon (Pausanias 10, 26, 8) und Glaukos (Apllodor, Epitome 5, 21) schützten, mag darauf zurückzuführen sein.

21. Geplänkel

1 Apollodor nennt später noch weitere Städte: Smyrna. Klazomenai und Kolophon.
2 Aus zwei anderen Homerstellen (Ilias 9, 128–132; 270–276) schließen manche, zuletzt A. Kossatz-Deissmann (LIMC III, 157 s.v. Briseïs), dass Briseïs aus Lesbos stamme; nach den »Kyprien« kommt sie aus Pedasos in der Troas.
3 Nach Ilias 9, 139–140, rangieren sie unter den begehrtesten Beutestücken gleich nach Gold und Erz, aber noch vor dem Besitz kleinerer Städte.
4 Z. B. auf zwei apulischen Kolonettenkrateren des selben Malers im British Museum (F 173) und in Ruvo, Slg. Jatta 1709.
5 Reliefamphora aus Theben in Boston, MFA.99.505.
6 Allein die Kyprien berichten in dieser Situation von einer Revolte des Heeres und dass Achill die Truppen von der Rückkehr abbringt.

22. Keine Heldentat. Achill – ein Kindermörder

1 In der Zusammenfassung der »Kyprien« findet sich lediglich die Bemerkung, Achill habe Troilos erschlagen. Die Ilias schweigt zu den Umständen seines Todes. Einige Kommentare lassen vermuten, dass Ibykos im 6. Jh. v. Chr. den Mythos ausführlicher behandelte.
2 Erstmals bei Plautus, Die beiden Mädchen namens Bacchis 954; detaillierter dann beim Vatikanischen Mythographen 1, 210.
3 Nämlich im Troilos des Sophokles, wie ein Scholion zu Homers Ilias 24, 258 überliefert.
4 M. Oppermann, Vom Medusabild zur Athenageburt (1990) 40, hat gute Gründe dafür angeführt, dass die hier gezeigte Rekonstruktion von M. Heidenreich geringfügig zu korrigieren ist. Auch eine Metope vom Heraion I in Foce del Sele greift das Troilos-Thema auf.
5 Lykophron, Alexandra 307–313; vielleicht schon bei Phrynichos »Troilos und Polyxena« und Sophokles »Troilos«.
6 Nach Philostrat, Heroikos 20, 16–17; Hygin, Geschichten 110; Servius, Aen. 3, 321; 6, 57, wird Achill von Paris erschossen, als er sich mit Polyxena unbewaffnet im Heiligtum des Apollon Thymbraios trifft.

23. Neun Jahre Krieg – da wird die Zeit selbst Helden lang

1 Vgl. Euripides, Iphigenie in Aulis 195–198. RE 18,2 (1942) 2506–2507 s.v. Palamedes [E. Wüst]. Nach Platon, Phaidros 274 d, ist der ägyptische Gott Thot der Erfinder der Brettspiele.
2 H.-G. Buchholz in: S. Laser, Sport und Spiel. Archaeologia Homerica (1987) T 126 mit Anm. 628 Taf. T IIIc.
3 Vgl. S. Woodford, JHS 102, 1982, 184–185. Nach Euripides (Iphigenie in Aulis 195 ff.) verkürzten sich die Griechen während der Flaute in Aulis die lange Wartezeit beim Brettspiel. Pausanias (10, 3, 1) beschreibt ein Wandgemälde Polygnots, das Aias, Palamedes und Thersites beim Spiel zeigte. In der Ebene von Troja zeigte man sich in historischer Zeit einen Steinblock, auf dem die homerischen Helden in den Kampfpausen gespielt haben sollen, und nach Pindar (Threnos 7, 6) spielten auch die Heroen auf den Inseln der Seligen.
4 Herodot 5, 66. U. Kron, Die zehn attischen Phylenheroen, Beih. AM 5 (1976) 30. 171–172.
5 C. Robert, Nekyia, 16. HallWPr 1892, 57; ders., Marathonschlacht, 18. HallWPr 1895, 71–72; F. Hauser in: FR III, 66–67. Einen Überblick über die verschiedenen Deutungen gibt H. Mommsen, in: Tainia. FS Hampe (1980) 139 Anm. 1.
6 Zu Zuschauern: vgl. B. Kaeser, in: Kunst der Schale (1991) 151 ff.
7 Auf einer von Makron bemalten Schale (Florenz 3929) bläst ein Krieger im Rücken des linken Brettspielers in eine Trompete und auf der Gegenseite rücken Krieger heran, unter ihnen auch einer, der sich durch seine Tracht als Orientale, also als Trojaner zu erkennen gibt. Daraus schloss schon Hauser, dass hier der Überfall auf das Lager der Griechen dargestellt sei und sowohl der Trompeter als auch Athena die Griechen zu den Waffen riefen. Wie fragwürdig diese Deutung ist, zeigt aber schon ein Schalenbild

des Epiktet in Aberdeen (Marischal Collection 744), denn dort finden sich fliehende (sic!) Trojaner neben den Brettspielern.

8 Neben Exekias (Abb. 29) auch der Berliner Maler: Hydria in New York, Metropolitan Museum 65.11.12.
9 Es kann sich kaum um eine Darstellung der spätarchaischen Gruppe von der Akropolis handeln, da diese beim Einmarsch der Perser 480/79 v. Chr. zerstört wurde. Überreste fanden sich im ›Perserschutt‹. Vielleicht fällt die Entstehungszeit der Gruppe im letzten Jahrzehnt des 6. Jahrhunderts v. Chr. nicht zufällig mit der kleisthenischen Phylenreform zusammen, als der Salaminier Aias zum attischen Phylenheros erhoben wurde; H. Mommsen, Zur Deutung der Exekias-Amphora im Vatikan, in: Ancient Greek and Related Pottery, Kopenhagen (1988) 452; U. Kron, Die zehn attischen Phylenheroen, Beih. AM 5 (1976) 171 ff.
10 Etwa die von Makron bemalte rotfigurige Schale in Florenz 3929 und die Schale des Euergides-Malers in London, BM E 10.
11 Vgl. u.a. H.-G. Buchholz, S. Laser, Sport und Spiel. Archaeologia Homerica (1987) T 182 – 183; ferner zuletzt U. Kenzler, Hephaistos 21/22, 2003/2004, 84 – 89 (bes. 85 Anm. 19); K. Junker, Griechische Mythenbilder (2005) 168 f.

24. Der Zorn des Achill

Zum Aufbau des homerischen Epos und zur homerischen Erzählweise siehe zuletzt: A. Regkakos, To chamogelo tou Achillea. Themata aphigisis kai piitikis sta Omirika epi (2006); Beachte: H. Fränkel, Dichtung und Philosophie der frühen Griechenten (1969). – Zu Briseis allegemein: LIMC III (1986) s. v. Briseis (A. Kossatz-Deissmann); vgl. H. Meyer, Vom Herold Odios und der schönwangigen Diomede. Neues zur Ikonographie der Briseïssäge und dem Themenrepertoire römischer Sarkophagwerkstätten, Boreas 25 (2002) 159ff. – Zum Doryphoros in der Münchner Universität: R. M. Schneider, Verehrt – verdrängt – vergessen? Der ›Speerträger‹ der Münchner Universität, aviso 3/2004, 10 ff. – Zu den Abbildungen: 24.1 (London Britisches Museum E76 = LIMC III [1986] s. v. Briseis 1); 24.2 (Neapel, Nationalmuseum 9105 = LIMC III [1986] s.v. Briseis 3); 24.4 (Neapel, Nationalmuseum = LIMC I [1981] s.v. Achilleus 908); 24.3 (Rom, Vatikan 16571 = LIMC I [1981] Achilleus 907

1 J. Oakley, The Achilles Painter (1997) Nr. 1; LIMC I (1981) Achilleus 907
2 So: V. Franciosi, Il ›Doriforo‹ di Policleto, Eidola 1 (2004) 61 ff. (mit weiterer Literatur)
3 B. Wesenberg, Für eine situative Deutung des Doryphoros des Polyklet, JdI 112 (1997) 59 ff.; – W. Gauer (Der argivische Heros mit dem Pferd, ArcheologiaWarsz 43 [1992] 7 ff.) deutet die Statue als Orest. Er verbindet den D. mit dem Relief eines Pferdeführers aus Argos (F. Hauser, ÖJh 12 [1909] 105 Abb. 60) und einer Pausaniasstelle (2, 17, 3). Pausanias sah eine argivische Heroine eine Statue, die inschriftlich als Augustus bezeichnet war, jedoch als Orest galt. – Wesenberg sieht jedoch keine ausreichende Übereinstimmung: »Das Relief (…) gibt mit Sicherheit nicht den Doryphoros des Polyklet wieder.« (S. 63)
4 G. Hafner, Polyklet, Doryphoros. Revision eines Kunsturteils (1997)

25. Das Duell

Siehe allgemein: LIMC I (1981) s.v. Alexandros (R. Hampe, I. Krauskopf). – Zu den Abbildungen: 25.2 (Volterra, Museo Guarnacci 327 = LIMC I [1981] s.v. Alexandros 85); 25.3 (Paris, Louvre G 115 = LIMC I [1981] s.v. Alexandros 79); 25.4 (Tarquinia, Museo Nazionale RC 6846 = LIMC I [1981] s.v. Alexandros 16)

26. Diomedes wütet

Siehe allgemein: LIMC III (1986) s.v. Diomedes I (J. Boardman, C. E. Vafopoulou-Richardson). – Zu den Abbildungen: 26.1 (Boston, Museum of Fine Arts 97.368 = LIMC I [1981] s.v. Aineias 38); 26.2 (Würzburg 799 = LIMC I [1981] s.v. Aineias 41)

27. Hektors Abschied

Siehe allgemein LIMC IV (1988) s.v. Hektor (mit weiterer Literatur); vgl. P. Ducrey, Guerre et guerriers dans la Grèce antique (1985) bes. 137 ff.
1 Il. 6, 404 ff. (Übers. J. H. Voss)
2 Il. 6, 441 (Übers. J. H. Voss)
3 Vgl. A. B. Spieß, Der Kriegerabschied auf attischen Vasen der archaischen Zeit (1992); H. Hoffmann, Knotenpunkte. Zur Bedeutungsstruktur griechischer Vasenbilder, Hephaistos 2 (1980) 141 ff.
4 Vgl. Hier Kap. 59 den Abschnitt »Der Tyrann und das Epos«.

28. Hektor kämpft gegen Aias

Siehe allgemein: LIMC I (1981) s.v. Aias I XIV. (O. Touchefeu; mit weiterer Literatur); vgl. LIMC IV (1988) s.v. Hektor E.1. (O. Touchfeu; mit weiterer Literatur). – Zu den Abbildungen: 28.1–2 (Würzburg 508 = LIMC I [1981] s.v. Aias I 43); 28.3 (Paris, Louvre G 115 = LIMC I [1981] s.v. Aias I 37)

29. Vergebliche Gesandtschaft

Siehe allgemein: LIMC I (1981) s.v. Achilleus XII. (A. Kossatz-Deissmann); L. Giuliani, Bild und Mythos. Geschichte der Bilderzählung in der griechischen Kunst (2003) 231 ff. (»Achills Groll und Achills Leier«). – Zu den Abbildungen: 29.4 (Basel, Antikenmuseum = LIMC I [1981] s.v. Achilleus 453); L. Giuliani, a. O.
1 Il. 9, 37 ff. (nach Übers. J. H. Voss)
2 »Seid mir willkommen, die ihr kommt als Freunde – es drängt mich die Not euch –, ihr seid in meinem Zorn die liebsten mir sein der Achäer. Also sprach der edle Achäer und führte sie vorwärts und ließ sie auf Sessel sitzen und purpurne Decken. Und zu Patroklos, der nahe dabei war, sprach er in Eile: Sohn des Menoitios, setze ein größeres Mischgefäß vor uns, mische uns stärkeren Wein, und richte jedem den Becher, denn meine liebsten Freunde sind unter mein Obdach gekommen.« (Il. 9, 197 ff.)
3 In der Achilleustrilogie des Aischylos tritt Achill in der Gesandtschaftsszene offensichtlich zunächst als Schweigender auf. Es ist in den letzten Jahrzehnten diskutiert worden, ob die Vasenbilder des eingehüllten Achilleus womöglich von dieser Fassung inspiriert worden seien. Sowohl J. Boardman (The Kleophrades Painter at Troy, Antike Kunst 19 [1976] 13 f.) als auch zuletzt L. Giuliani (Bild und Mythos [2003] 231 ff.) sprechen sich dafür aus, dass durch die Vasenbilder Aischylos zu seiner Variation angeregt wurde.

30. Spione, Späher und Massaker

Zum Rhesos- und Dolonabenteuer allgemein: LIMC III (1986) s.v. Dolon (D. Williams, mit weiterer Literatur); LIMC VIII Suppl. (1997) s.v. Rhesos (M. True, mit weiterer Literatur); L. Giuliani, Tragik, Trauer, Tost (1995) 94 ff. – Zu den Abbildungen: 30.2 (London, Britisches Museum 1846.9–25.3 = LIMC [1986] s.v. Dolon 14); 30.3 (Wien, Kunsthistorisches Museum I771 = LIMC III [1986] s.v. Dolon 4); 30.4 (Mailand, Ambros. Libr. Cod. 1019 = LIMC III [1986] s.v. Dolon 24); 30.5 (Berlin, Antikensammlung 1984.39 = L. Giuliani, a.O. Kat.2); 30.6 (Malibu, Getty Museum 96AE.1. = LIMC VIII Suppl. [1997] s.v. Rhesos 2).
1 Die Rhesos-Geschichte ist nicht nur im zehnten Gesang der Ilias, sondern in der Form einer attischen Tragödie aus dem 4. Jh. (?) überliefert. Ein Chorgedicht des Pindar ist verloren gegangen (L. Giuliani, a. O. 94 Abb.; M. True, LIMC VIII Suppl. [1997] s.v. Rhesos, S. 1045)
2 LIMC III (1986) s. v. Dolon 3 (South Italian [?]) Terracotta plaque, model for a relief on a metal vessel; 3rd cent. B.C.(?); J. Sieveking, Münchner Jahrbuch der bildenden Künste 12 (1921–22) 117 Abb. 1.

31. Der göttliche Beistand

Siehe allgemein: LIMC I (1981) s.v. Agamemnon (O. Touchefeu, mit weiterer Literatur); LIMC I (1981) s.v. Aias I XV. (O. Touchefeu, mit weiterer Literatur)

32. Der Wendepunkt – Taten und Tod des Patroklos

1 Nach Homer, Ilias 16, 198 ist Laodameia die Mutter Sarpedons, doch seit Hesiod (Frg. 140 Merkelbach/West) wird er nahezu einhellig als Sohn der Europa bezeichnet.
2 Die Darstellung auf einem Stamnos in Basel (L. Giuliani, Bilder nach Homer [1998] 123 mit Anm. 124 Abb. 11) folgt dem konventionellen Zweikampfschema und lässt sich ausschließlich durch die Beischriften mit Patroklos und Hektor verbinden.
3 Krater Athen, Agora AP 1044; zuletzt jedoch von E.A. Mackay, in: R.F. Docter/E.M. Moormann (Hrsg.), Proceedings of the XVth International Congress of Classical Archaeology, Amsterdam, July 12 – 17, 1998 (1999) 247 ff., dem Meister abgeschrieben.

33. Trost für Achill

1 Daran nahm schon Platon (Symposion p. 180 A) Anstoß.
2 Auf homerischen Bechern des 3./2. Jahrhunderts v. Chr.; U. Sinn, Die homerischen Becher. 7. Beih. AM (1979) 78 (MB 7); 82 (MB 14).

34. Die Rache: Achill tötet Hektor

1 A. Furtwängler, Aigina. Das Heiligtum der Aphaia I (1906) 344.
2 Die Götter werden allenfalls gezeigt, wie sie einzeln in die Kämpfe der Sterblichen eingreifen. Die im Bild gefasste Parteinahme der olympischen Götter im Nordfries des Siphnierschatzhauses (Kap. 41) bleibt ein Einzelfall. Wir dürfen darin deshalb keine lectio difficilior sehen, denn dieser Skulpturenfries hatte keinerlei Wirkung auf die Kleinkunst.
3 Weder die Begleitpersonen, Phoinix und Sarpedon, noch irgendein Bilddetail lassen sich mit der epischen Vorlage verbinden. Ohne die Namensnennungen wären die Figuren nicht zu identifizieren.

35. Leichenfeier für Patroklos

1 Die Griechen legen ihre Locken auf den Toten, Achill schert sich das Haupt. Das Haar als Sitz der Kraft – man denke an Samson – hatte magische Kraft und wurde zur Erfüllung eines Gelübdes oder als Zeichen der Trauer geopfert. In mykenischer Zeit gab man vornehmen Toten in Griechenland auch noch Gerätschaften, Pferde und Gefangene als Diener mit ins Grab; das war jedoch bereits zu Homers Zeiten in Griechenland nicht mehr üblich.
2 Die älteste Wiedergabe findet sich auf einem spätprotokorinthischen Aryballos (K. Friis Johansen, Vases Sicyoniens [1922] Taf. 34,1).
3 586 v. Chr. wurden die Pythien in Delphi reformiert, 582 v. Chr. die Isthmien, 573 v. Chr. die Nemeen und 566 v. Chr. die Großen Panathenäen begründet bzw. neu gestaltet. Zum Sport bei den Griechen und zur Entwicklung des antiken Spielbetriebs im Besonderen zuletzt R. Wünsche, Lockender Lorbeer (2004) bes. 44 – 55. 61 – 65. 66 – 69.
4 Vielleicht auch mit dem Sturz des unglücklichen Eumelos, wie auf einer tyrrhenischen Amphora in Florenz (H.A. Shapiro, Myth into art [1994] 37 Abb. 21 – 22), die sowohl Bildelemente des Sophilos-Dinos als auch des Klitias-Kraters aufgreift.
5 Keines der seit dem mittleren 6. Jh. v. Chr. überaus zahlreichen Athletenbilder lässt sich zuverlässig mit den Spielen für Patroklos verbinden; auch eine Bandschale in Basel mit Boxern, Ringern und Läufern liefert keine stichhaltigen Indizien für eine Identifizierung mit dem Mythos (gegen Schefold, SB II 235 mit Abb. 314/315).

36. Hektors Lösung

1 Nach einer – freilich späteren – Version (Sophokles, Aias) verwendete er dazu den Gürtel des Hektor, den dieser im Tausch von Ajas erhalten hatte; vgl. Kap. 28 & 40.
2 Schefold, SB II, 232, mit Berufung auf H. von der Mühll, Kritisches Hypomnema zur Ilias (1952) 454. 469 ff., meint dagegen, Achill folge hierin uraltem thessalischen Brauch.
3 Nur zwei Vasenbilder – eine klazomenische Hydria in Brüssel und eine attisch-schwarzfigurige Lekythos in Paris; LIMC I 139–140 s.v. Achilleus Nr. 584 & 600 – zeigen Hektor mit dem Gesicht nach unten.
4 Nur einmal, auf einer Hydria in Boston (MFA 63.473), auch um 510 v. Chr. entstanden, werden verschiedene Schleifungen zusammengebracht, indem noch Hektors klagende Eltern erscheinen, die auf die erste Schleifung verweisen, während der Grabhügel rechts die dritte Schleifung anzeigt. So erhält das Bild eine größere Komplexität und Dramatik.
5 Das nicht mehr zu steigernde Pathos wird bei Homer nie rührselig, denn der Dichter erinnert stets daran, dass Leben und Krieg weitergehen.
6 Gegen Ende des 6. Jahrhunderts v. Chr. ist das Bildmotiv weitgehend »kanonisiert.« Andere Vasenbilder schmücken die Szene nur mehr oder weniger aus, Achill ist später meist jugendlich dargestellt.
7 Vgl. oben Anm. 1.
8 Abgesehen von einer sehr unsicher identifizierten Darstellung (P. Zancani Montuoro / U. Zanotti-Bianco, Heraion alla Foce del Sele II. »Il primo thesauros« [Rom 1954] 260–268 Taf. 43–45).

37. Eine unmögliche Liebe: Achill tötet Penthesileia

1 Unsere wichtigsten antiken Quellen zu den Amazonen sind Diodor und Strabon.
2 Homer, Ilias 2, 216. Das Urteil über Thersites ist gleichwohl seit der Antike uneinheitlich; vgl. ML V 665–675 s.v. Thersites [J. Schmidt].

38. Achill tötet Memnon

1 Literarische und bildliche Quellen gut zusammengestellt, von A. Kossatz-Deissmann. LIMC VI, 1, 448 ff.
2 Die Deutung auf Achill – Memnon war früher gängig: u. a., G. Karo, AM 34 (1909) 172; E. Reisch, Wiener Eranos (1909) 293 ff; G. Lippold, Phil. Woch. 11/12, (1938) 312; die neue Deutung auf Tod des Sarpedon (La Coste - Messelière, BCH 68/69, 1944/5, 5ff.; E. Mastrokostas, AM 71, 1956, 74 ff.) wurde zuletzt breit akzeptiert. Gegen die Friesinterpretation von La Coste-Messelière schon: H. Walter, Griechische Götter (1971), der das Kämpferpaar nicht benennt, aber die inhaltliche Verbindung und Abhängigkeit der beiden Szenen erkennt und betont.
3 Rekonstruktionsskizze bei: V. Brinkmann, BCH, 109, 1985, 116. Durch seine Untersuchungen wird m. E. die Deutung des Frieses gesichert. Kritisch hingegen: E. Recke, Gewalt und Leid (2002) 102.
4 Anders: CVA, München (1), 28 (dort: Benennung genau umgekehrt).
5 Anders: E. Recke, a. O. 101 f.
6 M. D. Stansbury-O'Donell, Vase Painting, Gender, and social identity in archaic Athens (2006) 187 ff.

39. Tod des Achill

1 Anders: L. Giuliani, Bild und Mythos, München (2003), 141.
2 Apollodor, Epitome 5, 4.
3 S. Woodford – M. Loudon, Two Trojan Themes, AJA 84, 1980, 26 ff.
4 Zur Deutung: Wünsche, MüJb 62, 1991, 7 ff. Der Forschungsstand ausführlich diskutiert: B. S. Ridgway, Hellenstic Sculpture III (2002) 79 ff. Für die frühere Deutung als Menelaos-Patroklos-Gruppe zuletzt noch einmal: E. Simon, Aias von Salamis als mythische Persönlichkeit, in: Sitzt. Ber. d. wiss. Ges. d. Uni. Frankfurt, 41, 2003, 14 f.

40. Die Tragik des Ajas

1 Möglicherweise in Schalen-Fragmenten des Onesimos: D. Williams, AntK 23, 1980, 137 ff.
2 Zur Deutung und Rekonstruktion: Wünsche, Kat. Ausst.: Der Torso, Ruhm und Rätsel, München 1998.; ders. in: Kat. Ausst. Taet pa en Torso, Ny Carlsberg Glyptotek, 2001, 25 ff.
3 Kat. Torso, a. O. 66–86.
4 Vgl. Kat. Torso, a. O. 137, Anm. 12.: mit ausführlicher Darstellung zu den früheren Untersuchungen der Dübellöcher.
5 Kleinbronze in Schweizer Privatbesitz. Zitiert auch von: N. Himmelmann, AA 1996, 475.
6 Eine Deutung als Philoktet, mit dem Bogen über den Oberschenkeln, vertritt: E. Simon, Philoktetes. Ein kranker Heros. In: Festschr. Martin Hengel, Tübingen 1996, 15 ff. Ihre zeichnerische Rekonstruktion erklärt nicht alle Bruchflächen, Ansatzpunkte und Dübellöcher am Torso (vgl: in diesem Katalog Kap. 40). Ihr Argument, dass das Pantherfell nur zu Philoktet passe, wurde früher ausführlich widerlegt von N. Himmelmann a. O. 476; vgl. Kat. Torso, 87. – Als bogenschießender Philoktet wird von G. Despinis der Torso interpretiert [Rend. Mor. Acc. Lincei, s. 9. v. 15 (2004) 393 ff.]. Für diese Theorie gibt er weder eine Rekonstruktionsskizze noch einen Rekonstruktionsversuch an einem Modell. Er glaubt, dass der bogenschießende Philoktet so ausgesehen hat, wie der bogenschießende Herakles, den Vittore Gambello in Anlehnung an den Torso modelliert hat (abgeb. Kat. Torso, 61). Gambello hat für dieses, von ihm gewählte Motiv den Oberkörper stärker aufgerichtet als am Torso; die Kopfneigung des Torso, die an dem erhaltenen Halsansatz sichtbar, verändert und den Kopf stark zur Seite gedreht, was der am Torso dargestellten Anatomie widerspricht. Es ist eine Umbildung, nicht eine Ergänzung des Torso, die notwendig war, um das Motiv des Bogenschießens darstellen zu können. Zudem ist das Dübelloch am rechten Oberschenkel der Figur von Despinis falsch interpretiert worden: Es ist zweifellos von der Seite eingetrieben worden, diente wohl als Stütze eines Attributs und wurde erst bei einer späteren Flickung wohl als Klammerloch (vgl. Klammerlöcher an der Schulter) benützt, um den aufgestützten Arm zu fixieren. Allein die Vorstellung, dass ein am Bein verletzter griechischer Held mit stark gekrümmtem Rücken und aufgestütztem rechten Arm als Bogenschütze dargestellt sein soll, fällt mir schwer. Seine Interpretationen und die Dübellöcher werden von mir anderenorts diskutiert. G. Hafner, der einen alten Deutungsvorschlag wieder aufnimmt und den Torso in einer malerischen Skizze als Polyphem interpretiert, geht auf die ganze Problematik der Bruchflächen, Stückungs- und Dübellöcher nicht näher ein. (G. Hafner, ÖJh 68, 1999, 41 ff.). Ausführliche Diskussion der Torsoliteratur: B. S. Ridgway, Hellenistic Sculpture III, Madison (2002), 83 ff.

41. Wundersame Bedingungen für die Eroberung: Ein neuer Kämpfer und die Waffen des Herakles

Siehe allgemein: LIMC VI (1992) s.v. Neoptolemos (O. Touchefeu, mit weiterer Literatur); LIMC VII (1994) s.v. Philoktetes (M. Pipili, mit weiterer Literatur). – Zu den Abbildungen: 41.2 (Basel, Antikenmuseum BS 498 = LIMC IV [1988] s.v. Eurypylos I 3); 41.3 (Würzburg, Martin-von-Wagnermuseum 309 = LIMC IV [1988] s.v. Eurypylos I 3); 41.4 (Wien, Kunsthistorisches Museum IV 3695 = LIMC IV [1992] s.v. Neoptolemos 15; D. Williams, Antike Kunst 23 [1980] 137 ff.); 41.5 (New York, Metropolitan Museum of Art 56.171.58 = LIMC VII [1994] s.v. Philoktetes 21; D. v. Bothmer, BullMMA 15 [1957] 179); 41.6 (Kopenhagen, Nationalmuseum 9/20 = LIMC VII [1994] s.v. Philoktetes 69); 41.7 (siehe hier Anm. 3).
1 Überlieferung hierzu: Kleine Ilias (Proklos, Davies EGF 52), Philostr. Iun. (im. 10), Quintus Smyrnaeus 7.194–212.
2 Nach der Kleinen Ilias hat Diomedes Odysseus begleitet (Davies EGF 52, 6–9).
3 E. Simon, Philoktetes. Ein kranker Heros, in: Festschrift Martin Hengel (1996) Abb. 11; vgl. G. Hafner, Der Torso vom Belvedere, ÖJh 68 (1999) 41 ff.; siehe hier Kap. 40 mit weiterer Literatur.

42. Noch eine wundersame Bedingung: Der Raub des Kultbilds

Siehe allgemein: LIMC III (1986) s. v. Diomedes I, V.M. (J. Boardman, C. E. Vafopoulou-Richardson). – Zu den Abbildungen: 42.2 (Neapel, Nationalmuseum 81392 = LIMC IV [1988] s.v. Helene 202); 42.3 (Neapel, Nationalmuseum 144978 = LIMC III [1986] s.v. Diomedes I 38a); 42.10 (Ashmolean Museum 1931.39 = LIMC III [1986] s.v. Diomedes I 32); 42.11–42 (München, Staatliche Münzsammlung = AGD I, passim); 42.16 (Sperlonga = LIMC III [1986] s.v. Diomedes I 79); 42.17 (Rom Palatin = LIMC VI [1984] s.v. Minerva 235).
1 Apollod. Epitome 5, 13; Ovid Metamorphosen 13, 337–351.
  Neueste Literatur: F. Hildebrandt, Diomedes. Tauglich für die römische Herrschaftsikonographie? In: Otium. Festschrift für Volker Michael Strocka (2005) 149 ff.
2 Q. Smyrn. 10, 350–354.
3 Zur Entstehung des Palladions: »… Ilos folgte der Kuh. / Sie kam zu dem sogenannten Hügel der Phrygischen Ate und legte sich dort hin. Dort gründete Ilos eine Stadt und nannte sie Ilion. Er betete zu Zeus darum, dass ihm irgendein Zeichen erscheinen möge, und sah am nächsten Tag das vom Himmel gefallene (Götterbild) Palladion vor seinem Zelt liegen. In der Größe maß es drei Ellen, mit geschlossenen Füßen, in der Rechten den erhobenen Speer, in der Linken Rocken und Spindel.« (Apoll. Epit. 3, 143 Übers. K. Brodersen).
4 Vgl. B. Andreae, Odysseus. Mythos und Erinnerung (1999) S. 77
5 A. Furtwängler, Meisterwerke der griechischen Klassik, 1893, 311 ff.; B. Vierneisel-Schlörb, Glyptothek München. Katalog der Skulpturen, 2. Klassische Skulpturen des 5. und 4. Jahrhunderts v. Chr. (München 1979) 79 ff.; Chr. Landwehr (Juba II als Diomedes? JdI 107 [1992] 103 ff.) spricht sich gegen die Deutung der Replikenreihe als Diomedes aus. F. Hildebrandt (Diomedes. Tauglich für die römische Herrschaftsikonographie? in: Otium. Festschrift für Volker Michael Strocka [2005] 149 ff.) spricht sich zuletzt (m. E. zu Recht) gegen die Zweifel von Landwehr aus.
6 LIMC III (1986) s.v. Diomedes I 32
7 LIMC III (1986) s.v. Diomedes I 34
8 E. Paribeni, Una testa die Athena Arcaica dal Palatino, Bulletino d'Arte 49 (1964) 193 ff.

43. »Was es auch sei, ich fürchte die Danaer, selbst wenn sie schenken«

Siehe allgemein und zu den abgebildeten Vergleichen: LIMC VI (1992) s. v. Laokoon (E. Simon) und LIMC III (1986) s. v. Equus Troianus (A. Sadurska); L. Giuliani, Bild und Mythos. Geschichte der Bilderzählung in der griechischen Kunst (2003) 77 ff.
1 Platon (Ion 533a) und Pausanias (2, 19, 6) werden ihn später als Bildhauer ansprechen.
2 Vgl. Liddle-Scott s. v. douráteos.
3 E. Kunze, Sphyrelata, in: 9. Bericht über die Ausgrabungen in Olympia (1994) 101 ff.; B. Borell, Olympische Forschungen 24 (1998) Teil B; I. Beyer, Die Tempel von Dreros und Prinias A (1976); P. Amandry, Statue de taureau en argent, BCH Suppl. 4 (1977) 272 ff. Neue Pauly s. v. Sphyrelata
4 A. Schober, Die Kunst von Pergamon (1951) 112 Abb. 83; LIMC s. v. Equus Troianus 3.
5 Die Bronzeausführungen des trojanischen Pferdes am heiligen Weg von Delphi und auf der Athener Akropolis bestätigen diese Postulat. Pausanias 1, 23, 8 (»Dann steht dort das so genannte hölzerne Pferd in Bronze«) und Pausanias 10, 9, 12 (»… und sandten daher ein Bronzepferd, das Hözerne nämlich, nach Delphi; das Werk stammt von Antiphanes aus Argos«).
6 K. Schefold, Götter- und Heldensagen der Griechen in der Früh- und Hocharchaischen Kunst (1993) Abb. 86; LIMC s. v. Equus Troianus 22
7 Vgl. Giuliani, a. O. 80
8 Je nach Überlieferung tötet das Schlangenpaar Laokoon und einen Sohn, oder beide Söhne vor den Augen des Vaters, oder alle drei (vgl. E. Simon, LIMC IV [1992] S. 196 ff.)
9 Lit. Zur Laokoongruppe: Chr. Kunze, Laokoon und Skyllagruppe, JdI 111 (1996) 139 ff.

10 Der Sohn Sangallos hat diesen Ausruf in einem Brief festgehalten. Siehe C. Schmälzle, Das schier atmende Bildwerk. Wie der Laokoon gefunden und schnell berühmt wurde, Süddeutsche Zeitung vom 14./15. Januar 2005 Seite 16.
11 Siehe zur Diskussion: Chr. Kunze, JdI 111 (1996) 139 ff.
12 V. Brinkmann, Die blauen Augen der Perser. Die farbige Skulptur der Alexanderzeit und des Hellenismus, in: Bunte Götter. Die Farbigkeit antiker Skulptur (2005, 3. Aufl.) 178 ff.; siehe auch K. Yfantidis, Die Polychromie der griechischen Plastik (1985).
13 Siehe S. Muth, Laokoon, in: L. Giuliani (Hrsg.), Meisterwerke der antiken Kunst (2005) 75 ff. Zur möglichen Farbigkeit des Laokoon: F. Queyrel, Les couleurs du Laocoon, in: E. Déultot, J. Le Rider, F. Queyrel (Hrsgg.), Le Laocoon. Histoire et r´ception (2003) 57 ff.; Vgl. A. Stewart, Baroque Classics. The Tragic Muse and the Exemplum, in: J. I. Porter (Hrsg.), Classical Pasts. The Classical Traditions of Greece and Rome (2006) 144 ff. »Laocoön's Eyes«. – Paolo Liverani hat zusammen mit dem naturwissenschaftlichen Labor der Vatikanischen Museen die Statuengruppe des Laokoon in den letzten Jahren nach Farbspuren untersucht. Dabei sind keinerlei Reste einer Fassung gefunden worden (mündl. Mitteilung, Mai 2006).
14 Zur Argumentation von Andreae: B. Andreae, Plinius und der Laokoon (1987). Erwiderung: O. Zwielein, Plinius über den Laokoon, in: H.-U. Cain, H. Gabelmann, D. Salzmann (Hrsgg.), Festschrift für Nikolaus Himmelmann. Beiträge zur Ikonographie und Hermeneutik (1989) 433 ff.
15 Die Abb. 43.9a ist dem Katalog: In Celebration. Works of Art from the Collections of Princeton Alumni and Friends of the Art Museum, Princeton University (1997) Nr. 139 entnommen. Alessandro Allori gibt in diesem Bild die Statuengruppe selbst in einer Architektur der Renaissance und nicht der Antike wieder. Es handelt sich also nicht um eine Verlebendigung der Statue, wie im Princetoner Katalog ausgeführt wird (a. O. S. 129 »Allessandro Allori painted the group not as a sculpture but as flesh and blood creatures …«). Hätte der Maler tatächlich eine Verlebendigung angestrebt, dann hätte er mit Sicherheit die Statuenbasis weggelassen. Zu Allori allgemein: S. Lecchini Giovannoni, Alessandro Allori (1991). – Das in Abb. 43.9b gezeigte Bild von Papacello (Tomasso Bernabei), einem Schüler von Giulio Romano, zeigt ebenso die Statuengruppe in einer Rekonstruktion der ehemaligen Farbigkeit. Interessant ist die Tatsache, dass ein weiteres Fresko in Cortona die Laokoongruppe ohne Farben zeigt. Dieses Fresko stammt offensichtlich aus dem 19. Jh. und stellt vielleicht eine bewusste Gegenposition zu Papacello dar.
16 Nach Schefold sind auch die Krieger, die das Pferd umgeben, Griechen (Schefold, a. O. S. 147).

44. Trojas Untergang

1 Üblicherweise öffnet der mit der Konstruktion am besten vertraute Odysseus die Klappe, doch später finden sich in der Literatur auch Versionen, wonach Sinon – Vergil, Aeneis 2, 257 – 259, weicht hier wie in vielen anderen Details von der älteren griechischen Tradition ab – oder der Trojaner Antenor (Lykophron, Alexandra 340 – 343) die Griechen herauslassen. Nach Quintus Smyrnaeus 13, 30 – 44, lässt Sinon die Männer im Pferd wissen, dass es Zeit ist, herauszusteigen, und Odysseus öffnet die Luke.
2 Zur Identifizierung des Gefallenen zuletzt S. Ebbinghaus, JHS 125, 2005, bes. 65 – 68, mit weiterer Literatur. Auch wenn die Argumentation, dass es sich um einen Trojaner handeln müsse, weil alle übrigen Schulterbilder auch nur die Besiegten zeigen, nicht schlagend ist, scheint mir am plausibelsten, dass der Tote »stellvertretend für alle gefallenen Troer« steht (L. Giuliani, Bild und Mythos [2003] 86).
3 Ihre Zahl schwankt in den Quellen beträchtlich: Nur zwölf namentliche genannte Helden führt Eustathios, Kommentar zur Odyssee 1698, 2, an, J. Tzetzes, Posthomerica 641 – 650 nennt die Namen von 23, nach Quintus Smyrnaeus (Posthomerica 12, 314 – 335) waren es mehr als 30, nach Apollodor, Epitome 5, 14 schon 50, bei Stesichoros (bei Eustathios, a. O.) 100 und nach der Kleinen Ilias (nach Apollodor a.O.) saßen angeblich 3000 Griechen im Hölzernen Pferd. Auffälligerweise fehlt bei allen Aufzählungen derer, die im Pferdeleib lauerten, stets ihr Anführer Agamemnon. Wurde er als Anführer der Flotte gebraucht oder sollte das Heer im Fall eines Fehlschlags nicht führerlos sein?
4 Vgl. E. Berger, Der Parthenon in Basel. Dokumentation zu den Metopen (1986) 12 – 15. 20. 23.
5 Vgl. die Vorahnung Andromaches in der Ilias 24, 727 – 735.
6 Athen etwa mit dem kolossalen Bronzepferd des Strongylion im Heiligtum der Artemis auf der Akropolis (Pausanias 1, 23, 8); Argos mit einem wohl ganz ähnlichen Weihgeschenk in Delphi (Pausanias 10, 9, 12).
7 Vgl. Berger, a. O. 47 – 53 (Nord 30 – 32). Wenige Jahrzehnte zuvor hatte Polygnot die griechischen Fürsten gemalt, die über Aias Rat halten.
8 So wurde die Darstellung auf Abb. 22.13 auch immer wieder mit Astyanax verbunden (vgl. oben Kap. 22). Die Frage, in welchem Zusammenhang das Motiv des Schwerbewaffneten, der einen wehrlosen Knaben zerschmettert, erstmalig auftritt, ist in an dieser Stelle unerheblich. Zuletzt ist M. Mangold, Kassandra in Athen (2000) 27 – 33, vehement dafür eingetreten, dass es ursprünglich für den Troilosmythos erfunden und erst sekundär auf Astyanax übertragen worden sei. Doch der Hinweis, dass das Bildmotiv für Troilos schon etwa 10 Jahre früher belegt ist, kann angesichts unserer spärlichen und zufälligen Überlieferungslage nicht überzeugen. Bald darauf aber wird dieses Bildschema für Astyanax charakteristisch, während es für Troilos insgesamt nur in wenigen Fällen gesichert ist. Dort dominieren andere Kompositionsmotive (siehe Kap. 22).
9 Nur auf der Schale des Brygos-Malers (Abb. 9) und der Hydria des Kleophrades-Malers (Abb. 10) ist auch das Niederhauen der trojanischen Verteidiger eindrucksvoll in Szene gesetzt.
10 So zuletzt M. Mangold, Kassandra in Athen (2000) 28; ähnlich Giuliani, a. O. 86 – 87, aber auch ebenda 94. Darstellungen außergewöhnlicher Grausamkeit (vgl. Troilos Abb. 22.13 und Polyxena Abb. 44.20 – 21) sind in der griechischen Kunst – anders als bei den Römern – immer auch als Zeichen von Hybris zu verstehen.
11 Zur Brutalität des Neoptolemos gegenüber den Besiegten: E. Keuls, in: Image et Céramique grecque, Colloque Rouen 1982 (1983) 171 – 172 ; P. Ducrey, Victoire et défaite. Réflexions sur la répresentations des vaincus dans l'art grec, in: Image et Société en Grèce ancienne, Colloque Lausanne 1984 (1987) 201 – 211.
12 Vgl. Homer, Ilias 17, 732 – 734. 746 – 753. Ebenda 17, 720 – 721 sagt Ajas der Telamonier: »Wir, die gleich an Namen und gleich an mutiger Seele, stets vereint miteinander die Wut des Gefechtes erduldet«. Einige Forscher (C. Robert, Die griechische Heldensage [1920 – 1926] 1037 ff.; P. von der Mühll, Der große Aias [1930] 32 ff.) nehmen an, dass es sich bei den beiden Ajas ursprünglich um eine Figur handelte, die sich später in zwei Helden gespalten habe.
13 D. Hertl, Die Mauern von Troja (2003) 216 – 218.
14 Zu »Zuschauern« vgl. B. Kaeser, in: Kunst der Schale (1990) 151 – 156
15 Vgl. dazu G. Doblhofer, Vergewaltigung in der Antike (1994) 102 – 103; A. Stewart, Vergewaltigung?, in: E. Reeder (Hrsg.), Pandora (1996) bes. 84 – 86. Zuletzt hat noch einmal Hertl, a.O. 216 Anm. 146, die Ansicht vertreten, die frühe Sage habe das Vergewaltigungsmotiv noch nicht gekannt; vgl. W. Rösler, ZPE 69, 1987, 1 – 8.
16 Zur Gleichsetzung von Gottheit und Bild T. Scheer, Die Gottheit und ihr Bild (2000) bes. 46 – 54.
17 Einige Palladien ›schielen‹ oder haben hoch sitzende Pupillen (vgl. CVA Bolgna 5, Taf. 99, 268), einige wenden sich zur Seite (z. B. J.-M. Moret, L'ilioupersis dans la céramique italiote [1975] Taf. 7,2), ob man daraus aber ein absichtliches Wegschauen ableiten darf, bleibt fraglich.
18 Im 4. Jh. v. Chr. kommen auch Karikaturen auf, wo ein ängstlicher Ajas sich vor einer zudringlichen Kassandra an das Kultbild flüchtet; R. Lullies, Aachener Kunstblätter 37, 1968, Abb. 54a; CVA Villa Giulia 3, Taf. 1 – 2 (146 – 147).
19 Vgl. U. Walter, Die Rache der Priamos-Enkel? Troia und Rom, in: M. Zimmermann (Hrsg.), Der Traum von Troia (2006) 89 ff. bes. 92 – 103.
20 Scheer a. O. 181 – 186.
21 Das Geschlecht des im Sarkophag Bestatteten ist umstritten, zuletzt hat sich C. Reinsberg, Der Polyxena-Sarkophag in Çanakkale, Olba IV, 2001, 72 ff., mit Nachdruck für eine (junge) Frau ausgesprochen. Eine Auswertung der Knochenfunde liegt nicht vor. Schon die Grabform spricht dagegen, dass der oder die Tote Grieche war; dagegen Reinsberg, a. O. 92.
22 Bei Seneca (Troades 938 – 948) und Philostrat (Apollonios von Tyana 4, 16) wird der erotische Aspekt noch stärker betont. Nach der Version, dass Achill bei einem verabredeten Stelldichein mit Polyxena im Heiligtum des Apoll vom Pfeil des Paris getroffen wird, handelte es sich folglich um einen Sühneakt.

45. Rettungen

1 Heirat von Helena und Deiphobos: Homer, Odyssee 4, 276. – Tötung des Deiphobos: Homer, Odyssee 8, 517. – Helena als Ehefrau in Sparta: Homer, Odyssee 4, 295ff.; 15, 92ff.; 17, 118.
2 Dieses Vorhaben lässt er zuweilen entweder sofort fallen oder erst später nach der Rückkehr in die Heimat, wohin er die Strafe aufschieben will, s. Euripides, Trojanerinnen 1036ff.; 1110ff.
3 Zur literarischen Überlieferung s. LIMC s. v. Helene; Roscher, ML s. v. Helena (vgl. auch Roscher, ML s. v. Menelaos); P. Clement, Hesperia 27, 1958, 47f.
4 Aus der umfangreichen Literatur zu diesem Thema, sollen hier nur einige genannt werden, die u. a. die Grundlage für diesen Artikel bilden: L. B. Ghali-Kahil, Les enlèvements et le retour d'Hélène dans les textes et les documents figurès (1955); Clement a. O. (Anm. 3) 47ff.; E. Simon, AntK 7 (1964) 91ff.; K. Schauenburg, JdI 80, 1965, 85ff.; L. Kahil in: LIMC s. v. Helene 498ff.; Ch. Sourvinou-Inwood in: Image et Société en Grèce anncienne. Symposion Lausanne 1984 (1987) 41ff.; L. Kahil in: Architecture et poésie dans e monde grec. Festschrift G. Roux (1989) 293ff.; M. Robertson in: Age of Homer. Festschrift E. Vermeule (1995) 431ff.; A. Dipla in: Greek Offerings. Festschrift J. Boardman (1997) 119ff.; M. Mangold, Kassandra in Athen. Die Eroberung Trojas auf attischen Vasen (2000) 80ff.; M. Recke, Gewalt und Leid (2003) 31ff.; L. Abrosini, RM 110 (2003) 199ff.
5 Zum Gestus: J. H. Oakley – R. H. Sinos, The Wedding in Ancient Athens (1993) 30f.; E. D. Reeder in: dies. (Hrsg.), Pandora. Frauen im klassischen Griechenland. Ausstellungskat. Basel (1996) 123f.; D. J. Cairns, JHS 116, 1996, 152ff. H. Laxander, Individuum und Gemeinschaft im Fest (2000) 60f. – Zur Brautentschleierung: C. Reinsberg, Ehe, Hetärentum und Knabenliebe (1989) 25. J. H. Oakley, AA 1982, 113ff.
6 Boston 13.190: M. Robertson in: Age of Homer. Festschrift E. Vermeule (1995) 431ff. (mit älterer Lit.)
7 Paris, Louvre G3, attisch rotfigurige Amphora, Oltos-Maler, Töpfer: Pamphaios, 510–500 v. Chr., aus Etrurien: LIMC Helene Nr. 237*; LIMC Menelaos Nr. 52; Kahil 78 Nr. 44 Taf. 29,2; J. Harnecker, Oltos. Untersuchungen zu Themenwahl und Stil eines frührotfigurigen Malers (1991) 141ff. Nr. 27; Mangold a. O. (Anm. 4) IV 4 Abb. 49
8 So geht Meret Mangold [a. O. (Anm. 4) 102 mit Anm. 677 Liste 200f.] davon aus, dass es sich bei der attisch schwarzfigurigen Amphora des Amasis-Malers Inv. 1383 und der rotfigurigen Hydria Inv. 2425 nicht um Menelaos und Helena handelt, sondern um anonyme Darstellungen.
9 Oinochoe, Rom, Vatikan 16535: H. A. Shapiro, Personifications in Greek Art (1993) 260 Nr. 130 (mit älterer Lit.), B. Borg, Der Logos des Mythos (2002) 160f. – Aus einem Scholion zu Euripides Andromache 629 erfahren wir, dass Helena in das Heiligtum der Aphrodite geflohen ist, von wo aus sie mit Menelaos redet, der daraufhin aus Liebe sein Schwert wegwirft. s. auch Aristophanes, Lysistrate 155.
10 Aristophanes Lysistrate 155, Euripides, Andromache 627ff.
11 W. H. Roscher, ML I.1 200f. s. v. Aithra; RE I (1894) 1107ff. s. v. Aithra (K. Wernicke); Beazley, ARV≈ 1720 Index s.v. Aithra rescued; C. Praschniker, Parthenonstudien (1928) 125 Anm. 2 (Liste); Ch. Dugas, BCH 60, 1936, 158–169; H. Philippart, Les coupes attiques à fond blanc (1936) 66f. (zur Münchner Vase); U. Kron, Die zehn attischen Phylenheroen

(1976) 141f.; 152ff., 270–272; LIMC Aithra Nr. 59ff. (U. Kron); S. Pfisterer-Haas, Darstellungen alter Frauen in der griechischen Kunst (1989) 23f.; Mangold a. O. (Anm. 4) 103ff.; Recke a. O. (Anm. 4) 80ff.

12 So ist diese Vase bei bei U. Kron LIMC s. v. Aithra Nr. 59 sowie bei Recke a.o. S. 293 Nr. 1 unter den Darstellungen der Aithra aufgeführt. In beiden Fällen jedoch mit dem Verweise auf die anders lautende Deutung als Helena und Menelaos.

13 Homer, Ilias 20, 302.306ff.; Homerischer Hymnus auf Aphrodite V, 196f.

14 Doch nicht nur Aphrodite, sondern auch andere Götter, schützen ihn und retten ihn aus bedrohlichen Situationen im Kampf. Dies zeigt deutlich, dass es ihn der Wille der Götter zum Überleben bestimmt: Homer, Ilias 2, 819f; 5, 311ff, 432ff; 20, 89ff., 187ff., 287ff.

15 Aus der umfangreichen Literatur seien hier nur einige wichtige Werke genannt: K. Schauenburg, Gymnasium 67, 1960, 176ff.; W. Fuchs in: ANRW I 4 (1973); LIMC s. v. Aineias (F. Caniani); LIMC s. v. Kreousa III (G. Berger-Doer); S. Woodford – M. Loudon, AJA 84, 1980, 25ff.; Mangold a. O. (Anm. 4) 63ff.; Recke a. O. (Anm. 4) 83ff.

16 Woodford – Loudon a. O. 36 B.1.2.

17 Woodford – Loudon a. O. (Anm. 15) 34 Anm. 63, 64.

18 Proklos, EpGF 62, 12–13. Diese Version wird auch bei Sophokles berichtet: Sophokles, Laokoon fr. 373.

19 FGrH 4 F 31 (= Dion. Hal 1, 45, 1–4)

20 Jüngst zu den Quellen: Th. Mavrogiannis, Aeneas und Euander. Mythische Vergangenheit und Politik im Rom vom 6. Jh. v. Chr. bis zur Zeit des Augustus (2003); H. J. Hillen, Von Aeneas zu Romulus. Die Legenden von der Gründung Roms (2003). – zur Westflucht auch: Ph. Brize, Die Geryoneis des Stesichoros und die frühe griechische Kunst (1980) 20ff.

21 Zu den Städtegründungen des Äneas: H. J. Hillen, Von Aeneas zu Romulus. Die Legenden von der Gründung Roms (2003) 23f., K. Galinsky, Aeneas, Sicily and Rome (1969); Zum Heiligtum in Lavinium: Enea nel Lazio. Ausstellungskat. Rom (1981) 162ff.; M. Torelli, Lavinio e Roma. Riti iniziatici e matrimonio tra archeologia e storia (1984) A. Carandini, La Nascita di Roma (1997) 239ff.; Th. Mavrogiannis, Aeneas und Euander (2003) 25ff. – Zur Identifikation des Grabes als Heroon des Aeneas äußerte sich jüngst kritisch: K. K. Galinsky, in: V. Pöschl (hrsg.), 2000 Jahre Vergil (1983) 42ff. – Aufgrund des Fundes einer etruskischen Terrakotte des Äneas mit seinem Vater Anchises auf der Schulter wurde auch ein entsprechender Kult in Veji vermutet, was m. E. eher skeptisch zu betrachten ist. E. Simon in: Troia. Traum und Wirklichkeit (2001) 161f. mit Lit.

22 Erst jüngst wieder U. Sinn in: Martin Zimmermann (Hrsg.), Der Traum von Troia (2006) 106ff.; davor v. Allem K. Schauenburg a. O.; A. Alföldi, Early Rome and the Latins (1965) 278ff.; E. Simon in: Troia. Traum und Wirklichkeit. Ausstellungskat. Stuttgart (2001) 159ff. – Die von F. Bömer aufgebrachte These, in den Äneas-Sagen einen Reflex auf die Herkunft der Etrusker zu vermuten, wurde schon früh durch K. Schauenburg abgelehnt. Diese These einer Herkunft der Etrusker aus der Troas ist erst jüngst wieder vertreten worden: So hält Beekes die Pelasger Homers für die Tyrsenoi der griechischen Überlieferung. R. S. P. Beekes, The Origin of the Etruscans (2003); Durch Genanalyse soll diese These untermautert werden: C. Vernesi, The American Journal of Human Genetics, 74, 2004, 694ff.

23 Ch. Reusser, Vasen für Etrurien (2002); Ähnlich: M. Mangold a. O. (Anm. 4) 78f., 140.

24 Nach einer anderen Überlieferung verlor er sein Augenlicht. Verg., Aen. 2, 648f., Serv. aut., Aen 2,649, Serv. Aen. 1, 617. – Die Griechen gewährten Äneas, ob seiner selbstlosen Tat, beeindruckt freien Abzug: Xen. Cyn. 1, 15; Lyk. Alex. 1263ff.; Schol. Veron., Aen. 2, 717; Apollod. Epit. 5, 21; Origo g. R. 9, 1.

25 Diodor 7, 4; Varro bei Serv. auct., Aeneas 2, 363.

Kasten: Äneas in Rom

1 Die Komplexität der Materie spiegelt sich auch in der beständig anwachsenden Flut von Literatur zu diesem Thema. Allein die Internet-Bibliographie von Alain Meurant zum römischen Gründungsmythos umfasst mehrere 100 Titel (http://lupacap.fltr.ucl.ac.be/lce.bib.spec.htm). An dieser Stelle sollen hier nur auszugsweise einige wichtige Titel genannt werden: F. Bömer, Rom und Troja (1951); A. Alföldi, Die trojanischen Urahnen der Römer (1957); K. Galinsky, Aeneas, Sicily, and Rome (1969); N. Bremmer – J. M. Horsfall, Roman Myth an Mythography. BICS Supp. 52 (1987); E. Gruen, in: Culture and National Identy in Republican Rome (1992) 6ff.; Roma. Romolo, Remo e la fondazione della città. Ausstellungskat. Rom (2000); A. Erskine, Troy between Greece and Rome (2001); H. J. H, Von Aenes zu Romulus. Die Legenden von der Gründung Roms (2003); Th. Mavrogiannis, Aeneas und Euander. Mythische Vergangenheit und Politik im Rom vom 6. Jh. v. Chr. bis zur Zeit des Augustus (2003). – Sehr erhellend jüngst: U. Walter in: M Zimmermann (Hrsg.), Der Traum von Troia. Geschichte und Mythos einer ewigen Stadt (2006) 89ff.

2 Fast ebenso umfangreich wie die Literatur zum Mythos ist auch jene zu seiner Rezeption in der Kunst. Stellvertretend hier nur einige: Kaiser Augustus und die verlorene Republik. Ausstellungskat. Berlin (1988); P. Zanker, Augustus und die Macht der Bilder (1987); ders. in: J. Huskinson u.a. (Hrsg.), Image and Mystery in the Roman World (1988); LIMC s. v. Aineias (F. Caniani); J. D. Evans, The Art of Persuasion (1992); T. Hölscher (Hrsg.), Mythos in mythenloser Gesellschaft. Das Pradigma Roms. Colloquium Rauricum 3 (1993); M. Krumme, Römische Sagen in der antiken Münzprägung (1995); M. Spannagel, Exempla Principis. Untersuchungen zur Entstehung und Ausstattung des Augustusforums (1999); Roma. Romolo, Remo e la fondazione della città. Ausstellungskat. Rom (2000); E. Simon in: Troia. Traum und Wirklichkeit. Ausstellungskat. Stuttgart (2001)

46. Heimkehrergeschichten

1 Entweder soll damit für Ajas' entgangene Strafe Abbitte geleistet werden oder es ist anderweitig deutlich geworden, dass die Griechen – durch eine nicht überlieferte Freveltat – den Zorn der Göttin erregt haben.

2 Zur literarischen Überlieferung vgl. insbesondere K. Kerényi, Die Mythologie der Griechen II: Die Heroen-Geschichten (1960) 278 ff.; U. Hölscher, Die Odyssee (1988) 94 ff.; T. Gantz, Early Greek Myth (1993) 662–703; R. Hard, The Routledge Handbook of Greek Mythology (2004).

3 Wohl erst seit Stesichoros findet sich die Sagenversion, wonach Menelaos viele Jahre einem Trugbild Helenas aufsaß und erst in Ägypten seine Frau wiederfindet (vgl. Kap. 13).

4 Vgl. Gantz, a. O. 697–698.

5 Zu der widersprüchlichen Überlieferung seines Endes ausführlich bereits C. Robert, Die griechische Heldensage (1920–1926) 1218–1219; ferner Gantz, a. O. 687–694.

47. Die Irrfahrten des Odysseus

1 Diese und alle weiteren Zitate aus der Odyssee in der Übersetzung von R. Hampe.

2 Proklos, Kyprien 5 und 12.

3 Hyginus 95 und105.

4 Proklos, Aithiopis 4 und Kleine Ilias 1.

5 Apollodor, Epitome 7, 33–34.

6 Proklos, Telegonie 2.

7 Hyginus 127.

8 Apollodor, Epitome 7, 36–37.

9 Proklos, Telegonie 4.

10 Frei paraphrasiert nach Aristoteles, Poetik 17, 10.

11 Im Vordergrund stehen die Objekte der Staatlichen Antikensammlungen und der Glyptothek, Bildquellen in anderen Museen werden nur ergänzend behandelt. Die Darstellungen werden vom Text her besprochen, das heißt, auf ihre Umsetzung ins Bild hin überprüft; denkbar wäre auch, die von den antiken Malern ausgewählten Motive unabhängig von Textvorlagen untereinander zu besprechen, um auch die möglichen letztlich von der Sage unabhängigen Interessen an bestimmten Sujets herauszuarbeiten. Die »Telemachie«, also die Reifung des jungen Telemach zum Akteur im Geschehen in Ithaka als Nebenhandlung in der Odyssee, wird, da sie kaum bildlich interpretiert wurde und sich keine Beispiele in den Antikensammlungen befinden, vernachlässigt. – Sammlungen der antiken Bildzeugnisse zur Odyssee finden sich bei O. Touchefeu-Meynier, Thèmes odysséens dans l´art antique (1968); F. Müller, Die Odyssey and Ancient Art. An Epic in Word and Image. Annandale-on-Hudson (1992), sowie bei B. Andreae, Odysseus. Mythos und Erinnerung (1999). Fragen der literarischen Überlieferung der Odyssee widmen sich F. Müller, Die antiken Odyssee-Illustrationen (1913); K. Reinhardt, Von Werken und Formen (1948) 52ff. und U. Hölscher, Die Odyssee. Epos zwischen Märchen und Roman (1988). Das Verhältnis der Darstellungen zu den Mythen wird thematisiert in K. Fittschen, Untersuchungen zum Beginn der Sagendarstellungen bei den Griechen (1969); H. v. Steuben, Frühe Sagendarstellungen in Korinth und Athen (1968); L. Giuliani, Bild und Mythos. Geschichte der Bilderzählung in der griechischen Kunst (2003); K. Junker, Griechische Mythenbilder (2005) und C. Bol, Frühgriechische Bilder und die Entstehung der Klassik (2005). Eine Rekonstruktion der realen Orte der Handlung versucht E. Lessing, Die Odyssee (1965).

48. Aufbruch aus Troja und erste Umwege

1 Vgl. F. Brommer, Odysseus (1983) 56, 122, Taf. 10. Diese Episode wird in der Odyssee erst im Zusammenhang der Geschehnisse bei Polyphem erwähnt: Odyssee 9, 195ff.

2 Odyssee 9, 174ff.

3 Vgl. K. Schefold, Götter- und Heldensagen der Griechen in der früh- und hocharchaischen Kunst (1993) 334ff., B. Fellmann, Die antiken Darstellungen des Polyphemabenteuers (1972) 9ff.

4 Im Gegensatz zu den – weiter unten im Kapitel 49 besprochenen – Sirenen- oder Skylla-Terrakotten beziehen sich die Darstellungen einäugiger Kyklopen immer auf die Odyssee; literarisch dagegen treten sie auch jenseits der homerischen Episode auf: als Schmiedegesellen des Hephaistos etwa oder später als mythische Baumeister.

5 Vgl. F. Brommer, Odysseus (1983) 68.

6 Ein Beispiel für eine Schale mit der Darstellung nur eines Widders vgl. H. B. Siedentopf, in: K. Vierneisel und Bert Kaeser, Kunst der Schale – Kultur des Trinkens (1992) 98, Abb. 12.9.

7 Vgl. F. Brommer, Odysseus (1983) 68f.

8 Vgl. R. Biering, Die Odysseefresken vom Esquilin (1995). Eine mögliche Begründung für die überraschend ausführliche Darstellung dieser Episode dort S. 191.

49. Verlust der Flotte – Odysseus rettet sein Leben

1 Vgl. C. Bol, Frühgriechische Bilder und die Entstehung der Klassik (2005) 370ff., Abb. 57a.

2 Zu dieser Lampe in den Staatlichen Antikensammlungen gibt es ein identisches Vergleichsstück im British Museum London: s. etwa B. Andreae, Odysseus. Mythos und Erinnerung (1999) Abb. 102.

3 Odyssee 2, 175ff.

4 Odyssee 12, 37ff.

5 Vgl. F. Brommer, Odyssee (1983) 91f. Zur Frage, ob die Darstellung auf der Münchner Schiffbruchkanne auf Odysseus zu beziehen ist, s. Kasten S. 366f.

Die Münchner Schiffbruch-Kanne

1 Der Weg der Darstellung des Menschen geht in der frühen griechischen Vasenmalerei vom Nackten zum Bekleideten; die Nacktheit lässt sich hier also nicht inhaltlich deuten, sondern ist als Bildformel zu verstehen. Vgl. B. Kaeser, Zur Darstellungsweise der griechischen Flächenkunst von der geometrischen Zeit bis zum Ausgang der Archaik: eine Untersuchung des Schildes (1981) 17.

2 Odyssee 12, 403ff. Vgl. R. Hampe, Die Gleichnisse Homers und die Bildniskunst seiner Zeit (1952) 28ff. und mit Vorsicht D. Ohly, MüJb 3 – 4, 1952 – 53. Dass die Kanne früher ist als die schriftliche Fassung der Odyssee durch Homer hat für die Argumentation insofern keine Konsequenz, als da auch die Darstellung der vorhomerische Odysseus-Sage mit

dem Überleben des Einen als Erkennungsmerkmal arbeiten müsste.

3 Vgl. H. Fränkel in Gnomon 28, 1956, 570ff., K. Fittschen, Zum Beginn der Sagendarstellungen bei den Griechen (1969) 49ff., B. Andreae, Odysseus. Mythos und Erinnerung (1999) 321, L. Giuliani, Bild und Mythos (2003) 75f.

4 K. Junker, Griechische Mythenbilder (2005) 74, 76.

5 Die Antworten auf die spannenden Fragen des kreativen Missverstehens, der Betrachter-Gruppen, der wechselseitigen Entwicklung von Bildstrategie und Betrachterinteresse gelingen erst – und selbst dann nur mit Vorsicht – in der griechischen Klassik oder in der frühen römischen Kaiserzeit. Für alle anderen Zeiten müssen wir vom idealisierten Betrachter, dem die Intention verstehenden, vorinformierten und damit präformierten Teilhaber eines Kommunikationsraums ausgehen, und wir dürfen damit unsere Unfähigkeit, einen Bildgehalt bestimmen zu können, nicht als antike Intention rückprojizieren. Das heißt darüber hinaus, dass selbst wenn wir die Kategorien Mythos – Alltag, oder besser: Sage – Lebenswirklichkeit beide im Bild erkennen zu glauben, diese Kategorien nicht zwingend ambivalent, sondern möglicherweise komplimentär zueinander stehen.

6 L. Giuliani, Bild und Mythos (2003) 73ff., 283.

7 Warum der spätere Zeitpunkt? Weil wir die Absprache, Mythos darzustellen, im Bild selbst ablesen müssen. Und was garantiert uns, dass das Interesse an einer mythischen, also erzählenden Darstellung im Gleichschritt geht mit der Fähigkeit, das Erzählende auch im Bild verankert auszudrücken? Ist doch das Gespräch über das Bild unter Umständen der erste Schritt, die Darstellungsfähigkeit reagiert darauf, und im Gegenzug wird das Bild in seiner formalen Evidenz wieder Ideengeber für Vermittlung neuer Inhalte. Wir merken also: auch wenn es keine Kennzeichen in sich trägt: ein rein beschreibendes Bild ist durch Absprache voll mythenfähig, und es ergeben sich die sozialen Strukturen der Absprache über ein Bild nicht erst zu dem Zeitpunkt, zum dem wir Heutigen dies im Sinne der angewendeten Bildstrategie erkennen können.

8 Vgl. Odyssee 10, 316ff. Vgl. C. Weickert, Eine geometrische Darstellung aus der Odyssee? In Römische Mitteilungen 60/61, (1953/54) 56, Abb. 1, F. Brommer, Odysseus (1983) 70f., 120, Abb. 28, B. Andreae, Odysseus (1999) 258. Widerspruch u. a. von K. Fittschen, Untersuchungen zum Beginn der Sagendarstellungen bei den Griechen (1969) 134, GP5.

9 Vgl. B. Andreae, Odysseus (1999) 258.

50. Nach dem Verlust aller Gefährten – allein, aber nicht am Ende

1 Plinius, Naturalis Historia 53, 132.

2 Vgl. F. Brommer, Odysseus (1983) 94 mit Fußnote 10.

3 Vgl. F. Brommer, Odysseus (1983) 95.

4 Sehen wir hier nicht auch eine der Schnittstellen zwischen den Episoden: hat Homer seinen Odysseus an eine Flussmündung spülen lassen, weil man im salzigen Meerwasser keine Wäsche macht?

5 Bezüglich der gewählten Bildlösung fällt dem modernen Betrachter auf, dass Odysseus zwar gegenüber den Mädchen seine Scham verbirgt – aber gerade nicht vor dem Betrachter. Die Bildstrategie, welche keine Verkrampfung gegenüber dem nackten Körper, zugleich aber im Bild den Anstand zwischen den Personen zeigt, ist also gegenläufig zu vielen neuzeitlichen Beispielen in Malerei und Photographie, bei denen Figuren im Bild voreinander entblößt sind, schamvoll verdeckt aber vor dem voyeuristischen Außenblick.

6 Odyssee VI, 178.

7 Vgl. F. Brommer, Odysseus (1983) 97.

8 Vgl. F. Brommer, Odysseus (1983) 98.

51. Heimkehr nach Ithaka

1 Vgl. Odyssee 19, 428ff. Denkbar wäre die Interpretation der Szene auch als Theseus mit der krommyonischen Wildsau, in diesem Fall aber wären die Anwesenheit von Hunden und die Darstellung eines Ebers statt einer Wildsau der Überlieferung widersprechend. Vgl. P. Jacobsthal, Melische Reliefs (1931) 45, Taf. 26 und 77, Taf. 57 zu Fragmenten Melischer Reliefs mit ähnlichen Darstellungen, sowie D. Ohly in Münchner Jahrbuch der bildenden Kunst XXI (1970) 187f., F. Brommer, Denkmälerlisten zur griechischen Heldensage III (1976) 269 und F. Knauß in R. Wünsche, Herakles – Herkules (2003) 201, Abb. 30.2 zu diesem Stück.

2 Odyssee 23, 205ff.

3 Die Anfügung weiterer Personen vermutete P. Jacobsthal, Die Melischen Reliefs (1931) 69 als sekundär.

4 Odyssee 11, 13ff.

5 Vgl. F. Brommer, Odysseus (1983) 108f.

52. Tödliche Heimkehr - Agamemnon

1 Homer Odyssee 1, 35–43; 1, 298–300; 3,196–198. 306–308; 4,546–547.

2 Homer, Odyssee 24, 96–97; 24, 199–202.

3 s. H. W. Roscher, Lexikon für griechischen und römischen Mythologie (1890–1894) s. v. Klytaimnestra.

4 Pindar, Phythien 11, 17ff. bietet zwei Motive an neben der Buhlschaft des Ägisthos auch die Tötung der Iphigenie. Vgl. auch Aischylos, Agamemnon 1417, Sophokles, Elektra 530.

5 Zur Begründung s. Aischylos, Agamemnon 1263, 1440 – 1447. Euripides, Elektra 1032; Hygin, Fab. 116.117. – Von Agamemnon und Kassandra gemeinsam gibt es keine gänzlich gesicherte Darstellung: Bronzeschildband aus dem Heraion von Argos, Athen, Mus. Nat. 5.81.71: LIMC s. v. Agamemnon 87*; ev. Agamemnon 89*= Kassandra 198 = Klytaimnestra 3 als eine der Frauen, dann beim Mord an Agamemnon.

6 Schildband aus Argos, Athen, Nationalmuseum um 650 v. Chr.: LIMC Kassandra Nr. 199*; Attischrotfigurige Schale, Ferrara, Nationalmuseum 2482: LIMC Kassandra Nr. 202*. Die Axt als Tatwaffe belegen Euripides, Troerinnen 361 – 362; Zum Opfercharakter beim Tod durch die Axt, s. auch: F. Viret Bernal in: - in: Naked truths. Women, sexuality, and gender in classical art and archaeology. (London 1997) 93ff.

7 Terrakotten: Gortyn und Würzburg: s. ; Schildbänder in Olympia: D. Knoepler, Les Imagiers de L'Orestie. Ausstellung Neuchatel November 1991 – Februar 1992 (1991) 30f.; LIMC Agamemnon 92 = Klytaimnestra 5; Aigisthos 2. – Umstritten ist die Darstellung auf einem protoattischen Krater: s. LIMC Aigisthos 36*

53. Die Rache der Kinder – Orest und Elektra

1 Entsrpechend wird die Tat des Orestes - die Ermordung des Aighisthos – bei Homer als besonders ruhmvoll beschrieben: Homer, Odyssee 1, 49. 298ff; 3, 198; 4, 546f. Wo war nun gleich die Stelle, die darauf verweist, dass Klytaimnestra auch tot ist.

2 Elektra ist Homer noch unbekannt, sondern tritt erst bei späteren Autoren auf, vermutlich ist sie mit der Tochter des Agamemnon identisch, die Homer noch Laodike nennt. In Stesichoros Drama scheint sie eine bedeutende Rolle gespielt zu haben. Hauptzeugnisse für Elektra sind vor allem Aisychlos Choephoren (458 v. Chr.) und Euripides Elektra (413 v. Chr.). Ergreifend schildert Sophokles in seinem gleichnamigen Drama Elektra (403 v. Chr.) ihr Schicksal: Ihrem Vater treu ergeben, erfährt sie schlimme Behandlung. Sie klagt Tag und Nacht, hat schlechte Kleider, hungert, ist im Hause eingeschlossen und tut Sklavendienste. Sie ist es allerdings auch die mitleidlos ihren herangewachsenen Bruder zum Muttermord anstachelt. Während sie jedoch sowohl bei Aischylus als auch bei Sophokles nicht am Mord an Klytemnestra und Ägisthos teilnimmt, weist Euripides Elektra (Elektra 1224 – 1225) eine aktive Rolle an dessen Ausführung zu. Vermutlich ist sie in der antiken Kunst seit dem Vollzug der Rache dargestellt. So könnte die beobachtende Frau auf einem Schildband in Olympia (Abb. 53.1) möglicherweise schon Elektra sein. In der Vasenmalerei ist sie jedoch erst um 480 v. Chr. auf einem Gefäßfragment, das den Mord des Ägisthos zeigte, zum ersten Mal durch eine Beischrift sicher identifizierbar (Attisch-rotfiguriger Stamnos, Triptolemos Maler, um 480 v. Chr., Basel, Sammlung Cahn: LIMC Ägisthos Nr. 8).

3 In Sophokles »Elektra« gibt sich Orest als Bote aus, der die Asche des toten Orest bringt. Angesichts der tiefen Trauer der Elektra lüftet Orest sein Inkognito, deren Trauer sich daraufhin in höchstes Glück verwandelt. Kurze Inhaltsangabe. – Bei Euripides holt die mit einem Bauern »zwangs«-verheiratete Elektra Wasser und begegnet sich. – Zu den Dramen s. H. Flashar, Sophokles, Dichter im demokratischen Athen (2000) 123ff.; ders. , Die Gestalt der Elektra, in: H. Thorau – H. Köhler (Hg.), Inszenierte Antike: die Antike, Frankreich und wir (2000) 47 – 58.

4 Attisch-rotfigurige Pelike, aus Cerveteri, Berlin-Maler, Wien, Kunsthistorisches Museum 3725: LIMC s.v. Aigisthos Nr. 6* (R. M. Gais); A. J. N. W. Prag, The Oresteia (1985) 15f. Taf. 9c-d; D. Knoepler, Les Imageries de l'Orestie. Catalogue d'une Exposition au Musée d'Art et d'histoire de neuchatel (1991) 42 Taf. IIf. – Die Tötung des Ägisthos wurde in früharchaischer Zeit dargestellt, um dann fast ein Jahrhundert lang in Vergessenheit zu geraten. Zu den frühen Darstellungen: Protoattischer Krater in Berlin A 32 Inv. 31573: LIMC Aigisthos 376 Nr. 36; CVA Berlin (I) Taf. 18ff.; Prag Oresteia 6ff. und Schildbänder aus Olympia: LIMC Aigisthos 372 Nr. 2–5; Prag a.O. 10f., s. R. Bielfeldt, Orestes auf römischen Sarkophagen (2005) 94 Anm. 252 (Lit.)
Zusammenstellungen dieses Themas finden sich im LIMC s. v. Aigisthos (R. M. Gais); Prag a. O. 10ff.; Knoepler a. O. 40ff.; s. auch jüngst Bielfeld a. O. 94ff., 94 Anm. 254 (mit Lit.)

5 Krater, Dokimasia-Maler, um 460 v. Chr., Bosten, MFA 63.1246: LIMC s. v. Aigisthos Nr. 10* (R. M. Gais); Prag a. O. 23ff.; Knoepler a. O. 53ff. Abb. 35f. Taf. VII.

6 Vereinzelt finden sich noch Darstellungen in der unteritalischen Vasenmalerei, s. dazu: Bielfeldt a. O. 99ff.; Knoepler a. O. 66ff.

7 Jüngst: W. Oenbrink, Die Tyrannenmörder. Aristokratische Identifikationsfiguren oder Leitbilder der athenischen Demokratie? Rezeption eines politischen Denkmals in der attischen Vasenmalerei, in: Bildergeschichte, Festschrift Klaus Stähler (2004) 373ff. mit Zusammenfassung der älteren Literatur.

8 Darstellungen zusammengestellt bei: Prag, a. O. 51ff.; Knoepler a. O. 58ff.; LIMC s. v. Elektra 2*– 23. S. auch: Bielfeldt a. O. 53ff., 94f. – Zu den Melischen Reliefs: LIMC s. v. Elekra Nr. 24 – 26. – Die attischen Beispiele: Pelike, Exeter, University: ARV≈ 1516,80; N. Boasana, AAA 4, 1971, 260 Abb. 5; R. M. Cook, Greek Painted Pottery (1972) Taf. 50; LIMC Elektra I 1; Skyphos, Kopenhagen, Nat. Mus. 597: ARV≈ 1305,5; CVA Kopenhagen 8 Taf. 351. 352,1; Prag a. O. F7; LIMC Elektra I 34. – Speziell zu den unteritalischen Vasen: A. Kossatz-Deissmann, Dramen des Aischylos auf westgriechischen Vasen (1978); A.D.Trendall – T.B.L.Webster, Illustrations of Greek Drama (1971); K.Schauenburg, JdI 104, 1989, 83ff.; ders., ÖJh 63, 1994, 71ff.; L. Giuliani, Tragik, Trauer und Trost. Bildervasen für eine apulische Totenfeier (1995).

9 Die Rache für den Mord an Agamemnon erfolgt, zumindest nach Homer (Odyssee 3, 303 – 312), im 8. Jahr, nachdem Aighisthos die Herrschaft über Mykene übernommen hat – demselben Jahr, in dem auch Menealos endlich heimkehrt. Homer erwähnt lediglich, dass Orest, der Sohn des Agamemnon, die Rache an seinem Vater durch Tötung des Mörders Ägisth vollzogen hat (Odyssee 3, 305–308). Näheres aus der Kindheit und Jugend berichten erst spätere Autoren: Orest ist das jüngste Kind und der einzige Sohn des Agamemnon und der Klytämnestra (Homer, Ilias 9, 142f.; Apollodor, Epit. 2, 16; Euripides, Orestes 24, Hygin, Fabeln 117). Noch als kleiner Knabe war er von Telephos, der von Achill im Kampf verwundet worden war, als Geisel genommen (Kap. 14). Auch als Iphigenie nach Aulis (Kap. 15) gelockt wurde, um dort geopfert zu werden, soll der Orest seine Mutter und die Schwester als Kleinkind – der Sprache noch nicht mächtig – begleitet haben (Euripides, Iphigenie in Aulis 465f. 621–624.1241 – 1244. 1248.1623; Iphigenie auf Tauris 238 – 244; Orestes 371 – 379).

10 Orest scheint beim Mord an seinem Vater auch nicht vor Ort gewesen zu sein. Dies geht aus der Klage des Agamemnon hervor: »… Am Sohn meine Augen zu

weiden, / dies selbst ließ sie nicht zu, sie hat noch
zuvor mich erschlagen« (Odyssee 11, 452–453).
11 Bei Pindar (Pythische Oden 11, 17ff.) reißt die Amme
Arsinoe Orestes bei der Ermordung des Agamemnon
aus den Händen der Mutter und bringt ihn zu dem
greisen Strophios. Ähnlich wohl auch bei Stesichoros, dort heißt die Amme Laodameia. Sophokles
lässt Elektra mutig ihren Bruder retten (Elektra 11ff.,
296f. 321. 1128. 1132. 1348ff.), vgl. auch Seneca,
Agamemnon 920ff. Bei Euripides (Elektra 15, 416)
hingegen spielt der Pädagoge diese Rolle. Bei
Aischylos (Agamemnon 840ff.) hat Klytämnestra
den Knaben schon vor Agamemnons Ermordung
den Knaben zu Strophios bringen lassen.
12 LIMC Elektra I Nr. 24–26.
13 Attisch rotfiguriger Skyphos, Kopenhagen Nationalmuseum 597, um 440 v. Chr.: LIMC Elektra I Nr. 34 –
Attisch rotfigurige Pelike, Exeter, Universität: LIMC
Elektra I Nr. 1
14 Die stehende Elektra kommt zwar auch vor, ist aber
bei weitem nicht so beliebt wie die sitzende.
15 Allgmein zu Gesten der Trauer: I. Huber, Die
Ikonographie der Trauer in der Griechischen Kunst,
Peleus Bd. 10 (2001).
16 Aber ebenfalls aus sepulkralem Zusammenhang auf
tarentinischen Grabreliefs: LIMC Elektra Nr. 49; ev.
67 – 68; auf einem Spiegelgriff aus Locri: LIMC
Elektra Nr. 27; bronzenen Fingerring: LIMC Elektra
Nr. 28. – Zur Gemme aus München: LIMC Elektra
Nr. 29
17 Zur Rolle der Klytämnestra: Prag a. O. 89ff.; F. Viret-
Bernal in: Naked truths. Women, sexuality, and
gender in classical art and archaeology.(London
1997) 93ff.; E. Keuls in: J. –P. Descoeudres (Hrsg.),
Eumusia. Ceramic and iconographic studies in
Honour of Alexander Cambitoglou, MedA Suppl. 1
(1990) 87ff.; Bielfeld a O. 96ff.
18 Prag a. O. 1ff.; LIMC Agamemnon 88 – 99 – Malibu:
Siegelring: Prag, Oresteia 40f. Taf. 28c, LIMC
Klytämnestra 77 Nr. 32. – Anders bei den Römern
und Etruskern, dort findet dieses für uns so makabre
Thema Eingang in die Grabkunst. S. dazu: D. Steuernagel, Menschenopfer und Mord am Altar. Griechische Mythen in etruskischen Gräbern. Palilia 3
(1998) 50ff.; R. Bielfeldt, Orestes auf römischen
Sarkophagen (2005).

54. Schuld und Sühne – Gericht über Orest

1 Allgemein dazu s. R. Bielfeldt, Orestes auf römischen Sarkophagen (2005) 64ff. – Zu den unteritalischen Darstellungen: L. Giuliani, Bild und Mythos.
Geschichte der Bilderzählung in der griechischen
Kunst (2003) 256ff.; A. Kossatz-Deissmann, Dramen
des Aischylos auf westgriechischen Vasen (1978)
102ff. - Es gab in Unteritalien auch vereinzelte
Darstellungen, die von der üblichen Darstellungsweise
abweichen und Orest beim verlassen des delphischen
Heiligtums zeigen, s. dazu Bielfeldt a. O. 71 mit
Anm. 183 (Lit.)
2 Giuliani a. O. 248ff.
3 Rom, Palazzo Corsini 671: A. Michaelis, Das
corsinische Silbergefäß (1859); G.Hafner, 113. BWPr.
(1958) 6ff.; W.Gauer, AA 1969, 76ff.; G. De Luca, I
monumenti antichi di Palazzo Corsini in Roma
(1976) 127ff. Nr. 73; LIMC VII Orestes 64
(H. Savian); C. Wölfel, Mythos und politische
Allegorie auf Tafelsilber der römischen Kaiserzeit
(Diss. Berlin 1996) 110f.
4 weitere Beispiele s. Gauer, AA 1969, 80f.; Bielfeldt
a. O. 148ff.
5 Dazu Bielfeldt a. O. 279ff. mit weiterer Lit. und
unter Angabe der Quellen.

55. Doch noch eine glückliche Heimkehr – Orest und Iphigenie

1 Ausführlichst dazu jüngst: R. Bielfeldt, Orestes auf
römischen Sarkophagen (2005) 168ff. et passim.
2 Cicero, fin. 2, 24, 79ff., vgl. auch Cicero, Laelius über
die Freundschaft 24, 11ff.
3 Laut Pausanias 2,18,6 herrschte er auch über Spartaner, die ihn den Bastarden des Menelaos vorzogen.
Durch seine Heirat mit Hermione war sein rechtli-
cher Anspruch auch begründet. Homer Od. 44f.
kennt nur die Ehe mit Hermione. Apollod. Epit. 5,
14. Hermione beim Raube der Helena neun Jahre alt,
wurde dem Neoptolemos vor Troia versprochehn,

aber Orest hat sie unterdessen geheiratet; während
des Wahnsinns des Orest raubt Neoptolemos ihm
die Frau und wird zur Strafe dafür von Orest in
Delphi getötet. Eurip. Orest 1654 ff. – Orest soll
durch seien Ehe mit Hermione über Sparta beherrschen. Mit ihr zeugt er einen Sohn Tisamenos

57. Funde aus Mykene

1 vgl. Homer, Ilias 7, 180; 11, 46; Homer, Odyssee 3,
305
2 H. Schliemann, Mykenae. Bericht über meine
Forschungen und Entdeckungen in Mykenae und
Tiryns (1878) 383. – Zur Identifikation der Pausanias
erwähnten Monumente: A. J. B. Wace, in: Neue
Beiträge zur Klassischen Altertumswissenschaft.
Festschrift B. Schweitzer (1954) 19ff.
3 Einige Forscher bezweifeln nicht nur die Zu-
schreibung an Agamemnon, sondern auch die
Authentizität der Maske: W. M. Calder hält die
Maske für eine Fälschung Schliemann's. Zur Maske:
G. Kopcke, AM 91, 1976, 1ff.; W. M. Calder,
MSchliemann 5, 1997, 81ff.; G. S. Korres, MSchlie-
mann 7, 2001, 195ff.; W. Arentzen, AntCl 70, 2001,
189ff.
4 Zu den Schachtgräbern von Mykene: R. Laffineur,
MSchliemann 7, 2001, 183ff.; R. Laffineur, Aegaeum
11, 1995, 81ff.; G. Graziado, AJA 95, 1991, 403ff.;
R. Laffineur, in: R. Hägg, G. C. Nordquist (Hrsg.),
Celebrations of Death and Divinity in the Bronze
Age Argolid. Kongressbericht Athen 1988 (1990)
201ff.; I. Kilian-Dirmeier, JRGZM 33, 1986, 159ff.;
E. Vermeule, The Art of the Shaft Graves at Mycene
(1975); G. Karo, Die Schachtgräber von Mykene, 2
Bde. (1930 – 33).
5 Zur Entstehung und Bauzeit zusammenfassend:
W. Cavanagh, Chr. Mee, Building the Treasury of
Atreus, in: Aegaeum 20, 1999, 93ff. (mit älterer Lit.)
6 Zur Fassade: F. Thiersch, AM 4, 1879, 179;
J. B. Wace, BSA 25, 1921 – 23, 346.; S. E. Ellis,
R. A. Higgins, R. S. E. Ellis u. a., BSA 63, 1968, 331ff.;
J. G. Younger [in: Kolloquium zur ägäischen Vorge-
schichte, Mannheim 1986 (1987) 138ff.] greift eine
ältere Vorstellung wieder auf, nach der zwei Gipsre-
liefs mit Stierdarstellungen vor dem Entlastungsdreieck angebracht waren.
7 Schliemann a. O. (Anm.2) 52f. zitiert E. Dodwell (A
Classical and Topographical Tour through Greece). –
Zum Namen »Grab des Agamemnon« s. auch
Schliemann a. O. 54ff. – Die Tradition brach
offenbar schon in der Antike ab, als man einen
Heroenkult für Agamemnon nicht an den offenbar
noch sichtbaren Tholosgräbern oder am Schachtgrä-
berrund A einrichtete, sondern in einiger Entfernung
an der Zufahrtsstraße nach Mykene. Zum Agamem-
neion: C. M. Antonaccio, An Archaeology of the
Ancestors. Tomb Cult and Hero Cult in Early Greece
(1995) 51f.; dies., AJA 98, 1994, 389ff.; G. Ekroth in:
R. Hägg (Hrsg.), Ancient Greek Cult Practice from
Archaeological Evidence. Kongressbericht Athen
1993 (1998) 123f. (mit Lit.); A. Foley, The Argolid
800 – 600 B. C. An Archaeological Survey (1988)
151ff.; J. M. Cook, BSA 48, 1953, 30ff. – Zu den
späteren Bauten, wie dem griechischem Tempel im
Bezirk des Palastes: N. L. Klein, BSA 92, 1997, 247ff.;
dies. in R. Hägg (Hrsg.), Peloponnesian sanctuaries
and cults. Kongressbericht Athen 1994 (2002) 99ff.
8 Wenn dem so wäre, wäre das »Grab des Orest«
deutlich älter als das seines Großvaters »Atreus« oder
Vaters »Agamemnon«.

58. Alexander oder Achill

1 J. J. Winckelmann, Geschichte der Kunst, 10, 1, 31.
2 Gl. Inv. Nr. 298; B. Vierneisel-Schlörb, Glyptothek
München, Kat. Bd. II. Klassische Skulpturen,
S. 390ff.
3 G.A. Guattani, Monumenti antichi, Roma IV, 65 –
67: Er meint, dass Alexander gerade zu seinem
Ahnen, zu Zeus spricht.
4 Die Ergänzungen wurden 1964 – 66 abgenommen.
Das rechte Bein in Gips ergänzt.
5 L. v. Klenze–L. Schorn, Beschreibung der Glyptothek, München 1830, 157.
6 E. v. Schwarzenberg, Zum Alexander Rondanini
oder Winckelmann und Alexander. In: Wandlungen.
Festschrift E. Homann-Wedeking, Waldsassen 1975,
165 ff. (Grundlegend zur Forschungsgeschichte und

Geschichte der Statue. Schwarzenberg konnte u. a.
nachweisen, dass der richtige Name der Adelsfamilie
nicht Rondanini., sondern Rondinini ist. Der
Verständlichkeit wegen, wird hier – wie auch in der
Wissenschaft allgemein – der alte, »falsche« Name
beibehalten.); R. Wünsche, »Das einzig wahre
Bildnis« Alexanders des Großen. In: Nürnberger
Blätter zur Archäologie, Heft. 15, 1988/99, 8ff.
7 A. Furtwängler, Beschreibung der Glyptothek König
Ludwig's I., München 1900, 305.
8 A. Furtwängler, Glyptothek, München 1910, 324.
9 K. Gebauer, AM, 63/64, 1938/39, 72 ff.
10 B. Vierneisel-Schlörb a. O. 371.
11 vgl. Anm. 6
12 R. von den Hoff, MüJb 48, 1997, 7 ff.
13 E. v. Schwarzenberg, Del culto di Tetide e di Achille,
a Taranto e sull' Isola Bianca. In: In Memoria di
Enrico Paribeni (Hrsg. V. Capecchi), 1998, 409 ff.
14 E. v. Schwarzenberg (Anm. 13) Taf. 114, 116.
15 G. Hafner, ÖJH, 66, 1997, 137.

59. »Ilion ist der Ursprung allen Ruhms« – Der Mythos als politisches Monument

1 Siehe zuletzt: J. Latacz, Troia und Homer. Der Weg
zur Lösung eines alten Rätsels (2005, 5. Aufl.); C. Ulf
(Hrsg.), Der neue Streit um Troia. Eine Bilanz (2003);
vgl. M. Zimmermann, Der Traum von Troja.
Geschichte und Mythos einer ewigen Stadt (2006);
vgl. auch J. Cobet, Gab es den Trojanischen Krieg?
Antike Welt 1983, 39 ff.; M. Siebler, Troia – Homer –
Schliemann. Mythos und Wahrheit (1990); M. Siebler, Troia (2001).
2 Siehe allgemein: H. B. Rose, Ilion in griechischer und
römischer Zeit, in: Troia. Traum und Wirklichkeit
(Ausstellung Stuttgart 2001) 180 ff.; M. Zimmermann, Troia – eine unendliche Geschichte, in:
M. Zimmermann (Hrsg.), Der Traum von Troja.
Geschichte und Mythos einer ewigen Stadt (2006)
9ff.; B. Patzek, Troia und Troia-Mythos im Bewusstsein der Griechen von der archaischen zur klassischen Zeit, in: a. O. 57 ff.
3 Diodor (18, 4) gibt einen detaillierten Bericht zu
diesen schriftlichen Anweisungen: Zu den Aufträgen
gehörte der Bau von tausend Kriegsschiffen, der Bau
einer Küstenstraße entlang Libyens bis zur Meerenge von Gibraltar und die Errichtung von sechs
Tempeln in Delos, Delphi, Dodona, Dion, Amphipo-
lis und »Kyrnos«.
4 Siehe zur Problematik z. B. B. Schmidt-Dounas, Zur
Datierung der Metopen des Athena-Tempels von
Ilion, IstMit 41 (1991) 363 ff.
5 »Süd- und Westmetopen hatten jeweils auf besondere Leistungen Athens – vertreten durch Theseus –
hingewiesen, so dass die attische Komponente der
Themenwahl verständlich werden kann. Die
Iliouspersis dagegen legt solche Verdienste, folgt man
Homer, nicht unmittelbar nah, im Epos die
Abteilung Athens nur beiläufig genannt ist. Doch hat
es den Anschein, als habe sich Athen gerade um die
Anerkennung seiner Verdienste im Krieg um Troia
nachhaltig bemüht und auch deshalb seine Mitwirkung stets herauszustellen gesucht, wie es dem
Selbstruhm dienende Tatenkataloge zeigen (Herodot
IX 26 – 28). Nach attischer Version soll insbesondere
Athen sich bleibende Verdienste im Kampf um Troia
erworben haben, Verdienste, die zu besonderer
Führung legitimieren. Gerade die Differenz zwischen Homers Epos und attischer Selbstbezeugung
zeigt, wie wichtig für Athen die Iliouspersis geworden war, die die Stadt ganz selbstverständlich für
sich beanspruchte. Solchem Anspruch entspricht es,
wenn die Reihe der Nordmetopen entlang des
Hauptweges der Akropolis in epischer Breite vom
Kampf um Troia berichtet und solche Ereignisse mit
der Aura der höchsten Autorität, wie sie die Anwesenheit der Götter unterstreicht, umgibt.« [H. Knell,
Mythos und Polis (1990) S. 106] – »Zugleich konnten
die Mythen in wiederholten Ansätzen auch daran
erinnern, dass solche herausragenden Leistungen
und Erfolge der Vereinigung der Teilnehmer verdankt sind. Gilt die Amazonomachie als Präfigura-
tion der Perserkriege, dann dürfte bekannt gewesen
sein, dass die Persergefahr durch die Vereinigung der
Griechen in jüngster Vergangenheit gebannt werden
konnte.« (H. Knell, Mythos und Polis [1990] 108).
6 Siehe: H. A. Shapiro, Painting, politics, and genea-
logy. Peisistratos and the Neleids, in: Ancient Greek

art and iconography (1983) 87 ff.; H. A. Shapiro, Art and cult under the tyrants in Athens (Mainz 1989); H. A. Shapiro, Art and cult under the tyrants in Athens. Supplement (1995); H. A. Shapiro, Les rhapsodes aux Panathénées et la céramique à Athènes à l'époque archaïque, in: Culture et cité. L'avènement d'Athènes à l'époque archaïque. Actes du colloque international organisé à l'Université libre de Bruxelles du 25 au 27 avril 1991 (1995) 127 ff.

7 Zur Problematik der »pisistratischen Rezension« und der »panathenaic rule« sind zahllose Untersuchungen erschienen. Die folgende Liste stellt nur einen losen Auszug dar: Der Neue Pauly 14 (2000) s.v. Homerische Frage; H. Fränkel, Dichtung und Philosophie des frühen Griechentums (1962) 6 ff.; R. Merkelbach, Die Pisistratische Redaktion der homerischen Geschichte, RhM 95 (1952) 33 – 47 [=R. Merkelbach, Untersuchungen zur Odyssee, Zetemata 2 (1968, 2. Auflage) Anhang]; J. A. Davison, Peisistratus and Homer, Transactions and Proceedings of the American Philological Association (TAPA) 86 (1955) 1–21; Ders., The Transmission of the Text, in: A.J.B. Wace and F.H. Stubbings, A companion to Homer, 234 – 233; G. Nagy, Homeric Questions (1996) 65 ff. (75 ff. zur »Panathenaic rule«); B. Graziosi, Inventing Homer. The Early Reception of Epic (2002) [Graziosi sieht die Forschungsgeschichte als Gegenstand ihrer Untersuchung. Die meisten Ansätze werden hierbei dekonstruiert]; vgl. H. A. Shapiro, Hipparchos and the rhapsodes, in: Cultural poetics in archaic Greece. Cult, performance, politics (1993) 92 ff. – Aelian, var. hist. 13. 14 (ca. *160, gest. 249 n. Chr.) ist bemüht die beiden Parallelnachrichten über den berühmten spartanischen Gesetzgeber Lykurg und den Athener Alleinherrscher Peisistratos miteinander zu vereinbaren: »… Später hat der Lakedämonier Lykurg die gesamte Dichtung [gem. Homers] nach Griechenland gebracht [anlässlich einer Ionienreise]. (…) Danach hat Peisistratos alles zusammengetragen und die Odyssee und die Ilias ans Licht gebracht [aufzeigen, vorbringen, darlegen].« – Tzetzes (Anecdota Graeca 1. 6 ed. Cramer) berichtet im 12. Jh. n. Chr. von einem Team von vier ›Diatheten‹, die im Auftrag des Peisistratos die Gedichte Homers arrangieren, die zuvor verstreut gewesen waren. – Auch der antike Rechtsstreit um die Interpolationen bezüglich des Schiffskatalogs kann mit Merkelbach (a.O) als starkes Indiz für eine Redaktion im 6. Jh. gewertet werden. Wäre zur Zeit des Streits eine abweichende Ausgabe zur Hand gewesen, wäre diese als Beweismittel herangezogen worden.

8 »Qui primus Homeri libros confusos antea sic disposuisse dicitur ut nunc habemus.«

9 »The incorporation of the Homeric poems into the Panathenaea was an Athenian attempt to claim the epics as their cultural heritage …«: R. Janko, The Iliad. A commentary, 4 (1992) 30.

10 Vgl. A. H. Shapiro, Democracy and imperialism. The Panathenaia in the age of Perikles, in: Worshipping Athena. Panathenaia and Parthenon (1996) 215 ff.

11 Vgl. Herodot 4. 8 – 89. (»Das war ein schwerer Schlag für die Athener.«, »Die Ägineten .. verwüsteten die attische Küste.«, »Auch von den Athenern wird zugegeben, dass nur ein einziger Mann heil nach Attika gelangt sei.«)

12 D. Ohly, Glyptothek Führer (1992, 7. Auflage) 47 ff.

13 D. Ohly, Die Aegineten II/III (2001) Taf. 163–191

14 Datierung in die Zeit um oder unmittelbar nach der Schlacht von Salamis: Λ. Hirt, Wolf's litterarische Analekten (1818) 167 ff.; Schorn, Beschreibung der Glyptothek (1830) 45 ff.; E. Gerhard, Drei Vorlesungen über Gypsabgüsse (1844) 45; Müller, Handbuch der Archäologie (1848) 90, 3 [Olympiade 75 ff.]; Feuerbach, Geschichte der griechischen Plastik (1853) 129 ff.; H. Brunn, SBMünchen (1876) 162 ff.; H. Brunn, Beschreibung der Glyptothek (1868) 65 ff.; Schreiber, Die Wandbilder des Polygnots (1897) 70 ff.; H. Bulle, Der schöne Mensch (1898) 17 ff.; A. Furtwängler, Aegina (1906) 353;

15 E. Beaucamp, Frankfurter Allgemeine Zeitung 3. 2. 2006 S. 35

16 Das einzige Monument im fraglichen Zeitraum, das durch seine Erwähnung in den antiken Texten mit einiger Sicherheit datiert werden kann, ist das Schatzhaus der Athener in Delphi. Der Reiseschriftsteller Pausanias berichtet, dass das Gebäude als Weihung anlässlich der siegreichen Schlacht der Athener gegen die Perser in Marathon (490 v. Chr.)

errichtet wurde. Die an deutschen Universitäten mit Nachdruck vertretene so genannte Stilarchäologie hat immer versucht, diesen Kontext in Frage zustellen. Die französischen Ausgräber haben aber gerade in den letzten Jahren gute Argumente erbracht, warum Pausanias und nicht die deutsche Archäologie, die zu sehr das Abstraktum einer Entwicklung von Stil und der Konstruktion der Gleichzeitigkeit von Gleichförmigem als ein unmittelbar umsetzbares Datierungsinstrument versteht, recht behält (P. Amandry, Notes de topographie et d'architecture delphiques, 10. Le Socle marathonien et le trésor des Athéniens, BCH 122 [1998] 75 ff.) Auch die polemische Kritik dieser französischen Untersuchungsergebnisse durch K. Fittschen (GGA 255 [2003] 1 ff.) kann m. E. nicht verfangen. – Die deutsche Archäologie hatte den vermeintlichen Irrtum des Pausanias mit einer angeblichen Verwechslung begründet: Tatsächlich ist unmittelbar vor der Südseite des Athenerschatzhauses ein weiteres Monument zur Erinnerung an den siegreichen Ausgang bei Marathon errichtet worden: eine große Weihung, die auf einer länglichen Basis aufgestellt worden war. Und eine wirklich monumentale Inschrift, die sich auf dieser Basis erhalten hat, lässt an der Verbindung zu 490 v. Chr. (Marathon) keinen vernünftigen Zweifel (auch wenn die erhaltene Inschrift eine spätere Zweitfassung darstellt). Wir sind eben beide Monumente – Schatzhaus und Basis – mit Marathon zu verbinden. – Die Mitarbeiter des französischen Teams in Delphi hatten zuletzt darauf aufmerksam gemacht, dass eine Lage des Schatzhausfundamentes so weit überkragt, dass darauf der Unterbau der Basis ruhen konnte. Also: als man – bewusst – im Fundament des Schatzhauses eine besondere Ausführung wählte, rechnete man bereits mit der Errichtung des Anathems. Ergo war während der Bauzeit des Schatzhauses das historische Ereignis „Marathon« schon eingetreten, der Bau ist also nach 490 v. Chr. zu datieren. – Fittschen hält nun dagegen, dass alle Blöcke der vier Seiten der Fundamentschicht des Schatzhauses etwas überkragen. Diese Beobachtung verfängt jedoch kaum, da an der relevanten Südseite dieser Überstand deutlich und daher ohne Zweifel intentional vergrößert wurde. Amandry's Annahme, dass hier eine Vorarbeit für die Fundamentblöcke der Marathonweihung geleistet wurde, besticht trotz der Angriffe von deutscher Seite. – Die Skulpturen des Athenerschatzhauses sind in Stil, Erzählweise und handwerklicher Ausführung ohne Zweifel deutlich älter als Ost- und Westgiebel des Aphaia-Tempels. Auch ist die Ausführung der Architektur des Aphaia-Tempels nach Aussage der Fachleute (H. Bankel, Der spätarchaische Tempel der Aphaia auf Aegina [1993] 170) sicherlich fortschrittlicher, so dass Skulptur und Architektur gut 10 Jahre später entwickelt worden sein können: Aus dieser Perspektive sprechen die verwertbaren Argumente für einen Entstehungszeitraum des Tempels von Ägina nach 480/479 v. Chr., also in die Zeit nach der Schlacht bei Salamis und Plataä. – Irgendwie gelten heute noch die abgewogenen Worte des erfahrenen A. Furtwänglers: »Ich muss also doch für recht möglich halten, dass Pausanias' Überlieferung über den Thesauros der Athener richtig ist, dass er ein Weihgeschenk nach der Schlacht bei Marathon war. Diejenigen, die behaupten, dies sei wegen des Stiles der Skulpturen nicht möglich, müssten dafür Beweise erbringen; es liegt dem indes nur die oberflächliche Meinung zu Grunde, alles was noch »archaisch« aussehe, gehöre ins »sechste« Jahrhundert.« (A. Furtwängler, Aegina [1906] 352 mit Anm. 1). – Der so genannte Perserschutt der Athener Akropolis: Lange Zeit hat sich – besonders die deutschsprachige – Archäologie dem Wunschbild hingegeben, bestimmte Verfüllschichten auf dem Burgberg Athens seien mit der persischen Zerstörung von 480 v. Chr. zu verbinden. Neuere Arbeiten zeigen, dass sich dieses Konstrukt bei näherer Betrachtung auflöst. (siehe A. Lindenlauf, Der Perserschutt der Athener Akropolis, in: W. Hoepfner (Hrsg.), Kult und Kultbauten auf der Akropolis (1997) 46 ff.; vgl. W. A. P. Childs, Herodotos, Archaic chronology, and the temple of Apollo at Delphi, JdI 108 (1993) 399 ff.; A. Lindenlauf, Constructing the memory of the Persian wars in Athens, in: SOMA 2002. Symposium in Mediterranean archaeology. Proceedings of the Sixth Annual Meeting of Postgraduate Researchers. University of

Glasgow, Department of Archaeology, 15 – 17 february, 2002 (2003) 53 ff. (Die alten Positionen der Auseinandersetzung wieder bei: B. Bälber, Archäologie und Chronologie [2004] 111, passim).

17 D. W. J. Gill, The temple of Aphaia on Aegina. The date of the reconstruction, BSA 83 (1988) 169 ff.; D. W. J. Gill., The temple of Aphaia on Aegina. Further thoughts on the date of the reconstruction, BSA 88 (1993) 173 ff.: Die spätesten Scherben attischer Vasenmalerei, die in der Verfüllung der Tempelterrasse des Aphaia-Heiligtums entdeckt wurden, gehören nach Gill in die Zeit nach Marathon und reichen wohl bis in die Jahre um 470 v. Chr. hinab. (Anders: D. Williams, AA 1987, 669 ff.). – S. die Argumentation bei: V. Brinkmann, Die Ausläufer der archaischen Skulptur und die archaischen Formelemente in der Zeit der frühen Klassik, in: P. C. Bol (Hrsg.), Die Geschichte der antiken Bildhauerkunst I. Frühgriechische Plastik (2002) 271 ff. (Rez. K. Fittschen, GGA 255 [2003] 1 ff.)

18 Siehe die Literaturübersicht bei A. Invernizzi, I frontoni del tempio di Aphaia ad Egina (1965) Anm. 8 und 9; U. Sinn, AM 102 (1987) 162 ff.

19 A. Borbein, Die Tarentiner Göttin in Berlin, in: Bathron. Beiträge zur Architektur und verwandten Künsten für Heinrich Drerup zu seinem 80. Geburtstag von seinen Schülern und Freunden (1988) 93 ff.

20 V. Brinkmann, Die aufgemalten Namensbeischriften an Nord- und Ostfries des Siphnierschatzhauses, BCH 109 (1985) 77 ff.; Die neue Deutung ist in die wissenschaftlichen Handbücher übernommen worden. Auch Raimund Wünsche (s. hier Kap. 38) hält die neue Lesung für zutreffend.

21 Siehe allgemein: H. B. B. Rose, Studia Troica 8 ff. (1998 ff.); H. B. Rose, Ilion in griechischer und römischer Zeit, in: Troia. Traum und Wirklichkeit (Ausstellung Stuttgart 2001) 184 ff. (mit weiterer Literatur).

KATALOG

Abkürzungen

ABV: J. D. Beazley, Attic Black-figure Vase-Painters (1956)

Add: L. Burn – R. Glynn, Beazley Addenda (1982)

Antikensammlungen, Bronzen: U. Höckmann, Antikensammlungen München, Katalog der Bronzen Bd. I. Die Bronzen aus dem Fürstengrab von Castel San Mariano (1982)

ARV: J. D. Beazley, Attic Red-figure Vase-Painters≈ (1963)

Bunte Götter: V. Brinkmann, R. Wünsche (Hrsg.), Bunte Götter. Die Farbigkeit antiker Skulptur. Austellung Glyptothek München (2003)

CVA: Corpus Vasorum Antiquorum

EVP: J. D. Beazley, Etruscan vase painting (1947)

FR: A. Furtwängler – K. Reichhold, Griechische Vasenmalerei (1904-1932)

Glyptothek: R. Wünsche, Glyptothek München. Meisterwerke griechischer und römischer Skulptur (2005)

Glyptothek, Skulpturen II: B. Vierneisel-Schlörb, Klassische Skulpturen. Glyptothek München. Katalog der Skulpturen Bd. II (1979)

Glyptothek, Skulpturen VII: M. Fuchs, Römische Reliefwerke. Glyptothek München. Katalog der Skulpturen Bd. VII (2002)

Hart: M. L. Hart, Athens and Troy: The narrative treatment of the »Iliupersis« in archaic attic vase-painting (1992)

Hauch des Prometheus: F. W. Hamdorf (Hrsg.), Hauch des Prometheus – Meisterwerke in Ton. Staatliche Antikensammlungen und Glyptothek (1996)

Herakles-Herkules: R. Wünsche (Hrsg.), Herakles-Herkules. Ausstellung Staatliche Antikensammlungen München (2003)

Jahn: O. Jahn, Beschreibung der Vasensammlung König Ludwigs in der Pinakothek zu München (1854)

Kunst der Schale: K. Vierneisel/B. Kaeser (Hrsg.), Kunst der Schale – Kultur des Trinkens. Ausstellung Staatliche Antikensammlungen München (1990)

Lockender Lorbeer: R. Wünsche (Hrsg.), Lockender Lorbeer. Sport und Spiel in der Antike. Ausstellung Staatliche Antikensammlungen München (2004)

LIMC: Lexicon Iconographicum Mythologiae Classicae

Mangold: M. Mangold, Kassandra in Athen. Die Eroberung Trojas auf attischen Vasenbildern (2000)

Odysseus: B. Andreae, Odysseus. Mythos und Erinnerung, Ausstellungskat. München (1999)

Recke: M. Recke, Gewalt und Leid. Das Bild des Krieges bei den Athenern im 6. und 5. Jh. v. Chr. (2002)

Sieveking-Hackel: J. Sieveking/R. Hackl, Die königliche Vasensammlung zu München Bd. 1 (1912)

Ulisse: Ulisse. Il mito e la memoria. Ausstellungskatalog Rom, Palazzo delle Esposizioni (1996)

Kat. 1

Marmorkopf Gl 273, römische Kopie
Um 460 v. Chr. (Original), H 0,39 m

Einsatzkopf des Homer

Glyptothek, Skulpturen II 36ff. Nr. 5; Ch. Vorster, Vatikanische Museen. Museo Gregoriano Profano Ex Lateransense, Katalog der Skulpturen II 1 (1993) 148f. Nr. 64 Abb. 283ff.; P. Zanker, Die Maske des Sokrates (1992) 21ff.; K. Schefold, Die Bildnisse der antiken Dichter, Redner und Denker (1997)≈ 92f.; R. Wünsche in: Andreae, Odysseus 10ff.; R. Krumeich in: Die griechische Klassik, Ausstellungskat. Berlin (2002) 230f. Nr. 125. Glyptothek (2005) 100

Kat. 2

Bauchamphore 6009, Kampanisch (?), sf
510 v. Chr., aus Italien, H 27 cm

A: Ganymed steht vor Zeus, eine Frau bekränzt Ganymed, daneben eine weitere Frau, B: Herakles verfolgt Nessos mit Deianeira

Sieveking–Hackl 95f. Nr. 834 Abb. 94f. Taf. 33; LIMC Herakles / Hercle Nr. 309; LIMC IV Ganymedes Nr. 73*; Herakles–Herkules (2003) Kat. 151*

Kat. 3

Marmorkopf Gl 263, römische Kopie
4. Jh. v. Chr. (Original), H 41,2 cm

Jugendlicher Kopf mit phrygischer Mütze: Paris oder Ganymed ?

Glyptothek, Skulpturen II 241ff. Nr. 23

Kat. 4

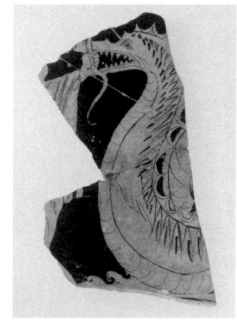

Frgt. eines Kelchkraters 8724, kampanisch, rf
360 – 350 v. Chr., H 22 cm

Herakles im Kampf gegen das Meerungeheuer

LIMC Hesione Nr. 5; Herakles–Herkules (2003) Kat. 126*

Kat. 5

Marmor-Statue Gl 499, römische Kopie
Um 370 v. Chr. (Original), aus Rom, H 125 cm

Leda mit Schwan

Fuchs, W., Die Skulptur der Griechen (1969) 357 f. Abb. 396; Glyptothek, Skulpturen II 248ff. Nr. 24; LIMC Helena Nr. 73h

Kat. 6

Terrakotta-Statuette TC 6663, attisch
Um 300 v. Chr. aus Attika, H 14,5 cm

Leda mit dem Schwan

Hauch des Prometheus Nr. 9.17

Kat. 7

Terrakotta-Statuette TC 5483, attisch
400–350 v. Chr., aus Athen, H 19,5 cm

Leda mit dem Schwan

Unpubliziert

Kat. 8

Terrakotta-Statuette SL 126, attisch
400–350 v. Chr., H 18,3 cm

Heroine mit Wasservogel: Leda (?)

*J. Sieveking, Die Terrakotten Antikensammlungen,
Loeb I (1916) 24 Taf. 34*

Kat. 9

Tonlampe TC 7040, römisch
1. Jh. n. Chr., L 11,9 cm

Leda mit dem Schwan

Unpubliziert

Kat. 10

Terrakotta TC 9391, modern
Fälschung des 19. Jh., H 15 cm

Leda mit dem Schwan

Hauch des Prometheus Nr. 21.9 Abb. 234

Kat. 11

Bauchamphore 8731, attisch, rf
510–500 v. Chr., H 57,5 cm, Euthymides

A: Theseus entführt Helena, links Peirithoos,
B: Zwei nach links eilende Frauen, Vater der
Helena

*CVA München (4), Taf. 161, 1–2; LIMC Helene Nr. 41;
LIMC Korone Nr. 1; M. Tiverios, Elleniki techni. Archaia
angeia (1996) Abb 100*

Kat. 12

Bronzener Kesseluntersatz SL 68, etruskisch
Um 540 v. Chr., aus dem Grab von Fonte
Ranocchia in San Valentino, H 0, 67 cm
(nur der Dreifußteil)

Relief A: Chimäre, Perseus und Athena,
Zweikampf über gefallenem Krieger, Relief B:
Sphinx, Peleus und Thetis, Herakles u. nemei-
scher Löwe; Relief C: knieender Bogenschütze,
zwei Sphingen, Mann zwischen zwei Löwen

*W.-G. Thieme, Die Dreifüsse der Sammlung J. Loeb im Muse-
um für Antike Kleinkunst München (1967) 17ff.; Antiken-
sammlungen, Bronzen 121ff.; LIMC Achle Nr. 124*; LIMC
Athena/Menerva Nr. 215; LIMC Chimaira (in Etruria)
Nr. 31*; LIMC Gorgo, Gorgones Nr. 260*; LIMC Herakles/
Hercle Nr. 68; LIMC Memnon Nr. 60; LIMC Peleus Nr. 76*;
Herakles–Herkules (2003) Katnr. 6*

Kat. 13

Bronzener Kesseluntersatz SL 66, etruskisch
Um 540 v. Chr., aus dem Grab von Fonte
Ranocchia in San Valentino, H 0, 61 (nur der
Dreifußteil), 145 cm (mit Kessel und Krieger)

Relief A: Zeus und Hera (?), Perseus wird von
Gorgonen verfolgt, Achilles und Troilos; Relief
B: Zwei geflügelte Figuren, zwei Sphingen,
zwei berittene Bogenschützen über gefallenem
Krieger; Relief C: Herakles und der Löwe,
Peleus und Thetis mit Hermes, Apoll und
Tityos

*W.-G. Thieme, Die Dreifüsse der Sammlung J. Loeb im
Museum für Antike Kleinkunst München (1967); Antiken-
sammlungen, Bronzen 121ff.; LIMC Achle Nr. 63; LIMC
Apollon/Aplu Nr. 2*; LIMC Gorgones (in Etruria) Nr. 109*;
LIMC Nr. Herakles/Hercle Nr. 163*; LIMC Peleus Nr. 75*;
LIMC Turms Nr. 92*; Herakles–Herkules (2003) Katnr.7*

Kat. 14

Bronzener Kesseluntersatz SL 67, etruskisch
Um 540 v. Chr., H 137 cm (mit Kessel)

Relief A: sitzende Sphinx; Chimäre; Relief B:
sitzender Löwe, Bellerophon und Pegasos;
Relief C: geflügelter Panther, Peleus und Thetis

*W.-G. Thieme, Die Dreifüsse der Sammlung J. Loeb im
Museum für Antike Kleinkunst München (1967); Antiken-
sammlungen, Bronzen 121ff.; LIMC Chimaira (in Etruria)
Nr. 74; LIMC Nereides Nr. 276; LIMC Peleus Nr. 74*;
LIMC Sphinx Nr. 251*

Kat. 15

Sianaschale 8966, attisch, sf
570–560 v. Chr., H 11 cm, Dm 23,8 cm,
C-Maler

A: Peleus verfolgt Thetis (fliehende Nereiden
und brennender Altar), B: Vier Reiter, I: Achill
lauert Troilos auf

*M. Ohly-Dumm, MüJb 30, 1979, 207f.; LIMC Peleus
Nr. 51**

Kat. 16

Pyxis Schoen 64, attisch, rf, Duris-Schule
Um 460 v. Chr., H. mit Deckel 16,3 cm.

Peleus verfolgt Thetis (fliehende Nereiden,
Altar mit Palme)

*ARV≈ 806, 93; Add≈ 291; LIMC Nereides Nr. 274; LIMC
Peleus Nr. 54*; R. Lullies, Eines Sammlung griechischer
Kleinkunst (1955) 30 Nr. 65 Taf. 24f.*

Kat. 17

Hydria 3267, apulisch, rf
380–370 v. Chr., H 51 cm, nahe Iliupersismaler

Schulter: Peleus verfolgt Thetis; Chiron,
Aphrodite und Eros; Vs: Pentheus und die
Mänaden

LIMC Cheiron Nr. 37; LIMC Peleus Nr. 60*

Kat. 18

Bauchamphora 1415, attisch, sf
Um 510 v. Chr., H 52,5 cm, nahe Leagros-
Gruppe

A: Peleus ringt mit Thetis, Chiron, Nereide,
B: Ajax mit der Leiche Achills zwischen Kampf
Äneas gegen Neoptolemos, Menelaos gegen
Paris

*FR 3, 239; CVA München (1) Taf. 45,2; LIMC Achilleus Nr.
877*; LIMC Nereides Nr. 281*; LIMC Neoptolemos Nr. 17*;
LIMC Peleus Nr. 163*; Recke (2002) 262 Nr. 69–70, 285
Nr. 50.*

Kat. 19

Halsamphora 1542, attisch, sf
510–500 v. Chr., H 42,5 cm

A: Peleus ringt mit Thetis, Meergreis und Nereiden, B: Dionysos und Ariadne, zwei Silene

CVA München (9) Taf. 12,2; LIMC VI Nereus Nr. 66*

Kat. 20

Halsamphora 1582, attisch, sf
Um 480 v. Chr., aus Vulci, H 44,4 cm,
Diosphos-Maler

A: Peleus ringt mit Thetis, Nereiden,
B: Theseus und Minotaurus

CVA München (14) Taf. 21,4; LIMC Peleus Nr. 135*

Kat. 21

Halsamphora 1650, attisch, sf
490 v. Chr., aus Vulci, H 23,1 cm, Drei-Linien-
Gruppe

A: Peleus ringt mit Thetis zwischen zwei
Nereiden; B: Apollon, Artemis und Leto

CVA München (9) Taf. 60, 1–2

Kat. 22

Lekythos 1889, attisch, sf
Um 490 v. Chr., H 27,5 cm, Rote-Linien-Maler

Peleus ringt mit Thetis, 2 Nereiden

ABV 380, 288 = 606, 85; LIMC Peleus Nr. 124;
E. J. Hoemberg, The Red-Line Painter and the Workshop of
the Acheloos Painter (1990) 15 Abb. 8*

Kat. 23

Frgte. einer Halsamphora 1524, attisch, sf
510/500 v. Chr., aus Vulci, H 43,3 cm (ehemals,
Kriegsschaden), Leagros-Gruppe

A: Peleus und Thetis; B. Dionysos und Ariadne
zwischen zwei Satyrn

ABV 372, 169; Add≈ 99; CVA München (9) Taf. 57.1–3

Kat. 24

Halsamphora 1543, attisch, sf
500 v. Chr., aus Vulci, H 39 cm, Leagros-Gruppe

A: Peleus ringt mit Thetis, zwei Nereiden;
B: Dionysos und zwei Satyrn

CVA München (9) Taf. 22,1–2

Kat. 25

Volutenkrater 1740, attisch, sf.
Um 530 v. Chr., H 51 cm

A: oben: siegreiches Gespann, unten: Peleus
und Thetis, Chiron, Hermes, fliehende
Nereiden, B: oben: sich rüstende Amazonen,
unten: reitende Amazonen

*K. Hitzel, Die Entstehung und Entwicklung des Volutenkraters
(1982) 125f. Kat. 38; H. E. Schleiffenbaum, Der griechische
Volutenkrater (1991) 286; H. Mommsen, AntK 45, 2002,
31ff.; Lockender Lorbeer (2004) Kat. 83*

Kat. 26

Halsamphora 8122, attisch, sf
490/80 v. Chr., H 21,8 cm

A: Peleus ringt mit Thetis, links Nereide,
B: Heros oder Gott beim Mahl, Frau

CVA München (14) Taf. 42,3

Kat. 27

Schale 2619A, attisch, rf
Um 510 v. Chr., H 15,5 cm, Dm 40,6 cm,
Epeleios-Maler

A: Peleus ringt mit Thetis, Löwe, Altar,
5 Nereiden, B: Komos, I: Silen füllt Krater

*ARV≈ 146,2; Add≈ 179; FR Taf. 155; LIMC Choro I
Nr. 1*;LIMC Erato III Nr. 1*; LIMC Irisia Nr. 1; LIMC
Peleus Nr. 153; D: Akseli, Altäre in der archaischen und
klassischen Kunst. Untersuchungen zur Typologie und
Ikonographie,1996, 97.*

Kat. 28

Schale 2648, attisch, rf
480–470 v. Chr., aus Vulci, H 14 cm,
Dm 33 cm, Duris

A: Peleus ringt mit Thetis, Löwe, und vier
Nereiden, B: Fünf Nereiden und Nereus,
I: Athena schenkt Herakles Wein ein

*ARV≈ 441, 185. 1653.482; Add≈ 240; FR Taf. 24, Text 1,
114f.; LIMC Nereus Nr. 78*; LIMC Thetis Nr. 20*; LIMC
Herakles Nr. 3163; D. Buitron-Olivier, Douris (1997) 97
Nr. O, 1 (Ödipusmaler); Herakles–Herkules (2003)
Kat. 172.*

Kat. 29

Stamnos 8738, attisch, rf
480–470 v. Chr., H 53 cm, Berliner-Maler

A: Peleus ringt mit Thetis, Altar und drei
Nereiden, B: Chiron, Nereiden und Nereus

*ARV≈ 209, 161; 1633; Add≈ 195; CVA München (5)
Taf. 259–262; LIMC Nereus Nr. 74*; LIMC Nr. 174*;
D. Akseli, Altäre in der archaischen und klassischen Kunst.
Untersuchungen zur Typologie und Ikonographie, 1996, 99*

Kat. 30

Pelike 8737, attisch, rf
Um 450 v. Chr., H 39,15 cm, Agrigento-Maler

A: Peleus belauert Thetis, B: Jünglinge, Bärtiger

*ARV≈ 578, 67; H. Walter, MüJb 1960, 7ff. Abb. 1.4;
A. Lezzi-Haffer, Der Schuwalow-Painter (1976) 74;
R. M. Becker, Formen attischer Peliken (1977) 79 Nr. 293
Taf. 30c, 51c*

Kat. 31

Fragment einer Plakettenvase 7642
4. Jh. v. Chr., aus Kreta, H 13,8 cm

Peleus ergreift Thetis (?)

*S. Wolf, in: Eine Stiftung, eine archäologisches Sammlung,
ein deutsches Schicksal. Der Publizist Hermann Lutz und die
Herbert-Lutz-Gedächtnis Stiftungen in München (1996) 65
Abb.*

Kat. 32

Halsamphora 1529, attisch, sf
Um 510 v. Chr., aus Vulci, H 38 cm.

A: Hochzeitszug des Peleus und der Thetis im
Beisein von Göttern, B: Drei Silene mit Maultier

ABV 330,1; Add≈ 89; CVA München (8) Taf. 297,5 (Mythische Brautfahrt)

Kat. 33

Kanne 1760, attisch, sf
Um 520 v. Chr., H mit Henkel 26,9 cm, Maler
von München 1760

Hochzeitzug von Peleus und Thetis im Beisein
von Göttern

CVA München (12) Taf. 16,2–4.

Kat. 34

Bauchamphora 1406, attisch, sf
Um 510 v. Chr., H 46,5 cm, Leagros-Gruppe

A: Hochzeitzug von Peleus und Thetis im
Beisein von Göttern, B: Dionysos in Begleitung
von zwei Satyrn und zwei Mänaden

*ABV 368, 108; Add≈ 98; CVA München (1) Taf. 36,2;
38,1–3; LIMC Hermes Nr. 448**

Kat. 35

Bauchamphora 1413, attisch, sf
Um 510 v. Chr., aus Vulci, H 54 cm, Leagros-
Gruppe

A: Hochzeitzug von Peleus und Thetis,
B: Kriegers Abschied

*ABV 366, 85, Add≈ 97; CVA München (1) Taf. 45,1–2;
LIMC Artemis Nr. 1241*; LIMC Hermes Nr. 423a.*

Kat. 36

Halsamphora 837, etruskisch, sf, Parismaler
Um 530 v. Chr., aus Vulci, H 33 cm

Parisurteil: A: Paris mit Rinderherde; B: Zug der
Göttinnen angeführt von Hermes

EVP I Taf. 1,3.4; LIMC Alexandros Nr. 14; LIMC
Aphrodite/Turan Nr. 13; LIMC Athena/Menerva Nr. 242;
LIMC Paridis iudicium Nr. 42; LIMC Priamos Nr. 14; LIMC
Teukros I Nr. 2; LIMC Turms Nr. 51; LIMC Uni Nr. 30;
M. Sprenger, G. Bartoloni, Die Etrusker (1977) Taf. 72.*

Kat. 37

Hydria 1722, attisch, sf
Um 520/510 v. Chr., aus Vulci, H 49,5 cm, sf,
Antimenes-Maler

Hauptbild: Parisurteil: Hermes führt die drei
Göttinnen auf Paris zu, Schulter: Achill verfolgt
Troilos, fliehende Frau, orientalischer Bogen-
schütze

ABV 269,33; Add≈ 70; LIMC Achilleus 303; LIMC I
Alexandros Nr. 8; J. Burow, Der Antimenesmaler (1990) 92
Nr. 11 Taf. 109b.*

Kat. 38

Halsamphora 1545, attisch, sf
Um 510 v. Chr., H 37,8 cm, aus Vulci, Leagros-
Gruppe

A: Hermes führt die drei Göttinnen zu Paris,
B: Zeus und die Eileithyien.

CVA München (8) Taf. 424,4; LIMC Alexandros Nr. 7;
LIMC Athena 341; I. Raab, Zu den Darstellungen des Parisurteils in der griechischen Kunst (1972) 161 Nr. A I 12.*

Kat. 39

Bauchamphora 1392, attisch, sf
Um 510 v. Chr., aus Vulci, H 43 cm, nahe
Antimenes-Maler

A: Parisurteil, Zug, Paris bärtig, mit Leier,
B: Rückführung der Helena

*ABV 281,15; Add≈ 73; CVA München (1) Taf. 26,2; LIMC
Alexandros Nr. 9; LIMC Helene Nr. 328*; LIMC Paridis
iudicium Nr. 34*; Hart (1992) 321 Nr. 82; Mangold (2000)
188; Recke (2002) 274 Nr. 79.*

Kat. 40

Halsamphora 1544, attisch, sf
Um 510 v. Chr., aus Vulci, H 40,1 cm

Parisurteil A: Göttinnen, B: Hermes und Paris,
Hund

*I. Raab, Zu den Darstellungen des Parisurteils in der
griechischen Kunst (1972) 162 Nr. A I 17*

Kat. 41

Lekythos 1893, attisch, sf
Um 500 v. Chr., erh. H 26,8 cm

Hermes, Athena und zwei weitere Göttinnen,
Dionysos

*I.Raab, Zu den Darstellungen des Parisurteils in der grie-
chischen Kunst (1972) A III 15; Veder greco. Le necropoli di
Agrigento. Ausstellungskatalog Agrigent (1988) 103 Nr. 5.*

Kat. 42

Kanne 1781, attisch, sf
490/80 v. Chr., aus Vulci, H 25 cm

Parisurteil: Hermes mit nur zwei Göttinnen

CVA München (12) Taf. 14,4

Kat. 43

Lekythos 1882, att, sf
Um 490 v. Chr., aus Vulci, H 12 cm

Di drei Göttinnen vom Parisurteil

Jahn 340 Nr. 1194

Kat. 44

Hydria 6011 (2439), attisch, rf
Um 320 v. Chr., H 61,5 cm

Parisurteil

*FR 1 Taf. 40; CVA München (5) Taf. 235,1–2, 236,1–6,
237,7–9; LIMC AThena Nr. 421; LIMC Attike Nr. 2;
LIMC Nymphai Nr. 109; LIMC Oinone Nr. 4; LIMC Paridis
iudicium Nr. 52b*

Kat. 45

Halsamphore Jahn 107 (als Leihgabe in Erlangen M 61), att, sf
Um 510 v. Chr., aus Vulci, H 41,8 cm

A: Parisurteil, B: Theseus und Minotauros

*ABV 278, 31; CVA München (8) Taf. 419,4; LIMC Paridis
iudicium Nr. 1**

Kat. 46

Bronzemedaillon SL 20, von einem Fulcrum,
römisch
1. Jh. v. Chr., H 11,5 cm

Büste eines Jünglings mit phrygischer Mütze:
Paris?

J. Sieveking, Bronzen der Sammlung Loeb (1913) 57 Taf. 23

Kat. 47

Pyxis 7211 (327), korinthisch, sf,
Um 590 v. Chr., H m. Deckel 15,5 cm,
Dodwell-Maler

Deckel: Agamemnon, Alka, Dorimachos,
Sakis. Eberjagd; Gefäß: umlaufend Tierfriese

LIMC I Agamemnon Nr. 1; F. Lorbeer, Inschriften auf
korinthischen Vasen (1979) 45f. Nr. 52 Taf. 14; K. Schefold,
Götter- und Heldensagen der Griechen in der Früh- und
Hocharchaischen Kunst (1993) 299 Abb. 322*

Kat. 48

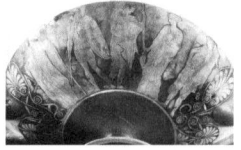 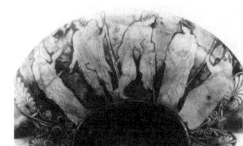

Schale 7638, attisch, rf
Um 430 v. Chr., Dm 30,5 cm, Eretria-Maler
(Fotos Vorkriegszustand)

Götter und Heroen stehend, darunter Thetis
und Achill; Beischriften

*ARV² 1253,55 (=1252,53); Add² 354; A. Lezzi-Hafter,
Der Eretria-Maler (1988) 317 Nr. 43 Taf. 45; S. Wolf,
Die Stiftung Herbert Lutz in den Antikensammlungen in
München, in: Eine Stiftung. Eine archäologische Sammlung –
Ein deutsches Schicksal (1996) 57ff.*

Kat. 49

Aschenkiste Gl 175, etruskisch
Um 150 v. Chr., aus Volterra, H 48 cm, L 63 cm

Telephos im Lager der Griechen mit dem
kleinen Orest als Geisel

*A. Furtwängler - P. Wolters, Beschreibung der Glyptothek
König Ludwig's zu München (1910) 62f. Nr. 53; LIMC
Charon I/Charu(n) Nr. 19*; LIMC Telephos Nr. 73*;
Nielsen, M., ActaHyp 5 (1993), 332 Abb. 4; D. Steuernagel,
Menschenopfer und Mord am Altar (1998) 197 Katn. 86,
Die Etrusker. Ausstellungskat. Hamburg (2004) 120 Katnr.
I/225.*

Kat. 50

Terrakotte TC 5394, griechisch
Um 370/50 v. Chr., aus Athen, H 8,6 cm

Telephos mit dem kleinen Orest

Hauch des Prometheus (1996) Kat. 16.11

Kat. 51

Giebelfiguren, griechisch
Um 490/80 v. Chr., von der Ostseite des
Aphaia-Tempel auf Ägina

Der Trojanische Krieg des Herakles

*D. Ohly, Die Aegineten, Bd. 1. Die Ostgiebelgruppe (1976);
Bunte Götter (2003) 70ff., Glyptothek (2005) 46ff.*

Kat. 52

Giebelfiguren, griechisch
Um 500/490 v. Chr., von der Westseite des
Aphaia-Tempel auf Ägina, L m

Der großeTrojanischer Krieg

*D. Ohly, Die Aegineten, Bd. II: Die Westgiebelgruppe (2001);
Bunte Götter (2003) 70ff., Glyptothek (2005) 32ff.*

Kat. 53

Thyrrenische Amphora 1436, sf
Um 570–560 v. Chr., aus Vulci, H 40,5 cm,
Timiades-Maler

A: Achill lauert Troilos auf, Polyxena am
Brunnen, B: Kriegerzug

*ABV 95,4; Add≈ 25; CVA München (7) Taf. 313,1–2;
LIMC I Achilleus Nr. 230.*

Kat. 54

Amphoriskos 6078 (1425), böotisch, sf
Um 550 v. Chr., H 12,8 cm

Schulter: Achill verfolgt Troilos, VS: Giganten-
kampf

*K. Kilinski, Boeothian Black-Figure Vase-Painting of the
Archaic Period (1990) 45, 54 Taf. 23,3–4.*

Kat. 55

Lekythos 1866, att, sf
540 v. Chr., aus Vulci, H 11 cm

Nackter, bärtiger Reiter (Troilos?) wird verfolgt
von bärtigem Mann, voraus ein Krieger

Jahn 337 Nr. 1182

Kat. 56

Halsamphora 1548, attisch, sf
Um 520 v. Chr., H 40 cm, Antimenes-Maler

A: Drei Krieger im Kampf, B: Achill verfolgt
Troilos

*ABV 273, 122; Add≈ 71; CVA München (8) Taf. 386,3;
LIMC Achilleus Nr. 304*; J. Burow, Der Antimenesmaler
(1989) Nr. 78 Taf. 78.*

Kat. 57

Thyrrenische Amphora 1426, sf
Um 570 v. Chr., aus Vulci, H 40 cm, Timiades-
Maler

Schulter: Achill tötet Troilos. Kampf mit den
Trojanern, Bauch: zwei Tierfriese

*ABV 95,5; Add≈ 25; CVA München (7) Taf. 311–312;
LIMC Achilleus Nr. 364*; LIMC Aineias Nr. 25*; LIMC
Athena Nr. 552; LIMC Deiphobos Nr. 19; Mangold (2000)
165 T8; Recke (2002) 258 Nr. 9.*

Kat. 58

Hydria 1700, attisch, sf
Um 510 v. Chr., aus Vulci, H 49,5 cm, Leagros-
Gruppe

Hauptbild: Achill zerschmettert Troilos,
Athena, Priamos, Schulter: Klage von der
Mauer herab

*ABV 362, 27; Add 47; LIMC Achilleus Nr. 382; LIMC As-
tyanax I Nr. 9*; LIMC Priamos Nr. 35; Hart (1992) 333f.
Nr. 118; Mangold (2000) 164 T 2; Recke (2002) 280 Nr.9*

Kat. 59

Lekythos 1906, weißgrundig, sf
Um 480 v. Chr., H 23,1 cm

Achill lauert Troilos, von Polyxena begleitet,
an der Quelle auf

*Haspels, Attic black figured Lekythoi (1936) 257 Nr. 78;
CVA Karlsruhe 1 zu Taf. 13,1; LIMC Achilleus Nr. 231*

Kat. 60

Frgt. einer Kanne (1774), att. sf.
Um 520/10 v. Chr., aus Vulci, H 23 cm

Troilos nach rechts reitend.

CVA München 12 Taf. 35,9; LIMC Achilleus Nr. 305

Kat. 61

Halsamphora 1567, attisch, sf
Um 525 v. Chr., aus Vulci, H 34 cm, Bareiss-Maler

A: Ajas und Achill beim Brettspiel, B: Herakles erschlägt eine gestürzte Amazone, Iolaos und eine flüchtende Amazone

CVA München (8) Taf. 368,1; LIMC Achilleus Nr. 394;
Herakles – Herkules (2003) Kat. 69, Lockender Lorbeer
(2004) Kat. 199*

Kat. 62

Kleeblattkanne 1790, attisch, sf
Um 520 v. Chr., aus Vulci, H mit Henkel 24 cm,
Leagros-Gruppe

Achill und Ajas beim Brettspiel

*CVA München (12) Taf. 37,1; S. Woodford, JHS 102, 1982,
181 A5; S. Laser, Sport und Spiel (1987) 152 Nr. 49; Lockender Lorbeer (2004) Kat. 202.*

Kat. 63

Bauchamphora 2300, attisch,bilingue
Um 510 v. Chr., H 54,5 cm, ähnlich dem
Andokides-Maler

A (sf): Aias und Achill beim Brettspiel,
B (rf): Dionysos zwischen zwei Mänaden,

*ARV² 11,1. 1618; Add² 151; CVA München (4) Taf. 159,
1–2; LIMC I Achilleus Nr. 404*; LIMC Dionysos Nr. 295*;
Lockender Lorbeer (2004) Kat. 198*

Kat. 64

Lekythos 9241, attisch, sf
Um 510 v. Chr., H 16,4 cm

Achill und Ajas beim Brettspiel, dazwischen
Athena

Lockender Lorbeer (2005) Nr. 203

Kat. 65

Bauchamphora 1417, attisch, sf
Um 500 v. Chr., aus Vulci, H 65 cm, Leagros-Gruppe

A: Aias und Achill beim Brettspiel, B: Herakles
ringt mit Antaios, Athena und eine Frau mit
der Beischrift Andriosoi

*ABV 367, 86; Add² 97; CVA München (1) Taf. 48,2;
J. Boardman, Athenian Black-figured Vases (1974) 110*

Abb. 199; LIMC Achilleus Nr. 411; LIMC Antaios I Nr. 1*;
Herakles–Hercules (2003) Kat. 107; Lockender Lorbeer
(2004) Kat. 178*

Kat. 66

Halsamphora 1547, attisch, sf
Um 500 v. Chr., aus Vulci, H 42,5 cm, Art des
Acheloos-Malers

A: Aias und Achill beim Brettspiel, B: Tanzende
Zecher beim Komos

*ABV 3853; Add² 102; CVA München (9) Taf. 12,4; LIMC
Achilleus Nr. 405*; Lockender Lorbeer (2004) Kat. 200*

Kat. 67

Halsamphora 1482, attisch, sf
Um 510 v. Chr., aus Vulci, H 33 cm, Maler von
Vatikan G 31

A: Aias und Achill beim Brettspiel, Athena und
zuschauende Krieger, B: Kämpfe zwischen fünf
Hopliten

*ABV 486,1; Add² 122; CVA München (9) Taf. 35,1; Locken-
der Lorbeer (2004) Kat. 201*

Kat. 68

Stamnos 2415, att, rf
Um 440/30 v. Chr., H 43,5 cm

A: Abschied eines Kriegers (Hektor ?) von
seiner Familie, B: Drei Jünglinge

*Add≈ 334; CVA München (5) Taf. 256,1; LIMC Hektor
Nr. 27*; M. Tiverios, Elleniki techno. Archaia angeia (1996)
Abb. 160/161; B. Cohen (Hrsg), Not the classical ideal (2000)
36 Abb. 1.4.*

Kat. 69

Bauchamphora 8730 (2307), attisch, rf
510–500 v. Chr., H 60 cm, Euthymides

A: Hektor rüstet sich, Priamos, Hekabe, B:
Komos

*ARV≈ 26,1; Add≈ 155; FR 1, Taf. 14; CVA München (4)
Taf. 165,1–2; LIMC Hektor Nr. 17; M. Tiverios, Elleniki
techni. Archaia angeia (1996) Abb 99.*

Kat. 70

Bauchamphora 1411, attisch, sf
Um 520 v. Chr., aus Vulci, H 51 cm, Maler von
München 1410

A: Abbruch des Zweikampfes zwischen Ajas
und Hektor, B: Flötenspieler

*ABV 311,2; Add≈ 84; CVA München (1) Taf. 41,3;
LIMC Aias I Nr. 76*; Recke (2002) 262 Nr. 68*

Kat. 71

Kalpis 8770, attisch, rf
Um 480/470 v. Chr., H 38,5 cm, Kleophrades-
Maler

Vergebliche Gesandtschaft zu Achill

Para 341,73; Add≈ 189; LIMC Achilleus Nr. 445;
LIMC Patroklos Nr. 11; F. W. Hamdorf, Pantheon 32, 1974,
219–224; J. Boardman, Antike Kunst 19, 1976, 4 Taf. 1.3.*

Kat. 72

Bauchamphora 3171, etruskisch, rf, Praxias-
Gruppe
Um 470/60 v. Chr., aus Vulci, H 54 cm

A: Vergebliche Gesandtschaft zu Achill. B:
Kampf bei den Schiffen

*EVP 195,1; LIMC Achilleus ad Nr. 663; LIMC Achle Nr.
120*; LIMC Aias I Nr. 56*; LIMC Alkimos Nr. 1*; LIMC
Deiphobos Nr. 16; LIMC Hektor Nr. 38; LIMC Hermes
Nr. 581; LIMC Turms Nr. 84*

Kat. 73

Terrakottarelief 6632 nach Metallvorbild
4. Jh. v. Chr., aus Cureti, H 8,7 cm

Der trojanische Späher Dolon

*LIMC Dolon Nr. 3; J. Sieveking, MüJb 12, 1921/22, 117
Abb. 1*

Kat. 74

Bauchamphora 1408, at-
tisch, sf
510–500 v. Chr., aus Vulci, H 50,5 cm, Leagros-
Gruppe

A: Ajas kämpft gegen Hektor (beide mit Beischrift) über einer Leiche (Patroklos?), rechts
Tydeus (Beischrift), B: Drei Kriegerpaare
(je Hoplit und Bogenschütze)

*ABV 368,106; Add≈ 98; CVA München (1) Taf. 36,4; LIMC
Aias I Nr. 46*; LIMC Teukros II 8; Recke (2002) 262 Nr. 67*

Kat. 75

Frgt. einer Halsamphora 1450, attisch, sf
570/60 v. Chr., max. H 17 cm, Maler von
London B 76

A: Achill erhält die Waffen von seiner Mutter
Thetis im Beisein eines Alten, B: vier nach links
ziehende Krieger.

*ABV 86,19; Add≈ 23; CVA München (9) Taf. 40,1–3; LIMC
Achilleus Nr. 199*

Kat. 76

Stamnos 2406, attisch, rf
490/80 v. Chr., aus Vulci, H 34 cm, Berliner
Maler

A: Zweikampf zwischen Achill und Hektor,
Athena, B: sich rüstender Krieger

*ARV≈ 207,137; 1633; Add≈ 194; CVA München (5)
Taf. 238; FR 2, 234ff. Taf. 106,2; LIMC Achilleus Nr. 566*;
Recke (2002) 264 Nr. 114*

Kat. 77

Hydria 1719, attisch, sf

Um 510 v. Chr., aus Vulci, H 53,6 cm, Leagros-Gruppe

Schulterbild: Achill schleift Hektors Leiche um Patroklos' Grab, Hauptbild: Herakles tötet Geryoneus, Eurytion, Athena

ABV 361,13; Add≈ 95; LIMC Achilleus Nr. 595; LIMC Automedon Nr. 17; LIMC Hektor S. 49; LIMC Herakles Nr. 2468*; Recke (2002) 292 Nr. 10; Herakles–Herkules (2003) Kat. 81*

Kat. 78

Schale 2618, attisch, rf

Um 510 v. Chr., H 12 cm, Dm 33 cm, Oltos

A: Achill auf der Kline, darunter die Leiche des Hektor, Priamos, B: Trojaner führen Pferde und bringen Geschenke zur Auslösung der Leiche des Hektor, I: Sitzender Jüngling

ARV≈ 61,74. 1622; Add≈ 165; FR Taf. 83; R. Lullies/ M. Hirmer, Griechische Vasen (1953) Taf. 9b, 11; LIMC Achilleus Nr. 656; LIMC Briseis Nr. 31*; Recke (2002) 291 Nr. 13.–13.≈; Lockender Lorbeer (2004) Kat. 98*

Kat. 79

Halsamphora 1502A, attisch, sf

Um 520/10 v. Chr., aus Vulci, H 22 cm, Drei-Linien-Gruppe

A: Reiterkampf Achill gegen Penthesileia, B: Reiterkampf

ABV 321,10; Add≈ 86; CVA München (8) Taf. 378,6; LIMC Achilleus Nr. 726; LIMC Amazones Nr. 176; LIMC Penthesileia Nr. 21; Recke (2002) 262 Nr. 71.*

Kat. 80

Schale 8705 (2688), rf, Penthesileia-Maler

Um 450 v. Chr., H 18,5 cm, Dm 43 cm

I: Achill tötet Penthesileia, Außenseite: Jünglinge mit Pferden

ARV≈ 879,1. 1673; Add≈ 300; FR Taf. 6; LIMC Achilleus Nr. 733; LIMC Amazones Nr. 178; LIMC Penthesileia Nr. 34*; E. Keuls, The Reign of the Phallus, Sexual Politics in Anient Athens (1985) 57 Abb.38; Recke (2002) 266 Nr. 146*

Kat. 81

Halsamphora 1507, attisch, sf

510–500 v. Chr., aus Vulci, H 43 cm, Leagros-gruppe

A und B: Memnon und seine aithiopischen Krieger

ABV 375, 207; Add≈ 100; CVA München (9) Taf. 1,3; LIMC Memnon Nr. 9; E. Buschor, MüJb 1919, 36ff.; B. Cohen (Hrsg.), Not the classical ideal (2000) 395 Abb. 15.3.*

Kat. 82

Exaleiptron, attisch, sf

Um 570 v. Chr., H 12,5 cm 13, C-Group

Kalydonische Eberjagd, Zweikampf zwischen Memnon und Achilleus im Beisein ihrer Mütter Eos und Thetis

CVA München (3) Taf. 138 ff., LIMC Atalante Nr. 3; LIMC Meleagros Nr. 10*

Kat. 83

Kanne 1764, attisch, sf

520/10 v. Chr., aus Vulci, H. mit Henkel 25,6 cm

Zweikampf Achill–Memnon, Thetis, Eos

CVA München (12) Taf.23,3–4

Kat. 84

Bauchamphora 1381, attisch, sf

um 540, aus Vulci, H 50 cm, Maler dem Exekias nahe

A: Zweikampf von Achill und Memnon zwischen den Müttern und Zuschauern; B: Kriegers Ausfahrt

FR 1, 155 Abb. 4. 6; ABV 142,5; CVA München (1) Taf. 14,2; E. Böhr, Schaukelmaler (1982) 17 Anm. 48. 52

Kat. 85

Bauchamphora 1410, attisch, sf

Um 520 v. Chr., aus Vulci, H 50 cm, Maler von München 1410

A: Zweikampf Achill–Memnon über der Leiche des Antilochos gerahmt von Thetis und Eos, B: Zwei Amazonen mit einem Pferd und ein Krieger

ABV 311,1; Add≈ 84; CVA München (1) Taf. 41,2; F. Brommer, Vasenlisten zur griechischen Heldensage (1973)Δ 348 A 5; Recke (2002) 260 Nr. 41.

Kat. 86

Halsamphora 1523, attisch, sf
Um 520 v. Chr., aus Vulci, H 34,8 cm, Nahe
Lysippides-Maler

A: Zweikampf Achill–Memnon, Thetis, Eos,
B: Dionysos, Hermes, Silen

ABV 262,1; Add≈ 68; CVA München (8) Taf. 363,4; LIMC Hermes Nr. 650b

Kat. 87

Halsamphora 1502, attisch, sf
Um 520 v. Chr., H 35 cm, Nahe Lysippides-
Maler

A: Zweikampf Achill-Memnon, Thetis, Eos,
B: Kriegers Abschied

ABV 263,2; Add≈ 68; CVA München (8) Taf. 367,4; W. Raeck, Zum Barbarenbild in der Kunst Athens im 6. und 5. Jh. v. Chr. (1981)

Kat. 88

Hydria 1720, attisch, sf
500–490 v. Chr., aus Vulci, Rycroft-Maler

Schulter: Zweikampf Achill–Memnon, Thetis,
Eos; Hauptbild: Gespannanschirrung

ABV 337,24, 669

Kat. 89

Halsamphora 1492, attisch, sf
um 510 v. Chr., aus Vulci, H 37,6 cm

A: Achill und Memnon zwischen ihren Müttern, B: Viergespann, Bogenschütze und Frau

CVA München (8) Taf. 413,3; M. F. Voß, Scythian Archers in Archaic Attic Vase-painting (1963) Kat. 91; W. Raeck, Zum Barbarenbild in der Kunst Athens im 6. und 5. Jh. v. Chr. (1981)

Kat. 90

Halsamphora 1470, attisch, sf
Um 530 v. Chr., aus Vulci, H 42 cm, Exekias

A und B: Auf dem Hauptbild Aias mit dem
Leichnam des Achill, Schulterbild A: Hahnen-
kampf, Jünglinge mit Hähnen, Zuschauer,
Schulterbild B: zwei Löwen greifen einen Stier
an. Unten umlaufender Tierfries.

ABV 144,6; Add≈ 39; CVA München (7) Taf. 351; H. Mommsen, Der Affekter (1975) 23f. Taf. 136; LIMC Achilleus Nr. 876; Recke (2002) 284 Nr. 17–18; Kunst der Schale (1990) 104 Abb. 13. 1a;Lockender Lorbeer (2004) Kat. 225.*

Kat. 91

Halsamphora 1512, attisch, sf
um 510 v. Chr., aus Vulci, H 42,5 cm, Gruppe
von München 1512

A: Ajas rettet Achills Leiche, Bogenschütze
Greis, B: Kriegerkampf

E. Kunze-Götte, Der Kleophrades-Maler unter Malern schwarzfiguriger Amphoren: Eine Werkstattstudie (1992) 111 Nr. 17 Taf. 48,1; Recke (2002) 285 Nr. 51.

Kat. 92

 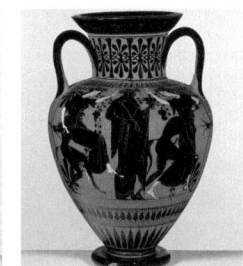

Halsamphora 1519, attisch, sf
Um 510–500 v. Chr., aus Vulci, H 42,5, Maler
von München 1519

A: Ajas rettet Achills Leiche, Bogenschütze,
Greis, B: Dionysos, Satyrn, Mänade

ABV 394,4; Add≈ 103; CVA München (9) Taf. 7,4; LIMC Alexandros Nr. 95; Recke (2002) 285 Nr. 52.*

Kat. 93

Lekythos 1884, attisch, sf
510–500 v. Chr., H 31,3 cm

Ajas rettet Achills Leiche, Mantelfigur, Krieger

C. H. E. Haspels, Attic Black-figured Lekythoi (1936) 54; L. F. Dell'Orto–R. Franchi, Veder greco. Le necropoli di Agrigento. Kat. Ausst. Agrigent (1997) 106 Nr. 8; Recke (2002) 285 Nr. 55.

Halsamphora 1537, attisch, sf
Um 510 v. Chr., aus Vulci, H 37,5 cm,
Eye-Sirene-Group

A: Ajas rettet Achills Leiche, Greis, Frau,
B: Gespann, Athena

*CVA München (8) Taf. 403,3; A. Verbanck-Pierard,
Un cortège de l'Athènes archaique. CahMariemont 12, 1981,
35; S. Woodford – M. Loudon, AJA 84, 1980, 37 E 6;
Recke (2002) 285 Nr. 53.*

Kat. 95

Halsamphora SL 458, attisch, sf, Art des
Lysippides-Malers
Um 530/525 v. Chr., H 44,5 cm

A: Ajas rettet Achills Leiche, Krieger,
B: Dionysos, Hermes, Satyr

*ABV 259. 18; Add≈ 67; CVA München (7) Taf. 359,1;
LIMC Achilleus Nr. 875*; LIMC Hermes Nr. 650a*;
Recke (2002) 438 Nr. 57.*

Kat. 96

Hydria 1712, attisch, sf
Um 510 v. Chr. H 54 cm, Leagros-Gruppe

Ajax rettet Achills Leiche, Schlacht; Schulter:
Kampfszene mit Wagen

*ABV 362, 34; 695; Add≈ 96; FR 3, 228f.; LIMC Achilleus
Nr. 878; LIMC Eidola Nr. 15*; S. Woodford–M. Loudon,*

*AJA 84, 1980, 25–50 Taf. 4 Abb.9; F. Lissarrague, L'autre
guerrier (1990) 95 Nr. 29, 73 Abb. 36; Recke (2002) 285
Nr. 54.*

Kat. 97

Lampe SL 361, römisch
2. Jh. n. Chr., Dm. 7,5 cm

Sinnender Odysseus mit den Waffen des Achill

LIMC Odysseus Nr. 57; Odysseus (1999) 87 Abb. 25bis

Kat. 98

Bronzene Reliefscheibe BR 4412, römisch
1. Jh. n. Chr., Dm 10,5 cm

Sinnender Aias vor dem Selbstmord

*R. Wünsche, Torso. Ruhm und Rätsel. Ausstellungskatalog
Glyptothek München (1998) 74 Abb. 100*

Kat. 99

Halsamphora 1494, attisch, sf
530–540 v. Chr., aus Vulci, H 38,5 cm,
Schaukelmaler

A: Ajas in der Unterwelt, B: Kriegers Abschied

*ABV 308,81; Add≈ 83; CVA München (7) Taf. 360,1;
LIMC Aias I Nr. 145*; LIMC Eidola Nr. 6; LIMC Perse-
phone Nr. 281; LIMC Sisyphos I Nr. 5*; W. Felten, Attische
Unterweltsdarstellungen des 6. und 5. Jh. v. Chr. (1975) 30
Abb. 12.*

Kat. 100

Bronzefigur BR 3995,
1. Jh. v. Chr.–1. Jh. n. Chr., H 4,5 cm

Sitzender nackter Mann, Philoktet?

AA 1929, Sp. 17 Abb. 9

Kat. 101

Statue des Diomedes Gl 304, römische Kopie
Um 430 v. Chr. (Original aus Bronze), von
Kreisilas, H 1,02 m

Diomedes

*Glyptothek, Skulpturen II (1979) 38ff.; D. Kreikenbom in:
Die Geschichte der antiken Bildhauerkunst II (2004) 238ff.;
Glyptothek (2005) 79f.*

Kat. 102

Marmorstatuette MAK 10036, römisch
40–60 n. Chr., H 27 cm

Torso des Diomedes

unpubliziert

Kat. 103

Schale 2650, attisch, rf, Erzgießereimaler
490–480 v. Chr., H 11,5 cm, Dm 31,3 cm

A: Holzbildhauer mit Pferdestatue, B: Männer
und Jünglinge, I: zwei Männer

ARV² 401,2; Add² 230; LIMC Athena Nr. 42; LIMC
Epeios Nr. 2; LIMC Equus Troianus 1; G. Zimmer, Antike
Werkstattbilder (1982) 7, 33*

Kat. 104

Schale 2017A, attisch, sf
Um 550 v. Chr., aus Vulci, , H 12,2 cm, Dm
26,2 cm

Ajas bedroht Kassandra, Athena, Jünglinge

LIMC Aias II Nr. 40; LIMC Kassandra I Nr. 69; Kunst
der Schale (1990) 156 Abb. 24,9; Hart (1992) 315 Nr. 65;
Mangold (2000) 168 II 20 Abb. 20; Recke (2002) 268
Nr. 14.–15.*

Kat. 105

Bauchamphora 1380, attisch, sf
550–540 v. Chr., aus Vulci, H 50 cm, Gruppe E

A: Ajas bedroht Kassandra, Frau, Mann,
B: Viergespann frontal

*ABV 135,34; Add 15; CVA München (1) Taf. 14,1; 15;
LIMC Aias II Nr. 20; LIMC Kassandra I Nr. 60*; Hart
(1992) 299 Nr. 17; Mangold (2000) 155 II 5; Recke (2002)
267 Nr. 3.*

Kat. 106

Silberbecher BR 3391, römisch
Frühes 2. Jh. n. Chr., aus Manching H 7,2 cm,
Dm 12,3 cm

Iliouupersis: A: gefangene, knieende Trojaner
vordem sitzenden Neoptolemos im Beisein
von Athena und griechischen Soldaten,
B: gefangene trojanische Männer, Frauen und
Kinder.

*A. Adriani, RM 67, 1960, 111ff.; H Froning, JdI 95, 1980,
339; F. Baratte, in: Festschrift E. Will (1984) 221ff.; H. Gabelmann, Antike Audienz- und Tribunalszenen (1984) 148ff.;
C. Wölfel, Mythos und politische Allegorie auf Tafelsilber der
römischen Kaiserzeit. (Diss. Berlin 1996) 60.*

Kat. 107

Bauchamphora 1383, attisch, sf
Um 550 v. Chr., aus Vucli, H 34 cm, Amasis-
Maler

A: Rückführung der Helena, B: Dionysos und
4 Jünglinge

*ABV 150,7; Add² 42; CVA München (1) Taf. 21–23; FR 3,
224 Abb. 108 Taf. 154,1 (Buschor); LIMC Aithra I Nr. 59;
LICM Dionysos Nr. 807*; LIMC Helene Nr. 157*; Hart
(1992) 298 Nr. 15; Mangold (2000) 200; Recke (2002) 272
Nr. 10 Taf. 17b; 293 Nr. 1.*

Kat. 108

Halsamphora 1496, attisch, sf
Um 510 v. Chr., aus Vulci, H 44,5 cm,
Eye-Siren-Group

Kat. 109

A: Flucht des Äneas mit Anchises, Bogenschütze und Frau, B: Rückführung der Helena

*CVA München (8) Taf. 406,1–2; LIMC I Aineias Nr. 75;
LIMC Helene Nr. 317*; LIMC Kreousa III Nr. 26*; Hart
(1992) 322 Nr. 84; Mangold (2000) 177 III 16; Recke (2002)
274 Nr. 80, 295 Nr. 26*

Kalpis 2425, attisch, rf
Um 480 v. Chr., aus Vulci, H 37 cm,
Tyszkiewicz-Maler

Menelaos hat Helena an der Hand gepackt.

*ARV² 294, 65; 1642; CVA München (5) Taf. 227,5–6;
LIMC Helene Nr. 64; LIMC Menelaos Nr. 3*; Hart (1992)
370 Nr. 219; Mangold (2000) 201; Recke (1992) 276
Nr. 117.*

Kat. 110

Schale 2687, attisch, weißgrundig
Um 460 v. Chr., aus Vulci, H 15 cm,
Dm 35,5 cm

A: Frauen und Jünglinge, I: Heimführung der
Aithra

*FR 2, 286f. Taf. 114; LIMC Aithra I Nr. 71; Mangold (2000)
196 V 7; Recke (2002) 294 Nr. 19.*

Kat. 111

Halsamphora 1546, attisch, sf
Um 500 v. Chr., aus Vulci, H 41,7 cm,
Nikoxenos-Maler

A: Perseus enthauptet Medusa, B: Flucht des
Äneas mit Anchises, zwei Frauen und zwei
Kindern.

*ABV 392,10; Add≈ 103; FR 1, 157 Abb. 1. 4; CVA München
(9) Taf. 7,1; LIMC Askanios Nr. 3*; LIMC Kreousa III
Nr. 18; Mangold (2000) 181 III 46 (falsche Inv.Nr.); Recke
(2002) 296 Nr. 51*

Kat. 112

Kanne 1775, attisch, sf,
520/10 v. Chr., aus Vulci, H. mit Henkel 25,3
cm

Flucht des Äneas mit Anchises, Frau und
Krieger

*ABV 431,1; Para 186; CVA München (12) Taf. 29,1–4;
LIMC Kreousa III Nr. 7; Hart (1992) 355f. Nr. 183;
Mangold (2000) 178 III 25; Recke (2002) 295 Nr. 28.*

Kat. 113

Hydria 1717, attisch, sf
510/500 v. Chr., aus Vulci, H 44 cm, Leagros-
Gruppe

Flucht des Äneas mit Anchises, einem Kind,
Krieger und Frau; auf der Schulter: Töpferei-
szene

*ABV 362,36; Add 47; K. Schauenburg, Gymnasium 67,
1960, 180 Nr. 41, Taf. 15,2; LIMC Aineias Nr. 67; LIMC
Kreousa III Nr. 6*; Hart (1992) 330 Nr. 107; Mangold
(2000) 178 III 26; Recke (2002) 295 Nr. 27.*

Kat. 114

Frgt. einer Olpe 9397, attisch, sf
um 500 v. Chr., erh. H 5,5 cm.

Äneas rettet seinen Vater Anchises aus Troja.

CVA München (12) Taf. 6, 2; Recke (2002) 296 Nr. 52.

Kat. 115

Amphora 3185, etruskisch, rf
470/60 v. Chr., H 42,5 cm, Praxias-Maler

A: Flucht des Äneas mit Anchises, Frau und
Kind, B: Maultiergespann mit Frau und Jüngling, Fliehende?

Beazley, EVP 195,3; LIMC I Aineias Nr. 94; LIMC Kreousa
III Nr. 38*; E. Simon in: Troia. Traum und Wirklichkeit,
Ausstellungskatalog Stuttgart (2001) 161 Abb. 164*

Kat. 116

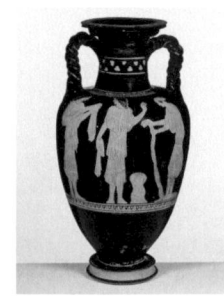

Strickhenkelamphora 2322, attisch, rf
Um 440 v. Chr., aus Vulci, H 51 cm, Nausikaa-
Maler

A: Odysseus vor Nausikaa und ihren Begleite-
rinnen, Athena beobachtet die Szene, B: Drei
Dienerinnen

*ARV≈ 1107,2; Add≈ 329; FR Taf. 138,1; CVA München (5)
Taf. 213,1–2; LIMC Athena Nr. 566; LIMC Nausikaa Nr.
2*; Ulisse (1996) 156 Nr. 2.71; Odysseus (1999) Abb. 148*

Kat. 117

Volutenkrater 3268, apulisch, rf
Um 420 v. Chr., aus Ruvo, H 74 cm, Sisyphos-
maler

A: Schulterbild: sitzende Braut mit Eroten.
Oberes Register: Laertes freit um Antikleia, un-
teres Register: Iason raubt das goldene Flies.
B: Schulterbild: Pferderennen, oberes Register:
Frauengemachszene, unteres Register: Kentau-
ren-Lapithen-Kämpfe

*RVAp I 16,51; R. M. Cook, Greek Painted Pottery (1960) 197
Taf. 52a; D. A. Trendall, South Italian Vase Panting (1974)
48 Nr. 47 Taf. 19; LIMC Antikleia Nr. 1*; LIMC Aphrodite
Nr. 1218*; LIMC Argonautai Nr. 20; LIMC Autolykos I Nr.
1; LIMC Boreadai Nr. 20*; LIMC Iason Nr. 37*; LIMC
Kenauroi et Kentaurides Nr. 195*; LIMC Mousa, Mousai
Nr. 20*; LIMC Sisyphos I Nr. 1; Froning, Jdl 103, 1988,
197f. Abb. 27; Lockender Lorbeer (2004) Kat. 103.*

Kat. 118

Terrakotte TC 6926, griechisch
Um 360 v. Chr., aus Athen, H 10,5 cm

Sitzender Odysseus als Schauspielerfigur.
*Hauch des Prometheus Nr. 16.12b; Odysseus (1999) 22f.
Abb. 7*

Kat. 119

Terrakotte TC 6931, attisch
Um 360 v. Chr., aus Athen, H 10,5 cm
Sitzender Odysseus als Schauspielerfigur.

Hauch des Prometheus Nr. 16.12a; Odysseus (1999) 22f.

Kat. 120

Terrakotte TC 5271, griechisch
5. Jh. v. Chr., H 21,8 cm

Grotesker, am Boden sitzender Polyphem

*Hauch des Prometheus Nr. 16.34; The Odyssey in Ancient Art
(1992) 59; Ulisse (1996) 222 Abb. 3; Odysseus (1999) 144
Abb. 57*

Kat. 121

Terrakottastatuette TC 6940, griechisch
5. Jh. v. Chr., am Fuß der Akropolis von Athen
gefunden, H 14 cm

Der gelagerte Polyphem

*Hauch des Prometheus Nr. 10.24; B. Fellmann, Die antiken
Darstellungen der Poliphemabenteuer (1972) V4 Abb. 20;
Ulisse. (1996) 126 Nr. 2.10; Odysseus (1999) 145 Abb. 58*

Kat. 122

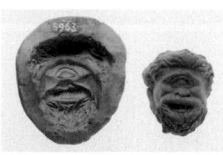

Tonmatrize und Ausformung 5963
1. Jh. v. Chr., 8,4 cm

Kopf des Polyphem

*Hauch des Prometheus Nr. 1.15; Odysseus (1999) 142
Abb. 54*

Kat. 123

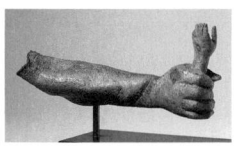 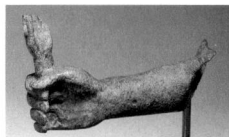

Frg. einer Bronzestatuette SL 31, römisch
1. oder 2. Jh. n. Chr., L 16,5 cm.

Rechter Arm des Polyphem, der einen
Gefährten des Odysseus am Handgelenk hält

Odysseus (1999) 147 Abb. 60.

Kat. 124

Frg. eine Tonlampe TC 7336, römisch
1. Jh. n. Chr., H 8,1 cm

Polyphem mit einem der Gefährten des
Odysseus

unpubliziert

Kat. 125

Relief Gl 260, römisch
Um 50 n. Chr., aus Rom, H 62 cm,
erh. B. 63 cm

Polyphem und toter Gefährte des Odysseus

*Glyptothek VII (2002) 27ff. Nr. 6; B. Fellmann, Die antiken
Darstellungen des Polyphemabenteuers (1971) 60 f. 115 BR
II; Ulisse (1996) 227 Abb. 11, 244 Nr. 4.7; Odysseus (1999)
150 Abb. 63;*

Kat. 126

 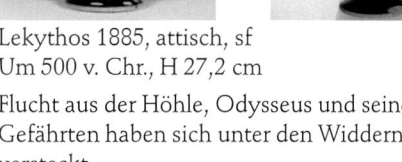

Lekythos 1885, attisch, sf
Um 500 v. Chr., H 27,2 cm

Flucht aus der Höhle, Odysseus und seine
Gefährten haben sich unter den Widdern
versteckt

Odysseus (1999) Abb. 49.

Kat. 127

Randschale 2148, attisch, sf
550–525 v. Chr., aus Vulci, H 15,9 cm,
Dm 24,5 cm

Beide Seiten: Flucht aus der Höhle (Odysseus)

*CVA München (10) Taf. 26,1–3; LIMC Odysseus Nr. 101;
Odysseus (1999) Abb. 47.*

Kat. 128

Bauchamphora 832, etruskisch, sf (wohl
Kriegsverlust)
Um 530 v. Chr., aus Vulci, H 40,5 cm, Efeu-
Maler

A: Flucht aus der Höhle, B: Weiblicher Flügeldämon

*Sieveking – Hackl 92 Abb. 89; FR I 92f. Taf. 21; LIMC
Odysseus/Uthuze Nr. 62; T. Dohrn, Schwarzfigurige
etruskische Vasen (1937) 143 Nr. 1; B. Fellmann, Die antiken
Darstellungen des Polyphemabenteuers (1972) 85 FL 14*

Kat. 129

Tonlampe TC 1239, römisch
1. Jh. n. Chr., L 0,12 cm

Flucht aus der Höhle

Odysseus (1999) Kat. 188

Kat. 130

Terrakottastatuette TC 6938, griechisch
Um 500 v. Chr., H 11 cm

Verzauberter Gefährte des Odysseus (?)

unpubliziert

Kat. 131

Tonlampe TC 5106, römisch
1. Hälfte 1. Jh. n. Chr., L 10,5 cm

Odysseus spricht mit der vor ihm sitzenden Kirke

*LIMC Odysseus Nr. 142; Ulisse (1996) 139 Nr. 2.41;
Odysseus (1999) 267 Abb. 101.*

Kat. 132

Kastenbeschlag aus Terrakotta TC 6691,
unteritalisch
2. Jh. v. Chr., H 7,2 cm

Skylla

Odysseus (1999) 307 Abb. 135

Kat. 133

Lampe TC 6566, römisch
1. Jh. n. Chr., L 11,5 cm

Odysseus (?) sehnsüchtig am Strand bei
Kalypso

AA 1929, S. 26 Abb. 19

446 · Katalog

Kat. 134

Relief TC 5166, melisch
Um 460 v. Chr., H 17,5 cm

Odysseus und Penelope

*J. Sieveking, MüJb 4, 1909, 1 S. 76; Hauch des Prometheus
Nr. 9.30a; Odysseus (1999) Abb. 156; LIMC Penelope
Nr. 33c; I. Huber, Die Ikonographie der Trauer in der Grie-
chischen Kunst (2001) 229 Kat. 227.2*

Kat. 135

Hydria 3266, lukanisch, rf
Um 350 v. Chr., H 42 cm, Choephoren-Maler

Orest begegnet Elektra am Grab Agamemnons,
Hermes, Dienerinnen

LIMC III Elektra I Nr. 10.*

Kat. 136

Tonlampe SL 354, römisch
Mitte 1. Jh. n. Chr, Dm 12,5 cm

Athena gibt ihren Stimmstein ab

*J. Sieveking, Bronzen, Terrakotten, Vasen der Sammlung Loeb
(1930) 36f.*

Kat. 137

Sarkophag, römisch
140–150 n. Chr., aus Rom, L 2, 17 m.

Orest und Pylades retten Iphigenie aus Tauris

*Glyptothek, Skulpturen VII 104ff; LIMC s. v. Iphigeneia
Nr. 75; D. Boschung, MüJb 39 (1988)11ff. Abb. 4 a, b;
H. Wrede, JdI 104 (1989) 393ff.; R. Bielfeldt, Orestes
auf römischen Sarkophagen (2005) 168ff., 340 Nr. II.1
Taf. 18–20*

Kat. 138

Marmorstatue, römische Kopie
um 338 v. Chr. (Original), H 173 cm

Alexander oder Achill (?)

*Glyptothek, Skulpturen II 370ff.; E. Simon in: Geschichte,
Tradition, Reflexion (1996) 15ff.; R. von den Hoff, MüJb 48,
1997, 7ff.*

Kat. 139

Frgt. eines Reliefs MAK 10021, römisch
2. Jahrhundert n. Chr., aus Rom, H 19 cm

Drei Männer, der mittlere von ihnen mit
Königsbinde, schauen nach links: Priamos und
die Greise beobachten die Ankunft Helenas?

R. Wünsche, in: Die Sammlung Thun (2003) 102f.

ABBILDUNGSNACHWEIS

Alle Objekte der Staatlichen Antikensammlungen und der Glyptothek sowie alle Leihgaben sind im Katalog in Farbe abgebildet.

Antikensammlung der Universität Erlangen: 49.1 (Foto: G. Pöhlein)
Staatliche Münzsammlung München: 2.5, 2.6, 17.1-4, 17.6, 22.5, 32.5, 35.1, 36.2, 36.10, 37.8, 42.11-15, 44.19, 44.22, 45.22, 48.8, 51.2, 53.7, 54.2-3 (Fotos: H. Hotter)
Martin-von-Wagner Museum Würzburg: 26.2, 28.1-2, 44.1, 44.5, 52.4
Lenbachhaus München: 8.10
Archäologische Staatssammlung München: 11.2, 36.12.

Hinweis zu den Abbildungen
Alle Schwarz-Weiß-Photos wurden an den Staatlichen Antikensammlungen bearbeitet. Wir haben uns bemüht, alle dafür erforderlichen Bildrechte einzuholen. Sollten wir dies im Einzelfall übersehen haben, bitten wir um Benachrichtigung.

REGISTER

Glyptothek

Inv.Nr.	Kat.Nr.	Abb.Nr. im Text
175	49	15.3
260	125	48.6, 48.7
263	3	S. 40
273	1	S. 19, S. 20
298	138	58.1, 58.2, 58.3
304	101	42.1, 42.5 – 8
363	137	55.1 – 5
499	5	8.3

Antikensammlungen

Vasen

Inv.	Kat.Nr.	Abb.Nr. im Text
832	128	48.13
837	36	12.2
1380	105	44.16
1381	84	38.7
1383	107	45.1
1392	39	12.4, 45.2
1406	34	10.25
1408	74	32.4
1410	85	38.8
1411	70	28.4
1413	35	10.26
1415	18	10.10, 25.1, 39.11, 41.1
1417	65	23.9
1426	57	22.12
1436	53	22.1, 22.2
1450	75	33.5, 33.6
1470	90	38.8, 39.1, 39.5
1482	67	23.11
1492	89	38.12
1494	99	40.23
1496	108	45.3, 45.18
1502	87	38.10
1502A	79	37.1
1507	81	38.1, 38.2
1512	91	39.6
1519	92	39.7
1523	86	38.9
1524	23	10.17
1529	32	10.23
1537	94	39.9
1542	19	10.12
1543	24	10.22
1544	40	12.6
1545	38	12.5
1546	111	45.16
1547	66	23.10
1548	56	22.11
1567	61	23.1
1582	20	10.14
1650	21	10.15
1700	58	22.13
1712	96	39.12
1717	113	45.19
1719	77	36.1
1720	88	38.11
1722	37	12.3, 22.6
1740	25	10.21
1760	33	10.24
1764	83	38.6
1774	60	
1775	112	45.17
1781	42	
1790	62	23.6
1866	55	22.10
1882	43	
1884	93	39.8
1885	126	48.11
1889	22	
1893	41	12.7
1906	59	22.15
2017A	104	44.15
2148	127	48.12
2300	63	23.7
2322	116	47.1, 50.3, 50.4, 50.5
2406	76	34.1, 34.4
2415	68	27.1, 27.2, 27.3
2425	109	45.4
2618	78	36.4, 36.5, 36.6
2619A	27	10.13
2648	28	10.18
2650	103	43.6
2687	110	45.13
3171	72	29.5, 31.1, 31.2, 36.8
3185	115	45.21
3266	135	53.8, 53.9
3267	17	10.20
3268	117	47.2
6009	2	2.3
6011	44	12.1, 12.8
6078	54	22.8
7211	47	14.2

Inv.	Kat.Nr.	Abb.Nr. im Text
7638	48	14.6
7642	31	
8122	26	
8600	82	38.5
8705	80	37.5
8724A	4	4.2
8730	69	27.4, 27.5
8731	11	9.1, S. 125 Abb. 2
8737	30	
8738	29	10.19
8770	71	29.1, 29.2, 29.3
8966	15	10.4, 22.3
9241	64	23.8
9397	114	
Erlangen M 61	45	
Schoen 64	16	10.6
SL 458	95	39.10

Stein

Inv.	Kat.Nr.	Abb.Nr. im Text
10021	139	
10036	102	42.4

Terrakotten

Inv.	Kat.Nr.	Abb.Nr. im Text
1239	129	48.14
5106	131	49.3
5166	134	51.1
5271	120	48.1
5394	50	15.4
5483	7	8.5
5963	122	48.3
6566	133	50.1
6632	73	30.1
6663	6	8.4
6691	132	49.11
6926	118	47.4 (l.)
6931	119	47.4 (r.)
6938	130	49.2
6940	121	48.2
7040	9	8.8
7336	124	48.5
9391	10	
SL 126	8	8.6
SL 354	136	54.6
SL 361	97	40.3

Bronzen

Inv.	Kat.Nr.	Abb.Nr. im Text
3995	100	41.8
4412	98	40.12
SL 20	46	13.1
SL 31	123	48.4
SL 66	13	10.8, 22.9
SL 67	14	10.9
SL 68	12	10.7

Silber

Inv.	Kat.Nr.	Abb.Nr. im Text
3391	106	37.9, S. 322

OBJEKTE AUßER KATALOG

Stücke der Staatlichen Antikensammlungen und Glyptothek, die nicht im Katalog aufgelistet werden

Glyptothek

Inv.Nr.	Abb.Nr. im Text
317	59.10
559	59.2

Staatliche Antikensammlungen

Vasen

Inv.Nr.	Abb.Nr. im Text
1414	S. 124 Abb. 1
1541	10.2
2243	10.1
2354	45.10
2388	13.4
2423	37.2
3297	6.1, 9.2, 47.3
7522	49.8
8696	S. 366, S. 367
8729	32.3
8943	51.4
9493	45.6
DV 56	4.3
DV 58	10.2
DV 78	8.1

Bronzen

Inv.Nr.	Abb.Nr. im Text
4339	1.1

Gold

Inv.Nr.	Abb.Nr. im Text
11044	49.10

Stein

Inv.Nr.	Abb.Nr. im Text
1879	57.7
1880	57.9
1881	57.8

Terrakotten

5202	49.9
5417	49.9
6656	8.7
7603	49.9